2. Basım

ÇOCUK VE ERGENLERDE BİLİŞSEL DAVRANIŞÇI TERAPİ UYGULAMALARI I

Editör:

Prof. Dr. Mehmet Ali Yıldız

nobel 40. yıl

Çocuk ve Ergenlerde Bilişsel Davranışçı Terapi Uygulamaları I
Editör: Prof. Dr. Mehmet Ali Yıldız

Yayın No.: 4593
Psikoloji / Psikolojik Danışma Rehberlik No.: 399
ISBN: 978-625-427-768-9
E-ISBN: 978-625-427-769-6
Basım Sayısı: 2. Basım, Mart 2025

Genel Yayın Yönetmeni: Nevzat Argun -nargun@nobelyayin.com-
Genel Yayın Koordinatörü: Gülfem Dursun -gulfem@nobelyayin.com-

Sayfa Tasarım: Gülbeyaz Güler -gulbeyaz@nobelyayin.com-
Redaksiyon: Bahar Yanbolulu -baharyanbolulu@nobelyayin.com-
Kapak Tasarım: Mervin Selda Adal -mervin@nobelyayin.com-
Görsel Tasarım Uzmanı: Mehtap Bayraktar Asiltürk -mehtap@nobelyayin.com-

Kütüphane Bilgi Kartı

Yıldız, Mehmet Ali.
Çocuk ve Ergenlerde Bilişsel Davranışçı Terapi Uygulamaları I / Editör: Prof. Dr. Mehmet Ali Yıldız
2. Basım, xvi + 356 s., 16,5x24 cm. Kaynakça var, dizin yok.
ISBN: 978-625-427-768-9
E-ISBN: 978-625-427-769-6
1. Çocuk ve Ergen 2. Bilişsel Davranışçı Terapi 3. Psikoterapi 4. Psikolojik Sorunlar

Genel Dağıtım

ATLAS AKADEMİK BASIM YAYIN DAĞITIM TİC. LTD. ŞTİ.
Adres: Bahçekapı Mh. 2465 Sk. Oto Sanayi Sitesi No.: 7 Bodrum Kat, Şaşmaz/ANKARA
Telefon: +90 312 278 50 77 - **Faks:** 0 312 278 21 65
Sipariş: siparis@nobelyayin.com- **E-Satış:** www.nobelkitap.com - esatis@nobelkitap.com
www.atlaskitap.com - info@atlaskitap.com

Dağıtım ve Satış Noktaları: Alfa, Kırmızı Kedi, Arkadaş, D&R, Dost, Kika, Kitapsan, Nezih, Odak, Pandora, Prefix, Remzi

Baskı ve Cilt: Meteksan Matbaacılık ve Teknik Sanayi Tic. Anonim Şirketi / Sertifika No.: 46519
Üniversiteler Mah. 1606 Cad. No:8/1 Çankaya/Ankara, TR

BÖLÜM YAZARLARI

Editör: Prof. Dr. Mehmet Ali Yıldız

BÖLÜM 1 Çocuk ve Ergenlerde Bilişsel Davranışçı Terapi Uygulamaları ve Temel İlkeler

Prof. Dr. Mehmet Ali Yıldız
Adıyaman Üniversitesi Psikoloji Bölümü
ORCID: 0000-0003-3297-2982

Bölüm 2 Çocuk ve Ergenlerde Bilişsel Davranışçı Terapinin Uygulama Esasları ve Temel Teknikler

Prof. Dr. Vahdet Görmez
İbn Haldun Üniversitesi Çocuk ve Ergen Ruh Sağlığı ve Hastalıkları ABD
ORCID: 0000-0002-2704-9520

Doç. Dr. Süleyman Çakıroğlu
Altınbaş Üniversitesi Çocuk ve Ergen Ruh Sağlığı ve Hastalıkları ABD
ORCID: 0000-0002-4362-8880

Bölüm 3 Çocuk ve Ergenlerde Bilişsel Davranışçı Değerlendirme ve Formülasyon

Prof. Dr. Uğur Doğan
Muğla Sıtkı Koçman Üniversitesi Rehberlik ve Psikolojik Danışmanlık ABD
ORCID: 0000-0001-7603-6470

Bölüm 4 Çocuk ve Ergenlerin Bilişsel Davranışçı Terapisinde Ailenin Rolü ve Katılımı

Doç. Dr. Sinem Acar
Muğla Sıtkı Koçman Üniversitesi Rehberlik ve Psikolojik Danışmanlık ABD
ORCID: 0000-0002-6098-7949

Bölüm 5 Akademik Erteleme ve Bilişsel Davranışçı Terapi

Doç. Dr. Mustafa Eşkisu

Erzincan Binali Yıldırım Üniversitesi Rehberlik ve Psikolojik Danışmanlık ABD
ORCID: 0000-0003-0176-868X

Bölüm 6 Atılganlık ve Bilişsel Davranışçı Terapi

Dr. Öğr. Üyesi Reyhan Eskiyurt

Ankara Yıldırım Beyazıt Üniversitesi Psikiyatri Hemşireliği ABD
ORCID: 0000-0003-0421-4914

Bölüm 7 Öfke ve Saldırganlıkta Bilişsel Davranışçı Terapi

Prof. Dr. Zeynep Karataş

Burdur Mehmet Akif Ersoy Üniversitesi Rehberlik ve Psikolojik Danışmanlık ABD
ORCID: 0000- 0002-4532-6827

Bölüm 8 Endişenin Bilişsel Davranışçı Terapisi

Doktorant Umut Aydoğdu

Aile ve Sosyal Politikalar Bakanlığı Burdur İl Müdürlüğü
ORCID: 0000-0001-9880-6480

Bölüm 9 Yeme Sorunları ve Beden İmgesinde Bilişsel Davranışçı Terapi

Doç. Dr. Aygül Tunç Aksan

Mersin İl MEM
ORCID: 0000-0001-8440-2354

Bölüm 10 Madde Kullanım Bozukluğunda ve Bağımlılıklarda Bilişsel Davranışçı Terapi

Dr. Yusuf Oktay Atılgan

Kastamonu Rehberlik ve Araştırma Merkezi
ORCID: 0000-0003-1752-9675

Bölüm 11 Dikkat Eksikliği ve Hiperaktivite Bozukluğu ile Dürtü Kontrolünde Bilişsel Davranışçı Terapi

Doç. Dr. Hakan Öğütlü

Ankara Şehir Hastanesi Çocuk ve Ergen Ruh Sağlığı ve Hastalıkları ABD
ORCID: 0000-0002-1325-446X

Dr. Öğr. Üyesi Meryem Kaşak

Ankara Şehir Hastanesi Çocuk ve Ergen Ruh Sağlığı ve Hastalıkları ABD
ORCID: 0000-0003-0176-868X

2. BASIMA ÖN SÖZ

Bilişsel Davranışçı Terapi (BDT), bireylerin uyumunu sağlamasında ve genel iyilik hâlini geliştirmesine ve sürdürmesine yönelik olarak kanıta dayalı olarak geliştirilmiş uygulamalarıyla yarım asırdır gelişmeye ve değişmeye devam eden etkili bir terapi yaklaşımıdır. Her ne kadar bilişsel davranışçı terapi alanında yapılan ilk deneysel çalışmalara çocuklar dâhil edilmiş olsa da uygulamaları ve terapi protokolleri daha çok yetişkinlere yönelik olarak gelişim sağlamıştır. Buna karşın, çocuk ve ergenlerin bilişsel davranışçı terapisine yönelik uygulama ve protokolleri çok daha yenidir. Bu bağlamda BDT alanında çocuklar ve ergenlerle yapılan çalışmaların ve kaynakların sayısı yetişkinlere oranla daha sınırlı görünmektedir.

Alanyazında çocuk ve ergenlerde BDT ile ilgili yazılan kitaplara bakıldığında, kitapların çoğunun çeviri kitaplar olduğu ve klinik düzeydeki vakalara bir yaklaşım sunduğu görülmektedir. Klinik düzeyde bir sorunu olmayan ancak yaşamında zorlukları olan ve bunlarla baş etmekte güçlük yaşayan geniş bir popülasyon da bulunmaktadır. Ayrıca, ruh sağlığı alanında çalışanlara yönelik çocuk ve ergen BDT kaynak sayısı çok azdır. Bu nedenle bu kitabın çıkış noktalarından birisi, bu gruplara yönelik yapılacak önleyici, koruyucu ve müdahale çalışmalarını BDT perspektifi ile planlayıp oluşturmak için çocuk ve ergenlerle çalışan ruh sağlığı profesyonellerine temel bir kaynak oluşturmaktır. Bu kitapta yer alan konular ve sorunlar ele alınırken kuramsal temelleri ele alınmakla birlikte sorunun çözümlerine yönelik nasıl bir yol izlenmesi gerektiğine dair yöntem bilgisi dışında tekniklere ve uygulamalara ağırlık verilmiştir. Bu bağlamda sorunlarla ilgili vaka örnekleri ile uygulamalar desteklenmeye çalışılmıştır.

Bu kitabın yazarları, BDT'ye yıllarını ve gönüllerini vermiş; kuramsal, uygulama ve süpervizyon düzeyinde yüzlerce saati bulan eğitimler almış, BDT alanında çalışmalar yapan ulusal ve uluslararası düzeyde sertifiye olan yetkin ve nitelikli uzmanlardan oluşmaktadır. Bu kitabın bir başka zenginliği ise yazarların, psikolojik danışma, psikoloji, çocuk ve ergen psikiyatrisi ve psikiyatri hemşireliği alanlarında çalışan geniş bir alandan ve bilgi birikimine sahip uzmanların bir araya gelerek özveri, iş birliği ve dayanışma içinde örnek bir ekibi oluşturmalarıdır.

Bu kitaptan çocuk ve ergenlerle yakından çalışan, okul psikolojik danışmanları başta olmak üzere psikolog, çocuk ve ergen psikiyatrisi, aile psikolojik danışmanları gibi ruh sağlığı alanında çalışan profesyonellerin yararlanmasının dışında, üniversitelerde çalışan akademisyenler için lisans ve yüksek lisans derslerinde kullanabilecekleri temel bir kaynak olacağı düşünülmektedir.

Son olarak bu kitabın çocuk ve ergenlerde BDT'ye ilgi duyan, öğrenmek, öğretmek ve uygulamak isteyen ruh sağlığı alanında çalışan uzmanlara ve akademisyenlere yararlı olması dileğiyle...

Prof. Dr. Mehmet Ali Yıldız
Şubat 2025

İÇİNDEKİLER

Bölüm 1

ÇOCUK VE ERGENLERDE BİLİŞSEL DAVRANIŞÇI TERAPİ UYGULAMALARI VE TEMEL İLKELER

Mehmet Ali Yıldız

GİRİŞ

Bütün çocuklar yaşam boyu gelişimsel zorluklarla karşı karşıyadırlar ancak çocukların tamamı bu zorluklara karşı hazırlıklı değildirler ve zorlukların tümüne karşı koyamayabilirler. Bu nedenle, çocukluktaki mevcut psikolojik sıkıntı ve daha sonrasında ortaya çıkan psikopatoloji ile ilişkili bilişsel, davranışsal ve duygusal zorlukları azaltmaya veya düzeltmeye en iyi şekilde nasıl müdahale edileceği konusu, klinik çocuk psikolojisinin karşı karşıya olduğu önemli bir sorundur (Kendall, 1993). Çocuk ve ergenlerin uyum sağlamalarını kolaylaştırmak ve psikolojik sıkıntılarını gidermek için geliştirilmiş çok sayıda psikososyal müdahale bulunmaktadır (Kendall, 2012). Bu müdahalelerden birisi de bilişsel davranışçı terapidir. Bilişsel terapi, 1970'li yıllarda Aaron T. Beck tarafından geliştirilmiştir. Bilişsel terapide vurgulanan felsefi görüş, insanın inançlarını ve davranışlarını kontrol etme kapasitesine sahip olduğu (Sudak, 2006) ve sahip olunan duyguların ve davranışların bireylerin dünyayı bilişsel olarak yapılandırma biçimine göre belirlendiğidir (Powers ve Kalodner, 2016). Bilişsel davranışçı terapide danışanların bilişsel değerlendirmelerinin, varsayımlarının ve inançlarının değişmesi ile olay ve durumları daha işlevsel bir şekilde ele alacakları ve bunun sonucunda hayatlarında daha etkin ve uyumlu olacakları kabul edilir (Yıldız, 2018).

BİLİŞSEL DAVRANIŞÇI TERAPİ NEDİR?

Bilişsel davranışçı terapi (BDT), bilişsel, davranışsal ve problem çözme yaklaşımlarına dayalı terapötik müdahaleleri tanımlamak için kullanılan genel bir terimdir. Bu bütünleşikli yaklaşım, meydana gelen olay ve durumlar hakkında yapılan anlam ve yorumları göz önünde bulundurarak davranışsal tekniklerin etkinliği üzerine kuruludur. İşlevsel olmayan bilişler ve işlenmesinin, psikolojik sorunlarla ilişkili olmasından dolayı bunların önemli olduğu varsayılmaktadır (Dummet, 2010). Bir başka deyişle BDT, duygusal ve davranışsal zorlukların; uyumsuz inançların devreye girmesi, ön yargılı bilgi işleme yöntemlerinin kullanılması ya da etkili davranış becerilerinin yetersizliğinden kaynaklandığı varsayımına dayanır (Reinecke, Dattilo ve Freeman, 2015). Bu nedenle BDT, yanlı veya seçici olan bilişlerin tanımlanmasını, değerlendirilmesini ve işlenmesine odaklanır. Daha sonrasında ise bu bilişler daha işlevsel ve dengeli düşüncelerin, varsayımların ve inançların gelişmesine yol açan nesnel değerlendirmeye tabi tutulurlar (Dummet, 2010). Bir başka açıdan ise BDT, bir kişinin çevresi, kişisel ve ruhsal özellikleri ile durumsal davranışlarının karşılıklı olarak birbirini belirlediği ve davranışın durmadan evrilen dinamik bir olgu olduğu varsayımına dayanmaktadır. Bağlamlar, davranışı etkiler ve davranış bağlamları şekillendirir; bazen bağlamlar bir kişinin davranışları üzerinde en güçlü etkiye sahipken diğer zamanlarda kişisel tercihler, eğilimler ve özellikler davranışları belirlemektedir (Friedberg ve McClure, 2020). Bilişsel davranışçı terapi, insanın psikolojik zorluklarını kavramsallaştırma da birbiriyle ilişkili beş ögenin olduğunu varsayar (A. T. Beck, 1985; J. S. Beck, 2011; Padesky ve Greenberger, 1995). Bu ögeler; kişiler arası ve çevresel bağlamlar, bireylerin fizyolojisi, duygusal işlevsellik, davranış ve biliştir. Bu farklı özellikler birbirleriyle karşılıklı olarak etkileşime girerek dinamik ve karmaşık bir sistem oluştururlar (Friedberg ve McClure, 2020).

BDT, kişinin sorunlu davranışının ve duygularının değişimi için kişinin değerlendirmelerinin düzenlenmesinin kritik önemde olduğunu varsayar ve bu çalışma varsayımını klinik problemlere uygular. Bu uyumsuz değerlendirmeler, olumsuz otomatik düşünceler, bilişsel çarpıtmalar, işlevsiz tutumlar, temel inançlar ve güvenlik davranışlarını içeren telafi yöntemleri gibi çeşitli tür ve düzeylerdedirler. Bunların içeriği ise sunulan probleme ve bireysel farklılıklara göre değişir (Bolton, 2005).

BDT'NİN TEMEL ÖZELLİKLERİ

- Formülasyona dayalı ve ampirik bir yaklaşıma sahiptir.
- Değişim için sorumluluğun uygun bir şekilde danışanla paylaşıldığı, sokratik diyalog gibi yönlendirilen keşif kullanımı yoluyla desteklenen iş birlikçi bir terapötik ilişkidir.
- Yapılandırılmıştır, problem odaklıdır ve problem çözmeyi öğretir.
- Bilişsel ve davranışsal yöntemleri bütünleştirir.
- Bilişlerin (sadece olayların değil) sonuçları belirlediğini varsayar (Dummett, 2010).

Buna göre BDT; etkin, performansa dayalı işlemleri ve yapılandırılmış oturumları (ör., standardize edilmiş el kitapları ya da çalışma kitapları) ve ayrıca düşünce, duygu ve davranışta değişiklikler gerçekleştirmek için tasarlanmış yöntemler kullanır (Kendall, 2012).

BDT'NİN TEMEL İLKELERİ

Bilişsel terapinin temel ilkeleri şu şekilde sıralanabilir (Beck, Emery ve Greenberg, 1985):

1. Duygusal bozuklukların bilişsel modeline dayalıdır.
2. Kısa sürelidir.
3. Gerekli bir koşul olarak iyi bir terapötik ilişkiye dayanmaktadır.
4. Terapist ve danışan arasındaki işbirliğiyle yürütülür.
5. Temel teknik olarak Sokratik yöntemi (yönlendirilmiş keşif) kullanır.
6. Yapılandırılmıştır.
7. Şimdi ve burada yani güncel sorun odaklıdır.
8. Eğitseldir.
9. Kuram ve teknikleri tümevarımsal modele dayanmaktadır.
10. Ev ödevlerinin kullanımı merkezî bir rol oynar.

Kendall (1985) tarafından çocuk ve ergenlerde BDT'nin temel ilkeleri aşağıda sıralanmıştır:

1. İnsan, kendi başına çevresindekilerden ve deneyimlerden daha çok, öncelikle çevresindekilerinin ve deneyimlerinin bilişsel temsillerine tepki verir.
2. İnsan öğrenmesinin çoğuna bilişsel yol aracılık eder.
3. Düşünceler, duygular ve davranışlar nedensel olarak birbiriyle ilişkilidirler.
4. Bilişsel olaylar, süreçler, ürünler ve yapılar (ör., kendi kendine konuşma, beklentiler, yüklemeler, şemalar) psikopatolojik davranışları ve terapötik müdahalelerin etkilerini anlamada ve tahmin etmede önemlidir.
5. Bilişsel olaylar, süreçler, ürünler ve yapılar, davranış paradigmalarıyla bütünleştirilebilen test edilebilir formülasyonlara dönüştürülebilirler, etkili teknikler ve davranışsal durumların yönetimi ile bilişsel yöntemleri birleştirmek mümkün olabilir.
6. Bilişsel-davranışçı terapistin görevi, çarpık veya eksik bilişsel durumları ve işlevsel olmayan davranış kalıplarını değerlendiren ve işlevsel olmayan biliş, davranış ve duyuşsal kalıpları düzelten, öğrenme deneyimlerini tasarlamak için danışanla birlikte çalışan bir tanılayıcı, eğitimci ve danışman olarak hareket etmektir.

BDT'YE ÖZGÜ BAZI TEMEL KAVRAMLAR

Otomatik Düşünceler

"Otomatik düşünceler", gün içerisinde aklımızda oluşuveren kelimeler ve zihinsel görüntülerden oluşan davranışlarımızı etkileyen bir düşünce türüdür (Greenberger ve Padesky, 2010). Bunlar danışanın beyninde belirli bir duruma yanıt olarak oluşan belirli düşünce veya imgelerdir. Otomatik düşünceler, temel inançların yüzeysel ifadeleridir (Bearmen ve Weisz, 2019) ve üzerinde en kolay değişiklik yapılabilecek düşünce tarzıdır. Psikolojik rahatsızlıklardaki otomatik düşünceler çoğunlukla yanlıştır, çok azı doğrudur. Danışanın otomatik düşüncelerinin doğruluğunu test etmesi çoğunlukla belirtilerinin iyileştirmektedir (Sudak, 2006). Örneğin, performans kaygısı yüksek düzeyde olan bir üniversite öğrencisinin sınıfta topluluk önünde sunum yapmadan önce veya sunum sırasında, "ya rezil olursam", "ya yüzüm kızarırsa", "ya saçmalarsam", "ya bana gülerlerse", "ya söyleyeceklerimi unutursam" gibi otomatik düşünceleri olabilir. Ayrıca gerçekten öyle olmuş ya da bunları yaşamış gibi imgeleri anlık olarak yaşayabilir. Danışan eğer dikkatini kendisine verirse yani iç gözlem yapmaya başlarsa bu otomatik düşüncelere ve imgelere erişmesi kolay olmaktadır (Yıldız, 2018).

Ara İnançlar ve Kurallar

Temel inançlarla otomatik düşünceler arasında olan kurallar, tutumlar ve varsayımlar temel inançlarla otomatik düşünceleri birbirine bağlar ve buna ara inançlar adı verilir (Bearmen ve Weisz, 2019). Kişinin düşünme süreçlerinin en yüzeyinde yer alan, yaşanan ana ve duruma özgü olan otomatik düşüncelerin altında kişinin dile getirmemekle birlikte inanmakta olduğu ara inançları, kuralları ve varsayımları yer alır. Kurallar ve varsayımlar söze dökülmeseler bile davranışın soyut düzenleyicileridir. Bunları, bir anlamda, bireyin kendisinin ve diğer insanların davranışları ve başlarına gelen şeyler ve yaşantıyla ilgili kalıcı hâle gelmiş kuralları ve beklentileri olarak görebiliriz. Doğal olarak normal koşullarda bireylerin zaten onlara göre yaşadıkları ve inandıkları bu beklenti ve kurallarını sözcüğe dökmelerine gerek yoktur. "Ancak insanları memnun edersem bana katlanırlar.", "Eğer başarısız olursam sevilemem.", "Eğer hayır dersem cezalandırılırım." ifadeleri işlevsiz inançlara örnek olarak verilebilir (Türkçapar, 2007).

Temel İnançlar

Otomatik düşüncelere ek olarak hem otomatik düşüncelerimizi hem de davranış biçimlerimizi etkileyen derin temel inançlarımız vardır. Bu altta yatan inançlar, kendimiz hakkında ("Akıllıyım.", "Zayıf bir kişiyim."), diğer insanlar hakkında ("İnsanlar güvenilmezdir.", "Kadınlar güçlüdür.") ya da genel olarak yaşam ("İyi olayları kötü olaylar takip eder.", "Değişmek zordur.") hakkındadır (Greenberger ve Padesky, 2010). Kişinin kendisi, dünya ve gelecekle ilgili bu inançları o kadar derine yerleşmişlerdir ki fark edilemezler ve söze dökülemezler. Günlük hayatın içinde sorgulanmazlar; aksine olduğu gibi kabul edilmişlerdir (Bearmen ve Weisz, 2019). Bütün insanlarda temel inançlar çiftler hâlinde bulunur. Örneğin hem seviliyorum hem de sevilmiyorum temel inançları bir arada bulunur. Ancak belirgin bir kişilik bozukluğu ya da psikiyatrik bir rahatsızlığı olmayan sağlıklı bir insanda genellikle etkin olan olumlu temel inançtır (ör., seviliyorum). Sağlıklı bireylerde olumsuz bir durum veya olayla birlikte geçici olumsuz duygular yaşandığında olumsuz temel inançlar etkinleşir. Örneğin, sağlıklı bir birey bir arkadaşı tarafından terk edildiğinde birkaç gün kendini kötü hissedebilir, o sırada (sevilmiyorum) olumsuz temel inanç etkinleşmiştir (Türkçapar, 2007). Temel inançlar ya da şemalar bilişsel terapistler için önemlidir. Bilişsel terapide, danışanda kalıcı bir değişim ve iyileşme sağlamak için temel inançların değişmesinin gerekli olduğuna inanılır. Bu temel inançların gelişimini anlamak, belirli bir hastayı anlamada temel bir özelliktir.

Bireyin kendisiyle veya diğer insanlarla ilgili olumsuz ön yargıları kişiyi strese ve yaşamdaki olaylara karşı daha savunmasız bırakır (Sudak, 2006). Danışan temel inançlarıyla çelişen deneyimlerinin farkında olmadığında veya önemsemediğinde, yanlışlığına rağmen bu inançlar varlığını sürdürür (Bearmen ve Weisz, 2019).

Bilişsel Çarpıtmalar

Bilişsel çarpıtmalar, sırasıyla inanç ve tutumların irrasyonel ve çarpıtılmış bir mantıkla kurulmuş olmasıdır (Reinecke ve diğ., 2015). Bilişsel bir yapıda yer alan işlevsiz inançlar bireyin düşüncesini biçimlendirirler ve psikopatolojiye özgü bilişsel hatalara yol açarlar. Bilişsel hataları bilgiyi işleme sürecindeki özgün yanlılıklar veya eğilimler olarak görebiliriz. Bilişsel hatalar bilginin hatalı işlenmesi sonucunda duruma uygun olmayan ve duygusal sıkıntıya yol açan otomatik düşüncelere yol açarlar (Türkçapar, 2007).

Sokratik Diyalog

Sokratik süreç, evrensel tanımlarının belirlenebildiği ve eleştirel olarak değerlendirilebildiği bir süreç yoluyla çocuğa rehberlik eden sistematik sorgulamanın dikkatle kullanılmasına dayanır. Sokratik süreç, çocukların dünyalarını anlama ve yorumlamakta kullandıkları önemli bilişsel genellemeleri belirledikleri, test ettikleri ve yeniden değer biçtikleri bir çerçeve sağlar. Süreç yapılandırılmıştır ve belirli amaçları olan farklı basamaklardan oluşur. Sokratik diyalog, çocuğun bilişlerini tartışmak, aksini kanıtlamak veya kuşkuyla bakmasını sağlamak için oluşturulmuş bir dizi "akıllıca" sorunun klinisyen tarafından sorulmasını içerir. Bu nedenle çocuğun ulaşmasını istediği sonuç hakkında klinisyenin yerleşmiş bir fikri vardır ve bu sonuç için çocuğu yönlendirmek için soruları kullanır (Stallard, 2021). Sokrat tarzı soruların çoğunun içeriği, danışanların problemlerini kendi başlarına ve rasyonel biçimde çözebilmeleri için beceri geliştirmelerine yardımcı olacak şekildedir (Overholser, 2009). Sokratik sorgulama, danışanın cevaplamak için gerekli bilgiye sahip olduğu sorulardan oluşur, art arda yöneltilen soruların yardımıyla soruların yönlendirildiği kişinin kendi mantığı ve zaten sahip olduğu bilgi ve kavramların yardımıyla sorun yaşamasına yol açan inançlarının geçerliliğini değerlendirmesini sağlar (Türkçapar, 2007). Sokratik diyalogdaki kaliteli sorular, kabul edilebilir yanıtlar aralığının olabildiğince geniş tutulabilmesine yardımcıdır. Danışanların bu süreç içinde kendilerini sorgulanıyor gibi hissetmemeleri için terapistin, cevabını zaten bildiği soruları sormaktan kaçınması gerekir. Aksine bir eğilim, terapi seanslarını, danışanın terapistin zihnini okumasının beklendiği bir oyuna dönüştürebilir (Overholser, 2009). Metaforik, analojik ve mizahi sorular, çocuklarda ve ergenlerde oldukça faydalı ve kullanışlıdır (Friedberg ve McClure, 2020).

ÇOCUK VE ERGENLER İÇİN BDT'NİN UYARLANMASI

Yetişkinler için BDT ile karşılaştırıldığında, BDT'nin çocuklarda kullanımının etkinliğine ilişkin kanıtlar giderek artsa da nispeten az sayıda çalışma yapılmıştır. BDT'yi çocuklarla birlikte kullanan klinisyenler, başlangıçta yetişkinlerden elde edilen bulgulardan çıkarımlar yapmak zorunda kalmışlardır. Yetişkin BDT'de olduğu gibi çocuk ve ergenlerdeki terapi modeli değerlendirilmeye ve gelişmeye devam etmektedir (Bailey, 2001). Bilişsel terapinin çocukların kendilerine has özelliklerine uyarlanması gerekirken, temel olarak erişkin çalışmalarıyla elde edilmiş birçok ilke hâlâ geçerlidir (Knell, 1993; Akt., Friedberg ve McClure, 2020). Örneğin; kanıta dayalılık zemininde terapötik iş birliği ve rehber aracılığıyla öğrenme çocuklarda yararlıdır. Ayrıca oturum yapısı da esnek bir şekilde çocuklara uygulanabilir. Buna uygun olarak gündemi belirleme ve geri bildirim alma çocuklarla bilişsel davranışçı terapiyi yönlendiren temel ilkelerdir (Friedberg ve McClure, 2020). Çocuklarla bilişsel davranışçı terapi yetişkinlerle olduğu gibi sorun odaklı, etkin ve hedefe yöneliktir (Knell, 1993; Akt., Friedberg ve McClure, 2020).

Çocuklarla yapılan bilişsel davranışçı terapi yetişkinlerle yapılandan farklıdır. İlk olarak çok az çocuk kendi iradesi ve isteğiyle terapiye gelir (Leve, 1995; Akt., Friedberg ve McClure, 2020). Çocuk ve ergenler, tedaviye kabul ettikleri veya etmedikleri sorunlar nedeniyle genellikle bakımverenleri tarafından getirilirler. Dahası, klinik deneyimlerimize göre çocukların sıklıkla psikolojik sorunları sonucu aile ve okul gibi yerlerde oluşan sorunlar nedeniyle terapiye getirilmektedirler (Friedberg ve McClure, 2020).

O'Connor ve Creswell'a göre (2005) çocuklarla BDT uygulamalarında ilk olarak gelişimsel bir yaklaşım içinde çocuğu değerlendirmek gerekir. Değerlendirme açısından, odak noktasının sadece semptom ifadesine değil, aynı zamanda bireyin gelişimsel seyrine ve rahatsızlığının yansımasına da odaklanılmalıdır. İkinci olarak çocuğun bilişsel, dilsel veya sosyal gelişimi hakkında bilgilenmek ve müdahalelerin nasıl yapılacağını belirlemektir. Gelişimsel modelin üçüncü bileşeni ise çocuğu kendi sosyal bağlamına göre ele almak ve çocuğun içinde bulunduğu çoklu sosyal bağlamların (aile, okul, mahalle ve alt kültür) onun duygulanımını, bilişini ve davranışını nasıl etkilediğini incelemeyi amaçlar. Gelişimsel modelin dördüncü bileşeni, çocuk için ikisi arasında bir ayrım varsaymaktan ziyade normal ve anormal davranış arasındaki sürekliliği dikkate alma ihtiyacını vurgular. Örneğin, erken çocukluk döneminde köpek korkusu normal sınırlar içinde kabul edilebilir ancak aynı korku (ve buna eşlik eden davranışsal kaçınma) daha büyük çocuk veya ergende klinik öneme sahip olabilir.

Bir diğer husus, çocuklarla uygulamada özellikle endişe duyulan şey, BDT'nin kendini ifade etme becerilerine önemli ölçüde bağımlı olması ve bazı çocukların, özellikle küçük çocukların bilişsel yeteneklerini aşan üstbilişe erişmeyi ve derinlemesine düşünmeyi gerektirmesidir. BDT'nin küçük çocuklarda çalışırken etkili ve uygulanabilir olması için karmaşık bir dile olan ihtiyacı azaltacak değişiklikler yapılmalıdır. Küçük çocuklar düşüncelerini ve duygularını ifade etme ve problemleri sözlü olarak çözme konusunda daha az becerikli olduklarından, oyun temelli teknikler çok daha etkili olabilir (Smith-Bonahue ve Tiplady, 2021).

Terapistlerin çocuklarla çalışırken yaptıkları özel uyarlamalar, küçük çocukların bilişsel gelişimlerine göre üstbilişlerindeki sınırlılıklarını ve duyguları etiketlemedeki yetersizliklerini göz önünde bulundurarak, terapinin içeriğini ve hızını çocuğa uygun bir düzeyde ayarlamakla ilgilidir. Daha küçük çocuklarda terapist muhtemelen daha aktif olacak ve davranışsal tekniklerden bilişsel tekniklere daha yüksek oranda yararlanacaktır (Bailey, 2001). Çocuklarla çalışırken terapötik sürecin doğasının ve beklentilerinin açık bir şekilde aydınlatılmasına ihtiyaç duyulur. Bu çoğunlukla yetişkinlerle olduğundan daha az didaktiktir ve bu durum klinisyenin daha aktif bir rol benimsemesine neden olur. Klinisyenler, sessiz veya konuşkan olmayan çocuklarla çalışırken çocuk için olasılıklar arasından seçim yapmada yüksek sesle düşünme gibi söylemsel bir yaklaşımı benimseyebilirler (Stallard, 2021).

Psikolojik danışmada ele alınan konuların çoğu, çocuklar için karmaşık ve soyuttur. Metafor kullanımı (ör., sembolik oyunda) soyut kavramların çocuk için daha somut olmasına yardımcı olabilir. BDT'de danışanların soyut konuları kavramasına yardımcı olmak üzere sunulan probleme, çocuğun gelişim düzeyine ve çocuğun veya ergenin ilgilerine göre çok sayıda teknik ve yöntem kullanılabilir. Oyunlar, hikâye anlatımı, kuklaların ve dramanın ve süper kahraman oyunları bunlardan bazılarıdır (Smith-Bonahue ve Tiplady, 2021).

Entelektüel açıdan gelişmiş ve iyi motive edilmiş bir ergenin, yetişkin tipi BDT ilkelerini veya programlarını kavraması hem ergen hem de terapist için çok hızlı ve ödüllendirici olabilirken, daha küçük çocuklar için ise yetişkinlerde kullanılan düşünce günlükleri gibi materyaller ve diğer BDT teknikler ile müdahaleler çocuğa uygun bir biçimde uyarlanmadıkça anlaşılmayabilir (Bailey, 2001).

Çocuklar nadiren tedaviyi başlatabilir ve genellikle tedavinin ne zaman biteceği konusunda da iradeleri kısıtlıdır. Bazı durumlarda, çocuk terapiden zevk alır ve önemli ilerlemeler kaydeder ama çeşitli nedenlerle aileleri tedaviyi sonlandırabilir. Diğer durumlarda, çocuklar tedavi sürecinden kaçınabilir ve hatta tedaviden korkabilir ama dış koşullar nedeniyle (ör.; çocuk mahkemesi hükümleri, okul şartları, veliler) devam etmek zorunda kalabilirler. Her iki durumda da çocuklar süreci kontrol edemezler. Birçok çocuk için bir yetişkine duygu ve düşüncelerini açıklama fırsatı çekici gelse de diğerleri için otorite konumundaki bir yetişkinle konuşmak için psikoterapiye gitme deneyimi önemli bir oranda endişe oluşturur. Beklendiği gibi çocuklar genellikle kontrolsüzlüğü gerçekçi bir şekilde hissederler. Bu nedenle, tedavi sürecinde çocuğu tedaviye dâhil etme ve tedaviye motivasyonunu artırmak için gayretle çalışılmalıdır (Friedberg ve McClure, 2020).

Çağdaş bilişsel davranışçı terapi, yalnızca çocuk danışanlara odaklanmanın ötesine geçmiş; ebeveynleri, akranları ve okul personelini içeren yöntemleri birleştirmiştir. Alanyazın açıkça kişiler arası ve sosyal bağlamları ve ebeveynleri iş birlikçiler veya ortaklar olarak dâhil etmeyi önermektedir ancak terapi değerlendirme çalışmaları bu genişletilmiş klinik uygulamalara ayak uyduramamıştır (Kendall, 1993). Fakat bu konuda yapılan çalışmaların sayısı sınırlı görünmektedir.

ÇOCUK VE ERGENLERDE BİLİŞSEL DAVRANIŞÇI TERAPİ

Rachman (1997), bilişsel davranışçı terapinin gelişimine ilişkin üç aşamayı tanımlamaktadır. Bunlar sırasıyla 1950 ve 1970 yılları arasında Birleşik Krallık ve ABD'de davranışçı terapinin ortaya çıkışı ve yüzyılın ortalarından itibaren ABD'de bilişsel terapinin büyümesidir. Daha sonrasında ise1960'lar ve 1980'lerin sonunda hem Avrupa hem de Kuzey Amerika'da davranışçı ve bilişsel terapinin BDT ile birleştirilmesi aşamalarıdır. Çocuk ve ergenlerde BDT'nin gelişimi benzer fakat aynı olmayan bir seyir izlemiştir. İlk olarak davranışçı terapiler yetişkinlerden çok çocuk alanında geliştirildiler. Örneğin, Mowrer ve Mowrer (1938), İkinci Dünya Savaşı'ndan önce gece enürezisi için bir şartlandırma tedavisi uyguladılar. Bundan daha önce, Mary Cover Jones (1924), çocukluk fobilerini duyarsızlaştırma gibi tekniklerle tedavi etti. Bununla birlikte, çocuk ve ergen BDT'de yetişkin alanında olduğu gibi bu tür teknikler, özellikle alışkanlık ve fobik bozukluklarda geniş çapta araştırılıp uygulandıkları 1950'ler ve 1960'lara kadar gerçekten yer etmemiştir. Daha sonrasında ise 1970'ler ve 1980'lerde bilişsel gelişim çalışmalarında önemli bir artış olmuştur. Piaget'in çocukların bilişsel yeteneklerine ilişkin yaptığı çalışmalar, çocuklarda bilişsel terapinin gelişiminde önemli rol oynamıştır (Graham, 2005).

Graham'e göre (2005) çocuklarla BDT'nin ortaya çıkmasını ve gelişimini yetişkinlerdeki gibi ayırt etmek zordur. Bunun nedeni olarak, çocukların tamamen bilişsel bir yaklaşımdan yararlanacak bilişsel olgunluğa sahip olmadıkları varsayılmış olabilir. Ancak 1980'lerin ortalarında ve sonlarında, Philip Kendall'ın Çocuk ve Ergenlerde BDT ile ilgili etkili ders kitaplarının yayınlanmasından sonra ayırt edici bir terapi biçimi olarak hızla gelişmeye başlamıştır (Kendall ve Braswell, 1985; Kendall, 1991).

Bilişsel Davranışçı Terapi (BDT), çocuklara düşüncelerini, inanışlarını ve varsayımlarını tanıma, anlama, tartışma ve yeniden değerlendirme olanağı sağlayan becerileri ve süreçleri geliştirme konusunda onlara yardımcı olmayı amaçlar. Bu nedenle olası yanlılıkları veya uygunsuz genelleştirmeleri belirlemek için olayları ve gelecekte öngörülen sonuçları açıklamada kullanılan önemli bilişler tanımlanır ve sistematik olarak araştırılır. Bu yapılandırılmış araştırma sonrasında çocuğun, daha dengeli alternatif bilişsel çerçeve geliştirmesine yardımcı olacak şekilde inançlarını ve varsayımlarını daha uygun bir şekilde sınırlamasıyla sonuçlanır (Stallard, 2021).

Bilişsel davranışçı terapistler, yeni bilişsel ve davranışsal beceriler kazandırmaya çalışarak ve çocuklarda bilişsel değişimler sağlayacak deneyimler sunarak çocuklar ve ergenlere yardımcı olmak için çabalamaktadırlar (Reinecke ve diğ., 2015). Çocuklar için bilişsel davranışçı terapi, çocuklara, davranışlarını yönlendirmeleri ve böylece uyumlarını geliştirmeleri için bilişsel aracı yöntemleri kullanmanın öğretildiği çeşitli müdahale ve tekniklerden oluşmaktadır. BDT'nin gelişimi, davranışçı terapi ve bilişsel terapideki araştırma ve klinik uygulamalardan ve davranışa rehberlik etmede dilin rolüyle ilgili gelişimsel araştırmalardan etkilenmiştir (Durlak ve diğ., 1991). Bilişsel davranışçı yaklaşımlar rasyonel bir karışım olarak tanımlanabilir: BDT, davranışçı terapinin kanıtlanmış olumlu etkilerini korumaya ve danışanın bilişsel aktivitelerini terapötik değişimi sağlama çabalarına dâhil etmeye yönelik amaçlı bir girişimdir. Buna göre çocuklar ve ergenlerle bilişsel davranışsal yöntemler, düşünce, duygu ve davranışta değişiklikler sağlamak için bilişsel müdahalelerin yanı sıra etkin, performansa dayalı işlemleri kullanır (Kendall, 1993).

BDT, duygusal ve davranışsal sorunlara neden olduğu varsayılan bilişsel eksiklikleri ve çarpıklıkları tanımlamak, meydan okumak, gidermek, değiştirmek ve alternatif bilişler geliştirmeleri için çocuğun ve ailesinin işlevsel beceriler geliştirmesine yardımcı olur (Stallard, 2013). Aynı zamanda BDT, danışanların hem mevcut hem de gelecekteki sorunlara karşı kendi çözümlerini bulmaları ve değerlendirmeyi öğrenmelerine yardımcı olarak kendi kendine yardımı teşvik etmeyi amaçlamaktadır (Dummett, 2010).

Bilişsel davranışçı terapistler, eğer bir çocuk öğrenebiliyorsa bilişsel davranışçı terapi için onun iyi bir ortak olduğunu vurgularlar. "Çocukların beyni ve bedeni bile öğrenir, öyleyse neden düşünme biçimlerini nasıl değiştireceklerini öğrenemesinler? Bir çocuğun anlayamayacağı bir varsayım varsa o hâlde çocukların okuldaki başarılarını nasıl açıklayabiliriz?" sorularını sorarlar (Ronen, 1992). Biliş teorileri, yetişkinlerde olduğu gibi çocukların da rahatsız edici duygularının büyük ölçüde inançları tarafından üretildiğini varsaymaktadır (Ellis, 1962, 1976, 1977 ve 1979). Akılcı olmayan düşünceler ve gerçekliğin çarpıtılması, yetişkinlerde olduğu gibi çocuklarda da öfke, kaygı ve depresyona neden olabilir. Aslında, çocuklar çocuk oldukları yani olgunlaşmamış oldukları için ve yetişkinlere göre daha az bilgili ve daha az eğitimli olmaları nedeniyle yetişkinlerden daha fazla bilişsel hata yapmaları ve daha kolay sinirlenmeleri beklenebilir (DiGiuseppe, 1989).

Çocuklar BDT'ye katılabilmek için bir dizi temel görevleri üstlenebiliyor olmalıdırlar (Stallard, 2021). Bunlar:

- Duygu durumu izlemek,
- Otomatik düşünceleri yansıtmak,
- Düşünce ve duygular arasındaki bağlantıları anlamak ve birbirinden ayırmak.

Henüz somut işlemler aşamasına gelmemiş çocuklar, kuşkusuz bilişsel davranışçı terapinin mantığı ve tartışmacı yöntemlerini anlama noktasında zor anlar yaşamaktadırlar. Bununla birlikte, bu tür çocuklar, düşüncelerin mantıksal manipülasyonunu gerektirmeyen sosyal sorunların çözümünde sözlü kendi kendine öğretim veya eğitim gibi diğer bilişsel müdahale türlerinden yararlanabilirler. Aslında, çocukların ve ergenlerin akılcı-duygusal ilkeleri anlayabileceklerine dair kanıtlar artmaktadır (DiGiuseppe, 1989).

Çocuklarla bilişsel terapi genellikle burada ve şimdi odaklı deneysel bir yaklaşıma dayanmaktadır (Knell, 1993; Akt., Friedberg ve McClure, 2020). Çocuklar eylem odaklı olduklarından yaparak kolayca öğrenirler. Başa çıkma becerilerinin somut eylemlere bağlanması, çocuklara hatırlama, katılma ve istenilen davranışı gerçekleştirme konusunda yardım edebilir. Ayrıca terapide eylem canlandırıcıdır. Eğlendikleri zaman çocukların motivasyonu artacaktır (Friedberg ve McClure, 2020). Terapide çocuğa açık ve basit yönergeler verilmesi ve çocukların günlük yaşamından tanıdık aktivite ve olayların kullanılması, daha küçük çocukların BDT ile aktif olarak ilgilenme ve BDT'ye başarılı bir şekilde katılma ihtimallerini artıracaktır. Yani yöntem ve teknikler basitleştirilir, somutlaştırılır ve çocuğun gelişimiyle uygun hâle getirilirse küçük çocuklar, BDT'nin temel gerekliliklerinin çoğuyla yakından ilgilenmeye başlayabilirler (Stallard, 2021).

Çocuklarla bilişsel davranışçı yaklaşımların uygulanmasında genellikle dört aşama vardır: (1) ilişki kurma, (2) değerlendirme, (3) beceri kazandırma ve (4) pratik ve uygulama yapma (DiGiuseppe,1989).

ÇOCUK VE ERGENLERDE BİLİŞSEL DAVRANIŞÇI TERAPİNİN STANDART İŞLEYİŞ TASLAĞI

1. Terapist belirli semptomların gelişimine dair bilgileri edinir, aynı zamanda duruma özgü etkenleri ve geçici işleyişi ortaya koyar. Mevcut sorunun yapısı ile ilgili öznel ve nesnel veriler toplanır (tercihen birden fazla kaynaktan).
2. Çocuk ve ebeveynlerle (ya da ilgili bakıcılarla) birlikte hedef listesi oluşturulur. Bilişsel formülasyon ve tedavi önerileri çocukla ve ailesiyle paylaşılır.
3. Temel inançlar, tutumlar, varsayımlar, beklentiler, atıflar ve benlik ifadeleri ya da otomatik düşünceler tespit edilir. Danışanlar, olumsuz ve uyumsuz düşünceleri ve duyguları takip etmeyi öğrenir. Kendini izleme girişimleri ödüllendirilir.
4. Belirli davranışsal ve kişiler arası eksiklikler tespit edilir.
5. Semptomların devam etmesine yol açan tıbbi, sosyal ve çevresel faktörler belirlenir. Sosyal ve çevresel faktörler arasında stresli yaşam olayları (büyük ya da küçük, kısa vadeli ya da uzun vadeli) yer alabilir ya da çocuğun hayatındaki başka bireyler tarafında semptomlar model alınıyor ya da pekiştiriliyor olabilir.
6. Bilişsel ve davranışsal müdahaleler belirlenir ve çocuğun ihtiyaçlarına göre uygulanır.
7. Ev ödevleri verilir. Seans sırasında çocuk bilişsel ya da davranışsal becerileri uygular. Müdahalelerin açık bir şekilde anlaşıldığından, çocuğun verilen ödevler konusunda istekli olduğundan ve müdahalenin faydalı olacağına inandığından emin olunur. Ev ödevlerinin yerine getirilmesine engel olabilecek unsurlar tespit edilir ve bunlar üzerinde durulur.
8. Objektif ölçümler yapılarak, davranışlar gözlemlenerek ve öznel raporlar hazırlanarak müdahalelerin etkileri değerlendirilir.
9. Sorunun tekrar etmesini (nüks) önleyici müdahaleler uygulanır. İzleme ve destek seansları planlanır (Reinecke ve diğ., 2015).

Çocukların hangi yaşta BDT'ye dâhil edilebileceği ile ilgili çok sayıda tartışma vardır. Bazıları, çocuk en az 12 yaşına ulaşana kadar çocuklarda BDT'nin optimum faydalarına ulaşılamayacağını düşünmektedir (Durlak ve diğ., 1991). Bu öneride ifade edilmek istenen, daha küçük çocuklarda yeterli bilişsel becerilerin olmaması ya da az gelişmiş olması durumunun BDT yapmak için gerekli kavramsal zemine sahip olmamalarına neden olmasıdır (Shirk, 2001). Bazıları ise sorunun küçük çocukların yeterli kognitif ya da kavramsal beceriler ortaya koyup koyamaması ile ilgili olmadığını ancak BDT'nin modifiye edilerek çocuğun ulaşması için gelişimine uygun bir yol sağlayıp sağlayamaması olduğunu öne sürer (Friedberg ve ark., 2000; Ronen, 1997; Stallard 2002b; akt., Stallard, 2021). Bu bakış açısı, tekniklerin uygun bir şekilde uyarlanması hâlinde 7 yaş ve üzeri çocukların BDT'den fayda görebileceklerini belirtir (Stallard, 2021).

Bilişsel Model

Bilişsel davranışçı model, çocukluk psikopatolojisinin etiyolojisi ve iyileştirilmesinde bilişsel, duyuşsal, sosyal, gelişimsel ve davranışsal faktörlerin karşılıklı bağımlılıklarını dikkate alır. Model, davranışsal olayları çevreleyen bilişsel çarpıtmalar ve eksikliklerle ilgilidir ve bir iyileştirme düzenleyicisi olarak tedavi yöntemlerinin uygulanmasında terapistle iş birliğini vurgular. Tedavi beklentileri, biliş-bozukluk ilişkisinin özgüllüğü, eğitimin uygulanmasının kalitesi ve çocuğun terapötik müdahalelere daha fazla katılımının gerekliliği ile ilgili önerilerde bulunulur (Kendall, 1985).

Model, öğrenme sürecine ve ortamdaki beklenmedik durumların ve modellerin etkisine çok fazla önem verirken bireyin psikolojik sıkıntının geliştirilmesi ve giderilmesinde bilgiyi işleme tarzının merkezîliğinin altını çizmektedir (Kendall, 1985). Bilişsel davranışçı terapiler, duygulanımın rolünü ve sosyal bağlamı hafife almazlar. Bunun yerine, değişim için bilişsel, davranışsal, duygusal, sosyal ve bağlamsal yöntemleri bütünleştirirler. Bilişsel davranışçı model, biliş ve davranış arasındaki ilişkileri duygusal duruma ve organizmanın daha geniş bir sosyal bağlamdaki genel işleyişine göre dikkate alır ve kabul eder (Kendall, 1993; 2012). Çocukluk çağı bozukluklarının bilişsel davranışçı analizleri, çocuğun iç ve dış çevresinin çeşitli özelliklerinin dikkate alınmasını gerektirir ve bütünleştirici bir bakış açısı ile sorun ele alınır. Etiyolojiyi anlamada ve terapiyi belirlemede davranışsal süreçlerin yanı sıra bilişsel, duyuşsal, sosyal ve gelişimsel süreçlere anlamlı roller verilir (Kendall, 1985).

Dış dünyadaki davranış kalıpları ve iç dünyadaki bilişsel yorumlar sosyal/kişiler arası bağlamlarla (akranlar ve aile) ilgili olduğundan BDT sosyal bağlamı ele alır. Örneğin, sosyal/kişiler arası faktörler, terapi yöntemlerinin belirlenmesinde çok önemli bir rol oynamaktadır. Çocuklar ve ergenler için sosyal bağlamın merkezîliğinin altı çizilmelidir. Gerçekten de akranlarla doyum verici bir ilişki, bir çocuğun başarılı uyumu için çok önemli bir bileşendir ve bir çocuğun ihtiyaçlarının anlamlı bir şekilde değerlendirilmesi ve etkili bir müdahalenin gerçekleştirilmesi için akran ve sosyal ilişkilerin anlaşılması (terapist için geçici görünse bile) gereklidir. Benzer şekilde, ailenin rolü de ihmal edilemez çünkü bu sosyal mikrokozmos, daha sonraki sosyal etkileşim için birçok kuralı ve rolü belirler (Kendall, 2012). Bu anlamda sosyal-bilişsel değişkenler çeşitli bilişsel davranışçı işlemlerin hangisinin, nasıl ve ne zaman kullanılacağını belirler (Friedberg ve McClure, 2020). Özetle, bilişsel davranışçı terapist; çeşitli, çoklu bilgi kaynaklarını dikkate alarak ve bir bilgi birikimine dayanarak, sorunun doğasını ve tedavisi için en uygun stratejiyi belirleyerek bir teşhis uzmanı olarak hizmet eder (Kendall, 2012).

Terapistin Duruşu

Çocuklar ve ergenlerle çalışan bilişsel davranışçı terapist, iş birlikçi bir kaliteye (danışman olarak terapist), sosyal bilgileri bütünleştirme ve çözme becerisine (teşhis uzmanı olarak terapist) ve katılımla ilgili deneyimler yoluyla öğreten (eğitimci olarak terapist) bir duruşa veya ruhsal tutuma sahip olmalıdır. Kaliteli bir rehber bu özelliklerin çoğuna sahiptir ve terapistin kendisini bir şekilde ruh sağlığı rehberi olarak görebileceğini söyleyebiliriz. Bir psikolog, psikiyatrist, okul psikolojik danışmanı, yardımcılar olarak özel eğitimci, sınıf öğretmeni veya ebeveyn tarafından sunulan yüksek kalitedeki bir müdahale, danışanın deneyimlerini nasıl algıladığını ve gelecekte nasıl davranacağını, düşüneceğini ve hissedeceğini değiştiren bir müdahaledir. Düşünce ve davranışlardaki bu tür bir rehberlik ve düzeltme, danışanı uyum yoluna yönlendirir ve iyileştirir (Kendall, 2012).

Bilişsel davranışçı bir terapistin terapötik duruşu eğitimci olmayı gerektirir. Buradaki "eğitimci"nin kullanımı, bilişsel becerileri ve duygusal gelişimi öğrenmeye yönelik müdahalelerden ve birinin öğrenmesine yardımcı olmak için etkili ve uygun iletişim yollarının kullanılmasını ifade etmektedir. İyi bir eğitimci, öğrencileri kendileri için düşünmeye teşvik eder (Kendall, 2012). Terapist, empatik bir anlayışla ve Sokratik diyalog yoluyla meraklı duruşunu sergiler.

Terapist; ilgili, meraklı ve çocuğun kişisel paradigması hakkında daha çok şey öğrenmeye heveslidir (A. Beck ve ark., 1979). Terapist meraklı duruşunu devam ettirerek, sorunu birçok açıdan değerlendirmeyi sağlayan esnek düşünmeyi modeller ve teşvik eder (Friedberg ve McClure, 2020). Merakın terapist ve danışan tarafından paylaşıldığı, iş birlikçi bir terapötik ilişki ve rehberli keşif süreci oluşturulur. Danışanın anlattıklarını yansıtmak ve terapistin anlayışının doğruluğu hakkında geri bildirime fırsat vermek için sık sık özetleme yapılır. Kendi kendini yansıtma ve değerlendirme yoluyla, danışan kendi deneyimlerinde kabul edilen "uzman" olarak kalır ve terapist, hipotezleri dayatmak yerine, danışanın kendini keşfetmeyi ve gelecekteki müdahaleler için kendi kendine önerilerde bulunmak için ampirik sorular ortaya koyarak belleğin geri alınmasına yardımcı olmak için çok daha fazla işlev görür (Dummett, 2010).

Terapötik İlişki ve Katılım

Kendini açma, herhangi bir sözlü psikoterapi için bir ön koşuldur. Çocukların terapistlere kendilerini açmaları yetişkinlere göre daha zordur. Çoğu çocuk için nasıl hissettiğini veya düşündüğünü dürüstçe söylemeden önce çocukla sıcak ve kabullenici bir ilişkinin kurulması bir zorunluluktur. Çocuklarda ve özellikle ergenlerde, terapiye başlamadan önce onunla sağlanacak uyum çok daha önemli hâle gelir. Terapistin müdahalelerinin etkili olabilmesi için kendini açmanın ve onları etkili dinlemek oldukça önemlidir (DiGiuseppe, 1989). Bilişsel terapide terapistler, danışanla empati, saygı ve saydamlık çerçevesinde ilişki kurarlar. Terapide danışanı etkin dinlemeye önem verirler. Terapist, danışanı ve sorunları için sürekli etkin olarak çalışır. Bilişsel terapinin yapısı gereği, danışanın da etkin bir katılımda bulunması, verilen ödevleri, etkinlikleri zamanında yapması, terapistle iş birliği içinde olması ve değişim için sorumluluk alması terapinin başarısı açısından önemli bir durumdur (Yıldız, 2018).

Bilişsel davranışçı terapi, terapi ilişkisinin terapist ve danışan arasında, iş birliğine dayalı bir dengeyi yansıttığı görüşünü benimser. Terapistler ve çocuklar terapötik yolculukta gerçek birer ortaktır. Elbette iş birliği eşitlik anlamına gelmez. Sık olarak tedavi süresince çocuklarla takım arkadaşı olmak konusunda konuşuruz ve terapötik ilişkiyi takım çalışmasına benzetiriz. Terapist, çocuğu ne düşüneceği konusunda zorlamaktansa onun kendisi için daha fazla yönelik ve işlevsel açıklamalar geliştirmesini teşvik etmek amacıyla rehber aracılığıyla öğrenmeyi kullanır (Friedberg ve McClure, 2020).

Çocuklarla BDT'de terapötik ilişkinin belirli yönlerine ilişkin araştırmalar eksik olmakla birlikte, Stallard (2005) tarafından ingilizce **PRECISE** kısaltmasıyla tanımlanan bir dizi kural geliştirilmiştir. Buna göre terapötik süreç, çocuğu ve ailesinin terapistle bir ortaklık [Partnership-(**P**)] içinde çalışmasını içerir. Ortaklık, iş birlikçi deneyciliğe dayanır ve çocuğun ve ebeveynlerinin/bakıcılarının değişimi sağlamadaki aktif rolünü vurgular. Terapistin, çocuğun bilişsel, dilsel, bellek ve perspektif alma yeteneği ile tutarlı olduğundan emin olmak için müdahaleyi doğru gelişim düzeyinde [Right developmental level-(**R**)] sunması gerekir. Terapist; sıcak, şefkatli, saygılı ve empatik [Empathic-(**E**)] bir ilişki benimser ve yaratıcı bir şekilde [Creatively-(**C**)] BDT kavramlarını ilgi ve anlayışlarına uygun bir şekilde esnek bir şekilde aktarır. BDT'nin anahtar kavramı, meraklı ve yansıtıcı bir duruşun benimsenmesiyle geliştirilen rehberli keşif ve araştırma [Guided discovery and investigation-(**I**)] kavramıdır. Terapist çocuğun güçlü yanlarını, becerilerini ve fikirlerini keşfetmesine ve geliştirmesine yardımcı olduğu için öz yeterlik [Self-efficacy-(**S**)] teşvik edilir. Son olarak terapi seansları eğlenceli olmalı [Enjoyable-(**E**)] ve çocuğun motivasyonunu ve değişime olan bağlılığını sürdürmek için ilgi çekici olmalıdır (Stallard, 2013).

Bilişsel davranışçı tekniklerin her biri, kanıta dayalılık zemininde iş birlikçi deneysel yaklaşım (collaborative empiricism) ve rehberli keşif aracılığıyla öğrenme (guided discovery) yöntemleriyle her çocuğa özgül olarak uyarlanır. Bu kavramlar, terapiyi farklı karakter ve özellikteki çocukların dinamik ihtiyaçlarına göre uyarlamamıza izin verir. Kanıta dayalılık zemininde terapötik iş birliği ve rehber aracılığıyla öğrenme, terapötik ivmeyi teşvik eden, somut bir biçimde kurulmuş üretken terapi ilişkilerini inşa ederek, terapist-danışan uyumunun ötesine geçer (Friedberg ve McClure, 2020).

Terapinin aşaması, terapötik iş birliği ve rehber aracılığıyla öğrenme düzeyini belirlemede önemli bir faktördür. Tedavinin erken aşamalarında, danışman genellikle daha aktif bir rol üstlenir. Birçok çocuk ve ergen, terapideki kuralları, rolleri, sorumlulukları ve beklentileri henüz bilmiyordur. Aileler bizi birer uzman olarak görür ve doğal olarak tedavide daha pasif davranırlar. Terapinin geç safhalarında, çocuklar ve aileleri bilişsel terapinin yapısı hakkında daha çok şey öğrendikten sonra, terapist artık iş birliğini daha çok teşvik etmelidir. Böylece gençler ve aileleri kendi tedavilerini yönlendirirler (Friedberg ve McClure, 2020).

Bununla birlikte başvurudaki problemler de terapötik iş birliğinin ve rehber aracılığıyla öğrenmenin seviyesini belirler. Öte yandan gelişimsel kapasite de terapötik iş birliği ve rehber aracılığıyla öğrenmenin derecesini etkiler. Daha küçük yaştaki çocukların dikkat süresi kısadır, belirsizliğe toleransları düşük ve akıl yürütme süreçleri daha katıdır. Dahası, genelde küçük yaştaki çocuklar, büyük yaştaki ergenlerden daha dürtüsel ve kendilerini yansıtmaya daha az meyillidirler. Sonuç olarak büyük yaştaki çocuklarla iş birliği daha üst düzeydedir.

Yaş da beklenen terapötik iş birliği ve rehber aracılığıyla öğrenmenin seviyesini etkiler. Genellikle ergenlerin iş birliği ve akılcı analiz konusundaki kapasitesi birinci sınıfta okuyan çocuklardan daha fazladır. Daha küçük yaştaki çocuklarsa tedavi sürecine ve yönergelere alıştıktan sonra terapist iş birliğinin seviyesini artırabilirler. Çocuğun motivasyonu da terapötik iş birliği ve rehber aracılığıyla öğrenmeyi şekillendirir. Yüksek derecede kaçıngan, motivasyonu olmayan çocuklar, başkaları tarafından kontrol edildiklerini düşündüklerinde genellikle aşırı tepkiler verirler. Söz dinlemez çocuklara uygulanacak kural koyucu ve aşırı derecede yönlendirici yaklaşımlar terapi sürecini olumsuz etkiler. Her çocuğun kişiler arası ilişki tarzı terapötik iş birliğini ve rehber aracılığıyla öğrenmesini etkiler. Bazı çocuklar diğerlerinden daha pasif davranır ve özellikle yönlendirme ve destek konusunda diğerlerine bel bağlarlar. Kültürel faktörler terapötik iş birliği ve rehber aracılığıyla öğrenmede çok önemlidir (Friedberg ve McClure, 2020).

Katılım hem bir danışanın terapiye uyumu ve terapiye katılımının bir açıklaması hem de terapötik bir ittifak kurarak iyi bir uyum ve katılım sağlamayı amaçlayan süreç olarak görülebilir. Terapiye katılım, terapi hedeflerine ulaşmak için önemli faktörlerden biridir. Zayıf katılım, kötü terapi sonuçlarıyla ve ayrıca genel olarak psikososyal sıkıntılarla bağlantılıdır. Terapistler, ergenle ilgili, aileyle ilgili, terapiyle ilgili ve terapistle ilgili iyi ve zayıf katılımın öncülleri konusunda dikkatli olmalıdırlar. Katılımı kolaylaştırmak için terapistler, gerçek ve iş birlikçi bir duruş sergilemeli, terapi planlamasını iyi yapılandırmalı, ebeveyn desteğinden yararlanmalı ve katılımın önündeki olası engelleri ele almalıdır. İlk değerlendirmeyi terapötik bir şekilde kullanmak ve motivasyonel görüşme müdahalelerini kullanmak katılımı artırmak için sağlam bir kanıt temelli uygulama sunar. Psikoeğitimin kullanılması, tedavi engellerinin ele alınması ve iş birlikçi bir formülasyonun geliştirilmesi de katılımı iyileştirebilir (Boege ve Ougrin, 2013).

Beklentiler

Psikoterapinin ne olduğunu ve niçin yapıldığını çok az sayıdaki çocuk anlamaktadır. Bir psikoloğun/psikolojik danışmanın insanlara "yardım eden" bir kişi olduğuna dair bir fikirleri vardır ancak bunun dışındaki fikirlerinin çoğu olumsuz niteliktedir. Birçok çocuk, mesleğimizin "çılgın/deli insanlara" yönelik olduğuna ve bu nedenle ofisimizde olmanın bir damgalama durumu olduğuna inanmaktadır. Çocukların mesleğimiz için sahip olduğu diğer model ise okul psikolojik danışmanlığıdır. Bu rolü ise çoğu zaman disiplinli bir rol olarak algılarlar. Okullarda, okul psikolojik danışmanına ne tür çocuklar gönderilir? Psikoterapi sürecini bilmemenin yanı sıra birçok çocuk, neden geldiklerinin farkında olmadan ofislerimize gelmektedir. Ebeveynleri onları psikolojik danışma servisine getirirken onlarla bu konuyu tartışmayabilirler. Bu noktada çocukların anlamadıkları bir süreçte bizimle iş birlikçi bir yaklaşım içinde olmaları pek mümkün değildir. Bu nedenle ilk işimiz onlara ne yaptığımızı, kimlere yardım ettiğimizi, nasıl yardım ettiğimizi açıklamaktır. Böyle bir açıklamadan sonra, mesleğimiz için olumlu bir şemaya sahip olması, olumsuz ön yargılarının azalması, umutlu olması ve bir sorun çözme yaklaşımına sahip olması gerekir (DiGiuseppe, 1989).

ÇOCUK VE ERGENLERLE BDT'DE DEĞERLENDİRME VE FORMÜLASYON

Çocuklar için bilişsel davranışçı bir tedavi programı tasarlamak için iyi bir değerlendirme yapmak çok değerlidir. İlk adım olarak değerlendirme, terapi için göz ardı edilemeyecek düzeyde önemli bir faktördür. Değerlendirmede, ebeveynler genellikle terapi başladığında çocuğun tüm sorunlarını ve kendileri ya da çocukla ilgili her bilgiyi tam olarak vermeyebilirler. Çocuktaki uyumsuzluk ve çocuğun sorunları arasında bir bağlantı görmedikleri için aile içi çatışmalardan bahsetmeyebilirler. Ya da çocuğun davranışının bazı kısımlarını gündeme getiremeyecek kadar suçlu, belki de çok utanmış hissedebilirler. Çocuk açısından ise değerlendirme aşamasında terapi için hayati önem taşıyan kendini açma gibi önemli beceriler çocuğun kişisel repertuvarında açıkça konuşmaya izin verecek kadar yeterli olmayabilir. Bu nedenle, terapistin bir çocuğun sorununu anlaması veya okul fobisi olduğunu ya da baba ve çocuğun birbirleriyle konuşmadığını öğrenmesi için aylar geçebilir (DiGiuseppe, 1989). BDT'de değerlendirme ile birlikte yürütülen en önemli süreç ise formülasyondur.

Formülasyon, terapist ve danışan tarafından ortaklaşa yürütülen dinamik bir süreçtir ve değişim sorumluluğunun paylaşılmasıyla birlikte (uzmanlık yerine) iş birlikçi bir terapötik ilişkiyi teşvik eder (Dummett, 2010). Çocuk ve ergenin sorunu ile ilişkili olgu kavramsallaştırması esnek olmalıdır yani yeni bilgiler ortaya çıktığında kavramsallaştırma değişebilmelidir. Bu yaklaşım; terapisti, ihtiyaç olan terapi yöntemlerini ve tekniklerini sürece dâhil etmesi için duyarlı hâle getirir. Ayrıca, devam eden bir değerlendirme süreci, terapi sırasında elde edilen başarıların altını çizer bu durum ise ebeveynleri ve çocuğu daha da motive eder, terapiste ise kontrol duygusu sağlar (DiGiuseppe, 1989).

Başvuruya neden olan sorun, kavramsallaştırmasının merkezindedir ve olgu kavramsallaştırması bu sorunla başlar. Bilişsel model beş belirti kümesine işaret eder: fizyolojik, duygusal, davranışsal, bilişsel ve kişiler arası ilişkiler. Temel sorunları çevreleyen, her biri diğerini etkileyen ve birbiriyle ilişki hâlinde dört değişken vardır: öykü ve gelişim, kültürel bağlam, bilişsel yapılar, davranışın öncülleri ve sonuçları (Friedberg ve McClure, 2020).

Bilişsel davranışçı terapide olgu kavramsallaştırmasının çeşitli ögeleri birbiriyle ilişkilidir. Şüphesiz ki bilgi işlemeye ilgili değişkenler son derece önemlidir. Bilişsel modelde bir çocuğun davranış örüntüleri çevresel, kişiler arası, bireysel ve biyolojik etmenlerin etkileşimiyle şekillendirilen, öğrenilmiş yanıtlardır. Dahası davranışlar, kültürel ve gelişimsel bir bağlam içerisinde yer alır. Olgu kavramsallaştırması bu boyutların tümünü birden ele alır ve sunar. Yani olgu kavramsallaştırma, belirtilerin neden ortaya çıktığını; çevresel, kişiler arası ve bireysel etmenlerin bu belirli örüntülerini nasıl şekillendirdiğini ve uyum bozucu belirtiler arasındaki ilişkileri gösteren daha açıklayıcı bir varsayım sunar (Friedberg ve McClure, 2020).

Bilişsel Davranışçı Formülasyon

- Sorunlara neden olan ve bunları sürdüren bilişler, düşünceler, davranışlar, ruh hâlleri ve bedensel belirtiler arasındaki bağlantıları kuran temel neden-sonuç süreçlerinin bir hipotezi veya çalışan modelini/temsilini sunar.

- Formülasyon genellikle yazılıdır ancak görsel veya sözlü olabilir. Hangisi danışan için en uygun ve kullanışlıysa o tercih edilir.
- Rehberli bir keşif süreci aracılığıyla vaka bazında iş birliğine dayalı olarak elde edilir.
- Test edilebilir, böylece danışan/aile, formülasyonun yaşadıkları zorlukların doğru bir yansıması olduğunu onaylayabilir.
- Müdahaleleri belirlemede ve herhangi bir değişikliğin olumlu ve olumsuz sonuçlarını tahmin etmede bir şablon sunar.
- Terapiye yeniden odaklanmaya ve terapideki zorlukları keşfetmeye yardımcı olur (Dummett, 2010).

Vaka formülasyonu, terapinin en başında başlatılır ve aşamalar hâlinde oluşturulur, değerlendirme ve terapi ilerledikçe danışan ve terapist tarafından iş birliği içinde iyileştirilir. BDT'de, dört sistem olarak da adlandırılan, problem durumları sırasında danışanın ortaya çıkan duygusal, bilişsel, fizyolojik ve davranışsal tepkilerini ve temel inançlarını keşfetmek için temel bir teknik olarak Sokratik diyalog kullanılır. Yakın zamandaki olay analizinde, danışanlar, sorunun son "tipik" örneklerinde dört sistem yanıtlarını belirlemeye ve ayırmaya ve bu yanıtların nedensel olarak bağlantılı olup olmadığını ve nasıl bağlantılı olduğunu keşfetmeye teşvik edilirler. Bu, çocuklarla etkileşim kurmak için güçlü bir araçtır çünkü seansta son sorunlarını güçlü bir şekilde yeniden yaşamalarına ve terapist tarafından "duyulduğunu" hissetmelerine olanak tanır (Dummett, 2010).

BDT modelinin pratik sonuçları, uygulayıcıların çocukların bilişlerini çeşitli düzeylerde değerlendirmeleri ve bunlara müdahale etmelerini gerektirmektedir. Değerlendirme; düşüncelerin, imgelerin ve diğer bilişsel ürünlerin içeriğini incelemelidir. Bu, müdahale sırasında değiştirilebilecek bilişsel işlemedeki sistematik bozulmayı veya hataları tanımlayabilir. Düzenli olarak yapılan bilişsel çarpıtma kalıpları, uyumsuz şemaların veya yaygın olarak altta yatan tutum ve inançlar olarak adlandırılan şeyin göstergesi olabilir. Ek olarak değerlendirme; problem çözme, kişiler arası öz kontrol becerileri algısı gibi bilişsel işlemlerdeki olası eksiklikleri araştırmalıdır. Bu bilişsel beceri eksiklikleri daha sonra tedavi programları sırasında eğitim için hedeflenebilir (Spence, 1994).

Çocuklar aile ve okul gibi sistemlerin içindelerdir (Ronen, 1998; Akt., Friedberg ve McClure, 2020). Ronen'e göre "Bilişsel davranışçı terapinin odak noktası kendi doğal ortamlarında (aile, okul veya arkadaş ortamında) çocukları tedavi etmekte yatar" (s. 3). Bu nedenle terapistler, çocukların sorunlarını çevreleyen karmaşık sistemik durumları anlamak zorundadır ve tedaviyi buna göre planlamalıdırlar. Terapistler sistemik konuları dikkate almadıkları zaman körlemesine gidiyorlardır. Çocukların yer aldığı sistemler uyuma yönelik başa çıkma becerilerini güçlendirebilir veya söndürebilir. Ailenin tedaviye katılması ve terapi sürecinde okulla irtibata geçmek; başlangıç, sürdürüm ve kazanımların genelleştirilmesi aşamalarında başarı için son derece önemlidir (Friedberg ve McClure, 2020).

Olgu kavramsallaştırması bir çocuk ve ergenle çalışmanın ilk adımıdır; terapistin teknikleri, gencin ve çocuğun koşullarına en uygun biçimde uyarlamasını kolaylaştırır. Bireysel olgu kavramsallaştırma tekniklerin seçimine, onların adım adım uygulanmasına ve ilerlemenin değerlendirilmesine rehberlik eder. Olgu kavramsallaştırması; terapistlere, araçlarını ne zaman ve nasıl kullanmaları gerektiğini anlatır (Friedberg ve McClure, 2020).

Çocuğa ve ergene ilişkin tanımlamayı tedavi süreci boyunca sürekli gözden geçirmek gerekir. Olgu kavramsallaştırmada varsayım oluşturma ve sınama süreci iyi bir veri analizi becerisi gerektirir. İlk olarak basitçe yapılandırılmış bir kavramlaştırma genellikle en iyi yaklaşımdır (Persons ve Tompkins, 2007; Akt., Friedberg ve McClure, 2020). Sonrasında, nesnel ölçek puanlarından kültürel değişkenlere kadar uzanan birçok değişkenin hesaba katılmasıyla, daha karmaşık kavramsallaştırmaların içine çekilebilinir; bu nedenle olabildiğince basit tutmak gerekir (Friedberg ve McClure, 2020).

İkincisi, etkin bir olgu kavramsallaştırması, yeni düşüncelere açık ve ön yargısız biçimde yürütülmelidir. Tek bir bakış açısına sıkı sıkıya bağlanmak yerine kendinize sürekli olarak "Elde ettiğimiz bu veriler başka nasıl yorumlanabilir?" sorusunu sormalısınız. Ayrıca danışandan elde edilen verilerin desteklediği açıklamaları elde tutup desteklemediği varsayımları da reddetmeye hazır olmalısınız. Danışanla iş birliği yapmak, olgu kavramsallaştırmasını kolaylaştırır. Çocuklar ve onların aileleriyle kavramsallaştırmanın paylaşılması, uygulamadan önce onun geçerliliğini ve başarı olasılığını sınamak için önemlidir. Ayrıca bu kavramsallaştırmaya karşı çocuk ve ailesi tarafından verilecek tepkiler, terapiste kullanışlı ve faydalı bilgiler sağlayacaktır (Friedberg ve McClure, 2020).

Tedavi planı klinik iyileşme için izlenecek yolu belirler. Tedavi planı, müdahalelerin sırasını ve zamanlamasını ayrıntılarıyla içerir. Beklendiği üzere etkin bir tedavi planı olgu kavramsallaştırmasına dayanmalıdır (Friedberg ve McClure, 2020).

Geçici kavramsallaştırma, bileşenleri dinamik ve birbiriyle ilişkili bir şekilde düzenler. Kavramsallaştırma, çocuğun iç dünyasıyla dış çevresinin bir resmini çizer. Mevcut problemler, test sonuçları, kültürel bağlam, öykü ve gelişimsel bilgi, davranışsal ve bilişsel değişkenler analiz edilir ve birleştirilir. Bu yaklaşımla, müdahaleleri her bir çocuğun kendine özgü şart ve stiline uydurarak bireyselleştirilmiş psikolojik bir portre oluşturulur. Geçici kavramsallaştırmadaki anahtar adımlar aşağıda özetlenmiştir (Friedberg ve McClure, 2020).

Geçici Olgu Kavramsallaştırmasındaki Anahtar Adımlar

- Başvuru problemlerinin bileşenlerini tanımlayın.
- Ölçek verilerini bütünleştirin.
- Kültürel bağlam değişkenlerine yer verin.
- Öykü ve gelişimsel dönüm noktaları ile ilgili anlamlı verileri ekleyin.
- Bilişsel yapının (şema) yanı sıra şema süreçlerini de (telafi, sürdürme, kaçınma) yerleştirin.
- Davranışsal öncülleri (ayırt edici uyarıcılar) ve onların sonuçlarını (olumlu pekiştireçler, olumsuz pekiştireçler, tepki bedeli uygulamaları) yargısız farkındalıkla tanımlayın.

BDT'de değerlendirme ve formülasyon ile ilgili daha detaylı bilgi Bölüm 3'te ayrıntılı olarak sunulmuştur.

Oturum Yapısı

BDT'de oturum yapısı altı temel bileşenden oluşur: Duygu durum kontrolü, ev ödevlerinin gözden geçirilmesi, gündemin belirlenmesi, oturum içeriği, ev ödevlerinin verilmesi ve danışandan geri bildirim alınması şeklindedir. Esnek bir şekilde uygulandığında, oturum yapısı bireye uygun hâle getirilmiş klinik bir yaklaşıma dönüşür. Bilişsel terapinin oturum yapısının birbirinden farklı altı bileşeni birbiriyle ilişkilidir ve tutarlı bir tedavi yaklaşımını oluşturur. Oturumlar duygu durum kontrolüyle başlar ve bunu ev ödevlerinin gözden geçirilmesi takip eder. Daha sonra terapist, danışanla birlikte gündemi belirlerler. Belirlenen bu gündeme dayalı olarak oturum içeriği şekillenir. Oturum içeriğine göre yeni ev ödevleri incelikle tespit edilmiş olur. Son olarak, geri bildirim aşamasında danışanın oturumla ilgili algı ve düşünceleri ortaya çıkarılır (Friedberg ve McClure, 2020).

Oturum yapısı terapinin yönünü, odak noktasını ve içeriğini ortaya koyar. Oturum yapısı, çocukları terapiye getiren konuların odağını netleştirmeyi kolaylaştırır ve yapılandırılmış bir bilgi akışı sağlar. Kendi hataları olmasa da çoğu danışan, hayatlarındaki pek çok olay ve durum hakkında amaçsızca konuşarak terapiye başlar. İçsel deneyimlerini nasıl düzenleyeceklerini ya da bunlarla nasıl baş edeceklerini bilmezler. Oturum yapısı, danışanlara sıklıkla kaotik ve kafa karıştırıcı olan bu deneyimleri nasıl netleştireceklerini öğretir. Basitçe söyleyecek olursak, oturum yapısı, kendini denetleme ve kendini düzenlemeyi desteklemek için kullandığımız başka bir araçtır (Friedberg ve McClure, 2020).

Terapötik Müdahaleler

Bilişsel davranışçı müdahaleler, danışanların işlevsel düşünmeleri, duygularını düzenlemeleri, etkili başa çıkma ve sorun çözme becerileri geliştirmelerini hedeflemektedir. İlk başlarda yetişkinlere yönelik olarak geliştirilen BDT müdahalelerinin ve tekniklerinin gelişimsel bir perspektifle çocuk ve ergenlere uyarlanması gerekir. Reinecke ve diğ.ne (2015) göre çocukların çoğunluğu, bu tekniklerin orijinal biçimlerinden yararlanabilecek sosyal, sözel ve bilişsel beceri düzeyinde değildir. Örneğin, okul çağındaki çocukların büyük bir kısmı duygu durumlar arasında ayrım yapabilecek ve bunları isimlendirebilecek ya da düşüncelerini ve kaygılarını kolayca tespit edebilecek yeterlilikte değildir. Ayrıca küçük çocuklar, duyguların kaynağı olan çevresel faktörlerden bağımsız olarak bu duyguları hatırlamakta yetişkinler kadar becerikli değildirler. Bununla birlikte, orta ergenlik dönemine kadar pek çok çocuk hipotezleri yansıtma konusunda gelişmeyebilir ve bir inanca karşı kanıtları değerlendirmek gibi daha üst düzey soyutlamalarla çalışma gibi bilişsel becerilerle ilgili gelişimsel sınırlamaları olabilir (Bailey, 2001). Sonuç olarak rasyonel tartışmaların ve İşlevsel Olmayan Düşüncelerin Kaydı (İODK) tekniklerinin kullanılması bu danışan grubu için elverişli değildir. Bu unsurları dikkate alarak müdahalelerimizi danışanlarımızın becerilerine göre basite indirgemeli ya da tekniklerden faydalanabilecekleri ölçüde, çocukların gerekli becerileri kazanmaları için destek olmalıyız (Reinecke ve diğ., 2015).

Tüm BDT programları, mevcut sorun, bilişsel model ve terapi süreci hakkında bilgilerin verildiği psikoeğitim ile başlar. Bilişler, duygular ve davranış arasındaki genel bağlantı açıklanır ve çocuğun özel sorunlarının BDT çerçevesinde kavramsallaştırıldığı bir formülasyon geliştirilmiştir. BDT'nin iş birlikçi ve aktif doğası açıklanır, açık ve ampirik yaklaşım vurgulanır (Stallard, 2013).

Danışana ve ebeveynlerine terapinin odak noktası olacak sorun/ların doğası hakkında detaylı bir bilgilendirme yapıldığında hem danışan hem de ebeveynler için sorun daha normal ve çözülebilir bir durum olarak görülebilir, bunun sonucunda ise danışan bir parça rahatlayabilir ve terapiye katılım sağlayabilir. İkinci olarak terapist tarafından danışanın sorunu ile ilgili bilişsel davranışçı modelinin psikoeğitiminin verilmesi danışana umut sağlayabilir ve bu eğitim ayrıca danışanın terapiye ve terapiste olan güveni artırabilir. Psikoeğitimin bir diğer ayağı ise BDT hakkında bilgi verilmesidir. Danışanın bilişsel gelişim düzeyi ve yaşı dikkate alınarak bilişsel modelin anlatılması ve anlaşılması terapinin etkililiğini artırıcı bir faktördür.

BDT müdahaleleri; bilişsel, duygusal ve davranışsal alanlara odaklanan özel teknikleri birleştirir. Bilişler açısından ilk adım, düşünce izleme yoluyla işlevsel olmayan bilişlerin doğasını, kapsamını ve içeriğini değerlendirmektir. Bu, güçlü duygusal durumlarla ilişkili ortak bilişleri veya "sıcak düşünceleri" ifade etmektedir. İzleme hem işlevsel olmayan bilişlerin belirli içeriğini hem de işlemedeki ortak kalıpları ve temaları netleştirecektir. Örneğin, depresyonla ilişkili bilişlerin içeriği genellikle başarısızlığa, tehdit ve tehlikeye karşı kaygıya odaklanırken OKB için bunlar genellikle zarar verme konusundaki kişisel sorumlulukla ilgilidir. Benzer şekilde, seçici soyutlama, felaketleştirme veya kişiselleştirme gibi işlevsiz veya taraflı işleme yolları ortaya çıkabilir. Bu işlevsel olmayan bilişler ve süreçler daha sonra nesnel değerlendirmeye tabi tutulur. Tipik olarak bu, varsayımların ve inançların sistematik olarak değerlendirildiği ve test edildiği Sokratik bir diyalog veya davranışsal deneyler yoluyla yapılır. Bu yapılandırılmış değerlendirme, mevcut inançları ve varsayımları sorgulayan ve alternatif açıklamalar ve anlamlar sağlayan yeni bilgiler üretir. Bu, yeni bilginin özümsendiği ve alternatif, daha dengeli ve işlevsel bilişlerin geliştirildiği bilişsel yeniden yapılandırmanın son aşamasını ortaya çıkarır (Stallard, 2013).

Terapist, terapötik olarak bilişsel davranışçı müdahaleler yoluyla, çocuk ve ergenlerin bilişsel içeriğine, sürecine ve düşünceye kasıtlı olarak katılırken (çocuğun kendi kendine konuşmasına, bilgiyi işlem tarzına ve yükleme biçimlerine dikkat ederek), anlamlı ve gerçek deneyimler sağlamaya çalışır. Böylece çocuğun/ergenin gelecekteki deneyimler üzerinde faydalı bir etkiye sahip olacak bilişsel bir yapı oluşturmasına yardımcı olunabilir (Kendall, 2012). Dil yeteneği, çocuğun doğrudan sözel müdahalelerden ne kadar faydalanacağını etkileyecektir (Ronen, 1997, 1998; Akt., Friedberg ve McClure, 2020). Daha zayıf sözel beceriye sahip olan çocuklar için resim çizme, kukla ve oyuncakla oynama, kutu oyunları, el sanatları çalışmaları ve daha az sözel ifade gerektiren diğer görevler kullanılabilir. Bu çocuklarla okuma ve hikâye anlatımı sözel becerilerini geliştirmemizde bize yardım edebilir. Ayrıca film, müzik ve televizyon şovları gibi medya araçları sözel iletişimi daha da kolaylaştıracaktır. Görevleri çocukların dil yeteneklerine uyacak şekilde şekillendirme önemli bir klinik zorunluluktur (Friedberg ve McClure, 2020).

Terapiye başlamadan önce, birçok çocuk ve genç ergen, farklı duygusal durumları ayırt etmeyi ve duyguları düşünce ve olaylarla ilişkilendirmeyi öğrendikleri bir duygusal eğitim döneminden yararlanacaktır (Bailey, 2001). Bilişsel davranışçı müdahaleler, çocuk ve ergenlerin mevcut düşünce, davranış ve duygu biçimlerine meydan okuyan organize bir dizi tedavi etkinliği sağlar. Oturum içi rol yapma deneyimleri, oturum dışı etkinlikler, danışanların öğrenmeleri için ideal fırsatlardır ve deneyim sırasında biliş ve duyguya odaklanan deneyimler, danışanların mevcut ve gelecekteki bilgi işlemesi üzerinde bir etki yaratır (Kendall, 2012). Öte yandan seanslar dışında danışanın öğrenmelerini pekiştirmek, bilişlerini test etmek için davranış deneyleri gibi ödev ve etkinlikler, danışanın terapiden yüksek düzeyde verim almasını sağlar. Bearmen ve Weisz (2019); BDT terapistlerini, danışanlarını gerçek yaşam deneyimleri edinmeleri için seanslarda öğrendikleri yöntemleri görüşmeler arasında, gerçek hayatta uygulama konusunda cesaretlendirirler.

Çocuklara ve ergenlere yönelik müdahaleler terapötik, önleyici veya geliştirme odaklı olabilir. İyileştirici müdahaleler (terapi), çocuk ve ergenlerin hâlihazırda var olan sorunların üstesinden gelmelerine yardımcı olmak için tasarlanırken önleme girişimleri ise sorunları ortaya çıkmadan önce önlemeye çalışır. Geliştirme odaklı müdahaleler ise şu anda sıkıntı içinde olmayan (tanı kriterlerini karşılamayan) bireylerin yaşam kalitesinin iyileştirilmesini amaçlamaktadır. Bilişsel davranışçı müdahalelerin çoğunluğu terapötiktir, büyük bir kısmı potansiyel olarak önleyicidir ve müdahalelerin çok azı yeterli bir uyum sağlamaya hizmet etmektedir (Kendall, 2012). Terapinin amacının çocuğun/ergenin bilişsel yapısını gelecekte farklı düşünecek, hissedecek ve davranacak şekilde değiştirmek olduğunu unutmayalım (Kendall, 2012). Bu amaca ulaşmak için çocuklar terapiye daha fazla dâhil olup emek verdiği zaman terapi daha çok işe yarıyor gibi görünmektedir (Friedberg ve McClure, 2020). Kendall'ın çalışma kitapları (1989, 1994a; Akt., Bailey, 2001) gibi ilgi çekici yayınlanmış materyallerin kişiye özel çizelgeler veya terapist tarafından hazırlanan materyallerle desteklenmesi gerekebilir. Terapist, çocuğun motivasyonunu artırmak için pekiştirici bir role sahiptir ve uygun destekleyici ifadeler kullanmalıdır: "Aferin. Zor olsa da ne kadar çabaladığını görebiliyorum" (Bailey, 2001).

Belirgin şekilde pekiştirme yapmak, çocuklarla çalışmanın temel parçalarından biridir (Knell, 1993; Akt., Friedberg ve McClure, 2020). Çocuklar oyun odasında kendi oyuncaklarını toplamak, ödevleri tamamlamak, duygu ve düşüncelerini ifade etmek gibi şeyler için teşvik edilirler. Ödüller, beklentileri açığa çıkarır ve motivasyon, dikkat ve hafızada tutma işlevlerini destekler (Bandura, 1977; Rotter, 1982; Akt., Friedberg ve McClure, 2020). Basit bir şekilde ifade edersek; ödüller çocukları sürece dâhil eder, önemli olana yönlendirir ve çocuklara neleri hatırlamaları gerektiğini öğretir (Friedberg ve McClure, 2020). Çocuklar için terapötik başarıları pekiştirmek için bilgilendirici ve yardımcı davranış programları gerekli olabilir. Örneğin, maruz kalma hakkında bilgi verilmesi okula dönmekten kaçınan bir çocuğun desteklemesine yardımcı olur ve sosyal becerilerin gelişimini güçlendirmek, davranış bozukluğu olan bir çocuk için yararlıdır (Bailey, 2001).

Bir psikopatoloji modelinin temelini değerlendirmedeki önemli bir ölçüt, başarılı müdahaleleri kolaylaştırmada modelin klinik faydasının olmasıdır. Bir model, tedavi türlerini hastalık türleriyle temkinli ve uygun şekilde eşleştirmede bir şablon sağladığında, model hem akademisyenler hem de klinisyenler için giderek daha anlamlı hâle gelir (Kendall, 1985).

Gençlerle Bilişsel Davranışçı Terapilerde Kullanılan Özel Durumlu Genel Terapi Yöntemleri (Kendall, 1993).

Yöntem	Belirli Örnekler
Modelleme	Terapist, kendi kendine konuşma ile başa çıkma konusunda danışana model olması
Başa çıkma şablonunu inşa etmek	Danışanın kendi kendine konuşmalarını değiştirme ve sorunları yeniden çerçeveleme
Ödüller	Tedavi edilen bozukluğun doğası göz önüne alındığında, farklı olasılıkların kullanılması
	Bozukluğa bağlı olarak öz değerlendirmenin sıklığını ve standartlarını değiştirmek
Etkinleştirme işlemleri	Rol yapma alıştırmaları Uygulama fırsatları Gerçek yaşamda (İn vivo) maruz bırakma Davranış deneyleri
Duygusal eğitim	Kendi duygularını ve başkalarının duygularını öğrenmek Duygusal olarak uyarıldığında başa çıkma becerilerini kullanmayı öğrenmek
Eğitim görevleri	Oturum içi görevler (yani çalışma kitapları) Ev ödevi (oturum dışı)

BDT'de çocuğun kazanması gereken davranışsal ve bilişsel beceriler, zorluklarla başa çıkmaya yönelik geliştirilen, özünde beceri ve çerçevelerin yer aldığı problem çözme yaklaşımlarıyla geliştirilir (Dummet, 2010). Beceri geliştirme hem duygusal hem de davranışsal alanlarda gerçekleşir. Duygusal eğitim ve farkındalık eğitimi, duygusal bir kelime dağarcığının gelişimini ve farklı duygusal durumlarla ilişkili belirli sinyallerin farkındalığını kolaylaştırır. Duygusal izleme, farklı duyguların sıklığını ve gücünü ve bunların en yoğun olduğu durum ve zamanları belirlemek için kullanılabilir. Bu tür hoş olmayan duyguların yoğunluğunu azaltmak için gevşeme eğitimi ve aktivite yeniden planlama gibi beceri ve tekniklerin geliştirildiği duygusal yönetim eğitimine yol açar. Son olarak BDT, korku hiyerarşilerinin geliştirilmesini, tepki önleme ve maruz kalma, sistemik problem çözme yaklaşımlarının geliştirilmesini, rol oynama, uygulama ve beklenmedik durum yönetimini içerebilecek belirli davranış tekniklerinden yararlanır. Bu alandaki çalışmanın genel amacı, becerileri geliştirmek ve günlük yaşamda başarılı uygulamalarını kolaylaştırmaktır (Stallard, 2013).

BDT müdahalelerinde yer alan özel vurgular ve spesifik teknikler, sorunun doğasına bağlı olarak değişir ve formülasyonla birlikte belirlenir. Örneğin, depresyona yönelik müdahaleler, davranışsal aktivasyona vurgu yaparak davranışsal alanda başlar. Anksiyete bozuklukları için BDT müdahaleleri tipik olarak duygusal alanda, duygusal eğitime ve kaygı tepkisine ve kaygı yönetimi becerilerinin anlaşılmasının geliştirilmesine vurgu yaparak başlar. TSSB için son tedavi, bilişsel alana ve TSSB ile ilişkili işlevsel olmayan bilişlerin ve yetersiz travma işlemenin erken tanımlanmasına odaklanmıştır (Stallard, 2013).

Çocuk ve ergenler için akranlar, öğretmenler ve ebeveynler gibi önemli kişiler bir çocuğun çabaları için olumlu geri bildirim verdiklerinde ve çocukla ilgili algılarını ve fikirlerini değiştirdiğinde, çocuğun davranış değişikliğinin devam etmesi muhtemeldir. Ancak bu kişiler arası sistemlerdeki kişiler çocuğun son zamanlardaki davranış değişikliklerini kabul etmediklerinde, çocuğun davranış ve bilişleri kolaylıkla daha önceki uyumsuz düzeylere dönebilir. Bu nedenle, bilişsel davranışçı terapi, terapötik değişimi sürdürmek için çocuğun sosyal çevresindeki kilit bireylere de (ebeveynler, öğretmen ve akranlar) aktif olarak müdahale etmelidir (Kendall, 1993).

ÇOCUK VE ERGENLERE TERAPİ MODELİNİN TANITILMASI VE SORUNLARININ SAPTANMASI

Terapinin yöntem ve biçim sürecinin çocuğun gelişimsel seviyesine uygun olması gerekmektedir. BDT'nin görüş ve yöntemlerini gelişimsel olarak daha uygun yollarla aktaran birçok farklı yöntem bulunmaktadır (Stallard, 2021):

Oyunlar, küçük çocuklara tanıdık gelen aktivitelerdir ve klinisyen için iletişim kurma adına etkili bir yol sağlar. Örneğin; oyunlar, duygu ve düşünceleri ayırt etmek ya da bilişsel modelin farklı yönleri arasındaki bağlantıları vurgulamak için kullanılabilir. Oyunlar çocuklar için tanıdıktır ve BDT'nin kavram ve stratejileriyle ilgili iletişim kurma adına eğlenceli ve gelişimsel açıdan uygun bir yol sağlar.

Kuklalar, özellikle daha küçük çocuklarla iletişim kurmanın ilgi çekici ve etkili bir yolu olabilir. Şu amaçlarla kullanılabilirler: değerlendirme sürecinin bir parçası olarak görüşmeyi kolaylaştırmak, çocuğun zor durumlarla baş edebilmesinde alternatif yollar için model oluşturmak veya çocuğun yeni becerileri denemesi ve uygulamasını sağlamak. Değerlendirme açısından, küçük çocuklar, klinisyenlerle problemleri hakkında konuşmakta zorlanabilirler fakat kuklalarla ya da kuklalar aracılığıyla konuşurken daha rahat ve konforlu hissedebilirler. Kuklalar, işlevsel olmayan bilişsel süreçleri ve duyguları vurgulama ve daha uyumsal başa çıkma becerilerine model olma ve rehberlik etmede kullanılabilir. Kuklalar, davranışların açığa çıkarılmasını, bilişlerin değerlendirilmesini, yeni becerilerin modellenmesini ve problemlerle baş etmenin daha işlevsel yollarının denenmesini sağlar.

Hikâyeleştirme, çocuğun iç dünyasına bakış sağlar. Çocuğun bilişlerine ulaşmayı ve dışsallaştırmayı sağlar, eleştirel olmayan bir yolla, çocuğun bilişlerine ve bilişsel süreçlerine dolaylı bir şekilde meydan okumayı sağlar. Çocuğa olumlu ve daha işlevsel baş etme becerileri ve bilişsel beceriler sunar. Başarıyı modelleme için kullanılabilir. Çocuğun daha işlevsel varsayımlar ve inançlar geliştirmesine yardım eder. Çocuklar hikâye kavramına aşinadırlar. Büyüdükçe kendi yaşam hikâyeleri gelişir, hikâyeleştirmeyi kendi geçmiş deneyimlerini tanımlamada ve anlamlandırmada kullanırlar. Bu hikâyeleştirme; çocuklara, yeni durumlarla ilgili bilgileri filtreleme ve gelecek olaylar hakkında öngörülerde bulunmak için kullanılan temel bir çerçeve sağlar. Öte yandan BDT'ye yardımcı olarak kullanılabilecek birçok yararlı hikâye kitabı bulunmaktadır. Bunlar, çocuklara problemlerini ve belirtilerini anlama konusunda yardımcı olarak nasıl baş edeceklerini öğrenme yollarının bir kısmını gösterirler.

Görselleştirme, değerlendirme veya terapi sürecinin bir parçası olarak kullanılabilen ayrıntılı bir imaj oluşturmayı kapsar. Küçük çocuklar çok iyi bir hayal gücüne sahiptir ve görselleştirme içeren yöntemlere çoğu zaman katılabilirler.

Sözel olmayan yöntemler, bir diğer yöntemdir. Çocukların dikkat süresi, hafıza ve dil becerileri çocukluk çağı boyunca gelişir. Bu alanlardaki zayıf ya da az gelişmiş becerilerden kaynaklanan olası kısıtlılıklara karşı çocuklarda BDT birçok görsel tekniğin kullanımını içerir. Siyah/beyaz tahtalar, ayaklı kâğıt tahtalar, kalemler ve renkli çalışma kâğıtları kullanışlı materyallerdir. Karikatürler ve düşünce balonları belli başlı bilişleri ve bilişsel süreçleri değerlendirmenin eğlenceli bir yolu olarak kullanılabilir.

Terapinin bilinmez bir şey olmaktan çıkarılıp iş birliğine imkân veren bir noktaya yerleştirilmesinde, danışan ve ebeveynlerinin tedavi modeli hakkında eğitilmeleri son derece önemlidir. Tedaviyi basit, anlaşılır ve gelişim dönemine duyarlı bir biçimde tarif edilmesi gerekir (Friedberg ve McClure, 2020). Friedberg ve McClure (2020), çocuk ve ergenlere tedavi modeli sunulurken şunları önermektedirler:

- Küçük çocuklarda şekil ve metaforu kullanın. Metaforlar ayrıca daha büyük yaştaki çekingen çocuk ve ergenlerin sürece katılımını da artırabilir.
- Konuları danışana özgün biçimde ele alın ve konuştuklarınızın danışanı rahatsız eden ve başvuruya neden olan sorunlarla ilgili olduğundan emin olun.
- Etkileşimi açık olan, görüşmeyi karşılıklı bir konuşma şeklinde sürdürün; gence ders vermeyin.

Çocuk ve Ergenlerle Sorunların Saptanması

En deneyimli terapistler için bile çocuk ve ergenlerle sorunların saptanması zor bir süreçtir ancak birkaç nedenden ötürü tedavide çok önemli bir ilk adımdır. Birincisi, çocuklar neden terapiye geldiklerini bilmeyebilir veya bir terapiste güçlükleri için içerlemiş (ya da kızgın ve kırgın) olabilirler. Terapistin kendilerine iğne yapacağını ya da bir ilaç vereceğini düşünebilirler. Diğer bazı çocuklar da terapisti, başkalarını belaya soktukları için kendilerini cezalandıracak bir okul müdürü ya da başöğretmen gibi görebilirler. Terapiyi çocuğa tanıtmak ve hedef sorunları saklamak için atılması gereken ilk adım bu hatalı varsayımları düzeltmektir. İkincisi, sorunları etkili biçimde ele almak ve iş birliği içerisinde bir tedavi yaklaşımı oluşturmak için terapist, çocuk ve ebeveynlerin sorun hakkında bir uzlaşmaya varmaları şarttır (Friedberg ve McClure, 2020).

Bu sorunları aşmak için "Sevgili Doktor" ya da "Sevgili Terapist" mektupları, gençlerin kendilerinin de alışkın olduğu bir şey yaparak yani bir mektup yazarak ve sorunlarını tespit ederek, kendilerini açmalarına yardımcı olabilir. Mektup yazmak, çocuğa terapist ile arasında güvenli bir mesafe olduğu hissini vererek, sonrasında daha doğrudan kendini açması için ilk adım olarak hizmet edebilir. Bu görevi aşağıdaki şekilde sunabilirsiniz:

> *"Seni biraz daha iyi tanımak istiyorum. Senin hakkında daha fazla şey öğrenebilmemin yolu, bana kendinden daha fazla bahsetmendir. Daha önce hiç birine mektup yazdın mı? İşte ben de senden gelecek hafta için bunu yapmanı istiyorum. Bana kendin hakkında ne anlatmak istersin onu yazabileceğim bir mektup yazmanı istiyorum. Bana yaptığın şeylerden, ailenden, okulundan ve arkadaşlarından, hoşuna giden şeylerden, seni üzen, kızdıran ya da endişelendiren Duygulardan, sana sorun çıkaran şeylerden bahsedebilirsiniz. Senin hakkında ne bilmemi istiyorsan onları yazmanı istiyorum. Seni hem mutlu eden, hem de sana sorun çıkaran şeyler hakkında yazabilirsin. Nasıl buldun bu fikri?"* (Friedberg ve McClure, 2020).

Mektup için yönergeleri yazıp çocuklara vermek seçilebilir. Böylelikle ellerinde bu terapi görevini tamamlarken onlara yardım edecek bir kılavuzları olur. Daha küçük çocuklar anlatacaklarını bir ses kayıt cihazına kayıt edebilir veya mektubu kendileri yerine anne babalarından yazmasını isteyebilirler. Küçük çocuklar için bir başka alternatif yöntem de onları mutlu eden, korkutan ya da üzen şeylerin resimlerini yapmaktır. Pek çok küçük çocuk *"Benim Hakkımdaki Her Şey"* isimli resimli bir defter yapmaktan da hoşlanır. Oturum içinde terapist ve çocuk her bir sayfa için bir duygu belirleyebilir. Çocuk daha sonra bu sayfaları o duyguları yaşamasına neden olan şeylerin resmini çizebilir. Çocuklar bir sonraki oturuma tamamlanmış bir *"Benim Hakkımdaki Her Şey"* ile geldiklerinde, bu görüşmede konuşulanları derinlemesine işlemeye katılmalarına sıklıkla yardımcı olur (Friedberg ve McClure, 2020).

Ergenlerle sorunların saptanmasında kullanılan en geleneksel yol sorun listesidir. Sorun listesini geliştirirken, sorunun bilişsel, duygusal, fizyolojik, davranışsal ve kişiler arası bileşenlerini işin içinde katmanızı önerebiliriz. İsteksiz gelen ergenlerin kendilerini sorundan uzaklaştırmalarını ya da sorunları diğerlerinin kendilerine ne yaptığı üzerinden tanımlamalarına oldukça sık rastlanır. Örneğin, sorunlarının ne olduğu sorulduğunda asi bir genç "Annem dırdırcı bir kadın." diye yanıt vermişti. Sorunun bu şekilde dışsallaştırılmasını başlangıçta kabul etmenizi ve bunu otomatik bir şekilde görmezden gelmek yerine, daha üretken bir çalışmaya doğru ilk adım olarak görmenizi tavsiye ederiz (Friedberg ve McClure, 2020).

Çocuk ve Ergenlerle BDT'de Ailenin Katılımı ve Rolü

Terapistin hem ebeveyni hem de çocuğu terapi sürecine dâhil etmesi gerekir. Çocuk ne kadar küçükse ebeveynlerin terapiye o kadar fazla dâhil edilmesi ve bilişsel davranışçı model ve bunun çocuklarının sorununa uygulanması konusunda eğitilmeleri gerekecektir. Terapist, ailenin yapısının ve inanç sisteminin, herhangi bir müdahalenin sistemik sonuçlarının ve istismar veya belirli bir öğrenme güçlüğü gibi gerçekte var olan faktörlerin farkında olmalıdır (Bailey, 2001).

Ebeveynlerin, herhangi bir yönden çocuğun sorununu artırdıkları veya sürdürdükleri görüldüğünde, ebeveynler terapide eş danışan (co-clients) olabilirler. Ebeveynler, programda gerekli olan uygulamalara yardımcı olduklarında çocuklarının terapisinde ortak çalışan (collaborators) olarak da dâhil olabilirler. Bilişsel davranışçı müdahaleler, sosyal/kişiler arası konuları programlarında değerlendirir, dikkate alır ve terapiye dâhil eder. Ebeveynlerin katılımı ve aile sisteminin değiştirilmesi, terapinin niteliği ve çocuğun ihtiyaçları ile birlikte kullanılmalıdır. Ebeveynlerin ideal katılımını bilgilendirmek ve çocuğun yaşı ve temel bozukluk gibi faktörlere göre farklı ebeveyn rollerini incelemek için daha fazla araştırmaya (ör., ebeveynleri danışman, ortak danışan veya ortak çalışan olarak incelemek) ihtiyaç vardır (Kendall, 2012).

Ebeveynlerin ayrıca; örneğin, OKB'si olan bir çocuğa güvence vermekten kaçınmak ve davranış bozukluğu olan bir çocuğun uyumunu geliştirmek için olumlu pekiştirme kullanma gibi yönetim tekniklerinde özel eğitime ihtiyacı olabilir (Bailey, 2001). Terapistin, çocuğun sorunu hakkında, sorunun bilişsel modeli ve terapi sürecindeki rolleri konusunda aileye psikoeğitim vermesi önemlidir. Bailey'e göre (2001) karşı gelme bozukluğu ve davranım bozukluğu için özellikle ebeveyn yönetimi eğitimi önemlidir. Ebeveyn eğitimi aynı zamanda çocuklar için problem çözme becerileri eğitimini de geliştirir. Bunun sonucunda evde ve okulda saldırgan davranış problemlerinde bir azalma sağlar ve genel olarak daha iyi bir uyum sağlar. Ayrıca, çocuklarının kaygı bozuklukları için güçlü bir modelleme sağlayan kaygılı ebeveynlerin kendi başlarına BDT'yi öğrenmeleri onlar için de yararlıdır.

Terapiye katılımda ailenin rolü ile ilgili daha detaylı bilgi Bölüm 4'te ayrıntılı olarak sunulmuştur.

Çocuk ve Ergenlerde BDT Uygulamaları ile İlgili Araştırmalar

Yurt içi alanyazında çocuk ve ergenlerle yapılan BDT temelli çalışmaların yaygın olarak, grupla psikolojik danışma, psikoeğitim grupları biçiminde müdahaleye dönük olan çalışmalar olduğu görülmektedir. Bunlardan, Türk, Buğa, Çekiç ve Hamamcı (2017), yaptıkları meta analiz çalışmasıyla, Türkiye'de yapılan bilişsel davranışçı grup müdahalelerinin çocuk ve ergenlerin işlevsel olmayan düşünceleri üzerinde geniş düzeyde etki gösterdiğini belirlemişlerdir. Başka bir çalışmada İkiz ve Çınkı (2020), ergenlerde yapılan BDT temelli çalışmaları sistematik bir biçimde incelemişlerdir, çalışmalarının sonucunda BDT'nin ergenlerde etkili olduğunu belirlemişlerdir. Bir çalışmada, BDT temelli programın liseye devam eden kız öğrencilerin beden imgesi hoşnutluk düzeyleri ve psikososyal işlevsellikleri üzerindeki etkili olduğu bulunmuştur (Tunç, 2007). BDT temelli grup müdahalelerinin ergenlerde öfke ve saldırganlığı (Karataş, 2009; Tekinsav Sütcü, Aydın ve Sorias, 2010), korkuları (Elmacı, 2008), ilköğretim çağında zorbalık eğilimini (Gökkaya ve Tekinsav Sütcü, 2018), çocuklarda anksiyete düzeyini (Öngider ve Baykara, 2015), durumluluk kaygıyı (Yavuzer, Gündoğdu ve Dikici, 2010), sosyal anksiyeteyi azalttığı (Aydın, Tekinsav Sütcü ve Sorias, 2010), çocukların bilişsel hataları ve psikolojik belirtilerini (Buğa ve Hamamcı, 2016) azaltmada etkili olduğu görülmüştür.

BDT temelli grup müdahalelerine karşın olgu düzeyinde çalışmaların yurt içi alanyazında sınırlı olduğu görülmektedir. Bunlardan birinde; Kuz, Çetin ve Türkoğlu (2021), kan-iğne-yaralanma fobisi olan bir ergenle yaptıkları BDT müdahalesinin etkili olduğunu belirlemişlerdir. Bazı çalışmalarda ise ilaçla tedavi ile birlikte BDT'nin obsesif-kompulsif bozukluğu olan ergenlerde etkili olduğunu tespit edilmiştir (İnci, Akyol Ardıç, İpci ve Ercan, 2016; Ünver, 2018).

Yurt dışında yer alan çalışmalara bakıldığında, çocuk ve ergenlerle yapılan BDT müdahalelerinin depresyon (Weisz, McCarty ve Valeri, 2006), insomnia (Dewald-Kaufmann, de Bruin ve Michael, 2019), yaygın anksiyete bozukluğu (Perrin, Bevan, Payne ve Bolton, 2019), travma sonrası stres bozukluğu (Smith ve diğ., 2007), somatoform ağrı bozukluğu (Okita, Kobori, Sasaki, Nakazato, Shimizu ve Iyo, 2013), beden disformik bozukluk (Mataix-Cols ve diğ., 2015), öfke yönetimi (Sukhodolsky, Kassinove ve Gorman, 2004), saldırganlık ve şiddetin azaltılması (Özabacı, 2011), anksiyete bozuklukları (Kreuze, Pijnenborg, de Jonge ve Nauta, 2018), okul reddi (King ve diğ., 1998), obsesif kompulsif bozukluk (Uhre ve diğ., 2020) gibi çok farklı sorun alanlarında etkili olduğu belirlenmiştir.

KAYNAKLAR

Aydın, A., Tekinsav-Sütcü, S., & Sorias, O. (2010). Ergenlerde sosyal anksiyete belirtilerini azaltmaya yönelik bilişsel-davranışçı bir grup terapisi programının etkililiğinin değerlendirilmesi. *Türk Psikiyatri Dergisi, 21*(1), 25-36.

Bailey, V. (2001). Cognitive–behavioural therapies for children and adolescents. Advances in Psychiatric Treatment, 7(3), 224-232.

Bearmen, S. T., & Weisz, J. R. (2019). Bilişsel davranışçı terapi: Giriş. (Edit. E. Szigethy, J. R. Weisz, R. L. Findling). Çocuk ve ergenler için bilişsel davranışçı *terapi.* (Çev.Edi. G. Karaçetin). Bölüm:1 (s. 1-29). Ema Tıp Kitapevi.

Beck, A. T., Emery, G., & Greenberg, R. L. (1985). *Anxiety disorders and phobias: A cognitive perspective.* New York: Basic Books.

Boege, I., & Ougrin, D. (2013). Engagement. (Edit. P. Graham, & S. Reynolds) In *Cognitive behaviour therapy for children and families,* Chapter:5, (pp. 51-68). Cambridge University Press.

Bolton, D. (2005). Cognitive behaviour therapy for children and adolescents: Some theoretical and developmental issues. In (Eds. P. Graham) In *Cognitive behaviour therapy for children and families,* (Second edi.) Chapter:2, (pp.9-24). Cambridge University Press.

Buğa, A., & Hamamcı, Z. (2016). Bilişsel davranışçı yaklaşıma dayalı web tabanlı interaktif ve geleneksel psiko-eğitim programlarının çocukların bilişsel hatalarına ve psikolojik belirtilerine etkisi. *Gaziantep University Journal of Social Sciences, 15*(3), 783-809.

Dewald-Kaufmann, J., de Bruin, E., & Michael, G. (2019). Cognitive behavioral therapy for insomnia (CBT-i) in school-aged children and adolescents. *Sleep Medicine Clinics, 14*(2), 155-165.

DiGiuseppe, R. (1989). Cognitive therapy with children. (Edit. A Freeman, KM Simon, Le Beuther, H Arkowitz) In *Comprehensive handbook of cognitive therapy.* (Chapter:26) (pp. 515-532). Plenum Press.

Dummett, N. (2010). Cognitive–behavioural therapy with children, young people and families: from individual to systemic therapy. *Advances in psychiatric treatment, 16*(1), 23-36.

Durlak, J. A., Fuhrman, T., & Lampman, C. (1991). Effectiveness of cognitive-behavior therapy for maladapting children: a meta-analysis. *Psychological Bulletin, 110*(2), 204-214.

Elmacı, F. (2008). *Bilişsel-davranışçı yaklaşıma dayalı grupla psikolojik danışmanın ergenlerin korkuları üzerindeki etkisi* (Yayımlanmamış doktora tezi). Ankara Üniversitesi Eğitim Bilimleri Enstitüsü, Ankara.

Gökkaya, F., & Tekinsav Sütcü, S. (2018). İlköğretim öğrencilerinde zorbalık eğilimini azaltmaya yönelik bilişsel davranışçı bir müdahale programının geliştirilmesi ve etkililiğinin değerlendirilmesi. *Eğitim ve Bilim, 43*(193), 93-108.

Graham, P. J. (2005). *Cognitive Behaviour Therapy for Children and Families.* (Second ed.). Cambridge University Press.

Greenberger, D. ve Padesky, C. A. (2010). *Evinizdeki terapist.* (Çev. Zeynep Armay). (5. Basım). İstanbul: Altın Kitaplar Yayınevi.

İnci, S. B., Akyol Ardıç, Ü., İpci, M., & Ercan, E. S. (2016). Obsesif kompulsif bozukluğu olan ergenlerde bilişsel davranışçı terapi ve aripiprazol birlikteliği: Olgu Sunumu. *Bilişsel Davranışçı Psikoterapi ve Araştırmalar Dergisi, 1,* 44-49.

İkiz, F. E., & Çınkı, Ö. S. (2020). Ergenlerde bilişsel davranışçı terapi uygulamalarının etkililiğinin ve yöntemlerinin sistematik gözden geçirilmesi. *Turkish Studies-Educational Sciences, 15*(6), 4277-4296.

Jones M. C. (1924). The elimination of children's fears. *Journal of Experimental Psychology, 7,* 383-390.

Karataş, Z. (2009). Bilişsel davranışçı teknikler kullanılarak yapılan öfke yönetimi programının ergenlerin saldırganlığını azaltmadaki etkisi. *Pamukkale Üniversitesi Eğitim Fakültesi Dergisi, 26*(26), 12-24.

Kendall, P. C. (1985). Toward a cognitive-behavioral model of child psychopathology and a critique of related interventions. *Journal of Abnormal Child Psychology, 13.* 357-372.

Kendall, P. C. (1991). *Child and Adolescent Therapy: Cognitive-Behavioral Procedures.* Guilford Press.

Kendall, P. C. (1993). Cognitive-behavioral therapies with youth: guiding theory, current status, and emerging developments. *Journal of Consulting and Clinical Psychology, 61*(2), 235-247.

Kendall, P. C. (2012). Guiding theory for therapy with children and adolescents. (Edit. P.C. Kendall) In *Child and adolescent therapy: Cognitive-behavioral procedures,* Chapter:1, (pp.3-26) New York: The Guilford Press.

King, N. J., Tonge, B. J., Heyne, D., Pritchard, M., Rollings, S., Young, D., ... & Ollendick, T. H. (1998). Cognitive-behavioral treatment of school-refusing children: A controlled evaluation. *Journal of the American Academy of Child & Adolescent Psychiatry, 37*(4), 395-403.

Kreuze, L. J., Pijnenborg, G. H. M., de Jonge, Y. B., & Nauta, M. H. (2018). Cognitive-behavior therapy for children and adolescents with anxiety disorders: A meta-analysis of secondary outcomes. *Journal of Anxiety Disorders, 60,* 43-57.

Kuz, M., Çetin, F. H., & Türkoğlu, S. (2020). Kan-iğne-yaralanma fobisi olan bir ergenin bilişsel davranışçı terapi sürecinde uygulamalı kas germe ve maruz bırakma: Bir olgu sunumu. *Journal of Cognitive-Behavioral Psychotherapy Research, 10*(1), 128-135. https://doi.org/10.5455/JCBPR.98866

Mataix-Cols, D., de la Cruz, L. F., Isomura, K., Anson, M., Turner, C., Monzani, B., ... & Krebs, G. (2015). A pilot randomized controlled trial of cognitive-behavioral therapy for adolescents with body dysmorphic disorder. *Journal of the American Academy of Child & Adolescent Psychiatry, 54*(11), 895-904.

Mowrer, O. and Mowrer, W. (1938). Enuresis: a method for its study and treatment. *American Journal of Orthopsychiatry, 8,* 436-59.

Okita, K., Kobori, O., Sasaki, T., Nakazato, M., Shimizu, E., & Iyo, M. (2013). Cognitive behavioural therapy for somatoform pain disorder in adolescents: a case study. *Asia Pacific Journal of Counselling and Psychotherapy, 4*(2), 109-115.

O'Connor, T., & Creswell, C. (2005). *Cognitive behavioural therapy in developmental* In (Eds. P. Graham) In *Cognitive behaviour therapy for children and families,* (Second edi.) Chapter:3, (pp.25-47). Cambridge University Press.

Overholser, J. C. (2009). Sokratik yöntem I: Sistematik sorgulama. İçinde. (Edit. I. Savaşır, G. Soygüt ve E. Barışkın). Bilişsel davranışçı terapiler, (s. 249-265). Türk Psikologlar Derneği Yayınları.

Öngider, N. ve Baykara, B. (2015). Anksiyete tanısı almış çocuklar üzerinde bilişsel davranışçı grup terapisinin etkililiği. *Bilişsel Davranışçı Psikoterapi ve Araştırmalar Dergisi, 1,* 26-37.

Özabacı, N. (2011). Cognitive behavioural therapy for violent behaviour in children and adolescents: A meta-analysis. *Children and Youth Services Review,* 33(10), 1989-1993.

Perrin, S., Bevan, D., Payne, S., & Bolton, D. (2019). GAD-specific cognitive behavioral treatment for children and adolescents: A pilot randomized controlled trial. *Cognitive Therapy and Research, 43*(6), 1051-1064.

Powers, Y. O., & Kalodner, C. R. (2016). Cognitive behavior theories. In D. Capuzzi & M. D. Stauffer (Eds.). *Counseling and psychotherapy: Theories and interventions.* John Wiley & Sons.

Rachman S. (1997). The evolution of cognitive behaviour therapy. In D. Clark and C. Fairburn (Eds.). *Science and Practice of Cognitive Behaviour Therapy.* (pp. 1-26). Oxford University Press.

Reinecke, M. A., Dattilo, F. M., & Freeman, A. (2015). Çocuk ve ergenlerle bilişsel terapi: Klinik uygulamalar için vaka kitabı. Litera Yayıncılık.

Ronen, T. (1992). Cognitive therapy with young children. *Child Psychiatry and Human Development,* 23(1), 19-30.

Smith-Bonahue, T. ve Tiplady, K. (2021). Bilişsel-davranışçı yaklaşımlar. İçinde (Edi. S. Smith-Adcock ve C. Tucker). (Çev. Edi. T. Mutlu Çaykuş ve D. M. Siyez). Çocuk ve ergenlerde psikolojik danışma: Kuram, gelişim ve farklılıklar arasında bağlantı kurma. Bölüm: 7 (s. 166-190). Nobel Akademik Yayıncılık.

Smith, P., Yule, W., Perrin, S., Tranah, T., Dalgleish, T. I. M., & Clark, D. M. (2007). Cognitive-behavioral therapy for PTSD in children and adolescents: A preliminary randomized controlled trial. *Journal of the American Academy of Child & Adolescent Psychiatry, 46*(8), 1051-1061.

Spence, S. H. (1994). Practitioner review: Cognitive therapy with children and adolescents: From theory to practice. *Child Psychology & Psychiatry & Allied Disciplines,* 35(7), 1191-1228.

Sudak, D. M. (2006). *Cognitive behavioral therapy for clinicians*. Lippincott Williams & Wilkins.

Sukhodolsky, D. G., Kassinove, H., & Gorman, B. S. (2004). Cognitive-behavioral therapy for anger in children and adolescents: A meta-analysis. *Aggression and Violent Behavior, 9*(3), 247-269.

Stallard, P. (2013). Adapting cognitive behaviour therapy for children and adolescents. In (Eds. P. Graham, & S. Reynolds) In *Cognitive behaviour therapy for children and families*, Chapter:3, (pp. 22-23). Cambridge University Press.

Tekinsav Sütcü, S., Aydın, A., & Sorias, O. (2010). Ergenlerde öfke ve saldırganlığı azaltmak için bilişsel davranışçı bir grup terapisi programının etkililiği. *Türk Psikoloji Dergisi, 25*(66), 57-67.

Tunç, A. (2007). *Ergenlerin olumsuz beden imgelerine yönelik geliştirilen bilişsel-davranışçı ve değiştirilmiş sanat terapisi programlarının etkililiklerinin karşılaştırılması* (Yayımlanmamış yüksek lisans tezi). Ankara Üniversitesi Sosyal Bilimler Enstitüsü, Ankara.

Türk, F., Buğa, A., Çekiç, A., & Hamamcı, Z. (2017). Bilişsel davranışçı yaklaşıma dayalı grup müdahalelerinin çocuk ve ergenlerin işlevsel olmayan düşünceleri üzerindeki etkisi: Meta-analiz çalışması. *Turkish Psychological Counseling and Guidance Journal, 8*(49), 45-61.

Türkçapar, M. H. (2007). *Bilişsel terapi temel ilkeler ve uygulama.* (1. Basım). HYB Yayıncılık.

Uhre, C. F., Uhre, V. F., Lønfeldt, N. N., Pretzmann, L., Vangkilde, S., Plessen, K. J., ... & Pagsberg, A. K. (2020). Systematic review and meta-analysis: cognitive-behavioral therapy for obsessive-compulsive disorder in children and adolescents. *Journal of the American Academy of Child & Adolescent Psychiatry, 59*(1), 64-77.

Ünver, H. (2018). Obsesif-kompulsif bozukluk tanılı ergene bilişsel davranışçı yaklaşım: Olgu sunumu. Çocuk ve Gençlik Ruh Sağlığı Dergisi, 25(1), 77-81.

Weisz, J. R., McCarty, C. A., & Valeri, S. M. (2006). Effects of psychotherapy for depression in children and adolescents: a meta-analysis. *Psychological Bulletin, 132*(1), 132-149.

Yavuzer, Y., Gündoğdu, R., & Dikici, A. (2010). Yaratıcı drama temelli grup rehberliği ve bilişsel davranışçı yaklaşıma dayalı grupla psikolojik danışmanın ergenlerin kaygı düzeylerine etkileri. *Education Sciences,* 5(3), 1126-1140.

Yıldız, M. A. (2018). Bilişsel terapi, İçinde, (Edit. Z. Karataş ve Y. Yavuzer), *Psikolojik danışma ve psikoterapi kuramları: Örnek uygulamalarla temel ve güncel kuramlar,* (s.313-349), Pegem Akademi.

Bölüm 2

ÇOCUK VE ERGENLERDE BİLİŞSEL DAVRANIŞÇI TERAPİNİN UYGULAMA ESASLARI VE TEMEL TEKNİKLER

Vahdet Görmez - Süleyman Çakıroğlu

GİRİŞ

Bilişsel davranışçı terapi (BDT) çocuk ve ergenlerde en çok kullanılan psikoterapi türlerinden biridir ve klinisyenler tarafından birçok çocuk ve ergen ruh sağlığı sorunu için birinci basamak terapötik yaklaşım olarak kabul görmüştür (Friedberg, 2014). Bu, en fazla kabul görmüş ve geniş çapta kullanılan psikoterapi yaklaşımının temel uygulama ve tekniklerinin tam olarak kavranması ve pratikte uygulanabilmesi birçok uygulayıcı için önemli bir gündem oluşturmaktadır. Aynı zamanda terapistlerin yetkinliklerinin ne düzeyde olduğunun değerlendirilmesi için bu uygulama esaslarının nicel ve nitel anlamda nasıl bir kavrayışla ele alındığının bilinmesi de uygulama kadar değerli bir aşamadır. Yetkin bir BDT terapisti olma süreci yeterli bir teorik altyapının edinilmesi, teorik bilginin pratik beceri eğitimi ile pekiştirilmesi ve olguların deneyimli bir eğitmen tarafından süpervizyonunu gerektirir. Böyle bir süreç, terapinin uygulama esaslarının ve tekniklerinin neler olduğunu bilmek kadar uygulayıcının bunları yetkin bir şekilde terapiye aktarabilmesini de getirir. Konuya biraz daha farklı bir açıdan bakacak olursak, BDT için temel yeterliliklerin hangi esas ve uygulamaları kapsadığını ve bunların nasıl bir değerlendirmeden geçtiğini araştırmak uygun olacaktır. Herhangi bir terapi seansının çocuk ve ergenlere yönelik bir BDT seansına uygundur denilmesini sağlayan yetkinlikler nelerdir? Bunlar hangi nitel ve nicel kavramlara göre bir terapistin yeterliğini BDT esas ve tekniklerine göre nasıl yapar? Bu sorulara verilecek cevapları aramak ve araştırmak, BDT için uygulama esaslarının ve temel tekniklerin neler olduğunun çerçevesini de net bir şekilde ortaya koyacaktır.

Başarılı bir BDT uygulaması hem bilişsel terapi modeline ne kadar uyum sağlandığı, hem de terapi tekniklerinin ne kadar yetkin uygulandığı ile değerlendirilmelidir (McGlinchey ve Dobson, 2003). Çocuk ve gençler için BDT seansının yeterliliğinin objektif bir değerlendirmesinin sağlanması ve nelere, nasıl dikkat edildiğinin ölçülmesi için Stallard ve ark. (2014) Çocuklar ve Gençler İçin Bilişsel Davranış Terapisi Ölçeği'ni geliştirmişlerdir (Paul Stallard et al., 2014). Bu değerlendirme aracı; amaç, maruz bırakma, davranış deneyleri veya rehberli keşif gibi belirli tekniklerin ayrıntılı bir değerlendirmesinden ziyade, terapi seansında uygulanan BDT'nin genel kalitesini ve yeterliliğini değerlendirmek için geliştirilmiştir. Bu ölçek ile aslında bir terapi seansının içeriğinde neler olması gerektiğinin çerçevesini net bir şekilde sunmaktadır. Bu çerçeve, terapiste bir kılavuz olduğu gibi kendi eksiğinin neler olduğunu ve temelde hangi uygulamalara nasıl yaklaşması gerektiğini de öğretmektedir. Bu değerlendirme kılavuzu, Görmez ve arkadaşları tarafından 2022 yılında Türkçeye çevrilmiş olup geçerlilik ve güvenirlik çalışması yapılmıştır (Gormez ve diğ., 2022). Bu değerlendirme aracı, bir terapi seansını süreç ve beceri olmak üzere iki temel başlık altında ele almaktadır. Süreç olarak ifade edilen başlıkta yedi değerlendirme alanı mevcuttur: ortaklaşa çalışma, doğru gelişim düzeyine uyma, empatik yaklaşım, yaratıcılık, araştırma, öz yeterlilik ve keyif alma düzeyi. Beceri ana başlığı altında ise şu sekiz alan değerlendirilmeye alınmaktadır: uygun değerlendirme ve terapi hedefleri oluşturma, davranışçı tekniklerin uygulanması, bilişsel tekniklerin uygulanması, derinlemesine düşünme ve keşif, duygusal alanın ele alınması, formülasyon, gündem belirleme ve seans planlaması gibi genel beceriler ve ev ödevlerinin değerlendirilmesi ve planlanması.

Mevcut yazında çocuk ve ergenlerde bilişsel davranışçı terapinin uygulama esasları ve temel teknikler yukarıda belirtilen değerlendirme ölçeğinin içeriğine paralel olarak sunulacaktır. Her terapistin bu içerikle aşinalık kurması kendi terapi uygulamasının matematik sağlamasını yapmak gibi görülmelidir. "Yaptığım seansın standartlara uygun bir seans olduğunu nasıl anlayacağım?" sorusunun cevabı için doğru bir referans sunacağı gibi bu listede sunulan alanlarda terapistin kendi performansını değerlendirme ve terapinin teorik ve uygulama prensiplerine ne derecede uyduğunu anlama imkânı da verecektir.

BİLİŞSEL DAVRANIŞÇI TERAPİNİN UYGULAMA ESASLARI VE TEMEL TEKNİKLER

Terapi Süreci ile İlişkili Genel Esaslar

1. Ortaklaşa Çalışma – Terapiyi İş Birliği ve Birlikte Öğrenme Sürecine Dönüştürme

Ortaklaşa çalışma, BDT uygulaması için çocuk ve ergenlerle çalışırken önemli bir temeli tanımlar. Temel hedef ve amaçlar için iş birliği ve saygıya dayalı bir ortaklık esasına dayanır. BDT, çocuk ve gencin terapiye aktif katılım sağlamaya çalışan bir yaklaşımı barındırdığı gibi ebeveynleri de dâhil eden bir içeriği hedef alır. Bu bağlamda terapistin çocuk, ergen ve ailesi ile uyum içinde çalışacak bir ortaklık kurması çok önemlidir. Çocuğun terapinin her aşamasına dâhil edilebilmesi için önemli bir çaba sarf edilmelidir. Konuşmalara ve tartışmalar katılması sağlanmalıdır. Bir konu veya soru ile ilgili seçeneklerin değerlendirilmesi, çözüm üretilmesi ve karar alınması aşamalarının her birinde fikri alınmalı veya ortaklaşa bir zemine gelinmesi için teşvik ve davet edilmelidir. Çocuk ve ailenin sorun veya çözümler ile ilgili konulardaki görüşlerini ortaya çıkarabilmeli, bir dayatma ortamından daha çok ortak bir anlayışı yeniden üretebilme konumunda olunması gerekmektedir. Terapinin formülasyon, hedef belirleme, davranış deneyi, girişim veya etkinlik planlama gibi tüm aşamalara çocuğun ve ebeveynin katılmasına azami özen gösterilmelidir. Çocuk ve ebeveynlerin seanslar içinde, uygulamalar ve genel süreç ile ilgili dürüst ve açık bir şekilde geri bildirim verebileceği ortam yaratılmalıdır (Clark ve diğ., 2018).

2. Danışanın Gelişim Düzeyine Uygun Yaklaşım, Yöntemler ve Aile Katılımı

Çocuk ve aile, çocuğun gelişim düzeyi ve kavrayış seviyesine uygun bir şekilde terapiye dâhil edilmelidir. Çocuk ve gençlerin yetişkinlerden farklı olarak soyutlama ve bilişsel beceri kapasiteleri daha kısıtlı olabilmektedir. Bu yeterliliğin ne düzeyde olduğu belirlenmeli ve uygulamanın temelleri bu kapasiteye uygun hâle getirilmelidir. Bilişsel ve davranışsal teknikler doğru gelişim düzeyine göre bir denge ve ritim yakalamalıdır. Seansların hızı ve etkinliklerin sayısı bu bağlamda çocuğun ve ailenin kavrayışına uygun düzeyde uygulanmalıdır. Çocuk ve ergenlerle çalışırken kullanılan dil çok önemlidir. Terimlerden ve jargondan uzak, basit, kısa ve öz cümleler kurulmalıdır. Dilin niteliği bağlamında öğretici ve üstten bir yaklaşım hissettirmemeli ve karşılıklı saygı esasına dayanmalıdır (Grave ve Blissett, 2004). Ebeveynlerin seansa katılımı danışanın yaşına ve psikolojik sorunların niteliğine göre değişkenlik göstereceğinden terapist bu dengeyi iyi sağlamalıdır. Daha küçük yaştaki çocuklarda ve dürtüselik veya davranış sorunları gibi dışa vurum bozukluklarında ebeveynler seanslara daha sık katılmalı ve daha etkin bir rol almalıdırlar. Danışanın yaşı büyükse ve sorunlar daha çok anksiyete bozuklukları, depresyon gibi içe atım psikopatolojileri ise çocuk veya genç ile birebir çalışma daha fazla merkeze alınmalı ve ebeveynler daha çok destekleyici pozisyonda kalmalıdırlar.

3. Empati Becerisi - Kabullenici, Samimi, Sıcak ve Anlayışlı Bir Yaklaşım Geliştirme

Çocuk ve gençlerle çalışırken seansların samimi, sıcak ve saygılı bir ilişki içinde çocuk ve ailesi ile empati geliştirerek sağlanmalıdır. Terapist, seansın içinde ilgi ile orada olduğunu gösterebilmelidir. Mevcut yazında empati kavram günlük dilde basitçe kullanıldığı şekliyle "kendini başkasının yerine koyup onun penceresinden bakabilme kapasitesi" tanımına indirgenmemelidir. Bilişsel terapi sürecinde terapistin empati becerisinin değerlendirilmesi için terapistin aktif dinleme, yansıtma, özetleme, danışanın verdiği bilgilerin modele uygun şekilde sentezlenip danışana sunulabilmesi gibi becerilerine bakılmalıdır. Zihninin seansın içinde danışanla beraber hareket ettiğini sergileyebilmelidir. Terapist, çocuk ve ebeveynin sıkıntı, heyecan, korku veya kaygı gibi duygusal tepkilerini uygun bir yolla kabul ettiğini gösterebilmelidir. Terapistinin tutumu yargılayıcı ve eleştirel olamamalıdır. Açık, saygılı ve kucaklayıcı bir tutum seansların bütünü içinde yayılması mümkün olduğunca sağlanmalıdır. Ebeveynlerle de kendi güçlükleri hakkında ve bunların, çocuklarına yardım etme yetenekleri üzerindeki etkileri konusunda uygun şekilde empati kurulmalı ve ortak bir anlayış geliştirilmelidir (Thwaites ve Bennett-Levy, 2007).

4. Yaratıcılık - Sözel ve Sözel Olmayan Tekniklerin Yaratıcı ve Ustaca Kullanılması

BDT'nin esnek ve birçok farklı uygulamayı içinde barındırabilecek bir terapi şekli olduğu bilinmektedir. Bu bağlamda terapist, çocuk ve ebeveynin terapiyi anlama ve tedaviye katılımlarının tüm aşamalarında, süreci kolaylaştırma ve daha etkili kılmak için BDT kuram ve kavramlarını yaratıcı bir şekilde terapi içeriğine uyarlayabilir olmalıdır. Anlamayı ve etkileşimi kolaylaştırmak için uygun sözel ve sözel olmayan yöntemlerin belirlenerek kullanılmasına olanak sağlanmalıdır. Çizim, oyun, anket, metafor, rol oynama ve kukla gibi farklı ve yaratıcı yöntemin dâhil ediliyor olmasına özen gösterilmelidir. Çocuğun terapi hedeflerine ulaşması konusunda çocuğun çıkarlarına uygun bir şekilde BDT kavram ve yöntemlerinin yaşa ve beceri düzeyine uygun hâle getirilebilir ve uyarlanabilir olduğunu bilmek ve akılda tutmak çok değerlidir. Bu bağlamda bazen çocuğun isteklerine ve taleplerine kulak vermek değerli olabilir. Çocuğun tercih ettiği iletişim yöntemine uygun karşılık vermek; sözlü, görsel veya bilgisayar gibi yaratıcılık konusundaki becerilerimizi geliştirebilir (Friedberg ve Wilt, 2010).

5. Araştırma - Klavuzlu Keşif Süreci ve Yansıtma

BDT, çocuk ve ergenlerin bilişsel süreçlerine yeni bir pencere açmayı hedefleyen ve yeni bir düşünme becerisini onlara aktarma konusunda çabalayan bir terapidir. Bu bağlamda terapistin, kılavuzlu keşif ve derinlemesine düşünmeyi kolaylaştıran açık ve meraklı bir duruş benimsemesi gerekir. Çocuğun ve ebeveynlerin biliş, inanç ve varsayımlarının tarafsız bir değerlendirmeye tabi tutulduğu, iş birliğine dayalı bir soruşturma süreci oluşturulması önemli bir uygulama esasıdır. BDT, davranışlarla ilgili değişimin sağlanabilmesi için bilişsel düzeyde çalışmanın zorunlu bir durak olduğu prensibine dayanır. Davranışların normalleşmesi (depresif ergenin içine kendisini hapsettiği kabuğu kırması, anksiyöz danışanın kaçınma ve güvenlik davranışları olmadan açık ve cesurca korkularının üstüne gidebilmesi ve akranları gibi normal bir hayat sürdürebilmesi) düşünme ve mantık yürütme işlevlerinde sıkça yapılan irrasyonel ve işlev bozucu alışkanlıkların da kırılmasını gerektirir. Ebeveynlerin de durumu bir çok vakada çok da farklı değildir. Bu bağlamda çocuğun ve ebeveynin bilişsel alışkanlıkları ile ilgili bir sorgulama sürecine girebilmeleri, araştırma yapabilmeleri ve onlarda psikopatolojiyi tetikleyen gündelik olaylar hakkında alternatif açıklamalar yapabilmelerine yardımcı olunmalıdır. Davranış deneyi gibi birçok seans içi veya dışı etkinlik sonrasında elde edilen bilişsel sonuçların ifade edilmesi ve konuşulması için ortamın hazırlanması, değişimin sağlanması adına önemli bir zemin sağlayacaktır. Sorgulama ve yansıtmanın, terapinin bilişsel aşamalarında, bilişsel yeniden yapılandırma becerisine önemli bir nitelik kattığı unutulmamalıdır (Stallard, 2013).

6. Danışanın Güçlü Yanları ve Öz Yeterliliğini Açığa Çıkarma

Çocuk ve gençlerle BDT'nin önemli özelliklerinden biri de danışanın mevcut becerilerini fark etmesi ve geliştirmesi için teşvik edici bir kavrayışı ve olumlu ama gerçekçi düşünme sitilini sağlamaya çalışmak vardır. Bu bağlamda bir BDT terapisti, danışanın ve bir parçası olduğu aile sisteminin öz yeterliliklerini, geçmişteki başarılarını ve güçlü yanlarını yeniden keşfetmeye ve bunları eyleme geçirmeye teşvik etmelidir. Terapistin temel yaklaşımının beceri geliştirmeye odaklı ve değişim için pozitif girişimlerin teşvik edildiği güçlendirici ve kolaylaştırıcı olması önemlidir. Bu kavram şu noktaya önemli bir atıf sağlamaktadır: güçlü yönler ve kişisel kaynaklar. Çocuk ve ebeveynin güçlü olduğu, yaşamsal alanına yön verdiğini düşündüğümüz yönlerini ve kaynaklarını belirleme ve vurgulama konusunda destekleyici olunmalıdır. Çocuğa ve/veya ebeveynlere geçmişte başarmış oldukları yetenek ve stratejileri belirlemelerinde yardımcı olmakla kalmayıp, uygulama alanlarını geliştirmek için çaba sarf edilmelidir. Çocuğun ve ebeveynlerinin fikirlerini ve başa çıkma stratejilerini geliştirmek ve şekillendirmek üzerine kafa yormanın terapi için önemli bir esası kapsadığını fark etmek bu bağlamda önemlidir. Bu kapsam da çocuğun ve ebeveynlerinin yeni beceriler kullanmasını övmek ve pekiştirmek etkin bir süreç için elzemdir (Venkatesh Kumar ve Sebastian, 2011).

7. Terapi Sürecinin Keyifli ve İlgi Çekici Olması

Terapinin keyifli ve ilgi çekici olması katılımı çoğu zaman daha iyi sağlayacaktır ve terapistin seans içindeki önemli bir görevidir. Bunun için yeterli miktarda aktivite, mizah ve malzeme kullanımına dikkat etmelidir. Seansların yeterli içeriği yeterli zamanda sunabilmesi önemlidir ama uzamasının da önüne geçerek sıkıcılığın önlenmesi gerekir. Bir BDT seansının süresinin ne kadar olacağı ile ilgili kesin bir yargıya varmak doğru değildir. Çabuk sıkılan yaşı küçük bir çocukla 20 dakikalık bir devam seansı yeterli olabilirken, uzamış bir maruz bırakma ve tepki önleme seansı bazen 90 dakika kadar sürebilmektedir. Bu anlamda danışanın gelişimsel seviyesine, sorunlarının karmaşıklığı ve zorluk derecesine göre seansın süresi ayarlanmalıdır. Seans içinde görev olarak yapılması gerekenler ile görev olmayan ama ilişkiyi iyileştirmeye yönelik etkinliklerin uygun bir denge kurularak sağlanması terapi sürecinin önemli bir özelliği olarak görülmelidir. Çocuğun ilgi alanlarına kulak vermek ve bunları girişimlere uygun şekilde dâhil etmek, çocuk için süreci daha eğlenceli ve çekici hâle getirebilecektir. BDT terapistinin unutmaması gereken önemli bir diğer esas ise umutlu bir çerçevenin sağlanması olmalıdır. Olumlu, umutlu ve gelecek için daha sağlıkla bakan cümlelerin hem motivasyon için hem de uygulamaların hayata geçirilmesi adına önemli bir teşvik olacağı unutulmamalıdır (Stallard, 2013).

Bilişsel Davranışçı Terapi İçeriği ile İlişkili Beceriler ve Teknikler

1. Değerlendirme Süreci ve Terapi Hedefleri

Terapist, farklı yerlerden ve kişilerden alınan, uygun bilgilendirmeyi içeren ve mevcut problem için kapsayıcı, bütüncül bir değerlendirme yapmalıdır. Terapist, iyi bir değerlendirme için anketleri, ölçekleri ve diğer olası değerlendirme araçlarını (öğretmen raporları vs.) uygun şekilde kullanmalıdır. Bunun birçok amacı vardır. Ayrıntılı bir değerlendirme için gözden kaçabilme ihtimali olan sorunların tespiti için fırsat sağlar. Hedeflerin belirlenmesi adına terapiste ve danışana faydalı olabilir. Ebeveynlerden ve diğer dış bilgilendiricilerden bilgi almayı kolaylaştırır. Terapinin etkinliğinin takibi açısından terapiste yol gösterebilir ve nesnel sonuçlar ortaya koyar. Ayrıca terapist terapi hedefleri belirleme konusunda titizlikle çalışmalıdır. Terapi hedefleri terapi sürecinde kişiye yol göstermesi açısından elzemdir. Hedefler danışanla belirlenmeli ve belirli özellikleri içermelidir. Hedeflerin soruna spesifik, ölçülebilir, ulaşılabilir, danışanın kontrolünde olan ve zaman sınırlı olmasına özen gösterilmelidir. Hedeflerin bu 5 kriteri sağlaması çok önemlidir çünkü terapi hedeflerinin belirlenmediği veya muğlak ve soyut ifadelerle belirlendiği durumlarda terapi sürecinin ilerlemesi mümkün değildir. Danışanın "Mutlu olmak istiyorum." şeklinde duygu merkezli olarak ortaya koyduğu hedefin davranış odaklı olarak ifade edilmesi, terapiden somut olarak ne beklendiğini ortaya koyması açısından önemlidir. "Mutlu olsaydın hayatın şimdikinden nasıl daha farklı olurdu?" veya "Daha önce mutlu olduğunu bir dönem var mıydı? O zaman hayatın nasıl daha farklı idi, şimdi yap(a)madığın neler yapıyordun o zaman?" gibi Sokratik sorularla danışanın ortaya koyduğu "duygusal" hedeflerin "davranışsal" düzleme çekilmesi gerekir. Hedeflere ulaşmak için eylem planının ve ara adımların belirlenmesi gerekir. Ayrıca terapide ilerleme olup olmadığının ne sıklıkta ve ne zaman değerlendirileceği danışan birlikte belirlenmelidir. Belirtileri, duyguları, düşünceleri ve davranışı tanımlamak ve değerlendirmek için günlükleri kullanma, çizelgeleri, düşünce balonlarını, puanlama ölçeklerini kullanması sağlanmalıdır (Stallard, 2005).

2. Davranışçı Teknikler

BDT özü itibarıla duygusal problemlerin aşılması adına davranış değişimini hedefleyen bir terapidir. Bu bağlamda değişimi kolaylaştırmak için çeşitli davranışsal teknikler kullanılır. Danışanın mevcut sorunlarının, oluşturdukları sıkıntı ve zorluk düzeyine göre bir hiyerarşi içerisinde derecelendirilmesi, danışanın bugüne kadar kaçınma ile baş ettiği sorunlarına kademeli bir şekilde kendisini maruz bırakması ve normalde güvenlik davranışları sergileyerek baş ettiği durumlarda tepki önleme yaklaşımları ile sistematik duyarsızlaştırma oluşturma, depresif veya içe kapanan anksiyöz gençlerde davranışsal aktivasyon ile birlikte spor yapma, sosyal veya bireysel etkinlikler planlama ve hobi oluşturma gibi aktivitelere teşvik ve bunların organizasyonu başlıca davranışçı yaklaşımlar olarak öne çıkmaktadır. Davranışçı teknikler ile ilgili önemli bir husus ise her davranışçı tekniğin uygulanmasından önce bunun neden yapılacağı, kişiye ne öğreteceği, olası sonuçlarının ne olacağı gibi alanlarda ortak bir düşünme platformu oluşturma ve her bir girişimin gerekçesinin sunulması gerekliliğidir. Gerekçesi ortaya konulmayan, tartışılmayan ve fikir birliği edilmeyen bir davranışçı tekniğin uygulanabilir olmasını beklemek gerçekçi olmayabilir. Davranış değişiminin sağlanması adına yapılacak her türlü etkinliğin sonunda işimize yarayacak sonuçları değerlendirmek için öncesi ile karşılaştırma yapmak bilişsel anlamda gelişim için değerli olacaktır. Yine öncesinde davranışçı tekniğin uygulanması esnasında beklenmedik durumların ve olası zorlukların/terslikIerin neler olabileceği, bunlarla karşılaşınca nasıl yanıt oluşturulacağı tartışılmış ve planlanmış olmalıdır. Süreçte övgü ve olumlu pekiştireçlerin kullanımını sağlamak yine davranışçı müdahaleler için önemlidir (Muñoz-Solomando ve diğ., 2008).

3. Bilişsel Teknikler

BDT, davranışsal değişimi hedefleyen ve terapötik değişimi kolaylaştırmayı amaçlayan çeşitli bilişsel teknikleri içerir. Bilişsel teknikler gündeme uygun şekilde planlanır ve yaşa uygun bir özellikle yapılandırılmalıdır. Düşünce kayıtları ve düşünce baloncukları küçük yaştaki çocuklarda bilişsel farkındalığın kazandırılması için kolaylaştırıcı olabilir. Düşünce akışının takibi, irrasyonel veya işlev bozucu düşüncelere nasıl kapıldığı ve inandığı ile ilgili içeriğe ulaşabilmek için düşünce kayıtlarının alınması önemlidir. Bilişsel farkındalık bilişsel yeniden yapılandırmanın ilk ve öncelikli adımı olacaktır. Düşünce kayıtları ile işlevsel ve yardımcı olan bilişlerle birlikte işlev bozucu ve yararsız olanların tanımlanması ve farkındalık kazanması sağlanabilecektir. Önemli işlev bozucu düşünme alışkanlıklarının ve ortak bilişsel ön yargıların, "düşünme tuzaklarının" tanımlanması, duygular ve davranışlar ile nasıl karşılıklı kısır bir ilişiklerinin olduğunun farkına varılması amaçlanır. Alternatif ama daha gerçekçi veya daha işlevsel düşünce ve inançların ortaya çıkarılması ve üzerine düşünülebilmesi için bu düşünme tuzaklarının öncelikle farkına varılması, sonra doğru tanımlanması ve işlevlerinin analiz edilmesi gerekir. Bugüne kadar onları tehlikelerden koruduklarına veya riski minimize ettiklerine inandıkları eski düşüncelerine şimdi aslında sorunu devam ettiren en temel faktörlerden biri olarak bakabileceklerdir. Davranış deneyleri ile danışanın varsayımları veya koşullu inançları objektif bir şekilde test edilmelidir. Bilişsel yeniden değerlendirme kapsamında alternatif bakış açıları geliştirme, yeni bilgileri ve kanıtlara dikkatini çekebilme ve uygun duygusal ve davranışsal içeriğe dönüştürebilmek ele alınır (Stallard, 2019).

4. Keşif, Derinlemesine Düşünme ve Kendini Keşfetme

BDT, danışanın kendi düşünsel ve duygusal süreçlerini anlamasını ve yeni bilgi ve deneyimler keşfetmesini kolaylaştırmak için birçok tekniği içinde barındırır. Sokratik sorgulama ve alternatif bakış açıları oluşturabilme danışanın daha önce aşina olmadığı bir beceri olarak görülmelidir. Amaç, kişinin herkesin başına gelebilecek gündelik olayların neden kendilerinde bu kadar fazla duygusal tepkiler oluşturduğu üzerine tekrar fakat daha önce hiç yapmadığı bir şekilde düşünmektir. Bu süreç; düşünme alışkanlıkları, düşüncelerinin rasyonelliği ve işlevselliği üzerine tekrar düşünmeye teşvik eden bir metakognitif süreç olacaktır. Yoğun ve güçlü duyguların (korku, kaygı, üzüntü, öfke vb.) yakıt görevi gördüğü bir örüntü içerisinde düşünceler ve davranışlar arasında iki yönlü ve birinin diğerini sürekli körelttiği veya bir çıkmaza soktuğu kısır döngünün farkına varması sağlanacaktır. Çocuklar ve hatta ergenler, gelişimsel seviyeleri ve yaşam deneyimlerinin kısıtlı olması nedeniyle böyle bir diyalog ve birlikte düşünme yaklaşımına aşina olmayabilirler. Dolayısıyla bu onlar için sadece terapi süreci ile kısıtlı olmayan, hayatlarının farklı evrelerinde karşılaşacakları başka sorunları çözebilmelerine yardımcı olacak bir deneyim olacaktır. Sorunları ile bugüne kadar kaçınma davranışları ile baş etmeye çalışmış bir danışan, bu kılavuzlu keşif sürecinde korku ve kaygılarının kendilerini bir dev aynasında gösterdiğini fark edecektir. Oysa gerçek böyle olmayabilir. "Bunu görebilmem, anlayabilmem için saklandığım yerden çıkmam lazım." sonucuna varacaktır. Gerçekleşmesinden korktukları durumun olasılığını o kadar da abartılı olmayabileceğini, sonucunun felaket olmayabileceğini, öylece çaresizce kalakalmak dışında bunlarla baş edebilmek için ellerinden bir şey gelebileceğini ve başkalarının da onlara gerektiğine destek olabileceğini fark edeceklerdir. Bilişsel değişimin sağlanmasına olanak sağlayan davranış deneyleri veya öngörüleri test etme yaklaşımı inanç ve varsayım gibi bilişlerin değerlendirilmesine izin verir ve kullanımı için net bir gerekçe sunulması ve planlama sırasında ailenin uygun katılımının ve desteğinin alınması tekniği güçlendiren ögeler olacaktır. Bu kapsamda terapist, derinlemesine düşünme sürecinde davranış deneylerinin, ev ödevlerinin ve Sokratik diyalogların entegrasyonuna danışanı teşvik etmelidir (Friedberg, McClure & Garcia, 2009; Stallard, 2019).

5. Duygusal Farkındalık Oluşturma, Tanımlama ve Yönetim

BDT, terapötik değişimin sağlanması ve kolaylaştırılması için çeşitli duygusal alanın çalışılmasını sağlayan çeşitli teknikleri kullanır. Bu bağlamda öncelikle duygusal okuryazarlığın geliştirilerek duyguların farkına varılması ve tanımlanmasını kolaylaştırır. BDT, farklı duygular arasında ayrım yapılmasını, duyguların gündelik yaşamda sürekli değiştiğinin farkına varılması, davranışlarımızı değiştiren ve yöneten ana ögelerden biri olduğu öğretisini psikoeğitsel olarak çalışır. BDT, bedensel sinyallerin tanımlanması ve yönetimi için gevşeme, kontrollü nefes alma, sakinleşme aktiviteleri gibi duygusal yönetim becerilerinin gelişmesini teşvik eder.

6. Formülasyon, BDT Modelinin Terapiye Entegrasyonu

BDT kapsamında terapist; olaylar, bilişler, duygular, fiziksel tepkiler ve davranışlar arasındaki ilişkileri vurgulayan tutarlı bir anlayışın geliştirilmesi hedefler. Formülasyon, geliş sebebi veya sorunun sürmesini devam eden faktörlerin ortaya konmasındaki temel aşamadır. Bu problemin hâlen devam etmesini sağlayan faktörler nelerdir? Tam olarak danışana bunun anlatılmasını sağlayan sistem formülasyon ile ortaya konur. Öncelikle formülasyon ile BDT kullanımı için tutarlı ve kolay anlaşılır bir gerekçe sunulmuş olur. İş birliğine dayalı bir şekilde, belirli olaylar, düşünceler, duygular ve davranış arasındaki bağlantıları vurgulayarak (başlangıç formülasyonları) ve değerlendirme araçlarıyla desteklenerek, teori ile bağlantı kurularak olayların anlaşılmasını sağlar. Geçmişteki önemli olayların ve güncel sorunların ilişkisinin anlaşılmasına olanak tanır. Formülasyon ile faaliyetler ve amaçlar/hedeflerin bağlantılıları açıkça çalışılabilecek şekilde göz önüne serilebilir. Formülasyon bir hedefin kazanımı yolunda en önemli kılavuzdur ve terapinin tıkanmasının önündeki en önemli engeldir (Stallard, 2019).

7. Genel Beceriler, Gündem Belirleme, Oturum Planlama ve Organizasyon

BDT'de terapist, iyi bir hazırlık aşamasından geçmeli ve net bir gündemi tartışmakta ve tedavi seanslarını sakin, organize bir şekilde yürütmek için hazırlıklı olmalıdır. Öncelikle seanslardan önce gündemin belirlenmiş olması, gerekli malzeme ve teçhizatı hazırlamak ve seansa getirecek için ilk hazırlıktır. Oturumların ortaklaşa karar verilmiş bir gündeminin ve önceliklerine göre sıralanmış gündem maddelerinin var olduğu ve amaçların açıkça belirtildiği şekilde olması terapist tarafından sağlanmalıdır. Seanslar sırasında çocuğun davranışlarını yönetebilecek bir becerinin olması yanında zaman yönetimi gibi görevlerin yerine getirilmesi gerekmektedir. Seansın uygun şekilde yapılmasını ve çocuğun/gencin ihtiyaçlarına cevap verebilecek şekilde esnek ve duyarlı olması sağlanmalıdır.

8. Ev Ödevleri, Oturum Dışı Uygulamalar ve Etkinlikler

BDT sadece seans içinde çalışan bir terapi değildir. Aynı zamanda uygun ev ödevi ve hedeflerle seans dışını planlayan ve organize eden bir terapidir. O sebeple terapist ilgili ev görevlerini net hedeflere uygun şekilde planlayıp ve tartışmalıdır. Her zamanki gibi öncelikle etkinliklerin gerekçesi ev ödevi olduğunda da net bir şekilde tanımlanmalıdır. Ev ödevinin BDT formülasyonuna ve oturumun içeriğine ilişkilendirilmesine özen gösterilmelidir. Seans içinde planlanan ev ödevinin net hedeflere sahip olduğunun ve ev ödevinden ne öğrenilmesi gerektiğinin anlaşılmasına yönelik bir tartışmanın sürdürülmesi önemlidir. Mutlaka ev ödevlerinin ne olduğu kadar nasıl yapılacağı konusunda tartışmak ve karar vermek sonuca ulaşmak adına oldukça değerli olacaktır. Ek olarak potansiyel engelleri belirlemek ve nasıl üstesinden gelineceğinin planlanması unutulmamalıdır.

SONUÇ

BDT, kapsamı gereği iyi planlanmış ve hedef odaklı bir terapidir. Bu kapsamda terapinin hem işleyişinin niteliksel özellikleri hem de etkinliklerin, becerilerin neler olduğunun çerçevesi nettir. Bu bağlamda uluslararası platformda bir terapistin yetkinliğinin hangi alanlarda değerlendirildiğini derleyen ölçekler zemininde bu bölüm yazılmaya çalışılmıştır. Süreç ve beceriler başlığı altında toplanan bu esas ve teknikler, bir seansın içeriğinden terapinin bütününe işaret edecek kapsamı sunmaya çalışmaktadır.

KAYNAKLAR

Clark, S., Emberly, D., Pajer, K., Delong, E., McWilliam, S., Bagnell, A., Abidi, S., Casey, B., & Gardner, W. (2018). Improving Access to Child and Adolescent Mental Health Care: The Choice and Partnership Approach. *Journal of the Canadian Academy of Child and Adolescent Psychiatry, 27*(1), 5./pmc/articles/PMC5777686/

Friedberg, R. D., McClure, J. M., & Garcia, J. H. (2009). *Cognitive therapy techniques for children and adolescents: Tools for enhancing practice.* Guilford Press.

Friedberg, R. D. (2014). Training Matters: The importance of Delivering Authentic CBT with Youth. *Journal of Psychology & Clinical Psychiatry, 1*(7), 47. https://doi.org/10.15406/jpcpy.2014.01.00047

Friedberg, R. D., & Wilt, L. H. (2010). Metaphors and stories in cognitive behavioral therapy with children. *Journal of Rational - Emotive and Cognitive - Behavior Therapy, 28*(2), 100-113. https://doi.org/10.1007/S10942-009-0103-3/TABLES/1

Gormez, V., Çakıroğlu, S., Bıkmazer, A., & Stallard, P. (2022). Psychometric properties of the Cognitive Behaviour Therapy Scale for Children and Young People (CBTS-CYP) in a Turkish sample. *Behavioural and Cognitive Psychotherapy*, 1–11. https://doi.org/10.1017/S1352465822000169

Grave, J., & Blissett, J. (2004). Is cognitive behavior therapy developmentally appropriate for young children? A critical review of the evidence. *Clinical Psychology Review, 24*(4), 399-420. https://doi.org/10.1016/J.CPR.2004.03.002

McGlinchey, J. B., & Dobson, K. S. (2003). Treatment Integrity Concerns in Cognitive Therapy for Depression. In *Journal of Cognitive Psychotherapy* (Vol. 17, Issue 4, pp. 299-318). https://doi.org/10.1891/jcop.17.4.299.52543

Muñoz-Solomando, A., Kendall, T., & Whittington, C. J. (2008). Cognitive behavioural therapy for children and adolescents. *Current Opinion in Psychiatry, 21*(4), 332-337. https://doi.org/10.1097/YCO.0B013E328305097C

Stallard, P. (2019). *Think good, feel good: A cognitive behavioural therapy workbook for children and young people.* John Wiley & Sons.

Stallard, P. (2005). *A clinician's guide to think good-feel good: Using CBT with children and young people.* https://www.google.com/books?hl=tr&lr=&id=nu0cq3HpsP8C&oi=fnd&pg=PR5&dq=A+Clinician%27s+Guide+to+Think+Good-Feel+Good:+Using+CBT+with+Children+and+Young+People&ots=JzqDtCwQkL&sig=Ag5QFSypqLIce7bsr2JW6fn35DE

Stallard, P. (2013). Cognitive Behaviour Therapy for Children and Families. In *Cognitive Behaviour Therapy for Children and Families* (pp. 22-33). https://doi.org/10.1111/j.1468-3148.2007.00377.x

Stallard, P., Myles, P., & Branson, A. (2014). The cognitive behaviour therapy scale for children and young people (CBTS-CYP): Development and psychometric properties. *Behavioural and Cognitive Psychotherapy, 42*(3), 269-282. https://doi.org/10.1017/S135246581300115X

Thwaites, R., & Bennett-Levy, J. (2007). Conceptualizing Empathy in Cognitive Behaviour Therapy: Making the Implicit Explicit. *Behavioural and Cognitive Psychotherapy, 35*(5), 591-612. https://doi.org/10.1017/S1352465807003785

Venkatesh Kumar, G., & Sebastian, L. (2011). Impact of CBT on self efficacy and academic achievement in adolescent students. *Journal of the Indian Academy of Applied Psychology, 37*(SPPL. ISS.), 134-139.

Bölüm 3

ÇOCUK VE ERGENLERDE BİLİŞSEL DAVRANIŞÇI DEĞERLENDİRME VE FORMÜLASYON

Uğur Doğan

GİRİŞ

Değerlendirme

Danışanların bireyselleştirilmiş değerlendirmeleri, her bireyin kalıtsal, biyolojik ve öğrenme geçmişi açısından diğerlerinden belirgin bir şekilde farklı olduğu ve her bireyin benzersiz bir bağlamda var olduğu kabul edilerek gerçekleştirilmektedir. Değerlendirme temelde, vaka formülasyonunun geliştirilmesini, danışanın ilerlemesinin sürekli değerlendirilmesini ve müdahalelerin gerekli durumlarda değiştirilmesini mümkün kılmaktadır. Terapi boyunca müdahalelerin seçimine ve değiştirilmesine rehberlik etmesidir. Bu nedenle, değerlendirme süreci sürekli, yinelemeli ve ayarlanabilirdir ve genellikle danışan davranışını etkileyen faktörlerle ilgili hipotezlerin değiştirilmesiyle sonuçlanır. Bilişsel davranışçı terapilerde değerlendirme, hipotezlerin doğrulandığı veya doğrulanmadığı ve eksiklikleri gidermek veya önceki deneylerin bulgularını genişletmek için yeni deneylerin ortaya çıktığı bilimsel sürece çok benzemektedir.

BDT değerlendirmesinin amacı, öncelikle hem danışan hem de terapist tarafından tatmin edici olarak kabul edilen ve yukarıda özetlenen amaçlara hizmet edecek bir formülasyona ulaşmaktır. Bu çerçevede değerlendirme, semptomların bir kontrol listesini işaretlemek veya standart bir yaşam öyküsünü tamamlamak gibi basit bir mesele değildir. Daha ziyade, hipotezleri tekrar tekrar oluşturmak ve test etmek için aktif ve esnek bir süreçtir.

Değerlendirme, insan etkileşiminin doğal bir parçasıdır. Terapistler danışanlarla ilk tanıştıklarında, danışanların getirdiği sorunlarla çalışmaya başlamadan önce sorunları yönlendiren mekanizmaları anlamaya, doğasını ve kapsamını değerlendirmeye çalışırlar. Danışanlar doğal olarak terapistleri de değerlendirir ve bu gibi (Burns ve Auerbach, 1996) derecelendirme formları kullanılarak resmîleştirilebilir. Danışanların değerlendirilmesi ve formüle edilmesi "terapist öncesi aşama" olarak kabul edilebilir (Persons, 2008).

Formülasyon

BDT formülasyonları, danışanların yaşadıkları sorunların kökenlerini, gelişimini ve sorunları devam ettiren unsurları anlamlandırmaya yarar. Formülasyonlar, esasen bir hipotez olan, test ve doğrulamaya açık, danışanlarla iş birliği içinde ulaşılan ve daha sonra izlenen müdahale ve terapi planlarına yol açan bir genel bakışı temsil ederler (Persons, 2008).

Formüle etme, bireysel danışanların sorunlarına ve kökenlerine bir "harita" (Persons, 2008) veya genel bir bakış sağlamak için çalışan bir hipotez geliştirmeyi amaçlayan aktif ve sürekli bir terapistin görevidir. Danışanlarla iş birliği içinde hazırlanan bu tür haritalar sürekli değişikliğe açıktır ancak seanslarda veya danışanların terapi dışındaki yaşamlarında ortaya çıkan sorunların nasıl ele alınacağı konusunda faydalı rehberler olarak işlev görür. Terapistler danışanın sorununu iyi formüle ettiğinde, danışanların "Neden ben?", "Neden şimdi?" ve "Neden sorun ortadan kalkmıyor?" ve ayrıca "Nasıl daha iyi olabilirim?" gibi soruları yanıtlamasına yardımcı olur.

Formülasyon, birkaç nedenden dolayı BDT'de önemli bir aşamadır. Bu nedenler şunlardır (Persons, 2008):

- BDT kuramı ve uygulama arasında köprü kurar ve danışanların sorunlarını ve zorluklarını anlamlandırmaya yardımcı olur.
- Formülasyonun kendisi terapötiktir, insanların deneyimlediklerini anlama, öngörme ve normalleştirme aracıdır.
- Formülasyon, terapinin yapısına katkıda bulunur ve müdahalelerin ve tedavilerin seçimine rehberlik eder. İş birliğine yardımcı olur ve terapi sürecindeki sorunlarla başa çıkmanın bir yoludur. Terapistler ayrıca terapiyle ilgili kendi duygularını da formüle edebilirler.

ÇOCUK VE ERGENLERLE FORMÜLASYON

Çocuk ve ergenlerle çalışmaya geçiş yetişkinlerle çalışmaktan daha karmaşık bir vaka formülasyonu oluşturmayı öğrenmekle kalmaz, aynı zamanda değerlendirme yapmak için tamamen yeni bir yaklaşım öğrenme zorluğunu sunar. Pek çok ruh sağlığı çalışanı uzmanlık alanları ile ilgili eğitime başlarken yetişkinlere yönelik eğitim alırlar ve çocuk-ergen danışanlara yönelik pek tecrübeleri yoktur. Çocuk ve ergenlerle çalışılırken uzmanlaşılması gereken yeni bilgi alanları arasında normal ve anormal çocuk gelişimi, davranışı etkileyen yaygın tıbbi durumlar, aile sistemleri, çocukluk çağı psikiyatrik rahatsızlıkları bulunmaktadır (Winters, Hanson ve Stoyanova, 2007).

Çocuk ergenlerin formülasyonunda başlıca farklar vardır. Winters ve diğ.ne (2007) göre çocukların yetişkin danışanlardan farklı olarak kendi kendilerine sevk edilmemeleri, genellikle bir ebeveyn, öğretmen veya başka bir otorite tarafından sevk edilmeleridir. Sorun öncelikle danışan tarafından tanımlanmaz ve çocuklar, ebeveynler veya okul tarafından beklenen davranışı arzu edilir olarak bile görmeyebilirler. Çocuk ve ergen değerlendirmesi, her bir bilgi kaynağının güvenilirliğinin ve bakış açısının anlaşılmasını gerektiren, birden fazla bilgi kaynağından alınan bilgileri kullanmalıdır. Terapist ayrıca nesnelliği korumaya çalışırken çocuk ve bakım veren kişilerle terapötik ittifaklar kurmalıdır. Bunun yanında çocuğun ana babasının dile getirdiği başlıca şikâyet, çocuğun kendi psikolojisinden süzülmüş ve sosyokültürel faktörlerden etkilenen normal davranış beklentilerini de beraberinde getirir. Çocuk ve ergen müdahalelerinin temel amacı, çocuğun genellikle ebeveynlerin beklentileri tarafından tanımlanan daha normatif bir gelişimsel yörüngeye dönmesine yardımcı olmaktır. Çocuğun gelişim alanları arasında farklılık gösterebilen gelişim düzeyi, her zaman formülasyonun önemli bir parçasıdır. Formülasyonun odağı, çocuğun olgunlaşması, devam eden ve yeni çevresel faktörler ve eklenen bilgiler ile zaman içinde değişebilir.

Çocuklar ve ergenlerle vaka formülasyonları yapılırken Drinkwater'a (2013) göre göz önünde bulundurulması gereken unsurlardan *ilki*; bilişler, aileler, akranlar ve okullar dâhil olmak üzere bir dizi faktörden etkilenen çocukluk ve ergenlik boyunca gelişim sürecindedir. *İkinci* olarak bilişsel vaka formülasyonunun çocuğun gelişim düzeyine uygun olması gerekir. Bu, müdahalenin bileşenleri ve tarzı için de geçerlidir. *Son olarak* ailenin, işlevsiz bilişlerin gelişimine ve sürdürülmesine katkıda bulunmanın yanı sıra koruyucu faktörlere ve değişimi teşvik etmeye katkıda bulunmadaki rolü önemli bir faktördür.

ÇOCUKLARLA VAKA FORMÜLASYONU SÜRECİ

Okul öncesi çocukların daha büyük çocuklardan daha az yaşam deneyimine sahip oldukları için, bu yaş grubunda vaka formülasyonunun daha basit yapılması gerektiği varsayılmaktadır. Bunun yanında okul öncesi çocuk doğası gereği korumasız bir konumdadır. Terapist, bu dönemin özelliğini göz önünde bulundurarak çocukla ilgili risk ve koruyucu faktörleri (biyolojik, psikolojik, sosyal ve manevi/kültürel), faktörler arasındaki potansiyel bağlantıları kategoriler içinde ve arasında arar. Faktörler arasındaki bağlantılar açık ve net veya daha spekülatif olabilir. Manassis'e (2014) göre tüm faktörleri ve aralarındaki bağlantıları gözden geçirdikten sonra, terapist olgu formülasyonunu bir hikâye olarak yazmalıdır. Hikâye, çocuğun hayatında en erken veya hatta çocuk doğmadan önce meydana gelen risk ve koruyucu faktörlerle başlar ve daha sonra kronolojik olarak ilerler. Son olarak terapist, hikâyeyi net, adil ve objektif görünecek şekilde düzenler. Özellikle, psikolojik jargondan kaçınmaya çalışır ve çeşitli faktörler arasındaki hangi bağlantıların spekülatif olduğunu ve hangilerinin kanıtlara dayandığını açıkça göstermeye çalışır. Bu tür bir düzenleme, terapistin formülasyonu çocuğa, aileye ve diğer profesyonellere etkili bir şekilde iletmesi için gereklidir. Hikâyeyi düzenlerken terapist, formülasyondan kaynaklanan test edilebilir hipotezleri de tanımlar. Bu hipotezler genellikle hikâye içindeki spekülatif bağlantılarla ilgilidir. Vaka formülasyon sürecinin sonucu, çocuğun psikolojik acısını ve zaman içindeki psikolojik direncini detaylandıran ve bugün ofisinizde bulunan çocuğun zorluklarının ve güçlü yönlerinin olası bir açıklamasını sağlayan tutarlı bir hikâyedir.

Okul öncesi çocuklarla çalışırken çocukların sıkıntılarıyla başa çıkarken kullandıkları çok sınırlı sayıda yolları vardır (ör., harekete geçmek, geri çekilmek, küçük bir çocuk gibi davranmak, somatik semptomlar sergilemek) ve yine aynı şekilde duygular için sınırlı bir kelime hazinesi vardır. Terapist, vaka formülasyonu yaparken bu sınırlılığı göz önünde bulundurmalıdır. Benzer şekilde küçük çocuklar, bu zorlukların üstesinden gelmek için aileye, özellikle de ebeveynlere çok bağımlıdır, bu nedenle vaka formülasyonu yapılırken ebeveyndeki ruh sağlığı sorunu, gerçekçi olmayan ebeveyn beklentileri, yoksulluk veya diğer ebeveyn dezavantajları ve güvensiz ebeveyn-çocuk bağlılığı terapist tarafından detaylı olarak ele alınmalı ve formülasyona dâhil edilmelidir.

OKUL ÇAĞI ÇOCUKLARINDA VAKA FORMÜLASYONU

İlk okul yıllarındaki (yaklaşık 6-12 yaş arası) çocuklar için vaka formülasyonu, çocukların günlerinin çoğunu ev ortamından uzakta eğitim ortamlarında geçirmeye başladıklarından dolayı, bu ortamlarda karşılaştıkları birçok zorluğun anlaşılmasını gerektirir. Okulda yaşadıkları zorluklar çocukların okul başarısını ve dolayısıyla ruh sağlıklarını olumsuz etkileyebilir. Özellikle terapist vaka formülasyonunu oluştururken, DEHB ve kaygı bozukluklarını, çocuğun okul başarısını etkileyebilecek yaygın psikolojik sorunlar olarak göz önünde bulundurulması gerekir. Bu iki duruma ek olarak, öğrenme güçlükleri hemen hemen her zaman okul başarısını etkiler ve çoğunlukla okul ile ilgili ortaya çıkan psikolojik belirtiler gösteren çocuklar da sürekli olarak terapistin gündeminde olmalıdırlar (Manassis, 2012). Okul çağındaki çocuklarla çalışan terapistler, üç geniş alandaki zorlukları araştırmalıdırlar: çevresel alan (aile, çocuğun eğitimine verilen değer, uyku rutinleri, kahvaltı da dâhil sabah rutinleri, okula ulaşım, sınıf-okul düzeni), kişiler arası alan (evden/ebeveynlerden ayrılabilme, öğretmen(ler) ile olumlu ilişki kurabilme, sağlıklı akran ilişkileri kurma ve sürdürme, grup etkinliklerinde çalışabilme, sağlıklı ev ve okul iletişimi/beklentileri) ve öğrenme alanları [talimatları kavrama becerisi, fiziksel (açlık, hastalık gibi)-zihinsel (endişeler, girici düşünceler) dağıtıcılar, yeterli düzeyde duygusal uyarılma, akademik çalışmaya izin verecek düzeyde dikkat ve duyguları düzenleme yeteneği, akademik çalışma motivasyonu, bağımsız çalışabilme ancak gerektiğinde yardım isteme yeteneği, projeleri-ödevleri organize etme, yürütme ve tamamlama yeteneği] (Manassis, 2014). Bu sorunlar apaçık görünse de kolayca gözden kaçabilir.

ERGENLERDE VAKA FORMÜLASYONU

Ergenlik psikolojisi, önceki tüm gelişimsel görevleri temel alır ve bu yaş grubunda genellikle zengin ve karmaşık vaka formülasyonlarıyla sonuçlanır. Bununla birlikte, başlamak için ergenlerden doğru ve eksiksiz bilgi almanın her zaman kolay olmadığını kabul etmek önemlidir. Ergenler, bir ebeveyne yaklaştığı gibi ergeni değerlendiren terapiste de genellikle şüpheyle yaklaşabilirler. Ergenin ortaya çıkan özerklik ihtiyacına saygı gösterilmemesi, özellikle iletişimin bozulmasına neden olacaktır. Ergenlerin bazen özerk hissetmek için yenilmez gibi davranmaları gerekir. Tehlikeli bir şey planlamadıkları sürece, kabalıklarına meydan okumak nadiren yardımcı olur. Ergenler tipik olarak çok bilinçlidirler ve utanma duygusu hakkında konuşmaya isteksizdirler. Başkalarının gençle ilgili söyledikleri veya yaptıkları hakkında konuşmak, genellikle utangaçlık hakkında yorum yapmaktan daha etkilidir. Bunun yanında akranlara karşı ailenin önemini en aza indirirler, bu nedenle önce akranlar ve daha sonra aile hakkında konuşmak yardımcı olabilir. Ergenler genellikle duygulardan ziyade gerçekler veya deneyimleri hakkında konuşmakta daha rahattırlar (çünkü duygular hakkında konuşmak çoğu insanı savunmasız hissettirir). Akranlar hakkında "sınıfınızdaki insanlar" veya "arkadaşlarınız" olarak konuşmak, genellikle "diğer çocuklar" veya "diğer gençler" hakkında konuşmaya tercih edilir çünkü ikincisi yaşıtlarına saygısız görünebilir. Şüpheye düştüğünüzde, tavsiye vermek yerine ergeni dinlemek faydalı olur. Klinisyenler, ergenler ve ebeveynler aynı fikirde olmadığında taraf tutmamaya çalışmalıdırlar çünkü gencin yanında yer almak, klinisyenin ebeveynleri değişmeye ikna edeceğine dair yanlış bir beklenti yaratabilir ve ebeveynlerin yanında yer almak genci yabancılaştırabilir. Gençlerle ebeveynlerinin talepleriyle nasıl başa çıkacakları (ve bunların değişmeyeceğini varsayarsak) ile ilgili problem çözmek genellikle daha verimlidir.

Kişinin bireysel kimliğinin gelişimi, ergenliğin temel gelişimsel görevi olduğu için vaka formülasyonu yapan terapist tarafından önemle takip edilmelidir. Bu görev iki aşamalı bir süreç olarak kabul edilir: (1) kişinin kendi ailesinden psikolojik olarak ayrılması ("ikinci ayrılma-bireyleşme" olarak ergenlik) (Blos, 1979) ve (2) kişinin kendine ilişkin istikrarlı, tutarlı bir algı geliştirmesi. Bununla birlikte, çoğu durumda, iki adım aynı anda gerçekleşir ve iki adım arasındaki ilerleme mutlaka pürüzsüz değildir. Çoğu zaman hem özerklik hem de kişinin benlik duygusu "iki adım ileri, bir adım geri" gider. Bununla birlikte, vaka formülasyonu yaparken iki adımı ayrı ayrı düşünmek genellikle yararlıdır çünkü özerklik aile etkileşimleriyle (yani vaka formülasyonunun sosyal bir yönü) daha fazla ilgilidir ve benlik duygusu, vaka formülasyonunun psikolojik yönleriyle daha fazla ilgilidir (Manassis, 2014).

BİR VAKA FORMÜLASYONUNUN GELİŞTİRİLMESİ İÇİN GENEL BİR ÇERÇEVE

Terapi öncesi değerlendirmeler yapıldıktan sonra, terapist ve danışan sürekli olarak ilk vaka formülasyonunu değerlendirir ve geliştirir. Yani vaka formülasyonu statik değil dinamiktir ve yeni bilgi veya gözlemlere göre değiştirilir. Vaka formülasyonunda aşağıdaki unsurları akılda tutmakta fayda vardır:

(i) Formülasyonun danışanın problem alanlarının tamamını işin içine dâhil etmesi gerekmektedir. Formülasyon, mevcut danışan verileriyle desteklenen mantıksal temel sağlamıyorsa ek değerlendirmelerin yapılması veya formülasyon üzerinde ek çalışma yapılması gerekebilir (Persons, 1989).

(ii) Formülasyonun klinik olarak ilgili davranışları tahmin etmesi beklenir. Bir formülasyon, terapinin belirli durumlarda bir danışanın davranışını doğru bir şekilde tahmin etmesine yardımcı olduğu ölçüde de geçerliliğe sahiptir. Formülasyonla tutarsız yeni veriler ortaya çıktığında, terapist ve danışan formülasyonu gerektiği gibi değiştirir. Vaka formülasyonunun geçerliliği daha sonra açıklayıcı gücü, kapsamlılığı, danışanın problem listesindeki maddeleri açıklama yeteneği ve belirli bağlamlarda gelecekteki davranışları tahmin etmedeki doğruluğu açısından değerlendirilir (Wolpe ve Turkat, 1985).

(iii) Danışanın formülasyonla aynı fikirde olması ve ek örnekler veya kanıtlarla desteklemesi durumunda, formülasyonun geçerliliği artar. Danışan formülasyona katılmıyorsa danışanın formülasyonun hangi yönleriyle aynı fikirde olmadığını ve formülasyonu daha doğru hâle getirmek için nasıl değiştireceğini anlamak için zaman ayırmak genellikle yararlıdır (Persons, 1989).

(iv) Müdahalelerin formülasyon bazında etkinliğinin temel alınması gerekir. Vaka formülasyonu, danışanın sorunlu alanları için ampirik olarak desteklenen müdahalelerin seçimi ve uyumu için rehberlik sağlar (Persons, Roberts, Zalecki ve Brechwald, 2006). Davranışsal bir bakış açısıyla, herhangi bir vaka formülasyonunun birincil amacı ve en iyi testi, etkili müdahalelerle sonuçlanıp sonuçlanmadığıdır. Müdahalenin etkili olmadığı durumlarda, terapide hedeflenen davranışları belirleyen ve sürdüren faktörler göz önüne alındığında, formülasyonun yanlış olması veya müdahalenin uygunsuz olması muhtemeldir (Hayes, Barlow ve Nelson-Gray, 1999). Terapist formülasyonun doğru olduğuna inandığında, formülasyonla tutarlı alternatif bir müdahaleyi deneyebilir ve değerlendirebilir. Alternatif olarak terapist, formülasyonun dayandığı temel hipotezleri ve varsayımları yeniden inceleyebilir.

AİLE FAKTÖRÜ

Ailenin rolü hem vaka formülasyonlarında hem de bunlara dayalı müdahalelerde önemlidir. Bir vaka formülasyonu geliştirirken aile faktörlerinin dâhil edilebileceği birçok yol vardır. Çocuğun yanı sıra her ebeveyn ve kardeş için ayrı vaka formülasyonları yapmak veya bu faktörleri tek bir formülasyonda birleştirmek mümkündür. Terapist, yalnızca aile katılımının belirli yönlerine odaklanmayı seçebilir; örneğin, çocukta da mevcut olan temel işlevsiz ebeveyn inançlarını belirlemek veya ebeveyn ve kardeş davranışlarının yalnızca çocuktaki sıkıntıyı sürdüren yönlerini belirlemeyi seçebilir (Drinkwater, 2013).

Vaka formülasyonunun tüm seviyelerinde işlevsiz bilişlerin geliştirilmesi ve sürdürülmesinde ailenin rolünün dikkate alınması önemlidir. Ailelerin çocukların şemalarının gelişiminde önemli bir rolü vardır. Ayrıca hem bilişleri hem de güvence sağlama ve aşırı koruma gibi davranışları yoluyla sorunları tetikleme ve sürdürmede rolleri olabilir. Johnston ve Patenaude (1994), ebeveynlerin çocukların davranışlarına ilişkin yaptığı nedensel atıfların, çocuklarına verdikleri tepkileri etkilediğini ileri sürmüşlerdir. Nitekim çalışmalar, ebeveynin çocuğa yönelik biliş ve davranışlarının çocukta olumsuz şemaların oluşmasına yol açabileceğini göstermektedir (Garber ve Robinson, 1997; White ve Barrowclough, 1998). Bu olumsuz şema, ebeveynin devam eden olumsuz bilişleri ve davranışlarıyla korunabilir. Buna karşılık, ebeveynin olumsuz şeması, çocuğun olumsuz bilişleri ve davranışları tarafından korunabilir.

Vaka formülasyonu ile güçlendirilen aile destekli tedavi müdahalelerin başarıya ulaşma şansı daha fazladır. Aile faktörlerini içeren vaka formülasyonu, tedavi müdahalesine rehberlik edecektir. Terapist, aileyi tedavi müdahalesine nasıl dâhil edeceği konusunda birçok seçeneğe sahiptir. Terapist bir ergenle olduğu gibi yalnızca bireyle çalışmayı seçip aileyi dâhil etmemeyi seçse bile yine de aile faktörlerini göz ardı etmemelidir. Ayrıca, çocuk ve ailenin formülasyonları hakkında çok az bilgisi varsa veya formülasyon hiç anlaşılmadıysa bu, müdahalenin etkinliğinin zamanla azalmasına veya hatta nüksetmesine neden olabilir. Bu nedenle, ailelerin hem vaka formülasyonuna hem de çocuklar ve ergenlere yönelik müdahalelere katılımı konusu ilginç bir gelişme aşamasındadır.

DANIŞAN UYGUNLUĞU

Hemen hemen tüm psikolojik problemler formüle edilebilir ancak bir kişinin sorunlarını formüle edebilmek, mutlaka BDT'den yararlanabilecekleri anlamına gelmez. Safran, Segal, Vallis, Shaw ve Samstag (1993) geniş çapta tartışılan bir dizi kriter geliştirdiler ve iki çalışma (Myhr, Talbot, Annable ve Pinard, 2007; Safran ve diğ., 1993), bunların kısa vadeli BDT'de daha iyi sonucu öngördüğünü buldu. Bu çalışmalara göre danışan, aşağıdaki durumlarda BDT'den daha çok yararlanabilir:

- Oturum esnasında bilişlerine erişebiliyorsa,
- Farklı duygularının farkında ve farklılaştırabiliyorsa,
- Bilişsel modelle iyi ilişki kurabiliyorsa,

- Değişimin sorumluluğunu kabul ediyorsa,
- İyi bir iş birlikçi terapötik ittifak oluşturabiliyorsa (önceki ilişkilerden elde edilen kanıtları kullanarak),
- Nispeten akut başlangıçlı ve öykülü problemleri varsa,
- Kaygıya karşı yararsız önlemler almaya çalışmıyorsa (ör., terapide zorlanmaya başladığında, kaygıyı bir dereceye kadar kontrol etmeye çalışır),
- Her seferinde bir konu üzerinde nispeten odaklanmış bir şekilde çalışma yeteneğini gösteriyorsa,
- Terapi konusunda oldukça iyimserse.

SORUNUN TANIMLANMASI

BDT, sorunları devam ettiren süreçlerin merkezîliğine uygun olarak, mevcut deneyimin ayrıntılarını keşfetmek için diğer bazı terapi yaklaşımlarına göre nispeten daha fazla zaman harcanma eğilimindedir. Danışanın geçmişi ve probleminin gelişimi hakkında bilgi oldukça sıradan bir anlatıdan elde edilebilir. Bununla birlikte, bir BDT formülasyonu için ihtiyaç duyduğumuz mevcut sorunlar hakkında bilgi türü ve ayrıntı seviyesi, genellikle görüşmede dikkatli, bazen araştırıcı ve tekrarlayıcı sorgulamadan elde edilemez.

Sorunun tanımlanmasında ilk adım, sunulan sorunun her bir yönünün bir tanımını geliştirmektir. Amacınız, belirli biliş, davranış, duygu ve benzeri kalıplar düzeyinde, sorunun tam doğasının net bir resmini elde etmektir. Bu anlamda her "sorunun" bir teşhis etiketi olmadığını unutmamak gerekmektedir. "Depresyon" veya "sosyal kaygı" gibi terimler yararlı bir kısaltma olabilir ancak kendi başlarına yeterli değildir. Daha spesifik olmak için sorunun tanımlanması aşamasında dört unsurun ele alınması gerekmektedir.

(i) Bilişler: Sorunu olduğunda danışanın aklından geçen kelimeler veya görüntülerdir. Bunlara ulaşmak için iyi bir soru şudur: "... ... ... olduğu zaman aklınızdan ne geçiyor ...?" (ör., "... ... ... endişeli hissettiğiniz zaman" veya "... ... ... kendinizi kötü hissettiğiniz zaman"). Bir seans sırasında duygu değişikliklerine dikkat etmek ve "Şu anda aklınızdan neler geçti?" diye sormak da yararlı olabilir.

(ii) Duygular veya duygulanım: Danışanın duygusal deneyimidir. Danışanların düşünce ve duyguları ayırt etmede zorluk çekebilmektedir. Genel olarak bir duygunun en azından kabaca tek bir kelimeyle tanımlanabileceği üzerinde danışan ile konuşulabilir; "depresyonda", "endişeli", "öfkeli" vb.

(iii) Davranış: Danışanın yaptığı şeydir. Sorulması gereken yararlı sorular şunlardır: "Daha önce yapmadığınız, yaşadığınız sorun yüzünden şimdi yaptığınız bir şey var mı?" (ör., güvenlik davranışları) ve "Sorunun bir sonucu olarak ne yapmayı bıraktınız?" (ör., korku uyandıran durumlardan kaçınmak).

(iv) Fizyolojik değişiklikler veya bedensel semptomlar: Artan kalp hızı, terleme, ağrı ve sızılar, mide bulantısı ve benzeri gibi anksiyetedeki otonomik uyarılma semptomları veya depresyonda cinsel ilgi ve yemek yeme iştahı kaybı veya bağımlılık yapan davranışlarda içgüdüsel istek ve dürtüler (Kennerley, Kirk ve Westbrook, 2017).

Değerlendirme sadece danışanların sorunlarını değil, aynı zamanda motivasyonlarını ve önceliklerini de kapsamalıdır: her üç unsur da sorun listesinde bir araya gelir (Persons, 2008). Liste, terapi sırasında ele alınması muhtemel tüm sorunları, genellikle öncelik sırasına göre dâhil etmeyi amaçlamaktadır. Liste, formülasyon şablonuyla birlikte terapiyi yönlendiren ve gözden geçirme için bir referans noktası görevi gören bir eylem şablonu olarak işlev görür. Problem listesi değerlendirme sırasında oluşur, formülasyonda netleşir ve terapi müdahalesi sırasında periyodik olarak gözden geçirilir. Uygun sorun listeleri aşağıdaki özelliklere sahiptir:

(i) Üzerinde danışanla hemfikir olunmuştur.
(ii) Onlar için etkinliği bilinen müdahalelerle ele alınabilecek açık, net problemleri vardır.
(iii) İlerlemenin izlenebilmesi için geçerli ve güvenilir yollarla ölçülebilir problemleri vardır.
(iv) Sorunlar, mevcut terapi sınırları içinde makul bir ilerleme umuduna izin verecek şekilde önceliklendirilirler (Wills ve Sanders, 2013).

Persons ve Tompkins (2007), listedeki ögelerin, mümkün olduğunca birkaç kelimeden fazla olmamak üzere özetlenmesini (ör., depresif ruh hâli, panik atak, aşırı yeme) ve sorunun ilişkili davranışsal, bilişsel veya ruh hâli bileşenlerinin kısa bir tanımıyla desteklenmesini önerirler (ör., sıklıkla günde 10 saatten fazla uyuyor ve sosyal etkileşimlerden kaçınıyor, "Asla bir şey ifade etmeyeceğim." gibi olumsuz kendine atıfta bulunan düşünceler ve boşluk duyguları ile birlikte). Ek olarak, terapi ilerledikçe problem alanındaki değişimi izlemek için terapinin problem alanını bir şekilde ölçmesi gerekir (ör., problemin sıklık sayıları, problem yoğunluğu derecelendirmeleri, ilgili bir öz rapor ölçüsündeki puanlar, aktivite günlüğü kaydı).

Bir değerlendirme sürecinde danışanın sorunlarının tanımlanmasının ardından *terapi sürecinde hedeflenecek davranışların* belirlenmesi gerekir. Bu, terapide ele alınacak belirli davranış kalıplarının yanı sıra gözlemlenme olasılıklarının en yüksek olduğu durumların tanımlanması, belirli davranış kalıplarının (ör., olumlu pekiştirme, olumsuz pekiştirme) korunmasıyla ilgili davranışsal ilkelerle ilgili hipotezlerin oluşturulması ve bu sorunlu alanların ele alınması için müdahale yaklaşımlarının geliştirilmesi veya tasarlanmasından oluşur. Değerlendirme sürecinde sonraki adım Bir *müdahalenin uygulanması ve müdahale etkinliğinin sürekli olarak değerlendirilmesi*dir. Bu, gerçekleşen terapinin etkinliğinin bir değerlendirmesini içerir. Aktif müdahale aşamasından önce ve sırasında toplanan değerlendirme verileri, terapi ilerledikçe davranışın değişip değişmediğini ve yararlı terapötik sonuçların olasılığını artırmak için terapötik yaklaşımda ayarlamalar yapılması gerekip gerekmediğini göstermektedir. Değerlendirme sürecinde son adım ise *terapi sonrası psikolojik terapide hedeflenen* *davranış kalıplarının değerlendirilmesidir.* Bu, aktif tedavi aşaması sona erdikten sonra psikolojik terapide hedeflenen davranış kalıpları üzerine yapılan değerlendirmelerden oluşur. Bu değerlendirmeler, terapinin bitiminden hemen sonra ve daha sonra aralıklı aralıklarla yapılabilir (ör., tedaviden sonra 1, 3, 6 ve 12 ay sonra). Bu değerlendirmelerin temel amacı, zaman içinde terapi kazanımlarının sürdürülmesini değerlendirmek ve hedeflenen davranış kalıplarının yeniden ortaya çıktığı veya yeniden güçlendiği durumları tespit etmektir, bu da ek terapi veya güçlendirici seanslara ihtiyaç duyulduğunu düşündürmektedir (Farmer ve Chapman, 2016).

FORMÜLASYONDA ELE ALINMASI GEREKEN FAKTÖRLER

Formülasyonda ele alınması gereken dört unsur vardır: yatkınlaştırıcı faktörler, tetikleyici faktörler, sürdürücü faktörler ve koruyucu faktörler.

Yatkınlaştırıcı faktörler, danışanın problem geliştirmeye karşı savunmasız hâle gelmesine zemin hazırlayacak faktörlerdir. Bu tıbbi ve psikiyatrik öykü, aile öyküsü, mizaç genetiği ve kronik sosyal stresörleri içerebilir. Yatkınlaştırıcı risk faktörleri, bir danışanın belirli bir sorun geliştirme olasılığını artırır ancak bunu garanti etmez. "Danışanın yaşamı boyunca sorununa hangi faktörler katkıda bulunmuştur?" sorusuna yanıt aramayı içerir. Örneğin, alkole bağımlı evde büyüyor olmanın çocuk ve ergenin sorunlarına zemin hazırlaması gibi. Yatkınlaştırıcı faktörler; aile yapısı ve ailenin tutumu, katı veya olumsuz bir bilişsel tarz, düşük benlik algısı-benlik saygısı gibi psikolojik unsurlar olabileceği gibi yoksulluk, düşük sosyoekonomik statü, genç ebeveyne sahip olmak, aile içi şiddet, ebeveynler arası çatışmalara maruz kalma, göç geçmişi, ayrımcılık gibi sosyal unsurlar da olabilir.

Tetikleyici faktörler "Neden şimdi?" sorusunun yanıtıdır. Çocuk/ergen terapiye geldiğinde zorlukların başlamasına neyin yol açtığı ile ilgilidir. Bu faktörler, hepimizin yaşamlarımızdaki stresörlere duyarlı olduğumuzun ve kırılganlığımızın artık işlev göremeyeceğimiz veya başa çıkamayacağımız zorlukların başlangıcını içerebilir (Nuechterlein ve Dawson, 1984). Tetikleyici faktörler bir veya daha fazla psikolojik süreci harekete geçiren, temel inançlar ve bilişsel çarpıtmalar, duygusal düzensizlik ve işlev bozukluğu, keder, kayıp, anlaşmazlık, değişim-geçişler gibi stresörleri içeren psikolojik faktörler olabileceği gibi yakın aile üyelerini kaybetme, okul ile ilgili stres faktörleri, akran zorbalığı vs. gibi sosyal faktörler de olabilir.

Sürdürücü faktörler "Neden devam ediyor?" sorusunun yanıtıdır. Vaka formülasyonunda danışanın sorunlarının uzun vadede neyin sürdürdüğünü anlamamız önemlidir. Bu faktörler, danışanın sorununu devam ettiren yaşadığı durumların ciddiyeti, uyum sorunları, çözülmemiş hazırlayıcı ve kalıcı faktörler olabilir. Başka bir deyişle, sürdürücü faktörler, belirli bir ruh sağlığı sorununu devam ettirir ve iyileşmesini önler. Birçok BDT formülasyonunda önemli bir süreklilik mekanizması, kişinin korkulan bir sonucun ortaya çıkıp çıkmayacağını öğrenmesini engelleyen "kaçınmadır". Durumlardan kaçınmak, ödüllendirici ve keyif veren davranışların kaybına da yol açabilir ve böylece depresyon gibi sorunların sürdürülmesine neden olabilir. Ancak sorunlar kaçınmadan da devam edebilir. İnsanlar, zor durumlara girdiklerinde, onları güvende tutmaya yarayan kaygılarını kontrol etme gayretli, tedbir içeren, dikkat edilmeyince fark edilmeyen davranışlar veya "güvenlik arama davranışları" yapabilirler (Salkovskis, Clark ve Gelder, 1996). Sürdürücü faktörler; kronik olumsuz düşünceler ve pekiştirici ortam, reddedilme, kendi kendine zarar veren başa çıkma mekanizmaları, kişilik özellikleri gibi psikolojik faktörler olabilir. Ayrıca aileden/arkadaşlardan empati eksikliği, çocuk/ergenin yaşı ile uyumsuz beklentiler, gelişimsel olarak uygunsuz beklentiler, yetersiz mali durum, zor bir çevrede yaşamak gibi sosyal faktörler de olabilir.

Koruyucu faktörler ise "Neye güvenebilirim?" sorusunun cevabıdır. Koruyucu faktörler, bir danışanın sorununun ortaya çıkmasını, geliştirmesini ve tekrarlanmasını azaltabilir ve önleyebilir. Koruyucu faktörleri, yatkınlaştırıcı faktörlerinin zıttı olarak düşünmek yararlıdır. Koruyucu faktörler danışanın yaşamındaki gücü, dayanıklılığı ve desteği ya da ailesi ve sosyal gruplarıyla olan destek miktarı olabilir. Yatkınlaştırıcı, tetikleyici ve devam ettiren faktörlere karşı koyar. Koruyucu faktörler; yansıtıcı olma veya etkilerini değiştirme yeteneği, başkalarının bakış açısından bakma yeteneği, olumlu bir benlik duygusu veya uyarlanabilir başa çıkma mekanizmaları, düşünceli, yansıtıcı ve düşünme kalıplarını değiştirme kapasitesi, daha önce iyi yanıt verdiği terapi, iyi başa çıkma becerileri, iyi iç görü gibi psikolojik faktörler olabileceği gibi olumlu ilişkiler, destekleyici çevre ve/veya geniş aile-arkadaşlar, dinî-manevi inançlar, iyi kişiler arası destek, mali destek gibi sosyal faktörler de olabilir.

FORMÜLASYONUN YAPISI

Değerlendirme ve formülasyon süreci ne çok hızlı ne de çok yavaş olmalıdır. BDT seanslarında iki oturumlu bir değerlendirme önerilmektedir. İlk seansta, gerekli bilgilerden mümkün olduğunca çok bilgi edinmek hedeflenir. Daha sonra bilgileri anlamlandırmaya çalışmak ve bir ön formülasyon geliştirmek için oturumlar arasında zamanınız ayrılır. Bir formülasyon oluşturmaya çalışmak, değerlendirmedeki önemli boşlukları çok hızlı bir şekilde vurgulayacaktır. Daha sonra, başka ne bilmeniz gerektiğine dair net bir fikirle ikinci oturuma geçebilir ve çoğu durumda, ikinci oturumun sonunda danışanla tartışarak formülasyon geliştirebilir. Bazı durumlarda, belki çok karmaşık sorunlarda veya ilişki kurmakta zorlandığınız danışanlarda değerlendirme süreci daha uzun sürebilir.

Bazı terapistler, formülasyonları iletmenin en iyi yolunun kelimelerden ziyade diyagramlar aracılığıyla olduğunu bulur. Çocuk ve ergenler renkli ve yaratıcı çizimleri daha dikkat çekici bulabilir. Çizim formülasyonlarında iki yaygın yaklaşım vardır: beyaz tahta ve kâğıt. Beyaz tahta daha büyük olma avantajına sahiptir ve bu nedenle görülmesi daha kolaydır. Her iki kullanımda da önemli olan danışanı sürece dâhil etmektir. "Bunu yaptığınızda etkinin ne olduğunu düşünüyorsunuz?" gibi sorularla danışan sürece dâhil edilebilir.

DEĞERLENDİRME SIRASINDA OLASI SORUNLAR

Daha önce de belirtildiği gibi BDT'ye yeni başlayanlar için ortak bir zorluk, problemler hakkında yeterli ayrıntılı bilgi almaktır. Bunun nedeni terapist veya danışan sorunları olabilir.

(1) Terapist İçin Sorunlar

Terapistlerin yaşayacağı zorluk, kısmen hangi bilginin önemli olduğunu henüz bilmemekte yatıyor olabilir. Bunun için BDT modellerini okumak çok faydalı olabilir. Deneyimli terapistlerin gösterdiği becerilerden biri, her zaman doğru soruları sormak değil, yanlış soruyu sorduklarında hızlı bir şekilde tanımak ve farklı bir açı denemek için hızla ilerlemektir.

Çok kolay pes etmek ve çok uzun süre ısrar etmek arasındaki dengeyi kurmaya çalışmak önemlidir. Çoğu durumda, danışanınız size sorduğunuz sorularla ilgili fazla bir şey söylemeyi başaramıyorsa en azından bir süre ısrar etmekte yarar vardır. Ancak danışanın bir değerlendirmeden ziyade bir sorgulama gibi hissetmesine neden olacak kadar da ısrarcı olmamak gerekmektedir.

(2) Danışan İçin Sorunlar

Danışanlar için sorularınızı cevaplamalarını zorlaştıran birkaç zorluk olabilir. Herhangi bir özel durumda, zorluğa neyin neden olduğunu anlamak önemlidir ancak iki ortak grup vardır: danışanın sorunuzun cevabını gerçekten bilmediği ve bildiği ama cevap vermekte isteksiz olduğu yerler. Kennerley ve diğ. (2017) danışanlar için bir dizi zorluk listelemişlerdir;

Cevapları bilmemek: (i) Danışan soruna o kadar alışmıştır ya da o kadar demoralize olmuştur ki değerlendirmeye çalıştığınız faktörleri artık fark etmemektedir. Çoğu zaman, daha nazik sorgulama varyasyonları ortaya çıkarmaya başlayabilir ve böylece daha fazla bilgi ortaya çıkarabilir. (ii) Kaçınma veya diğer güvenlik arama davranışları o kadar yaygın veya o kadar etkili hâle gelmiştir ki danışan artık olumsuz düşünceler yaşamaz veya belirli davranışlarda bulunmaz ve bu nedenle bunları dile getiremez. (iii) Belirli bir biliş, belirli durumlarda o kadar tanıdık ve aşırı kullanılabilir hâle gelebilir ki bilinçsizce onu ortaya koyabilir.

Danışanınız, düşüncelere ve duygulara erişmeyi veya bildirmeyi çok zor buluyorsa bazı tekniklerden yararlanılabilir. Bu tür durumlarda "Aklından ne geçiyor, hangi kelimeler veya görüntüler?" ve "Bedeninizin neresinde - fiziksel olarak nasıl hissediyorsun?" gibi sorular yararlı olacaktır. Bazı insanlar için düşünceleri aklından geçirmek, onları tekrar tekrar düşünmek, dikkatini onlara vermek, duygularının farkında olmak, onları tecrübe etmek rahatsızlık vericidir ve bunları tecrübe ederken rahat olamazlar. Bu gibi durumlarda, geleneksel bir davranışsal yaklaşım benimsemek daha verimli olabilir.

Cevapları bilmek ama bunları belirtmekte isteksiz olanlar: (i) Çocuk/ergen terapistin tepkilerinden korkabilir: Örneğin, bir ergen düşüncelerini veya davranışlarını onaylamayacağınızı veya semptomlarını "aptalca" bulacağınızı veya ona güleceğinizi düşünebilir. Bu durumda danışana, diğer danışanların bildirdiği endişeler hakkında önerilerde bulunmak yararlı olabilir, böylece terapistin bu tür bir şeyi daha önce duyduğunu fark eder. (ii) Diğer korkulan durum, semptomları açıkça bildirmek olabilir. Bir danışan, "deli" olarak teşhis edileceğinden, arkadaşları tarafından damgalanmaktan, terapistin polise veya sosyal hizmetlere başvuracağından korkabilir. Yine, danışanlara ortak korku örnekleri sunmak ve belki de farklı ruh sağlığı sorunları arasındaki farkları açıklığa kavuşturmak yararlı olabilir.

FORMÜLASYONUN DANIŞANA SUNULMASI

Vaka formülasyonu, sonraki terapötik müdahaleler için bir yol haritası olarak hizmet ettiğinden, terapinin danışana bu yol haritasının net bir tanımını ve buna ekleme veya değiştirme fırsatı vermesi önemlidir. Terapinin formülasyonun danışana iletilmesiyle ilgili görevleri Farmer ve Chapman'e (2016) göre şunlardır: (i) formülasyonun açık ve iş birlikçi bir şekilde sunulması, (ii) danışanı problemden ayırma, (iii) etkili iletişim stratejileri kullanmak ve (iv) tanı konusuyla etkili bir şekilde başa çıkmak.

(i) *Formülasyonun Açık ve İş Birlikçi Bir Şekilde Sunulması:* Çocuk ve ergenle herhangi bir varsayımsal yatkınlaştırıcı faktör; sorunun zaman içindeki gelişiminin bir açıklaması ve sorunun tezahürlerinin ifadesi, öncül tetikleyiciler veya sonuçlar açısından nasıl değişmiş olabileceği üzerinde konuşulur.

(ii) *Danışanı Problemden Ayırma:* Formülasyonu gözden geçirirken terapist danışanı problemden ayırmalıdır. Bunu yapmak, danışana sorunlu alanın terapinin odağı olduğu fikrini iletir. Böyle bir yaklaşım aynı zamanda danışanın sorunlarının anlaşılabilir olduğunu ve hem danışanın hem de terapinin sorunu çözmek için ittifak içinde olduğunu ifade eder (Wolpe ve Turkat, 1985).

(iii) *Etkili İletişim Stratejilerini Kullanma:* Danışanın formülasyonu anlamasını kolaylaştırmak için terapist genel modeli özetleyen bir diyagram sağlamayı veya formülasyonu tartışırken bir diyagram geliştirmeyi yararlı bulabilir (Persons ve Tompkins, 2007). Böyle bir diyagram, kritik olayların başlangıcını temsil eden bir zaman çizgisi veya danışanın sorunlu davranışının işlevsel bir temsili gibi çeşitli biçimlerde olabilir. İdeal olarak diyagramın vurgusu, terapi sırasında değiştirilebilecek faktörler güçlendirilebilecek unsurlar veya bunların bir kombinasyonu üzerinde olmalıdır.

(iv) *Tanı Konusuyla Etkili Bir Şekilde Başa Çıkmak:* Genellikle terapinin tanı etiketlerini danışanla paylaşması gerekip gerekmediği konusunda bir soru ortaya çıkar. Bazı danışanlar, sorunlarının bir adı olduğunu duyduklarında rahatlamış ve iyimser hissederler (Addis ve Carpenter, 2000). Bununla birlikte, bazı tanılama etiketlerinin paylaşılması her zaman uygun değildir. Özellikle, bu kavramlarla ilişkili birçok kavramsal ve psikometrik güçlük göz önüne alındığında, kişilik bozukluğu tanı etiketlerinin paylaşılması uygun olmayabilir (Widiger, 2011). Terapinin danışana problemi için sağladığı etiketin mutlaka bir teşhis etiketi olması gerekmez. Daha ziyade; etiket, danışanın psikolojik terapide hedeflenecek olan sergilediği davranışların toplanmasına atıfta bulunabilir (ör., kronik ağrı, aşırı stres, kasıtlı kendine zarar verme).

TERAPİ AMAÇLARI ÜZERİNDE FİKİR BİRLİĞİNE ULAŞMAK

Terapiyi planlarken, terapist ve danışanın terapi hedeflerini açıklığa kavuşturması ve açıkça kabul etmesi önemlidir. Hedefler, terapi sürecinin içerik odağını (ör., hangi konuların merkezi öneme sahip olacağı), hangi davranışların takip edileceğini, hangi müdahalelerin veya stratejilerin hedeflerin en iyi şekilde gerçekleştireceğini, seans içi yapısını, seanslar arasında psikolojik terapiyle ilgili faaliyetlere katılımı, terapi süresini ve sıklığını ve takip veya önleme seanslarının kullanımını içerebilir (Otto, Reilly-Harrington, Kogan ve Winett, 2003).

Terapi hedeflerini belirlerken SMART hedefler kullanmak faydalı olarak görülür. SMART akrostişi İngilizce "Specific", "Measurable", "Achievable", "Relevant" ve "Time-Bounded" kelimelerinin kısaltmasıdır.

Specific-Belirgin: Daha belirli hedefler ulaşma şansı daha yüksektir. Genellemeden kaçınmak, tam olarak ne istediğine odaklanmak gerekir. Örneğin; derslerde başarılı olmak istiyorum çok genel bir hedeftir. Yine aynı şekilde başarılı olmak da çok genel bir hedeftir.

Measurable-Ölçülebilir: Hedeflerimize ulaşmada kriter olarak aldığımız noktaları belirlemek gerekir. Neyi başardığımızda hedefe ulaşılmış olacak? Bir nokta belirlemek, istediğimiz yere ulaşıp ulaşmadığımızı belirlemenin yanında danışanın motive olmasını da sağlar. Bir önceki örnekten devam edecek olursak "Derslerden başarılı olmak icin genel akademik ortalamanın kaç olması gerekir?" veya "Kaç dersten başarılı olmak gerekir?" soruları sorulabilir.

Achievable-Ulaşılabilir: Danışanın hedefleri belirlenirken aşırı hırslı olunmamalıdır. Danışanın belirlediğiniz hedefe gerçekten ulaşılabileceğinden emin olmanız gerekir. Okul birincisi olmak harika olabilir ancak ne kadar iyi bir plan yaparsanız yapın, ne kadar çok çalışırsanız çalışın danışanınızın kapasitesi yeterli değilse bu hedefe ulaşmanız pek mümkün değildir.

Relevant-Konuyla İlgili: Danışanla belirlediğiniz hedefin, size müracaat ettiği ve netleştirdiğiniz problemle uyumlu olduğundan emin olmalısınız. Derslerinde yaşadığı kaygıdan ötürü başarılı olmadığını düşünen bir danışanla, daha başarılı olup daha fazla çevre edinme amacı belirlemek konuyla çok alakalı olmayabilir.

Time-Bounded-Zaman Sınırlı: Terapi süresi danışanın sorununun şiddeti, danışanın iç görüsü gibi faktörlerden etkileneceği için herkes için aynı seans sayısına ulaşmak kolay olmayabilir. Bu belirsizlik terapinin ucu açık bir süreç olduğu anlamına da gelmemelidir. Ortalama 8-12 arası seans genel olarak kabul edilebilir aralıktır. Fakat hedeflerin zaman sınırlı olmasının da bir dezavantajı vardır: Eğer danışana iyileşme için bir süre koyar ve o sürede ilerleme sağlayamazsak danışanda umutsuzluk oluşturup terapiyi bırakmasına neden olabiliriz.

SMART hedefler terapinin her aşamasında kullanılabilir. Örneğin, danışanın hedef belirlerken düşünce, davranış, duygu ve fizyolojik tepkilerden azalmasını ve artmasını istediği bir amaç belirlemede, belirlenen amaçların SMART hedeflere uygun olup olmadığı tartışılmalıdır. Yine aynı şekilde maruz bırakma hiyerarşisinin SMART hedeflere uygun olup olmadığı ele alınabilir.

TERAPİ PLANININ DANIŞANLA TARTIŞILMASI

Addis ve Carpenter (2000) tarafından belirtildiği gibi danışanlar genellikle terapistler, terapi sürecinin mantığını ve sürecin planını önerdiğinde çeşitli tepkiler verirler. Bunlar arasında umut ve iyimserlik, kendinden şüpheler, başarısızlık beklentileri, terapiyi gerçekleştirip gerçekleştiremeyeceği konusunda belirsizlik ve ilk aşamada terapi sürecini tam olarak anlamamanın bir sonucu olarak endişe vardır. Terapist tarafından sağlanan güvenilir bir terapötik gerekçe, bir danışanın sonraki terapi hakkındaki umudunu ve iyimserliğini teşvik edebilir (Addis ve Carpenter, 2000). Bunu yapmak, danışana sorunun anlaşılabilir olduğunu, bu sorunla mücadele eden tek kişinin kendisi olmadığını ve sorunlu alanları için etkili terapiler olduğunu iletebilir. Bir danışan, değişimin mümkün olduğundan umutluysa yeni bir şey denemeye veya engeller karşısında sebat etmeye daha istekli olabilir.

Motivasyonel Görüşme

Danışanın terapiye aktif olarak katılma motivasyonu düşükse veya danışan çelişkili veya kararsızsa, anlamlı terapötik değişim olasılığı da benzer şekilde düşüktür. Terapi için motivasyonu kolaylaştırmaya yönelik bir strateji, motivasyonel görüşmedir (Miller ve Rollnick, 2013). Motivasyonel görüşme, sorunlu davranışın etkilerini ve sonuçlarını tartışmak ve değişimin faydalarını keşfetmek için çatışmacı olmayan, empatik ve minimal müdahaleci bir yaklaşımdır. Motivasyonel görüşme ayrıca direnç ortaya çıkma olasılığını en aza indirgemek için stratejiler içerir. Motivasyonel görüşmenin bileşenleri sıklıkla (a) danışana değişme nedenlerini belirlemesi için meydan okumak, (b) danışana problem davranışıyla ilişkili kişisel risk veya rahatsızlığı hakkında geri bildirim sağlamak, (c) danışana değişimi teşvik etmek için problem çözme stratejilerini öğretmek, (d) danışanların kendi güçlü yönlerini ve kaynaklarını belirlemelerine yardımcı olmak, (e) tavsiyelerde bulunmak ve (f) danışanın öz yeterlik ve iyimserlik duygusunu güçlendirmek şeklindedir (Miller ve Rollnick, 2013; Sobell ve Sobell, 2003).

Aşağıdakiler, sosyal kaygı ile ilgili motivasyonel görüşme -tutarlı soruların veya ifadelerin örnekleridir (Sobell ve Sobell, 2003):

- Bana sosyal kaygından bahseder misin?
- Sosyal kaygının bundan bir yıl sonra nasıl olmasını istersin?
- Bana sosyal kaygın ile ilgili iyi şeylerden ve daha az iyi şeylerden bahseder misin?
- Sosyal kaygını yenme ve üstüne gitme konusunda biraz kararsızlığın olabilir mi?

İyileşme için motivasyonu artırmaya yönelik bir başka strateji de terapi sözleşmelerinin kullanılmasıdır (Otto ve diğ., 2003). Danışan ve terapistin iş birliği içinde terapi için hedefleri ve parametreleri belirledikten sonra bir sözleşme geliştirilebilir. Böyle bir sözleşme genellikle yazılır ve altına imza atılır. Çocuklarla yapılan sözleşmeler resimle çizilebilir ve altına parmak boyası ile parmak izi bırakılabilir. Otto ve diğ. (2003) terapi sözleşmesi ile ilişkili üç fayda önermiştir. İlk olarak, terapi sözleşmeleri, danışan için hedefleri sağlamlaştırarak terapi prosedürlerine bağlılığı teşvik eder. İkincisi, özellikle stresli zamanlarında, danışana terapi seçenekleri, terapötik ilkeler, başa çıkma becerileri ve tedavi olasılıkları hakkında bir hatırlatma sağlar. Üçüncüsü, sözleşme kriz zamanlarında, kriz çözümü için bir çerçeve sunabilir ve tedavi ekibi üyeleri ile aile üyeleri ve destek hizmetleri için danışanın yararına hareket edecek bir onay formu işlevi görebilir. Bu, artan stres zamanlarında kendileri uygun eylemi yapmakta zorluk çeken danışanlar için özellikle önemlidir. Sözleşmelerin hazırlanmasında ideal olan danışanın sözleşmenin geliştirilmesinde terapistle aktif olarak iş birliği yapmasıdır.

SÜRECİN ETKİLİLİĞİNİN DEĞERLENDİRİLMESİ

Terapinin başlamasından önce danışan ve terapist tarafından üzerinde anlaşmaya varılan terapi hedefleri, terapinin başlamasından önce, terapi sırasında ve terapinin aktif aşaması sona erdikten sonra tekrar tekrar değerlendirilebilecek sonuç göstergelerinin doğasını ve türünü göstermektedir. İdeal olarak, terapi hedefleri ölçülebilir olmalıdır, böylece terapist ve danışan, terapi ilerledikçe tedavi hedeflerinin gerçekleştirilmesine yönelik yeterli hareketin yapılıp yapılmadığını birlikte belirleyebilir (Persons ve diğ., 2006) (Terapi hedefleri için SMART hedefler konusunu tekrar ele alabilirsiniz).

Terapi etkinliğini değerlendirme süreci, uygun bir değerlendirme çerçevesinin ve uygun bağımlı önlemlerin seçimini içerir (Hayes ve diğ., 1999). Çoğu danışan için A-B veya A-B-C değerlendirme çerçevesi genellikle en uygun olanıdır. "A" aşaması, aktif bir müdahalenin uygulanmasından önce belirli bir davranışın sıklığının, yoğunluğunun veya süresinin değerlendirildiği ve kaydedildiği temel aşamadır. "B" fazı müdahale aşamasını temsil eder. "C" fazı, terapinin aktif fazı kesildikten sonra bir süreyi kapsar. "C" fazındaki aralıklı değerlendirmeler, terapi kazanımlarının ne dereceye kadar sürdürüldüğünü veya bir atlama veya nüks olduğunu düşündüren herhangi bir kanıt olup olmadığını değerlendirmek için genellikle yararlıdır.

"A" ve "B" fazları arasında arzu edilen değişim gözlendiğinde, terapinin bu değişime katkıda bulunması mümkündür. Bununla birlikte, terapinin bu değişimin nedeni olduğu sonucuna varamayız. Yani değişim, müdahaleden bağımsız olmasına rağmen müdahale aşamasında meydana gelen faktörlerden etkilenmiş olabilir. Başka bir şekilde ifade edersek, korelasyondan nedensellik çıkaramayız. Çıkarımdaki bu sınırlamaya rağmen terapistlerin terapi boyunca danışanın ana sorun alanlarıyla ilgili verileri tekrar tekrar toplamalarını şiddetle tavsiye edilir. Tekrarlanan değerlendirmeler sadece psikolojik terapiyi bilgilendirmeye veya yönlendirmeye yardımcı olmakla kalmaz, aynı zamanda sorumlu klinik uygulamayı da teşvik eder. Danışan belirli bir terapötik müdahaleye olumsuz tepki veriyorsa terapi sırasında veri toplanmadıkça terapist bunun farkında olmayabilir. Benzer şekilde, herhangi bir terapötik kazanç veya fayda üretmediği bir psikolojik terapiye uzun bir süre devam etmek etik olmayacaktır.

Nelson ve Hayes (1986) terapi etkinliğini değerlendirmek için bazı kılavuzlar sağlamışlardır. Bunlar arasında, önlemlerin terapide hedeflenen birincil davranış(lar)ı doğru bir şekilde değerlendirmesi, ölçümün sık sık ve mümkünse terapiye başlamadan önce yapılması gerektiği önerileri yer almaktadır. Tekrar tekrar uygulanan önlemlerin alınması veya tamamlanması uygun olmalı ve elde edilen veriler danışan veya terapist tarafından bir şekil üzerinde ele alınmalı ve terapötik sürecin bir parçası olarak düzenli olarak gözden geçirilmeli ve şekilde belirtilen belirgin değişkenliği açıklayabilecek önemli olaylar belirtilmelidir. Bağımlı önlemler, kendi kendini izleme, doğrudan gözlem veya tekrarlanan anket değerlendirmeleri veya kontrol listeleri yoluyla toplanan verileri içerebilir.

Bazı sorunlu alanlar için hedef davranışları günde en az birkaç kez değerlendirmek yararlıdır. Örneğin, bazı depresif danışanlar, her zaman depresyonda olduklarını bildirmektedir. Bir gün boyunca ruh hâllerindeki farklılıkları ve buna bağlı olarak, bu tür ruh hâli dalgalanmalarını etkileyen çevresel bağlamlardaki farklılıkları ayırt edemezler. Bu tür danışanlar için gün boyunca öngörülen noktalarda (ör.; sabah, öğleden sonra, ikindin ve akşam) ruh hâlini kendi kendine izlemek yararlı olabilir. Örneğin; danışan, öz değerlendirme sırasında yaşanan depresif ruh hâlinin derecesini veya yoğunluğunu gösteren 7 puanlık bir ölçek boyunca bir derecelendirme yapabilir (1 = hiç depresyonda değil, 7 = şimdiye kadar aldığım en depresif olana). Birçok kişi, nispeten şiddetli psikolojik bozuklukları olanlar bile, uyanık oldukları saatlerde tekrar tekrar değerlendirildiğinde ruh hâlinde önemli değişkenlik olduğunu kanıtlamaktadır (Trull, Solhan, Tragesser, Jahng, Wood, Piasecki ve Watson, 2008). Ruh hâli derecelendirmelerindeki değişiklikler, danışanın ruh hâlini etkileyen faktörleri tanımlamasına yardımcı olabilir ve bazı danışanların her zaman depresyonda veya sıkıntılı oldukları görüşüne meydan okuyabilir.

SONUÇ

Çocuk ergenlerin sorunları ile ilgilenmek ve BDT'nin aşamalarını gerçekleştirmek uzun soluklu bir yoldur. Bu yolda zorlukları kolaylaştıran, terapistin yetkinliği ve tecrübesi kadar terapiden önce hazırlık yapılmasıdır. Vaka formülasyonu ve vakanın değerlendirilmesi terapi öncesi hazırlıkların ana noktasını oluşturmaktadır. Değerlendirme oturumları ve değerlendirme bittikten sonra formülasyon ortaya çıktıkça sorun listeleri daha da belirginleştir. Problem listeleri genellikle terapi için olası hedefler önerir çünkü hedefler genellikle problemlerin "ters yüzü" edilmiş şeklidir (Egan ve Reese, 2019). Hedefe ilişkin tartışmalar ve iş birliği BDT'nin temel ilkelerine dayanmaktadır. Hedefler belirlenip formülasyon ortaya çıktıktan sonraki adım bir terapi planı geliştirmektir. Vaka formülasyonunun bizlere verdiği benzersiz bilgiler ışığında çocuk ve ergenle çalışma planımızı daha kolay planlayabileceğiz.

KAYNAKLAR

Addis, M. E. ve Carpenter, K. M. (2000). The treatment rationale in cognitive behavioral therapy: Psychological mechanisms and clinical guidelines. *Cognitive and Behavioral Practice, 7*(2), 147-156. https://doi.org/10.1016/S1077-7229(00)80025-5

Blos, P. (1979). *The adolescent passage: Developmental issues.* International Universities Press. New York.

Burns, D. D. ve Auerbach, A. (1996). Therapeutic empathy in cognitive-behavioral therapy: Does it really make a difference. In *Frontiers of Cognitive Therapy: The State of the Art and Beyond* (pp. 135-164). The Guilford Press.

Drinkwater, J. (2013). Cognitive case formulation. In P. Graham (Ed.), *Cognitive behaviour therapy for children and families* (2 ed.). Cambridge University Press. UK.

Egan, G. ve Reese, R. J. (2019). *The Skilled Helper: A Problem-Management and Opportunity- Development Approach to Helping* (11 ed.). Cengage. Boston.

Farmer, R. F. ve Chapman, A. L. (2016). *Behavioral interventions in cognitive behavior therapy: Practical guidance for putting theory into action* (2 ed.). American Psychological Association. Washington, DC.

Garber, J. ve Robinson, N. S. (1997). Cognitive vulnerability in children at risk for depression. *Cognition & Emotion, 11*(5-6), 619-635. https://doi.org/10.1080/026999397379881b

Hayes, S. C., Barlow, D. H. ve Nelson-Gray, R. O. (1999). *The scientist practitioner: Research and accountability in the age of managed care* (2 ed.). Allyn & Bacon. Boston, MA.

Johnston, C. ve Patenaude, R. (1994). Parent attributions for inattentive-overactive and oppositional-defiant child behaviors. *Cognitive Therapy and Research, 18*(3), 261-275. https://doi.org/10.1007/BF02357779

Kennerley, H., Kirk, J. ve Westbrook, D. (2017). *An introduction to cognitive behaviour therapy: Skills and applications* (3 ed.). Sage Publication. London.

Manassis, K. (2012). Generalized anxiety disorder in the classroom. *Child and Adolescent Psychiatric Clinics, 21*(1), 93-103.

Manassis, K. (2014). *Case formulation with children and adolescents.* Guilford Publications. New York.

Miller, W. R. ve Rollnick, S. (2013). *Motivational interviewing: Helping people change* (3 ed.). Guilford press. New York.

Myhr, G., Talbot, J., Annable, L. ve Pinard, G. (2007). Suitability for short-term cognitive-behavioral therapy. *Journal of Cognitive Psychotherapy, 21*(4), 334-345. https://doi.org/10.1891/088983907782638743

Nelson, R. ve Hayes, S. (1986). The nature of behavioral assessment. In R. O. Nelson-Gray ve S. C. Hayes (Eds.), *Conceptual foundations of behavioral assessment* (pp. 3-41). Guilford Press. New York, NY.

Nuechterlein, K. H. ve Dawson, M. E. (1984). Vulnerability and Stress Factors in the Developmental Course of Schizophrenic Disorders: Editors' Introduction. *Schizophrenia bulletin, 10*(2), 158-159.

Otto, M. W., Reilly-Harrington, N. A., Kogan, J. N. ve Winett, C. A. (2003). Treatment contracting in cognitive-behavior therapy. *Cognitive and Behavioral Practice, 10*(3), 199-203. https://doi.org/10.1016/S1077-7229(03)80031-7

Persons, J. B. (1989). *Cognitive therapy in practice: A case formulation approach.* Norton. New York.

Persons, J. B. (2008). *The case formulation approach to cognitive-behavior therapy.* Guilford. New York.

Persons, J. B., Roberts, N. A., Zalecki, C. A. ve Brechwald, W. A. (2006). Naturalistic outcome of case formulation-driven cognitive-behavior therapy for anxious depressed outpatients. *Behaviour Research and Therapy, 44*(7), 1041-1051. https://doi.org/10.1016/j.brat.2005.08.005

Persons, J. B. ve Tompkins, J. B. (2007). Cognitive-behavioral case formulation. In T. D. Eells (Ed.), *Handbook of Psychotherapy Case Formulation* (2 ed., pp. 290-316). Guilford Press. New York, NY.

Safran, J. D., Segal, Z. V., Vallis, T. M., Shaw, B. F. ve Samstag, L. W. (1993). Assessing patient suitability for short-term cognitive therapy with an interpersonal focus. *Cognitive Therapy & Research, 17,* 23-38. https://doi.org/10.1007/BF01172738

Salkovskis, P. M., Clark, D. M. ve Gelder, M. G. (1996). Cognition-behaviour links in the persistence of panic. *Behaviour Research and Therapy, 34*(6), 453-458.

Sobell, L. C. ve Sobell, M. B. (2003). Using motivational interviewing techniques to talk with clients about their alcohol use. *Cognitive and Behavioral Practice, 10*(3), 214-221. https://doi.org/10.1016/S1077-7229(03)80033-0

Trull, T. J., Solhan, M. B., Tragesser, S. L., Jahng, S., Wood, P. K., Piasecki, T. M. ve Watson, D. (2008). Affective instability: Measuring a core feature of borderline personality disorder with ecological momentary assessment. *Journal of abnormal psychology, 117*(3), 647-661. https://doi.org/10.1037/a0012532

White, C. ve Barrowclough, C. (1998). Depressed and non-depressed mothers with problematic preschoolers: Attributions for child behaviours. *British Journal of Clinical Psychology, 37*(4), 385-398. https://doi.org/10.1111/j.2044-8260.1998.tb01396.x

Widiger, T. A. (2011). A shaky future for personality disorders. *Personality Disorders: Theory, Research, and Treatment, 2*(1), 54. https://doi.org/10.1037/a0021855

Wills, F. ve Sanders, D. (2013). *Cognitive behaviour therapy: Foundations for practice* (3 ed.). Sage. London.

Winters, N. C., Hanson, G. ve Stoyanova, V. (2007). The case formulation in child and adolescent psychiatry. *Child and Adolescent Psychiatric Clinics of North America, 16*(1), 111-132. https://doi.org/10.1016/j.chc.2006.07.010. PMID: 17141121.

Wolpe, J. ve Turkat, I. D. (1985). Behavioral formulation of clinical cases. In I. D. Turkat (Ed.), *Behavioral Case Formulation* (pp. 5-36). Springer.

Bölüm 4

ÇOCUK VE ERGENLERİN BİLİŞSEL DAVRANIŞÇI TERAPİSİNDE AİLENİN ROLÜ VE KATILIMI

Sinem Acar

"Say ki hiçbir işin yok da düşünüyorsun
Düşün düşünebildiğince üç boyutlu
Amma da düşünüyor diye şaşsın dünya
Sanki senden önce düşünen hiç olmamış

Dalga mı geçiyorsun düşler mi kuruyorsun
Öyle sonsuz sınırsız düşler kur ki çocuğum
Düşlerini som somut görüp şaşsınlar
Böyle bir dalgacı daha dünyaya gelmedi desinler

Dünyada yapılmamış işler çoktur çocuğum
Derlerse ki bu işler bişeye yaramaz
De ki bütün işe yarayanlar
İşe yaramaz sanılanlardan çıkar"

Aziz Nesin *(Çocuklarıma)*

ÇOCUK VE ERGENLERİN BİLİŞSEL DAVRANIŞÇI TERAPİSİNDE AİLE KATILIMININ ÖNEMİ

Ebeveynler, çocuklarıyla ilişkilerinde zorluk yaşadıklarında, çocuklarının hayatla mücadele etmekte zorlandığını gördüklerinde ve onlara nasıl yardım edeceklerini bilemediklerinde baş etmesi zor zamanlar geçirebilirler. Terapi desteği alan bir çocuğun/ergenin ebeveynleri, terapi sürecine dâhil olarak sürece yeni bir bakış açısı getirebilir ve aile hayatının yoğun duygularına mesafe koyarak yeni düşünce ve davranış yapılanmasına gidebilirler. Çocuğun/ergenin mizacı, ailedeki konumu, gelişim öyküsü, başka kardeşlerin varlığı, kardeş sırası, ailenin kültürel dokusu, ebeveynlerin çocuk bakım deneyimleri gibi unsurlar aile dinamiklerini oluşturur. Bütün bunlar ise çocuğun gelişimi üzerinde çok önemli etkilere sahip temel unsurlardandır. Adı geçen bu etmenler ile ilgili derinlemesine bilgi sahibi olan kişiler ebeveynler olduğunda, çocuk/ergen terapisinde ebeveyn katılımı önemli görülmektedir. Çocuk ve ergen psikoterapisti, bu anlayıştan hareket ederek terapi sürecine hem ebeveyni hem de çocuğu dâhil etmelidir. Çocuk ne kadar küçükse ebeveynler terapiye o kadar çok dâhil edilmeli ve bilişsel davranışçı modelin aile içinde çocukların sorunlarına uygulanması ebeveynler kanalıyla sağlanmalıdır.

Bir çocuk ve ergen psikoterapisti, çocukla/ergenle çalışmalarının yanı sıra doğrudan ebeveynlerle de çalışabilir veya tercihen başka bir meslektaşına ebeveynleri yönlendirebilir. Böylece ebeveynlerin çocuklarını terapiye götüren durumları keşfetmek için ayrı bir alanı olur. Kendisi yardım almayı sürdüren ebeveynlerin yaşadığı değişim, aile bir sistem olarak düşünüldüğünde, çocuklar üzerinde de doğrudan ve dolaylı yolla olumlu yönde değişim ve gelişmelerin yolunu açabilecektir. Anne ve baba birlikteyse ebeveynler tedavi sürecinin başından itibaren sürece dâhil edilebilirler. Anne ve baba ayrı yaşıyorlarsa ayrı oturumlar planlanması önerilebilir. Böylece terapi süreci devam ederken hem ebeveynlerin hem de çocuğun/ergenin bakış açısını değerlendirme fırsatı yakalanır ve çocuğun/ergenin baş edemediği durumlarla ilgili tedavi desteğinde bütüncül bir anlayış geliştirilebilir. Ebeveynlerle yapılan oturumların ayda bir veya gerekli durumlarda iki haftada bir mümkünse düzenli olarak yapılması önerilmektedir. Bu çalışmalar, ebeveynlerin çocuk ve ergenlerin tedavisinde kendi rollerinin farkına varmaları ve harekete geçebilmeleri açısından çok önemlidir. Çocuk ve ergen psikoterapisti hem çocuk/ergen hem de ebeveynlerle çalışırken konsültasyon ve süpervizyon alarak, bazı karmaşık aile dinamikleri hakkında daha net olmak ve dinamikler üzerinde etkili müdahaleler geliştirmek için gerekli düşünme alanını sağlayabilir (Amatea ve Watson, 2016). Dolayısıyla çocuk ve ergenleri bilişsel davranışçı psikoterapisinde ailenin katılımı süreçte amaçlara ulaşmak açısından kritiktir. Söz gelimi, ebeveynler davranış yönetimi ile ilgili bilgi sahibi olmadıklarında, obsesif-kompülsif bozukluğu olan çocuklarının güvenlik davranışlarını pekiştiriyor olabilir (Barratt vd., 1996). Bu durumda davranışları nasıl yönetmeleri gerektiğiyle ilgili bir eğitime ihtiyaç duyabilir. Tam da bu gibi noktalarda, ailenin katılımı terapi hedeflerine ulaşılmasında tamamlayıcı bir rol üstlenmektedir.

ÇOCUK VE ERGENLERİN BİLİŞSEL DAVRANIŞÇI TERAPİSİNDE AİLEYE İLİŞKİN BİLİNMESİ GEREKENLER

Bilişsel davranışçı temelli çocuk ve ergen terapisinde ebeveynleri terapi sürecine dâhil etmek yaygın bir uygulamadır ve bu yöntemin faydaları olduğu şüphesizdir. Bu faydalar şu şekilde ifade edilmektedir:

(1) İlk olarak ebeveyn katılımı ile devam eden bir terapi alan çocuğun terapi süreci "gerçek dünya" atmosferi ile daha uyumlu olacağından, bu durum terapi sürecindeki değişimleri gündelik yaşamına aktarma konusunda çocuğa kolaylık sağlamaktadır (Barmish ve Kendal, 2005).

(2) Yaşantılama bilindiği üzere bilişsel davranışçı terapilerde önemli bir mekanizma olarak kabul edilmektedir. Terapi sürecinde edinilen becerilerin gündelik yaşamda genellenmesinde, bu süreçte terapistin yanında ebeveynin de bulunması transferi kolaylaştırabilir (Ginsburg vd., 1995). Ebeveynler, çocuklarının kendilerine öğretilen becerileri uygulamasına yardımcı olabilirler.

(3) Ebeveynler, çocuklarının terapi sürecine dâhil olduktan sonra, sağlıklı baş etme stratejileriyle ilgili çocuklarına model olma konusunda daha etkili olabilirler. Ayrıca yeni baş etme stratejilerini çocuklarının işe koşması noktasında onları cesaretlendirebilirler. Dolayısıyla ebeveynlerin bu konudaki farkındalığı, çocuğun/ergenin değişimi açısından destekleyici bir aksiyona dönüşebilir (Murray vd., 2007).

(4) Bazı durumlarda çocuğun değişimi aile dinamikleri açısından tehdit olarak algılanabilir. Ebeveynler farkında olarak ya da olmayarak değişimin önünde durabilirler ve doğal olarak bunu nadiren dile getirirler. Bu konuda ebeveynlerin yardım alması ve değişime karşı direncinin önünde çalışılması, çocuğun terapi sürecine anlamlı katkılar sağlayacaktır (Siqueland ve Diamond, 1998).

Bundan sonraki başlıklarda aile katılımının sağlanmasıyla ilgili bilinmesi gereken bazı konular ele alınmıştır.

ÇOCUK VE ERGEN TERAPİSİNE DESTEK OLARAK EBEVEYNLERLE TERAPÖTİK ÇALIŞMA

Bir çocuk veya ergen psikoterapiye başladığında, ebeveynlerin çocuklarıyla ilişkileri ve aile dinamiği bu müdahaleye yanıt olarak kaçınılmaz olarak değişeceği için ebeveynlerin bu değişim dönemine hazırlıklı olmaları gerekir. Özellikle tedavinin ilk aylarında; çocuk, terapiye gitmesini gerekli kılan durumu keşfederken ve bu durum üzerinde çalışırken zor dönemler yaşayabilir. Ebeveynlerin bu gerçeğin farkında olmaları için psikoterapistin bu konuda bilgi vermesi anlamlı olacaktır. Zira ebeveynler, zaten tedaviye başlayan bir çocuğun hızlıca iyileşme belirtileri göstermesi ve daha fazla "sorun yaratmaması" beklentisi geliştirebilirler. Ancak tedavi sürecinin her zaman bu kadar doğrusal olmadığını, zaman zaman değişimin oluşturduğu iniş ve çıkışların aile içerisinde, okulda veya diğer sosyal ortamlarda oluşabileceğini bildirmekte yarar vardır (Dowling, 2019).

Kaynak: https://khorapsikoloji.com/aile-ve-cift-danismanligi/

Çocuk ve ergenle terapi ile ebeveynlerle terapi paralel olarak görülmelidir. Çocuğun psikoterapideki çalışması, doğal olarak evdeki ilişkilere yeni bir yön getirecektir. Ebeveynler, aile içinde bu değişimin etkileriyle ilgili gözlem ve deneyimlerini psikoterapist ile paylaşarak tedavi sürecine anlamlı katkılar sağlayabilirler. Ebeveynler ile psikoterapist arasındaki iş birliği ilişkisi, terapötik çalışma için kapsayıcı bir ortam yaratır. Bu yaklaşım, tüm çocuk ve ergen psikoterapistleri tarafından, gençlerin arkalarından konuşulduğunu hissetmemeleri için kabul görmeyebilir. Dolayısıyla, ebeveyn görüşmelerine mutlaka çocuğun/ergenin katılmasını gerekli görebilirler. Bu konu gerçekten de danışandan danışana farklılık gösterebilir ve psikoterapistin gözlem yeteneği doğru kararın verilmesi açısından önemlidir. Özellikle daha büyük ergenlerin ebeveynlerinin terapi sürecine dâhil olmasına ihtiyacı olmayabilir (Amatea ve Watson, 2016).

Çocuklar ve ergenler için BDT ile ilgili literatür incelendiğinde, ailenin katılımın nasıl sağlanması gereğine ilişkin farklı görüşlerin var olduğu dikkat çekmektedir. Örneğin, Spence vd. (2000) özellikle kaygı bozukluğu tedavisi gören çocuk ve ergenlerin ebeveynlerinin de benzer seanslara çocuklarıyla paralel şekilde devam etmesi önerisinde bulunmaktadırlar. Buna ek olarak aynalı terapi odasından, ebeveynlerin çocuklarının seanslarını izlemesini önermektedir. Mendlowitz ve diğerlerine (1999) göre ebeveynler ve çocuklar aynı seansa katıldığında, ebeveynler çocuklarının yeteneklerini pekiştirmek ve terapötik ilerlemelerini desteklemek için fırsatlar bulabilirler. Başka araştırmalar, ebeveynler ve çocuklarla paralel oturumlara ek olarak ebeveynlerin, çocukların terapisine son 5-10 dakika içinde bir özet almak için katılabileceğinin uygun olduğunu rapor etmektedir (Albano ve DiBartolo, 2007).

Manassis vd. (2014), çocukların bilişsel davranışçı terapisinde aile katılımın yaygın bir uygulama olduğu belirtmektedirler. Yazarlara göre aile katılımı, çocuk/ergenin gündelik yaşantısında terapide edindiği becerileri genellemesini kolaylaştırmaktadır. Genelleme sürecini kolaylaştırmada psikoterapist ebeveyni, çocukların kaygı uyandıran durumlara maruz kalmalarını teşvik etmek için acil durum yönetiminin teknikleri işe koşabilir. Acil durum yönetiminin odak noktası cesaretlendirmek ve teşvik etmek üzerinedir ve temel ilkeleri edimsel koşullanma üzerinedir (Konuyla ilgili detaylı bilgiye ilerleyen başlıklarda ulaşılabilir). Acil durum yönetiminin kullanılma duruma göre üç tür aile katılımı olduğu belirtilmektedir. Bunlar;

(1) Ebeveynlerin seansların bir kısmına katıldığı sınırlı aile katılımı,
(2) Acil Durum Yönetimi (ACY) tekniklerinin düşük düzeyde kullanıldığı aktif aile katılımı ve
(3) Acil Durum Yönetimi (ACY) tekniklerinin yüksek düzeyde kullanıldığı aktif aile katılımı şeklindedir.

Stallard (2005) ise aile katılımında ebeveynlerin rolünü dört grupta incelemektedir. Bunlar; kolaylaştırıcı, eş-terapist, eş-danışan ve danışan şeklindedir. Kolaylaştırıcı rolünde ebeveynler, çocuklarının oturumlara katılmasını sağlamaktan sorumludur ve bazı oturumlara katılabilirler. Bunun yanında, tedavi mantığı ve ilkeleri hakkında bilgilendirilirler. Eş-terapist rolünde ebeveynler, çocukların BDT becerilerini günlük yaşamlarında uygulamalarını teşvik etmek için çocuklarıyla birlikte tedavi programına katılır. Son olarak eş-danışan veya danışan rolünde, ebeveynlere ilişkin faktörler ve çocuk terapinin doğrudan hedefi hâline gelir. Uygulamada, tedavi aşamalarında ebeveynlerin farklı durumlarda farklı roller üstlenmesi muhtemeldir. Kuşkusuz, ebeveynlerin tedavinin hangi aşamasında hangi rolle sürece dâhil olacağını çocuğun/ergenin problemine ilişkin formülasyon belirler.

Ebeveyn katılımının bir önemli faydası da terapi hedeflerine ulaşmayı kolaylaştırmanın yanında, BDT sırasında öğrenilen becerilerin terapi sonrasında da sürdürülmesini sağlamaktadır. Katılım sağlayan aileler terapi sonrası süreçlerde ortaya çıkan yeni problem durumları ile baş etmek için etkili yöntemleri öğrenmiş olurlar. Bunun yanında aile katılımı ebeveynlerin çocuğun/ergenin terapötik süreci hakkında düzenli olarak bilgilendirilmesini sağlar. Ayrıca ebeveynler, çocuklarının becerilerinin aile ortamında bütünleşmesini ve pekişmesine yardımcı olabilirler. Ailenin hangi şekilde terapi sürecine dâhil olacağı konusunda ise psikoterapistin değerlendirmesi belirleyici olacaktır. Bu kararın alınmasında ailenin yapısı, çocuğun mizacı ve ihtiyaçları, aile üyelerinin motivasyon düzeyleri, terapi sürecinde ele alınan gündemlerin içeriği gibi konular etkili faktörlerdir (Amatea ve Watson, 2016).

AİLENİN BAKIŞ AÇISININ FARKINDA OLMAK

Ebeveynleri çocuk/ergen psikoterapisinde dâhil ederken ebeveynlerin endişelerini ve gözlemlerini anlamak bir başlangıç noktası olabilir. Ebeveynlerin terapistin odasına geliş biçimleri bile psikoterapist açısından bir bilgi sağlayabilir. Örneğin, ebeveynlerin sizi nasıl selamladığını, çocuğun odaya nasıl yönlendirildiği, çiftin birbirlerine nasıl tepki verdikleri ve onları endişelendiren konuları nasıl ifade ettikleri, çocuğun yerine konuşup konuşmadığı, çocukları ile olan ilişkilerinin gerçekliğinden bir kesit olarak değerlendirilebilir.

Ebeveynler genellikle yardım alma noktasına gelene kadar sınırlarını zorlamakta ve çok sayıda şeyi tolere etmektedirler. Bu nedenle ebeveynlerle çalışılan ilk haftalarda duygular genellikle yoğundur. Başlangıçta, oğulları veya kızlarıyla yaşadıkları sıkıntılı deneyimler üzerinden konuşmaları, çocuklarının davranışlarının ve onlarla geçmişteki ve şimdiki ilişkisinin neden olduğu kaygıyı, öfkeyi ve kafa karışıklığını paylaşma ihtiyacı duyabilirler. Bu gibi durumlarda psikoterapistin etkin dinleme becerilerini kullanması, duygu ve düşünceleri derinlemesine anlamasını sağlayacak sorular sorması ve kişinin kendini ifade etmesine müsaade etmesi ebeveynlerin keşfine ve kabul düzeyine yardımcı olacaktır (Amatea ve Watson, 2016).

Psikoterapistin çocuklar/ergenler ve ebeveynlere karşı dengeli bir şekilde yaklaşma konusunda dikkatli olması gerekir. Psikoterapistin, ebeveynlere çocuğun/gencin yaşadığı zorlukların normal gelişimin bir parçası olduğu durumlarda bunu açıkça ifade etmesi gerekir. Bazı zamanlar ebeveynler, olağan gelişim sorunlarını benzersiz ve yalnızca kendi karşılaştıkları bir durum olarak değerlendirme eğiliminde olabilirler. Normalleştirme, bu gibi durumlarda son derece etkilidir. Diğer yandan ebeveynlerin, çocuklarının dirençli ve gelişimsel olarak normalin dışında seyreden özellikleri konusunda da bilgilendirilmeleri gerekebilir (Epstein, 2010).

Ebeveynlerin terapi sürecine dâhil edilmesi sıklıkla çok kolay süreçler olmayabilir. Çoğu ebeveyn, çocuğunun davranışları ile baş etmekte zaten güçlük çektiği için "iyi anne-babalık" yapmadığını düşünüyor olabilir. Ebeveynlerin "Psikoterapist, bütün bunların benim hatam olduğunu düşünecek." şeklinde tetikleyici düşünceleri olabilir ya da "Bütün bunların benimle ne ilgili var?" gibi savunması düşünce ve davranışlar da görülebilir. Bazı durumlarda ise ebeveynler, çocuklarının zor durumlara verdikleri tepkilerde değişime gidildiğinde (ör., maruziyet terapisi) çocuğunun yüksek düzeyde kayısı yaşayacağını düşünerek istemli ya da istemsiz olarak değişimi sabote edebilir. Bu nedenle öncelikle bunlar üzerinde konuşulmalı ve iş birliği sağlanmalıdır. Aşağıda, bu konuda etkili metaforu içeren bir terapi kesiti yer almaktadır (Friedberg ve McClure, 2015):

PSİKOTERAPİST: Ayşe Hanım ve Metin Bey, ikinizin de Beşiktaş takımını tuttuğunuzu biliyorum.

ANNE: Evet, gerçekten gönülden destekçiyiz.

PSİKOTERAPİST: Peki, takım yıllar içerisinde zaman zaman liglerde başarısız oldu. Bu durumda destek olmayı bıraktınız mı?

ANNE: Hayır, aksine kaybedilen maçlarda üzüldük. Buna rağmen her zaman destek olduk çünkü bizler gerçek taraftarlarız.

PSİKOTERAPİST: Öyle görünüyor, takımın dibe vurduğu zamanlarda bile takımı tutmaya devam ettiniz. Tıpkı burada olduğu gibi oğlunuz da zor bir ligden geçiyor. Bu zorlayıcı lig devam ederken ona destek olmaya nasıl devam edebilirsiniz?

BABA: Ona her şeye rağmen güvenebiliriz belki.

PSİKOTERAPİST: Kesinlikle öyle. Çocuklar zaman zaman sizi hayal kırıklığına uğratabilir hatta kalbinizi kırabilir. Bunun zorlayıcı olduğunu biliyorum. Fakat tıpkı takımınızla bir "takım" olduğunuz gibi oğlunuzla da bir "takım" olmak fikri size nasıl geliyor?

ANNE: Doğrusu bu açıdan hiç düşünmemiştim, mantıklı görünüyor.

Yukarıdaki örnekte ebeveynlerin yeni bir bakış açısı sağladığını görmek mümkündür.

Ailenin Direnci

Kaynak: https://twitter.com/selincam/status/1188139559630135298

Ebeveynlik, yetişkin yaşamlarını sürdüren bireylerin beklenmedik ve güçlü duygularını ortaya çıkaran yeni bir deneyim olabilir. Bir baba, bir mühendislik firmasında büyük bir ekibi yönetme kapasitesine sahipken küçük kızının kendisinden nefret ettiğini söyleyen öfkeli sözleri onu tamamen işe yaramaz hissettirebilir ve reddedildiğini hissedebilir. Bu yeni savunmasızlık, yeni baş etme mekanizmalarının oluşmasına neden olurken aynı zamanda ebeveynin çocuğunun zorlandığı duyguları keşfetmesini ve anlamasını engelleyebilir. Örneğin; baba, bu şekilde zayıf düştüğünü hissettiğinde çok katı olabilir. Terapötik çalışmada, bu savunmalara saygı göstermemiz gerekir ancak aynı zamanda kendini koruma davranışının ebeveynlik kapasitelerine müdahale edip etmediğini araştırmak için seanslarda bir alan sağlamamız gerekir. Ebeveyn olmanın zor göreviyle karşı karşıya kalan herhangi birimiz için bu tepkilerin ne kadar normal olduğunu keşfetmek bile ebeveynler için önemli bir rahatlama sağlayabilir (Amatea vd., 2006; Gladding, 2002).

Aile Geçmişinin ve Dinamiklerinin Etkileri

Ebeveynler, aile hayatının çocukları nasıl etkilediğini görünce, erken yaşam deneyimlerinin onları nasıl şekillendirdiğini sorgulamaya başlarlar. Çocuklarının davranışlarının, kendi çocukluklarına ait duyguları, bilişleri ve hatıraları nasıl tetiklediğini keşfederler. Davranışçı aile terapisinin temel varsayımı tüm davranışların öğrenildiği ve ailedeki tüm bireylerin, önceki pekiştirmelere göre davrandıklarıdır. Buna göre, bir davranış sonucuna göre sürer ve yeni bir davranış daha fazla istendik sonuçlar yaratamıyorsa eski davranış tekrarlanmaya devam eder (Patterson, 1975; akt. Gladding, 2002). İkinci temel varsayım ise işlevsel olmayan bir davranışın hedef alınması ve altındaki kökenlere odaklanılmamasıdır. Davranışın geçmişine bakılmaksızın şimdiki hâli üzerinde çalışılır. Dolayısıyla istenen davranışların artırılması ve istenmeyen davranışların azaltılması üzerine ebeveynlere bilgiler verilir (Gladding, 2002). Buna göre aile üyelerinin nasıl davrandığı kadar, ne düşündüklerine de odaklanılır. Tedavi sürecinde, aile üyelerinin ilişkilere dair taşıdıkları bilişsel ögeleri de tespit etmeye (ebeveynliğe ilişkin düşünce ve inançlar, çocuklara ilişkin düşünce ve inançlar gibi) odaklanılır. Tespit edilen bilişsel ögeler bazı durumlarda sağlıklı ve çocuğun/ergenin gelişimini destekleyici olabilirken bazı durumlarda çatışmaya yol açan bir orantısızlıkta gerçek dışı bilişler olabilir. Bu durumlarda aile üyelerinin bilişlerinin yeniden yapılandırılması üzerine çalışmalar yapılması önerilir.

VAKA ÖRNEĞİ

"Bir aile katılımlı çocuk terapisi seansında Aylin, farkında olmadan kendi ebeveynlerinin davranışlarını tekrarlamaya yöneldiğinden endişelendiğini ifade ederek bu durumu aile oturumuna taşımıştır. Aylin'e göre kendi ebeveynleri Aylin'in özellikle duygusal ihtiyaçlarına yanıt verme konusunda duyarlı değillerdi ve Aylin'in istenmedik davranışı olduğunda öfke ve sözel şiddetle yanıt vererek Aylin'i sindirmişlerdi. Aylin, kendi çocuğunun baş edemediği davranışlarına oldukça öfkeli tepkiler verdiğini gördükçe sonradan pişmanlık duymasına rağmen öfkesini kontrol etmekte zorlandığını görmüştür. Her defasında sağlıksız öfke tepkisi vermeme kararı almış olmasına rağmen oğluna sinirlendiğinde yine aynı durumlar karşılaşmaktadır. Sonrasında psikoterapiste, ailesinin katı disiplinli kişiler olduğunu ve duyguları tartışmakla ilgilenmediğini ifade etmiştir. Özellikle babası, onun farklı görüşlerini ifade etmesine asla izin vermemiştir. Bu noktada psikoterapist, Aylin'in hâlihazırdaki biliş ve davranışlarının neler olduğunu sorgulamıştır. Aylin, kendi oğluna katı bir tutum yerine sevgi dolu yaklaşmak istese de oğlunun davranışlarıyla baş edemediği durumlarda ancak şiddetli bir şekilde tepki verirse bu davranışın ortadan kalkacağını düşünmektedir. Aksi hâlde işlerin kontrol çıkacağına, denetimin elinden gideceğine inanmaktadır. Aylin'in bilişleri üzerinde çalışılarak, bilişlerinin yeniden yapılandırılması terapi hedefi olarak belirlenmiştir. Buna paralel olarak yapıcı davranış eğitimi ile ilgili psikoeğitim süreçlerinin yapılması planlanmıştır".

Yaşam Olaylarının Çocuk ve Ergenler Üzerindeki Etkisi

Yaşam olayları tüm aileyi etkiler ancak her kişi olayı kendi tarzında deneyimler. Çocuk ve ergen psikoterapisinde, çocukların aile içinde yaşanan olaylara ilişkin algılarını ve bunun onları nasıl etkilediğini değerlendirmelidir. Yaşananlar, yeni bir kardeşin aileye katılması gibi doğal bir durum da ciddi bir hastalık, ölüm veya felaket gibi travmatik olaylar da olabilir. Ebeveynler, terapistleriyle birlikte çocuğun geçmişindeki stresli olayları düşündüklerinde, bazen çocuklarının gelişiminin neden o sırada bozulduğunu ve bunun daha uzun vadeli sorunlara yol açtığını keşfedebilirler. Bir genç ortaokula başlarken yoğun bir şekilde endişelenirse daha önceki ani ayrılıklar veya travmatik kayıplar olup olmadığını görmek için geriye doğru izlemek faydalı olabilir. Bu da genci sonraki geçişlere karşı özellikle hassas hâle getirmiş olabilir çünkü bunlar bu erken korku ve korku duygularını tetikleyebilir (Amatea ve Watson, 2016).

Ebeveynlerle yapılan dönemsel incelemelerde, çocuk psikoterapisti ve varsa ebeveyn çalışanı, ebeveynlerin çocuğun mevcut ilerlemesini gözden geçirmenin yanı sıra çocuğun sorunlarına neyin yol açmış olabileceği üzerinde düşünmesine yardımcı olabilir. Ebeveynler, çocuklarının yaşadığı zorlukların olası nedenlerini keşfederse çocuklarının uygunsuz davranışlarına ilişkin algılarını değiştirebilirler. Sonrasında çocuğun sıkıntısının altında yatan anlamı anlayabilirler. Daha sonra sorunlar ortaya çıktığında bu kadar kışkırtılmış hissetmek yerine çocuklarıyla empati kurabilirler.

VAKA ÖRNEĞİ

"Kemal, küçük kız kardeşine karşı acımasız davranışları nedeniyle ailesini endişelendiriyordu. Tedaviden altı ay sonra düzenli olarak yaptığı izleme seanslarında bu konu tartışıldığında, ona karşı kıskanç tavrına neyin yol açtığını anladılar. Altı yaşındaki Kemal, yüksek düzeyde öfkeye sahipti ve küçük kız kardeşini çok kıskanıyordu. Ebeveynlerinin görmediği zamanlarda kardeşine fiziksel olarak zarar vermeye çalıştığı da oluyordu. Psikoterapist, ebeveynlerle bu konuyu ele aldığında, ikinci çocukları prematüre doğduğu için ailenin çok stresli bir süreçten geçtiğini anladı. Kardeşi doğduğunda Kemal üç yaşındaydı. Ebeveynleri ikinci çocuk doğduğunda yaşadıkları stresten dolayı tüm dikkatlerinin yeni doğanın üzerinde toplandığını ve Kemal'in tüm ilgiyi kaybettiğini hatırladı. Kemal, kardeşi doğduğunda bütün bu olanları değerlendirebilecek gelişim düzeyinde değildi. Bilişsel gelişim döneminin temel özellikleri gereği, annesinin stresinin ve mutsuzluğunun sebebinin kendisi olduğunu, annesinin onu artık eskisi kadar sevmediğini hissetmişti. Sonrasında, sevilmediğini hisseden Kemal, kız kardeşine karşı hoşgörüsüz olmaya devam etmişti ve yaşıtlarına karşı öfke ve kıskançlıkla baş edemiyordu. Bu faktörleri anlamak, ebeveynlerin Kemal'in aşırı öfke tepkilerini tolere etmesini kolaylaştırdı ve bu zor duyguları terapiye getirmeye devam ederken bu duyguları yönetmesine yardımcı oldu. İlerleme oldukça yavaştı çünkü bunlar derinlere yerleşmiş duygulardı, kabul etmesi ve üstesinden gelmesi zordu. Öte yandan, ebeveynleri artık ona yardım edebilecekleri ve değişimin mümkün olduğu konusunda daha umutluydu".

Çocuğun/Ergenin Biliş ve Davranışlarında Aile Tutumunun ve Davranışlarının Etkileri

Bazı durumlarda ebeveyn katılımı zor olabilir. Özellikle, ebeveynin tutumu ve özellikleri çocuğun problemine yol açan kaynak olduğunda, sorunun tedavisinde ebeveynin katılımı en önemli unsurlardan biri olmasına rağmen ebeveyn katılımı ailenin yapısının doğası gereği daha da zorlaşabilir (Creswell vd., 2013). Ebeveynlerin rasyonel olmayan bilişsel stilleri, çocuk/ergenlerin gelişimi üzerinde büyük ölçüde etkilidir. Çocukların bilişsel gelişiminin kökleri, ebeveynlerin bilişleri ile temellenmektedir. Kaygı bozukluğu ve diğer bozukluklar açıklayan modeller, ebeveynlerin bilişlerinin ve beklentilerinin, çocukların bozukluğun temelinde yer alan temel inançlarını besleyecek nitelikte olduğunu ifade etmektedir (Alloy, 2001).

Örneğin, ilişkide depresif bir yükleme stiline sahip çocukların, çevrelerindeki insanlar tarafından yapılan açıklamaların içselleştirilmesi yoluyla kendi davranış ve olaylarına yönelik olumsuz açıklamaları ile geliştiği düşünülmektedir (Garber ve Flynn, 2001). Benzer şekilde, depresif tutumun olduğu bir çocuk-ebeveyn ilişkisinde, ebeveynin çocuğun savunmasızlığına ilişkin dünyanın tehlikeli bir yer olduğuna dair yaklaşımı, çocukların kaygıyı oluşturan bir zihinsel örüntü geliştirmelerini ve bunu içselleştirmelerini destekler (Rubin vd., 2001).

Çocuk/ergenlerin davranışlarında ebeveynlerin model olması önemli bir diğer etkidir. Örneğin, çocuklar öfke tepkileri ile ilgili davranış repertuvarını, ebeveynlerin öfkeye verdikleri tepkileri model alarak geliştirmektedirler. Benzer şekilde, kaygılı durumlarda kaçınma davranışı da çocukların/ergenlerin kaygılı durumlarda benzer davranış örüntülerini ortaya koyması ile sonuçlanabilir. Ayrıca istenmeyen davranışların nasıl pekiştirildiği de çok önemlidir. Tutarsız ve sert bir disiplin tutumu, şefkatli olmayan ebeveyn yaklaşımları negatif pekişme yoluyla çocukların sorunlu davranışlar sergilemesine neden olmaktadır (Creswell vd., 2013).

ÇOCUK VE ERGENLERİN BDT'SİNDE AİLE KATILIMINA İLİŞKİN UYGULAMALAR VE MÜDAHALELER

Aile Katılımına Destek Olarak Genel Bilişsel Davranışçı Yaklaşımlar

Aşağıda çocuk ve ergenlerle bilişsel davranışçı terapi sürecinin gerçekleşmesinde ailenin katılımını artırmak noktasında, ailelerin değişimini sağlamak için kullanılabilecek genel bilişsel davranışçı teknikler kısaca ele alınmıştır.

(1) Psikoeğitim

Çocuk ve ergenlerle BDT'nin en önemli bileşenlerinden biri, çocuklarla ve ebeveynlerle çift taraflı çalışmayı içeren psikoeğitimlerdir. Burada amaç, ebeveynleri çocuklarının durumu ve bu durumu nasıl yönetebilecekleri hakkında eğitmektir. Çocuğun gelişimsel özellikleri, duygusal ve davranışsal sorunlarının neler olduğu, çocuklarının sorunlarının olası nedenleri ve sonuçları, çocuklarda davranış değişikliğini sağlamak için kullanılan yöntemler gibi konularda ebeveynlere psikoeğitim sunulabilir. Psikoeğitim pasif bir süreç değildir. Psikoterapi süreçlerinde ebeveynler pasif olarak bilgiyi alan kişiler değil, öğrendiklerini aktif olarak uygulayan paydaşlar olarak katılım sağlamalıdır. Böylelikle verilen psikoeğitimler terapi dinamiğini güçlendiren aktif parçalar olabilir. Psikoeğitim sürecinden geçen ebeveynler, söz konusu sorunlara ilişkin farkındalık sahibi olur ve gereken değişim için izleyeceği yol konusunda da bilgi sahibi olabilirler Bununla birlikte ebeveynler, psikoeğitim sonrasında çocuk ve ergenlerin gündelik yaşamlarında da pasif değil aktif bir rol üstlenirler. BDT terapi süreçlerindeki temel mantıkla paralel şekilde; ebeveynler, yazılı ve görsel materyaller ile psikoeğitsel süreci proaktif bir şekilde sürdürürler. Örneğin, çocuk ve ergen gelişimi ile ilgili yayınlar, kılavuzlar, videolar gibi çok çeşitli materyaller de işin içine dâhil edilebilir. Bu tür kaynaklar, ebeveynleri sadece düşünmek ya da gözlemlemekle kalmayarak harekete geçmek için teşvik etmiş olur. Uygulamaları gerçekleştirirken ebeveynlere "Hangi kısımlar sizin için geçerli?", "Hangi kısımlar size uygun görünmüyor?", "Hangi kısımlar konusunda hemfikirsiniz?", "Hangi kısımlara katılmıyorsunuz?" gibi sorular sorularak aktif katılımın sağlanması güçlendirilebilir. Ailelerin psikoeğitim alarak sürece katılmaları onlara ilk olarak bu sürecin iş birliği içinde yürümesi gereğine ilişkin mesaj verir. İkinci olarak, ebeveynler elde ettiği bilgiyi sindirerek uygulamaya koyabilir. Üçüncü olarak, danışanın terapi materyallerini alelade çalışılacak bir "görev" olması fikri; yerini, dikkatli bir şekilde üzerinde çalışılması gereken ve terapiyi güçlendirecek materyaller olması fikrine bırakır. Son olarak ebeveynler; sorulan sorularla, hangi kısımların kendileri için işe yarayacağına, hangi kısımların yaramayacağına karar verebilirler (Friedberg vd., 2000).

Albano ve diğerleri (1995), psikoeğitim uygulamalarında ebeveynlere çocuklarına öğretilen bilişsel davranışsal becerilerin aynısını öğretmek, onları kaygı hiyerarşisini oluşturmaya dâhil etmek ve onlara maruziyet uygulamalarıyla ilgili detaylı bilgi vermek gerektiğini ifade etmektedirler. Ebeveynlere yönelik psikoeğitim ile ayrıca, aile üyeleri aile içi ilişkilerin nasıl işlediğini görebilir, problemleri rasyonel bir şekilde ele almayı öğrenebilir ve aile üyelerinin birbiriyle etkili iletişim kurmasına yardımcı olabilir. Aileler konferanslara katılarak, birlikte kitap okuyarak, video içerikleri izleyerek bunlar üzerinden tartışmalar yürütebilirler (Gladding, 2002).

Ebeveynlere verilen eğitim didaktik bir çalışma değildir. Çoğu zaman, okumaları istenen bir kaynak pek işe yaramaz. Ebeveynlerin farklı stratejileri uygulamaya ve bu uygulamalarla ilgili psikoterapistten dönütler alarak destek almaya ihtiyaçları olur. Böylelikle psikoeğitimler ebeveynlerin beceri geliştirmelerini ve değişimi sağlar. Psikoeğitim ile ebeveynler istenen davranışları pekiştirmeyi, yıkıcı davranışları pekiştirmemeyi öğrenebilirler. Bunun için kullanılan çeşitli stratejiler aşağıdaki gibidir:

Kitaplar: Kitaplar ebeveynlerin çocuklarının terapi aldıkları konu ile ilgili yardımcı kaynaklar olabilir. Kitaplardan yaptıkları araştırmalarla, benzer durumu yaşayan başka insanların da olduğunu görür ve yeni fikirler edinebilirler. Terapiye daha çok katkı sağlayabilirler. Kitaplar terapide yardımcı kaynak olarak kullanıyorsa aile katılımlı BDT seanslarında mutlaka gündeme alınması gereken bir konu olmalıdır. Öğrenilen ve aktarılan yeni beceriler ele alınmalıdır. Kitaplar genel ebeveynlik ile ilgili kitaplar olabilir ya da çocuğun tanısı ile ilgili kitaplar olabilir.

Bilişsel modelin sunumu: Bilişsel modelin sunumu BDT'de psikoeğitimin standart bir parçasıdır. Çocuk/ergenlere sunulan bilişsel model, ebeveynlere de öğretilmelidir. Burada fiziksel, duygusal, bilişsel ve davranışsal semptomların tamamının önemi ve birbiri ile olan ilişkisi ebeveynlere metaforlar üzerinden anlatılır. Ayrıca bilişsel model, danışan özelinde ele alınır. Sonrasında, sorunların yaşamın doğal bir parçası olduğu, bazen bu durumun problemin kendisinden kaynaklandığı, bazen problemi orantısız olarak değerlendirmenin bir sonucu olduğu konuları ele alınır. Problemin orantısız değerlendirmesi varsa bunu rasyonel bir şekilde ele almak üzerine çalışılır. Bunun yanında, gerekli durumlarda davranış deneylerine yer verilir.

Sorunun tanımlanmasında ebeveynlere yardımcı olmak: Terapiye getirilen sorunun sıklığı, yoğunluğu ve süresini ebeveynler ile değerlendirmek gerekir. Ebeveynlerin beklentilerinin gerçekçi olduğu üzerinde konuşulmalıdır. Örneğin, birçok davranış tipik olarak düşük ya da orta sıklıktadır. Bir anne kızı için "sürekli ağlıyor" diyebilir. Çocuk günde dokuz kez ağlıyorsa durum farklı değerlendirilmeli, haftada dokuz kez ağlıyorsa farklı değerlendirilmelidir. Bu konuda ebeveynlere yardımcı olmak için aşağıdaki gibi bir çizelge kullanılabilir. Burada amaç, ebeveyne davranışları objektif bir şekilde değerlendirmeyi öğretmektir.

	Pazartesi	**Salı**	**Çarşamba**	**Perşembe**	**Cuma**	**Cumartesi**	**Pazar**
06:00-09:00	1 kez ağladı.						
09:00-12:00			1 kez ağladı.				
12:00-15:00		2 kez ağladı.			2 kez ağladı.		
15:00-18:00						1 kez ağladı.	
18:00-21:00				2 kez ağladı.			
21:00-24:00							

Kaynak: Friedberg, R. D., & McClure, J. M. (2015). *Clinical practice of cognitive therapy with children and adolescents: The nuts and bolts.* Guilford Publications.

Pekiştireç kullanımını öğretmek: Pekiştirme, istenilen davranışın sıklığını artırmak için kullanılan bir tekniktir. Hedef davranışın artırılmasında hızlı sonuç veren bir davranışsal stratejidir. Pekiştirme; övgü, istenen bir oyuncak, sevilen bir oyunu oynama gibi çocuğun hoşlandığı bir sonuç olabileceği gibi (pozitif pekiştirme); ev işi yapma, dolabını düzenleme gibi hoşlanmadığı bir durumu ortadan kaldırma (negatif pekiştirme) yoluyla da olabilir. İki durumda da hedef, istenen davranışı artırmaktır. Çoğu zaman ebeveynler istenmeyen davranışa odaklanırlar. Burada onlara, istenen/uygun davranışı gördüklerinde pekiştirme kullanmaları ve tutarlı bir şekilde bunu yapmaları gereği hatırlatılmalıdır. Örneğin, Aylin odasını temizlediğinde sıcak bir öpücük alırsa bu pozitif pekiştireçtir. Negatif pekiştireç ise Aylin'in babasının "Odanı temizle artık!" diye bağırmalarının, odasını temizleme davranışı sonucu sona ermesi (istenmeyen durumun ortadan kalkması) şeklinde olabilir. Ebeveynlerin aklında tutması gereken şey, öncelikle çocuklarının istenen davranışları göstermeleri durumunda buna odaklanmalarıdır, istenmeyen davranışa değil. Çocuğun küpleriyle bir kule yapması, bir etkinliği tamamlaması, yatağını toplaması gibi davranışların sonucunda gülümseme, övgü, sarılma gibi pekiştireçler verilebilir. Böylelikle çocuk, bu davranışları yeniden sergilemek için pekişmiş olacaktır.

Çocuk/ergenlere seçenekler sunmak: Seçenek sunmak ödül vermenin başka bir versiyonudur. Seçim yaptığını düşünmek, çocuklar için çok istendik bir durumdur. Sekiz yaşındaki Tansel, restoranlarda sabırsız davranıyor olabilir. Burada seçim stratejisini kullanan baba, olumlu davranışını artırabilir. Örneğin, "Üzerime atlamadan ve beni sıkıştırmadan beklediğin için oturacağımız masayı sen seçebilirsin." gibi. Başka bir çocuk arabada sakince beklediğinde "Ablana bu defa bağırarak yanıt vermediğin için istediğin şarkıyı seçebilirsin." denebilir.

(Not: Davranış eğitimi konusunda daha detaylı ve ek bilgiye "Acil Durum Eğitimi" başlığında yer verilmiştir. Acil Durum Yönetimi Eğitimi temelde edimsel koşullanma ilkelerine dayanmakta ve ebeveynlerin davranış yönetimi sağlama becerilerini artırmaya yönelik bir eğitim kiti gibi düşünülebilir).

(2) Bilişsel Yeniden Yapılandırma

Çocuklardaki psikolojik rahatsızlıklarla ebeveynlerin inançları ve beklentileri arasında bir ilişki olduğu ileri sürülmektedir. Örneğin, kaygılı çocuklarının annelerinin beklentileri ile kontrol grubunda yer alan ve kaygı bozukluğu olmayan çocukların annelerin beklentilerinin karşılaştırıldığı bir çalışma gerçekleştirilmiştir. Bu araştırmaya göre kaygı bozukluğu olan çocukların annelerinin stresör olan durumlarda, çocuklarının daha mutsuz olmaları, baş etme konusunda daha düşük beceri göstermeleri, verilen görevleri yapmada daha az kontrol sahibi olmaları beklentisinde olduğu görülmüştür (Kortlander ve diğ., 1997). Bunun yanında, ebeveynlerin ebeveynliğe ilişkin bazı bilişleri de işlevsel olmayabilir. Sağlıksız aile içi iletişimin önemli sebeplerinden biri olabilir. Buna göre ebeveynlerin bilişleri çocuklarını destekleme becerileri noktasında oldukça belirleyici bir rol oynamaktadır. Bu nedenle, çocukların psikolojik sağlıklarını artırma noktasında bilişsel yeniden yapılandırma süreçleri üzerinde çalışırken, ebeveynlerinin bilişlerinin üzerinde çalışmak da bir gereklilik gibi görünmektedir. Aşağıda, ebeveynlerin düşüncelerini test etmeleri için kullanılabilecek örnek bir form yer almaktadır (bk. Aileler İçin Davranış Deneyi Çalışma Formu).

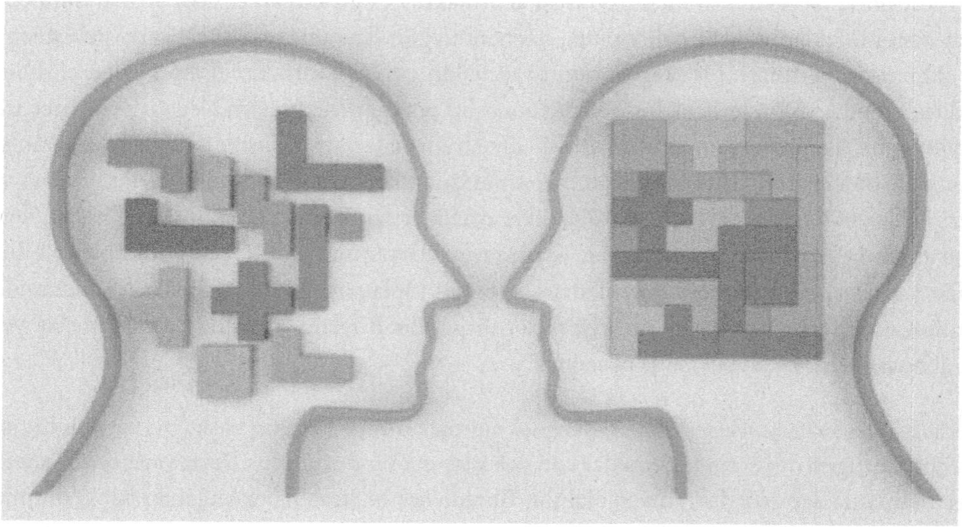

Kaynak: https://www.istockphoto.com/tr/search/2/image?phrase=irrational

AİLELER İÇİN DAVRANIŞ DENEYİ ÇALIŞMA FORMU
HİPOTEZ Ebeveyn tutumunuza ilişkin hipotezleriniz neler? Çocuğunuzun ... davranışlarına ilişkin hipotezlerinin neler? Neler olmasını bekliyorsunuz? ....
DENEY Bu hipotezi test etmek için yapacaklarını not edin. Yapacaklarınızı nerede ve ne zaman yapacaksınız? Güvenilir bir sonuç elde etmek için deneyin kaç kez tekrarlanması gerekebilir? ....
DENEYİN SONUÇLARI (ÇIKTILAR) Neler oldu? Varsayımlarınız doğrulandı mı? ....
BU DENEY SONUCUNDA NE ÖĞRENDİNİZ? ....

Kaynak: Bennett-Levy, J., Butler, G., Fennell, M. J. V., Hackmann, A., Mueller, M., & Westbrook, D. (Eds.) (2004). The Oxford handbook of behavioural experiments. Oxford: Oxford University Press.

(3) Aile İçi İletişimin ve Problem Çözme Stratejilerinin Geliştirilmesi

Ebeveyn-çocuk çatışmasına çözüm bulmak için öncelikle aile içi çatışmaların çocuğun kaygısını artırabileceği konusunda ebeveynleri bilgilendirmek önerilir. Çatışma çözümü eğitiminde ebeveynlerin ve çocukların rollerini ele almak, evde çatışmayı azaltmak için çeşitli stratejiler öğretmek (öfke tetikleyicileri belirleme, rahatlama teknikleri gibi) ve çatışmaların çözümünü güçleştiren bilişlerin belirlenerek yeniden yapılandırılması gibi bir içerik söz konusudur (Ginsburg ve Schlossberg, 2002). Bunun yanında aile içi etkili iletişimin güçlenmesi için çalışmalar yapılabilir. Aşağıda etkili iletişim açısından ebeveynlerin kullanabileceği bir çalışma kâğıdı yer almaktadır (bk. Çocuklara Duygularını İfade Etmelerine Yardımcı Olmak İçin Çalışma Kâğıdı).

Kaynak: http://karikaturoloji.blogspot.com/2016/01/entel-ebeveyn.html

ÇOCUKLARA DUYGULARINI İFADE ETME KONUSUNDA YARDIMCI OLMAK İÇİN ÇALIŞMA KÂĞIDI
Aktif olarak dinleyin: Teşvik edici sözler kullanın. Beden dilinizin farkında olun. Göz temasını koruyun. Çocuğun söylediklerini tekrar edin.

ÇOCUKLARA DUYGULARINI İFADE ETME KONUSUNDA YARDIMCI OLMAK İÇİN ÇALIŞMA KÂĞIDI

Açık uçlu sorular kullanın:
Sonra ne oldu?
Bu olduğunda nasıl hissettin?
Bu olduğunda ne düşündün?
Ve sonra ne?

Övün ve destek olun:
Bunu bana hissettirdiğini söylediğiniz için çok mutluyum.
Korkmuş hissetmekten bahsetmek cesurcaydı.
Bana nasıl hissettiğini söylediğin için seninle gurur duyuyorum.
Bana kızgın olduğunu söylediğin için teşekkür ederim.

Özel bir alanda sohbeti gerçekleştirin:
Diğer çocukların veya yetişkinlerin farkında olun.
Çocuğun mahremiyetine saygı gösterin.

Gelişimsel olarak uygun bir dil kullanın:
Çocuğun kendi sözlerini tekrar etmeye çalışın.
Çocuğun anlayacağı seviyede konuşun.

Yönlendirici sorular sormayın:
Biri sizi incitti, değil mi?
Artık burada yaşamak istemiyorsun, değil mi?
Bundan gerçekten hoşlanmıyorsun, değil mi?

Çocuğu suçlayın ya da yargılamayın ya da boş tehditler kullanmayın:
Hareketinizi bir araya getirseniz iyi olur, yoksa...
Neden bana bundan daha önce bahsetmedin?
Bunu annene söylememen gerektiğini biliyorsun.
Tıpkı kardeşin gibisin.

Çocuğa baskı yapmayın:
Eğer bana _____ hakkında bilgi vermezseniz, _____ yapmanız gerekir.
_____ istiyorsanız bana _____ hakkında anlatsanız iyi olur.
Bana annenin ne yaptığını söylemeden eve gidemezsin.

Çocuğun duygularını geçersiz kılmayın:
Bunun için endişelenmemelisin.
Üzülecek bir şey değil.

Tutamayacağınız sözler vermeyin:
Bir daha kimse sizi incitemeyecek.
Seni güvende tutacağıma söz veriyorum.
Her hafta seni ziyaret edeceğim.

Kaynak: Runyon, M. K., & Deblinger, E. (2013). Combined parent-child cognitive behavioral therapy: an approach to empower families at-risk for child physical abuse. Oxford University Press.

(4) Kontrat Yapma

Kontrat, aile etkileşimleri kontrol edilemez uç noktalara vardığında kullanılabilir. Kontratlar, belli bir şekilde davranıldığında kazanılacak ödülleri ifade eder. Sembolik pekiştirme yoluyla bir davranışı kazandırma veya puan kazandırma ve puan karşılığı istenilen bir sonuca ulaşılması istendik davranışın pekiştirilmesini sağlar. Ebeveynlerin pekiştirmeleri nasıl kullanacağına ilişkin eğitilmesi gerekir (Gladding, 2002). Aşağıda davranış kontratının nasıl yapılacağına ve davranış kontratı çalışma kâğıdı yer almaktadır.

DAVRANIŞ KONTRATI NASIL KULLANILIR?	
1.	Bu, sizin ve çocuğunuz arasındaki **kontrattır.**
2.	Çocuğunuzda gelişmesini istediğiniz **bir davranışı** belirleyin. Bunu "çalışma" olarak isimlendirebilirsiniz. Sonra bu çalışmayı küçük parçalara bölün. Örneğin, "Odanı temizle" yerine; "Yatağını topla, oyuncaklarını kutularına koy, kitaplarını raflarına yerleştir, kirli çamaşırlarını sepete at, temiz çamaşırları dolaba kaldır." gibi.
3.	Çocuklarınızın çalışmayı **ne zaman** tamamlaması gerektiğini netleştirin. Yeterli süre verdiğinizden emin olun. Çalışmanın her aşamasını tamamladıktan sonra onu takdir edin, çalışmanın %100 tamamlanmasını beklemeyin. Çalışma adımlarının yapabildiği kısımlarına odaklanın, yapamadıklarına değil.
4.	Çocuğunuzla ödülün ne olacağını önceden görüşün. İyi bir ödül, çocuğunuzu işi tamamlaması için motive edecek türden olmalıdır. Motive edilebilir ödüllerin neler olduğu konusuna birlikte karar verin. Davranış sözleşmesini tartışmak ve ayrıntılara karar vermek için bir aile toplantısı düzenlemeniz iyi olacaktır, zaten kurmuş olabilirsiniz. Çok sevdiği bir yiyecek, çok sevdiği bir video oyunu oynamak, sevdiği bir TV programını izlemek favori bir TV şovu izlemek, arkadaşları ile gezmeye gitmek, ebeveynler ile sinemaya gitmek ödüllere örnek verilebilir.
5.	Başarıyı **bir grafik üzerinde** işaretleyin. Çocukların görebilmesi için evin bir yerine asılacak kadar büyük bir çizelge yapın. Daha küçük çocuklar için, renkli grafik çizin ve başarıyı işaretlemek için resimleri kullanın. Çıkartmalar ayrıca küçük çocukların çok hoşuna gider.

Kaynak: Runyon, M. K., & Deblinger, E. (2013). Combined parent-child cognitive behavioral therapy: an approach to empower families at-risk for child physical abuse. Oxford University Press.

DAVRANIŞ KONTRATI
İsim:
Çalışma: ....
Adımlar: 1. .... 2. .... 3. .... 4. .... 5. ....
Çalışma ne zaman yapılacak? ....
Çalışma kaç defa yapılırsa ödül alınacak? ....
Ödül: ....
İmzalar: ....

Kaynak: Runyon, M. K., & Deblinger, E. (2013). Combined parent-child cognitive behavioral therapy: an approach to empower families at-risk for child physical abuse. Oxford University Press.

AİLE KATILIMINA ÖZEL BİLİŞSEL DAVRANIŞÇI YAKLAŞIMLAR

Aşağıda çocuk ve ergenlerle bilişsel davranışçı terapi sürecinin gerçekleşmesinde ailenin katılımı ile ilgili olarak daha özel bilişsel davranışçı teknikler sunulmaktadır. Bu teknikler literatürde yer alan ve sıklıkla kullanılan tekniklerdir. Tıpkı genel terapi hedeflerinin belirlenmesinde olduğu gibi aile katılımının sağlandığı durumlarda da belirlenen hedefler spesifik, net ve ölçülebilir olmalıdır.

(1) Aile Katılımı ile İlgili Olarak Aileyi Bilgilendirme

Ebeveynleri tedaviye dâhil etmenin gereği konusunda ebeveynleri motive etmek aile katılımın gerçekten sağlanması için bir gerekliliktir. Özellikle anksiyete yaşayan çocukların ebeveynleri sıklıkla kendilerini sosyal beğenirliği artıracak şekilde anlatmayı tercih edebilir ve kaçınmacı bir tutum içerisinde olup gerçeklikten uzak bir tablo sunma eğiliminde olabilir. Bu bir tür direnç olduğundan, psikoterapistin güven ortamını oluşturma konusundaki çabasının istikrarlı bir şekilde devam etmesi gerekir. Dolayısıyla psikoterapistin ebeveynlere yalnızca ebeveyn rollerine göre değil, onların birey olarak da anlaşılma ihtiyaçlarını dikkate alarak yaklaşması güven ortamının oluşması açısından önemli görülmektedir. Böylelikle ebeveynler kaçınmacı ve savunmacı tutumlarından ayrılarak, iş birlikçi bir tutuma geçiş yapabilirler. Ebeveynler ile iş birliği sağlamanın en iyi iki yolu ise karşılaştıkları zorluklarla empati kurmak ve bu zorlukları dile getirmeleri konusunda onlara yardımcı olmaktır (Siqueland ve Diamond, 1998).

Psikoterapi almaya ihtiyaç duyan çocuk ve ergenler sıklıkla sosyal bağlamlarda çeşitli sorunlar yaşar ve "zor çocuk" olarak nitelendirilebilir. Ebeveynlerin bu zorluklarla yaşamlarını sürdürmeleri zaman zaman yıpratıcı ve sinir bozucu olabilir. Bu gibi durumlarda psikoterapistin ebeveynlerin duygularını kabul etmesi ve bu duyguları normalleştirmesi onlara yardımcı olacaktır. Böylelikle ebeveynler terapide iş birliği açısından da daha motive olacaklardır (Siqueland ve Diamond, 1998).

(2) Acil Durum Yönetimi Eğitimi

Acil durum yönetimi, ebeveynleri öğrenme ilkeleri çerçevesinde eğitmek için kullanılan en yaygın terapötik yöntemlerden biridir (Khanna ve Kendall, 2009). Acil durum yönetimi eğitimi, ebeveynlere çocuklarının işlevsel davranışlarını nasıl ödüllendireceklerini ve kaçınma, güvence arama davranışlarını nasıl söndürebileceklerini öğretmek ile ilgilidir. Dolayısıyla bu teknik, olumlu ve olumsuz pekiştirme, biçimlendirme ve sönme gibi temel davranış değiştirme ögelerini içermektedir. Pekiştireçlerin belirlenmesi, pekiştireçlerin nasıl kullanılacağı gibi davranış yönetim becerileri ebeveynlere öğretilir. Benzer şekilde, sönmenin gerçekleşmesi için planlı görmezden gelme, başa çıkma stratejileri gibi konular da ele alınır (Barmish ve Kendall, 2005). Böylelikle çocuğun/ergenin tetikleyici durumlarla baş etmesine, kaçınma davranışlarının azalmasını destek olunur. Sonuç olarak çocuğun ebeveyn desteğiyle yeni davranışları öğrenmesi ve artırması sağlanabilir.

Temel öğrenme ilkelerinden birisi olan *sönme,* bir tepki sonucu kazanılan önceki pekiştireçlerin azaltılarak davranışın azalması veya ortadan kalkması sürecidir. Örneğin, öfke krizi geçiren bir çocuk ebeveynleri tarafından görmezden gelindiğinde, çocuk davranışı sonucunda bir şey elde edemediğini fark eder. Sönmenin uygulandığı durumlarda, alternatif bir davranışın belirlenmesi ve olumlu pekiştirme yoluyla alternatif davranışın artmasının sağlanması kritik olan noktadır.

AKTİF GÖRMEZDEN GELME ÇALIŞMA KÂĞIDI
Açıklama: Dikkat çekmeye çalışma, çocuğunuz için istendik bir şeydir- olumsuz olduğunda bile. Örneğin, çocuğunuz sızlandığında siz bağırarak yanıt verirseniz, çocuğunuz olumsuz yönde de olsa dikkatinizi çekmiştir ve muhtemelen bu davranışı tekrarlayacaktır. Bağırmak kısa süreliğine davranışı kesebilir ancak çocukların davranışı tekrar etmesini engellemez. Muhtemelen çocuğunuza aynı davranışlarla ilgili tekrar tekrar bağırdığınıza tanık olmuşsunuzdur. Görünen o ki bu yöntem işe yaramamaktadır. İşe yaramayan bir yöntem yerine, çocuğunuzun olumsuz davranışlarını azaltmak için hafif düzeydeki olumsuz davranışları (ör., sızlanma) aktif olarak görmezden gelmeyi öğrenebilirsiniz. Ek olarak, olumlu davranışları överseniz (ör., kibarca sormak veya "hayır" yanıtını kabul etmek) alternatif davranışların da pekişmesini ve artmasını sağlayabilirsiniz. Aktif görmezden gelme, mızmızlanma, sinir krizi geçirme, şikâyet etme ve benzeri gibi hafif düzeyde rahatsız edici davranış sorunlarına yanıt verirken çok etkili olabilir. Ancak aktif görmezden gelme, zarar verici davranışlar için kullanılmamalıdır (ör., çocuğun kendisine veya başkasına vurması gibi durumlarda).
Ev Ödevi 1. Her ortaya çıktığında aktif olarak görmezden geleceğiniz hafif bir sorunlu davranışı tanımlayın. 2. Sorunlu davranışın tersi olan olumlu alternatif bir davranış belirleyin. 3. Olumlu davranış her gerçekleştiğinde anında, duruma özgü, tamamen olumlu övgü ile yanıt verin. 4. Hafif düzeydeki olumsuz davranışı görmezden gelmeye başladığınızda, başlangıçta biraz artmasının doğal olduğunu hatırlayın ve davranış azalana kadar kararlı bir şekilde görmezden gelin. 5. Sorunlu bir davranışı aktif olarak görmezden gelmek zor bir iştir, bu yüzden bunu yaptığınızda kendinizi de tebrik edin. 6. Unutmayın: Aktif görmezden gelme tek başına işe yaramaz. Görmek istediğiniz olumlu alternatif davranışı bulduğunuzdan ve övdüğünüzden emin olun.

Kaynak: Runyon, M. K., & Deblinger, E. (2013). *Combined parent-child cognitive behavioral therapy: an approach to empower families at-risk for child physical abuse*. Oxford University Press.

Olumlu pekiştirme ise çocuk tarafından arzulanan genellikle maddi (yiyecek, para gibi) bir unsurun, istenen davranışı artırmak için davranış gerçekleştikten sonra devreye sokulmasıdır. Ebeveynler bazı zamanlar, istenmedik davranışlara olumsuz da olsa (ses yükseltme, öfkelenme gibi) tepki verseler bile davranış pekişebilir (Aydın, 2004). Bu tutum, çocuğun/ergenin istenmeyen davranışı anlamasını sağlamakla birlikte, olumsuz da olsa "dikkat çekiyor" olmak davranışı sürdürmesine neden olabilir. Dolayısıyla, istenmeyen davranışı ortadan kaldırmaya çalışırken ebeveynler, istenmeyen davranış yerine alternatif bir davranışı sunmalı ve alternatif davranış ortaya çıktığında maddi ya da sözel pekiştireçleri devreye sokmaya özen göstermelidirler (bk. Aktif Görmezden Gelme Çalışma Kâğıdı).

ETKİLİ ÖVGÜ İÇİN KULLANMA KILAVUZU

1. İstenen davranışı gerçekleştikten HEMEN SONRA övün. Övgü, davranışın gerçekleşmesine yakın olduğunda daha güçlü etkiye sahiptir.
2. İstenen davranışı TUTARLI bir şekilde övün. İstenen davranışı ilk kez kazandırılmaya çalışıldığında, davranış her gerçekleştiğinde övgü sunmak gerekir. Sonrasında övgü yalnızca aralıklı ve ara sıra olmalıdır.
3. BELİRLİ bir dil kullanarak istenen davranışı övün. Konuyla ilgili mümkün olduğunca doğrudan ve net olun. Örneğin, "Aferin sana." gibi genel bir övgü yerine, "Çamaşırını çekmecene yerleştirmen çok hoşuma gitti." gibi duruma özgü cümleler kurun.
4. Övgü TAMAMEN OLUMLU olmalıdır. Negatif etiketler kullanmaktan kaçının. Örneğin, çocuğunuzu överken şöyle diyebilirsiniz: "Ben telefondayken sessiz kaldığın için teşekkür ederim". Ancak "Ben telefonda konuşurken sessiz kaldığın için teşekkür ederim. Bunu her zaman yapmak zor olmamalı, neden her zaman yapmıyorsun?" şeklinde sorunlu davranışa odaklanmayın.
5. İstenen davranışı olabildiğince HEYECANLA övün. Olumsuz davranışlar sıklıkla yüksek ses tonu ve aşırı duygular ile karşılık bulur. Olumlu davranışların da heyecanlı bir şekilde karşılık bulması gerekir.
6. Çocuğunuzun ÇABALARINA ve DAVRANIŞLARINA odaklanın (ör., "Bu ödev için çok çalıştınız. Seni takdir ediyorum"). Üstün ifadeler kullanmaktan kaçının (ör., "Dünyanın en tatlı, en zeki çocuğusun.", "Senin üstesinden gelemeyeceğin iş yok." vb.).

Ev Ödevi

1. Çocuğunuzun olumlu davranışlarını ve kendi övgü tarzınızı ne sıklıkta övdüğünüze daha fazla dikkat edin.
2. Çocuğunuzun ara sıra sergilediği ve sizin daha sık görmek istediğiniz bir olumlu davranışı belirleyin.
3. Seçilen davranışı her ortaya çıktığında övmek için broşürdeki yönergeleri takip etmeye çalışın.
4. Olumlu davranışın mükemmel olmasını beklemeyin, çocuğunuzun adımlarını veya çabalarını övün.

Kaynak: Runyon, M. K., & Deblinger, E. (2013). *Combined parent-child cognitive behavioral therapy: an approach to empower families at-risk for child physical abuse*. Oxford University Press.

Şekillendirme ise kademeli adımlarla çocuğun öğrenme sürecinin şekillendirilmesidir. Örneğin, tuvalet eğitiminde çocuklara lazımlığa gitme, pantolonunu çıkarma, lazımlığa oturma, idrarını yapma, genital bölgesini temizleme ve ellerini yıkama adımları ile ilgili eğitim verilir. Sonrasında bu adımlar giderek birleştirilir (Gladding, 2002). Böylelikle davranış şekillenmiş olur. Davranış sorunları yaşayan çocukların ebeveynleri, yeni ve karmaşık davranış örüntülerinin öğretilmesinde şekillendirme ilkesinden yararlanabilir.

Sistematik duyarsızlaştırma bireylerin işlevsel olmayan kaygısının kas gevşemesi ile eşleştirilmesi ve kaygının azaltılması sürecidir. Bu kademeli bir süreçtir. Bireylerin aile üyeleri iletişim kurarken kaygılanması durumlarında etkili bir teknik olabilir (Gladding, 2002).

Model alma ve rol oynama, aile ilişkilerinin düzenlenmesinde kullanılabilecek önemli bir tekniktir. *Model alma,* bir aile üyesinin gerçekleştirdiği bir davranışı diğer aile üyesinin yinelemesidir (Gladding, 2002). Bazı zamanlar ebeveynler, çocuklarından yapmasını istedikleri ideal davranışların tam aksini gerçekleştiriyor olabilirler. Örneğin, çocuğunun kitap okumadığından ve derslerine çalışmadığından şikâyet ederken, akşamlarını TV karşısında diziler izleyerek geçiriyor olabilir. Kendisi kitap okuyan bir ebeveynin çocuğunun bu davranışı model alması ise daha olasıdır. Ebeveynler, kendi yapmadıkları davranışları çocuklarından istediklerinin farkında olmayabilirler. Bu nedenle bu konuda psikoterapistin bilgilendirme yapması önemlidir. *Rol oynama* ise temelde aile üyelerinin ideallerinde olmak istedikleri kişiler gibi davranmalarıdır. Aile üyelerine potansiyel stres verici olaylar parçalara bölünerek bu parçaları rol oynamaları istenebilir; örneğin, harçlık isteme gibi.

(3) Ebeveyn İnançlarını Ele Alma ve Ebeveynlikle İlgili Kaygının Azaltılması

Ginsburg ve Schlossberg (2002), anksiyete bozukluğu olan çocukların %60'ına yakınının ebeveynlerinin de anksiyete bozukluğu olduğunu rapor etmektedirler. Ebeveynlerin yüksek düzeyde kaygı bozukluğu göstermesi ise aşırı kontrolcü ebeveyn tutumları ile yakından ilişkilidir. Ebeveynlerin kaygı bozukluğu ile çocuklarının kaygı bozuklukları arasındaki güçlü ilişki ise ebeveynlik kaygısının düşürülmesine yönelik çalışmaların yapılmasını gerekli kılmaktadır. O nedenle, çocuk ve ergenlerin bilişsel davranışçı terapisinde ebeveynlerin kendi kaygılarının bilişsel, davranışsal ve duygusal bileşenlerinin farkına varmaları ve kaygılarının çocuklarının kaygısı üzerindeki etkisini keşfetmeleri çocukların terapideki gelişimleri açısından kritik bir öneme sahiptir. Aile katılımıyla tedavinin diğer bileşenleri ise ebeveynlerin kendi açmazlarına yönelik rasyonel olmayan düşüncelerinin yeniden yapılandırılmasıdır (Stallard, 2005; akt. Aydın, 2013).

(4) Problem Alanlarının ve Müdahale Bileşenlerinin Belirlenmesi

Terapi desteği alan çocukların aileleri, çocuklarının yardım aldığı konuyla ilgili olarak psikoterapistin önerilerini kabul edebilir ve çocuklarının davranışlarını nasıl yönetecekleri konusunda eğitime açık olabilirler. Sonrasında çocuklarının ihtiyaçlarına duyarlı bir şekilde yanıt verme konusunda ilerleme kaydedebilir. Ancak birçok aile için psikoterapist ile iş birliği o kadar da basit değildir. Çünkü aile dinamikleri nedeniyle değişime karşı direnç geliştirilmiş olabilir. Siqueland ve Diamond'a göre (1998) bu karmaşık aile örüntüleri ile çalışırken terapistlerin üç işlev alanını değerlendirmesi gerekir: ebeveynlerin ebeveynlik hakkındaki inançları ve ebeveyn olarak rolleri, aile dinamikleri veya aile içi iletişim tarzları ve ebeveyn psikopatolojisi.

Yukarıda belirtilen üç alanın değerlendirilmesine ek olarak psikoterapist, anne-babanın ve çocuğun algısını değerlendirmek için öz bildirime dayalı ölçekleri de kullanabilir. *Aile dinamikleri ve ebeveynlik* ile ilgili kullanılabilecek bazı ölçekler arasında Ebeveynlik Ölçeğinin Türkçe Versiyonu (Arkan vd., 2019), Aile Krizine Yönelik Kişisel Değerlendirme Ölçeği (Sarı ve Çetinkaya-Duman, 2020), Ebeveyn Davranışını Değerlendirme Ölçeği (Diken vd., 2009), Algılanan Aile İşlevselliği Ölçeği (Özabacı ve Körük, 2021) yer alır. *Ebeveyn psikopatolojisi,* oldukça basit bir şekilde değerlendirilebilir. Ebeveynlere uygulanabilecek Beck Depresyon Envanteri (Hisli, 1989), Kısa Semptom Envanteri (Şahin ve Durak, 1994), Belirti Tarama Listesi (SCL-90R; Dağ, 1991) gibi ölçme araçları bunlardan bazılarıdır.

Öz bildirime dayalı ölçekler ailenin işlevselliği ve patolojisiyle ilgili belli düzeyde bilgi sunmaktadır. Ancak elde edilen bilgi düzeyinin nedenlerinin belirlenmesi için derinlemesine görüşmelerin yapılması gerekir. Ebeveynler, bazı durumlarda ölçekleri doldurmak istemeyebilirler. Bu noktada seans içi etkileşimlerden elde edilen gözlemler bilgi kaynağı olarak kullanılabilir. Örneğin; psikoterapist, çocukları bir olayı anlatırken ebeveynlerin tepkisini de not edebilir. Aile içi etkileşim ve aile dinamikleri ile ilgili yoğun bilgi çoğu zaman çocukların bilişsel davranışçı terapisinde tedavinin maruz bırakma aşamalarından ortaya çıkar. Bu aşamalarda ebeveynlere BDT modelinin tanıtılması ve çocuğa öğretilen becerilerin tanıtılması gerekir. Psikoterapist, gerekli olması hâlinde, ebeveynlerin terapi sürecini engelleyecek bazı davranışlarını düzenlemesini isteyebilir. Örneğin, beklenmedik durum yönetimi, çocuğun bağımsız girişimlerinin desteklenmesi, çocuğun güven arama davranışlarını görmezden gelme, somatik şikâyetlerini pekiştirmeyecek tutumlar benimseme, maruziyet süreçleri için gerekli çevresel koşulları sağlama gibi. Ancak eğer ebeveynler bu düzenlemelere karşı direnç gösterirse ek olarak ebeveynlere yönelik müdahalelerin planlanması gerekir (Siqueland ve Diamond, 1998).

(5) Yinelemenin Önlenmesi

Çocuk ve ergenler ile BDT'yi başarıyla tamamladıktan sonra bile öğrenilen becerilerin gerileyebildiği ve bazı semptomların tekrarlayabildiği bilinmektedir. Eisen ve Schaefer (2005), psikoterapistlerin ebeveynlerle yineleme durumlarıyla ilgili konuşmaları gerektiğini önermektedirler. Örneğin, çocuk/ergendeki kaygı belirtilerinin yeniden ortaya çıkması durumunda, belirtilerin aşırı koruyucu bir tutumla ya da endişeli bir yaklaşımla pekiştirilmemesi gereği ebeveynlere hatırlatılmalıdır. Ayrıca yineleme durumunda, öğrenilen tüm becerilerin (gevşeme, pekiştirme vb.) yeniden işe koşulması gerektiği ebeveynlerin bilgisi dâhilinde olmalıdır (akt. Aydın, 2013).

SONUÇ YERİNE

Çocuk ve ergenlerin bilişsel davranışçı terapi süreci devam ederken ailenin katılımı tedavinin sonuç vermesi açısından çok önemli görülmektedir. Terapi desteği alan çocuğun/ergenin ebeveynleri tedavi süresince değişim gerçekleşmesini desteklemek noktasında önemli bir role sahiptir. Bu rolü gereğince üstlenmediklerinde, terapiden alınan verim düşecektir. Çocuklar ve ergenler terapi sayesinde başlattıkları değişimin gerektirdiği aksiyonları, aile ortamında ve diğer aile üyeleriyle de paralel şekilde sürdürebilmelidir. Bu nedenle ailenin terapi sürecine katılımı önerilir.

Ailenin terapiye katılımı farklı türlerde olabilir; ebeveynler, seansların bir kısmına katılabilir, düşük düzeyde aktif katılım sağlayabilir ya da yüksek düzeyde aktif katılım sağlayabilirler. Tüm bu uygulamalar, ebeveynlerin çocuğun/ergenin terapötik süreci hakkında düzenli olarak bilgilendirilmesini sağlar. Yanı sıra ebeveynlerin çocuklarının becerilerinin aile ortamında bütünleşmesini ve pekişmesine yardımcı olur. Bazı durumlarda, özellikle bağımsızlığı yüksek düzeyde olan ergenlerin terapi süreçlerine, aile katılımı gerekli olmayabilir. Hatta bazen ergen bunu reddedebilir. Bu durumda psikoterapist bütüncül bir değerlendirme ile ailenin katılımı konusunda nasıl bir yol izleneceğine karar vermelidir.

Çocuk ve ergenlerin bilişsel davranışçı terapisinde psikoterapistin aileye ilişkin dikkate alması gereken bazı hususlar vardır. Bunlar; ebeveynlerle terapötik bir işbirliği içine girmek, ailenin bakış açısının farkında olmak, ailenin direnci (varsa) farkında olmak, aile dinamiklerinin etkilerini dikkate almak, ailenin yaşam olaylarının çocuk ve ergenler üzerindeki etkilerini dikkate almaktır.

Çocuk ve ergenlerin bilişsel davranışçı terapisinde aile katılımına ilişkin kullanılacak bazı müdahaleler vardır. Bunlardan bir kısmı bilişsel davranışçı terapilerin genel tekniklerini içermektedir. Bir kısmı ise ailenin katılımına özgü geliştirilmiş müdahale teknikleridir. Psikoeğitim, bilişsel yeniden yapılandırma, aile içi iletişimin ve problem çözme stratejilerinin geliştirilmesi, kontrat yapma aile katılımında kullanılabilecek genel müdahale teknikleri sınıfında ele alınabilir. Aile katılımı ile ilgili motivasyonel görüşme, acil durum yönetimi eğitimi, ebeveynlerin inançlarını ve ebeveynlikle ilgili kaygılarını ele alma, problem alanlarının ve müdahale bileşenlerinin belirlenmesi, yinelemenin önlenmesi konusunda ailenin bilgilendirilmesi teknikleri ise aile katılımına özgü olarak gruplandırılan müdahalelerdir.

OKUMA ÖNERİLERİ

Coyne, L. W., McHugh, L., & Martinez, E. R. (2011). Acceptance and commitment therapy (ACT): Advances and applications with children, adolescents, and families. *Child and adolescent psychiatric clinics, 20*(2), 379-399.

Fuggle, P., Dunsmuir, S., & Curry, V. (2012). *CBT with children, young people and families.* Sage.

Cohen, J. A., Mannarino, A. P., & Deblinger, E. (Eds.). (2012). *Trauma-focused CBT for children and adolescents:* Treatment applications. Guilford Press.

Wood, J. J., & McCleod, B. M. (2007). *Child anxiety disorders: A family-based treatment manual for practitioners.* New York: Norton.

Wei, C., & Kendall, P. C. (2014). Parental involvement: Contribution to childhood anxiety and its treatment. *Clinical Child and Family Psychology Review, 17*(4), 319-339.

Bailey, V. (2001). Cognitive-behavioural therapies for children and adolescents. *Advances in Psychiatric Treatment, 7*(3), 224-232.

Friedberg, R. D., & McClure, J. M. (2015). *Clinical practice of cognitive therapy with children and adolescents: The nuts and bolts.* Guilford Publications.

Friedberg, R. D., McClure, J. M., & Garcia, J. H. (2009). *Cognitive therapy techniques for children and adolescents: Tools for enhancing practice.* Guilford Press.

Kendall, P. C. (2012). *Child and adolescent therapy: Cognitive-behavioral procedures.* New York: The Guilford Press.

Stallard, P. (2019). *Think good, feel good: A cognitive behavioral therapy workbook for children and young people.* John Wiley & Sons.

Barkley, R. A., & Benton, C. M. (1998). *Your defiant child: Eight steps to better behavior.* New York: Guilford Press.

Dattilio, F. M. (1997). Family therapy. In R. L. Leahy (Ed.), *Practicing cognitive therapy: A guide to interventions* (pp. 409-450). New York: Aronson.

Friedberg, R. D. (2006). A cognitive behavioral approach to family therapy. *Journal of Contemporary Psychotherapy, 36,* 159-165.

Rapee, R. M., Wignall, A. M., Hudson, J. L., & Schniering, C. A. (2000). T*reating anxious children and adolescents: An evidence-based approach.* Oakland, CA: New Harbinger.

KAYNAKLAR

Albano A. M., & DiBartolo, P. M. (2007). *Cognitive behavioral therapy for social phobia in adolescents: Stand up, Speak out Therapist Guide.* New York: Oxford University Press.

Amatea E., & Watson, D. (2016). Family and Organizational Systems Approaches. In Smith-Adcock, S., & Tucker, C. (Eds.), *Counseling children and adolescents: Connecting theory, development, and diversity* (pp. 223-250). SAGE Publications.

Amatea, E. S., Smith-Adcock, S., & Villares, E. (2006). From family deficit to family strength: Viewing families contributions to children's learning from a family resilience perspective. *Professional School Counseling,* 9(3), 177-189.

Arkan, B., Bektaş, M., Öztürk, C., Özyazıcıoğlu, N., & Vural, P. (2019). A reliability and validity study of the Turkish version of the Parenting Scale. *The Journal of Pediatric Research,* 6(1), 56-64. https://doi.org/10.4274/jpr.galenos.2018.23855

Aydın, B. (2014). *Eğitim psikolojisi. Gelişim-öğrenme-öğretim.* Pegem Akademi.

Aydın., P. A. (2014). Parental involvement in cognitive-behavioral therapy for children with anxiety disorders. *Turk Psikiyatri Dergisi,* 25(3), 181. https://doi.org/10.1007/s10578-016-0671-2

Barmish, A. J., & Kendall, P. C. (2005). Should parents be co-clients in cognitive-behavioral therapy for anxious youth? *Journal of Clinical Child and Adolescent Psychology, 34,* 569-581. https://doi.org/10.1207/s15374424jccp3403_12

Barmish, A. J., & Kendall, P. C. (2005). Should parents be co-clients in cognitive-behavioral therapy for anxious youth?. *Journal of Clinical Child and Adolescent Psychology, 34*(3), 569-581. https://doi.org/10.1207/s15374424jccp3403_12

Barratt, P., Dadds, M. & Rapee, R. (1996). Family treatment of childhood anxiety: a controlled trial. Journal of Consulting and Clinical Psychology, 64, 333-342.

Dağ I. (1991). Belirti tarama listesi (Scl-90-R)'nin üniversite öğrencileri için güvenirliği ve geçerliği./Reliability and validity of the symptom check list (SCL-90-R) for university students. *Türk Psikiyatri Dergisi,* 2(1), 5-12. Retrieved from http://www.ihsandag.gen.tr/index_dosyalar/Dag1991scl.pdf

Diken, Ö., Topbaş, S. ve Diken, İ. H. (2009). Ebeveyn Davranışını Değerlendirme Ölçeği (EDDÖ) ile Çocuk Davranışını Değerlendirme Ölçeği (ÇDDÖ)'nin geçerlik ve güvenirlik çalışmaları. *Ankara Üniversitesi Eğitim Bilimleri Fakültesi Özel Eğitim Dergisi, 10*(2), 41-60. https://doi.org/10.1501/Ozlegt_0000000139

Dowling, D. (2019). *An independent practitioner's introduction to child and adolescent psychotherapy: Playing with ideas.* Routledge.

Eisen, A. R., Raleigh, H., & Neuhoff, C. C. (2008). The unique impact of parent training for separation anxiety disorder in children. *Behavior Therapy, 39*(2), 195-206. https://doi.org/10.1016/j.beth.2007.07.004

Epstein, J. L. (2010). School counselors' role in developing partnerships with families and communities for student success. *Professional School Counseling 14*(1), 1-14.

Friedberg, R. D., McClure, J. M., & Garcia, J. H. (2009). *Cognitive therapy techniques for children and adolescents: Tools for enhancing practice.* Guilford Press.

Ginsburg, G. S., & Schlossberg, M. C. (2002). Family-based treatment of childhood anxiety disorders. *International Review of Psychiatry, 14*(2), 143-154. https://doi.org/10.1080/09540260220132662

Ginsburg, G. S., Silverman, W. K., & Kurtines, W. M. (1995). Family involvement in treating children with phobic and anxiety disorders: A look ahead. *Clinical Psychology Review, 15,* 457-473. https://doi.org/10.1016/0272-7358(95)00026-L

Gladding, S. T. (2002). *Family therapy: History, theory, and practice.* Merrill.

Hisli, N. (1989). Beck depresyon envanterinin üniversite ögrencileri icin geçerliği, güvenirliği.(A reliability and validity study of Beck Depression Inventory in a university student sample). *Journal of Psychology,* 7, 3-13.

Kortlander, E., Kendall, P. C., & Panichelli-Mindel, S. M. (1997). Maternal expectations and attributions about coping in anxious children. *Journal of Anxiety Disorders, 11*(3), 297-315. https://doi.org/10.1016/s0887-6185(97)00012-1

Manassis, K., Lee, T. C., Bennett, K., Zhao, X. Y., Mendlowitz, S., Duda, S., ... & Wood, J. J. (2014). Types of parental involvement in CBT with anxious youth: a preliminary meta-analysis. *Journal of Consulting and Clinical Psychology, 82*(6), 1163. https://doi.org/10.1037/a0036969

Mendlowitz, S. L., Manassis, K., Bradley, S., Scapillato, D., Miezitis, S., & SHAW, B. E. (1999). Cognitive-behavioral group treatments in childhood anxiety disorders: The role of parental involvement. *Journal of the American Academy of Child & Adolescent Psychiatry, 38*(10), https://doi.org/1223-1229. 10.1097/00004583-199910000-00010

Murray, L., Cooper, P., Creswell, C., Schofield, E., & Sack, C. (2007). The effects of maternal social phobia on mother–infant interactions and infant social responsiveness. *Journal of Child Psychology and Psychiatry, 48*, 45–52. https://doi.org/10.1111/j.1469-7610.2006.01657.x

Özabacı, N., & Körük, S. (2021). Algılanan Aile İşlevselliği Ölçeği'nin (AAİÖ) Geliştirilmesi: Psikometrik Özelliklerinin İncelenmesi. *Aile Psikolojik Danışmanlığı Dergisi, 4*(2), 53-72. Retrieved from https://dergipark.org.tr/tr/pub/apdad/issue/67699/985115

Patterson, G. R. (1975). *Families: Applications of social learning to family life.* Champaign, IL: Research Press.

Sarı, A., & Çetinkaya-Duman, Z. (2020). Strategies used by families to cope with chronic mental illnesses: Psychometric properties of the family crisis oriented personal evaluation scale. *Perspectives in Psychiatric Care, 56*(2), 462-473. https://doi.org/10.1111/ppc.12457

Siqueland, L., & Diamond, G. S. (1998). Engaging parents in cognitive behavioral treatment for children with anxiety disorders. *Cognitive and Behavioral Practice, 5*(1), 81-102. https://doi.org/10.1016/S1077-7229(98)80022-9

Spence, S. H., Donovan, C., & Brechman-Toussaint, M. (2000). The treatment of childhood social phobia: The effectiveness of a social skills training-based, cognitive-behavioural intervention, with and without parental involvement. *The Journal of Child Psychology and Psychiatry and Allied Disciplines, 41*(6), 713-726. https://doi.org/10.1111/1469-7610.00659

Stallard, P. (2005). *A clinician's guide to think good-feel good.* John Wiley and Sons Ltd. England.

Şahin, N. H., & Durak, A. (1994). Kısa semptom envanteri (Brief symptom invetory-BSI): Türk gençleri için uyarlanması. *Türk Psikoloji Dergisi, 9*(31), 44-56. Retrieved from https://psycnet.apa.org/record/1997-86724-001

Bölüm 5

AKADEMİK ERTELEME VE BİLİŞSEL DAVRANIŞÇI TERAPİ

Mustafa Eşkisu

GİRİŞ

"Bugünün işini yarına bırakma".

Türk Atasözü

"Bugünün işini yarına bırakma." sözünü kendinize söylediğiniz ve işittiğiniz zamanlar olmuştur. Siz de tüm insanlar gibi zaman zaman yapmanız gereken işleri geciktirmiş veya son ana bırakmışsınızdır. Ödenmesi gereken faturalar, doktor randevuları, bozulmaya başlayan bir ev aletinin tamir edilmesi gibi günlük yaşama dair işleri veya hazırlanması gereken ödev veya projeler, çalışılması gereken sınavlar ve okunması gereken kitaplar gibi akademik işleri son ana kadar ertelediğiniz veya geciktirdiğiniz anlar olmuştur. Bu tür erteleme davranışlarının sonuçları bazen katlanılabilir olmakla birlikte bazen de erteleme birey üzerinde önemli olumsuz etkiler oluşturabilmektedir. Bu bölümde, erteleme ve akademik ertelemeyi kavramsal olarak ele aldıktan sonra akademik ertelemenin bilişsel davranışçı modeli üzerinde duracağız. Sonrasında ise akademik ertelemeye yönelik bilişsel davranışçı terapi yaklaşımı ile ne tür müdahalelerde bulunulabileceğini inceleyeceğiz.

AKADEMİK ERTELEMEYE GENEL BAKIŞ

Erteleme

Erteleme, gelişen teknoloji ve sanayileşmeyle birlikte plan ve programa bağlılığın önemli hâle geldiği modern toplumlara özgü bir olgu olarak görülmektedir (ör., Milgram, 1991). DeSimone (1993), sanayi öncesi toplumlarda güncel olarak kullanılan erteleme kavramına karşılık gelen bir kelimenin olmadığını iddia etmiştir. Örneğin, eski Mısır'da erteleme kavramı ile benzer anlama gelen iki farklı kelime bulunmaktadır. Bunlardan ilki, gereksiz işlerden veya dürtüsel eylemlerden kaçınmayı içeren faydalı bir alışkanlığı, diğeri ise yaşam için gerekli olan işleri yapmada tembellik etmeyi içeren zararlı bir alışkanlığı tanımlamak için kullanılmaktadır (Ferrari vd., 1995).

Erteleme daha çok modern topluma ait bir sorun olmakla birlikte tarih boyunca erteleme ile benzer anlamlara sahip sözcükler kullanılmıştır. Örneğin, eski Yunan felsefesinde Aristo ve Sokrates gibi filozoflar, "daha iyi olan kararlarınıza karşı hareket etme" anlamına gelen *akrasia* kavramını tanımlamışlardır. Öz kontrol eksikliğini tanımlayan akrasia, bir şeyi yapmanız gerektiğini bilmenize rağmen onun yerine başka bir şey yapmak anlamına gelmekte ve bu hâliyle ertelemeyi de çağrıştırmaktadır. Ertelemenin İngilizce karşılığı olan "procrastination" ise köken olarak Latince ileriye doğru anlamına gelen "pro" ve yarına ait olma anlamına gelen "crastinus" kelimelerinin birleşiminden oluşmakta ve "bir görevi veya işi yarına bırakma, geciktirme" anlamında kullanılmaktadır (Ferrari vd., 1995). Türk Dil Kurumuna göre ise "erte" (sabah) kökünden gelen erteleme "sonraya bırakma, tehir etme" anlamına gelmektedir.

Birçoğumuz için olumsuz etkileri olmasına rağmen erteleme göreceli bir kavram olarak karşımıza çıkmakta ve neyin erteleme olduğu kişiden kişiye değişmektedir. Örneğin, odasını toplama konusunda anne ve babası ile çatışma yaşayan bir genci düşünelim. Anne veya babası onu odasını zamanında toplamadığı için "ertelemeci" olmakla suçlayabilirken, kendisi "odayı toplama" işine görece anne ve babası kadar önem vermediği veya bu işin yapılma süresini aynı şekilde düşünmediği için bu durumu erteleme olarak görmeyebilir. Bunun dışında ertelemenin tanımlanmasına ilişkin alanyazında araştırmacılar arasında da ortak bir görüş bulunmamaktadır. Ferrari ve diğerleri (1995), ertelemeye ilişkin tanımların farklı noktalara odaklandıklarını belirtmektedirler. Ertelemeye ilişkin tanımların bazıları ***eylemin zamansal yönüne*** vurgu yapmakta, bireylerin erteledikleri işten veya görevden kaçmadıklarını veya bunları az önemli görmediklerini ancak bu görevin tamamlanması için gereken asgari süreyi kaçırdıklarını ifade etmektedir. Buna göre ödevlerini sürekli erteleyen bir öğrenci ödevlerine önem vermediği veya ödev yapmaktan kaçındığı için değil, ödevini bitirebilmesi gereken sürenin hesaplanmasında hata yaptığı için erteleme meydana gelmektedir. Ertelemeye ilişkin tanımlardan bir kısmı ise ertelemenin ***akıl dışı ve işlev bozucu yönüne*** odaklanmaktadır. Bu tanımlara göre erteleme, kişinin bir görevde başarısız olmasına ve hedeflerinin küçülmesine neden olan, bu yönüyle de kişinin kendisini baltalamaya yönelik bir davranıştır. Bir öğrencinin ödevlerini yapmayı sürekli geciktirmesi veya sınavlarına çalışmayı ertelemesi onun derslerinde başarısız olmasına, akademik motivasyonun düşmesine ve akademik hedeflerinin küçülmesine neden olabilir. Diğer taraftan, Ferrari (1994), her erteleme davranışının akıl dışı ve işlev bozucu olmadığını belirterek *işlevsel erteleme* ile *işlevsel olmayan erteleme* arasında ayrım yapmıştır. Kişinin daha iyi hazırlanmak ve motivasyon kazanmak için bir işi ertelemesi veya daha sonra yapıldığında bir sorun oluşmayan bir görevin sonraya bırakılması işlev bozucu değilken, geç yapıldığında yetişmeme veya cezalandırılma ihtimali olan bir görevin ertelenmesi işlev bozucu olabilir. Farklı tanımlar ise ertelemenin ***ahlaki yönüne*** odaklanmış ve ertelemenin kişi veya çevresi üzerinde oluşturduğu zarar itibarıyla ahlaki açıdan uygun olmayan bir davranış olduğunu vurgulamıştır.

Milgram (1991) ise ertelemeyi çok boyutlu bir yaklaşımla tanımlamaya çalışmış ve ertelemenin dört bileşene sahip olması gerektiğini belirtmiştir: i) bir davranışın geciktirilmiş olması, ii) standartların altında davranışsal bir ürünle sonuçlanması, iii) kişi için önemli bir görevi içermesi, iv) duygusal sıkıntı ile sonuçlanması. Ancak bu tanımlama da her erteleme davranışının sonucunda ortaya çıkan ürünün standartların altında olmaması, erteleyen bazı kişilerin erteleme davranışına rağmen ilgili görevi başarıyla tamamlaması ve ertelemenin her bireyde duygusal sıkıntı oluşturmayabileceği nedeniyle eleştirilmiştir (Ferrari vd., 1995). Benzer şekilde Solomon ve Rothblum (1984) ise ertelemeyi, "kişiye sıkıntı oluşturacak düzeyde kişinin gereksiz yere görevlerini yapmayı geciktirmesi" olarak tanımlamışlardır. Bu tanımda görüldüğü üzere *geciktirme* eyleminin *gereksiz* yere yapılmış olması önemli bir ölçüt olabilir. Çünkü daha önce üzerinde durduğumuz üzere her geciktirme davranışı erteleme olarak adlandırılmayabilir. Diğer taraftan tanımda yer alan kişisel sıkıntı ise her zaman geçerli olmayabilir çünkü erteleme davranışı sonucunda kişinin sıkıntı hissetmemesi de olasıdır (Ferrari vd., 1995). Bu kapsamda erteleme, kişinin sıkıntı düzeyini artıracak veya görevin tamamlanmasını riske atacak veya niteliğini düşürecek düzeyde gereksiz yere bir görevin veya işin yapılmasının olabilecek en iyi zamandan sonraya bırakılması ve geciktirilmesi olarak tanımlanabilir.

Akademik Erteleme

DAHA VAR, YAPARIM

Lise ikinci sınıfa giden Zafer, aldığı ödevlerini zamanında hazırlama, teslim etme ve çalışma konusunda her zaman sıkıntı yaşamıştır. Sözel olarak ödevlerini hazırlamak ve çalışmak istediğini belirtmesine rağmen genellikle ödevlerine başlamayı son ana bırakmakta, bu durumu "Daha var, yaparım." şeklinde açıklamaktadır. Aynı zamanda mükemmeliyetçi yapısı olan Zafer, ödevin detayları ile çok fazla zaman geçirmekte ve bu nedenle ödevlerini tamamlaması normalden daha uzun sürmektedir. Fantastik roman ve filmlere ilgisi olan Zafer, ödevlerini hazırlamak için ayırdığı vakitte dikkati çok çabuk dağılmakta ve kendisini *Taht Oyunları* veya *Yüzüklerin Efendisi*'ni okurken bulmaktadır. Bütün bunlar, Zafer'in ödevlerini ve çalışmalarını bitirememesine ve sıkıntı yaşamasına neden olmaktadır.

Yukarıda verilen örnekte Zafer'in karşılaştığı ödevini yetiştirememe durumunu birçoğumuz zaman zaman yaşamıştır. Ancak Zafer de olduğu gibi bu davranışın sürekli olması ve oluşturduğu sıkıntının şiddetinin artması birçok alanda problem yaşatabilmektedir. Akademik erteleme genel olarak sınavlara hazırlanma, ödev veya projeleri yapma gibi okulla ilgili görevlerin öğrenciyi sıkıntıya sokacak veya görevin tamamlanmasını riske sokacak düzeyde gereksiz yere geciktirilmesi olarak tanımlanabilir.

Schouwenburg (1995), akademik ertelemenin üç davranışsal göstergesi bulunduğunu ileri sürmüştür: i) niyette veya davranışlarda gecikme, ii) niyet ve davranış arasında uyuşmazlık, iii) ilgisiz davranışları tercih etme. Bu kapsamda akademik erteleme bir öğrencinin belirli bir göreve olması gerektiğinden sonra başlamasına yönelik niyetini içerebilir. Yukarıda verilen vaka örneğinde yer alan Zafer açısından bakacak olursak, bitirme ödevini optimal düzeyde hazırlayabilmesi için bir aylık bir süreye ihtiyacı olmasına rağmen Zafer ödevini hazırlamaya son iki hafta kala başlamayı planlamaktadır. Bu tercihi de Zafer'in erteleme sorunu yaşamasına; bitirme ödevini zamanında teslim etmesini ve nitelikli bir şekilde hazırlayabilmesini riske atabilmekte veya stres düzeyini artırabilmektedir. Erteleme aynı zamanda niyet ve davranış arasında bir uyuşmazlık sonucunda da ortaya çıkabilmektedir. Zafer, bitirme ödevini son tarihine iki ay kala başlamaya niyet edebilir ancak bu niyetinin aksine sürekli ödevine başlama davranışını geciktirebilir. Bu durum da Zafer'in erteleme sorunu yaşamasına neden olabilir. Bunlara ek olarak erteleme, kişinin dikkatinin ilgili görevin dışındaki davranışlara kayması ile de kendini gösterebilir. Zafer bitirme ödevine başlamak yerine veya ödevini yapmaya başladıktan bir süre sonra devam etmek yerine fantastik romanlar okuyarak veya farklı alanlarda araştırmalar yaparak sürekli erteleme sorunu yaşamaktadır.

Yaygınlığı ve Eş Tanılar

İlgili alanyazında yer alan çalışmalar, öğrencilerin %70 ile %95'inin belirli düzeyde erteleme davranışları sergilediklerini göstererek (Steel, 2007; Zhang vd., 2018) akademik ertelemenin küresel düzeyde yaygın bir problem olduğunu ortaya koymuştur. Türkiye'de yapılan çalışmalar, akademik ertelemenin yaygın bir şekilde öğrenciler arasında görüldüğünü göstermiştir. Örneğin, Uzun Özer (2009) tarafından lise öğrencileri ile yürütülen bir çalışma, öğrencilerin %54'ünün akademik görevleri sıklıkla ertelediğini ortaya koymuştur. Benzer şekilde üniversite öğrencileri ile yürütülen bir çalışma da üniversite öğrencilerinin %52'sinin sıklıkla akademik erteleme davranışında bulunduklarını göstermiştir (Özer vd., 2009). Öğretmen adayları ile yürütülen diğer çalışmada ise öğretmen adaylarının %23'ünün yüksek düzeyde erteleme davranışlarına sahip olduğu gözlenmiştir (Balkis ve Duru, 2009). Lise, üniversite ve lisansüstü öğrencilerle yapılan diğer bir çalışmada ise öğrencilerin yaklaşık yarısının erteleme davranışı gösterdikleri lise ve üniversite öğrencilerinin daha çok sınavlara hazırlanmada, lisans üstü öğrencilerinin ise dönem ödevlerini hazırlamada erteleme davranışı sergiledikleri bulunmuştur (Özer, 2011). Lise öğrencileri ile yapılan diğer araştırmada, lise öğrencilerinin %83'ü günde en az bir saatini erteleme davranışları ile geçirdiklerini, bu sürede ödevlerini yapmak yerine sosyal medyada vakit geçirme, çevrim içi oyun oynama, dergi/kitap okuma ve arkadaşları ile konuşma gibi davranışlarda bulunduklarını ifade etmiştir (Klassen ve Kuzucu, 2009). Bu oranlar, akademik ertelemenin birçok eğitim kademesinde öğrencilerin karşılaştığı bir problem olduğunu ortaya koymaktadır.

Erteleme, psikiyatrik bir sorun olmamasına rağmen birçok psikiyatrik soruna eşlik etmektedir. Erteleme davranışlarını gösteren kişilerde aynı zamanda ruminasyon ve depresif belirtiler daha çok görünmektedir (Flett vd., 2016). Erteleme aynı zamanda stres ve kaygı problemleri ile de birlikte görülebilmektedir. Beutel vd. (2016) tarafından 2500 üzerinde katılımcı ile yürütülen bir çalışmada, erteleme ile stres, depresyon ve kaygı arasında pozitif ilişkiler bulunmuştur. Bunların dışında erteleme yaygın kaygı bozukluğu (Beutel vd., 2016), klinik düzeyde mükemmeliyetçilik (Shafran ve Mansell, 2001) ve sınav kaygısı (Wang, 2021) ile ilişkilidir. İkiz olan bireylerin katılımı ile yürütülen diğer bir çalışma da erteleme ile içe yönelim ve dışa yönelim problemleri arasında pozitif ilişki bulunduğu ve bu ilişkinin genetik etkenler tarafından belirlendiğini göstermiştir. Ayrıca erteleme ile içe yönelim problemleri arasındaki ilişkide başarısızlık korkusu ve nevrotizm rol alırken, erteleme ile dışa yönelim problemleri arasındaki ilişkide ise dürtüsellik rol oynamıştır (Gustavson vd., 2017).

Akademik Ertelemenin Olumsuz Sonuçları

Akademik erteleme yaygınlığı kadar neden olduğu olumsuz sonuçlarla da araştırmacıların, eğitim ve psikoloji alanındaki uzmanların dikkatini çekmiştir. Akademik ertelemenin olumsuz sonuçları düşünüldüğünde doğal olarak akla ilk önce bireyin akademik gelişimine olan etkisi gelmektedir. Akademik erteleme sonucunda ödevlerin zamanında hazırlanamaması veya teslim edilememesi, sınavlara veya ilgili öğrenme konularına yeterli düzeyde çalışılmaması öğrencilerin öğrenme sonuçlarını olumsuz etkilemekte ve akademik başarılarının düşmesine neden olabilmektedir. Bu konuda yıllar boyunca yapılan çalışmalar, akademik ertelemenin bireyin akademik gelişimi üzerinde olumsuz etki bıraktığını ve akademik performansı düşürdüğünü göstermektedir. Akademik erteleme ile akademik başarı arasındaki ilişkiyi inceleyen 38,529 katılımcının yer aldığı, toplamda 33 araştırmanın incelendiği bir meta analiz çalışmasında, akademik erteleme ile akademik başarı arasında negatif yönlü bir ilişki bulunduğu ve bu ilişkinin ortaokul öğrencilerinde en güçlü düzeyde olduğu ortaya konulmuştur (Kim ve Seo, 2015). Benzer şekilde, 22 çalışmanın incelendiği diğer bir meta analiz çalışmasında da akademik erteleme arttıkça akademik başarının düştüğü bulunmuştur (Akpur, 2020). Akademik erteleme doğrudan düşük akademik sonuçlara neden olmakla birlikte, akademik gelişimle ilgili diğer etkenler üzerindeki olumsuz etkileri sonucunda da akademik başarıyı düşürmektedir. Örneğin, akademik erteleme arttıkça akademik yeterlik düşmekte ve bu durum da akademik başarının düşmesi ile sonuçlanmaktadır (Balkıs, 2011). Benzer şekilde akademik erteleme gösteren bireylerin daha az düzeyde görev yönelimli başa çıkma stratejilerini kullanması, daha fazla düzeyde ise kaçınma yönelimli başa çıkma stratejilerini kullanması akademik başarısızlık ile sonuçlanmaktadır. Yani erteleme yapan bireylerin akademik bir problemle karşılaştıklarında plan yapma, destek arama, problem çözme, mantıksal çıkarım yapma gibi becerileri daha az kullanması, buna karşın kaçınma, ilgisiz işlerle ilgilenme gibi stratejileri daha fazla kullanması akademik başarının düşmesine neden olmaktadır (Gareau vd., 2019). Aynı zamanda akademik erteleme yapan bireyler hedeflerine yaklaşmaya yönelik davranışları daha az düzeyde, kaçınmaya yönelik davranışları ise daha fazla düzeyde gerçekleştirmekte ve bunun sonucunda da akademik başarıları düşmektedir (Dikmen ve Bahadır, 2021). Benzer şekilde akademik erteleme çalışmaya karşın işlevsel olmayan düşünce ve inançların artmasına ve bireylerin kendi akademik yaşamlarına yönelik memnuniyet düzeylerinin düşmesine neden olarak da akademik başarı üzerinde olumsuz etkiler oluşturabilmektedir (Balkis, 2013).

Ödevlere ve sınavlara çalışmayı ertelemek, sadece başarının düşmesine neden olmaz, aynı zamanda ruh sağlığının bozulmasına da neden olabilir. Bu, erteleyen bireylerin daha az mutlu oldukları anlamına mı gelir? Aslında evet! Sınavlara veya derslere çalışmamanın rahatlatıcı bir durum olduğu düşünüldüğünde bu cevap biraz ters görünebilir ancak bunun birkaç sebebi bulunmaktadır. İlk olarak akademik erteleme yapan bireyler, daha çok kısa vadeli sonuçlara odaklanmakta, uzun vadeli sonuçları ise görmezden gelmektedirler. Bu yaklaşım ise bu bireylerin yaşamın birçok alanında daha az başarılı olmasına neden olmaktadır. İkinci olarak birikmiş işler ve teslim edilemeyen ödevler kişinin stres düzeyini artırabilmekte, artan stres ise yaşam doyumunu azaltmaktadır (Beutel vd., 2016). Ayrıca erteleme işlevsel olmayan ve gerçek dışı inançlar, kendini suçlama, endişe gibi işlevsel olmayan tutum ve davranışlarla ilişkilidir. Erteleme davranışı gösteren bireyler, daha fazla düzeyde bir görevi başaramayacaklarını düşünmekte (Balkis, 2013), tamamlanmayan işler nedeniyle kendini suçlamakta ve yetersiz görmekte (Steel, 2007), ertelemenin olası sonuçlarından dolayı daha fazla düzeyde endişe duymakta, daha fazla ruminasyon yapmakta (Flett vd., 2016) ve daha fazla mükemmeliyetçi davranışlar sergilemektedirler (Stober ve Joormann, 2001). Bu durum da onların iyi oluşlarını ve yaşam doyumlarını düşürmektedir. Bu alanda yapılan çok sayıda çalışma da erteleme ile içe yönelim ve dışa yönelim problemleri arasında pozitif bir ilişki olduğunu göstermiştir (ör., Gustavson vd., 2017).

Erteleme sadece psikolojik sağlık üzerinde değil, fiziksel sağlık üzerinde de olumsuz etkilere sahiptir. Akademik yaşamda erteleme davranışı gösteren bireyler, yaşamın diğer alanlarında da önemli görevleri erteleyebilirler; doktor kontrolüne gitmeyebilirler, ilaçlarını almayabilirler vb. Ayrıca ertelemenin oluşturduğu stres ve suçluluk gibi olumsuz duygular fiziksel sağlığı olumsuz etkilemektedir. Bunların dışında ertelenen iş ve görevlerin son anlarda yapılmaya çalışması bireylerin uykusuz kalmasına, dengesiz beslenmesine ve daha fazla alkol kullanmasına neden olabilmektedir (Bruscella, 2019). Tüm bunların sonucunda erteleme davranışı gösteren bireylerin fiziksel sağlıkları da bozulabilmektedir (ör., Sirois vd., 2003).

Nedenleri ve Etkileyen Faktörler

Ertelemenin ilişkili olduğu değişkenler ve erteleme davranışının ortaya çıkmasında, sürdürülmesinde veya artmasında rol oynayan bireysel ve çevresel etkenlere ilişkin alanyazında çok sayıda araştırma yapılmıştır. Steel (2007), erteleme ile ilgili çalışmaları değerlendirerek kuramsal bir çerçeve çizmeyi amaçladığı çalışmasında, ertelemenin nedenlerini görev özellikleri ve bireysel farklılıklar olarak iki başlık altında derlemiştir. Biz de ertelemenin olası nedenlerini ve erteleme ile ilişkili etkenleri görev özellikleri, bireysel farklılıklar ve çevresel etkenler olmak üzere üç başlık altında inceleyeceğiz.

Görev Özellikleri

Göreve ilişkin iki temel özelliğin erteleme davranışı üzerinde etkili olduğu söylenebilir. Birincisi, insanlar genelde bitiş süresi yakın olandan ziyade uzak olan görevleri daha fazla ertelemektedirler. İkinci olarak da bireyler, kendilerine daha itici gelen ve daha az hoşlandıkları görevleri daha fazla ertelemektedirler. Steel (2007) de meta analiz çalışmasında görevin itici görülmesinin erteleme üzerine daha güçlü bir etkiye sahip olduğunu bulmuştur. Alanyazında yer alan araştırma sonuçları da kişilerin bir görevi itici gördükçe daha fazla ertelediklerini göstermektedir (Blunt ve Pychyl, 2000; Milgram vd., 1995). Beyin görüntüleme çalışmaları da görevin itici görünmesinin beyinde kaygı bozukluklar ile ilişkili olan *amigdala* ve *insula* arasındaki yolu aktifleştirerek ertelemenin artması ile ilişkili olduğunu göstermiştir. Benzer şekilde görevin sonuçlarına yönelik olumlu beklentiler ise bir eylemin sonuçlarına ilişkin beklentilerin değerlendirildiği *kaudat* ile önceki deneyimlerin saklandığı *hipokampüs* arasındaki aktivasyonun artması sonucunda ertelemenin azalmasını sağlamıştır (Zhang vd., 2021). Göreve ait özellikler erteleme ile ilişkili olmakla birlikte bazı kişilik etkenleri (sıkıntıya dayanma gücü, güdülenme vb.) de kişinin bir görevi ne düzeyde itici bulacağı üzerinde etkili olabilir. Örneğin, bu konuda yapılmış olan bir çalışma, düşük sorumluluk özelliğine sahip olan bireylerde görevin itici algılanmasının erteleme üzerinde daha büyük etkiye sahip olduğunu göstermiştir (Lay ve Brokenshire, 1997).

Bireysel Farklılıklar

Alanyazında birçok bireysel özellik ile erteleme arasında ilişki bulunduğunu gösteren çalışmalar yer almaktadır. Araştırmacılar, bu araştırma sonuçlarını daha bütünleşik bir yapıda ortaya koymak için bu ilişkileri beş faktörlü kişilik yapısını (McCrae ve Costa, 1987) dikkate alarak gruplandırmışlardır (Steel, 2007). Bu kapsamda biz de erteleme ile ilişkili bireysel etkenleri; duygusal denge, dışa dönüklük ve sorumluluk kişilik boyutları ile ilişkili olacak şekilde aşağıda inceleyeceğiz.

Duygusal denge (nevrotizm): Psikolojik problemler, endişe, kaygı ve olumsuz duygu durum gibi yapılarla ilişkili bir kişilik özelliği olan *duygusal dengenin/dengesizliğin* (nevrotizm) ertelemenin bir kaynağı olduğu ileri sürülebilir. Duygusal denge kişilik özelliği altında akılcı olmayan inançlar, başarısızlık korkusu, mükemmeliyetçilik, öz saygı, öz yetkinlik, kendini baltalama, depresyon ve kaygı gibi değişkenlerin erteleme ile ilişkisi gruplandırılabilir.

Akılcı olmayan düşünce ve inançlar genel olarak işlevsel olmayan ve kaygıyı tetikleyen görüşleri içermektedir. Bu kapsamda bireyin kendisi, başarılı olma durumu ve görev hakkındaki akılcı olmayan inançları arttıkça erteleme davranışının da artacağı söylenebilir. Kişi görevin zor olduğuna veya başarısız olacağına dair düşünmeye devam ettikçe kaygı düzeyi artacak ve bu da bireyi görevden uzaklaşmaya doğru itecektir. Aynı zamanda akılcı olmayan inançlar öğrencilerin ders çalışma veya ilgili görevi yapmaya yönelik davranışsal tercihleri üzerinde de etki oluşturarak, kaygı ve stresin artmasına ve bunun sonucunda da erteleme davranışının daha fazla gösterilmesine neden olabilir (Balkis vd., 2013). Ayrıca öğrenciler başarısız olacağına dair inançlara daha fazla düzeyde sahip oldukça stres düzeyleri artabilir ve bu durum da onların görevden kaçma davranışlarının artmasına neden olabilir (Zarrin vd., 2020). Düşük öz saygı (Zhang vd., 2018), yüksek düzeyde işlevsel olmayan mükemmeliyetçilik (Cho ve Lee, 2022) ve kendinden şüphelenme (Balkis ve Duru, 2019) gibi değişkenler başarısızlık korkusunu artırarak akademik erteleme davranışının da yükselmesine neden olabilmektedir. Diğer taraftan daha fazla erteledikçe başarısız olacağımıza yönelik inancımız daha da artar. Bu durum da kişide kaygı ve stresin yükselmesine neden olabilir.

Erteleme, kişinin kendisine yönelik işlevsel olmayan düşünceleriyle de yakından ilişkilidir. Kişinin herhangi bir görevi yapamayacağına yönelik akılcı olmayan düşünceleri (öz yetkinlik algısı) ve herhangi bir başarısızlığın bir kişi olarak yetersiz olduğuna işaret ettiğine yönelik düşünceleri (öz saygı), bireylerde derslerden veya görevlerden kaçma davranışını tetikleyebilmektedir. Aynı zamanda kişinin kendine yönelik bu olumsuz inançları akademik motivasyonunun (Mutlu, 2018) ve öz kontrol becerilerinin düşmesi (Liu vd., 2020), başarısızlık korkusunun (Zhang vd., 2018) artması yoluyla da akademik ertelemeye yol açabilmektedir.

Öz yetkinlik algısı ve benlik algısının düşük olması durumunda, erteleme davranışı gösteren bireyler eylemlerinin durumu değiştiremeyeceği düşüncesine daha fazla sahip olabilirler. Bu durum da stresli bir durumla karşılaştıklarında veya bir sorun karşısında görev odaklı başa çıkma yöntemleri yerine, duygu odaklı başa çıkma yöntemlerini daha fazla kullanmalarına neden olabilir (Chun Chu ve Choi, 2005). Aynı zamanda duyguları düzenlemede başarısızlıkla erteleme davranışı arasında da pozitif bir ilişki bulunmakta, erteleme yapan bireyler daha fazla düzeyde duygu düzenleme güçlüğü yaşamaktadırlar (Mohammadi Bytamar vd., 2020). Duygu düzenlemede yaşanan problemlerle birlikte, erteleme yapan kişiler belirsizliğe tahammül etmede de sorun yaşamaktadırlar (Harrington, 2005). Diğer bir öz düzenleme becerisi olan psikolojik esneklik de erteleme ile ilişkilidir (Glick vd., 2014) ve psikolojik katılık psikolojik problemler ile erteleme arasında aracı role sahiptir (Eisenbeck vd., 2019). Buna göre psikolojik stresin artması durumunda kişiler mevcut duruma karşı daha kabul edici ve esnek düzeyde tepki veremediklerinde ve kaçınma-temelli stratejiler kullandıklarında erteleme davranışları da artmaktadır.

İşlevsel olmayan ve duygu odaklı baş etme davranışlarından biri de kendini engelleme davranışıdır. Kişinin performans düzeyini veya başarısızlığını, kendine engeller koyarak gizlemesi olarak tanımlanabilen kendini engelleme erteleme ile pozitif ilişki göstermektedir (Strunk ve Steele, 2011). Özellikle yetkinlik algısının düşük olduğu durumlarda, bireyler olası başarısızlıkla karşılaşmamak için kendini engelleme davranışı gösterebilir ve bunun sonucunda da daha fazla düzeyde çalışmalarını erteleyebilirler (Ferrari, 1991). Ayrıca kişinin mükemmeliyetçiliğe yönelik inanç ve davranışları kendini engellemeye neden olabilmekte bu da ertelemeyi artırmaktadır (Raoof vd., 2019).

Duygusal denge kişilik özelliği, akılcı olmayan inançlar, benlik saygısı ve yetkinlik algısı gibi değişkenlerle ilişkili bir değişken olan depresyon ve kaygı da erteleme ile ilişkili olabilir (ör., Eisenbeck vd., 2019). Özellikle depresyonun düşük öz saygı, öğrenilmiş çaresizlik, düşük yetkinlik algısı ve fiziksel enerjinin azlığı ile sergilendiği düşünüldüğünde depresyon ile ertelemenin örtüştüğü ileri sürülebilir (Steel, 2007). Akılcı olmayan ve olumsuz düşünceler erteleme ile pozitif ilişkili olması ile birlikte, Sigall ve diğerlerinin (2000) deneysel çalışması, aşırı iyimser düşüncelere sahip olan bireylerin hoşa gitmeyen işlere başlamayı daha fazla ertelediklerini göstermiştir. Bu sonuçlar kişide, "İşlerimi daha sonra da yapabilirim." şeklinde gerçekçi ve işlevsel olmayan düşüncelerin artmasının da erteleme davranışını artıracağına işaret etmektedir.

Dışa dönüklük: Sosyal, iyimser, cana yakın, enerji dolu, heyecanlı, dışa vurumcu ve dürtüsel olma ile tanımlanan dışa dönüklüğün genel olarak erteleme ile negatif bir ilişki göstermesi beklenmektedir. Özellikle enerji düşüklüğünün erteleme ile ilişkisi (Gröpel ve Steel, 2008) göz önüne alındığında dışa dönük kişilik özelliğine sahip olanlarda daha az erteleme davranışı gözlenmesi beklenebilir. Bu doğrultuda Steel'in (2007) meta analiz çalışması da dışa dönüklük ile erteleme arasında düşük düzeyde negatif bir ilişki bulmuştur. Diğer taraftan bu bulguların aksine, dışa dönüklüğün bir göstergesi olan dürtüsellik ile erteleme arasında pozitif bir ilişki beklenebilir. Dürtüsellik kavramı, geniş bir tanımla "kötü tasarlanmış, zamanından önce ifade edilmiş, aşırı riskli veya duruma uygun olmayan ve genellikle istenmeyen sonuçlara yol açan eylemler" anlamına gelir (Durana ve Barnes, 1993). Bu kapsamda dürtüselliğin anında tatmin arayışı, uzun vadeli sorumlulukları ihmal etme ve şimdiki zaman odaklı eyleme geçme eğiliminde olma ile kendini gösterdiği düşünüldüğünde, dürtüsel davranışlarda bulunan bireylerde daha fazla düzeyde erteleme davranışı görülebilir (Steel, 2007). Dürtüsel davranışlar aynı zamanda stresli durumlar karşısında başa çıkma stratejisi olarak da kullanılabilmektedir. Wypych ve diğerleri (2018) tarafından yapılan bir çalışmada, olumsuz duygular ve dürtüsel eğilimler karşısında bireylerin başa çıkma stratejisi olarak ya duygularını bastırmayı ya da mevcut veya gelecekteki planlarını erteleyerek dürtüsel tepkiler verdiğini, bu durumun da erteleme davranışını artırdığını ortaya çıkarmıştır.

Dürtüsellik ile benzer özellikler gösteren diğer bir kişilik özelliği *de heyecan aramadır* (sensation seeking). Heyecan arama, kişinin yoğun ve çeşitli riskler içeren yeni deneyimler peşinde koşma ihtiyacı ile tanımlanmakta (Myrseth vd., 2012) ve deneyim arayışı, sıkıntıya duyarlılık, heyecan ve macera arayışı ve engelleme eksikliği alt bileşenlerinden oluşmaktadır (Zuckerman, 2014). Bu kapsamda heyecan arayışında olan bireylerin bir görev anında daha kolay sıkılacağı ve daha fazla heyecan isteyeceği bu nedenle de görevleri daha fazla heyecan duymak için son ana erteleyebileceği söylenebilir. Alanyazında yer alan çalışmalar, heyecan arama ile erteleme arasında pozitif bir ilişki olduğunu (Sarmány Schuller, 1999) ve heyecan aramanın erteleme üzerinden cep telefonu bağımlılığını (Wang vd., 2019) ve uyku problemlerini (Chen, 2019) yordadığını göstermektedir.

Sorumluluk: Disiplinli olma, görev bilinciyle davranma, başarı için azim gösterme, dürtüleri kontrol etme ve öz düzenleme ile karakterize edilen sorumluluk temel olarak erteleme ile yakından ilişkili bir kişilik özelliğidir ve erteleme de genel olarak öz düzenlemenin ve sorumluluğun düşük düzeyde olması ile tanımlanmıştır (Steel, 2007). Sorumluluk ile erteleme arasındaki ilişkiyi gösteren diğer bir çalışmada ise Lee vd. (2006), sorumluluğun nevrotizm ile erteleme arasındaki ilişkide aracı olduğunu göstermişlerdir. Buna göre bireylerde nevrotizmin eşlik ettiği duygusal problemler arttıkça amaca yönelik hareket etme, kişinin davranışlarını düzenlemesi ile betimlenen sorumluluk düzeyinin azaldığı ve bireylerin daha fazla erteleme davranışında bulunduğu ileri sürülebilir. Beyin görüntüleme tekniklerinin kullanıldığı güncel bir çalışma, sorumluluk kişilik özelliği ile ilişkili olan beyin bölgelerindeki etkinlik düzeyi ile erteleme arasında negatif bir ilişki bulmuştur (Gao vd., 2021). Aynı araştırma kapsamında yapılan yapısal eşitlik modellemesi, bu ilişkinin iki farklı yol üzerinden gerçekleştiğini göstermiştir. Bunlardan ilki öz kontrol yoludur ki beynin öz kontrolü destekleyen bölümleri arasındaki etkileşimin artması ile erteleme arasında negatif bir ilişki göstermektedir. Buna göre beyinde öz kontrolle ilgili bölümlerin daha fazla çalışması sorumluluk özelliği yüksek olan bireylerin hedeflerine daha fazla odaklanmasını ve hedef odaklı olmayan davranışları baskılamasını sağlayarak erteleme davranışını azaltmış olabilir. İkinci yol ise bir görev zorluğu ve görevin hoşa gitmeyen yönlerini ve hazzın ertelenmesini düzenleyen beyin bölgelerinin etkinliği ile ifade edilen motivasyon üzerindendir. Buna göre kişinin göreve ilişkin olumsuz uyaranları düzenleme ve anlık hazzı erteleme ile ilgili beceri düzeyi düştükçe sorumluluk düzeyi de düşmekte ve erteleme de artmaktadır.

Bu bulgularla tutarlı bir şekilde alanyazında yer alan çalışmalar ertelemenin öz kontrol, başarı motivasyonu ve düzenli çalışma ile negatif düzeyde ilişkili olduğunu göstermektedir (Steel, 2007). Öz düzenleme becerilerinin düşük olması kişinin bir görev karşısında görevle ilişkili olmayan davranışlar göstermesine ve görevlerini ertelemesine neden olabilmektedir (Yang vd., 2019). Ayrıca öz düzenleme becerilerine yönelik yetkinlik algıları da ertelemenin önemli bir yordayıcısıdır (Klassen vd., 2008) ve düşük öz saygı, öz düzenlemeye yönelik yetkinlik algısı üzerinden akademik ertelemeyi etkilemektedir (Zhang vd., 2018). Buna göre öz düzenleme becerilerinin yanı sıra kişilerin ödevlerini planlama, zamanında yapma, dikkat dağıtıcı uyaranları göz ardı etme gibi becerileri kullanabileceğine yönelik kendilerine güvenleri de erteleme davranışını azaltmaktadır. Benzer şekilde bir görev sırasında kişinin kendi eylemlerini gözleme, davranışlarını kontrol etme ve performansını ayarlama becerilerini içeren *üstbilişsel öz düzenleme becerisi* ve kişinin bir görev sırasında harcadığı çabayı kontrol etme durumunu içeren *çaba düzenleme becerisi* de erteleme ile ilişkilidir. Bu kapsamda ortaokul öğrencileri ile yapılan boylamsal bir çalışma üstbilişsel öz düzenleme ile çaba düzenleme becerisinin erteleme ile negatif ilişki içerisinde olduğunu ve geçen zamanla birlikte çaba düzenleme becerisi ile erteleme arasındaki ilişkinin sabit kaldığını ortaya koymuştur (Ziegler ve Opdenakker, 2018). Çaba düzenlemede iyi olan öğrencilerin bir görev anında daha azimli oldukları, iyi olmayanların ise daha fazla pes ettikleri (Richardson vd., 2012) dikkate alındığında, bireyin bir görev veya çalışma anında görevle ve kendisi ile ilgili olumsuz bilişleri ve çalışma sürecinden uzaklaştıracak davranışları kontrol edip çaba göstermeye devam etmesinin ertelemeyi azaltacağı ileri sürülebilir.

Çevresel Etkenler

Akademik erteleme ile ilgili çevresel etkenlerin içerisinde aile ve okulla ilgili değişkenler ele alınabilir. Genel olarak aile ortamının olumsuz koşullar içermesi ve ebeveynlerinin olumsuz ana babalık tutum ve davranışları sergilemesi durumunda çocuğun da akademik anlamda daha fazla düzeyde stres ve kaygı yaşaması ve daha fazla erteleme davranışı göstermesi beklenebilir. Toplamda 2166 kişinin katılım sağladığı çalışmaları değerlendiren bir meta analiz çalışmasında, akademik ertelemenin otoriter ve izin verici ana babalık tutumu ile pozitif, yetkin ana babalık tutumu ile negatif ilişki gösterdiği, ayrıca ana baba tutumlarının akademik erteleme ile ilişkisinin çocuğun yaşı ile birlikte azaldığı bulunmuştur (Wang, 2022). Otoriter ana baba tutumunda duyarlılığın düşük ve talepkârlığın yüksek, izin verici ana babalıkta ise her ikisinin de düşük düzeyde olduğu dikkate alındığında anne ve babaların çocuk üzerinde aşırı baskı kurmasının veya akademik gözetiminin yetersiz olmasının erteleme davranışını artıracağı ileri sürülebilir. Bu kapsamda ortaokul öğrencileri ile yapılan bir çalışmada, anne ve babaların eğitim sürecine katılımı arttıkça çocuklarda akademik kaygının ve akademik ertelemenin de azaldığı bulunmuştur (Milgram ve Toubiana, 1999). Benzer şekilde otoriter ana babalık tutumu özelliklerinden olan çocuğun üzerinde psikolojik kontrol kurma davranışları arttıkça (Sedláková vd., 2014) ve yetkin ana babalık davranışlarından olan gözetim azaldıkça (Gündüz, 2020) çocuklar daha fazla erteleme davranışı göstermektedirler. Ana baba davranışları, çocuklarda ertelemeyi doğrudan etkileyebilmekle birlikte erteleme ile ilişkili olan değişkenler üzerinden dolaylı olarak da etkileyebilir. Örneğin, anne ve babalar otoriter davranışlar sergiledikçe çocuklarda mükemmeliyetçilik artmakta ve bunun sonucunda da erteleme yükselmektedir (Chen vd., 2022). Olumlu ana babalık davranışları ise çocuklarda öz saygı (Batool, 2020), başarı duygusu, öz düzenleme becerileri (Yip ve Leung, 2016) ve olumlu akademik benlik algısı (Selçuk vd., 2021) üzerinden ertelemenin düşmesi ile ilişkilidir.

Aile ile benzer şekilde okul ve sınıfa ait değişkenler de öğrencilerin erteleme davranışları üzerinde etkiye sahip olabilir. Sınıf içinde öğretmenlerin öğrencilere karşı sıcak ve ilgi gösteren davranışları ve akademik desteği arttıkça öğrencilerde erteleme de azalmaktadır. Aynı zamanda öğretmenlerin planlı ve düzenli bir öğretim ve değerlendirme süreci sağlamış olmaları öğrencilerin yeterlik algılarını ve göreve yönelik olumlu değerlendirmelerini artırarak erteleme davranışını azaltmaktadır. Bunlarla birlikte öğretmenin dersi öğrencilerin ilgilerini çekecek ve eğlenceli şekilde anlatması da göreve yönelik olumlu algılar üzerinden ertelemeyi düşürmektedir (Corkin vd., 2014). Benzer şekilde iyi yapılandırılmış ve destekleyici öğrenme ortamlarına sahip sınıflar da öğrencilerin akademik benlik algılarını (Selçuk vd., 2021) ve öz liderlik becerilerini (kendini motive etme, plan yapma ve uygulama) yükselmekte ve bunun sonucunda da öğrenciler daha az erteleme davranışı göstermektedirler. Öğretmen ve öğretim süreçleri ile ilgili değişkenlerin dışında kişinin içinde bulunduğu sosyal çevre de akademik erteleme üzerinde etkilidir. Nordby vd. (2017) tarafından üniversite öğrencileri ile yapılan bir çalışmada, ertelemeyi teşvik eden çevresel etkenlerin öğrencilerin akademik erteleme davranışları ile ilişkili olduğu bulunmuştur. Buna göre arkadaşların etkisi altında kalma ve erteleme davranışı gösteren arkadaşların bulunması, sosyal ortamlarda bulunma ile tetiklenen erteleme davranışını yordamaktadır. Ayrıca bu çalışmada araştırmacılar, bireyleri kişilik özelliği olarak erteleme düzeyleri açısından düşük, orta ve yüksek diye üç gruba ayırmışlar ve sosyal ve çevresel faktörlerin düşük erteleme grubunda göz ardı edilebilir etkiye sahip olduğu, buna karşın orta düzeyde erteleme grubunda erteleme davranışlarını artırdığı ve kolaylaştırdığı bulunmuştur.

AKADEMİK ERTELEMENİN BİLİŞSEL DAVRANIŞÇI MODELİ

İlk önce ertelemenin davranışçı yaklaşıma sahip araştırmacılar tarafından nasıl açıklandığını inceledikten sonra ertelemenin bilişsel davranışçı modeli üzerinde duracağız. Davranışçı paradigma erteleme davranışını öğrenilmiş bir davranış olarak ele almış ve sürece öğrenme kuramları çerçevesinde bakmıştır. Bu kapsamda "Organizmanın hoşuna giden ve pekiştirilen davranışların gösterilme sıklığı artar." ilkesi gereğince erteleme davranışının pekiştirilme sonucunda gösterildiği ileri sürülmüştür. Derslerini çalışmayı erteleyen öğrenciler genellikle bunun yerine sosyal medyada takılma, arkadaşlar ile buluşma, çevrim içi oyun oynama gibi organizma için daha hoş olan davranışlar sergilemektedirler (Klassen ve Kuzucu, 2009) ve bu durum da erteleme davranışını pekiştirerek daha fazla gösterilmesini sağlamaktadır. Aynı zamanda akademik görevler genellikle itici, zor ve hoşa gitmeyen şekilde algılanmakta (Blunt ve Pychyl, 2000; Milgram vd., 1995) ve bu görevlerden uzak durulması olumsuz pekiştirme yoluyla erteleme davranışını artırabilmektedir. Pekiştirmenin dışında cezalandırmanın olmadığı olası durumlarda ertelemenin daha fazla gerçekleşebileceği de ileri sürülebilir. İnsanlar genel olarak uzun vadeli sonuçlardan daha çok kısa vadeli sonuçlara odaklandıkları için ertelemeyle oluşan sonuçların uzun bir süre sonra gelmesi erteleme davranışının da sürdürülmesine neden olabilir. Öğrenciler, erteleme sonucunda oluşacak olası olumsuz sonuçların yakın zamanda olduğu durumlarda, uzak zamanda olduğu durumlara göre daha az erteleme yapmaktadırlar (Ferrari ve Emmons, 1995).

Ertelemenin aynı zamanda kaçma veya kaçınma koşullanması sonucunda da oluşabileceği üzerinde durulmuş ve bu noktada stres ve kaygının ayırt edici bir uyaran olduğu ileri sürülmüştür. Buna göre ders çalışma anında oluşan stres ve kaygıya tepki olarak gösterilen çalışmayı bırakma davranışı sonucunda bu durum genellenmekte ve kişi ders çalışma ile ilgili durumlardan kaçınmaya başlamaktadır. Bu iddiaları destekler nitelikte erteleme davranışı gösteren öğrencilerin kaygı düzeylerinin ve çalışma davranışlarının günlük olarak izlendiği bir çalışmada, bu öğrencilerin ilk başta daha fazla düzeyde kaygı yaşadığı, bu kaygı sonucunda çalışmayı bırakmaları ile kaygılarının da azaldığı ancak sınav yaklaştıkça kaygı davranışlarının da arttığı ve öğrencilerin daha fazla çalışmayı erteleyemedikleri bulunmuştur (McCown ve Johnson, 1989a, 1989b). Davranışçı yaklaşım, ertelemeye ilişkin tutarlı açıklamalar getirmekle birlikte aynı koşullarda neden tüm bireylerin erteleme davranışını göstermediği, normalde erteleme davranışı göstermeyen bireylerin neden bazı görevleri ertelediklerı gibi bireysel farklılıkları açıklamada yetersiz kaldığı için eleştirilmektedir (Ferrari vd., 1995).

Ertelemeye yönelik ilk bilişsel davranışçı açıklamalar Ellis ve Knaus (1977) tarafından yapılmış ve kişinin kendisine ve göreve ilişkin akılcı olmayan inançlarının ve korkularının erteleme ile ilişkili olduğunu ileri sürmüşlerdir. Kişinin ders çalışma veya sınava hazırlanma gibi bir durum karşısında (A; harekete geçirici olay) etkin olan akılcı olmayan inançlar (B; inançlar) olumsuz ve rahatsız edici sonuçlar (C; sonuçlar) doğurmakta ve kişi bu durumdan kurtulmak için tepki (R; tepki) olarak da erteleme davranışı göstermektedir. Ellis ve Knaus (1977), diğer duygusal problemlerde olduğu gibi ertelemenin de üç ana sebebinin olduğunu ileri sürmüşlerdir. Bunlardan ilki, kişinin kendisine yönelik olumsuz ve değerini azaltıcı düşünceleridir. Kişinin şartlı veya -meli/-malı düşünceleri (Görevimi tam olarak yapmalıyım, hata yapmamalıyım.) veya kendine yönelik olumsuz düşünceleri (Yapamayacağım, başarısız olacağım.) kişide stres duygusunu artırmakta ve bu durumda ertelemeye neden olmaktadır. İkinci neden ise kişinin sıkıntıya tahammül düzeyinin düşük olmasıdır. Ders çalışmanın sıkıcı veya zor olduğu durumlarda kişinin *"Bunu yapmak çok zor ve sıkıntılı. Bu sürece katlanamam, bunu yapmak için iyice motive olmalıyım. Şimdi çok kötü hissediyorum o nedenle ara vermeliyim."* şeklindeki düşünceleri kişinin çalışmayı bırakmasına ve ertelemesine neden olabilmektedir. Üçüncü olarak da Ellis ve Knaus (1977), "Diğer insanlar bana adil ve iyi davranmalı, istediklerimi yapmalı." inancı sonucunda oluşan öfke duygusunun ertelemeye neden olduğunu veya erteleme davranışı için bir gerekçe oluşturduğunu ifade etmektedirler. Kişi, ödev hazırlama veya sınava hazırlanma sürecinde içinde bulunduğu sıkıntılı durumun diğerlerinin talepleri ve suçu olduğunu düşünerek işi ertelemekte veya işten kaçındığı durumlarda kaçınmasını gerekçelendirmek için diğerlerine yönelik öfke duygusunu kullanmaktadır (ör., "Öğretmen çok zor ödev verdi.", "Ailem beni çok zor bir okula gönderdi"). Ellis ve Knaus'un (1977) ileri sürdüğü bu model, aşağıda daha önce gördüğümüz Zafer'in erteleme davranışı üzerinden örneklendirilmiştir.

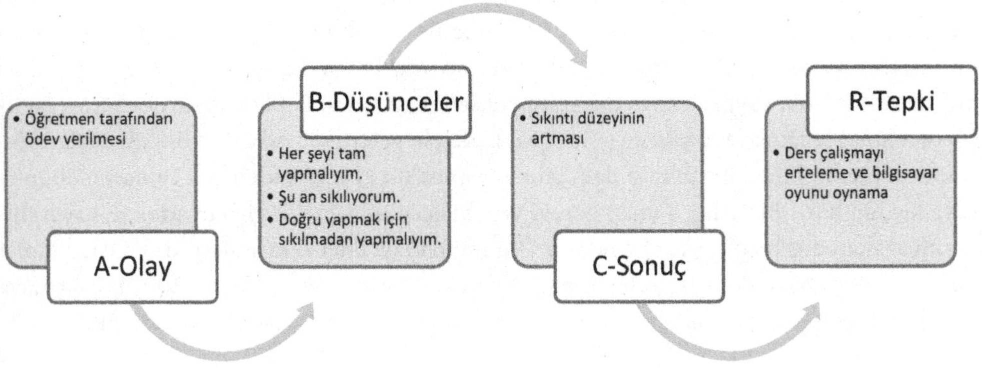

Şekil 1. Ertelemenin Akılcı Duygusal Davranışçı Model Örneği

Ferrari vd. (1995) de erteleme ile ilgili olan akılcı olmayan inançları beş başlık altında ele almışlardır: 1) bir görevi tamamlamak için kalan zamanın abartılması (ör., "Daha çok zamanım var."), 2) bir görevi tamamlamak için gerekli olan zamanın küçümsenmesi (ör., "Bu ödevi tamamlamak için artık çok geç."), 3) gelecekte motivasyon düzeyinin artacağını düşünme (ör., "Daha sonra yaparsam daha istekli olurum."), 4) bir görevi tamamlamak için duygusal olarak uyumlu olmak gerektiğini düşünme (ör., "Bir iş hakkında iyi hissettiğin zaman o işi yapmalısın."), 5) duygusal olarak istekli değilken çalışmanın verimsiz olacağına dair düşünceler (ör., "Bir işi yapmaya istekli değilken yapmaya çalışırsan sonuçlar kötü olur"). Ertelemenin nedenleri ve ilişkili olduğu faktörleri incelediğimiz kısımda gördüğümüz üzere bu tür akılcı olmayan inançlar erteleme davranışı ile pozitif yönde ilişkilidir.

Ertelemeye yönelik Ellis ve Knaus'un (1977) kuramsal açıklamaları ve ilgili alanyazında yer alan erteleme davranışının ilişkili olduğu bilişsel, duygusal ve davranışsal değişkenleri belirlemeye yönelik araştırmaları dikkate alarak bireyin öz yetkinlik düzeyine ve görevden kaçınma davranışlarına yönelik bilişlerin, duygu düzenlemede yaşanan güçlüklerin ve kaçınma davranışlarının temelde yer aldığı bir bilişsel davranışçı model önerilebilir. Şekil 2'de görselleştirilen bu modele göre arka planda bulunan bazı bireysel ve çevresel değişkenler kişiyi bir görev karşısında erteleme davranışı göstermeye yatkın kılabilir. Bu değişkenler; kişilik özellikleri, psikopatoloji ve çevresel değişkenler olarak ele alınabilir. Önceki çalışmalar; kişilik özelliklerinin, örneğin duygusal denge veya sorumluluk kişilik özelliğinin, erteleme ile ilişkili olduğunu göstermiştir (Steel, 2007). Aynı zamanda depresyon ve kaygı bozukluğu olan bireylerde erteleme davranışı daha fazla görülmekte ve özellikle psikolojik problemlerin bileşenlerinden olan düşük öz saygı, duygu düzenleme ve öz düzenleme becerilerinin yetersiz olması, öğrenilmiş çaresizlik gibi psikolojik özellikler erteleme ile yakından ilişkilidir (Eisenbeck vd., 2019; Uzun Ozer vd., 2014). Ayrıca bireyin anne ve babasının olumsuz ana baba tutumlarına sahip olması (ör., Wang, 2022) ve destekleyici sınıf ortamına sahip olmama (ör., Nordby vd., 2017; Selçuk vd., 2021) gibi çevresel değişkenler de erteleme davranışının hem oluşmasında hem de sürdürülmesinde rol oynayabilir.

Altta yatan yatkın kılıcı ve sürdürücü değişkenlerin etkisiyle birlikte, okulda ödev verilmesi veya sınav zamanının duyurulması gibi bir harekete geçirici bir olayla kişinin işlevsel olmayan düşünceleri aktifleşmektedir. Erteleme ile ilişkili olan işlevsel ve akılcı olmayan düşünceler iki başlık altında toplanabilir (Ferrari vd., 1995; Tablo 1). İlk grupta yer alan düşünceler kişinin kaygı ve stres düzeyini yükselten, görevin tamamlanamayacağına, başarılı olunamayacağına veya kişinin görevi yapmak için yeterli olmadığına yönelik düşünceleri içermektedir. İkinci grupta ise ilgili görevi yapmak için yeterinden çok zaman olduğuna veya kişinin hazır hissettiği zaman görevi yapabileceğine yönelik kişinin stres ve kaygı düzeyini azaltan düşünceler yer almaktadır. Bölümün daha önceki kısımlarında da işlediğimiz gibi işlevsel olmayan bilişler ertelemenin artması ile ilişkili iken (Steel, 2007), çalışmaya yönelik işlevsel ve akılcı inançlar ise erteleme davranışının azalması ile ilişkilidir (Balkis vd., 2013).

Bilişsel çarpıtmalar aynı zamanda öz düzenleme, duygu düzenleme ve baş etme becerilerinde yaşanan yetersizlikler üzerinden de erteleme ile ilişkilidir (ör., Liu vd., 2020; Mutlu, 2018). Ödev veya sınava hazırlanmanın oluşturduğu olumsuz duygularla baş etme becerilerinde ve kişinin bir göreve yönelik olarak kendi davranışlarını izleme, planlama ve düzenleme gibi bileşenleri içeren öz düzenleme becerilerinde yetersizlik yaşaması ise kişinin çalışmayı erteleme gibi kaçınma temelli stratejileri daha fazla kullanmasına neden olabilmektedir. Diğer taraftan, daha fazla kaçınma davranışı gösterdikçe ertelemeyle ilişkili olan bilişsel çarpıtmalar da pekişebilir. Kişi, çalışmalarını erteledikçe bir taraftan kısa süreli bir rahatlama yaşasa da diğer taraftan uzun dönemde akademik başarısının düşmesi (Kim ve Seo, 2015), çalışma becerilerinin ve baş etme becerilerinin gelişmemesi (Gareau vd., 2019), yeterlik algısının gelişmemesi (Balkıs, 2011) ve psikolojik stresin artması (ör., Gustavson vd., 2017) gibi olumsuz sonuçlarla karşılaşmaktadır.

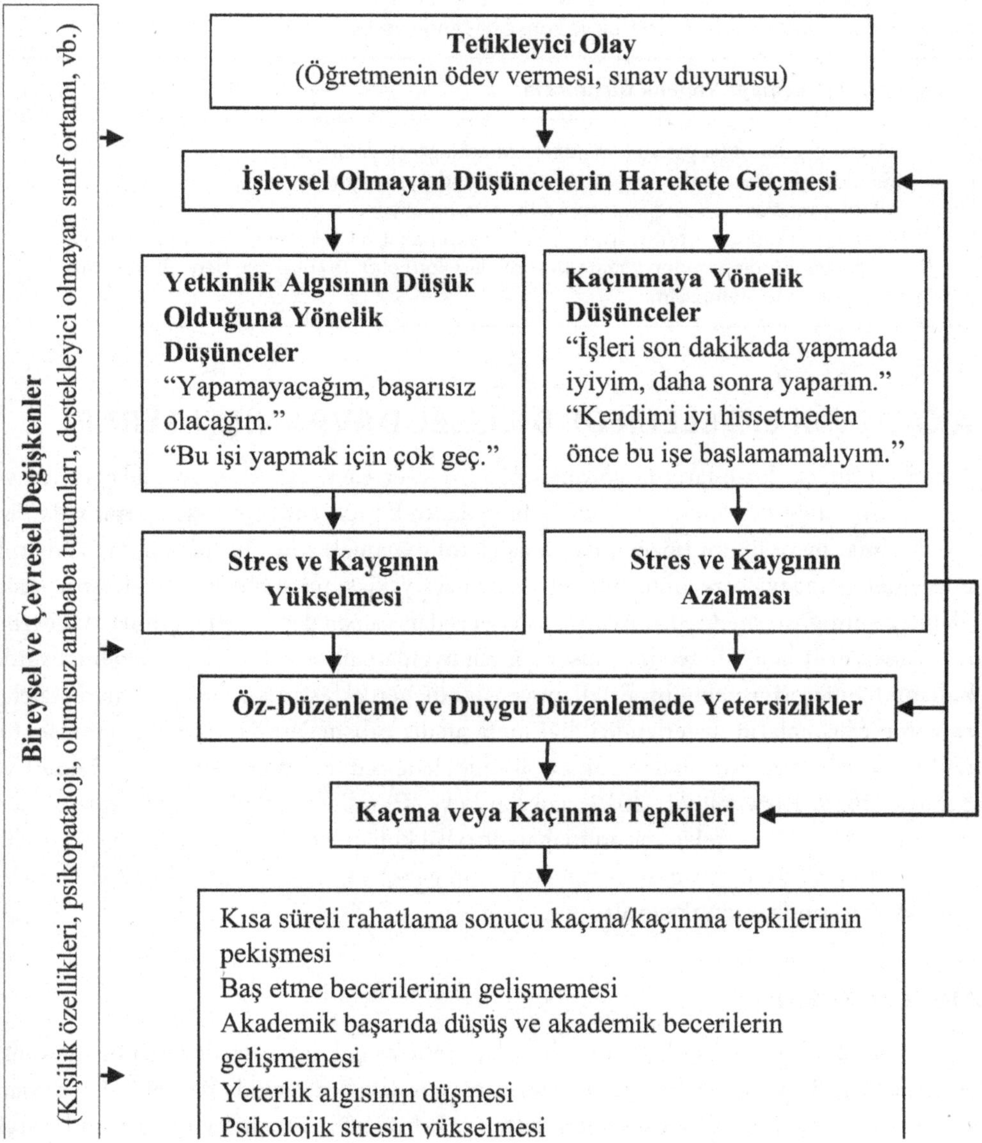

Şekil 2. Akademik Ertelemenin Bilişsel Davranışçı Modeli

Tablo 1. Erteleme ile İlişkili Bilişsel Çarpıtma Örnekleri

Düşük Yeterlik Algısını İçeren Düşünceler
Bu görevi bitirmenin bir yolu yok. Bu görevi bitirmek için artık çok geç. Yapamayacağım, başarısız olacağım. Çok zaman kaybettim, bu görevi artık yetiştiremem. Bu görevi tam olarak yapacak kadar yetenekli değilim. Yapsam da zaten iyi olmayacak ve kimse beğenmeyecek.
Kaçınma ve Kaçmaya Yönelik Düşünceler
Bu işi daha sonra da yapabilirim, dert etmeme gerek yok. Genelde işlerimi son dakikada yaparım, bunu da öyle yaparım. Kafamı tam olarak topladıktan sonra bu işi yapmalıyım. Şu an bu işi yapmak istemiyorum. Bu işi iyi yapmak için istek gelene kadar beklemeliyim. Bir işi tam güdülenmeden yaparsan sonuçları kötü olur. Bu nedenle ben de iyice hazır olana kadar beklemeliyim.

AKADEMİK ERTELEMEDE BİLİŞSEL DAVRANIŞÇI TERAPİ

Bölümün önceki kısımlarında gördüğümüz üzere erteleme sorununun oluşmasında ve sürdürülmesinde depresyon ve kaygı gibi psikolojik problemler, bilişsel çarpıtmalar, işlevsel olmayan ve uyum bozucu davranışlar rol oynamaktadır. Bu durum da akademik ertelemenin tedavi sürecinde bilişsel davranışçı yaklaşıma sahip müdahalelerin etkili olabileceğini göstermektedir. Alanyazında yer alan çalışmalar bireyle, grupla ve çevrim içi olarak yürütülen bilişsel davranışçı temelli uygulamaların ertelemenin önlenmesinde kullanıldığını göstermektedir. Ertelemeye yönelik gerçekleştirilen deneysel müdahaleleri içeren çalışmaların değerlendirildiği meta analiz çalışmaları da bilişsel davranışçı terapinin ertelemeye müdahalede en etkili müdahale olduğunu göstermiştir (Malouff ve Schutte, 2019; Rozental vd., 2018; van Eerde ve Klingsieck, 2018). Bu kısımda bilişsel davranışçı terapinin ertelemeye müdahalede nasıl kullanılabileceğini; değerlendirme süreci, vaka kavramsallaştırması, terapi sürecinin genel yapısı, kullanılabilecek yöntem ve teknikler üzerinde durarak ele alacağız.

Değerlendirme

Etkili psikolojik müdahalelerin temelini kapsamlı ve çok boyutlu değerlendirme oluşturmaktadır. Bu nedenle akademik ertelemenin tedavisi sürecinde de çoklu kaynaklardan (kişi, aile, okul) ve çoklu yöntemlerle (anket, ölçek, görüşme vb.) veri toplanarak kapsamlı bir değerlendirme yapılması, etkili müdahalelerin belirlenmesi için oldukça önemlidir. Akademik erteleme davranışının düzeyini belirlemek için geliştirilmiş veya Türkçeye çevrilmiş standart ölçme araçları kullanılabilir. Örneğin, Aitken (1982) tarafından geliştirilen Aitken Akademik Erteleme Eğilimi Ölçeği (Balkıs, 2007) ve Tuckman'ın (1991) geliştirdiği Tuckman Erteleme Ölçeği (Özer vd., 2013) gibi standart ölçme araçları öğrencilerin erteleme eğilimlerini, akademik erteleme davranışlarını ve düzeylerini belirlemek için kullanılabilir.

Akademik erteleme ile ilgili standart ölçme araçlarının yanı sıra bölümün ilk kısımlarından hatırlayacağınız üzere erteleme, duygu durum ve kaygı bozuklukları gibi psikolojik problemlerle birlikte görülebilmektedir. Bu nedenle değerlendirme aşamasında psikolojik veya psikiyatrik problemlerin belirlenmesine veya hikâyesinin alınmasına yönelik klinik görüşme yapılması veya alanda yer alan standart ölçme araçlarının kullanılması önemlidir. Bunların dışında Ferrari ve diğerleri (1995) tarafından psikolojik problemlerin belirlenmesine yönelik kişilik envanterlerinin de kullanılması önerilmektedir. Bu kapsamda Hacettepe Kişilik Envanteri (Özgüven, 1992) veya Minnesota Çok Yönlü Kişilik Envanteri (Hathaway ve McKinley, 1940) gibi kişilik envanterleri kullanılabilir.

Standart ölçme araçlarının yanı sıra danışan ve gerektiğinde ailesi veya öğretmenleri ile görüşme yapılarak erteleme probleminin öyküsü alınabilir. Görüşme süreci genel olarak erteleme davranışının *ne kadar süredir* danışan için problem olduğunun, ertelemenin öğrencinin *akademik performansını ve günlük yaşamını ne düzeyde etkilediğinin* ve bu sorunu çözmek için *önceden yapılan girişimlerin* belirlenmesini içerebilir. Değerlendirme sürecinde bilgi toplanacak alanlardan bir diğeri de öğrencinin erteleme davranışına ilişkin *korku ve kaygı* kaynaklarının belirlenmesidir. Örneğin, öğrencinin başarısız olmaya yönelik korku ve kaygıları olabilir veya belirli bir derse (ör., matematik) yönelik kaygıları olabilir. Bu kapsamda danışanın korku veya kaygısına eşlik eden bilişsel, duygusal ve davranışsal bileşenler belirlenebilir. Aynı zamanda *işlevsel davranış analizi* ile erteleme davranışının *öncülleri* ve *sonuçları* belirlenerek ertelemeyi oluşturan ve devam etmesini sağlayan koşullar belirlenmelidir.

Çocuğun aile ve okul yaşantıları hakkında da değerlendirme sürecinde bilgi toplanmalıdır. Öğrencinin akademik durumu, çalışma becerileri, devamsızlık durumu, herhangi bir derste öğrenme sorunu yaşayıp yaşamadığı, öğretmen ve akranları ile ilişkileri belirlenmelidir. Okul yaşantılarına ilaveten ailenin işlevselliği, aile içerisindeki uyum, ailenin çocuğun akademik yaşamına katılım düzeyi ve ebeveynlerin çalışmaya veya başarılı olmaya yaklaşımı gibi alanlarda da bilgi toplanması aileye yönelik müdahalelerin planlanmasında faydalı olacaktır.

Vaka Formülasyonu

Psikoterapinin özellikle de bilişsel davranışçı terapinin en önemli bileşenlerinden biri vaka kavramsallaştırma sürecidir ki psikolojik müdahale aslında danışanlara belirli teknik ve stratejilerin belirli bir sırayla sunulması değildir. Her ne kadar terapistin müdahale stratejileri hakkında teorik ve pratik bilgiye sahip olması gerekli olsa da hangi strateji ve tekniklerin, hangi danışanda, ne zaman ve nasıl uygulanacağının belirlenmesi gereklidir. Tüm danışanlara uyan tek bir strateji olamayacağı için problem çözme yaklaşımı temel alınarak danışana uygun bireyselleştirilmiş bir vaka formülasyonu yapılmalıdır (Murphy ve Christner, 2012). Vaka formülasyonu; terapiste, danışanın erteleme ile ilgili olarak hangi problemleri yaşadığı, yatkın kılan, tetikleyici, sürdürücü ve koruyucu etkenlerin neler olduğu hakkında bilgi verir. Bu sayede terapist, erteleme problemine yönelik olarak hangi strateji ve teknikleri ne zaman ve nasıl kullanacağını belirleyebilir.

Bilişsel davranışçı terapide genellikle olgu veya sorun formülasyonları kullanılmaktadır. Sorun formülasyonunda danışanın yaşadığı soruna bilişsel davranışçı bir açıklama getirilir. *Sorun formülasyonu*, 4D formülasyonu (durum-düşünce-duygu-davranış) olarak da adlandırılmakta ve danışanın sorun yaşadığı anda çevrede veya danışanın içinde ne olduğunun, danışanın düşünce, duygu ve davranışlarının belirlenmesini ve bunlar arasındaki etkileşimi içermektedir. Sorun formülasyonu terapi sürecinde her aşamada yapılabilmekte, sorunun nasıl başladığı ve nasıl devam ettiği konusunda terapiste ve danışana fikir vermekte, bu sayede terapist oturumu nasıl sürdüreceğini ve ne tür müdahaleler uygulayacağını belirleyebilmektedir. Erteleme problemi olan bir danışanın yaşamış olduğu bir probleme yönelik kesitsel formülasyon yapmak için terapistin yaptığı görüşmenin özeti ve formülasyon örneği aşağıda gösterilmiştir.

Kesitsel Formülasyona Yönelik Görüşme Örneği

TERAPİST: Matematik ödevini ertelemen üzerinde konuşmak istedin. Matematik ödevini ilk ertelediğin zaman ne zamandı? O an yaşadıklarını biraz anlatabilir misin?

DANIŞAN: Okuldan gelmiştim. Çantamdan kitaplarımı çıkarıyordum. O gün verilen matematik ödevi aklıma geldi. Sonra yapmak istemedim, içime bir sıkıntı girdi.

TERAPİST: O anda zihninden neler geçiyordu?

DANIŞAN: Şimdi yapmak istemiyorum. Daha istekli olduğumda yaparsam daha iyi olur.

TERAPİST: Peki, daha sonra ne yaptın?

DANIŞAN: Ödevi bırakınca biraz rahatladım ve biraz kitap okudum, sonra telefona baktım biraz. Ama sonra da teslim günü yaklaştı ve yetiştiremeyeceğimden korkuyorum.

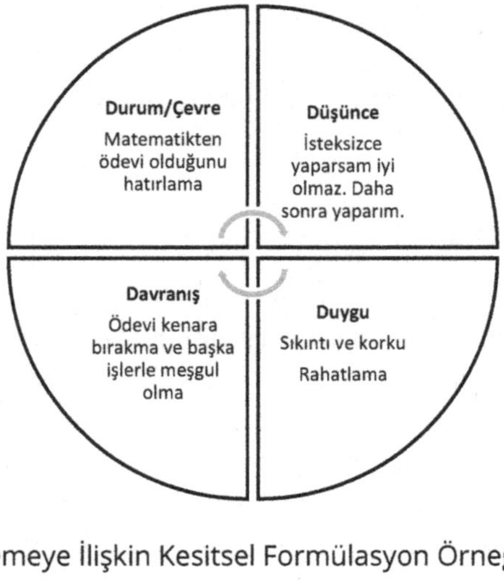

Şekil 3. Akademik Ertelemeye İlişkin Kesitsel Formülasyon Örneği

Olgu formülasyonu ise erken yaşantılardan başlayarak danışanın yaşamış olduğu sorunun nasıl oluştuğunu ve nasıl devam ettiğini, sorunun devam etmesinde rolü bulunan ailesel ve okula ait etkenleri, soruna yönelik bilişsel davranışçı hipotezleri ve müdahale sürecini içeren uzunlamasına bir formülasyondur. Olgu formülasyonu gelişimsel, ailesel ve kültürel etkenleri dikkate almalı ve dinamik bir yapıda danışandan alınan yeni bilgilere göre güncellenmelidir. Murphy ve Christner (2012), çocuk ve ergenlere yönelik geliştirdiği vaka formülasyonunun sorun listesi, değerlendirme sonuçları, erken yaşantılar, gelişimsel durum, bilişsel/davranışsal hipotezler, temel inançlar, etkileyen faktörler, tanı ve eğitsel durum, müdahale hedefleri, müdahale düzeyi, aile katılımı, terapiyi kolaylaştıran ve zorlaştıran faktörler başlıklarını içermesini önermişlerdir.

Seansların Genel Yapısı

İlgili alanyazında erteleme problemine yönelik olarak gerçekleştirilen bilişsel davranışçı terapinin genellikle 5-10 oturum arasında sürdüğü ifade edilmiştir (Ferrari vd., 1995; Rozental vd., 2018). Terapi sürecinde uygulanan müdahaleler ise genel olarak psikoeğitim, bilişsel müdahaleler ve davranışsal müdahaleler olarak üç başlık altında toplanabilir. Psikoeğitim müdahalelerin içerisinde danışanın bilişsel davranışçı terapi, düşünce-duygu-davranış arasındaki etkileşim, işlevsel davranış analizi, erteleme süreci, ertelemenin bilişsel davranışçı terapi modeli ve rasyonelleştirilmesi gibi müdahaleler yer almaktadır. Bilişsel müdahaleler içerisinde ise işlevsel olmayan düşünce ve inançların belirlenmesi, yeniden yapılandırılması ve dikkat yönetim becerilerine yönelik müdahaleler yer almaktadır. Davranışçı müdahalelerin içerisinde ise çalışma ve zaman yönetimi becerileri, maruz bırakma, davranışsal aktivasyon gibi müdahaleler yer almaktadır (Rozental ve Carlbring, 2014).

Değerlendirme	Yapılandırma ve değerlendirme
Psikoeğitim	Bilişsel davranışçı yaklaşım hakkında eğitim Kaygının psiko-fizyolojisi hakkında eğitim Erteleme ve bilişsel davranışçı modeli hakkında eğitim Hastanın formülasyonunun tanıtılması
Bilişsel müdahaleler	Motivasyonel görüşme İşlevsel olmayan düşünce inançların belirlenmesi Bilişsel yeniden yapılandırma Hedef belirleme Dikkat yönlendirme eğitimi
Davranışsal müdahaleler	İşlevsel davranış analizi Maruz bırakma Planlama, zaman yönetimi, akademik beceri Kendini ödüllendirme/cezalandırma Uyaran kontrolü ve çevresel düzenleme Duygu düzenleme
Nüks önleme	İzleme ve nüks önleme

Şekil 4. Ertelemede Bilişsel Davranışçı Terapi Aşamaları

Bilişsel davranışçı terapinin ertelemenin tedavisine yönelik olarak kullanıldığı alanyazında yer alan çalışmalar incelendiğinde (Ferrari vd., 1995; Rozental vd., 2018; Rozental vd., 2015), ertelemenin bilişsel davranışçı terapisinin dört aşamadan oluştuğu söylenebilir (Şekil 4). İlk aşama olan değerlendirme aşamasında, çok boyutlu ve kapsamlı veri toplanarak birey ve erteleme problemi hakkında değerlendirme yapılmaktadır. İkinci aşamada ise bilişsel davranışçı terapinin kuramsal yaklaşımı, erteleme ve ertelemenin bilişsel davranışçı modeli hakkında psikoeğitim verilmektedir. Bu aşamada ayrıca kişi kaygı temelli bir erteleme problemi yaşıyorsa kaygının psikofizyolojik yapısı hakkında eğitim vermek de faydalı olabilir. Bu aşamada son olarak vaka formülasyonu danışana sunulabilir ve terapi sürecinin rasyoneli üzerinde durulabilir. Sonraki aşamada işlevsel olmayan düşünce ve inançların belirlendiği, bilişsel yeniden yapılandırmanın amaçlandığı bilişsel müdahaleler kullanılmaktadır. Bu aşamada ayrıca hedef belirleme ve dikkati toplama, sürdürme ve yönetme becerisi kazandırma da amaçlanmaktadır. Davranışsal müdahalelerin uygulandığı dördüncü aşamada ise işlevsel davranış analizine, davranışsal aktivasyona, çalışma ve zaman yönetimi becerilerinin kazanılmasına odaklanılır. Bu aşamada ayrıca danışanın problemine göre düzenlenmiş maruz bırakma yöntemi kullanılabilir. Aynı zamanda bu aşamada, danışanın uyaran kontrolü ve öz düzenleme becerileri kazanması da hedeflenebilir. Son aşamada ise problemin yeniden ortaya çıkmasının önlenmesi ve bireyin olası geri dönüşlerde ne tür becerileri kullanacağı üzerinde durulabilir. Aynı zamanda danışanın gelişme durumu aralıklı olarak takip edilebilir.

Psikoeğitim

Psikoeğitim BDT'nin merkezinde yer almakta ve terapi sürecinin tüm aşamalarında etkin bir şekilde kullanılabilmektedir (Beck vd., 2005). Ertelemeye yönelik olarak gerçekleştirilen önceki çalışmalarda da danışanlara bilişsel davranışçı terapinin kuramsal yaklaşımı, erteleme ve ertelemenin bilişsel davranışçı modeli, kaygının fizyolojisi ve hastanın formülasyonu konularında psikoeğitim yapıldığı görülmektedir (Ferrari vd., 1995; Rozental vd., 2018; Rozental vd., 2015).

Clark ve Beck (2011) BDT'de psikoeğitimin üç temel boyutu olduğunu belirtmişlerdir: i) Danışanlar genellikle kaygı hakkında yanlış algılara sahiptir, bu nedenle kaygı hakkındaki eğitimler danışanın kişisel deneyimleri çerçevesinde yapılmalıdır, ii) bilişsel modele yönelik eğitimler danışanın kendi durumuna uygulayabilmesini sağlayacak şekilde yapılmalıdır, iii) danışanın tam iş birliğini elde etmek için bilişsel davranışçı terapinin rasyoneli açık bir şekilde sunulmalıdır. Bu boyutlar dikkate alınarak ertelemenin bilişsel davranışçı terapisinde de danışanlara bilişsel davranışçı terapinin kuramsal yaklaşımı, ertelemenin bilişsel davranışçı modeli ve kaygının psikofizyolojisi hakkında eğitim verilebilir.

Bu kapsamda öncelikle danışana bilişsel davranışçı terapinin kuramsal yaklaşımı ve durum-düşünce-duygu-davranış arasındaki etkileşim hakkında eğitim verilir ve bu etkileşimin terapi sürecinde danışanın yaşadığı problemi açıklamada ve probleme çözüm bulmada nasıl kullanılabileceğini danışanın fark etmesi amaçlanır. Bu sayede danışan erteleme ile ilgili durumlara yönelik düşünceleri ile erteleme davranışı arasındaki ilişkilere ve değişimin nerede olması gerektiğine yönelik farkındalık kazanacaktır.

Erteleme problemi kaygı temelli bir problem olabileceği için özellikle kaygının psikofizyolojisi hakkında da danışanlara eğitim verilmesi faydalı olacaktır. Bu eğitimle danışanlar, kaygının fizyolojik, bilişsel ve duygusal bileşenlerini ve kaygının işlevini öğrenerek kaygıya yönelik işlevsel olmayan tutumlarını değiştirme ve kaygıyı normalleştirme fırsatı elde edeceklerdir. Aynı zamanda danışanların erteleme ile ilgili durumlarda yaşadıkları kaygı veya stresi azaltmak için gösterdikleri işlevsel olmayan rahatlama ve kaçınma davranışları (güvenlik sağlayıcı davranışlar) ve bu davranışların erteleme döngüsünü nasıl devam ettirdiği üzerine de eğitim verilebilir. Ertelemenin, diğer bir ifadeyle danışanın yaşadığı problemin, bilişsel davranışçı modeli hakkında danışana eğitim verilerek, problemin nasıl başladığı ve devam ettiği ve değişim için nelerin yapılması gerektiği hakkında danışanın farkındalık kazanması sağlanır. Bu sayede danışan, hangi davranışlarının ertelemeyi devam ettirdiğine ve erteleme problemini azaltmak için neler yapması gerektiğine yönelik içgörü kazanmış olur.

Terapi sürecinin rasyonelinin sağlanması konusunda klasik BDT yöntemleri dışında diğer kuramlardan da yararlanılabilir. Çağdaş bilişsel davranışçı kuramlardan olan Kabul ve Kararlılık Terapisi'nde kullanılan "yaratıcı umutsuzluk" teknikleri, danışanlara problemlerini kontrol etmek için kullandıkları stratejilerin yaşamış oldukları problemi nasıl devam ettirdiğini ve bunun hayatlarında nelere mal olduğunu göstermeyi amaçlamaktadır (Harris, 2019). Erteleme probleminde de danışana erteleme ile ilgili rahatsız edici duygu ve düşünceler yaşadığında bu durumu kontrol etmek için kullandığı stratejilerin problemi nasıl devam ettirdiği ve danışanın işlevlerinin nasıl bozduğu gösterilmeye çalışılır. Harris (2019), "yaratıcı umutsuzluk" tekniklerinin üç aşamada gerçekleştiğini belirtmektedir: i) Ne yapılıyor? Bu durumu kontrol etmek ve sıkıntılarını azaltmak için danışanın yaptıkları belirlenir. ii) Nasıl işe yarıyor? Danışanın kullandığı stratejilerin uzun dönemde nasıl işlediği, işe yarayıp yaramadığı ortaya çıkarılır. iii) Neye mal oluyor? Bu stratejilerin danışanın hayatında tüm yönleriyle neye mal olduğu belirlenir. Erteleme problemine yönelik bir "yaratıcı umutsuzluk" uygulama örneği aşağıda verilmiştir.

Yaratıcı Umutsuzluk Görüşme Örneği

Neler Yapıldı?

TERAPİST: Ödevlerin veya üzerinde çalışman gereken bir konu olduğunda yaşadığın sıkıntı ve düşünceler üzerinde durduk. İnsanlar, sıkıntı düzeyi arttıkça genelde daha iyi hissetmek veya sıkıntıdan kurtulmak için bir şeyler yaparlar. Şimdi de senin bu durumlarda sıkıntın arttığında neler yaptığın üzerinde durabilir miyiz? Bu sayede bunların ne düzeyde işe yaradığını bulabiliriz.

DANIŞAN: Evet, iyi olur. En çok yaptığım şey, "Daha sonra yaparım." diye düşünmek veya "Bunun için daha çok vaktim var." diye düşünmek oluyor.

TERAPİST: Anladığım kadarıyla o zaman o işi bırakıyorsun. Peki daha sonra ne yapıyorsun?

DANIŞAN: Evet, o işi yapmıyorum, onun yerine daha çok kafamı dağıtacak şeyler yapıyorum. İşte telefona bakıyorum, bazen TV izliyorum, bilgisayardan oyun oynuyorum.

TERAPİST: Bunların dışında sıkıntıdan kurtulmak veya rahatlamak için yaptığın şeyler var mı?

...

Nasıl İşe Yarıyor?

TERAPİST: Bir ödevin ve yapman gereken iş olduğunda, sıkıldığını hissediyorsun ve tam yapamayacağından endişeleniyorsun. Bu durum senin sıkıntını artırıyor ve bundan kurtulmak için daha vaktinin olduğunu düşünüyorsun ve o sırada dikkatini telefon, bilgisayar gibi farklı şeylere yönlendiriyorsun. Peki bunlar nasıl işe yarıyor sence?

DANIŞAN: Aslında o anda rahatlamamı sağlıyor.

TERAPİST: Evet, o anda rahatlamanı sağlıyor. Şunu sormama izin ver lütfen: Uzun vadede yaşamış olduğun problem ortadan kalkıyor mu? Bu durum seni sonradan nasıl etkiliyor?

DANIŞAN: Kesinlikle uzun vadede işe yaramıyor. Ödevlerim birikiyor ve son günlere doğru yapmak için uzun süre zaman harcıyorum. Zaman sıkıştığı için stresim iyice artıyor ve sonuçta iyi olmuyor. Başarım düşüyor, ailemle sıkıntı yaşıyorum bu süreçte ayrıca.

...

Nasıl Sonuçlanıyor?

TERAPİST: İzin verirsen yaşamış olduğun bu durumu sana ufak bir canlandırma ile göstermek istiyorum. Şuraya bir kâğıt çıkardım. Bunun üzerine senin sıkıntıya sokan durumu, duygu ve düşüncelerini yazmanı istiyorum.

DANIŞAN: Peki; ödevler, sıkılma hissi ve yapamam düşüncesini yazıyorum.

TERAPİST: Harika. Bunlar seni sıkıntını artıran ve kurtulmak istediğin şeyler ve bunlardan kurtulmak istiyorsun. Şimdi bunu temsili olarak göstermek için kâğıdı iki elinle tutmanı ve kollarını senden olabildiğince uzağa doğru uzatmanı istiyorum. Bunlardan kurtulmak için uzun bir süredir vaktin olduğunu düşünme, telefonda gezinme, televizyon izleme, bilgisayar oyunları oynama, çalışmayı bırakma gibi şeyler yaptın. Ancak bunlara rağmen bu problem ortadan kalkmadı. Şu an nasıl hissediyorsun?

DANIŞAN: Kollarım acımaya başladı. Uzun süre böyle tutamam herhâlde.

TERAPİST: Evet bir iki dakika bu şekilde durunca kolların ağrımaya başladı. Peki, uzunca bir müddet derslerini ertelemen seni nasıl etkilemiş olabilir? Örneğin, bu şekilde dururken benimle konuşmak nasıl? Bu şekilde iken ödevlerini yapabilir misin? Arkadaşlarınla ve ailenle vakit geçirebilir misin?

DANIŞAN: Hayır, bu acıyla konuşmak da başka şeyler yapmak da rahatsız edici. Aslında benim sıkıntıdan kaçmak için yaptığım şeyler benim problemimi büyütüyor.

TERAPİST: Çok haklısın. Şimdi istersen yavaşça kâğıdı bırakabilirsin. Dediğin gibi bunlar hem işe yaramıyor hem de daha fazla problem yaşamana yol açıyor. Bizde burada seninle bu durum karşısında daha etkili neler yapabileceğini bulacağız.

...

Bilişsel Müdahaleler

Bilişsel müdahaleler, akademik ertelemenin bilişsel davranışçı modelinde yer alan bilişsel bileşenler temel alınarak uygulanmakta ve genel olarak işlevsel olmayan düşünce ve inançların değiştirilmesini hedeflemektedir. Bilişsel müdahalelerin temel amaçlarından birisi, danışanın odağının kaygı ve korkuya neden olan içsel ve dışsal uyaranlardan uzaklaşmasını sağlamaktır. Örneğin, erteleme problemi yaşayan bir kişi, problemin kaynağını ödevin veya görevin zor olması, ödevi tamamlamak için yeterli sürenin bulunmaması veya kendisinin yetersiz olması olarak görebilir. Bilişsel müdahaleler, danışanın kaygısının kaynağının ödevin veya sürenin olmadığını fark ettirmeyi amaçlar. Bilişsel müdahaleler dikkat odağındaki bu değişimle birlikte danışanın sahip olduğu gerçekçi olmayan düşüncelerin kaygı ve erteleme problemi ile ilişkili olduğunu göstermeyi de hedefler. Bu sayede danışanın işlevsel ve gerçekçi olmayan bilişlerinin değiştirilmesi üzerinde çalışılır. Bilişsel müdahalelerin amaçlarından bir diğeri ise korku ve kaygının normalleştirilmesini sağlamak ve danışanın kaygı düzeyini azaltmak için yaptığı *"güvenlik sağlayıcı davranışlara"* karşı farkındalık kazandırmaktır. Bilişsel müdahaleler sadece kaygı uyaranlarına yönelik hatalı bilişleri ve yüklemeleri değiştirmeyi hedeflemez, aynı zamanda bireyin öz yeterlik algısını da geliştirmeye odaklanır. Erteleme problemi olan bireylerde ödeve ve süreye ilişkin çarpık bilişlerinin yanı sıra kendilerine yönelik çarpık bilişlere sahip olabilirler. Bilişsel müdahaleler, kişinin kendisi hakkındaki bu bilişleri değiştirerek daha gerçekçi ve işlevsel bilişlere sahip olmasını sağlamaya çalışır. Ertelemeye yönelik bilişsel müdahaleler içerisinde motivasyonel görüşme, kendini izleme ve çarpık düşünceleri belirleme, bilişsel yeniden yapılandırma, dikkat yönlendirme eğitimi ve hedef belirleme becerileri kullanılmaktadır.

Motivasyonel Görüşme ve Danışanı Değişim İçin Hazırlama

Bölümün önceki kısımlarında gördüğümüz gibi motivasyonel problemler ertelemede önemli rol oynamakta ve özellikle dışsal motivasyona göre içsel motivasyon ve başarıya yönelik motivasyon erteleme davranışının azalmasında daha etkili olabilmektedir (Steel, 2007). Ertelemeye yönelik zamansal motivasyon kuramı, kişinin çeşitli etkinlikler arasından bir görevi seçmesinin, görevi yapabileceğine yönelik inançlarının, görevi yapmaya verdiği değerin ve hazzı erteleyebilmesinin motivasyon düzeyini artırdığını ve ertelemeyi azalttığını ileri sürmektedir (Steel, 2012). Bu kapsamda kitabın diğer kısımlarında üzerinde duracağımız hedef belirleme, plan yapma ve zaman yönetimi, uyaran kontrolü, performans-yeterlik spirali gibi teknikler kişinin motivasyon düzeyini artırmaya yardımcı olabilmektedir. Bununla birlikte *motivasyonel görüşme* ilke ve teknikleri, danışanların motivasyon düzeylerinin yükseltilmesi ve danışanları erteleme davranışlarını bırakarak değişim için hazır olmalarını sağlamada kullanılabilir.

Diğer terapilerde olduğu gibi BDT'ye de danışanlar yaşamış oldukları problemlere çözüm olacak değişimler için gelirler. Ancak bu süreçte danışanlar bazen değişim için çaba oluşturmak yerine direnç gösterebilmektedirler. Danışanların işlevsel olmayan tutum ve davranışlarını değiştirebilmesi için değişime inanması ve bu yönde çaba göstermesi gerekmektedir. Motivasyonel görüşme, danışanların çelişkilerini ve kararsızlıklarını fark edip problemlerini çözmelerine yönelik davranış değişiklikleri oluşturmayı hedefleyen danışan merkezli bir görüşme yaklaşımıdır. Önceleri bağımlılık tedavisinde kullanılan ve daha sonra terapi sürecinin içerisine dâhil edilen motivasyonel görüşmede empatinin gösterilmesi, çelişkilerin ortaya çıkarılması, dirençle çalışma ve danışanın öz yeterliğini geliştirmek temele alınmaktadır (Miller ve Rollnick, 2012). Danışanda işlevsel davranış değişiklikleri oluşturmanın aynı zamanda BDT'nin de temel amaçlarından biri olduğu dikkate alındığında motivasyonel görüşmenin BDT'de bir tamamlayıcı bileşen olacağı ileri sürülebilir. Alanyazında yer alan çalışmalar da motivasyonel görüşmenin kullanımının terapinin etkililiğini artırdığını ortaya koymuştur (Westra, 2004). Motivasyonel görüşmede değişim süreci altı döngüsel aşamadan oluşan bir süreç şeklinde tanımlanmıştır: farkındalık öncesi, farkındalık, hazırlık, eylem, sürdürme ve nüksetmedir (Prochaska ve DiClemente, 1994). Ertelemeye yönelik BDT'de de terapist danışanın içinde bulunduğu değişim alanına göre motivasyonel görüşme ilkelerini ve stratejilerini kullanarak danışanın değişime yönelik motivasyon düzeyini artırabilir.

Farkındalık öncesi aşamada, danışan sorunun farkında değildir ve değişime ihtiyaç duyulmadığını düşünmektedir. Örneğin; danışan bu aşamada, ödevlerini ertelemenin onun için bir sorun oluşturmadığını, herhangi bir şeyi değiştirmeye ihtiyacı olmadığını düşünebilir. Bu aşamada danışanı değişime ihtiyacı olduğuna ikna etmeye çalışmak ve aktif bir tartışmaya girmek danışanın direncini daha da artırabilir. Farkındalık öncesi aşa-

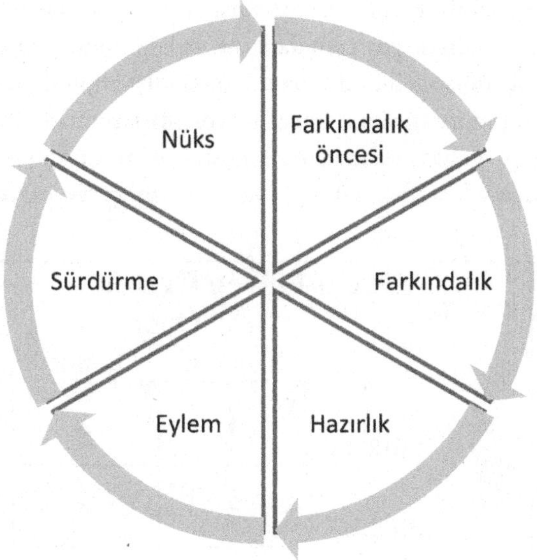

mada danışanın olmak istediği yer ile olduğu yer arasındaki farklılıkları görmesi ve potansiyel değişim alanlarını ortaya çıkarmak amaçlanmaktadır. *Farkındalık aşamasında* danışan sorunun farkındadır ancak değişimin oluşabileceğinden emin değildir. Örneğin; danışan, ertelemenin onun için bir problem olduğunu ancak bunu değiştirmenin çok zor olduğunu söyleyebilir. Bu aşamada terapistin hızlı bir şekilde danışanı deneme veya uygulamaya yönlendirmesi direnci artırabilir. Bunun yerine herhangi bir denemeden önce danışanla ilgili girişimin olası fayda ve riskleri üzerinde çalışılması ve danışanın denemeye hazır hâle getirilmesi etkili olabilir. Üçüncü aşama olan *hazırlıkta,* danışan değişiklikler yapmaya hazırdır ve ilgili uygulamaya yönelik olası risk ve engeller üzerinde çalışılmıştır. Bu aşamada değişim hedeflerinin ulaşılamaz ve büyük olması motivasyonun düşmesine neden olabilir. Dolayısıyla bu aşamada gerçekçi, kısa vadeli ve ulaşılabilir hedefler ve danışanın girişimlerini pekiştirecek ödüllerin belirlenmesine odaklanılmaktadır. *Eylem* aşamasında ise danışan değişime hazırdır. Bu evrede, danışan beceri geliştirmesi için bilişsel model çerçevesinde eğitim alır ve danışanın süreç içerisinde aktif rol almasına odaklanılır. *Sürdürmede* ise danışanın kazandığı becerileri yaşamın farklı alanlarında uygulaması amaçlanır. Danışanın kazandığı becerileri günlük yaşamına aktarması için yeterli düzeyde desteklenmeden ve olası engeller yeterince çalışılmadan, terapi sürecinin sonlandırılması değişimin sürdürülmesini engelleyebilir. Son aşama olan *nükste* ise terapist danışanın terapi sonlandıktan sonra karşılaşabileceği kriz durumlarında kazandığı becerileri uygulama motivasyonunu artırmayı amaçlar.

Terapide danışanların motivasyonunun düşmesinde ve değişime yönelik direncin artmasında rol oynayan etkenlerden biri de terapistin, ebeveynlerin veya öğretmenin *düzeltme refleksi* ile hareket etmesidir. Düzeltme refleksi, insanların karşıdakinin problemlerini düzeltme eğilimi içinde olmalarını ve karşıdakini doğru şekilde davranması için ikna etmeleri gerektiğine yönelik inançları ifade etmektedir. Bu nedenle genellikle değişimin olması gerektiğine yönelik tartışma, değişmemenin olası olumsuz sonuçları ile korkutma, suçluluk hissettirme veya ilişkisel olarak baskı yapma gibi teknikleri kullanabilirler. Ancak bu teknikler genellikle karşıdakinin kendini savunmasına ve değişime yönelik direnç oluşturmasına neden olmaktadır. Terapistin danışanın erteleme davranışını ortadan kaldırma amacıyla gösterdiği düzeltme refleksi danışanın direncini artıracaktır. Bunun yerine terapistin danışanın içinde bulunduğu değişim aşamasına dikkate alıp motivasyonel görüşme tekniklerini kullanarak danışanın değişimin onun için öneminin ve bunu yapabileceğinin farkına varmasını sağlayabilir.

Direnç gösteren danışanların değişime yönelik bakışını değiştirmede *önem-güven cetveli* de kullanılabilir. Bu teknikte terapist etkili dinleme ve görüşme becerilerini kullanarak danışanın değişimin önemine yönelik farkındalık kazanmasını amaçlayarak değişimin danışan için daha önemli hâle gelmesini ve bunun sonucunda da değişim için kendine güveni artırmayı hedefler. Yanda görülen önem-güven cetvelinde bir numaralı alan, motivasyonel açıdan ideal bir durum olan değişimi önemli bulan ve bunu yapma konusunda hazır olup kendine güvenen kişiyi yansıtmaktadır. İki numaralı durum ise değişimi mümkün gören ancak buna önem vermeyen kişiyi göstermektedir. Üç numara ise değişime önem veren ancak bu konuda kendisine güvenmeyen kişiyi yansıtırken dört numara ise değişimi önemli ve olası görmeyen danışanı yansıtmaktadır.

Önem-Güven Cetveli

Güven	Önem: Yüksek	Önem: Düşük
Yüksek	1	2
Düşük	3	4

Ertelemeye yönelik terapide de terapistin danışanın içinde bulunduğu durumu belirleyerek danışana değişimin önemli olduğunu ve mümkün olabileceğini göstermesi önemlidir. Terapist bunu belirlemede önem veya güven cetvelini kullanabilir. *Önem cetvelinde* terapist danışandan değişimin onun için ne kadar önemli olduğunu belirlemesini ister. Örneğin, bu amaçla danışan, *"0 senin için hiç önemli olmayan bir şeyi, 10 senin için şu anda en önemli şeyi göstermek üzere ödevlerini zamanında yapmanın önemini 0 ile 10 arasında puanlar mısın?"* şeklinde bir soru sorabilir. Güven cetvelinde ise danışanın değişimi yapmak için kendine duyduğu güveni, *"0 kendine hiç güvenmediğini, 10 ise kendine tamamen güvendiğini göstermek üzere bu değişimi yapmak için kendine güven düzeyin nerededir?"* şeklinde sorular ile belirlenmektedir. Bu süreçte terapistin özellikle dikkat etmesi gereken nokta, danışanın tepkileri karşısında doğrulama refleksiyle hareket etmekten çok değişime yönelik görüşme yapmasıdır. Örneğin, terapistin *"Çalışma konusunda değişime verdiğin önem neden 10 değil de 5?"* veya *"Değişim için kendine güvenin neden 9 değil?"* şeklindeki doğrulama refleksini yansıtan sorular danışanın direncinin artmasına sebep olabilir. Bunun yerine terapistin *"Değişimin önemine 2 değil de 6 puan vermenin sebebi nedir?"* veya *"Kendine yönelik güven için verdiğin 4 puanı nasıl 6 puana çıkarabiliriz?"* gibi değişime yönelik konuşma ve sorular danışanın motivasyonunu artırabilir.

Erteleme problemi olan danışanlarda motivasyonu artırmak için *ayrıca ileriye/geriye bakma* ve *değerleri keşfetme* teknikleri kullanılabilir. İleriye/geriye bakma tekniğinde terapist, danışanı problemin olmadığı geçmiş veya gelecek yaşantılar üzerinde veya problemin devam etmesi hâlinde kişinin yaşamının ileride nasıl olacağı üzerinde düşünmesi sağlayarak değişime yönelik harekete geçmesini sağlamaya çalışır. Örneğin; terapist, *"Ödevlerini ve çalışmalarını ertelemediğin zamanlarda nasıldın? Yaşamın nasıl gidiyordu?"* gibi sorularla danışanın geriye dönük, *"Önümüzdeki hafta problemlerinin gitmiş olsaydı nasıl bir hafta geçirirdin?"* veya *"Hiçbir değişiklik olmadığını farz edersen önümüzdeki bir yılda yaşamın nasıl *olurdu?*" gibi sorularla da ileriye dönük düşünmesini sağlayarak değişime yönelik motivasyonun artmasını sağlayabilir. Değerleri keşfetme ise teorik ve pratik açıdan tüm insanların belirli düzeyde hedeflerinin ve amaçlarının olduğu varsayımı ile hareket eder ve terapist kişinin yaşama yönelik değerlerini, amaçlarını ve önem verdiklerini ortaya çıkarmaya çalışır. Bu kişinin mevcut durumu ile ulaşmak istediği durumu karşılaştırmasını, sabit kalmanın kişiyi değerlerinden ne düzeyde uzaklaştırdığını ve değişimin kişiyi değerlerine ne düzeyde yaklaştırdığını fark etmesi sağlar.

Danışanın değer ve davranışları arasındaki çelişkileri keşfetmesini sağlamak ve değişime yönelik direnci kırmada kullanılabilecek diğer bir teknik ise *karar dengesidir*. Karar dengesi değişimin ve sabit kalmanın olumlu ve olumsuz yönlerinin bir matris üzerinde göstermeyi içermektedir. Terapist her iki duruma da eşit şekilde yaklaşarak uygun soru sorma, yansıtıcı dinleme gibi tekniklerle danışanın matrisi ayrıntılı bir şekilde doldurmasını amaçlamaktadır. Bu sayede danışanın değişimin onun için önemini fark ederek motivasyonunun artması hedeflenmektedir. Erteleme problemi olan bir öğrencinin oluşturduğu örnek karar dengesi matrisi aşağıda yer alan kutucukta görülmektedir.

Karar Dengesi

Sabitliğin Olumlu Yönleri Eğlenceli vakit geçiririm. Daha rahat olurum. Arkadaşlarımla birlikte olurum.	**Değişimin Olumlu Yönleri** Ödevlerimi yapmış olurum. Başarılı olurum. Mühendis olma hedefine yaklaşmış olurum.
Sabitliğin Olumsuz Yönleri Daha sonra daha çok sıkıntı yaşarım Başarım düşer ve hedeflerimden uzaklaşırım. Ailemle sorun yaşarım.	**Değişimin Olumsuz Yönleri** Çalışırken sıkılabilirim. Arkadaşlarımın yanında olmamam.

Kendini İzleme ve Çarpık Düşünceleri Belirleme

Danışanlara çarpık ve işlevsel olmayan düşüncelerini fark etmesini ve belirlemesini öğretmek, bilişsel davranışçı terapinin temel bileşenleri arasında yer almaktadır (Beck vd., 2005). Bireyin kaygı ve sıkıntı düzeyinin yükseldiği anlarda düşüncelerini takip etmesi oldukça zor olacağından, danışanın bu konuda yeterlik kazanması için terapist danışanın düşüncelerini izleme ve fark etme konusunda eğitilmesine özellikle odaklanmalıdır.

Danışanlara kendini izlemesi ve düşüncelerini belirlemesi iki yolla sağlanabilir. İlk olarak, danışanın düşüncelerini belirlemeye yönelik ilk alıştırmasını terapistle birlikte oturum sürecinde gerçekleştirmesi oldukça önemlidir. Terapist, ilk önce danışanın kendini kaygılı hissettiği ve erteleme problemi yaşadığı bir anı canlandırmasını isteyerek veya hayali olarak böyle bir durumu düşünmesini sağlayarak bu anda zihninin odaklandığı düşünceleri ortaya çıkarmaya yönelik bir görüşme yapabilir. İkinci olarak danışana erteleme davranışı gösterdiği anların kaydının tutulması öğretilerek de düşüncelerin belirlenmesi sağlanabilir. Danışan oturum boyunca düşüncelerini belirleme yolunda belirli düzeyde bir beceri kazandıkça günlük yaşam içerisinde erteleme davranışı gösterdiği anları, bu anlardaki duygu, düşünce ve davranışlarını bir form üzerinde belirtebilir (Clark ve Beck, 2011). Terapinin kendini izleme bileşeninin Tablo 1'de belirtilen düşük yeterlik algısını, kaygının yükselmesini içeren ve görevden kaçınmayı sağlayan düşünceleri ortaya çıkarması önemlidir. Ayrıca danışanın bu çarpık bilişlerin erteleme davranışının ortaya çıkmasında nasıl bir işleve sahip olduğunu fark etmesi de sağlanmalıdır.

Bilişsel Yeniden Yapılandırma

Bilişsel yeniden yapılandırmanın amacı, danışanın çarpık ve işlevsel olmayan bilişlerini ve atıflarını değiştirmek veya diğer bir ifade ile yeniden yapılandırmaktır. Bu strateji ile danışanın kaygı verici durumların olasılığına ve ciddiyetine yönelik sahip olduğu çarpık değerlendirmeleri, kendine yönelik yetersizlik algısı içeren düşünceleri ve duruma ilişkin bilişleri incelenerek bu düşüncelerin ne düzeyde gerçekçi ve işlevsel olduğu belirlenmekte ve sürecin sonunda danışanın çarpık bilişlerine karşın gerçekçi ve işlevsel alternatif düşünceler geliştirilmektedir. Bilişsel yeniden yapılandırma müdahalesi uygulanırken farklı bilişsel teknikler kullanılabilir: kanıt toplama, kâr-zarar analizi, en kötü senaryoyu düşünme, bilişsel hataları belirleme, alternatif açıklamalar üretme ve deneysel hipotez testi (Clark ve Beck, 2011).

Kanıt toplama: Bu strateji kullanılarak danışanın inancını destekleyen veya çürüten kanıtlar araştırılır. Erteleme problemi yaşayan ve kendine yönelik *"Sınava çalışsam da geçemeyeceğim."* veya *"Yapsam da zaten iyi olmayacak."* düşüncesine sahip olan bir öğrencinin düşüncesine karşın terapist bu düşüncenin doğru olacağına ve olmayacağına dair ne tür kanıtlarının olduğunu danışanla birlikte araştırabilir. Destekleyici ve karşıt kanıtların belirlenmesiyle danışandan ilgili düşünceye inanma düzeyini yeniden değerlendirmesi istenmektedir.

Kâr-zarar analizi: Bu strateji, bireyi düşünce ve duygularının kendine mal olan sonuçlarına odaklanmasını sağladığı için işlevsel olmayan düşüncelerin değiştirilmesinde etkili bir şekilde kullanılabilmektedir. Terapist danışana, *"Kendine veya görevlerine yönelik bu tür düşüncelere sahip olmanın sana faydaları ve zararları nelerdir?"* sorusunu cevaplandırmada yardımcı olur. Bu şekilde danışanın bilişlerinin uzun dönemli ve kısa dönemli kar ve zararlarını bir form üzerinde kaydederek işlevsel olmayan düşüncelerin ağır maliyeti ve bu düşünceleri değiştirmenin gerekliliği ortaya çıkarılmış olur.

En kötü senaryoyu düşünme: Bu strateji, felaketleştirici düşüncelerin ve danışanın kendisinin savunmasız olduğuna yönelik değerlendirmelerin açıkça olduğu durumlarda etkin bir şekilde kullanılabilmektedir. Bu teknik ile kişi bilişsel kaçınmaları ile yüzleşmekte ve bunun sonucunda bilişlerinin ve kaçınma davranışlarının işlevsel olmadığını fark etmektedir (Clark ve Beck, 2011). Erteleme problemi olan kişiler de eğer ödevi veya görevini tam olarak yapamayacağına, eksiklerinin olacağına ve başarısız olacağına dair bilişler ve buna yönelik kaygı yaşıyorsa bu teknik kullanılabilir. Terapist bu tekniğin gerekçesini ve nasıl işe yarayacağını açıkladıktan sonra danışandan en kötü senaryoyu "*Eğer ödevin eksik olursa en kötü ne olur?*" gibi sorularla tanımlamasını sağlar. En kötü senaryo açık bir şekilde ortaya konulduktan sonra *kanıt toplama tekniği* ile bu sonuçların oluşma durumlarının gerçekçiliği değerlendirilebilir. Danışanın belirlemiş olduğu sonuçlardan daha gerçekçi ve orta düzeyde şiddetli bir sonuçlar belirlenebilir ve problem çözme yaklaşımı ile bu sonuçlarla nasıl baş edebileceği üzerinde durulabilir. Örneğin, ödevinin eksik olacağını ve tam olarak yapamayacağını düşünen ve bu nedenle bir kaçınma davranışı olarak çalışmayı erteleyen bir danışan, en kötü senaryo olarak "dersten kalma, arkadaşlarının karşısında rezil olma, ailesini hayal kırıklığına uğratma, öğretmenlerin gözünden düşme" gibi sonuçlar belirleyebilir. Terapist bu senaryoların gerçekçiliği üzerinde danışanla çalışarak "*Ödevim eksik olursa öğretmen sadece notumu biraz düşürebilir. Ancak ödevimi iyi yapmak için vaktim var, eksiklerim olursa da nerede yanlış yaptığımı öğrenmiş olur ve sonraki ödevlerimi daha iyi yapma fırsatı bulurum.*" şeklinde daha gerçekçi bir sonuç ve alternatif açıklama belirleyebilirler.

Düşünme hatalarını belirleme: Akılcı olmayan bilişlerin değiştirilmesinde kullanılan diğer bir strateji ise danışana yaptığı düşünce işleme hatalarının farkında olmasını öğretmektir. Terapist, danışanla birlikte akılcı olmayan düşüncelerinde yapılan düşünce işleme hatalarını belirleyerek danışanın değerlendirmelerinin yanlış olduğunu göstermiş ve işlevsel olmayan düşünceleri eleştirel bir şekilde incelemeyi öğretmiş olur. Örneğin; danışan, "Bu ödev çok zor, kesinlikle yapamam." düşüncesinde *felaketleştirme*, "Şu an kendimi çok hazır hissetmiyorum, bunu tam hazır olunca yapmalıyım." düşüncesinde *duygusal çıkarsama* hatalarını yaptığını fark ederek bu bilişlerin işlevsel ve gerçekçi olmadığını fark edebilir. Oturum sürecinde düşünce işleme hataları çalışıldıktan sonra terapist, danışana düşünce işleme hatalarını belirlemeye yönelik bir formla ev ödevi verebilir.

Alternatif açıklamalar üretme: Bu teknikle danışanın gerçekçi ve işlevsel olmayan düşünceleri üzerinde çalışılarak bunların yerine daha gerçekçi ve işlevsel düşünceler geliştirilmeye çalışılır. Clark ve Beck (2011), alternatif açıklamaların şu üç özelliğe sahip olması gerektiğini vurgulamışlardır: a) felaketleştirici değerlendirmelerden açık bir şekilde farklı olması, b) durumun gerçekliğine daha uyumlu olması ve c) deneysel olarak sınanabilir olması. Kaygı düzeyinin yüksek olduğu anlarda bireyler genellikle katı ve felaketleştirici bir şekilde düşünmektedirler. Kişi bu düşüncelerinin genellikle gerçekçi olmadığını fark etmesine rağmen yoğun duygusal durumu bu düşünceleri göz ardı etmesini zorlaştırmaktadır (Beck vd., 2005). Bu nedenle terapistin danışanla gerçekçi olmayan düşüncelerine karşı alternatif açıklamalar geliştirme konusunda yeterli düzeyde alıştırma yapması ve ev ödevi olarak bu alıştırmaları danışanın devam ettirmesi faydalı olabilir.

Deneysel hipotez testi: Deneysel hipotez testi veya diğer bir ifadeyle davranışsal deneyler bilişlerin değiştirilmesinde kullanılan en etkili stratejilerden biridir. Deneysel hipotez testinin temel amacı, işlevsel olmayan düşüncelerin sınanmasını ve bu şekilde daha gerçekçi ve işlevsel olan düşüncelerin geliştirilmesini sağlayan yaşantısal fırsatların sağlanmasıdır. Bu sayede danışan, sahip olduğu varsayımların geçerli olup olmadığını test ederek yaşantı temelli gerçekçi düşünceler geliştirme imkânına sahip olmuş olur. Deneysel hipotez testi altı aşamadan oluşmaktadır (Clark ve Beck, 2011). İlk aşama olan *rasyonelini oluşturmada;* terapist, danışana bu alıştırmanın nasıl ve ne şekilde işe yarayacağını açıklar ve danışanın iş birliği yapmasını sağlar. İkinci aşama *düşüncenin ve alternatifinin belirlenmesidir.* Bu aşamada, üzerinde çalışılacak varsayım ve danışanın bu varsayıma inanma düzeyi belirlendikten sonra bu düşünceye karşı daha gerçekçi bir açıklama geliştirilir. *Deneyi planlama* olan üçüncü aşamada ise danışanın varsayımlarının ve alternatif açıklamalarının açık bir şekilde sınanabileceği bir etkinlik planlanır. *Hipotez belirleme* aşamasında, danışanın deneye ilişkin beklediği sonuçları yansıtan hipotezler açık bir şekilde belirlenir. *Deneyi ve sonuçları kaydetme* olan beşinci aşamada ise danışan, deneyi nasıl uyguladığını ve nasıl sonuçlar elde ettiğini uygulamadan sonra olabildiğince kısa sürede kaydeder. Son aşama ise *bütünleşme* aşamasıdır ve bu aşamada deneysel hipotez testinin başarılı olması, terapistin deneyin sonuçlarını değerlendirme düzeyine bağlıdır. Bu aşamada terapist ilk öncelikle deney sürecinde danışanın yaşantılarını, duygularını, deney sürecini nasıl gerçekleştirdiğini ve herhangi bir güvenlik sağlayıcı davranış yapıp yapmadığını öğrenir. Sonrasında etkin dinleme ve Sokratik sorgulama gibi yöntemlerle deney sonuçlarının danışanın varsayımlarını doğrulayıp doğrulamadığı üzerinde durarak danışanın daha işlevsel ve gerçekçi açıklamalar geliştirmesini sağlar. Erteleme problemi yaşayan bir danışana yönelik gerçekleştirilen bir hipotez testi örneği aşağıda verilmiştir.

DENEYSEL HİPOTEZ TESTİ ÖRNEĞİ

Terapist, erteleme problemi olan danışanın sahip olduğu *"Bir işi tam motive olmadan yaparsam, sonuç kötü olur. Bu nedenle tam motive olana kadar beklemeliyim."* düşüncesinin deneysel hipotez testi ile sınanabileceğine karar vermiştir. İlk önce deneysel hipotez testinin ne olduğunu, nasıl yapılacağını ve nasıl işe yarayacağını danışanla birlikte tartışırlar. Daha sonra terapist danışanla birlikte işlevsel olmayan düşüncesini ve alternatifini, *"Motive olmadan işe başlarsam sonuç kötü geçer."* düşüncesine karşın *"İlk başta biraz sıkılsam da sonradan yaptıkça motive olabilirim ve bir işi iyi veya kötü yapmak benim elimdedir."* alternatif açıklamasını belirlerler. Sonrasın bu varsayımları sınamak için bir deney planlarlar. Bu deneye göre danışanın ödevinden bir kısım seçilir ve danışanın motivasyonunun olmadığı bir anda ödevinin ilgili kısmı yapmaya çalışması ayrıntılı bir şekilde planlanır. Daha sonra sınanacak hipotezler *"Çalışırken sıkılacağım ve devam edemeyeceğim."* ve *"Ödevin ilgili kısmını yapamayacağım."* şeklinde belirlenir. Aynı zamanda deney sonunda ödevin olup olmadığına karar vermek için ölçütleri de birlikte oluştururlar. Sonraki süreçte danışan ödev yapmak istemediği ve ertelemeyi düşündüğü bir anda ödevin belirlediği kısmını yapar ve bu süreci kaydeder. Daha sonra terapide terapist, danışanla etkinliğin nasıl geçtiğini ve danışanın hipotezlerinin doğrulanıp doğrulanmadığını tartışır.

Dikkati Yönlendirme Eğitimi

Kaygı temelli bozukluklarda ısrarlı ve tekrarlayıcı düşünceler endişe, obsesyon veya ruminasyon şeklinde ortaya çıkabilmektedir. Bu anlarda kişinin odak noktası, kaygıyı tetikleyen veya artıran içsel ve dışsal uyaranlara doğru olmakta, bu da kaygının artmasına ve kişinin kaçınma davranışı göstermesine sebep olabilmektedir. Erteleme problemi olan kişiler de sürekli olarak ödevin zorluğuna, sürenin yetmeyeceğine veya başarısızlıklarının kaçınılmaz olacağına odaklanarak kaygılı durumlarının devam etmesine ve bunun sonucunda da erteleme davranışına neden olabilmektedirler. Wells (2002) tarafından geliştirilen dikkat yönlendirme eğitimi, kaygının sürekliliğine neden olan tekrarlayıcı "kendine yönelmiş dikkati" ortadan kaldırmayı hedefleyen bir terapötik müdahaledir. Dikkat yönlendirme eğitimi kendine-yönelmiş dikkatin, endişe ve ruminasyonun zayıflatılmasında, dikkatin üzerinde yürütücü süreçlerin ve üstbilişsel işlevlerin güçlendirilmesinde etkili olmaktadır (Wells, 2002).

Dikkati yönlendirme eğitiminde danışanlara dikkatlerini nötr sesli uyaranlara yönlendirmesi, dikkatini farklı sesli uyaranlar arasında değiştirmesi ve dikkatini farklı sesli uyaranlara karşı bölmesini içeren dikkat alıştırmaları yapılmaktadır. Müdahale danışanın kaygılı olmadığı bir anda gerçekleştirilmekte ve takriben 10-15 dakika sürmektedir. Terapist ilk önce kendine yönelmiş dikkatin olumsuz etkilerini göstererek dikkati yönlendirme eğitiminin rasyonelini danışana kazandırmaya çalışır. Daha sonra ilk aşamada terapist danışanın dikkatini sırasıyla farklı üç sese odaklamasını ister. Danışan farklı sesli uyaranlara dikkatini vermeyi başardıktan sonra; terapist, üç farklı sesli uyaran oluşturarak danışanın dikkatini farklı sesler arasında hızlı bir şekilde değiştirmesini ister. Üçüncü aşamada ise danışandan dikkatini aynı anda tüm seslere vermesi ve çevredeki sesleri sayması istenir. Bu aşamalar tamamlandıktan sonra danışandan bu alıştırmayı evde günlük olarak uygulaması istenir. Ancak bu süreçte en önemli noktalardan biri, danışanın dikkati yönlendirmeyi kaygılı düşüncelerden kaçınma ve kaygı tepkilerini kontrol etme stratejisi olarak kullanmamasını sağlamaktır (Wells, 2002). Dikkati yönlendirme becerisi ile erteleme problemi olan kişiler de bir ödev veya çalışma durumunda dikkatlerini kendisinin bu görevi yapamayacağına, ne kadar sıkıldığına, süreyi yetiştiremeyeceğine odaklamak yerine dışsal uyaranlara odaklayarak tekrarlayıcı olumsuz düşünme sürecini engellemeyi öğrenebilirler.

Hedef Belirleme

Önceki araştırmalar, niyet-davranış arasında yer alan sürenin uzamasıyla erteleme davranışının arttığını ve düzenli ve planlı bir şekilde çalışanlarda erteleme davranışının daha az ortaya çıktığını göstermektedir. Bu bulgular da hedef belirleme stratejilerinin ve özellikle kısa vadeli veya performans odaklı hedef belirlemenin motivasyonu artırabileceği ve erteleme davranışını azaltabileceğini göstermektedir. Alanyazında yer alan çalışmalar, günlük hedeflerin yazılması, görevin küçük parçalara bölünerek kısa süreli hedeflerin oluşturulması gibi hedef belirleme stratejilerinin erteleme davranışını azalttığını bulmuştur (Steel, 2007).

SOMUT Hedefler
Somut
Olası
Mantıklı
Uygun
Test edilebilir

Erteleme problemi olan bireylere hedef belirleme becerisini kazandırmada özellikle iki stratejinin etkili olduğu iddia edilebilir. Bunlardan ilki kişinin *SOMUT* hedefler belirlemesidir. İkincisi ise uzun vadeli *seçim veya uzmanlaşma hedeflerinin* yanı sıra daha kısa vadeli *performans hedeflerinin* belirlenmesidir. Erteleme problemli yaşayan bireylerde soyut, uygulanması zor veya uzun zaman gerektiren hedefler belirlenmesi motivasyonu ve hedef odaklı davranışların gerçekleştirilmesini azaltmaktadır. Bu nedenle terapistin danışanla daha etkili hedefler belirleme üzerinde çalışması faydalı olacaktır. Danışanlara belirledikleri hedefleri *SOMUT* kelimesi ile formüle edilen ölçütlere göre değerlendirmesi öğretilebilir. Erteleme problemi yaşayan bireyler; *somut* ve belirgin, uygulama *olasılığı* olan, *mantıklı*, zaman açısından *uygun* ve *test edilebilir* hedefler belirlemelidirler. Örneğin, bir lise öğrencisinin "*matematikte iyi olmak*" hedefi somut ve ölçülebilir, "*üniversitede iyi bölüme yerleşmek*" hedefi de somut, ölçülebilir ve zaman açısında uygun olma ölçütlerini karşılayan hedefler değildir. Bunlar yerine "*matematikten 70 ve üzeri not almak*" ve "*üniversitede kendime uygun olabilecek alanları belirlemek*" şeklinde hedefler belirlenebilir.

Hedef belirleme sürecinde danışanlarla çalışılabilecek ikinci alan *performans hedeflerinin* de belirlenmesidir. Hedefler; *beceri/yeterlik* hedefleri ve *performans* hedefleri olarak iki grupta ele alınabilir. Beceri hedefleri, bir alanda yetkinlik ve beceri kazanmaya ve kişinin kendisini geliştirmesine yönelik hedefleri içermektedir. Örneğin, "*İngilizce konuşabilmek ve anlayabilmek*" bir beceri hedefi olarak belirlenebilir. Ancak bu hedefe ulaşmak uzun zaman ve birçok faaliyet arasından bazılarının önceliklendirilmesini gerektirdiği için özellikle erteleme problemi olan kişilerin hedefe yönelik davranışlardan uzaklaşmasına neden olabilir. Performans hedefleri ise kişinin beceri/yeterlik hedeflerine ulaşmak için yapması gereken davranışları içeren daha kısa süreli hedeflerdir. Örneğin, "*her gün çevrim içi eğitim platformundan dinleme, konuşma, okuduğunu anlama ve yazma etkinlikleri içeren bir konu bitirmek*" bir performans hedefi olarak belirlenebilir. Terapist, erteleme problemi olan danışanla beceri/yeterlik ve performans hedefi belirleme ile bu hedeflere ulaşma sırasında karşılaşabileceği erteleme problemi ile nasıl başa çıkabileceğine dair hedefler belirleme üzerinde çalışabilir. Aşağıdaki tabloda bir terapist ile danışanın belirlediği örnek hedefler yer almaktadır.

Tablo 2. Beceri ve Performans Hedefi Örneği

Beceri Hedefi	**Performans Hedefi**	**Erteleme ile Baş Etme Hedefi**
İngilizce konuşabilmek ve anlayabilmek. İngilizce konuşan bir ülkede yaşayabilecek düzeyde dil öğrenmek	Her gün çevrim içi İngilizce kursundan bir konu bitirmek (2 saat)	Her bir faaliyeti 30 dk. boyunca bilgisayarın başından kalkmadan bitirmek. Her faaliyetten sonra 5 dakika ara vermek

Erteleme problemli olan kişilerde hedef yönelimli davranışların gösterilmesinde uygulanabilecek diğer bir strateji ise *harekete geçirici niyetler* ve *zihinsel karşılaştırmadır*. Harekete geçirici niyetler, hedef davranışları içeren belleğin geri çağrılmasını kolaylaştıran ve davranışsal seçenekleri sınırlayan "eğer ... o zaman" kalıbını içeren hedef ifadeleridir (Gollwitzer vd., 2009; Oettingen vd., 2005). Erteleme problemi gösteren bireylere de harekete geçirici niyetleri içeren hedefler geliştirme becerisi terapi sürecinde kazandırılabilir. Örneğin; terapist, erteleme problemi olan bir öğrencinin "*Eve gittiğim zaman hemen odama geçip fizik ödevime 45 dakika çalışacağım.*" şeklinde günlük hedefler belirlemesini amaçlayabilir.

Zihinsel karşılaştırma ise niyet ve eylem arasındaki boşluğun fark edilmesini, motivasyonun artırılmasını ve erteleme yerine hedeflenen sonuç için eyleme geçilmesini amaçlayan imgesel bir tekniktir. Oettingen ve diğerleri (2005) tarafından gerçekleştirilen bir deneysel çalışmada eğitsel bir etkinliğin faydalarının hayal edilmesinin, çalışma sürecinde karşılaşılacak ve engellerin düşünülerek değerlendirilmesinin ilgili etkinliğe katılmaya istekli olma, çaba ve zaman harcama gibi hedef yönelimli davranışları artırdığı bulunmuştur. Erteleme problemi olan danışanlarda da bir görevi tamamladığında elde edeceği faydaları düşünme veya imgesel olarak canlandırma, çalışma anında karşılaşacağı zorlukların nasıl aşılacağı üzerinde düşünme gibi bilişsel etkinlikler erteleme davranışının azaltılmasında etkili olabilir. Örneğin, bir proje ödevini sürekli erteleyen bir öğrenciden terapist ilk önce bu ödevi başarı ile tamamladığını, bunun onun kişisel ve akademik gelişimine katkılarını hayal etmesini isteyebilir. Sonrasında ise bu ödevi tamamlarken karşılaşacağı zorluklara ve engellere ilişkin düşüncelerini incelemesi ve ödevi tamamlamanın olumlu yönleri ile karşılaştırması istenebilir. Sonrasında ise bu görev için atacağı ilk adımların belirlenmesi üzerinde çalışılabilir.

Davranışsal Müdahaleler

Ertelemenin kaygı durumuna karşılık gösterilen kaçma veya kaçınma tepkisi olduğu ve düzenli çalışma, zaman yönetimi gibi alanlardaki yetersizliklerin erteleme ile ilişkili olduğu göz önüne alındığında davranışsal müdahalelerin ertelemeye yönelik BDT'nin önemli bir bileşeni olması beklenmektedir. Davranışsal müdahaleler genel olarak bireylerin işlevsel olmayan davranışlarını değiştirmesini amaçlamaktadır. Alanyazında yer alan çalışmalarda davranışsal müdahalelerin özellikle erteleme davranışı ile ilgili olan tetikleyici ve sürdürücü etkenlerin düzenlemesini içerdiği görülmektedir. Bu kapsamda davranışsal müdahalelerin hedeflerinden birinin erteleme davranışının öncüllerini ve sonuçlarını düzenlemek olduğu ileri sürülebilir. Erteleme davranışının öncüllerine yönelik müdahaleler; a) çevresel düzenlemeler, b) sosyal etkiyi kullanma ve c) eğitim verme şeklinde üç grupta ele alınabilir (Cullinan, 2002). *Çevresel düzenlemeyi* içeren müdahaleler arasında bireye uygun ödev ve görevlerin verilmesi, öz değerlendirmeyi sağlayacak etkinliklerin planlanması ve gözetim gibi uygulamalar yer almaktadır. *Sosyal etkiyi kullanmaya* yönelik müdahaleler ise bireyin çevresinden ilgili görev veya ödevi tamamlayacağına yönelik cesaretlendirici ve yönlendirici tepkiler almasının sağlanmasıdır. *Eğitim,* bireylerin zaman yönetimi, planlı çalışma ve hedef belirleme gibi alanlarda beceri kazanmasını sağlamayı amaçlayan müdahaleleri içermektedir. Erteleme davranışının sonuçlarına yönelik müdahaleler ise genel olarak ertelemeden sonra oluşan istendik sonuçların azaltılmasını, çalışma davranışının ise istendik sonuçlara ulaşmasını amaçlayan müdahalelerdir. Bu kapsamda gözetim ve denetimin yapılması, pekiştireçlerin kullanılması, danışanın kendini ödüllendirmeyi öğrenmesi gibi müdahaleler yer almaktadır (Tuckman ve Schouwenburg, 2004).

Bilişsel davranışçı terapide davranışsal müdahalelerin diğer bir işlevi de işlevsel olmayan ve akıl dışı düşünce ve inançların test edilmesine ve değiştirilmesine imkân sağlamasıdır. Örneğin, uygun bir şekilde hazırlanmış davranışsal deneyler, *"Eğer tam motive olmadan çalışırsam sonuçları kötü olur. Bu nedenle istek gelene kadar beklemeliyim."* şeklindeki bir inancın test edilmesi ve yeniden yapılandırılmasında kullanılabilir. Davranışsal müdahalelerin aşağıda belirtilen adımlara göre uygulanması etkililiğini artırabilir: i) terapistin müdahalenin gerekçesi ve işlevi konusunda danışana yeterli düzeyde bilgi sağlaması, ii) hedeflenen veya sınanacak düşünce veya inançların açık bir şekilde belirlenmesi, iii) danışanın müdahalenin nasıl yapılacağını tam bir şekilde öğrenmiş olması, iv) danışanın uygulama sürecinde kendini izlemesi ve süreci kaydetmesi ve v) müdahalenin ve sonuçlarının değerlendirilmesi (Clark ve Beck, 2011). Erteleme yönelik BDT'de kullanılabilecek işlevsel davranış analizi, maruz bırakma, plan yapma ve zaman yönetimi, kendini ödüllendirme/cezalandırma, uyaran kontrolü ve çalışma ortamını düzenleme, duygu düzenleme ve akademik beceri kazandırma gibi davranışçı müdahalelerin nasıl kullanılabileceği aşağıda kısaca ele alınmıştır.

İşlevsel Davranış Analizi

Danışanlarda istendik davranış değişikliklerinin sağlanması için bir davranışı ortaya çıkaran, sürdüren veya değişmesini engelleyen etkenlerin belirlenerek uygun düzenlemelerin yapılması gerekmektedir. İşlevsel davranış analizi de bir davranışının hangi ortam ve koşullarda ne şekilde ortaya çıktığını ve nasıl devam ettiğini belirlemeyi amaçlamakta ve BDT'de etkin bir şekilde kullanılmaktadır. İşlevsel davranış analizinde ilk önce terapist danışanla birlikte hedef davranışları veya istenilen değişimi belirler, sonrasında istenmeyen davranışın oluşmasında ve sürdürülmesinde rol oynayan veya istenilen davranışın ortaya çıkmasını sağlayacak etkenler üzerinde çalışırlar. İşlevsel davranış analizinde bir duruma ilişkin öncül, davranış ve sonuç (ÖDS) bileşenleri belirlenir (Bakker, 2008). *Öncüller,* bir davranışın tetikleyicilerini, bir davranış ortaya çıkmadan hemen önce meydana gelen olayları, davranışları ve düşünceleri içermektedir. Öncüllerle bir davranışın nasıl ve hangi ortamlarda ortaya çıktığı belirlenmiş olur. *Davranış* ise bir tetikleyici durum, davranış veya düşünce sonucunda gösterilen tepkiyi yansıtmaktadır. *Sonuç* ise bir davranışın nasıl sonuçlandığını ve davranıştan sonra elde edilen durumu tanımlamaktadır. Bu aşamada davranışın nasıl devam ettirildiği ortaya çıkarılmış olur. Bir davranışın ÖDS'si belirledikten sonra terapist ve danışan, analiz sonuçlarını bir bütün olarak değerlendirerek istenmeyen davranışları azaltmak veya istendik davranış oluşturmak için nerelerde değişiklik yapılması gerektiği üzerinde çalışırlar.

Erteleme problemi olan danışanlarda da danışanın göstermiş olduğu istenmeyen davranışların ÖDS'si analiz edilerek problem davranışların hangi durum ve koşullarda ortaya çıktığı ve problem davranıştan sonra oluşan hangi sonuçların bu davranışın devam etmesine katkı sağladığı belirlenmiş olur. Bu sayede terapist ve danışan, istenilen davranış değişikliği için hangi girişimlerde bulunmaları gerektiğini de tespit etmiş olurlar. Ayrıca ev ödevi verilerek terapi sürecinde ve sonrasında işlevsel davranış analizi konusunda danışanın beceri kazanması sağlanabilir. Aşağıda Tablo 3'te erteleme problemi olan bir danışanın istenmeyen davranışlarına yönelik gerçekleştirilmiş işlevsel davranış analizi örnek bir form üzerinde gösterilmiştir.

Tablo 3. İşlevsel Davranış Analizi Örneği

Ö **Öncül** Davranıştan önce oluşan durumlar neler?	**D** **Davranış** İstenmeyen davranış nedir?	**S** **Sonuç** İstenmeyen davranışın sonucunda ne oldu?
Odada çalışma masasında bulunma Yapamayacağına ve sıkılacağına dair düşünceler Sıkılmış hissetme Cep telefonuna sosyal medya araçlarından bildirim gelmesi	Çalışmayı bırakma Arkadaşlarla konuşma	Kısa vadede rahatlama ve eğlenme Uzun vadede sınavdan düşük puan alma ve suçluluk hissi
Terapist danışanla çalışmayı bırakma davranışını analiz ettiğinde, bu davranıştan hemen önce danışanın işlevsel olmayan düşüncelerini ve telefonun çalışma masasının yanında açık bir şekilde bulunduğunu, çalışmayı bıraktıktan sonra arkadaşları ile konuşarak rahatlamasının çalışmayı bırakma davranışını pekiştirdiğini fark etmişlerdir. Bu analiz, terapist ve danışanın çalışmayı bırakma ve erteleme davranışını hangi etkenlerin tetiklediğini (olumsuz düşünceler, sıkıntıdan kurtulma isteği ve çalışma anında telefonun ulaşılabilir olması) ve hangi etkenlerin bunu sürdürdüğünü (arkadaşlarla konuşma, telefonda vakit geçirme, rahatlama), ortaya çıkarmasını ve değişimin nereden başlayacağını belirlemelerini sağlamıştır.		

Maruz Bırakma

Maruz bırakma, kişinin kaçındığı içsel veya dışsal uyaran, nesne veya bir durumla sistematik, tekrarlı ve süreğen bir şekilde karşılaştırılmasıdır. BDT'de kaygı ve kaçınma temelli psikolojik bozuklukların tedavisinde etkili bir şekilde kullanılabilmektedir (Clark ve Beck, 2011). Ertelemede bir anlamda bir kaçınma davranışı olarak kabul edilebileceği için kişinin bir görev veya ödevi bırakmasına neden olan duygularla yüzleşmesini sağlamak erteleme davranışının azaltılmasında etkili olabilir. Erteleme problemi olan kişiler, çalışma anında sıkılma, endişe ve rahatsızlık gibi deneyimler yaşamakta ve bunların sonucunda çalışmayı bırakmaktadırlar (Schraw vd., 2007). Bu da belirli düzeyde uygulanan maruz bırakmanın kişinin sıkıntıya katlanma eşiğini yükselterek erteleme davranışını azaltabileceğini göstermektedir.

Maruz bırakmanın etkili olabilmesi için özellikle iki önemli bileşene sahip olması gerekmektedir. Bunlardan ilki, maruz bırakmanın kişide kaçındığı duygusal durumları oluşturmasıdır. İkincisi ise maruz bırakma kişinin çarpık ve işlevsel olmayan düşünce ve inançalarını sınayabilecek şekilde tasarlanmasıdır (Clark ve Beck, 2011). Dolayısıyla erteleme problemi olan kişi maruz bırakma sürecinde belirli düzeyde sıkıntı ve kaygı yaşamalıdır. Aynı zamanda maruz bırakma süreci, kişinin sahip olduğu "İstemediğim zaman çalışırsam sıkıntıma katlanamam." veya "Sıkıldığımda çalışırsam konuyu anlayamam." gibi düşüncelerini sınayabilecek şekilde tasarlanmalıdır. Maruz bırakma, diğer tekniklerde olduğu gibi danışana maruz bırakmanın gerekçesi ve nasıl işe yaradığı hakkında bilgi vererek başlamaktadır. Sonrasında terapist danışanla birlikte danışanın kaçındığı durumları belirlemekte ve maruz bırakmanın nasıl ve ne şekilde uygulanacağı üzerinde çalışmaktadır. Daha sonra danışanın hazır olduğu bir aşamadan başlanarak danışan sistematik olarak kaçındığı duruma maruz kalmaktadır. Bu işlemin sonunda süreç değerlendirilerek bilişsel varsayımlarının geçerliği incelenmektedir.

Erteleme problemi olan kişilerde de sistematik şekilde maruz bırakma uygulanarak danışanın ertelemeye neden olan duygu ve durumlarla baş etmesi sağlanabilir. Örneğin, "Sıkıldığımda çalışırsam sıkıntım artar ve konuyu anlamam." şeklinde inançları olan bir danışanın çalışma süreleri 15 dakikalık periyotlara veya görevin belirli bir kısmını yapma gibi parçalara ayrılarak kişinin sıkılmasına rağmen çalışmaya başlaması ve devam etmesi sağlanabilir. Bu uygulama ile kişinin sıkıntı ile baş etmesine ve işlevsel düşüncelerini sınamasına fırsat sağlanmış olur. Maruz bırakma aynı zamanda *yeterlik-performans spirali* (Lindsley vd., 1995) olarak da kullanılarak kişinin kendisi hakkındaki olumsuz değerlendirmelerini değiştirmek için kullanılabilir. Terapist, danışanın süresi veya zorluğu aşamalı bir şekilde artan görev dizilerine maruz kalmasını sağlayarak öz yeterlik algısının yükselmesini hedefleyebilir.

Plan Yapma ve Zaman Yönetimi

Erteleme problemi olan kişiler yapmaları gereken işleri ve görevleri tek seferde yapılamayacak düzeye gelene kadar sürekli ertelemekte ve sonrasında yapılacak işlerin çokluğu karşısında sıkıntı duymakta ve nereden başlayacakları konusunda kararsızlık yaşamaktadırlar. Bu nedenle planlı çalışma ve zaman yönetimi becerileri ertelemenin ortadan kaldırılmasında önemli görülmektedir. Ertelemenin önlenmesinde çalışmaya yönelik bir rutinin oluşturulması temel hedeflerden biridir (Steel, 2007). Bu bağlamda depresyonun tedavisinde uygulanan davranışsal aktivasyon stratejisinde kullanılan etkinlik çizelgeleri ve belirlenmiş etkinlikler gibi teknikler de danışanın günlük rutin oluşturması amacıyla kullanılabilir. Ayrıca planlı çalışmak, kişinin günlük rutinlerini oluşturmasını ve kişinin sosyal zamanlara uygun davranmasını sağlar. Bu sayede kişinin zihinsel yorgunluğu azalabilir ve performansı gelişebilir (Ehlers vd., 1988). Örneğin, erteleme problemi olan bir öğrencinin günün belirli bir vakitlerinde düzenli olarak çalışması, onun akşamları kendisine, ailesine ve arkadaşlarına vakit ayırabilmesine, düzenli bir uyku-uyanma döngüsü oluşturmasına katkı sağlayacaktır.

Bireylerin planlı çalışma ve zaman yönetimi becerileri kazanması için terapide parçala-böl stratejisi, beş dakikalık plan ve yapılacaklar listesi gibi teknikler kullanılabilir (Ellis ve Knaus, 1977; Knaus, 2016). Erteleme problemi olan kişiler genellikle bir işin veya görevin bir bütün olarak bir anda yapılması gerektiğine odaklanmakta, bu da erteleme davranışını tetiklemektedir. *Parçala-böl stratejisinde,* terapist danışanla bir görevin parçalara ayrılarak belirli bir zaman diliminde bir parçanın gerçekleştirilmesine yönelik bir plan oluşturabilir. Örneğin, proje raporu yazması gereken ve bu işi geniş bir zamanının olduğu bir ana erteleyen bir danışanla terapist bu görevin alt başlıklara ayrılması ve danışanın her gün bir parçası üzerinde çalışması şeklinde bir plan oluşturabilirler. Erteleme problemi olan kişilerin karşılaştığı diğer bir problem ise çalışmaya başlamada yaşadıkları sıkıntıdır. "Bir işi yapmak için istek gelene kadar beklemeliyim." stratejisi çalışmaya başlama sürecini geciktirerek erteleme davranışını artırmaktadır. Ancak genellikle bir görevi veya işi yapmaya başlama birçok kişi için sıkıntılı olmakta, başladıktan sonra ise kişi daha rahat bir şekilde çalışmaya devam edebilmektedir. *Beş dakikalık planda,* terapist danışanla istekli olmadığı bir anda olsa dahi beş dakikalık bir çalışma planlaması ve çalışmaya devam edip etmeyeceğine bu beş dakikanın sonunda karar vermesi üzerinde çalışmaktadır. Örneğin, proje ödevi olan bir öğrenci o anda çalışmak istemediğini hissetmesine rağmen *"Beş dakika çalışacağım ve devam edip etmemeye sonra karar vereceğim."* şeklinde bir strateji uyguladığında, çalışma sürecinde ilk başta istek olmasa da çalışabildiğini ve çalıştıkça çalışma isteğinin de geldiğini görerek ilk baştaki bilişsel varsayımın hatalı olduğunu fark edebilir. *Yapılacaklar listesinde* ise danışana yapması gereken görevleri öncelik sırasına göre listelemesi ve buna uygun şekilde günlük veya haftalık bir plan oluşturması öğretilmektedir. Bu beceri danışanın plan yapma ve kendini izleme becerisi geliştirmesine destek olarak erteleme davranışının azalmasını sağlamaktadır. Aşağıda erteleme problemi olan bir öğrencinin terapistle birlikte geliştirdiği yapılacaklar listesi yer almaktadır.

Tablo 3. Yapılacaklar Listesi Örneği

Öncelikli Yapılacaklar	Tamamlandı mı?
1. Ders notlarını düzenle ve oku.	
2. Fizik sınavı için momentumdan 20 soru çöz.	
3. Matematik ödevini bitir.	
4. Kimya ödevi için kaynaklarını araştır.	

Kendini Ödüllendirme/Cezalandırma

Erteleme, kişinin sıkıntı veren veya kaygı düzeyini artıran durumlardan kaçınmasını sağlayarak rahatlama ile sonuçlandığı için pekiştirilmekte ve bunun sonucunda erteleme davranışı daha sık gösterilmektedir. Bu nedenle çalışma davranışının istenilen durumlarla ve erteleme davranışının ise istenmeyen durumlarla sonuçlanması ertelemenin azaltılmasında etkili olabilir (Ellis ve Knaus, 1977). Bu kapsamda BDT'de de erteleme problemi olan danışanlara kendi ödül/ceza sistemini kurmaları ve uygulamaları öğretilebilir. Bu uygulama erteleme davranışının ceza sonucunda azalmasını ve çalışma davranışının ise pekiştirme sonucunda artmasını sağlayabilir. Örneğin, ödevlerini ve çalışmalarını devamlı olarak erteleyen bir öğrenci, terapistle birlikte hazırladıkları çalışma planına uyması karşılığında takip ettiği diziden bir bölüm izleme veya arkadaşları ile konuşmayı ödül, planda yer alan çalışmayı ertelerse sevmediği bir yiyeceği yeme veya gece yarısı kalkıp bir pantolonu ütülemeyi ceza olarak belirleyebilir.

Uyaran Kontrolü ve Çalışma Ortamını Düzenleme

Ertelemenin birden fazla etkinlik arasında yürütülen aktif bir seçim davranışı ve bireyin dikkatinin iş veya görev dışındaki uyaranlarla dağılması süreci olduğunu dikkate alırsak, bireyin çalışma veya bir görevi yerine getirme anında karşılaştığı seçeneklerin azaltılması temel bir strateji olarak düşünülebilir. Çalışma anında bilgisayarın ve telefonun ulaşılabilirliğinin kısıtlanması, çalışma alanının dikkat dağıtıcılardan arındırılması gibi düzenlemeleri içeren *uyaran kontrolü* kişinin çalışmaya başlamasını veya devam ettirmesini engelleyen etkenlerin kontrol edilmesini sağlar (Mulry vd., 1994). Kişinin çalışma davranışını engelleyen uyaranların uzaklaştırılması gibi, kütüphanede veya çalışma masasında çalışma, planlanan zamanlarda çalışma gibi kişinin çalışmaya başlamasını ve sürdürmesini sağlayacak uyaran düzenlemeleri de ertelemenin önlenmesinde etkili olabilir. Bu aynı zamanda çalışmaya yönelik otomatikliğin oluşmasını sağlayarak kişi için belirsizliklerin de azaltılmasını sağlamış olur (Neal vd., 2012). Terapide de danışanın "çalışma ortamında" ertelemesini azaltan ve çalışmasını artıran bir düzenleme yapmasını sağlamak işe yarayabilir. Özellikle daha önce incelediğimiz işlevsel davranış analizi kullanılarak hangi çevresel koşulların erteleme davranışının, hangi çevresel koşulların da çalışmaya başlama davranışının öncülleri olduğu belirlenerek ertelemeyi azaltmaya yönelik düzenlemeler yapılabilir. Örneğin, erteleme problemi olan bir öğrenci ile terapistin uyaran kontrolü üzerinde çalıştığı bir örnek aşağıda Tablo 4'te sunulmuştur.

Tablo 4. Uyaran Kontrolü Üzerine Örnek Bir Çalışma

Ertelemenin Öncülleri	Çalışmanın Öncülleri
Telefonun açık ve yakında olması Masada bilgisayarın açık olması Mutfakta veya TV'nin karşısında çalışma Yemekten hemen önce veya hemen sonra çalışma	Çalışma odasında veya kütüphanede çalışma Telefon ve bilgisayarın kapalı ve uzakta olması Planlanan zamanda çalışma
Terapist ve danışan birlikte erteleme davranışına yönelik işlevsel davranış analizi gerçekleştirmiş ve bunun sonucunda erteleme ve çalışma ile ilişkili olan uyaranları yukarıda görüldüğü şekliyle bir tablo üzerine belirtmişlerdir. Daha sonra terapist danışanla çalışma ortamının nasıl düzenlenebileceği üzerinde çalışmış; danışanın bir hafta içerisinde olabildiğince planladığı zamanda ve aralıklı olarak ders çalışması, çalışma odasında çalışması, çalışırken telefon ve bilgisayarın kapalı ve odanın dışında olmasını sağlaması kararı alınmıştır.	

Duygu Düzenleme

Bir sınava hazırlanma ve ödev yapma gibi çalışma durumları ve daha genel olarak kişinin alışkanlıklarını değiştirmesi genellikle belirli bir miktarda stres oluşturmakta ve bu anlarda oluşan stres ve kaygıya genellikle de erteleme davranışı eşlik etmektedir. Biriken ödevler, çalışılması gereken sınavlar, nereden başlanılacağını bilememe ve çalışma sürecinde beklenen sıkıntı kişinin kaygı ve stres düzeyini yükseltmekte ve kişi bunun sonucunda ilgili çalışma veya görevi ertelemektedir. Ancak işler ne kadar çok ertelendikçe o kadar da stres düzeyi artmaktadır. *Ertelemenin birikimli etkisi* olarak adlandırılan bu süreç, kişinin stresle baş etmesine yardımcı olacak duygu düzenleme becerilerine sahip olmasının önemini göstermektedir (Knaus, 2016).

Erteleme problemi olan kişilerin stres ve olumsuz duygularla baş etmesine destek olmak için duygularını düzenlemelerine yönelik beceriler kazandırmayı amaçlayan çeşitli teknik ve stratejiler kullanılabilir. Bu amaçla ana odaklanma, nefes ve gevşeme egzersizleri, karar ver-rahatla-hazırlan-devam et gibi teknikler kullanılabilir. *Ana odaklanma* diğer bir ifade ile şimdi ve burada olma, kişinin düşüncelerinde kaybolmak yerine kendi iç dünyasına veya etrafına esnek bir şekilde odaklanmasını amaçlamaktadır.

Çapalama

- Ayakların ile yere tam dokun.
- Ayaklarını yere iyice bas; ayakların altındaki yeri iyice hisset.
- Bacak kaslarındaki gerginliğe odaklan.
- Tüm bedenine odaklan; başından, göğsünden, ayağına kadar yer çekimini tüm bedeninde hisset.
- Şimdi etrafına bak ve ne gördüğüne, duyduğuna ve etrafında olanlara odaklan. Nerede olduğunu ve ne yaptığını fark et.

Beş Nesne Bul

- Bir anlık yaptığın işe ara ver.
- Etrafına bak ve gördüğün beş şeyi söyle.
- Dikkatlice etrafını dinle ve beş ses duy.
- Bedenine temas eden beş nesne bul (kolundaki saat, başındaki gözlük vb.).
- Bütün bunların hepsini aynı anda fark etmeye çalış.

Bu kapsamda Kabul ve Kararlılık Terapisi içinde kullanılan ve yanda özet uygulama süreci verilen *çapalama ve beş nesne bul* gibi egzersizler kullanılabilir (Harris, 2019). *Nefes ve gevşeme egzersizleri* de erteleme problemi olan kişilerde kullanılabilen ve kişinin bedensel olarak rahatlamasını ve stres düzeyinin azalmasını sağlayan diğer bir alıştırmadır (Knaus, 2016). Terapist, seans içerisinde nefes ve gevşeme egzersizlerinin nasıl yapılacağını danışana göstererek bunları düzenleri olarak yapmasını sağlayan ev ödevleri verebilir. Bedensel rahatlamayı ve stresi azaltmayı sağlayan diğer bir teknik de *güvenli yerde rahatlamadır*. Bu teknikte, stres anında danışandan kendisini iyi hissettiği ormanlık alan, göl kenarı, sahil gibi doğal bir anda olduğunu hayal etmesini isteyerek düzenli nefes alış-verişleri ile etrafındaki görüntülere, seslere, kokulara vb. odaklanması istenir. Kişinin stres anında rahatlamasına ve performansını kontrol etmesine yardımcı olan diğer bir müdahale ise *karar ver-rahatla-hazırlan-devam et* stratejisi Bu stratejide stres anında kişin ulaşılabilir bir hedef belirlemesini, örneğin 10 dakika çalışma (karar ver), kendisi için en iyi yöntemi (nefes egzersizi vb.) seçerek rahatlamasını (rahatla), kişinin zihinsel olarak kendini eyleme geçmeye hazırlamasını (hazırlan) ve kişinin eyleme geçmesini (devam et) içermektedir (Knaus, 2016).

Akademik Beceri Kazandırma

Bölümün önceki kısımlarından hatırlayacağınız üzere kişi bir görevi ne kadar zor ve baş edilemez görürse veya kendisinin o görevi yapamayacağına inanırsa ertelemede o oranda artmaktadır. Bu durumla ilişkili olan etkenlerden biri de kişinin çalışma ve akademik becerilerinin yetersiz olmasıdır. Alanyazında yer alan çalışmalar, öğrencilerin akademik becerilerinin yetersiz olmasının çalışmalarını ertelemelerinin önemli nedenlerinden biri olduğunu göstermektedir (Grunschel vd., 2013; Svartdal vd., 2021). Kişi, etkili çalışma stratejileri ve akademik becerilerde yetersizlik yaşadıkça, özetle nasıl çalışacağını bilmediği zaman ödev veya çalışma konusunu daha zor algılamakta ve öz yeterlik algısı da düşmekte bunun sonucunda da erteleme davranışı gösterebilmektedir. Diğer taraftan alanyazında yer alan çalışmalar, öğrencilerin etkili çalışma stratejilerini ve akademik becerileri uygulama konusunda yetersizlik yaşadıklarını da göstermektedir (Svartdal vd., 2020). Öğrencilere akademik becerileri, etkili çalışma stratejileri, akademik ve kariyer hedefi oluşturmalarını sağlayacak müdahaleler, akademik motivasyonun, öz yeterlik algısının ve akademik başarının artmasında etkili olmaktadır (ör., Wibrowski vd., 2017). Buradan hareketle ertelemeye yönelik terapi sürecinde de danışanlara etkili dinleme, not tutma, etkili çalışma, öz düzenleme temelli öğrenme stratejileri, öz değerlendirme, yürütücü süreçlerin kullanımı gibi alanlarda beceri kazanmasına yönelik müdahalelerin ertelemenin önlenmesinde etkili olacağı ileri sürülebilir.

SONUÇ

Yaşamın birçok alanında ortaya çıkan erteleme kişisel yaşamdan, akademik yaşama, profesyonel yaşam alanından sosyal yaşam alanına kadar geniş bir alanda bireyin ve toplumun üzerinde olumsuz etkiler oluşturabilmektedir. Erteleme türlerinden biri olan akademik erteleme de öğrencilerin akademik ve kariyer gelişimlerini sekteye uğratabilmekte ve kişinin iyi oluş düzeyini olumsuz etkilemektedir. Ertelemenin yaygınlığı ve olası olumsuz sonuçları, ertelemeye yönelik müdahaleleri önemli hâle getirmektedir. Ertelemeye yönelik müdahalelerin etkili olabilmesi için kişinin erteleme davranışının oluşumunda rol oynayan bireysel, ailevi ve okula ait etkenlerin belirlenerek müdahale kapsamının bu alanları içerecek şekilde genişletilmesi gereklidir. BDT de bu kapsamda erteleme davranışının önlenmesinde uygulanabilecek etkili müdahale stratejilerini içeren bir yaklaşımdır. BDT'nin de etkililiğin artırılmasında bireyin erteleme problemi ile ilişkili olan etkenlerin belirlenerek bireye özgü müdahalelerin tasarlanması önemli rol oynayacaktır. Aynı zamanda ertelemeye yönelik BDT'nin önerdiği müdahale stratejileri okul temelli psikolojik hizmetlerin sunulmasında da etkili bir şekilde kullanılabilir.

OKUMA ÖNERİLERİ

- Dryden, W. (2000). Ertelemek yaşamı kaçırmaktır. Rota Yayınları.
- Türkçapar, H. (2019). Fark et, düşün, hisset, yaşa. Epsilon Yayınevi.
- Tracy, B. (2007). Eat that frog! 21 great ways to stop procrastinating and get more done in less time. Berrett-Koehler Publishers.
- Knaus, W. J. (2016). Overcoming procrastination for teens: A CBT guide for college-bound students. New Harbinger Publications.

KAYNAKLAR

Aitken, M. E. (1982). *A personality profile of the college student procrastinator* University of Pittsburgh.

Akpur, U. (2020). The effect of procrastination on academic achievement: A meta-analysis study. *International Journal of Educational Methodology, 6*(4), 681-690. https://doi.org/10.12973/ijem.6.4.681

Bakker, G. (2008). *Practical cbt: Using functional analysis, problem-maintaining-circles, and standardised homework.* Australian Academic Press.

Balkis, M. (2013). Academic procrastination, academic life satisfaction and academic achievement: The mediation role of rational beliefs about studying. *Journal of Cognitive & Behavioral Psychotherapies, 13*(1).

Balkıs, M. (2007). Öğretmen adaylarının davranışlarındaki erteleme eğiliminin, karar verme stilleri ile ilişkisi. *Pamukkale Üniversitesi Eğitim Fakültesi Dergisi* (21), 67-83.

Balkıs, M. (2011). Academic efficacy as a mediator and moderator variable in the relationship between academic procrastination and academic achievement. *Eurasian Journal of Educational Research, 45*(45), 1-16.

Balkis, M. ve Duru, E. (2009). Prevalence of academic procrastination behavior among pre-service teachers, and its relationship with demographics and individual preferences. *Journal of Theory & Practice in Education, 5*(1), 18-32.

Balkis, M. ve Duru, E. (2019). Procrastination and rational/irrational beliefs: A moderated mediation model. *Journal of Rational-Emotive & Cognitive-Behavior Therapy, 37*(3), 299-315. https://doi.org/10.1007/s10942-019-00314-6

Balkis, M., Duru, E. ve Bulus, M. (2013). Analysis of the relation between academic procrastination, academic rational/irrational beliefs, time preferences to study for exams, and academic achievement: A structural model. *European Journal of Psychology of Education, 28*(3), 825-839. https://doi.org/10.1007/s10212-012-0142-5

Batool, S. S. (2020). Academic achievement: Interplay of positive parenting, self-esteem, and academic procrastination. *Australian Journal of Psychology, 72*(2), 174-187. https://doi.org/10.1111/ajpy.12280

Beck, A. T., Emery, G. ve Greenberg, R. L. (2005). *Anxiety disorders and phobias: A cognitive perspective.* Basic Books.

Beutel, M. E., Klein, E. M., Aufenanger, S., Brähler, E., Dreier, M., Müller, K. W., Quiring, O., Reinecke, L., Schmutzer, G., Stark, B. ve Wölfling, K. (2016). Procrastination, distress and life satisfaction across the age range – a german representative community study. *PLOS ONE, 11*(2), e0148054. https://doi.org/10.1371/journal.pone.0148054

Blunt, A. K. ve Pychyl, T. A. (2000). Task aversiveness and procrastination: A multi-dimensional approach to task aversiveness across stages of personal projects. *Personality and Individual Differences, 28*(1), 153-167. https://doi.org/10.1016/S0191-8869(99)00091-4

Bruscella, A. M. (2019). *Neuroplasticity: A cognitive behavioral approach to anxiety and procrastination. 2 manuscripts: Cognitive behavioral therapy, how to stop procrastinating.* Amplitudo Ltd.

Chen, B.-B. (2019). Academic procrastination and bedtime among chinese undergraduates: The indirect and moderating effects of sensation seeking and goal disengagement. *Current Psychology, 38*(1), 187-193. https://doi.org/10.1007/s12144-017-9605-9

Chen, W.-W., Yang, X. ve Jiao, Z. (2022). Authoritarian parenting, perfectionism, and academic procrastination. *Educational Psychology*, 1-15. https://doi.org/10.1080/01443410.2021.2024513

Cho, M. ve Lee, Y.-S. (2022). The effects of medical students' self-oriented perfectionism on academic procrastination: The mediating effect of fear of failure. *Korean J Med Educ, 34*(2), 121-129. https://doi.org/10.3946/kjme.2022.224

Chun Chu, A. H. ve Choi, J. N. (2005). Rethinking procrastination: Positive effects of "active" procrastination behavior on attitudes and performance. *The Journal of Social Psychology, 145*(3), 245-264. https://doi.org/10.3200/SOCP.145.3.245-264

Clark, D. A. ve Beck, A. T. (2011). *Cognitive therapy of anxiety disorders: Science and practice.* Guilford Press.

Corkin, D. M., Yu, S. L., Wolters, C. A. ve Wiesner, M. (2014). The role of the college classroom climate on academic procrastination. *Learning and Individual Differences, 32*, 294-303. https://doi.org/10.1016/j.lindif.2014.04.001

Cullinan, D. (2002). *Students with emotional and behavioral disorders*. Prentice Hall.

DeSimone, P. (1993). Linguistic assumptions in scientific language. *Contemporary Psychodynamics: Theory, Research & Application, 1*, 8-17.

Dikmen, M. ve Bahadır, F. (2021). Achievement goal orientations as a mediating variable between academic procrastination and academic achievement. *Education and Culture, 6*(13), 1028-1060. https://doi.org/10.35826/ijoecc.404

Durana, J. H. ve Barnes, P. A. (1993). A neurodevelopmental view of impulsivity and its relationship to the superfactors of personality. W. G. McCown, J. L. Johnson ve M. B. Shure (Ed.), *The impulsive client; theory, research and treatment* (pp. 23). American Psychological Association.

Ehlers, C. L., Frank, E. ve Kupfer, D. J. (1988). Social zeitgebers and biological rhythms: A unified approach to understanding the etiology of depression. *Archives of General Psychiatry, 45*(10), 948-952. https://doi.org/10.1001/archpsyc.1988.01800340076012

Eisenbeck, N., Carreno, D. F. ve Uclés-Juárez, R. (2019). From psychological distress to academic procrastination: Exploring the role of psychological inflexibility. *Journal of Contextual Behavioral Science, 13*, 103-108. https://doi.org/10.1016/j.jcbs.2019.07.007

Ellis, A. ve Knaus, W. J. (1977). *Overcoming procrastination*. Signet Books.

Ferrari, J. R. (1991). Self-handicapping by procrastinators: Protecting self-esteem, social-esteem, or both? *Journal of Research in Personality, 25*(3), 245-261. https://doi.org/10.1016/0092-6566(91)90018-L

Ferrari, J. R. (1994). Dysfunctional procrastination and its relationship with self-esteem, interpersonal dependency, and self-defeating behaviors. *Personality and Individual Differences, 17*(5), 673-679. https://doi.org/10.1016/0191-8869(94)90140-6

Ferrari, J. R. ve Emmons, R. A. (1995). Methods of procrastination and their relation to self-control and self-reinforcement: An exploratory study. *Journal of Social Behavior and Personality, 10*(1), 135-142.

Ferrari, J. R., Johnson, J. L. ve McCown, W. G. (1995). *Procrastination and task avoidance: Theory, research, and treatment*. Springer.

Flett, A. L., Haghbin, M. ve Pychyl, T. A. (2016). Procrastination and depression from a cognitive perspective: An exploration of the associations among procrastinatory automatic thoughts, rumination, and mindfulness *Journal of Rational-Emotive & Cognitive-Behavior Therapy, 34*(3), 169-186. https://doi.org/10.1007/s10942-016-0235-1

Gao, K., Zhang, R., Xu, T., Zhou, F. ve Feng, T. (2021). The effect of conscientiousness on procrastination: The interaction between the self-control and motivation neural pathways. *Human Brain Mapping, 42*(6), 1829-1844. https://doi.org/10.1002/hbm.25333

Gareau, A., Chamandy, M., Kljajic, K. ve Gaudreau, P. (2019). The detrimental effect of academic procrastination on subsequent grades: The mediating role of coping over and above past achievement and working memory capacity. *Anxiety, Stress, & Coping, 32*(2), 141-154. https://doi.org/10.1080/10615806.2018.1543763

Glick, D. M., Millstein, D. J. ve Orsillo, S. M. (2014). A preliminary investigation of the role of psychological inflexibility in academic procrastination. *Journal of Contextual Behavioral Science, 3*(2), 81-88. https://doi.org/10.1016/j.jcbs.2014.04.002

Gollwitzer, P. M., Sheeran, P., Michalski, V. ve Seifert, A. E. (2009). When intentions go public:Does social reality widen the intention-behavior gap? *Psychological Science, 20*(5), 612-618. https://doi.org/10.1111/j.1467-9280.2009.02336.x

Gröpel, P. ve Steel, P. (2008). A mega-trial investigation of goal setting, interest enhancement, and energy on procrastination. *Personality and Individual Differences, 45*(5), 406-411. https://doi.org/10.1016/j.paid.2008.05.015

Grunschel, C., Patrzek, J. ve Fries, S. (2013). Exploring reasons and consequences of academic procrastination: An interview study. *European Journal of Psychology of Education, 28*(3), 841-861. https://doi.org/10.1007/s10212-012-0143-4

Gustavson, D. E., du Pont, A., Hatoum, A. S., Rhee, S. H., Kremen, W. S., Hewitt, J. K. ve Friedman, N. P. (2017). Genetic and environmental associations between procrastination and internalizing/externalizing psychopathology. *Clinical Psychological Science, 5*(5), 798-815. https://doi.org/10.1177/2167702617706084

Gündüz, G. F. (2020). The relationship between academic procrastination behaviors of secondary school students, learning styles and parenting behaviors. *International Journal of Contemporary Educational Research, 7*(1), 253-266. https://doi.org/10.33200/ijcer.73197

Harrington, N. (2005). It's too difficult! Frustration intolerance beliefs and procrastination. *Personality and Individual Differences, 39*(5), 873-883. https://doi.org/10.1016/j.paid.2004.12.018

Harris, R. (2019). *Act made simple: An easy-to-read primer on acceptance and commitment therapy.* New Harbinger Publications.

Hathaway, S. R. ve McKinley, J. C. (1940). A multiphasic personality schedule (minnesota): I. Construction of the schedule. *The Journal of Psychology, 10*(2), 249-254. https://doi.org/10.1080/00223980.1940.9917000

Kim, K. R. ve Seo, E. H. (2015). The relationship between procrastination and academic performance: A meta-analysis. *Personality and Individual Differences, 82*, 26-33. https://doi.org/10.1016/j.paid.2015.02.038

Klassen, R. M., Krawchuk, L. L. ve Rajani, S. (2008). Academic procrastination of undergraduates: Low self-efficacy to self-regulate predicts higher levels of procrastination. *Contemporary Educational Psychology, 33*(4), 915-931. https://doi.org/10.1016/j.cedpsych.2007.07.001

Klassen, R. M. ve Kuzucu, E. (2009). Academic procrastination and motivation of adolescents in turkey. *Educational Psychology, 29*(1), 69-81. https://doi.org/10.1080/01443410802478622

Knaus, W. J. (2016). *Overcoming procrastination for teens: A cbt guide for college-bound students.* New Harbinger Publications.

Lay, C. H. ve Brokenshire, R. (1997). Conscientiousness, procrastination, and person-task characteristics in job searching by unemployed adults. *Current Psychology, 16*(1), 83-96. https://doi.org/10.1007/s12144-997-1017-9

Lee, D.-g., Kelly, K. R. ve Edwards, J. K. (2006). A closer look at the relationships among trait procrastination, neuroticism, and conscientiousness. *Personality and Individual Differences, 40*(1), 27-37. https://doi.org/10.1016/j.paid.2005.05.010

Lindsley, D. H., Brass, D. J. ve Thomas, J. B. (1995). Efficacy-performing spirals: A multilevel perspective. *Academy of Management Review, 20*(3), 645-678. https://doi.org/10.5465/amr.1995.9508080333

Liu, G., Cheng, G., Hu, J., Pan, Y. ve Zhao, S. (2020). Academic self-efficacy and postgraduate procrastination: A moderated mediation model [Original Research]. *Frontiers in Psychology, 11*. https://doi.org/10.3389/fpsyg.2020.01752

Malouff, J. M. ve Schutte, N. S. (2019). The efficacy of interventions aimed at reducing procrastination: A meta-analysis of randomized controlled trials. *Journal of Counseling & Development, 97*(2), 117-127. https://doi.org/10.1002/jcad.12243

McCown, W. ve Johnson, J. (1989a). Differential arousal gradients in chronic procrastination. Society for Personality Assessment, New York.

McCown, W. ve Johnson, J. (1989b). Validation of an adult inventory of procrastination. Society for Personality Assessment, New York.

McCrae, R. R. ve Costa, P. T. (1987). Validation of the five-factor model of personality across instruments and observers. *Journal of Personality and Social Psychology, 52*(1), 81-90. https://doi.org/10.1037/0022-3514.52.1.81

Milgram, N. (1991). Procrastination. R. Dulbecco (Ed.), *Encyclopedia of human biology.* (Vol. 6, pp. 149-155). Academic Press.

Milgram, N., Marshevsky, S. ve Sadeh, C. (1995). Correlates of academic procrastination: Discomfort, task aversiveness, and task capability. *The Journal of Psychology, 129*(2), 145-155. https://doi.org/10.1080/00223980.1995.9914954

Milgram, N. ve Toubiana, Y. (1999). Academic anxiety, academic procrastination, and parental involvement in students and their parents. *British Journal of Educational Psychology, 69*(3), 345-361. https://doi.org/10.1348/000709999157761

Miller, W. R. ve Rollnick, S. (2012). *Motivational interviewing: Helping people change*. Guilford press.

Mohammadi Bytamar, J., Saed, O. ve Khakpoor, S. (2020). Emotion regulation difficulties and academic procrastination [Original Research]. *Frontiers in Psychology, 11*. https://doi.org/10.3389/fpsyg.2020.524588

Mulry, G., Fleming, R. ve Gottschalk, A. C. (1994). Psychological reactance and brief treatment of academic procrastination. *Journal of College Student Psychotherapy, 9*(1), 41-56. https://doi.org/10.1300/J035v09n01_04

Murphy, V. B. ve Christner, R. W. (2012). A cognitive-behavioral case conceptualization for children and adolescents. R. B. Mennuti, R. W. Christner ve A. Freeman (Ed.), *Cognitive-behavioral interventions in educational settings: A handbook for practice* (pp. 81-114).

Mutlu, A. K. (2018). Academic self-efficacy and academic procrastination: Exploring the mediating role of academic motivation in turkish university students. *Universal Journal of Educational Research, 6*(10), 2087-2093. https://doi.org/10.13189/ujer.2018.061005

Myrseth, H., Tverå, R., Hagatun, S. ve Lindgren, C. (2012). A comparison of impulsivity and sensation seeking in pathological gamblers and skydivers. *Scandinavian Journal of Psychology, 53*(4), 340-346. https://doi.org/10.1111/j.1467-9450.2012.00944.x

Neal, D. T., Wood, W., Labrecque, J. S. ve Lally, P. (2012). How do habits guide behavior? Perceived and actual triggers of habits in daily life. *Journal of Experimental Social Psychology, 48*(2), 492-498. https://doi.org/10.1016/j.jesp.2011.10.011

Nordby, K., Klingsieck, K. B. ve Svartdal, F. (2017). Do procrastination-friendly environments make students delay unnecessarily? *Social Psychology of Education, 20*(3), 491-512. https://doi.org/10.1007/s11218-017-9386-x

Oettingen, G., Mayer, D., Thorpe, J. S., Janetzke, H. ve Lorenz, S. (2005). Turning fantasies about positive and negative futures into self-improvement goals. *Motivation and Emotion, 29*(4), 236-266. https://doi.org/10.1007/s11031-006-9016-y

Özer, B. U. (2011). A cross sectional study on procrastination: Who procrastinate more. International Conference on Education Research and Innovation,

Özer, B. U., Demir, A. ve Ferrari, J. R. (2009). Exploring academic procrastination among turkish students: Possible gender differences in prevalence and reasons. *The Journal of Social Psychology, 149*(2), 241-257. https://doi.org/10.3200/SOCP.149.2.241-257

Özer, B. U., Saçkes, M. ve Tuckman, B. W. (2013). Psychometric properties of the tuckman procrastination scale in a turkish sample. *Psychological Reports, 113*(3), 874-884. https://doi.org/10.2466/03.20.PR0.113x28z7

Özgüven, İ. E. (1992). *Hacettepe kişilik envanteri*. Psiklojik Danışma Rehberlik ve Eğitim Merkezi (PDREM).

Prochaska, J. O. ve DiClemente, C. C. (1994). *The transtheoretical approach: Crossing traditional boundaries of therapy*. Krieger Publishing Company.

Raoof, K., Khademi Ashkzari, M. ve Naghsh, Z. (2019). Relationship between perfectionism and academic procrastination: The mediating role of academic self-efficacy, self-esteem and academic self-handicapping. *The Journal of New Thoughts on Education, 15*(1), 207-236. https://doi.org/10.22051/jontoe.2017.14118.1684

Richardson, M., Abraham, C. ve Bond, R. (2012). Psychological correlates of university students' academic performance: A systematic review and meta-analysis. *Psychological Bulletin, 138*(2), 353.

Rozental, A., Bennett, S., Forsström, D., Ebert, D. D., Shafran, R., Andersson, G. ve Carlbring, P. (2018). Targeting procrastination using psychological treatments: A systematic review and meta-analysis. *Frontiers in Psychology, 9*, 1588. https://doi.org/10.3389/fpsyg.2018.01588

Rozental, A. ve Carlbring, P. (2014). Understanding and treating procrastination: A review of a common self-regulatory failure. *Psychology, 5*(13), 1488.

Rozental, A., Forsell, E., Svensson, A., Andersson, G. ve Carlbring, P. (2015). Internet-based cognitive—behavior therapy for procrastination: A randomized controlled trial. *Journal of Consulting and Clinical Psychology, 83*, 808-824. https://doi.org/10.1037/ccp0000023

Sarmány Schuller, I. (1999). Procrastination, need for cognition and sensation seeking. *Studia Psychologica, 41*(1), 73-85.

Schouwenburg, H. C. (1995). Academic procrastination: Theoretical notions, measurement, and research. J. R. Ferrari, J. L. Johnson ve W. G. McCown (Ed.), *Procrastination and task avoidance: Theory, research, and treatment* (pp. 71-96). Springer.

Schraw, G., Wadkins, T. ve Olafson, L. (2007). Doing the things we do: A grounded theory of academic procrastination. *Journal of Educational Psychology, 99*, 12-25. https://doi.org/10.1037/0022-0663.99.1.12

Sedláková, J., Mylek, V., Capkova, K., Procházka, J., Vaculík, M. ve Jezek, S. (2014). Parental control of child as a predictor of academic procrastination. Proceedings of the 11th International Conference on Efficiency and Responsibility in Education.

Selçuk, Ş., Koçak, A., Mouratidis, A., Michou, A. ve Sayıl, M. (2021). Procrastination, perceived maternal psychological control, and structure in math class: The intervening role of academic self-concept. *Psychology in the Schools, 58*(9), 1782-1798. https://doi.org/10.1002/pits.22542

Shafran, R. ve Mansell, W. (2001). Perfectionism and psychopathology: A review of research and treatment. *Clinical Psychology Review, 21*(6), 879-906. https://doi.org/10.1016/S0272-7358(00)00072-6

Sigall, H., Kruglanski, A. ve Fyock, J. (2000). Wishful thinking and procrastination. *Journal of Social Behavior and Personality, 15*(5), 283-296.

Sirois, F. M., Melia-Gordon, M. L. ve Pychyl, T. A. (2003). "I'll look after my health, later": An investigation of procrastination and health. *Personality and Individual Differences, 35*(5), 1167-1184. https://doi.org/10.1016/S0191-8869(02)00326-4

Solomon, L. J. ve Rothblum, E. D. (1984). Academic procrastination: Frequency and cognitive-behavioral correlates. *Journal of Counseling Psychology, 31*(4), 503-509. https://doi.org/10.1037/0022-0167.31.4.503

Steel, P. (2007). The nature of procrastination: A meta-analytic and theoretical review of quintessential self-regulatory failure. *Psychological Bulletin, 133*(1), 65-94. https://doi.org/10.1037/0033-2909.133.1.65

Steel, P. (2012). *The procrastination equation*. Pearson Education Ltd.

Stober, J. ve Joormann, J. (2001). Worry, procrastination, and perfectionism: Differentiating amount of worry, pathological worry, anxiety, and depression. *Cognitive Therapy Research 25*, 49-60. https://doi.org/10.1023/A:1026474715384

Strunk, K. K. ve Steele, M. R. (2011). Relative contributions of self-efficacy, self-regulation, and self-handicapping in predicting student procrastination. *Psychological Reports, 109*(3), 983-989. https://doi.org/10.2466/07.09.20.PR0.109.6.983-989

Svartdal, F., Dahl, T. I., Gamst-Klaussen, T., Koppenborg, M. ve Klingsieck, K. B. (2020). How study environments foster academic procrastination: Overview and recommendations [Review]. *Frontiers in Psychology, 11*. https://doi.org/10.3389/fpsyg.2020.540910

Svartdal, F., Sæle, R. G., Dahl, T. I., Nemtcan, E. ve Gamst-Klaussen, T. (2021). Study habits and procrastination: The role of academic self-efficacy. *Scandinavian Journal of Educational Research*, 1-20. https://doi.org/10.1080/00313831.2021.1959393

Tuckman, B. W. (1991). The development and concurrent validity of the procrastination scale. *Educational and Psychological Measurement, 51*(2), 473-480. https://doi.org/10.1177/0013164491512022

Tuckman, B. W. ve Schouwenburg, H. C. (2004). Behavioral interventions for reducing procrastination among university students. *Counseling the procrastinator in academic settings.* (pp. 91-103). American Psychological Association. https://doi.org/10.1037/10808-007

Uzun Ozer, B., O'Callaghan, J., Bokszczanin, A., Ederer, E. ve Essau, C. (2014). Dynamic interplay of depression, perfectionism and self-regulation on procrastination. *British Journal of Guidance & Counselling, 42*(3), 309-319. https://doi.org/10.1080/03069885.2014.896454

Uzun Özer, B. (2009). Bir grup lise öğrencisinde akademik erteleme davranışı: Sıklığı, olası nedenleri ve umudun rolü. *Türk Psikolojik Danışma ve Rehberlik Dergisi, 4*(32), 12-19.

van Eerde, W. ve Klingsieck, K. B. (2018). Overcoming procrastination? A meta-analysis of intervention studies. *Educational Research Review, 25*, 73-85. https://doi.org/10.1016/j.edurev.2018.09.002

Wang, J. (2022, 2022/01/17). Meta-analysis on the relationship between academic procrastination and parenting style. Proceedings of the 2021 International Conference on Social Development and Media Communication (SDMC 2021).

Wang, J., Wang, P., Yang, X., Zhang, G., Wang, X., Zhao, F., Zhao, M. ve Lei, L. (2019). Fear of missing out and procrastination as mediators between sensation seeking and adolescent smartphone addiction. *International Journal of Mental Health and Addiction, 17*(4), 1049-1062. https://doi.org/10.1007/s11469-019-00106-0

Wang, Y. (2021). Academic procrastination and test anxiety: A cross-lagged panel analysis. *Journal of Psychologists and Counsellors in Schools, 31*(1), 122-129. https://doi.org/10.1017/jgc.2020.29

Wells, A. (2002). *Emotional disorders and metacognition: Innovative cognitive therapy*. John Wiley & Sons.

Westra, H. (2004). Managing resistance in cognitive behavioural therapy: The application of motivational interviewing in mixed anxiety and depression. *Cognitive Behaviour Therapy, 33*(4), 161-175. https://doi.org/10.1080/16506070410026426

Wibrowski, C. R., Matthews, W. K. ve Kitsantas, A. (2017). The role of a skills learning support program on first-generation college students' self-regulation, motivation, and academic achievement: A longitudinal study. *Journal of College Student Retention: Research, Theory & Practice, 19*(3), 317-332. https://doi.org/10.1177/1521025116629152

Wypych, M., Matuszewski, J. ve Dragan, W. Ł. (2018). Roles of impulsivity, motivation, and emotion regulation in procrastination – path analysis and comparison between students and non-students [Original Research]. *Frontiers in Psychology, 9*. https://doi.org/10.3389/fpsyg.2018.00891

Yang, Z., Asbury, K. ve Griffiths, M. D. (2019). An exploration of problematic smartphone use among chinese university students: Associations with academic anxiety, academic procrastination, self-regulation and subjective wellbeing. *International Journal of Mental Health and Addiction, 17*(3), 596-614. https://doi.org/10.1007/s11469-018-9961-1

Yip, K.-Y. ve Leung, M.-T. (2016, 2016//). The structural model of perceived parenting style as antecedent on achievement emotion, self-regulated learning and academic procrastination of undergraduates in hong kong. Applied Psychology Readings, Singapore.

Zarrin, S. A., Gracia, E. ve Paixão, M. P. (2020). Prediction of academic procrastination by fear of failure and self-regulation. *Educational Sciences: Theory & Practice, 20*(3), 34-43.

Zhang, S., Verguts, T., Zhang, C., Feng, P., Chen, Q. ve Feng, T. (2021). Outcome value and task aversiveness impact task procrastination through separate neural pathways. *Cerebral Cortex, 31*(8), 3846-3855. https://doi.org/10.1093/cercor/bhab053

Zhang, Y., Dong, S., Fang, W., Chai, X., Mei, J. ve Fan, X. (2018). Self-efficacy for self-regulation and fear of failure as mediators between self-esteem and academic procrastination among undergraduates in health professions. *Advances in Health Sciences Education, 23*(4), 817-830. https://doi.org/10.1007/s10459-018-9832-3

Ziegler, N. ve Opdenakker, M.-C. (2018). The development of academic procrastination in first-year secondary education students: The link with metacognitive self-regulation, self-efficacy, and effort regulation. *Learning and Individual Differences, 64*, 71-82. https://doi.org/10.1016/j.lindif.2018.04.009

Zuckerman, M. (2014). *Sensation seeking (psychology revivals): Beyond the optimal level of arousal*. Psychology Press.

Bölüm 6

ATILGANLIK VE BİLİŞSEL DAVRANIŞÇI TERAPİ

Reyhan Eskiyurt

GİRİŞ

Sosyal bir varlık olan insanın, diğer insanlar ile iletişim kurma ihtiyacı bulunmaktadır. Kişiler arası ilişkilerin yürütülmesinde sosyal beceriler oldukça önemli bir role sahiptirler. İnsanlar, "ilişkiyi başlatma ve sürdürme, grupla bir işi yürütme, duygularını anlama ve ifade etme, saldırgan davranışlarla baş edebilme, stresle başa çıkabilme ve problem çözme" gibi sosyal becerilerini kullanarak diğer insanlarla olan ilişkilerini biçimlendirmektedirler. Uzmanlar, insan sorunlarının esas olarak sosyal ilişkilere odaklandığı görüşündedirler. Sosyal becerilerin etkili kullanılıp kullanılamaması sonucunda çekingen, utangaç, öfkeli veya saldırgan davranışlar ortaya çıkarak bireyin diğer kişilerle olan ilişkisi olumsuz etkilenebilmektedir. Atılganlık davranışı ise pasiflik ve saldırganlık arasında uygun bir dengeyi korumaya çalışan bir yanıttır. Atılganlık davranışı, sosyal bir beceri olup kişiler arası ilişkilerin kurulması ve sürdürülmesi aşamalarında önemli bir işleve sahiptir. Bireye yönelik uygunsuz, saldırgan veya haklarını ihlal eden bir şey yapıldığında uygun tepkiler vermeyi içermektedir. Bu özellik bireyin sosyal ortamlarda güvende hissetmesini sağlamakta ve yaşam kalitesini artırmaktadır.

Atılganlık kavramının, Salter'in 1949'da yayınlanan "Koşullu Refleks Terapisi" kitabına dayanan uzun bir geçmişi vardır. Salter, o zamanlar "atılganlık" terminolojisini kullanmamış olsa da kişilerin kendilerini daha açık bir şekilde nasıl ifade edeceklerini öğrenmeleri gerektiğine vurgu yapmıştır. Amerika Birleşik Devletleri'nde davranış terapisinin oluşumunda önde gelen yenilikçilerden biri olarak itibar gören Wolpe (1958), açık ve dürüst kendini ifade etmenin bu yeni terapi yaklaşımına çok uygun olduğunu bulmuştur. Wolpe, atılganlık eğitimini kaygıyı azaltmanın bir yolu olarak kavramsallaştırmıştır. 1970'lerin sonlarında, sosyal statüden bağımsız olarak tüm insanların eşit haklara sahip olduğu vurgulanmış, atılganlık başkalarının haklarını ihlal etmeden bireysel hakları korumanın bir aracı olarak kullanılmıştır (Alberti ve Emmons, 1970). Alberti ve Emmons (1970), tüm bireylerin kendi yaşamlarının uzmanı olma ve kendi ilgi, inanç ve duygularına göre hareket etme hakkına sahip olduğunu savunan, toplumda yaşayan bireyin kullanımına yönelik ilk atılganlık eğitim kitabını geliştirmiştir. Bu kitap, Türkçeye "Atılganlık Hakkınızı Kullanın" ismiyle çevrilmiştir. Voltan-Acar (1980), "assertiveness" sözcüğünü atılganlık (1980) ve güvengenlik (2008) olarak çevirerek ülkemizdeki çalışmalarda yaygın kullanımına öncülük etmiştir.

ATILGANLIĞIN TANIMI

Atılganlık, kişiler arası durumlarda kişinin kendini doğrudan ve dürüst bir şekilde ifade ederken aynı zamanda başkalarının haklarına ve onuruna saygı duyduğu iletişim olarak tanımlanmaktadır (ABCT, 2022). Alberti ve Emmons'a (1990) göre atılgan davranış, bireylerin duygularını doğrudan, rahat ve dürüst bir şekilde ifade etmelerine ve yoğun bir kaygı olmadan kendilerini savunmalarına olanak tanırken, aynı zamanda her iki tarafın da kişilik haklarını hesaba kattıkları bir iletişim biçimidir. Voltan-Acar (1980), "assertiveness" sözcüğünü Türkçeye "atılganlık", "güvengenlik" olarak çevirerek bu kavramı, "başkalarını küçük görmeden, onların haklarını yadsımadan bireylerin kendi haklarını koruyabilmeleri için geliştirilen bir çeşit kişiler arası ilişkiler biçimi" şeklinde tanımlamıştır.

Atılganlık kavramı, her bireyin temel hakları olduğunu ve sosyal açıdan kabul edilebilir tüm ifadelerin atılgan davranış olarak değerlendirilebileceği anlamına gelmektedir (Langrish, 1981; Wolpe ve Lazarus, 1966). Atılgan davranış, kişiler arası ilişkilerde, kaygı duymadan, her bireyin eşit değerde olduğu, ilişkilerde her bireyin haklarını kullanabildiği, kendini savunabildiği ve duygularını ifade edebildiği bir ortam sağlamaktadır (Alberti ve Emmons, 2002).

Atılganlık kavramı, temel olarak insan ifadesinin üç ana ilkesini kapsayan çok boyutlu tanımı nedeniyle sosyal ve psikolojik alanda büyük bir ilgi uyandırmaktadır: davranış, biliş ve duygu. Davranışsal olarak atılganlık, bir birey duygularını özgürce ifade edebildiğinde, amaçlarını veya hedeflerini savunabildiğinde, ödüllendirici ve tatmin edici kişiler arası ilişkiler kurabildiğinde ortaya çıkmaktadır (Colter ve Guerra, 1976; Herzberger vd., 1984). Duygusal ve bilişsel olarak atılgan davranış sergileyen bireyler, aşırı endişe veya saldırganlık olmadan olumlu ve olumsuz duygularını ifade etme ve bunlara tepki verme yeteneğine sahiptirler (Gladding, 1988).

ATILGAN, PASİF VE SALDIRGAN DAVRANIŞLAR

Atılgan davranış, genellikle başkalarından talepte bulunmaya ve başkaları tarafından yapılan ve makul olmadığı düşünülen talepleri reddetmeye odaklanmaktadır. Atılganlık, pasif ve saldırganlık tepkileri arasında kavramsallaştırılmaktadır. Bu diğer iletişim tarzları, başkalarının haklarını ihlal eden bir tarz olan saldırgan olmak ve kendi haklarımızı ihlal ettiğimiz durumlarda pasif olmak şeklinde açıklanmaktadır (Michel, 2008). Pasiflik, başkalarının görüş ve ihtiyaçlarına aşırı dikkat edilmesi, kişisel görüş ve ihtiyaçların gizlenmesi veya kısıtlanması ile nitelendirilmektedir. Başkalarının görüş ve ihtiyaçlarına bu denli aşırı dikkat ve uyma, çatışmalardan kaçınmak ve/veya belirli sosyal "pekiştirme" kaynaklarının sürdürülmesi için bir yöntem olarak hizmet edebilmektedir. Saldırganlık ise genellikle bir kişinin görüşlerinin ve gereksinimlerinin başka bir bireye zorla kabul ettirilmesini içermektedir (Duckworth ve Mercer, 2006). Atılganlık, başka birinin hakkını yok saymadan kendini ortaya koymak olduğu için saldırganlıktan farklıdır (Rimm ve Masters, 1979). Atılgan davranışların pasif veya saldırgan davranış tarzından ne derece üstün olduğu durumsal bağlam tarafından belirlenmektedir (Duckworth ve Mercer, 2006). Pasif davranış sergileyen bireyler gereksinimlerini tam olarak karşılayamamakta, saldırgan davranışlara sahip bireyler ise gereksinimlerini karşılasalar bile sosyal çevrelerinde istenmeyen duruma düşebilmektedirler (Korkut Owen, 2011; Voltan-Acar ve Whirter, 2000). Atılgan davranışlar ne başkalarına hakkını çiğnetecek kadar bir pasifliği ne de diğerlerini tehdit altında bırakan saldırganlığı barındırmamaktadır.

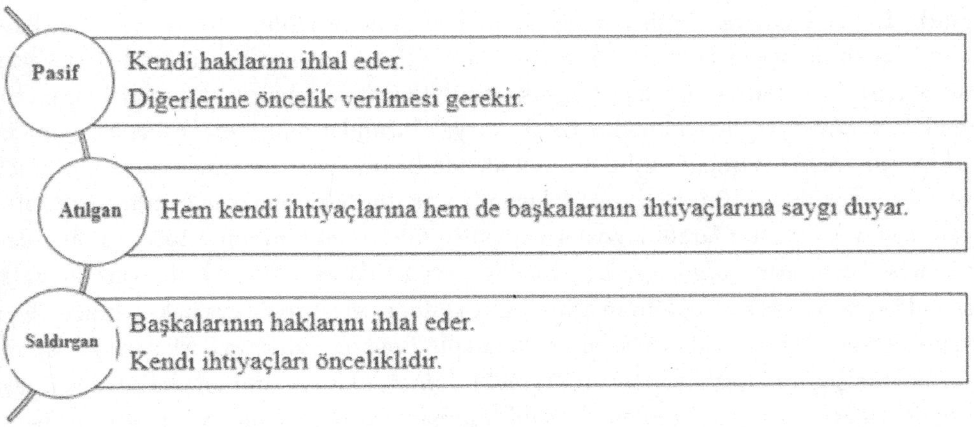

Şekil 1. Kişiler Arası Davranış Biçimleri

Atılganlık hakkında bir takım efsaneler bulunmaktadır. Bazı insanların bu efsaneleri "neden daha atılgan olmamaları" gerektiğine destek olarak kullandıkları belirtilmektedir. Bu efsanelere örnekler aşağıda sunulmaktadır (Michel, 2008).

Atılganlık temelde saldırgan olmakla aynıdır: Agresif olan bazı insanlar, ihtiyaçlarının ne olduğunu belirttikleri için atılgan olduklarını düşünebilmektedirler. Hem atılgan hem de agresif iletişim ile ihtiyaçlarınızı belirtebilirsiniz. Ancak ihtiyaçlarınızı atılgan bir şekilde ifade etmek ile agresif bir şekilde ifade etmek arasında çok önemli farklar bulunmaktadır. Bu farklılıklar kullanılan kelimeleri, ses tonunu ve beden dilini içermektedir (Michel, 2008).

Eğer atılgan olursam istediklerimi elde ederim: Atılgan olmak, her zaman istediğinizi elde edeceğiniz anlamına gelmemektedir. Atılgan olmak herhangi bir sonucun garantisi değildir. Atılgan olmak, kendinizi hem sizin hem de başkalarının ihtiyaçlarına saygı duyacak şekilde ifade etmekle ilgilidir. Bu bazen istediğinizi elde edeceğiniz, bazen istediğinizi hiç alamayacağınız ve bazen de karşılıklı olarak tatmin edici bir uzlaşmaya varacağınız anlamına gelmektedir (Michel, 2008).

Eğer atılgansam her durumda atılgan olmalıyım: Nasıl atılgan olunacağını anlamak, size ne zaman atılgan olacağınızı seçme şansı sağlamaktadır. Bu, her durumda atılgan olmanız gerektiği anlamına gelmemektedir. Bazı durumlarda, atılgan olmanın en yararlı davranış biçimi olmadığını fark edebilirsiniz. Örneğin, bir toplu taşıma aracındasınız ve biri çok agresif veya şiddetli davranmaya başladı. Atılgan olmak, diğer kişi rasyonel olmadığı için sizi riske atabilir. Bu durumda, pasif bir yaklaşımın en faydalı olduğuna karar verebilirsiniz. Atılgan olmayı öğrenmek, kendinize bir seçenek sunmakla ilgilidir (Michel, 2008).

Saldırganlık veya boyun eğme gibi alternatif kişiler arası davranışlarla karşılaştırıldığında, atılgan davranış sergileyen bireylerin uzun vadeli karşılıklı doyum verici ilişkiler kurma ve sürdürme olasılıkları yüksektir (Marchezini-Cunha ve Tourinho, 2010). Farklı tür sosyal durumlarda, başkalarının dikkatini, ilgisini ve takdirini kazanmak için atılganlık davranışı sergilenebilmektedir. Bu sosyal durumların her biri sosyal kazanımları takip etme ve elde etmede çeşitli düzeylerde tehdit veya risk oluşturabilmektedir (Rich ve Schroeder, 1976). Bu riskli sosyal durumlardan dördü ve bunların kendine özgü atılgan davranış ifadeleri farklılık göstermektedir (Alberti ve Emmons, 2008). Bunlardan birincisi, başkalarını sorgulayarak kişisel ilişkileri tehlikeye atabilecek olumsuz duyguları ifade etme ve isteklerini tatmin etmektir (ör., doğru eleştiriye veya haksız muameleye yanıt vermek, kişilik haklarını savunmak, talepleri reddetmek veya başkalarının uygunsuz davranışlarının değiştirilmesini istemek). İkincisi, kişisel sınırlamaları ifade etmeyi ve yönetmeyi içerir (ör., af dilemek, iyilik yapmak, yardım istemek veya soru sormak). Bunu yaparak, kişi kusurlu veya sınırlı olarak savunmasız bir konum benimser ve başkaları tarafından reddedilebilir veya olumsuz değerlendirilebilir. Üçüncüsü, inisiyatif almak ve bunu yaparak diğerlerinin tepkilerinin belirsizliğiyle yüzleşmeyi içermektedir (ör., yabancılara kendini tanıtmak, devam eden bir sohbete katılmak ve kişisel görüşlerini belirtmek). Son olarak, kendini ifade etmenin başka bir biçimi, şefkat veya memnuniyet gibi olumlu duygularını sergilemek veya övülmek ve övülmeye karşılık vermek ve bunu yaparak olumlu değerlendirilme korkusuyla yüzleşmektir.

Daha önce yapılan çalışmalarda, atılganlık kişinin kendini nasıl temsil ettiğiyle ilişkilendirilirken, atılganlığın olmayışı, yetkin olmaya ve başkaları tarafından onaylanmayla ilişkilendirilmiştir (Bruch vd., 1988; Alden ve Safran, 1978). Kişisel sınırlılıkların dışa vurumu ve yönetimi dışında, psikiyatri hastalarında, olumsuz kendilik ifadelerinin tüm atılgan davranış biçimleriyle ilişkili olduğu bulunmuştur (Arrindell vd., 2005). Genç yetişkinler üzerinde yapılan başka bir araştırma atılgan davranışın kişinin sosyal davranışının etkinliğine ilişkin olumlu beklentileriyle olumsuz; sosyal etkileşimlerde olumlu öz değerlendirmesiyle olumlu bir şekilde ilişkili olduğu bulunmuştur (Arrindell vd., 1990).

ATILGAN BİREYİN HAKLARI

Atılganlık hakları, insan olarak hepimizin sahip olduğu haklardır. Bu hakların önemli bir kısmı sorumluluklarla bağlantılı olmalarıdır. Atılgan bireyin haklarını Smith (1998) şu şekilde açıklamıştır:

1. Bireyin kendi düşünce, duygu ve davranışları hakkında son kararı verme hakkı vardır. Kişi verdiği kararın sorumluluğunu almaktadır.
2. Birey, davranışları hakkında son kararı verdikten sonra, davranışını gerekçelendirmek için bir neden veya özür göstermeme hakkına sahiptir.
3. Bireyler kendi sorunlarını kendileri çözme sorumluluğuna sahiptirler. Diğer bireyler, sorunun çözümü için tavsiyede bulunabilir veya rehberlik ederek yardım edebilirler. Başka kişilerin sorunlarını çözmeye ilişkin sorumluluk alıp almama kararı bize aittir.
4. Birey, kendi iyiliğini ve mutluluğunu sürdürebilmek için düşüncelerinde değişiklik yapma hakkına sahiptir.
5. Bireyin hata yapma ve bundan sorumlu olma hakkı vardır.
6. Birey kişiler arası ilişkilerinde gerektiğinde "bilmiyorum" deme hakkına sahiptir.
7. Kişiler arası ilişkiler kurmak için diğer bireylerin iyi niyetine gereksinim yoktur. Atılgan birey diğerlerinin iyi niyetinden bağımsız olma hakkına sahiptir.
8. Birey, kişiler arası ilişkilerde karar verirken mantıklı olmama hakkına sahiptir.
9. Kişiler arası ilişkilerde diğer bireylerin niyet ve isteklerinin ne olduğu tamamıyla anlaşılamaz. Atılgan birey için diğerlerinin davranışlarının ne olduğunu otomatik olarak anlaması gerektiği beklenemez. Bireyin "anlamıyorum" deme hakkı vardır.
10. Diğer insanların kişilerin davranışını yönlendirmede atılgan olmayan düşünce tarzları, kişinin insanoğlu olarak mükemmel olmasa bile mükemmellik için çabalaması gerektiğidir. Kişi, bu bakış tarzı yönünde devam ederse pek çok yönlendirmeye açık ve hazır olacaktır. Her şeyde mükemmel olma düşüncesinde olursa hayal kırıklığına uğrayacak ve engellenecektir. Bireyler, kendileri de dâhil birinin tanımlamasına göre mükemmel olmanın umurunda olmadığını söyleme hakkına sahiptirler.

ATILGAN DAVRANIŞIN ÖZELLİKLERİ

Atılgan davranışın çeşitli özelliklere ve ögelere sahip olduğu belirtilmektedir (Lazarus, 1973; Alberti ve Emmons, 2002). Lazarus (1973), atılgan davranışın sırasıyla *hayır diyebilme yeteneği, bir istekte bulunabilme yeteneği, olumlu ve olumsuz duyguları ifade edebilme yeteneği* ile *genel tartışmaları başlatabilme, sürdürebilme ve sonlandırabilme yeteneği* özelliklerine sahip olduğunu ileri sürmektedir.

Heisler ve Shipley (1977), atılgan davranışın sözel ögesini ABC modeliyle açıklamaktadırlar.

- A basamağında; birey, başka bir kişinin rahatsız edici davranışının yarattığı duyguları kısaca paylaşmaktadır.

- B basamağında; birey, karşısındaki kişinin duygularına ve aralarındaki ilişkinin sürdürülmesine dikkat etmektedir.
- C basamağında; atılgan birey, karşısındaki kişinin rahatsız edici davranışında belirli bir değişiklik yapmasını istemektedir.

ABC modelinde, atılgan birey duygularını ilk önce belirtir (A aşaması), böylece empatinin dürüst bir şekilde ifade edilmesine izin verilir (B aşaması). Daha sonra karşısındaki kişiden davranışını değiştirmesi istenir (C aşaması). "Üzgünüm (A), biliyorsun seni önemsiyorum ve sigara içmenin seni iyi hissettirdiğini tahmin ediyorum (B). Ama benim evimde sigara içmezsen sevinirim (C)".

Temel olarak atılgan davranış; kişinin kendi duygu ve düşüncelerini doğrudan ifade etmesi ile birlikte, karşıdakinin duygu, tutum ve isteklerine saygı duymayı içermektedir. Bununla birlikte atılgan davranış, kişiye ve duruma özgü olup dolaysızdır. Kişiler arası ilişkide her iki tarafın faydasını temel almaktadır (Alberti ve Emmons, 2002). Bu amaçla, bireylerin sözel olmayan ve sözel davranışlarını daha atılgan bir yanıt tarzına uyacak şekilde değiştirmeleri için atılganlık müdahaleleri yapılmaktadır. Hedeflenen sözel olmayan atılgan davranışın yönleri, verilen duruma paralel olarak sesin tonu, ses tonunun değişmesi, sesin kuvveti ve yüz ifadesinin değişimini içermektedir. Hedeflenen diğer sözsüz davranışlar arasında göz teması, beden dili, dik ve güçlü bir duruşun korunması ve konuşma yapılan kişiyle mesafe ve fiziksel temasın yönetilmesi yer almaktadır. Sözel atılgan davranış ise kişiler arası etkileşimde kullanılan gerçek kelimeler ve içerikten oluşmaktadır (Alberti ve Emmons, 1990).

Tablo 1. Atılgan Davranışın Ögeleri

Göz Teması	Konuşulan kişiye sürekli değil yer yer doğrudan bakmak.
Beden Duruşu	Konuşma esnasında tüm bedenimizle karşımızdakine dönmek. Bu sırada dik oturmak veya dik durmak gerekmektedir.
Mesafe/Fiziksel Temas	Kişiler arası ilişkinin düzeyine göre fiziksel mesafeye dikkat edilmelidir.
Jestler	Mesajın içeriğine göre uygun jestler kullanılmalıdır.
Mimikler	Mesajın içeriği duygularla ve yüz ifadesiyle uyumlu olmalıdır. Atılgan bireyin duygularıyla anlatımının, sözel mesajı ile sözel olmayan mesajının uyumlu olması beklenmektedir.
Ses Tonu	Fısıltı ya da bağırmak yerine kendine güvendiğini açığa vuran bir ses tonu ile konuşulmalıdır.
Zamanlama	Uygun yer ve zamanda duyguların, düşüncelerin ifade edilmesi iletişimin daha etkili olmasına katkı sağlamaktadır.
İçerik	İletilen mesaj karşıdaki bireyi savunmaya yöneltmemelidir.

(Alberti ve Emmons, 2002).

ATILGANLIK BİÇİMLERİ

Atılganlık içerdiği mesajların kapsamı ve düzeylerine göre çeşitli şekillerde sınıflandırılmaktadır (Uz-Baş, 2017).

Temel Atılganlık: Bu atılganlık biçiminde birey; isteklerini, gereksinimlerini, düşüncelerini ve duygularını açık, basit ve anlaşılır bir şekilde ifade edebilmektedir. Bireyin cümleleri genellikle "Ben ...... istiyorum/düşünüyorum/hissediyorum." yapısındadır.

Empatik Atılganlık: Atılganlığın bu biçiminde, birey diğer kişinin bakış açısı ve görüşünün farkında olduğunu açıkça ifade etmektedir. Etkileşimde bulunulan kişiye yönelik duyarlılık vardır. İki aşamadan oluşmaktadır. Atılgan birey, önce karşısındaki kişinin içinde bulunduğu durumu ve duygularını anlar, sonraki aşamada kendi hakkını da içeren bir tarzda bu anlayışı ifade eder.

Daha Önceki Atılgan Davranışları Basamak Olarak Kullanma: Kişiler arası ilişkilerde karşıdaki kişi bireyin temel atılganlık davranışına karşılık vermediği ve bireyin haklarını ihlal ettiği zaman kullanılmaktadır. Atılgan davranış sergileyen birey, resmî bir dil kullanarak atılgan davranışlarının dozunu artırmaktadır. Duygular ve istekler açık, basit ve net bir şekilde birkaç kez tekrarlanabilir. "Eğer arabamı yarın saat 17.00'a kadar onarmazsanız, kendime daha iyi bir tamirci arayacağım".

Ben Dilini Kullanarak Atılgan Davranma: Bu atılganlık biçimi dört aşamadan oluşmaktadır. Birey; duygu, düşünce ve isteklerini vurgulamak amacıyla sözüne "ben" şeklinde başlamaktadır. Ben mesajlarında, birey kendi davranışlarının sorumluluğunu alarak karşı tarafın davranışlarında herhangi bir değişim talebi vurgulanmamaktadır.

1. Karşıdakinin belli bir davranışına dikkat çekmek,
2. Davranışın üzerinizde yarattığı etkiyi ve duygularınızı belirtmek,
3. Davranışı nasıl yorumladığınızı söylemek,
4. Nasıl bir davranışı tercih edeceğinizi aktarmak.

Söylediklerime cevap vermediğinde üzülüyorum. Bana bir soru sorduğunda ya da sadece ne düşündüğünü söylediğinde kendimi daha iyi hissediyorum.

"Bunu neden yaptın?" dediğinde savunmaya geçiyorum. Eğer kızgınsan sadece kızgın olduğunu söylemeni tercih ederim.

ATILGAN DAVRANIŞ OLMADIĞINDA EŞLİK EDEN DİĞER SORUNLAR

Atılgan davranış becerilerini kullanarak akranlar ve yetişkin bireylerle olumlu sosyal etkileşimler kurabilmenin sonucunda sağlıklı gelişim ve uyum ilişkisi ortaya çıkabilmektedir. Bunlar arasında duygusal ve davranışsal öz denetim, akademik başarı, davranışsal uyum, okul ve sosyal taleplerle karşılaşıldığında daha iyi duygusal ve davranışsal tepkiler verebilmek yer almaktadır (Farley ve Kim-Spoon 2014; Laursen ve Mooney 2008; Plenty vd., 2014).

Atılgan davranış becerileri yapılamadığında, bireyler kendi isteklerini veya ihtiyaçlarını, düşüncelerini ve duygularını ifade etmekte zorluklar yaşayabilmektedirler. Bu noktadan hareketle atılgan olamamanın, gerçek bir beceri eksikliğinden (ör., istekleri/ihtiyaçları anlama ve etkili bir şekilde ifade edememe gibi), kaygı nedeniyle performans eksikliklerinden veya her ikisinden kaynaklanabileceği ileri sürülmektedir (Heimberg ve Becker, 1981). Wolpe (1958) ilk olarak atılganlığı kaygı için bir tedavi hedefi olarak kavramsallaştırmıştır.

Yapılan çalışmalarda atılgan olmaya engel olan faktörler arasında kaygı ve sosyal kaygının olduğu bulunmuştur. Atılganlık ile ilgili sorunlar, gelişimin erken dönemlerinde aşırı utangaç veya saldırgan davranışlar şeklinde, daha sonra ise sosyal anksiyete bozukluğu ve kaçıngan kişilik bozukluğu şeklinde ortaya çıkabilmektedir (Duckworth ve Mercer, 2006). Ergenlerde, atılgan olamamanın yüksek düzeyde sosyal kaygı, düşük benlik saygısı ve sosyal performans eksikliği ile ilişkili olduğu belirtilmektedir (Bijstra vd., 1994). Sosyal kaygı, bireyin sosyal ortamlarda diğer kişiler tarafından olumsuz bir şekilde değerlendirileceğiyle ilgili gerçekle orantılı olmayan korku duyması olarak tanımlanmaktadır (Montgomery, 1995). Sosyal kaygısı olan kişiler, diğer insanların kendileri hakkında yargılayıcı ve eleştirel olduklarını düşünme eğiliminde olup sosyal durumlardan kaçınmaktadırlar. Sosyal kaygısı olan bir birey, genellikle boyun eğme veya kaçınma yolunu kullanarak atılgan davranış becerisi sergilemekte zorluklar yaşayabilmektedir. Tagay ve arkadaşları (2018) tarafından yapılan çalışmada, çekingenliğin ergenlerin sosyal kaygı düzeylerini pozitif yönde anlamlı düzeyde yordadığı bulunmuştur. Ayrıca sosyal kaygının öfkeyle pozitif ilişkili olduğu da belirtilmektedir. Bu nedenle atılganlığın bu bireylerde öfkeyi azaltmada faydalı olabileceği saptanmıştır (Allan ve Gilbert, 2002; Novaco, 1976).

Sürekli agresif bir şekilde iletişim kurulduğunda ise hem arkadaşlar hem de diğer insanların saygısı kaybolabilmektedir. Bu durum yine düşük benlik saygısına yol açabilmektedir. Daha atılgan olan insanların daha az depresif olma ve daha sağlıklı olma eğiliminde olduğu belirtilmektedir. Bununla birlikte, atılganlık becerisi daha düşük düzeyde olan kişilerin madde bağımlılığı olasılığı daha yüksek bulunmuştur (Michel, 2008). Bununla birlikte olumsuz duyguları ifade etmenin, sigara içme veya madde kullanımı gibi ergenlik dönemindeki riskli davranışlara yönelik potansiyel bir koruyucu faktör olduğu bulunmuştur (Trudeau vd., 2003).

Araştırmalar, atılganlık eksikliğinin bireylerin kendi öz değerlerine ilişkin algılarını olumsuz etkileyebileceğini göstermektedir (Bijstra vd., 1994). Benlik saygısı, kişinin kendini değerlendirmesi sonucunda edindiği benlik kavramının kabulüne ilişkin beğeni durumu olarak tanımlanmaktadır (Yörükoğlu, 1985). Benlik saygısının gelişiminde sosyal çevre ve sosyal ilişkiler önemli olup ergenlik dönemindeki bireyler sosyal çevrenin geri bildirimlerine daha duyarlı olmaktadırlar. Düşük benlik saygısı olan ergenler, sosyal ilişkilerinde kaçıngan, çekingen veya saldırgan davranışlar gösterebilmektedirler (Yiğit, 2010). Atılgan olmamanın temel etkisi, düşük benlik saygısına yol açabilmesidir. Pasif bir şekilde iletişim kurulduğunda, gerçekten ne hissettiğimizi veya ne düşündüğümüzü söyleyemeyiz. Bu durum, kendimizden ziyade diğer insanların ihtiyaçlarını veya isteklerini kabul edip yerine getirebileceğimiz anlamına gelmektedir. Bu, amaç eksikliğine ve kendi hayatımızın kontrolünün elimizde olmadığı hissine neden olabilmektedir. Birey kendini açıkça ifade etmez, düşüncelerini ve duygularını gizlerse bu durum onun gergin, stresli, endişeli veya kırgın hissetmesine neden olabilmektedir. Bununla birlikte, sağlıksız ve rahatsız edici ilişkilere de yol açabilmektedir (Michel, 2008).

Benlik hakkındaki olumsuz temel inançlar, düşük benlik saygısının merkezinde yer almaktadır. Model, deneyimin ben, diğerleri ve dünya hakkında olumsuz inançlara yol açtığını öne sürmektedir (bk. Şekil 2). Bu inançlara dayanarak kişi, yaşamak için uygulama stratejileri veya kılavuzları geliştirmektedir (koşullu işlevsiz varsayımlar). Bu nedenle, işlevsiz varsayımlar, şartları yerine getirildiği sürece insanların benlik saygısını korumalarına izin vermektedirler. Bununla birlikte; kişi, varsayımların şartlarının karşılanmadığı veya karşılanmayabileceği bir durumla (kritik bir olay) karşılaşırsa sorunlar ortaya çıkabilmektedir. Sonuç belirsiz olduğunda, yanıt endişeli bir tepki olabilir. Temel inancın aktivasyonu, olumsuz tahminleri (ör., "Bunu berbat edeceğim.") ve kaygı belirtilerini tetiklemektedir. Kaygı semptomları daha fazla tahmin üretebilmektedirler (ör., "Onu kaybedeceğim"). Ayrıca, insanlar genellikle tahminlerinin yanlışlanmasını önleyen veya durum iyi gitse bile bir "ramak kala" hissi yaratan yararsız davranışlara (kaçınma, güvenlik davranışları) başvurabilmektedirler. Kaygıyla meşgul olmak performansı gerçekten bozabilmektedir. Olumsuz bakış açılarını yeniden değerlendirmek yerine, olumlu sonuçlar bile göz ardı edilebilir veya önemsenmeyebilir. Böylece, öznel olarak, temel inanç doğrulanır. Bu durumu, öz eleştirel düşünme ve umutsuzluk izler ve ruh hâli değişebilir. Bu duygu değişimi kısa süreli de olabilir ya da uzun bir süre sonrasında klinik depresyona da dönüşebilir. Depresif duygu durumu, olumsuz bir benlik duygusunun ve olumsuz tahminlerin aktif kalmasını sağlayarak çemberi kapatır.

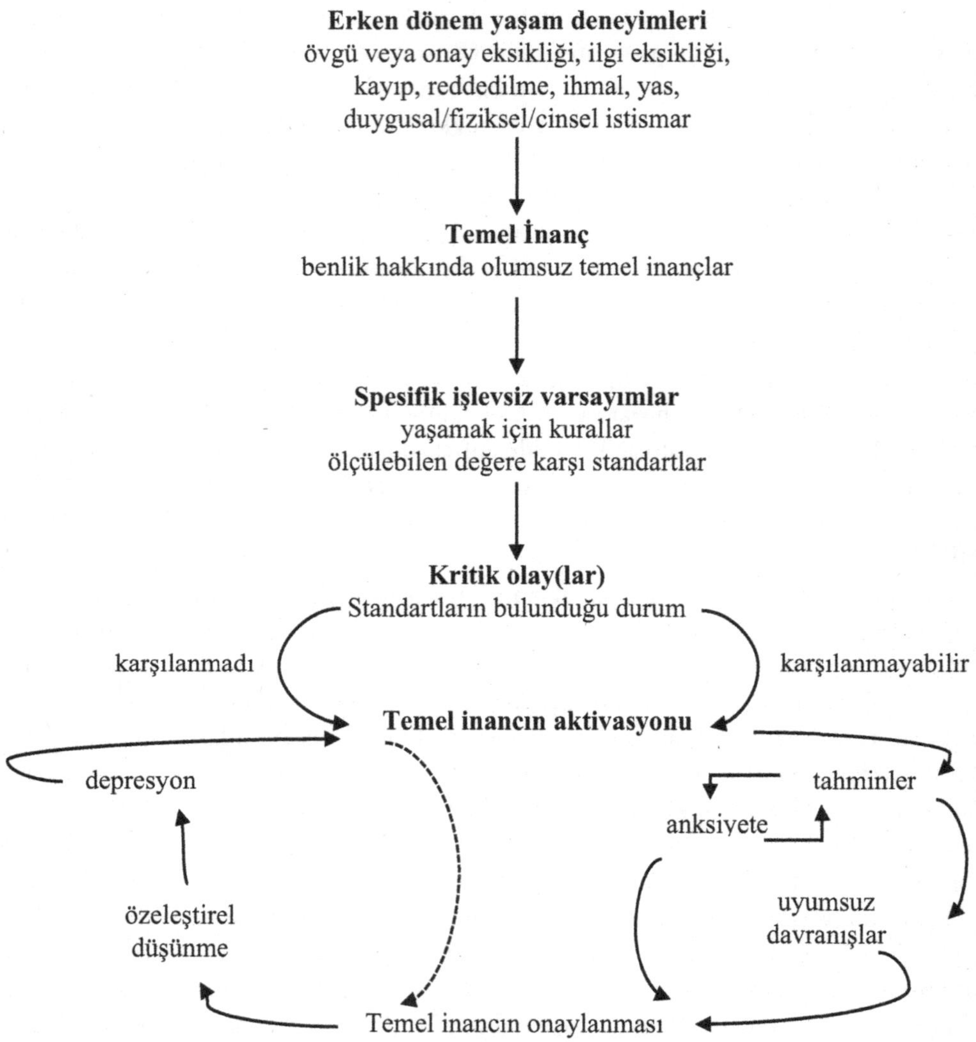

Şekil 2. Düşük Benlik Saygısının Bilişsel Modeli (Fennell, 1997)

Atılgan Olmamızı Engelleyen Nedir?

İnançlar: Atılgan olma, atılgan olma yeteneğimiz veya atılgan olursak olabilecek şeyler hakkında gerçekçi olmayan inançlara ve olumsuz öz ifadelere sahip olabiliriz. Bu genellikle atılgan davranmamanın önemli bir nedenidir. Bu tür inançlara örnekler:

- İstediğini söylemek umursamazlık, kabalık ve bencilliktir.
- Kendimi öne sürersem karşımdaki kişiyi üzer ve ilişkimizi mahvederim.
- Ne düşündüğümü söylersem çok utanç verici olur.

Beceri eksikliği: Atılgan olmak için sözel ve sözel olmayan becerilere sahip olmamamız olabilir. Diğer insanların atılgan olduklarını izleyebilir ve davranışlarına hayran olabiliriz ancak bizim nasıl böyle olacağımıza dair gerçek bir fikre sahip değilizdir.

Kaygı ve stres: Nasıl atılgan olacağımızı biliyor olabiliriz ama o kadar endişeleniriz ki davranışı gerçekleştiremeyeceğimizi fark edebiliriz. O kadar stresli olabiliriz ki net bir şekilde düşünmek ve hareket etmek zorlaşır. Kaygımızı nasıl yöneteceğimizi ve vücudumuzdaki fiziksel stresi nasıl azaltacağımızı öğrenmeliyiz.

Durum değerlendirmesi: Hangi durumlarda hangi davranışların kullanılacağı bilinemeyebilir. İnsanların durumları değerlendirirken yapabileceği üç temel hata vardır. Kesin bir atılganlık davranışını saldırganlıkla karıştırabiliriz; atılgan davranmamayı yani pasif kalmayı kibarlıkla karıştırabiliriz ya da atılgan davranmamayı yardımcı olmakla karıştırabiliriz.

Kültürel ve kuşak etkileri: Kültür bireyin yaşam biçimine anlam katmaktadır. Davranışlarımız üzerinde güçlü kültürel ve kuşaklar arası etkiler bulunmaktadır. Atılgan davranış, Batı toplumlarının bir özelliği olup kültür bireyin kendini ifade etmesini etkilemektedir. (Alberti ve Emmons, 1998). Asya toplumlarında bireyler, iletişimde kendilerini dolaylı bir şekilde ifade etmektedirler. Atılgan davranış bu tür toplumlarda uygun bulunmamaktadır. Çünkü bu toplumlarda bireyin kendine ilişkin algısından çok başkalarının onu nasıl algıladığı önemlidir (Alberti ve Emmons, 1998). House ve Javidan (2004), atılganlığı "toplumlardaki bireylerin ilişkilerde atılgan, çatışmacı ve saldırgan olma derecesi" olarak tanımlamaktadırlar. Atılgan toplumların üyeleri, çevrelerine hâkim olma ve aktif olarak kontrol etme eğilimi göstermektedirler. Güce saygı duymakta olup rekabeti vurgulamaktadırlar. Atılganlıkta yüksek puan alan toplumlar etkili, sağlam ve açık davranışa değer vermektedirler.

Daha yaşlı nesiller atılgan olmayı zor bulabilmektedirler. Erkeklere duygularını ifade etmenin zayıf olduğu, kadınlara ise ihtiyaçlarını veya görüşlerini ifade etmenin saldırgan olduğu öğretilmiştir. Bunlar gibi ömür boyu süren inançları değiştirmek zor olabilmektedir (Michel, 2008).

ATILGANLIĞIN BİLİŞSEL DAVRANIŞÇI TERAPİSİ

Bilişsel davranışçı terapi (BDT), belirli bir bozukluğun temel bileşenlerini hedeflemek için tasarlanmış, iş birlikçi, yapılandırılmış, beceri geliştirici, zaman sınırlı ve hedef odaklı bir müdahaledir (Hollon ve Beck, 2004). BDT'nin temeli, işlevsel olmayan düşünceleri yeniden yapılandırarak ve işlevsel bilişleri yeniden kurarak bireylere yardımcı olmaktır (Freeman vd., 1989). Bilişsel davranışçı kuram ve yöntemleri, çok çeşitli öğrenme temelli ve bilişsel yaklaşımları kapsamaktadır (Worell ve Remer, 2003). BDT'de müdahaleler, farklı yaş, yetenek veya cinsiyete sahip, farklı etnik ve kültürel kökenden gelen bireylerle kullanılmaktadır (Worell ve Remer, 2003). BDT müdahaleleri, stres azaltma, gevşeme, bilişsel yeniden yapılandırma, rol oynama, beceri geliştirme, problem çözme ve imgeleme kullanımını içermektedir (Beck, 1996; Freeman vd., 1989). Phemister'e (2001) göre BDT, bireylere "özsaygı ile güven inşa etmek ve sorumluluğu teşvik etmek için çalışan kısa vadeli hedefler belirleme ve bunlara ulaşma konusunda" yardımcı olmaktadır.

Atılgan davranışsal tepki, davranışın sözlü ve sözsüz bileşenleri arasındaki tutarlılık ile karakterize edilmektedir. Atılgan birey söylemek istediğini açıkça belirterek uyumlu jest, fiziksel duruş, konuşma ritmi ve ses tonu ile mesajını vurgular (Rakus, 1991). Duygusal düzeyde atılganlık, kişiler arası davranışları abartılı veya aşırı kaygı veya öfke olmadan ifade etmekle ilişkilidir. Atılganlık; ben, diğerleri ve bunlar arasındaki etkileşimler hakkındaki görüşleri içeren sosyal dünyanın belirli bilişsel yorumlarıyla ilişkilendirilmiştir (Vagos ve Pereira, 2009). Bu sosyal bilişsel temsiller seti, kişiler arası olayların ve ilişkilerin belirli yönleriyle ilişkili temel inançlardan oluşan kişiler arası şemaların tanımına uymaktadır. Bu temel inançlar, birey için önemli kişilerle olan erken deneyimlerden gelişmekte olup geç ergenlik döneminde kalıcı hâle gelmektedirler. Ancak yine de değişime açıktırlar (Beck, 1996).

Benlik şemaları da atılganlıkla ilişkilendirilmektedir. Atılgan bireyler, çocukluk anılarında daha fazla atılgan deneyimlere sahiptirler. Bu kişilerin gelecekte atılgan davranışlarda bulunma olasılığının daha yüksek olduğu belirtilmektedir (Bruch vd., 1988).

Sosyal kazanımları destekleyen etkili bir atılganlık uygulaması bilişsel, duygusal ve davranışsal boyutları arasında uyum gerektirmektedir (Alberti ve Emmons, 2008). Bilişsel yeniden yapılandırma, kaçınma davranışına yol açan kaygıyı hedef alarak atılganlığı artırmaktadır. Davranışsal uygulamalar, bireyin kendini hem sözlü hem de sözsüz olarak etkili bir şekilde ifade etmeyi öğrenmesine odaklanmaktadır (ör., uygun göz teması, ses seviyesi, duygulanım ve fiziksel duruş) (Linehan vd., 1979).

Tablo 2. Atılganlığın Kavramsal Çerçevesi

Atılgan Olmak (Vagos ve Pereira, 2009)	Atılgan Olmamak (Vagos ve Pereira, 2007)
• Sosyal dünya, özen, saygı, kabul ve karşılıklı anlayışa dayanır. • Hem ben hem de diğerleri benzersiz ve belki de çatışan kişiliklere sahiptir ancak aynı sosyal hakları ve saygıyı hak eder. • İlişkiler doğası gereği sosyal gruptaki bireyler için eşittir ve ortak hedeflere ulaşmayı amaçlar.	• Diğerleri etkileşimlerinde kararsız ve samimiyetsizdir. • Benlik sevilmeyen ve kusurludur. Günlük görevlerde başarısızlık eğilimi yüksektir. Duyguların spontan ifadesi ve konuşma kontrol edilmelidir. • İlişkiler ancak başkalarının benliğimizi kontrol etmesine ve boyun eğdirmesine izin verilirse sürdürülür.

Atılgan olmayan düşünce örnekleri aşağıda verilmiştir:

- Problemlerimle başkalarına yük olmak istemiyorum. Bu yüzden gerçekten nasıl hissettiğimi veya düşündüğümü söylememeliyim.
- Eğer atılgan davranırsam karşımdaki kişiyi üzer ve ilişkimizi mahvederim.

- Ne düşündüğümü söylersem bu çok utanç verici olabilir.
- Biri isteğime "hayır" diyorsa bu beni sevmediği veya değer vermediği anlamına gelir.
- Yakınımdaki insanlar, neye ihtiyacım olduğunu veya nasıl hissettiğimi söylemeden zaten biliyor olmalılar.
- İnsanlar duygularını kendilerine saklamalılar.
- Endişeli olduğumu ifade edersem insanlar zayıf olduğumu düşünecek ve benimle alay edecek veya benden faydalanacaklar.
- Birinden iltifat kabul edersem bu benim kendimi beğenmiş olduğum anlamına gelir.

DÜŞÜNCELERİNİZİ NASIL DEĞİŞTİRİRSİNİZ?

İşlevsel olmayan düşünceleri belirlemek, onları değiştirmenin ilk adımıdır. Bazı insanlar için bu şekilde düşündüklerini fark etmeleri değişmelerine yardımcı olmak için yeterli olabilmektedir. Bireylerin değişmeye ve farklı bir şekilde düşünmeye hakları olduğunu anlamaları oldukça önemlidir. Bununla birlikte, çoğu insan için yararsız bir şekilde düşündüklerini fark etmek, bu düşünceyi değiştirmek için yeterli olmayabilmektedir. BDT'de işlevsiz düşünceleri ele almanın bir yolu onlara doğrudan meydan okumaktır. Düşüncelerimizin ve inançlarımızın çoğunun gerçeklerden ziyade öğrenilmiş inançlar oldukları ilkesi önemlidir. Bu düşünceler bireye sıkıntı veriyorlarsa körü körüne onları kabul etmek yerine sorgulamak gerekmektedir. Bu sorgulamada tıpkı bir dedektif gibi düşüncelere meydan okunmalı, düşüncelerin lehine ve aleyhine olan kanıtları incelenmelidir. Düşüncelere meydan okumada yardımcı olmak için kullanılabilecek iki ana strateji vardır. Birincisi, **Düşünce Kaydı Günlüğü** kullanmaktır. Diğeri ise **Davranış Deneyi** planlamaktır.

Düşünce Kaydı Günlüğü

Tüm bilgileri hatırlamak zor olup bununla birlikte dağınık ve kafa karıştırıcı olabileceğinden, düşünceleri kafamızın içinde sorgulamak yerine hepsini yazmaktır. Düşünce kayıt günlüğünde, bireyin sahip olduğu atılgan olmayan düşünceyi tanımlaması gerekmektedir. Bunu yapabilmek için öncelikle birey içinde bulunduğu durumu belirlemelidir. Durumu tanımlarken bu durumun sahnesini çekiyor olsaydı ne göreceğini düşünmesi yararlı olabilmektedir. Sadece gerçeklere bağlı kalmak ve bu aşamada bunun ne anlama gelebileceği hakkında yorumlar yapmaya başlamamak önemlidir. Ardından, bireyin tanımlanan durumdaki duygularını belirlemesi gerekmektedir. Yani nasıl hissettiğini tanımlamalı ve bu duygunun yoğunluğunu derecelendirmelidir. Daha sonra davranışını ve hissettiği herhangi bir fiziksel semptomu tanımlamalıdır. Ardından, durumla ilgili düşüncelerini tanımlaması gerekmektedir. Bu düşünceler; varsayımlar, yorumlar, inançlar, değerler vb. biçimler şeklinde olabilirler. Bazen kelimelerden ziyade resim veya görsel şekilde de olabilirler. Burada önemli olan, o anda bu düşüncelere olan inancın gücünü derecelendirmektir. Düşünce kaydı tamamladıktan sonra bu düşüncelere meydan okumak için birey kendisine aşağıdaki soruları sormaktadır:

- Pasif, atılgan veya agresif bir şekilde mi düşünüyorum?
- Pasif, atılgan veya agresif bir şekilde mi karşılık verdim?
- Bu düşüncenin kanıtı nedir?
- Bu düşünceye karşı kanıt nedir?
- Kendi haklarımı mı yoksa arkadaşlarımın haklarını mı görmezden geliyorum?
- Durumu başka nasıl görebilirim?
- Olanların başka yorumları var mı?
- Daha atılgan bir şekilde düşünme ve yanıt verme yolu ne olabilir?

Bu soruları sormanın amacı, bireyin daha dengeli ve atılgan bir düşünce ve davranış biçimi bulmasını sağlamaktır. Son adım, ilk belirtilen duygunun yoğunluğunun ve düşünceye olan inanma derecesinin yeniden değerlendirmesidir. Düşünce kayıt günlüğü ile çalışılmasının sonucunda, duygu yoğunluğunda bir azalma ve başlangıçtaki işlevsiz düşünceye inanma derecesinde bir azalma yaşanması beklenmektedir.

Tablo 3. Düşünce Kayıt Günlüğü

Bölüm 1. Tepkinizi Anlamak		**Bölüm 2. Atılgan Olmayan Düşüncelerinize İtiraz Etmek/Meydan Okumak**	
Durum		Durum	
Hangi duyguları hissediyordum? Bunlar ne kadar güçlüydü? Oran (0-100)		Düşüncemin doğru olduğuna dair herhangi bir kanıt var mı?	
Vücudumda hangi fiziksel tepkiyi fark ettim?		Düşüncemin doğru olmadığına dair herhangi bir kanıt var mı?	
Ne yaptım?		Kendi haklarımı mı yoksa diğer kişinin haklarını mı görmezden geliyorum? Eğer öyleyse, neyi görmezden geliyorum?	
Bu pasif, atılgan veya agresif bir davranış biçimi miydi?		Durumu yorumlamanın başka yolları var mı?	
Kafamdan hangi düşünceler geçiyordu?		Bunu düşünmenin daha atılgan bir yolu ne olabilir?	
En güçlü düşünce hangisi?		Daha atılgan bir davranış şekli ne olabilir?	
Bu düşünceye ne kadar inanıyorum?		İlk duygumu yeniden yorumla.	
Bunlar pasif, atılgan veya agresif düşünceler mi?		İlk düşünceye olan inancımı yeniden yorumlama.	

*Danışan tarafından doldurulacaktır.
(Michel, 2008).

DAVRANIŞ DENEYİ

Bir düşünce kaydı günlüğü yapmak, bir durum hakkındaki düşüncelerin değiştirilmesinde yardımcı olabilmektedir. Bu durum ancak düzenli bir şekilde yazılıp yeni işlevsel düşüncelerin tekrar tekrar uygulanmasıyla geçerli olabilmektedir. Bazen birey düşüncelerin mantıksal olarak makul olduğunu görebilir ancak içinde gerçekten hiçbir şeyin değişmediğini hissedebilir. Belirli bir durum için veya aleyhine gerçek bir kanıt olmadığında düşünce kaydı günlüklerini kullanmak da zor olabilmektedir.

Bu durumda daha faydalı olabilecek şey davranış deneyi yapmaktır. Düşünce kaydı günlüğü, inanç hakkında farklı düşünerek inançların değiştirilmesine yardımcı olurken, davranış deneyi yeni bir inancı desteklemek için bireye bazı kanıtlar sunarak inançları değiştirmeye yardımcı olabilmektedir.

Bir davranış deneyi planlarken bunun bir meydan okuma olacağı ve oldukça endişe verici olabileceği unutulmamalıdır. Bir deney yapmaya karar verirken sonuçların net olması için onu dikkatlice planlamak önemlidir. Ayrıca daha kolay bir deneyle başlanıp ardından daha zor durumlara geçilmesi gerekebilmektedir.

İlk adım, bireyin durumla ilgili tahminini ve bunun olup olmadığını nasıl bileceğini belirlemektir. Bununla birlikte, davranış deneyi planlanırken bireyin normalde yaptığı tüm atılgan olmayan veya işlevsiz davranışlarının belirlenmesi gerekmektedir. Çünkü davranış deneyi sırasında bunların yapılmaması gerekmektedir. Davranış deneyini planlarken deneyin ne zaman, nerede ve nasıl yapacağı açıkça belirlenmelidir.

Tablo 4. Davranış Deneyi

Aşamalar	**Açıklama**
1. Adım: Test edilecek varsayımı tanımlayın.	Durum Benim tahminim/varsayımım Bunun olacağına ne kadar inanıyorum? (%0-100) Olduğunu nasıl anlayacağım?
2. Adım: Yardım edici olmayan davranışları tanımlayın.	Başa çıkmak için normalde hangi işlevsiz davranışlarda bulunurum (ör.; kaçınma, kaçma, güvenlik davranışları).
3. Adım: Daha gerçekçi bir tahmin/varsayım belirleyin.	Kendinize Düşünce Kayıt Günlüğünüze daha önce kayıt edilmiş olduğunuz daha gerçekçi tahmin/varsayımı hatırlatın.
4. Adım: Yararlı davranışları belirleyin ve deneyi kurgulayın.	İki tahmini test etmek için farklı olarak ne yapacağım?
5. Adım: Deneyi gerçekleştirin. 6. Adım: Sonuçları değerlendirin.	Gerçekte ne oldu? İlk tahminim ne kadar gerçekleşti? (%0-100) Hangi tahmin desteklendi? Farklı davranmak nasıldı? Deneyden ne öğrendiniz?

(Michel, 2008).

ATILGANLIKTA KULLANILAN DİĞER TERAPİ VE TEDAVİ YÖNTEMLERİ

Araştırma ve klinik deneyimler, farmakolojik tedavilerin saldırganlığın tedavisini amaçlayan çok bileşenli bir müdahale paketinin parçası olarak kullanılabileceğini öne sürmektedirler (Ziegler, 1996).

Tıbbi tedavi: Sosyal anksiyete bozukluğu için mevcut farmakoterapi tedavilerinden birçoğunun uygun kullanım için gerekli olan belirli terapötik pencereleri ve belirli protokolleri bulunmaktadır. Seçici serotonin geri alım inhibitörlerinin (SSRI) tam etkinliğinin kanıtlanması için öngörülen minimum süre sekiz ile on haftadır (Sareen ve Stein, 2000). Monoamin oksidaz inhibitörleri (MAOI), diğer ilaç tedavileri başarısız olduğunda kullanılır. Bazı gıdalar ve yaygın olarak kullanılan birkaç ilaçla yan etkileri olduğundan kullanımları dikkatle izlenmelidir. Benzodiazapenler, bağımlılık yapıcı özelliklere sahiptir ve yoksunluk semptomlarından kaçınmak için hastanın tedavi planından dikkatli bir şekilde çıkarılmalıdır (Tajima, 2004). Beta blokerler, fiziksel semptomların hızlı bir şekilde giderilmesi için kullanılmaktadır (Sareen ve Stein, 2000).

Psikoterapi: Bireyin atılgan davranışı eksik olduğunda, genellikle sosyal iletişimin niteliği ve düzeyi azalmaktadır. Bu nedenle, iletişim ve sosyal etkileşim sorunlarını içeren herhangi bir psikolojik bozukluğun tedavisinde, atılganlık eğitiminin önceliği, spesifik psikolojik bozukluğa uygun kapsamlı ve ampirik olarak desteklenen bir tedavinin bir bileşeni olarak belirlenmelidir.

Atılganlık eğitimi: Atılganlık eğitimi ideal olarak, grup özellikleri bakımından birbirine benzeyen ve 10-12 seanslık bir araya gelen 6-10 kişilik bir grup formatında gerçekleştirilmektedir. Grup formatı bireysel eğitim oturumlarından daha etkilidir çünkü katılımcılar birbirleriyle atılgan davranış tekniklerini kullanarak pratik yapabilmektedirler. Bununla birlikte, grup üyeleri atılgan davranışlara katılımlarına ilişkin örnekler sunabilmektedirler. Diğer grup üyeleri tarafından sergilenen atılgan davranışları daha çabuk kavrayıp kabul edici olma eğiliminde olacaktırlar. Atılganlık eğitimi bağımsız bir tedavi işlevine sahip olsa da diğer tedavi programlarının bir ögesi olarak da kullanılmaktadır. Örneğin, atılganlık eğitimi, öfke yönetimi (Feindler ve Guttman 1994), düşük benlik saygısı (Shirk ve ark. 2006) ve madde kullanım bozuklukları gibi ergen sorunlarında işlevsel aile terapisi protokolleriyle kanıta dayalı bilişsel davranışçı terapinin bir bileşeni olarak kullanılmıştır.

Tablo 5. Atılganlık Eğitim Protokolünün Temel Bileşenleri

1.	Atılganlık eğitimi genellikle (a) atılgan davranışın kullanılmasının gerekçesi, (b) atılganlık, pasiflik ve saldırganlık tanımları ve (c) atılgan davranışı yöneten temel içerik ve işlem yönergelerini içerir.
2.	Kendi kendini izleme ödevleri verilir ve sorunlu etkileşimleri belirlemek için oturum içi rol oynamalar yürütülür.
3.	Hedeflenen belirli bir beceri için atılgan tepkinin nasıl olacağına ilişkin içerik oluşturulur. Belirlenen bu içerik rol model olması açısından terapist tarafından uygulanır.
4.	Danışan, belirlenen sorunlu etkileşimlere benzer oturum içi rol oynamalar bağlamında atılgan davranışlar sergiler.
5.	Rol oynama performansının değerlendirilmesi her zaman danışandan gelen yorumların istenmesiyle başlamalıdır. Bu strateji, terapistin (a) danışanın atılgan tepkiyi oluşturan sözlü ve sözel olmayan davranışlara ilişkin anlayışını değerlendirmesine ve (b) danışanın performansını değerlendirirken kullandığı doğruluk ve nesnelliği değerlendirmesine olanak tanır. Rol oynamaların ardından kişinin performansını değerlendirmek, hatırlama yükü nedeniyle zorlaşabilir. Geri çağırma yükünü azaltmak ve performans sorunları ve zaman içindeki performans kazanımları için özel, görsel kanıtlar sağlamak için rol yapma videolarının kaydedilmesi önerilir.
6.	Terapist tarafından geri bildirim sağlanır ve atılgan performansın daha da iyileştirilmesi için yönergeler sağlanır. Terapist tarafından modellenen atılgan davranış ile danışanın performansı arasında önemli bir tutarsızlık olduğunda, rol oynamanın bir video kasetinin gözden geçirilmesi şeklinde geri bildirim sağlamak genellikle yararlıdır.
7.	Sırada, gerçek dünyadaki atılgan davranış pratiği var. Yine, danışan gerçek dünyadaki atılgan performansın teknik ve duygusal bir değerlendirmesini sağlar.
8.	Atılganlık becerileri eğitim süreci boyunca makul performans hedeflerinin pekiştirilmesi ve yinelenmesi esastır.

(Duckworth ve Mercer, 2006).

ATILGANLIKTA BDT'NİN ETKİLİĞİ ÜZERİNE ÇALIŞMALAR

Genel olarak çalışmalar öz yeterlik ve atılganlığın önemini göstermiştir. Ancak sadece birkaç çalışma, özellikle bilişsel davranışçı yaklaşıma dayalı grup terapisini dikkate alarak onları geliştirmeye odaklanmıştır. Gasemzadeh (2006), BDT'nin atılganlık üzerindeki potansiyel etkisini değerlendirmek amacıyla yapmış olduğu çalışmada, atılganlıkta meydana gelen önemli bir gelişmenin kaygı düzeyinde azalmaya yol açtığını bulmuştur. Ilkhchi ve arkadaşları (2011); çalışmalarında, liselerde öğrenim gören kaygılı kız öğrencilerde BDT'nin öz yeterlik ve atılganlık üzerindeki etkililiğini araştırmışlardır. Müdahale grubuna 12 seans BDT programı uygulanmıştır. Sonuçlar, katılımcıların kaygılarında önemli bir azalma, öz yeterlik ve atılganlıkta artış olduğunu göstermiştir. Buna karşılık; Rita (2010), BDT müdahalelerinin atılganlık üzerinde etkili olmadığını belirtmiştir. Atılganlığı bir sosyal beceri olarak ele alan ve atılganlık becerilerini geliştirme eğitimi programı uygulanan çalışmaların sonucunda olumlu sonuçlar elde edilmiştir. İlköğretim ikinci sınıf öğrencilerine uygulanan 12 haftalık atılganlık eğitimi sonunda öğrencilerin atılganlık ve benlik saygısı düzeyinin gelişmesinde etkili olduğu saptanmıştır (Ünal, 2007). Ganji ve arkadaşlarının (2022) araştırma bulguları, önleyici bir program olarak atılganlık beceri eğitiminin öğrencilerin bağımlılık eğilimlerini azaltabileceğini, ruh sağlıklarını ve yaşam kalitelerini iyileştirebileceğini göstermiştir. Ugürol (2010) tarafından yatılı ilköğretim bölge okulu yedinci sınıf öğrencileriyle yürütülen çalışmada, öğrencilere 10 oturumdan oluşan atılganlık becerilerini geliştirme eğitimi programı verilmiştir. Müdahalenin öğrencilerin atılganlık düzeylerinin yükselmesinde ve zorbalığa uğrama düzeylerinin azalmasında etkili olduğu bulunmuştur. Parmaksız (2019); çalışmasında, üniversite öğrencilerine 10 hafta uygulanan psikoeğitim programının öğrencilerin atılganlık düzeylerini artırdığı sonucuna ulaşmıştır. Grupla psikolojik danışmanın lise öğrencilerinin atılganlık düzeyine olan etkisinin incelendiği çalışmada, katılımcılara 9 hafta süreyle atılganlık eğitimi verilmiştir. Programın sonunda müdahale grubunda yer alan öğrencilerin atılganlık düzeylerinin arttığı sonucuna ulaşılmıştır (Bayraktutan, 2006). Bilişsel davranışçı teknikler kullanılarak uygulanan atılganlık eğitimi programlarının ilköğretim, lise ve üniversite öğrencilerinin atılganlık becerilerinin geliştirilmesinde etkili olduğu görülmektedir.

SONUÇ VE ÖNERİLER

Atılganlık kişiler arası ilişkileri oluşturan sosyal becerilerin önemli ögelerinden birisi olup geliştirilebilir bir beceridir. Atılganlık psikoterapisi, her iki tarafın haklarına saygı gösteren daha üretken kişiler arası etkileşimleri teşvik etmek için kullanılabilecek etkili bir yöntemdir. Bu yöntemin çeşitli klinik ve toplum popülasyonları arasında atılgan davranışı artırmada etkili olduğu bulunmuştur. Atılganlık psikoterapisi, insanlara "hayır" deme, mantıksız taleplere yanıt verme ve başkalarından talepte bulunma becerilerinde yardımcı olmuştur. Ayrıca benlik saygısını artırmada ve kaygıyı azaltmada etkileri vardır. Atılganlık becerisini geliştirmeye yönelik programlar/müdahalelerin sosyodemografik ve kültürel faktörler ile bireysel ihtiyaçlara göre oluşturulması önerilmektedir.

DAVRANIŞ DENEYİ ÖRNEĞİ

1. Adım Tahmini tanımlayın	Durum	Arkadaşıma onunla alışverişe gitmek istemediğimi söylemek.
	Tahmin	Üzülecek ve kızacak. Benimle olan arkadaşlığını bitirecek.
	Bunun olacağına ne kadar inanıyorum? (%0-100)	%70
	Olduğunu nasıl anlayacağım?	Aradığım zaman, telefonu yüzüme kapatacak ve aramalarıma dönmeyecek veya beni aramayacak.
2. Adım İşlevsiz davranışları tanımla	Durumla başa çıkmak için normalde hangi işlevsiz davranışlar yapılmaktadır (ör.; kaçınma, kaçma, güvenlik davranışları).	Bahaneler uydur, hastaymış gibi yap.
3. Adım Daha gerçekçi bir tahmin belirleme	Kendinize yaptığınız daha gerçekçi tahmini hatırlatın.	Arkadaşım daha önce bana hayır dedi ve arkadaşlığımızda bir sorun olmadı. Hayal kırıklığına uğrayabilir ama iyi bir arkadaşsa kızmaz ve arkadaşlığımızda sorun olmaz.
4. Adım İşlevsel davranışları belirleme ve deneyi planlama	İki tahmini test etmek için farklı olarak ne yapacağım?	Ondan kaçmak yerine bugün ilk işim onu arayacağım ve hazırlanmam gereken bir toplantım olduğunu bu yüzden alışverişe gitmek istemediğimi açıklayacağım. Onunla vakit geçirmek için başka bir zaman ayarlayacağım.
5. Adım & 6. Adım Deneyin gerçekleşmesi Sonuçların değerlendirilmesi	Gerçekte ne oldu?	Ona da uygun olduğunu söyledi. Gelecek hafta bir kahve için zaman ayırdık.
	Orijinal tahminim ne kadar gerçekleşti? (%0-100)	0
	Hangi tahmin desteklendi?	Daha gerçekçi bir şekilde belirlenen tahmin
	Farklı davranmak nasıldı?	Korkunç, ilk başta zor, sonra kolaylaştı.
	Deneyden ne öğrendiniz?	En kötüsünü bekleme eğilimindeyim ve bu benim pasif bir şekilde davranmama neden oluyor. Dürüst ve açık olmak iyi hissettirdi. Atılgan olmak, insanların sizin yüzünüzden üzüleceği anlamına gelmez.

(Michel, 2008).

OKUMA ÖNERİLERİ

- Association for Behavioral and Cognitive Therapies. (n.d.). Assertiveness training. ABCT Fact Sheets.
- Alberti, R. E. & Emmons, M. L. (2001). *Your perfect right: Assertiveness and equality in your life and relationships* (8th ed.). Atascadero, CA: Impact Publishers.
- Burton, S., & Shelton, N. (1993). *Assertiveness skills.* New York: McGraw-Hill.
- Davidson, J. (1997). *The complete idiot's guide to assertiveness* (1st ed.). Indianapolis, IN: Alpha Books.
- Dire, W. (1978). *Pulling your own strings: Dynamic techniques for dealing with other people and living your life as you choose.* New York: Harper Collins.
- Gabor, D. (2001). *How to start a conversation and make friends.* New York: Fireside.

KAYNAKLAR

Association for Behavioral and Cognitive Therapies. (2022, Temmuz 22). *Assertiveness Training*.https://www.abct.org/fact-sheets/assertiveness-training/

Alberti, R. & Emmons, M. (1998). *Atılganlık hakkınızı kullanın.* (Çev. Serap Katlan). Ankara: HYB Yayıncılık.

Alberti, R., & Emmons, M. (1970). *Your perfect right: A guide to assertive behavior.* San Luis Obispo, CA: Impact Press.

Alberti, R. E., & Emmons, M. L. (1990). *Your perfect right: A guide to assertive living.* San Luis Obispo: Impact Publishers.

Alberti, R., & Emmons, M. (2002). *Kendinize Yatırım Yapın, Atılganlık.* (Çev. Katlan, S.). Ankara: HYB Yayıncılık.

Alberti, R., & Emmons, M. (2008). *Your perfect right:Assertiveness and equality in your life and relationships guide to assertive living.* California: Impact Publishers.

Alden, L. E., & Safran, J. (1978). Irrational beliefs and nonassertive behavior. *Cognitive Therapy and Research,* 2(4), 357-364.

Allan, S., & Gilbert, P. (2002). Anger and anger expression in relation to perceptions of social rank, entrapment and depressive symptoms. *Personality and Individual Differences,* 32, 551-565.

Arrindell, W. A., Sanderman, R., Hageman, W., Pickersgill, M. J., Kwee, M. G. T., Vandermolen, H. T., et al. (1990). Correlates of assertiveness in normal and clinical-samples:A multidimensional approach. *Advances in Behavior Research and Therapy, 12*(4), 153-282.

Arrindell, W. A., Akkerman, A., van der Ende, J., Schreurs, P. J. G., Brugman, A., & Sanderman, R. (2005). Normative studies with the Scale for Interpersonal behaviour (SIB): III. *Psychiatric inpatients. Personality and Individual Differences, 38,* 941-952.

Baş, A. U. (2017). Kişiler arası ilişkiler ve iletişimde güvengenlik. *Pegem Atıf İndeksi,* 174-194.

Bayraktutan, E. (2006). *Grupla psikolojik danışmanın lise öğrencilerinin atılganlık düzeyine etkisi (Ticaret meslek lisesinde deneysel bir uygulama)* [Yüksek Lisans Tezi, Dokuz Eylül Üniversitesi Eğitim Bilimleri Enstitüsü]. İzmir.

Beck, A. (1996). *Beyond belief: A theory of modes, personality and psychopathology* (P. Salkovskis, Ed.). Guilford Press.

Bijstra, J. O., Bosma, H. A., & Jackson, S. (1994). The relationship between social skills and psycho-social functioning in early adolescence. *Personality and Individual Differences,* 16, 767-776.

Bruch, M. A., Kaflowitz, N. G., & Berger, P. (1988). Self-schema for assertiveness: Extending the validity of the self-schema construct. *Journal of Research in Personality, 22,* 424-444.

Colter, S. B., & Guerra, J. J. (1976). *Assertion training: A humanistic-behavioral guide to self-dignity.* Champaign, IL: Research Press.

Duckworth, M. P. & Mercer, V. (2006). *Assertiveness Training.* (J. E. Fisher, & W. T. O'Donohue, Eds.). Practitioner's guide to -evidence-based psychotherapy. New York: Springer.

Farley, J. P., & Kim-Spoon, J. (2014). The development of adolescent self-regulation: Reviewing the role of parent, peer, friend and romantic relationships. *Journal of Adolescence, 37*(4), 433-440.

Feindler, E. L., & Guttman, J. (1994). *Cognitivebehavioral anger control training* (C. W. LeCroy, Ed.), Handbook of child and adolescent treatment manuals. New York: Simon & Schuster Free Press.

Fennell, M.J.V. (1997). Low self-esteem: a cognitive perspective. *Behavioural and Cognitive Psychotherapy,* 25, 1-25.

Freeman, A., Simon, K., Beutler, L., & Arkowitz, H. (1989). *Comprehensive handbook of cognitive therapy.* New York: Plenum Press.

Ganji, F., Khani, F., Karimi, Z., & Rabiei, L. (2022). Effect of assertiveness program on the drug use tendency, mental health, and quality of life in clinical students of Shahrekord University of Medical Sciences. *Journal of Education and Health Promotion,* 11.

Gasemzadeh, A. (2006). *Effect of cognitive-behavioral therapy in reduce anxiety and increase assertiveness* [Dissertation of Master Science in Psychology, Islamic Azad University of Tehran Branch].

Gladding, S. T. (1988). *Counselling: A comprehensive profession.* Princeton, NC: Merrill Publishing Company.

Heimberg, R. G., & Becker, R. E. (1981). Cognitive and behavioral models of assertive behavior: Review, analysis and integration. *Clinical Psychology Review,* 1, 353-373.

Heisler, G., & Shipley, R. H. (1977). The ABC model of assertive behavior. *Behavior Therapy,* 8(3), 509-512.

Herzberger, S. D., Chan, E., & Katz, J. (1984). The development of an assertiveness self-report inventory. *Journal of Personality Assessment,* 48(3), 317-323.

Hollon, S. D., & Beck, A. T. (2004). *Cognitive and cognitive behavioral therapies.* (M. J. Lambert, Ed). Wiley.

House, R. J., Javidan, M., Dorfman, P. W., & Sully de Luque, M. (2006). A failure of scholarship: Response to George Graen's critique of GLOBE. *Academy of Management Perspectives, 20*(4), 102-114.

Ilkhchi, S. V., Poursharifi, H., & Alilo, M. M. (2011). The effectiveness of Cognitive-Behavioral Group Therapy on self-efficacy and assertiveness among anxious female students of high schools. *Procedia-Social and Behavioral Sciences, 30,* 2586-2591.

Korkut, O. F. (2011). *Okul temelli önleyici rehberlik ve psikolojik danışma.* Ankara: Anı Yayıncılık.

Langrish, S. V. (1981). Assertiveness training improving interpersonal relations. *Gower Publishing Comparetive, 12,* 71-72.

Lazarus, A. A. (1973). On assertive behavior: A brief note. *Behavior Therapy,* 4, 697-699.

Laursen, B., & Mooney, K. S. (2008). Relationship network quality: Adolescent adjustment and perceptions of relationships with parents and friends. *American Journal of Orthopsychiatry, 78*(1), 47-53.

Linehan, M., Goldfried, M. R., & Goldfried, A. P. (1979). Assertion training: Skill acquisition or cognitive restructuring. *Behavior Therapy,* 10, 372-388.

Marchezini-Cunha, V., & Tourinho, E. (2010). Assertiveness and self-control: A behavior-analytic interpretation. *Psicologia E Teoria Pesquisa, 26,* 295-303.

Michel, F. (2008). *Assert Yourself.* Perth, Western Australia: Centre for Clinical Interventions.

Montgomery, S. A. (1995). *Social Phobia: A clinical review.* SA Montgomery (Ed), WPA.

Novaco, R. W. (1976). The functions and regulation of the arousal of anger. *American Journal of Psychiatry,* 133, 1124-1128.

Parmaksız, İ. (2019). Güvengenlik Psiko-Eğitim Programının Üniversite Öğrencilerinin Güvengenliklerini Arttırmaya Etkisi. *Sakarya University Journal of Education,* 9(1), 21-32.

Phemister, A. A. (2001) Revisiting the principles of free will and determinism: exploring conceptions of disability and counseling theory. *Journal of Rehabilitation, 67*(3), 5-12.

Plenty, S., Östberg, V., Almquist, Y. U., Augustine, L., & Modin, B. (2014). Psychosocial working conditions: An analysis of emotional symptoms and conduct problems amongst adolescent students. *Journal of Adolescence,* 37(4), 407-417.

Rakus, R. (1991). *Assertive behavior.Theory, research and training.* London: Routledge.

Rich, A. R., & Schroeder, H. E. (1976). Research issues in assertiveness training. *Psychological Bulletin, 83,* 1081-1096.

Rimm, D. C., & Masters, J. C. (1979). *Behavior therapy:Techniques and empirical findings.* New York, NY: Academic Press.

Rita, C. S. A. (2010). *The effects of Gestalt and Cognitive-Behavioral therapy group interventions on the assertiveness and self-esteem of women with physical disabilities facing abuse.* Wayne State University.

Salter, A. (1949). *Conditioned reflex therapy.* New York, NY: Creative Age.

Sareen, L., & Stein, M. (2000). A review of the epidemiology and approaches to the treatment of social anxiety disorder. *Drugs, 59,* 497-509

Shirk, S., Burwell, R., & Harter, S. (2006). *Strategies to modify low self-esteem in adolescents.* (M. A. Reinecke, F. M. Dattilio, & A. Freeman, Eds.), Cognitive therapy with children and adolescents a casebook for clinical practice. New York: The Guilford Press.

Smith, M. J. (1998). *Hayır dediğimde kendimi suçlu hissediyorum.* (Çev. Gülden Güvenç). Ankara: HYB Yayıncılık.

Tagay, Ö., Önen, Ö., & Polat, İ. C. (2018). Ergenlerin sosyal kaygı düzeyleri ile güvengenlik ve özsaygıları arasındaki ilişki. *Afyon Kocatepe Üniversitesi Sosyal Bilimler Dergisi, 20*(2), 261-269.

Tajima, O. (2004). Recent trends in pharmacotherapy for anxiety disorders. *Nihon Shinkei Seishin Yakurigaku Zasshi 24*, 133-136.

Trudeau, L., Lillehoj, C., Spoth, R., & Redmond, C. (2003). The role of assertiveness and decision making in early adolescent substance initiation: Mediating processes. *Journal of Research on Adolescence, 13*(3), 301-328.

Ugürol, Y. (2010). *Atılganlık becerilerini geliştirme eğitimi programının ilköğretim 7. sınıf öğrencilerinin zorbalığa uğrama düzeylerinin azaltılmasına etkisi: YİBO örneği* [Doktora Tezi, Karadeniz Teknik Üniversitesi Sosyal Bilimler Enstitüsü].Trabzon.

Ünal, S. (2007). *Atılganlık Becerileri Eğitimi Programının İlköğretim İkinci Kademe Öğrencilerinin Atılganlık Düzeyi ve Benlik Saygısı Üzerindeki Etkisi* [Yayınlanmamış Yüksek Lisans Tezi, Dokuz Eylül Üniversitesi Eğitim Bilimleri Enstitüsü]. İzmir.

Vagos, P., & Pereira, A. (2007). Assertiveness and temperament: The assertive interpersonal schema [Abstract]. In *Proceedings of the 13th European Conference on Developmental Psychology.* Loughborough, England: European Society for Developmental Psychology.

Vagos, P., & Pereira, A. (2009). *Qualitative analysis on the concept of assertiveness* (K. A. Fanti, Ed.). Athens: Atiner.

Voltan, N. (1980). *Grupla atılganlık eğitiminin bireyin atılganlık düzeyine etkisi* [Yayınlanmamış Doktora Tezi, Hacettepe Üniversitesi Sosyal Bilimler Enstitüsü]. Ankara.

Voltan-Acar, N. (2008). *İnsan İlişkileri: İletişim.* Ankara: Nobel Yayın Dağıtım

Voltan-Acar, N., & Mc. Whirter, J. (2000). *Ergen ve çocukla iletişim (öğretme, destekleme ve çocuk yetiştirme sanatı).* Ankara: Us-A Yayıncılık.

Wolpe, J. (1958). *Psychotherapy by reciprocal inhibition.* Stanford, CA: Stanford University Press.

Wolpe, J., & Lazarus, A. A. (1966). *Behavior therapy techniques: A guide to the treatment of neuroses.* New York, NY: Pergamon Press.

Worell, J., & Remer, P. (2003). *Feminist Perspectives in Therapy.* Hoboken, NJ: Wiley & Sons, Inc.

Yiğit, H. (2010). *Ergenlerin benlik saygılarının yaşam doyumu ve bazı özlük nitelikleri açısından incelenmesi* [Yayımlanmamış Yüksek Lisans Tezi, Selçuk Üniversitesi Eğitim Bilimleri Enstitüsü]. Konya.

Yörükoğlu, A. (1989). *Değişen toplumda aile ve çocuk.* Ankara, Özgü Yayın-Dağıtım.

Ziegler, R. G. (1996). *Anxiety disorders in children: Applying a cognitive-behavioral technique that can be integrated with pharmacotherapy or other psychosocial interventions* (J. M. Ellison, Ed.). Washington, DC: American Psychiatric Association.

Bölüm 7

ÖFKE VE SALDIRGANLIKTA BİLİŞSEL DAVRANIŞÇI TERAPİ

Zeynep Karataş

"Öfkeye tutunmak, başkasına atmak niyetiyle sıcak bir kömürü tutmak gibidir; yanan sensinsensin".

Buddha

GİRİŞ

Öfke yaygın olarak hissedilen bir duygudur. Ortalama olarak sağlıklı bireyler, haftada bir veya iki kez sinirlendiklerini bildirmektedirler. Bu öfke deneyimleri birkaç dakikadan birkaç saate kadar sürebilir ve genellikle arkadaşlar veya aile üyeleriyle etkileşimler sırasında tetiklenir. Genellikle bu yaygın öfke nöbetleri, ilk etapta öfke deneyimine neden olan konunun tartışılması ve çözülmesi ile sonlandırılır. Öfke genellikle problem çözmeye ve olumlu sonuçlara yol açan sakin tartışmalar yoluyla ifade edilen bir prototipin aksine bağırmak veya vurmak gibi şekillerde ifade edilir. Elbette aşırı öfke, sağlık sorunları ve kişisel uyumsuzluklar dâhil olmak üzere çeşitli zararlı sonuçlara yol açabilir. Ayrıca, çoğu psikiyatrik bozukluk, öfkeyi deneyimleme ve ifade etmede güçlük yaşama olasılığının artmasıyla ilişkilidir, bu da öfke konusunu ruh sağlığı profesyonelleri için özellikle önemli hâle getirir (Sukhodolsky, 2008).

Öfke ve saldırganlık, günlük yaşamda neredeyse bütün yaş gruplarında zaman zaman gözlediğimiz duygu ve davranıştır. Bireyler, öfkelerini bedenlerinde fark ettikleri bazı duyumsamalarla yaşarlar. Öfkenin sağlıklı yaşanmadığı durumlarda bireyler hem kendi bedenlerine zarar verebilir hem de diğerlerine saldırgan davranış gösterebilirler. Aslında öfke diğer duygular gibi yaşanması gereken bir duygudur. Şöyle bir düşünelim, öfke duygusu hissedeceğimiz yerde sevinç gösterirsek neler olur? Ya da üzgün olacağımız bir yerde mutluluk ifadeleri gösterirsek nasıl karşılanır? "İyi sonuçlar doğurmaz." dediğinizi duyar gibi oluyorum. Evet, bu yüzden bütün duyguların yerinde ve zamanında, gerektiği gibi sağlıklı yaşanması gerekir. Birey, öfke sinyallerini fark ettiğinde öfkesini sağlıklı yaşamaya gayret gösterirse onun saldırganlığa dönüşmesinin önüne geçecektir. Bu yüzden gerek okullarda gerek sokakta gözlediğimiz saldırgan davranışların çocuk ve gençlerin duygularını sağlıklı yaşamayı öğrenmesi ile daha işlevsel hâle dönüşebileceğini söylemek mümkündür. Bunun için önce çocuk ve gençlerde gözlenen bu öfke ve saldırganlığın genel özelliklerini bilmek gereklidir.

ÇOCUK VE ERGENLERDE ÖFKE VE SALDIRGANLIĞIN GENEL ÖZELLİKLERİ

Öfke ve Saldırganlığın Tanımı

Genel olarak öfke, doyurulmamış isteklere, istenmeyen sonuçlara ve karşılanmayan beklentilere verilen duygusal bir tepkidir. Diğer duygular gibi son derece doğal, evrensel ve sağlıklı ifade edildiğinde yapıcı ve kişiler arası iletişimi düzenleyici bir duygudur (Soykan, 2003). Tüm insanlar tarafından deneyimlenen bir duygu olan öfke, *Türk Dil Kurumu Sözlüğü*'nde "engellenme, incinme ya da gözdağı karşısında gösterilen saldırganlık tepkisi, kızgınlık, hışım, hiddet, gazap" olarak açıklanmaktadır (Türk Dil Kurumu, 2022). Psikoloji sözlüğünde ise öfke kavramı, "engellenme, saldırıya uğrama, tehdit edilme, yoksun bırakma, kısıtlama vb. gibi durumlarda hissedilen ve genellikle neden olan şeye ya da kişiye yönelik şu ya da bu biçimde saldırgan davranışlarla sonuçlanabilen oldukça yoğun olumsuz bir duygu" biçiminde ifade edilmektedir (Budak, 2000). Bu bağlamda insanları öfkelendiren nedenler olarak; engellenme, göz ardı edilme, küçük görülme, keyfî bir tutumla karşılaşma ve saldırıya maruz kalma gösterilebilir. Ayrıca insanların haz dünyasını engelleyebilecek her türlü durum, olay veya kişi insan öfkesinin ana nedenidir.

Öfke, çoğunlukla istenmeyen duygusal bir durum olarak görülmesine karşın, sağlıklı yaşandığında ve kontrol edildiğinde uyumsal işlevlere sahip sağlıklı bir duygusal durumdur. Uyumsal işlevlere sahip olan öfke, bireyleri kendilerini korumaya, hedeflere ulaşmaya veya engelleri aşmaya motive eder (Cornell, Peterson ve Richards, 1999). Uyumsal davranışlara yol açabilen, insanları adaletsizlikleri ele almaya, kendilerini savunmaya veya etkili problem çözmeye katılmaya teşvik edebilen yaygın bir duygu olarak değerlendirilen öfke (Averill, 1983), işlevsel olmadığında bazı olumsuz etkileri de beraberinde getirmektedir. Klinikte ya da hastanelere başvuran bazı hastalar, akranlarına göre kolayca kışkırtıldıkları ve daha sık ve yoğun öfke yaşadıkları kronik, yaygın öfkeden yakınmaktadırlar. Öfkeli duygular ve işlevsiz öfke biçimlerini deneyimlemeye yönelik artan bir eğilim saldırgan davranış, sosyal desteğin azalması, mesleki sıkıntı, madde kötüye kullanımı, anksiyete ve depresyon gibi bir takım sorunlarla ilişkili bulunmuştur (Dahlen, 2007).

İşlevsel olmayan öfke ile neredeyse bir arada diyebileceğimiz saldırganlık ise diğer bir kişiye niyetli ve kasıtlı olarak yapılan zarar verme ya da yaralama amaçlı birtakım söz, davranış ya da eylemleri kapsayan geniş bir kavramdır (Marcus, 2007). Bireyler üzerinde yapılan araştırmalarda yaygın olarak kullanılan saldırganlık tanımının insanların ya da nesnelerin zarar görmesini amaçlayan davranışlar olduğu görülürken, bu tanımda zarar, birisine fiziksel olarak ya da başka şekilde zarar verme olarak örtük bir şekilde tanımlanmaktadır. Fiziksel zarar verme dışında diğer zarar verme şekilleri ise psikolojik zarar verme, aşağılama, kötü niyetli dedikodu yayma gibi ilişkisel zararlar olarak sıralanabilir (Kempes, Matthys, de Vries ve van Engeland, 2005). Diğer yandan saldırganlık, duygu düzenleme ile ilgili sorunlardan tutun, ciddi ve manipülatif davranışlara kadar değişebilir. Saldırgan davranışlar her zaman diğerleri ile fiziksel teması içermez. Sözel saldırganlık, dışlanma, tartışma, söylentilerin başlatılması gibi suçluluğa ve davranış bozukluğuna yol açan geniş bir ağda kendini gösterir (Barry ve Lochman, 2004).

Farklı şekillerde tanımlayabildiğimiz saldırganlık; proaktif ve reaktif olarak iki şekilde gözlenebilir. Proaktif saldırganlık, hedefe yönelik, kontrollü ve yönelimli, planlı olan yada olmayan, zaman zaman fırsatçılık şeklinde de olabilen saldırganlıktır. Bu saldırganlık biçimi antisosyal eylemleri ve duygusuz/katı saldırganlığı içerir. Reaktif saldırganlık ise algısal tehdit, zarar, hakaret veya şiddetle sonuçlanır. Vurma, ısırma, tekmeleme veya kendine zarar verme şeklinde birtakım saldırgan davranışları içerir. Sıklıkla bağırıp çağırma ve sözlü patlamalar eşlik eder. Ani gelişir ve planlanmamıştır.

Öfke ve Saldırganlığın Belirtileri ve Tanı Ölçütleri

Gençlerde saldırgan davranışların tanımlanmasında iki temel sınıflandırma yaklaşımı vardır. Birincisi, dışsallaştırılmış (dürtüsel, aşırı aktif, saldırgan, antisosyal olarak tanımlanan eylemler) ve içselleştirilmiş (disforik, içine kapanık, endişeli, somatik özelliklerle karakterize edilen) çatışma arasında ayrım yapan ampirik olarak türetilmiş çok değişkenli istatistiksel yaklaşımdır. İkincisi, teşhise yönelik daha klinik olarak türetilmiş DSM-V yaklaşımıdır. Davranım bozukluğu ve karşıt olma-karşı gelme bozukluğunun tanı kategorileri artık gençler için iki sınıflandırma kategorisi iken antisosyal kişilik bozukluğu yetişkinler için ayrılmıştır. Belirtilen sınıflandırma sistemleri geniş çapta kabul görmelerine karşın, öfke ve saldırganlık sorunların daha iyi anlaşılmasını sağlamaz (Kendall, 2012).

Uygunsuz veya aşırı öfke, davranım bozukluğu ve karşı gelme bozukluğu gibi bazı bozuklukların tanı kriterlerinde yer aldığından DSM-V'te birincil öfke bozukluğuna ruhsal bozukluk olarak yer verilmemiştir. Birleşik bir tanı kategorisinin olmaması, uyumsuz öfkenin sistematik olarak incelenmesini zorlaştırmaktadır (DiGiuseppe ve Tafrate, 2007). Bu da ruh sağlığı uzmanlarının öfke bozukluklarını teşhis etmesini ve öfkenin dikkate değer olduğunu kabul etmelerini zorlaştırmaktadır (Chin ve Ahmad, 2017).

Öfke ve saldırganlık ruhsal bir hastalık olmadığından DSM-V'te herhangi bir tanı ölçütü bulunmamasına karşın bireylerin öfke ve saldırganlıklarını çeşitli ölçeklerle ya da gözlem yaparak değerlendirmek mümkündür. Bunun için de öfke ve saldırganlığın belirtilerini ve nasıl ortaya çıktığını bilmek gereklidir.

Öfke, duygusal/deneyimsel, fizyolojik, bilişsel ve davranışsal bileşenleri olan içsel bir durumdur. Öfkeye bilişsel davranışçı perspektiften bakıldığında öfke; (1) uyaranlar, (2) kişinin öfke öncesi durumu ve (3) bilişsel değerlendirmelerin karmaşık etkileşimlerinden oluşmaktadır. Öfke uyandıran uyaranlar, dış olayları (ör.; eleştiri, trafik vb.) veya iç uyaranları (ör.; ruminasyon, anılar, diğer duygular vb.) içerir. Ortaya çıkan uyaranlar, bireyin öfke öncesi durumu bağlamında ortaya çıkar (yani kalıcı bilişsel ön yargılar, öfke hakkında içselleştirilmiş kültürel mesajlar ve kişinin provokasyon sırasındaki bilişsel-duygusal-fiziksel durumu) ve uyaranın bilişsel değerlendirilmesi (birincil değerlendirme) ve kişinin başa çıkma yeteneği (ikincil değerlendirme) yoluyla yorumlanır. Bu nedenle, artan öfke uyarımı, büyük olasılıkla, birincil değerlendirmede, uyaranları suçlayıcı, kasıtlı ve cezayı hak eden algılamaları içerdiğinde ortaya çıkar. Benzer şekilde, uyarılma ve işlevsiz öfke ifadesi olasılığı, bunalma veya kontrolden çıkma hissini içeren ikincil değerlendirmelerle artırılır (Dahlen, 2007).

Saldırgan bir çocuğun bilişsel özellikleri aşağıdaki gibi olabilir (Kendall, 2012):

Sosyal-bilişsel değerlendirmeler: Düşmanlığı çağrıştırabilecek tavır, tutum ve söylemlere karşı aşırı duyarlılık, başkalarının düşmanca niyetleri olduğunu düşünme, kendi saldırganlığını hafife alma.

Sosyal problem çözme: Saldırganlık düzeyi yüksek gençlerde problem çözme becerisinin düşük olması, ön ergenlik döneminde olan saldırgan gençlerde atılganlık becerisinin düşük olması ve doğrudan saldırgan davranışlar gösterme, ergenlik döneminde olan saldırganlık düzeyi yüksek gençlerde ise iş birlikçi problem çözmenin azlığı, buna karşın saldırganlık içeren çözümlerin fazlalığı.

İç uyarılmanın değerlendirilmesi: Duygusal uyarılmanın öfke olarak etiketlenmesi, artan düşmanca ön yargılardan kaynaklanan düşük düzeyde empati.

Bilişsel işlemlemeler: Dikkati sürdürmede zorluk, olumsuz bilişsel işlemlemelerden kaynaklanan daha az işe yarar çözümlerin kullanılması.

Şematik önermeler: Hâkimiyet ve intikam gibi sosyal hedeflere daha fazla değer verilmesi, mağdurun acı çekmesi, mağdur misillemesi veya akran reddi gibi sonuçlara daha az değer verilmesi saldırgan davranışın somut ödüller üreteceği ve istenmeyen tepkileri azaltacağı beklentisi, etkileşimlerde başkalarının aşırı saldırgan olacağı ön yargısı, ergenlik öncesi dönemde düşük benlik saygısı.

Normal bir duygu olan öfke bir adaletsizliği düzeltmek için bizi bir şeyler yapmaya motive ettiği için olumlu bir duygu iken aynı zamanda sağlıklı yaşanmadığında bizi birtakım olumsuz sonuçlara ya da saldırganca tutum ve davranışlara da götürebilen bir duygu olabilmektedir. Öfke, haksız yere davranıldığımızı veya saygı görmediğimizi, bizim veya başkalarının kurallarımızı, beklentilerimizi çiğnediğimizi ya da yetersiz kaldığımızı ve buna katlanamayacağımızı düşünmenin bir sonucudur. Bu şekilde düşünmek öfkelenmemize neden olur, bu da vücudumuzun savaşma ya da kaçma ile başa çıkmamıza yardım etme yolu olan adrenalin tepkisini uyarır ("savaş ya da kaç" tepkisi). Bu düşünce ve duygulara tehditkâr veya saldırgan şekillerde hareket etme şeklinde tepki verebiliriz. Aşağıda öfke anında gözleyebileceğimiz ya da ortaya çıkan bazı belirtiler verilmiştir (Golden, 2003; Karataş, 2020).

Öfke Belirtileri

Sıklıkla Meydana Gelen Düşünceler	(1) Haksızlığa uğradım, bunu hak etmedim. Bunu bana nasıl yapar. (2) Göz ardı ediliyorum. (3) Bir kuralı veya standardı çiğniyorlar. (4) Buna katlanamayacağım. (5) Bu konuda bir şeyler yapmalıyım.
Fiziksel Duyumlar	Gerçek bir tehdit veya tehlike olduğuna inandığımızda veya doğru olduğuna inandığımız şeyi savunmamız gerektiğinde, vücudumuzun otomatik hayatta kalma mekanizması çok hızlı devreye girer. Bu, savaşmamıza veya kaçmamıza ("savaş ya da kaç tepkisi") yardımcı olur. Buna adrenalin tepkisi de diyebiliriz. Bu esnada birçok fiziksel duyum fark ederiz: (1) Hızlı kalp atışı veya kalp çarpıntısı, (2) Hızlı nefes alma ya da sığ solunum, vücutta daha fazla oksijen ihtiyacı, (3) Gergin kaslar savaşmaya veya kaçmaya hazır olma durumu, (4) Sallanmak, (5) Sıcak hissetme, terleme, (6) Mide bulantısı veya midede kaynama hissi, (7) Yumruk veya diş sıkma, (8) Yüz kızarması, (9) Ellerin titremesi, (10) Zihni toparlayamama, (11) Duygusal küntlük, (12) Zaman ve mekân algılamada güçlük, (13) Uyku veya yeme bozuklukları, (14) Hazımsızlık, deri döküntüsü.
Duygusal Belirtiler	(1) Kaygı, (2) Suçluluk, utanç, depresif durum, (3) Artan öfke, (4) Güvensizlik, korku, yetersizlik duyguları, (5) Üzüntü, kendini değersizleştirme.
Davranışlar	(1) Kızgın ve öfkeli bakan yüz ifadesi, (2) Agresif vücut duruşu, (3) Bizi sinirlendiren şeye doğru gitmek, (4) Saldırmak veya tartışmak, (5) Vurmak veya vurmak için dürtü, (6) Bağırmak, başkalarına saldırmak, (7) Kaçmak ya da hızla uzaklaşmak, (8) Sessiz kalma, içten içe kaynama, (9) Kapıyı çarpma, çok ses çıkarma, (10) Somurtma veya alaycı olma, (11) Düşmanca hareketlerde bulunma, (12) İstemsiz gülme ve ağlama nöbetleri.
Sosyal Belirtiler	Geri çekilme, ırkçılık ve bağnazlık, nefret, saldırganlık, düşmanlık, ilişkisel saldırganlık, pasif saldırganlık, olumsuzluk, sinirlilik, alaycılık, sinizmi olanlarla arkadaş olma.

Entelektüel Özellikler	Konsantrasyon, bloke etme, unutkanlık, zayıf muhakeme, muhakeme veya konuşma veya eylemde hatalar, anlama ve ifade kalitesinde ve kapasitesinde azalma.
Manevi Özellikler	Manevi veya dinî inanç ve uygulamalarda azalma, nefret ve intikam tutumu.
Genel Görünüm	Karamsarlık, olumlunun en aza indirilmesi, artan çaresizlik ve yabancılaşma duygusu.

Öfke, DSM tanı kriterlerinde şu ana kadar bir bozukluk olarak tanımlanmamıştır. Daha çok farklı türden rahatsızlıkların semptomu ya da göstergesi olarak karşımıza çıkmıştır. DiGiuseppe ve Tafrate (2007) öfkeyi bozukluk olarak tanımlama önerisinde bulunmuşlardır. Önerdikleri Öfke Düzenleme-İfade Bozukluğu (Anger Regulation-Expression Disorder-ARED) ruh sağlığı alanında öfkenin bir bozukluk olarak tanınmasında şimdiye kadar pek kabul görmemiştir. Alanyazında öfkeyi ruhsal bozukluk olarak tanılama çabasının yanı sıra öfke, saldırganlık ve şiddet boyutları ile ilgili klinik bir değerlendirme sistemi önerilmiştir. Bu değerlendirme sisteminde öfke ve saldırganlık altı düzeye ayrılmış ve her bir düzeyde çocuk ve gençlerin özellikleri belirlenmiştir (Price, 1996; Akt. Kendall, 2012).

Birinci Düzey: Sabırsız, sinir bozucu ve irite edici çocuk. Bu düzeydeki gençler, kendilerine “hayır” denildiğinde sızlanır, şikâyet eder ve öfkelenirler. Seslerini yükseltirler, nefeslerini tutarlar ve yüzleri kızarır. Hatta bu öfkeyi kendilerine yöneltip “Kendimden nefret ediyorum.”, “Hep yanlış şeyi yapıyorum.”, “Ben aptalım.” şeklinde düşünürler.

İkinci Düzey: İnatçı, dramatik çocuk. Bu düzeydeki çocuklar ve ergenler, yönergeleri takip etmeyi veya isteklere uymayı inatla reddederler. Öfkelenirler ve küfür etme, başkalarına isim takma, hakaretler savurma vb. anlamda sözlü saldırganlık sergilerler. Bu tür sözlü saldırgan davranışlar, ebeveynler tarafından çocuklarının şiddetin eşiğinde olduğu şeklinde yorumlanabilir.

Üçüncü Düzey: Tehdit eden çocuk, hasarın başlangıcı. Bu düzeydeki çocuklar sıklık ve/veya yoğunluk açısından giderek daha fazla öfkelenirler ve sözlü saldırganlıklarının kapsamı, ebeveynleri, kardeşleri, akranları ve/veya hayvanları yaralama veya öldürme tehditlerini içerir. Bu düzeydeki gencin hiçbir zaman herhangi bir insanı veya canlıyı gerçekten incitmediği belirtilmektedir. Çocuk, değeri olmayan cansız varlıklara minimum düzeyde zarar vermiş olsa da öncelikli olarak sözlü saldırganlık ve tehditlerle uğraşmaktadır. Örneğin, sandalyeyi tekmelemek, elindeki nesneleri fırlatmak gibi.

Dördüncü Düzey: Üçüncü düzeyden dördüncü düzeye geçiş. Bu düzeydeki çocuklar, bir şeylere ciddi şekilde zarar vererek veya yok ederek cansız nesnelere karşı kasıtlı olarak öfkelerini dışa vururlar. O kadar öfkelenirler ki duvara bir delik açmak, bir nesneyi pencereden atmak veya giderek daha değerli olan nesneleri kırmak gibi davranışlarla saldırganlık gösterirler. Gençler aslında bir aile üyesini beyzbol sopası, çekiç veya bıçak gibi bir nesne veya silahla vurmakla tehdit edebilir. Ancak bu seviyede yapılması gereken en önemli ayrım, bir başkasının fiili fiziksel temasının veya zarar vermenin olmamasıdır. Bu gençler öfkelendiklerinde tehdit edebilirler ancak düşman olarak gördükleri kişiyle kendileri arasında bir mesafe bırakırlar.

Beşinci Düzey: Saldırgan çocuk. Bu düzeyde çocuk, cansız nesnelere karşı sözlü öfke ve fiziksel saldırganlık ifadelerinin çok ötesine geçerek başkalarına bedensel zarar veren eylemleri içeren fiziksel saldırganlığa geçmiştir. Bu nedenle, fiili fiziksel saldırganlık genellikle sözlü tehditlere eşlik eder. Ancak bu düzeyde saldırganlık şiddet veya ciddi bedensel yaralanma içermez. Bu tür davranışlar, itme, omuz atma, vurma ve başkalarına ciddi zarar vermeyen nesneleri (ör.; tenis topu, kalem, plastik bardak, doldurulmuş hayvan) fırlatmayı içerir. Bu seviyedeki gerçek fiziksel yaralanmalar önemsizdir ve bu tür yaralanmalar doğrudan olduğundan daha fazla tesadüfi olma eğilimindedir.

Altıncı Düzey: Şiddet gösteren çocuk. Bu düzeydeki ergenler veya çocuklar, ciddi zarara neden olan ve başkaları için tehlikeli olan şiddet içeren davranışlar sergilerler. Kasten başkalarına tehlikeli nesneler atarlar veya onları yaralamak amacıyla yumruklarıyla saldırırlar. Silahlar daha bilinçli olarak kullanılabilir. Bu seviyede önemli boyut, fiziksel zararın amaçlandığı ve meydana geldiği gerçek şiddet davranışıdır. Bu aşamada artık ebeveynlerin kontrolü yoktur ve çocuk kontrolü ele geçirmiştir.

Öfke ve Saldırganlığın Nedenleri ve Öfke ve Saldırganlığı Etkileyen Faktörler

Öfke ve saldırganlık sayısız nedenlerle ortaya çıkabilir. İçsel ve dışsal faktörlerin birbirlerini etkilemesinden ortaya çıkabileceği gibi bireyin mizacı, kişilik özellikleri, sosyal öğrenmesi, çevre ya da biyolojik faktörler gibi etmenler de tek başına etken olarak karşımıza çıkabilir. Aşağıda bu faktörler kısaca ele alınmıştır.

Biyolojik Faktörler: Biyolojik değişkenler, saldırganlığın oluşmasında önemli bir faktör olarak belirtilmektedir (Fromm, 1995). Kimyasal değişkenler ve saldırganlık arasındaki ilişki incelendiğinde; Pittsburgh Üniversitesi araştırmacılarına göre çevresel faktörler, stres, aile uyumu, başkalarının stilleri, kültürel faktörler ve genetik faktörler gelişimsel sonucu ortaklaşa etkilemektedir. Yaptıkları araştırmalarda, aile ve çocuk arasındaki uyumu seratonin düzeyine bağlamışlar; saldırgan, düşmanca hareket eden, toplum karşıtı olan kişilerde seratoninin işleyiş sisteminde problemler olduğunu ileri sürmüşlerdir. Bununla birlikte kimyasal bozuklukları olmadığı hâlde saldırgan olanların da var olduğunu, bunların da çevresel faktörlerden etkilendiklerini belirtmişlerdir. Sonuç olarak öfke ve şiddetin hem biyolojik hem de çevresel etkenler içerdiğini, deneyimlerin ve sosyal öğrenmenin önemli olduğunu ve hormonal değişimler içerebileceğini vurgulamışlardır (Lipsitt, 1995).

Bilişsel Faktörler: Bilişsel faktörler öfke ve saldırganlıkta son derece önemlidir. Örnek vermek gerekirse mükemmeliyetçilik, kendini kanıtlama, onaylanma talebi ve diğerlerinin nazarında değerli görülmenin gerekliliği gibi düşünceler öfkenin ana nedenleri olarak görülmektedir. Birey, bu düşünceleri sonucunda kendini aşırı derecede kontrol etmeye, en mükemmelini kendisinin yapması gerektiğini düşünmeye başlar ve bundan dolayı öfke duygusuna kapılır (Özer, 1994). Bazı araştırmacılar, öfkenin temel nedeni olarak, bireye yöneltilen tehdidi ve kışkırtmayı görürler. Bireyde ortaya çıkan öfkenin şiddetinin; öz güven, beklenti ve kişisel değer yargıları gibi bilişsel faktörlerce belirlendiğini ileri sürer (Kennedy, 1992). Alanyazında öfkenin duruma ilişkin kişisel yorumlardan kaynaklandığı da ileri sürülmüştür. Yorumlamanın en belirgin özelliği "kötülük" algısıdır. Algılanan kötülük, suçu dışsallaştıran haklılıkla birleşerek öfkeyi oluşturur (Novaco, 1975). Öfke duygusunun bireyin dünyaya özellikle de diğer kişi ya da yerlere yönelik sahip olduğu olumsuz yüklemelere ilişkin olduğu da belirtmektedir. Dolayısıyla öfkenin bilişsel boyutu, olumsuz inançları ya da düşmanlığı yansıtır. Öfke ifadesi olarak da nitelendirilen öfkenin davranışsal boyutu, öfkeye yol açan durumlara karakteristik olarak verilen tepki biçimleridir (Smith ve Furlong, 1998). Bilişsel yaklaşıma göre öfkelenmenin nedeni aslında o olayla ilgili sahip olunan düşüncedir. Kuramda bireyin, duygularını ve düşüncelerini etkileyen otomatik düşüncelerini keşfetmesi sağlanır. Beck, çocukluk yaşantılarının bireyde kendisine ve dünyaya dair bazı işlevsel olmayan şemalar oluşturmasına yol açacağını belirtir. Erken çocukluk döneminde oluşan bu şemalar dünyayı ve kendimizi algılayışımız ve davranışlarımız üzerinde etkilidir. Bireyler, yaşantıları karşısında, şemalarından getirdikleri bazı işlevsel olmayan düşüncelere kapılırlar. Bundan dolayı birey kontrol edemediği olumsuz otomatik düşünce bombardımanına maruz kalır. Bireyin hoşuna gitmeyen duygular yaşattığı için bu düşünceler olumsuz olarak nitelendirilir (Corey, 2007). Ellis, kişilerin olaylar karşısındaki akılcı olmayan inançlarının öfke davranışını ve öfkelenmenin gerektiği inancını ortaya çıkardığını belirtir. Ellis, sağlıklı öfkenin kişinin kendisine ve çevresine zarar vermeyeceğini, sağlıksız öfkenin ise yıkıcı olduğunu ve amaca hizmet etmediğini belirtmektedir. Ellis'e göre sağlıklı öfke akılcı inançlar ile paraleldir ancak sağlıksız öfke, kişinin akılcı olmayan inançları yüzünden olayları yanlış yorumlamasına ve gerçekleri çarpıtmasına sebep olmaktadır (Ellis, 1977). Ayrıca bireylerin kızmalarına, öfkelenmelerine, çileden çıkmalarına, köpürmelerine, tepelerinin atmasına kimi zaman da saldırıda bulunmalarına neden olan akılcı olmayan dört yerleşik düşünce vardır. Bu düşünceler: (1) İnsanların bana böyle düşüncesiz ve haksız davranışlar göstermeleri ne korkunç! (2) Bana böyle davranmalarına katlanamam! (3) Bana böyle kötü davranamazlar, davranmamalıdırlar! (4) Bana böyle kötü davrandıkları için onlar iyi yaşamayı hak etmeyen, cezalandırılmaları gereken aşağılık, alçak insanlardır! Kendi kendine dayatmaları olan insanların felaketleştirme, katlanamayacağını düşünme, lanetleme, ya hep ya hiç şeklinde düşünme ve aşırı genellemeleri vardır. Dolayısıyla kendilerini üç temel dayatmayla sıkıntıya sokarlar. Bunlar: (1) Ben kesinlikle daha iyi bir iş çıkarmalıyım. (2) Diğer insanlar her zaman iyi davranmalılar. (3) Koşullar her zaman benim istediğim gibi olmalı. Ayrıca ruhsal rahatsızlıklara neden olan ve bunların ortaya çıkmasına katkı sağlayan akılcı olmayan bazı yerleşik düşünceler de şöyle sıralanabilir: (1) Yaptıklarımı çok iyi yapmalı ve başkalarının olurunu almalıyım. Yoksa ben işe yaramaz sevilmeyen biri olurum. (2) Diğer insanlar bana karşı düşünceli, sevecen ve bana davranılmasını istediğim gibi davranmalılar. Davranmazlarsa toplum onları düşüncesizliklerinden ötürü kınamalı, suçlamalı, yerin dibine sokmalı ve cezalandırmalıdır. (3) Dünya bana neyi ne zaman istiyorsam verebilmelidir. Koşullar öyle düzenlenmiş olmalıdır ki istemediğim hiçbir şey başıma gelmemelidir. Dahası ne istiyorsam onu kolaylıkla elde etmeliyim (Köroğlu, 2011).

Davranışsal Faktörler: Bireyin davranışları da öfkesinin ve saldırganlığının artırıcısı ya da tetikleyicisi olabilir. Yapılan herhangi olumsuz bir davranış diğerlerinden belki de olumsuz bir tepki olarak yansıyacak ve bireyin öfke ve saldırganlığının tetiklenmesine neden olabilecektir. Bu duruma bireyin olumlu ve gerekli gördüğü ama diğerleri ya da toplum tarafından kabul edilmeyen davranışlar örnek verilebilir. Örneğin; eve beklenenden geç gitmek, diğerlerini kızdırabilecek hareket ya da espriler yapmak vb. Ayrıca model alınan davranışlar da öfke ve saldırganlığın nedeni olabilir.

Davranışçı ekolün önde gelen isimlerinden Skinner, öfkenin çevreden öğrenilmiş bir duygu olduğunu vurgular. Ayrıca öfke sonucunda elde edilen ödüllendirme ile öfke duygusu bireyde pekişir ve tekrar edilme sıklığı artar. Öfke sergileyen bir çocuk istediğini elde ettiğinde, öfkenin işe yarar bir duygu olduğu düşüncesi pekişecektir. Bu bağlamda çocuğun isteklerini gerçekleştirmek için öfkeyi kullanması kaçınılmazdır (Tambağ, 2004).

Bandura'ya göre saldırgan davranış model alındıktan sonra ödüllendirme veya cezalandırma gibi davranışsal metotlarla güçlendirilebilir veya zayıflatılır. Ayrıca dolaylı öğrenme yoluyla saldırganlık davranışı sergileyen herhangi birinin cezalandırılması veya ödüllendirilmesine şahit olmak da ilerleyen zamanlarda saldırganca davranışlar sergilemek üzerinde etkilidir. Çocukluk döneminde öğrenilen saldırganlık içselleştirilmekte ve kuşaktan kuşağa aktarılmaktadır. Davranışlar, bireyin çevresinde gözlemlediği olay ve davranışları taklit ederek model alması ile kazanılır. Bandura, saldırganlık ve öfkede sosyal modelin çok önemli bir yer tuttuğunu, insan davranışının çevrenin belirleyicisi olduğu kadar, çevrenin de insan davranışının belirleyicisi olduğunu, duygu ve davranışların çeşitli koşullar tarafından artırıldığını vurgulamıştır. Bunlar: Yaşantıda karşılaşılan direkt maruz kalınan saldırganlık içeren modeller, çevrede strese yol açan kalabalık, gürültü, sıcaklık olarak sıralanabilir. Bu uyaranlar psikolojik olarak saldırganlığın gücünü artırır (İnanç, Bilgin ve Atıcı, 2004).

Mizaç ve Kişilik Özellikleri: Bireylerin kişilik özellikleri, olaylara ya da belirsizliğe tahammülleri gibi birtakım özellikleri, onların öfke ve saldırganlığının ortaya çıkmasının nedenlerinden olabilir. Belirsizliğe tahammülü düşük bireyler daha çabuk öfke ve saldırganlık gösterebileceklerdir. Ayrıca sabırlı olmayan, tez canlı, karamsar, mutsuz, düşünmeden hareket edebilen bireylerde de bu durum gözlenebilecektir. Aksine sabırlı, mutlu, uzun uzadıya düşünerek hareket eden, pozitif kişilik özellikleri gösteren bireylerde öfke daha sağlıklı yaşanabilecektir.

Çevresel Faktörler: Bireyin öfke ve saldırganlığının nedeni olarak aile, okul, arkadaşlar ve öğretmenler gibi çevresel faktörler son derece önemlidir. Alanyazında engellenme öfkenin önde gelen nedenlerinden biridir. Engellenme, bireyin istek ve ihtiyaçları doğrultusunda bir amaca ulaşmak için sergilemek istediği davranışa izin verilmemesidir. Engellenme sonucunda bireylerde olumsuz duyguların oluşacağı belirtilirken, engellenmiş plan bireylerin öfke tepkisiyle sonuçlanan durumların başında gelmiştir (Berkowitz, 1990; Köknel, 1999; Stearns, 1972). Engellenme ve saldırganlık kuramına göre her saldırgan davranışın temelinde mutlaka bir engellenme vardır. Saldırganlık içgüdüsel davranış değildir. Saldırganlık hedef davranışın yerine (yer değiştirerek), başka hedeflere de yönelebilir. Engellenme deneyimi yaşamış çocuklarda, saldırgan modelin izlenmesi saldırganlığın ortaya çıkmasını sağlar. Diğer bireylerin şiddet içeren hareketlerini izleme de saldırganlığın dışa vurumunun artırıcısı olabilir (Sue, Sue ve Sue, 1981). Öfkenin bir diğer nedeni de reddedilmektir. Reddedilme dayanılması zor bir durumdur. Kişi hangi yaşta olursa olsun ailesi ve toplumla olan ilişkilerinde reddedilirse öfke duygusuna kapılır. Gençlik ve yetişkinlik dönemlerinde öz güvene zarar veren faaliyetler ya da engellenmeler bireyin öfke eğiliminin belirleyicilerindendir (Stearns, 1972). Kışkırtma, öfkenin meydana çıkmasına neden olan bir diğer nedendir. Kışkırtma durumunda birey yoğun bir şekilde tahrik edilir ve bir davranışı sergilemeye zorlanır (Averill, 1983). Öfkenin nedenlerinden birinin de gerilim olduğu belirtilmektedir. Özellikle kişi kendi beklentisine ulaşamadığında, kendisine karşı da öfkelenecektir. Bireylerin yaşadıkları olayları öz değerlendirmeden geçirdiklerinde kendilerini; beklentileri karşılayamayan, insanlar tarafından kabul edilmeyen, suçlu ve değersiz hissettikleri zaman öfkeye yöneldikleri görülmüştür (Ortony, Clore ve Collins, 1988). Öfkenin ortaya çıkmasının diğer nedenleri olarak bireyin haklarına ve kişiliğine saygı gösterilmemesi, öfkenin model alınması, kişinin sosyal kabullerinin çiğnenmesi, ahlaksızlığa maruz kalma, olumsuz davranışların hedefi olma ve kişisel memnuniyetsizlikler gösterilebilir. Bireyin yaşadığı olaydan duyduğu hoşnutsuzluk, öfkenin ortaya çıkmasına zemin hazırlayan en önemli faktör olarak görülmektedir (Averill, 1983; Kısaç, 1997). Skinner, öfkenin öğrenilmesinde ve sürdürülmesinde çevrenin etkisini önemle vurgulamaktadır. Çocuk, yaşadığı ortamda sürekli görmezden geliniyor ve ihtiyaçları karşılanmıyorsa dikkat çekmek amacıyla saldırganca davranışlarda bulunabilir. Bu şekilde sorunlarını çözen çocuk, saldırgan davranışlar sergilemenin amaca ulaşmak için bir yol olduğunu öğrenecektir (Cüceloğlu, 1991). Ebeveynlerin suçlayıcı, incitici ve sert tutumları; jest ve mimiklerine, davranışlarına ve sözlerine yansımaktadır. Bu tutum, çocukların davranışları ve duygularını derinden etkilemektedir. Anne-babanın sergilediği sert ve kırıcı tutum, çocuğun öncelikle ebeveynlerine ve daha sonra diğer insanlara öfke duymasına yol açacak ve son aşamada saldırganca davranışlar sergilemesine sebep olacaktır (Köknel, 1999).

Geçmiş Yaşantılar ve Yaşam Olayları: Bireyin travma yaşaması öfkenin bir diğer nedenidir. Kişi, travma sonucu oluşan öfkesini kontrol edemediğinde saldırganlık, şiddet, suçluluk ve bir yığın yasal sorunlarla karşı karşıya kalabilir. Öfke aynı zamanda travmadan kurtulmanın önündeki önemli bir engel de olabilir. Böylece bireyde travma sonrası stres bozukluğu ortaya çıkma ihtimali de artacaktır (Australia Centre for Posttraumatic Mental Health, 2020). Ayrıca çocuklukta ebeveyn ilgisinden yoksun kalma, özerklik girişimlerinin engellenmesi, fiziksel bakımın ihmal edilmesi de yetişkinlik döneminde şekil değiştirerek bedensel ağrılara ve düşük benlik algısı gibi öfkenin temel kaynaklarına dönüşebilmektedir (Orton, 1997).

Öfke ve Saldırganlığa Eşlik Eden Diğer Sorunlar

Öfke ve saldırganlığa eşlik eden sorunlar farklı zamanlarda ve yerlerde yapılan araştırmalar sonucunda elde edilmiştir. Bu çalışmalar her ne kadar farklı yer ve zamanda yapılmış olsa da benzer sonuçlar göze çarpmaktadır. Bu sonuçlara bakıldığında; aşırı ve kronik öfkenin kardiyovasküler hastalık için bir risk faktörü olduğu bulunmuştur. Bununla birlikte, öfke deneyiminde düşünce ya da duygulanımın önceliği ve öfkenin saldırganlıkla ilişkisi gibi bazı temel konular hâlâ tartışılmaya devam etmektedir. Öfke ve sinirlilik, en başta karşıt olma-karşı gelme bozukluğu ve aralıklı patlama bozukluğu olmak üzere çeşitli psikiyatrik bozuklukların belirtisi veya tanısal özelliği olarak ortaya çıkar. Otizm, şizofreni ve demans gibi çoğu bozuklukta, aşırı ve uygunsuz öfke önemli bir araştırma ve uygulama alanıdır. Ayrıca, Travma Sonrası Stres Bozukluğu (TSSB), davranış bozuklukları ve madde kullanım bozuklukları da dâhil olmak üzere çeşitli psikiyatrik tanıları olan hastalar, tedavi süreçlerinde öfke yönetimi konusunda zorlanmaktadır ve sıklıkla öfke yönetimi eğitimi almaya ihtiyaç duymaktadırlar (Sukhodolsky, 2008). Bütün bunların yanı sıra aşırı ve sağlıklı yaşanmayan öfke, bireylerde uyku sorunlarına, çeşitli somatik yakınmalara, aşırı yorgunluk hâline sebep olabilir. Öfke ve saldırganlığa eşlik eden tanılardan bazıları; Dikkat Eksikliği ve Hiperaktivite Bozukluğu, Davranım Bozukluğu, Karşıt Olma-Karşı Gelme Bozukluğu, Depresyon, Kafa travması, Mental Retardasyon, Yaygın Gelişimsel Gerilikler, Bipolar Bozukluk, Travma Sonrası Stres Bozukluğu, Disleksi olabilir. Öfke ve saldırganlığa eşlik eden psikiyatrik sorunlar ise şunlar olabilir: (1) Olumsuz duygulanımın öfke eşiğini düşürmesi ve toleransı azaltması, (2) çarpık kognisyonların gerçekçi olmayan tehdit algısı oluşturması, (3) yüksek kaygının zararlı kaçınma davranışlarına neden olması, (4) yetersiz dürtü kontrolünün disinhibisyon ile ilişkili saldırgan davranışlara yol açması, (5) kognitif ve dil gelişimindeki gecikmenin sonucu olarak agresif davranışların duygu ve isteklerin iletişim yöntemi olarak kullanılması, (6) süreğen ihmal ve istismarın empati yoksunluğu ve agresif davranışların modellenmesine yol açması.

Öfke ve Saldırganlığın Yaygınlığı

Öfke ve saldırganlık üzerine yapılan çalışmalar incelendiğinde, öfke ve saldırganlığın erkekler arasında yüksek olduğu görülmektedir (Camadan ve Yazıcı, 2017; Erden, 2007; Gündoğdu, Yavuzer ve Karataş, 2018; Hasta ve Güler, 2013; Gözün Kahraman ve Kurt, 2013; Karataş, Yavuzer ve Gündoğdu, 2019; Kul Uçtu ve Karahan, 2016; Moroschan, Hurd ve Nicoladis, 2009; Verona, Sadeh, Case, Reed ve Bhattacharjee, 2008). Alanyazında algılanan gevşek ya da tutarsız anne baba tutumu, anneden ve babadan şiddet görme, uzun süreli sosyal medya kullanımı, psikolojik travma yaşamak, yüksek sosyoekonomik düzey de öfke ve saldırganlığı artırmaktadır (Karataş, Yavuzer ve Gündoğdu, 2019). Alanyazında öfke ve saldırganlığın yaygınlığı konusunda yapılan çeşitli çalışmalarda saldırganlığın yaygınlığının %5 ile %20 arasında değiştiği görülmektedir (Nooripour, Afrooz, Rahmani, Hosseinian, Tavalaei ve Alikhan, 2016). Bu oran, bize öfke ve saldırganlığın yaygınlığının toplum ruh sağlığı için son derece dikkate değer olduğunu ve üzerinde çalışılması gerektiğini göstermektedir.

Sağlıksız Öfkenin Doğurduğu Birtakım Olumsuz Sonuçlar

Çocuk ve ergenlerde sağlıksız yaşanan öfkenin bazı sonuçları olmaktadır. Bu sonuçlar kendilerine, ailelerine ve kişiler arası ilişkilerine zarar verecek nitelikte olabilmektedir (Köroğlu, 2011).

(1) Sağlıksız öfke kişisel ilişkileri bozar.
(2) Okul ya da sokakta sorunlar yaratır ve ilişkileri bozar.
(3) Öfke işleri daha da kötüleştirir.
(4) Öfke saldırganlığı tetikler.
(5) Öfke kalp rahatsızlıklarına yol açar.
(6) Öfke kişisel sıkıntılara yol açabilir.

ÇOCUK VE ERGENLERDE ÖFKE VE SALDIRGANLIĞIN BİLİŞSEL DAVRANIŞÇI TERAPİSİ

Gençlerde Öfke ve Saldırganlığın Bilişsel Davranışsal Tedavisi

BDT, davranış değişikliği, rasyonel-duygusal ve bilişsel terapinin zengin geleneklerinden yararlanır ve sosyal biliş hakkındaki bilgileri bütünleştirir. Bu tür bilişsel davranışçı tedavi müdahaleleri, tek bir terapötik teknik içermez ancak birden çok bileşenden oluşur: (1) problem çözme ve sosyal beceri eğitimi, (2) başa çıkma modelleri, (3) rol oynama, (4) in vivo deneyimler ve ödevler, (5) etkili eğitim, (6) ev ödevleri ve (7) edimsel koşullandırma, en tipik olarak kullanılan tekniklerdir. Ek olarak, terapötik müdahaleler, çocuğa yalnızca bilişsel işlem yoluyla saldırgan davranışı engellemeyi öğretmekle kalmayıp (yani çevresel uyaran veya "tetikleyici" ile açık saldırgan tepki arasına düşünce koymak değil), aynı zamanda çeşitli öz kontrol stratejilerini içerir. Ayrıca agresif bir şekilde davranmayı engellemek için alternatif beceriler öğretilir. BDT, öğrenme teorisi ve bilgi işleme ilkeleriyle birleştirilmiştir ve bu nedenle basit bir teknik eklektizm değildir (Kendall, 2012).

BDT'de öfkenin işlevsel analizi, öfkeyi değerlendirmenin temel adımıdır. Öfkenin ayrıntılı değerlendirilmesi davranış ve müdahale stratejileri geliştirmeyi kolaylaştırır. Öfkenin işlevsel analizinde çeşitli değişkenlerin dikkate alınması gerekir. Bu değişkenler (Pashupati ve Dev, 2011);

- Öfke veya saldırganlığın sıklığı, yoğunluğu, süresi ve biçimi,
- Çevresel tetikleyiciler (arka plan stresörleri dâhil),
- Bilişsel öncüller (olayların değerlendirilmesindeki ön yargılar, işlevsiz şema, altta yatan inançlar ve saldırganlığı destekleyen değerler),
- Duygusal öncüller (saldırgan eylemlerden önceki duygular, örneğin öfke veya korku),

- Fizyolojik öncüller (farklı duyumlar),
- Başa çıkma tarzı ve problem çözme becerileri,
- Kişilik eğilimleri (ör., öfkeye yatkınlık, dürtüsellik, psikopati, genel suçluluk, aşırı kontrol, kontrol altında olma),
- Ruhsal bozukluk değişkenleri (ruh hâli, beyin bozukluğu, sanrılar, halüsinasyonlar, kişilik sorunları),
- Saldırgan eylemlerin sonuçları/işlevleri (pişmanlık gibi duygusal sonuçlar dâhil),
- Destekleyici/tampon faktörler (iyi ilişki, aile desteği, bazı alanlarda başarı),
- Öfke tepkisinin derecesini etkileyen fırsat faktörleri (silahlar, kurbanın varlığı, kısıtlamalar),
- Disinhibitörler (alkol, uyuşturucu).

Öfke ve Saldırganlığın Bilişsel Davranışçı Modeli

Öfke ve saldırganlığın bilişsel davranışçı modellerinden bir takım örnekler aşağıda sunulmuştur.

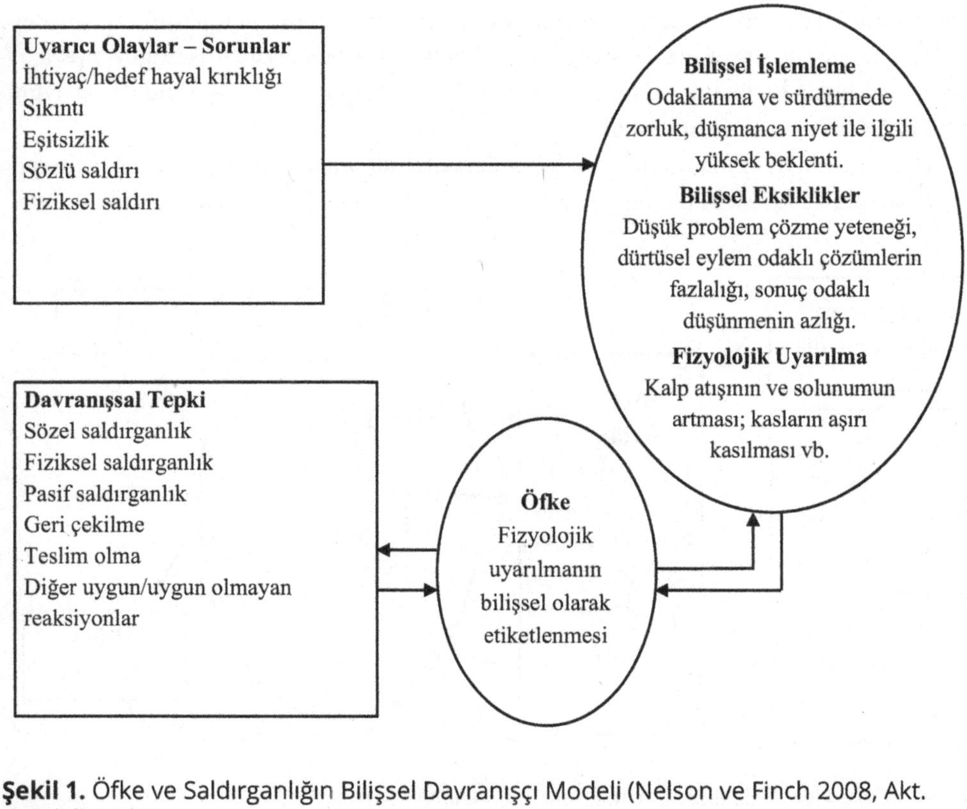

Şekil 1. Öfke ve Saldırganlığın Bilişsel Davranışçı Modeli (Nelson ve Finch 2008, Akt. Kendall, 2012).

Şekil 1'de gösterilen bilişsel davranışçı model, çocukların duygularının ve sonraki eylemlerinin, çevresel olayları algılama, işleme ve/veya aracılık etme biçimleri tarafından düzenlendiği mantığına dayanır. Sorunlar veya çevresel olaylar, bir kişinin herhangi bir durumda nasıl hissettiğini veya gerçekte ne yaptığını doğrudan belirlemez. Öfke, günlük sorunlara veya "tetikleyicilere" verilen öznel bir tepkidir. Duygunun bilişsel uyarılma teorisine göre öfke duygusunun deneyimi, kişinin fizyolojik olayların bilişsel işlemesini bütünleştirmesini yansıtır. Şekilde görülen kavramsallaştırma, öfkenin etkileşimli fizyolojik, duygusal, bilişsel ve sözel bileşenlerden oluşan çok yönlü bir yapı olduğudur. Bu nedenle, bireyler öfkeyi, uyarlanabilir bir durumdan, saldırganlık ve şiddet yoluyla ifade edilen uyumsuz bir duruma kadar uzanan bir süreklilik içinde yaşarlar. Saldırgan gençlerin sorunlarla başa çıkmak için gerekli psikolojik kaynaklara sahip olmadıkları ve bu nedenle kışkırtıcı bir durumla karşılaştıklarında saldırgan bir şekilde tepki vermeye eğilimli oldukları varsayılmaktadır. Bu nedenle, bilişsel davranışçı model beceri eksiklikleri ile ilgilidir. Sorunlar veya stresörlerle başa çıkmak için çocuğun öznel öfke durumunu etkili bir şekilde yönetmek için gerekli becerileri geliştirmesi gerekir, bu da daha sonra problem durumlarında daha uyumlu davranışsal tepkilerle sonuçlanır. Spesifik BDT stratejileri, doğrudan eylem prosedürlerini (ör., atılganık eğitimi, gevşeme teknikleri) ve/veya bilişsel müdahaleleri (ör., kendi kendine konuşma, problem çözme, mizah) içerir. Başlangıçta, çocuğa problemlere veya strese alternatif yanıt verme yollarını öğretmeye odaklanılır. Daha sonraki bilişsel tekniklerde, çocuğun öfke uyandıran durumlarla ilgili bilişlerini veya bu tür durumların işlenmesini değiştirmeye odaklanılır. Her iki durumda da istenen sonuç, gencin kendini öfkeli hissettiği ve/veya uygunsuz, saldırgan bir biçimde davrandığı durumlar için sonraki davranışlarında daha uyumlu bir değişiklik yaratmaktır (Kendall, 2012).

Öfke uyarılmalarında merkezî bir yapı olarak tehdit algılamalarını içeren DiGiuseppe ve Tafrate'nin (2007) öfkenin bilişsel davranışçı modeli Şekil 2'de sunulmaktadır.

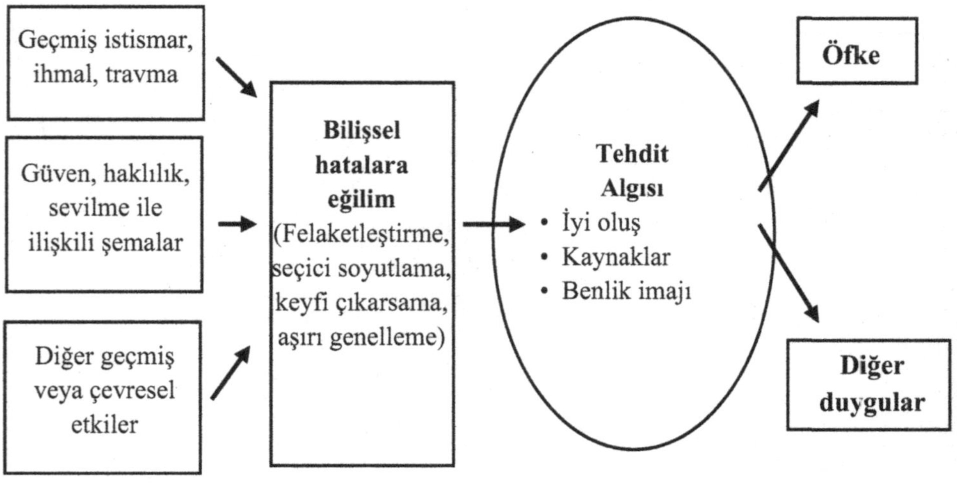

Şekil 2. Öfke Uyarılmasında Merkezî Bir Yapı Olarak Tehdit Algıları

Şekil 2'de görüldüğü gibi öfke tehlikeye karşı verilen duygusal yanıttır. Algılanan tehlike kişinin fiziksel sağlığı, mal varlığı, benlik imajı, sosyal statüsü, konforu veya günlük yaşamını düzenleyen kuralların sürdürülmesine yönelik olabilir. Bunlarla ilişkili yorumlama ve değerlendirmelerin öfkenin oluşumu ve sürdürülmesinde yer aldığı öne sürülmektedir. Öfke uyarılması için bir kişinin önce tehdit teması etrafında bir değerlendirme süreci yaşaması gerekir. Bu şekilde, öfke uyandıran bazı değerlendirmeler veya düşünceler en çok kaygıya benzer olabilir. Çoğu bilişsel çarpıtma ve süreç, bir kişinin arzu edilen hedeflere yönelik bir tehdidin var olduğu algısını artırabilir. Ayrıca istismar, ihmal veya uyumsuz güven şemalarının gelişimi, başkaları tarafından kabul görme ve onaylanma gibi çeşitli deneyimler, bir bireyin bu tür bilişsel hatalara girmesini daha olası hâle getirebilir. Şekil 2, bize bilişsel hatalar, tehdit algısı ve öfke uyarımı arasındaki ilişkiyi göstermektedir.

Tehdit ve kendine karşı başkalarının yönlendirdiği atıflar ve duyguların uyarılması Şekil 3'te gösterilmiştir.

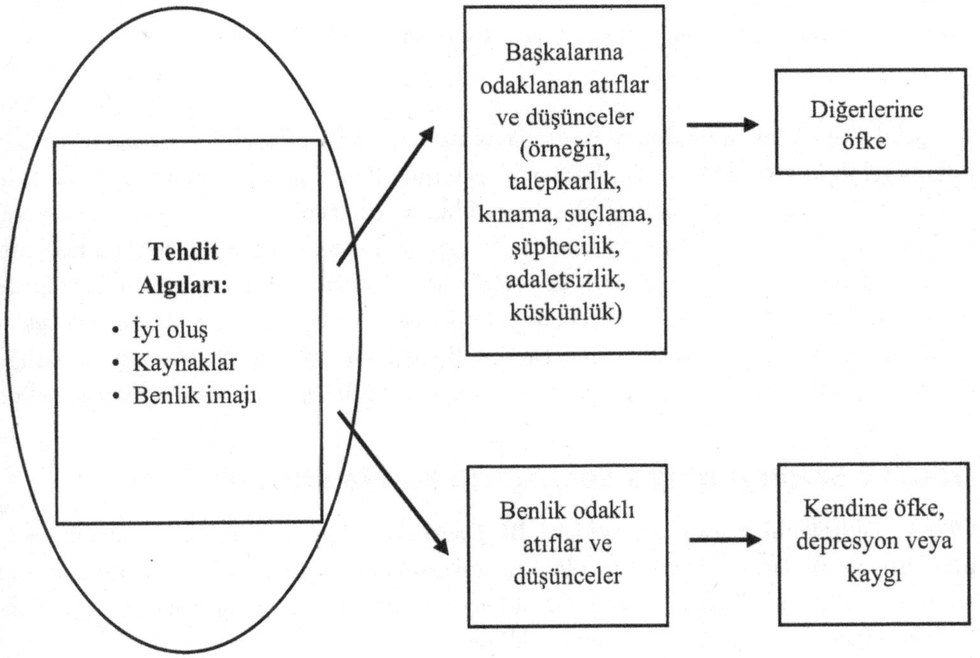

Şekil 3. Tehdit ve Kendine Karşı Başkalarının Yönlendirdiği Atıflar ve Duyguların Uyarılması Algıları

Şekil 3, tehdit algılarının ve içsel ve dışsal atıfların nasıl farklı duygulara yol açabileceğini göstermektedir. Tehdit algılanırken bireyin iyi oluşu, kaynakları ve benlik imajı son derece önemli etken olarak karşımıza çıkmaktadır.

Herhangi bir tehdit durumunda gösterilen tepkide algılanan öz yeterlik ve öfke ifade biçimlerinin etkisi Şekil 4'de verilmiştir.

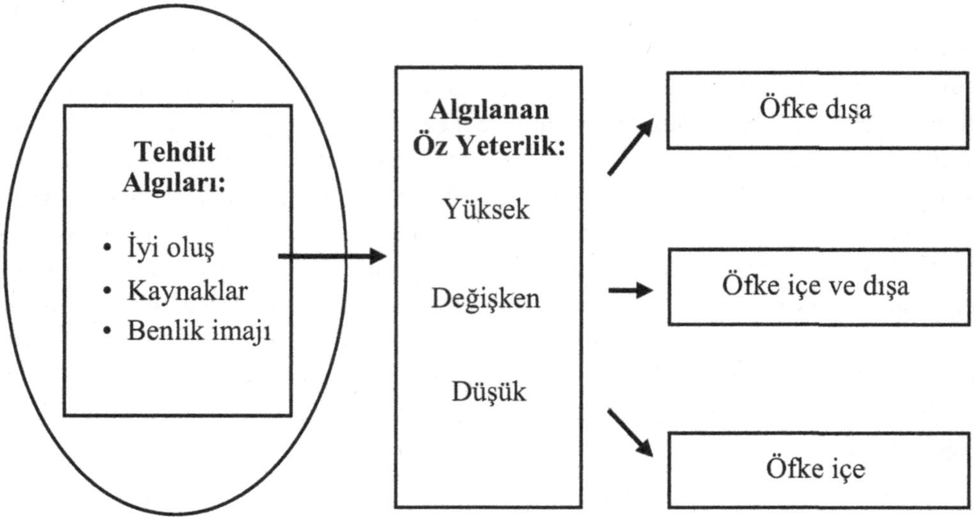

Şekil 4. Tehdide Tepkide Algılanan Öz Yeterlik ve Öfke İfade Biçimleri

Şekil 4'te algılanan tehditlere yanıt olarak öz yeterlik ile öfke ifadesi modu arasındaki potansiyel ilişki gösterilmektedir. Yüksek öz yeterlik öfkeye katkıda bulunur. Birçok insan için yüksek öz yeterlik algısı, bağlılık ve kararlılık duygularını uyandırır. Zorlukların üstesinden gelebileceklerini bilirler ve bunun için çaba ve becerilerini kullanırlar. Bu nedenle, kendine güvenen bireylerde, yüksek öz yeterlik öfke uyandırmaz ancak güven, bağlılık ve özveri uyandırır. Belki de bu bireylerin öz yeterlilikleri o kadar yüksektir ki galip geleceklerinden emin olurlar, bu da tehdit algısını azaltır. Bu nedenle, çok yüksek öz yeterliğin varlığı, bazı tetikleyicilerin tehdit edici doğasını azaltabilir ve etkili problem çözmeye yol açabilir.

Öfke ve Saldırganlıkta Seansların Yapılandırılması

Öfke ve saldırganlıkta seans yapısı klasik BDT seanslarındaki gibidir. Duygu durum kontrolü, önemli olayların kontrolü, önceki oturumla bağlantı kurma, ödev/ara uygulamaların kontrolü, gündem belirleme, gündem maddelerinin ele alınması ve müdahaleler, ara uygulama verilmesi, özet, geri bildirim alma şeklindedir.

Ailenin/Ebeveynlerin Terapi Sürecine Katılımı

Çocuk ve ergenlerin Bilişsel Davranışçı Terapi sürecinde aile kilit rol oynar. Her seansın başında ve sonunda terapistin uygun görmesi hâlinde aile terapi sürecine dâhil edilebilir.

İlk Görüşme, Danışanın Değerlendirilmesi ve Kullanılan Ölçme Araçları

Agresif davranışlar için getirilen çocukların değerlendirilmesinde şunlar göz önüne alınır: dürtü kontrolü, disinhibisyon, baskın duygu durum-mizaç, duygusal reaktivitenin derecesi/duygu yönetimi becerisi, baskın ebeveynlik stili, ebeveyn-çocuk ilişkisi, ihmal ve istismarın varlığı, saldırganlığın çocuk için bir kazanç doğurup doğurmadığı, ortamda bunu onaylayan kişilerin olup olmadığı, iletişim becerisi ve zekâ. Ayrıca saldırgan davranışın ortaya çıktığı bağlamı, bu davranışın öncüllerini, sonuçlarını, sıklığını, şiddetini belirlemek danışan değerlendirmesinde son derece önemlidir. Kullanılabilecek ölçme araçları; Sürekli Durumluk Öfke Ölçekleri, Ergenler İçin Öfke Düzenleme Ölçeği, Saldırganlık Ölçekleri, Beck Depresyon Ölçeği, Otomatik Düşünceler Ölçeği, Fonksiyonel Olmayan Tutumlar Ölçeği, Beck Umutsuzluk Ölçeği, Belirti Tarama Testleri/Ölçekleri, Davranış Bozuklukları Ölçekleri ve Duygu Ölçekleri gibi geçerli-güvenilir olan, yaş grubuna uygun ve danışanın semptomlarına uygun terapistin gerekli gördüğü ölçek ve envanterleri içerebilir.

ÇOCUK VE ERGENLERDE ÖFKE VE SALDIRGANLIĞIN BDT'SİNDE UYGULAMALAR VE MÜDAHALELER

BDT, saldırgan çocuklarda, başkalarının ve kendi davranışlarına ilişkin algılarındaki çarpıtmalar, diğerlerinin düşmanca niyetleri ile ilgili ön yargılar, sözel olmayan doğrudan eylem çözümlerine aşırı güvenme, yetersiz ve çarpık sosyal-bilişsel süreçleri ele alır. BDT programları kendi kendine eğitim, problem çözme, perspektif alma, duyguları etiketleme veya gevşeme eğitimlerini içerebilir. Bu programların tümü, ortak bir şekilde zor ve kışkırtıcı olaylar ve durumlarda çocukların bilişlerine odaklanır (Kendal, 2012).

Çocuk ve gençlerde kullanılabilecek örnek programlara bakıldığında, *Soğukkanlılığınızı Koruyun* çalışma kitabı, gençlere bilişsel davranışçı temelli öfke yönetimi becerilerini öğretmek için bir program sunar. Çalışma kitabında sunulan beş özel müdahale stratejisi, çevresel ipuçlarını işlemek ve daha doğru bir şekilde farkında olmak ve günlük sorunlarla veya öfke uyandıran durumlarla başa çıkarken yararlanabilecekleri çeşitli öfke yönetimi becerilerini öğrenerek çocukların potansiyel olarak sorunlu olan durum ve davranışları belirlemelerine yardımcı olur. Bu temel stratejiler, diğer bilişsel davranışçı teknikler, hedef belirleme, kendini izleme, perspektif alma ve irrasyonel inançları değiştirme teknikleri ile artırılır. Bu program hakkında kısaca bilgi vermek gerekirse (Kendall, 2012) program dört aşamadan oluşmaktadır.

Aşama I-Değerlendirme (Vaka Formülasyonu): Bu aşamada sorunun doğasını belirlemek için ebeveynler ve çocukla birlikte hatta tüm aile üyeleri ile görüşülmelidir. Bu, çocuğun gizli bir şey planlandığı algısını engelleyebilir. Güven açısından da önemlidir. Kültürel açıdan, aile yapısı, cinsiyet rolleri, ırksal/etnik veya kültürel, gruba özgü protokoller ve iş birliği ve danışanın kaynakları hakkında bilgi sahibi olunmalıdır. Tüm aile üyeleri ile görüşme, ailenin birbirleri ile etkileşimleri konusunda bilgi verir. Tüm aile ile yapılan ilk seanstan sonra bir sonraki seans ebeveynlerle yalnız veya çocukla yalnız görüşme şeklinde planlanabilir. Bu seanslar sırasında, genel ve özel öfke sorunları hakkında daha ayrıntılı bilgi elde edilir. Terapist, "ortak bir düşman" olan öfke/saldırganlığa karşı çocukla bir ittifak kurmalıdır. Ancak bu ittifakın yavaş ve dolaylı olarak geliştirilmesi gerekebilir. Ek olarak terapist, ailenin ırksal/kültürel yönelimi bağlamında öfkenin nasıl anlaşıldığını ve ifade edildiğini belirler. Öfke kontrol zorluğu olan çocuklarla bu aşamada görüşürken en önemli nokta iş birlikçi ittifaktır. Terapist, ergenin davranışını sorgulamak, yargılamak veya düzeltmek yerine onu anlamaya çalışır. Seansta yapılabileceklere örnek vermek gerekirse terapist öncelikle seans dışında yaşanan öfke içeren bir olayın filmini çektirebilir. Daha sonra seans içinde çocuktan gözlerini kapatmasını ve olayı gözünde canlandırmasını ister. Sonra, çocuktan sahneyi "oynatması" ve terapiste neyin oynandığına dair sözlü bir açıklama yapması istenir. Terapist, içsel diyalog, görsel imgeler, fizyolojik duyumlar ve diğer önemli ayrıntılar hakkında özel sorular sorarak çocuğun dikkatini toplamasına yardımcı olabilir. Çocuk bu tanımlamayı yaparken terapistin ayrıntılı notlar alması gerekir. Daha küçük çocuklar (yaklaşık 10 yaş altı) sıklıkla "film izlemekte" zorluk yaşarlar. Dikkatleri dağılır ve daha somut bir yaklaşıma ihtiyaçları olabilir. Bir yaklaşım "aksiyon figürü çizimleri"dir. Bu görevde çocuktan sahneyi tanımlaması istenir ve terapist anlatılan sahnenin çizimini yapar. Terapist; duygular, düşünceler ve fiziksel duyumlar hakkında bilgi edinirken "çizim yapmaya" yardımcı olacak sorular sorabilir. İç diyalogu kullanabilir ve düşünce baloncuklarıyla notlar alınabilir. Çocuklara yönelik öfkeyi değerlendirmeye yönelik diğer prosedürler, öz bildirim ölçümlerini içerir. Öfke ve saldırganlık ölçek ve envanterlerinden faydalanmak son derece önemlidir. Terapist bu aşamadaki görüşmelerde bilgi verenden (1) çocuğun şikâyeti, semptomları ve stresörleri hakkındaki görüşü; (2) çocuğun mevcut çevresinin görünümü (ev, okul, akranlar); (3) çocuğun gelişimi ve gelişimsel öz geçmişi ve (4) çocuğun geleceğiyle ilgili beklentilerini almalıdır.

Aşama II-Eğitim Aşaması (Bilişsel Hazırlık): Eğitim Aşaması, değerlendirme aşamasının bir uzantısıdır. Dört ana amacı vardır: (1) ortak "düşman"a, öfkeye karşı çalışmak için çocukla iş birliğine dayalı bir ittifak oluşturmaya devam etmek, (2) çocuğun konuyu daha iyi anlamasına yardımcı olmak için öfkesinin doğası ve ardından gelen saldırgan davranış, (3) öfke uyandıran tepki zincirinin başlarında bilişsel-duygusal-davranışsal bağları hızlı bir şekilde tanımak ve (4) öfke-saldırganlık tepki modelini "tetikleyen" belirli çevresel uyaranları veya sorunları tanımlamaya ve tanımaya devam etmek.

Aşama III-Becerilerin Edinimi (Öfke Yönetimi Oyunlarını Öğrenmek): BDT modelindeki üçüncü aşama, çocuğa başa çıkma sürecinde kullanması için hem bilişsel hem de davranışsal özel teknikler sağlamak için tasarlanmıştır. Beceri edinme aşaması sırasında, öz yönetim stratejileri bilişsel, duyuşsal ve öfke azaltıcı kendi kendine konuşma, gevşeme teknikleri, problem çözme becerileri, atılganlık eğitimi ve mizahı kullanma gibi davranışsal teknikler tanıtılır ve öğretilir.

Aşama IV-Uygulama Eğitimi (Alıştırma, Uygulama ve Daha Fazla Uygulama): Bu aşamada üçüncü aşamada öğrenilenlerin daha çok pekişmesi için ödevlere ve seans içinde alıştırmalara devam edilir. Çocuğun gerçek hayatta karşılaşması muhtemel birtakım öfke durumlarını kullanarak uygulamalar artırılarak sürdürülür.

Öfke ve Saldırganlığın BDT'sinde Kullanılabilecek Teknikler

Çocuklarda öfke ve saldırganlığın BDT'sinde kullanılabilecek bilişsel davranışçı terapinin tekniklerinden bazıları aşağıda sunulmuştur (Türkçapar, 2018).

1. Düşünceyle olan ilişkiyi değiştirmeye dayalı teknikler. Düşüncenin düşünce olduğunun yani gerçeklik olmadığının ayrımına varılması teknikleri.
2. Düşüncenin içeriğine dönük teknikler; A-Kanıt İnceleme, B-Bilişsel İşlemleri (Bilişsel Çarpıtma) Bulma, C-Çifte Standart Tekniği, D-Alternatif Açıklamalar.
3. Diğer Bilişsel Yeniden Yapılandırma ve Davranışçı Teknikler: (A) Terimleri Tanımlama, (B) Doğrudan Farklı Düşünce Getirme, (C) Deneysel Teknik-Davranış Deneyleri, (D) Derecelenmiş Düşünce, (E) Yeniden Atfetme (Pasta Dilimi), (F) Rol Oynama, Kar Zarar Analizi, (G) Bir Takım Davranışçı Teknikler, (H) Ev Ödevleri, (I) Maruz Bırakma, (İ) Aşamalı Etkinlik Planlaması, (J) Sorun Çözme.

Çocuk ve ergenlerde bütün bu klasik BDT tekniklerinin yanı sıra metaforlar da kullanılmaktadır. Kullanılacak metaforların çocuğun dünyasına uygun metaforlar olmasına özen gösterilmelidir. Ayrıca çocuk ve ergenlerle öfke ve saldırganlık problemlerinde düşünce ele alınıp konuşulur, düşünceyle ilgili teknikler kullanılır. Bunların yanı sıra davranışçı tekniklerin kullanımının önemi büyüktür. Çünkü rahatlama egzersizleri, problem çözme, çatışma çözme, rol oynama, davranışsal provalar, davranış deneyleri, davranış değiştirmeye yönelik teknikler gibi davranışa dayalı teknikler bu tür problemlerde oldukça etkilidir. Ayrıca öfke ve saldırganlıkta etkili iletişim eğitimi, atılganlık eğitimi, mizahı kullanma, duygu düzenleme eğitimi gibi davranış değişikliğine dayalı eğitimler de son derece önemlidir.

Çocuk ve Ergenlerde BDT'de Tekniklerin Kullanımından Örnekler

Örnek Olay: Mehmet, 10 yaşında, 4. sınıf öğrencisi ve arkadaşlarının hep kendi istediği gibi davranmasını istiyor, kendi istediği gibi davranmadıklarında da çok çabuk öfkelenip saldırganlık gösteriyor. Küçük beşli bir formülasyon yapılacak olursa:

Olay/Durum: Mehmet'in arkadaşı Ahmet, teneffüste onun küs olduğu bir arkadaşı ile oynuyor.

Düşünce: Ben ona daha önce benim istemediğim kişilerle oynama demiştim. Benim istemediğim kişilerle oynamamalı. Benim istediğimi yapmıyor. Benim istediğim gibi davranmıyor. Benim istediğim şekilde davranmalı.

Duygu: Öfke, gerginlik.

Bedensel Belirtiler: Kasların kasılması, mideye kramp girmesi, yumrukların ve dişlerin sıkılması, hızlı solunum ve kalp atışı, ellerin titremesi ve gerilme.

Çevrede Olup Bitenler: Bahçede herkes kendi hâlinde oynuyor. Nöbetçi öğretmenler var. Ortalık sakin durumda.

Davranış: Sınıfa gidip sırayı yumruklama ve tekmeleme, arkadaşının kalemliğini ve çantasını fırlatma.

Kâr-Zarar Analizi, Çifte Standart Tekniği ve Gerçekçi Düşünce Oluşturma: Yapılan formülasyonda bulunan otomatik düşünce -meli, -malılar içeren bilişsel çarpıtma örneğini de gördüğümüz, "İnsanlar benim istediğim gibi davranmalılar." şeklindedir. Bu otomatik düşünceye kâr-zarar analizi, çifte standart tekniği ve ardından gerçekçi düşünce oluşturmayı uygulayacak olursak:

TERAPİST: Mehmet, şimdi bulduğumuz bu "İnsanlar benim istediğim gibi davranmalılar." otomatik düşüncesine inanma düzeyini bana 0 ile 100 arasında söyler misin?
MEHMET: %90.
TERAPİST: "İnsanlar benim istediğim gibi davranmalılar." düşüncesine %90 inanıyorsun. İnsanların senin istediğin gibi davranmalarını çok önemsediğini görüyorum. Peki, biz seninle bu düşüncenin sana olan yarar ve zararını konuşalım biraz ne dersin? Sence bu düşüncenin sana yararları nelerdir? (Kâr-zarar analizi). Bu arada ben de söylediğin şeyleri tahtada yazıyor olacağım.
MEHMET: Olur konuşalım. Bana yararları: Kontrol benim elimde olur. Üstün olurum, daha öz güvenli hissederim. Kendimi önemli görürüm.
TERAPİST: Peki, yararları bölümüne başka yazabileceklerimiz var mı?
MEHMET: Yok.
TERAPİST: Aklına gelirse söyle. Şimdi de bana, "İnsanlar benim istediğim gibi davranmalılar." düşüncesinin zararlarından bahset. Bu düşüncenin sana zararları nelerdir?
MEHMET: Bana zararları... Beni yoruyor. İnsanlar istediğimi yapmadığında çok sinirleniyorum. Bağırıp çağırabiliyorum, kendime ve çevreme zarar verebiliyorum. Sürekli tetikteyim. Böyle düşünürken yaşadığım bedensel belirtiler beni yoruyor. Arkadaşlarımla ve ailemle ilişkilerimi olumsuz etkileyebiliyor. Öfkelenmeme ve saldırganlık göstermeme sebep oluyor.

TERAPİST: Peki, yarar ve zararları ile ilgili söylemek istediğin başka bir şey var mı?

MEHMET: Yok.

TERAPİST: Şimdi tahtaya bakmanı ve iki tarafı da incelemeni istiyorum. Sence yararlarını ve zararlarını düşündüğünde bu gördüğün tablo bize neyi gösteriyor?

MEHMET: Hımmm... Bence zararları daha çok. Yararları da sanki bana yararlı değilmiş gibi geldi tahtada görünce. Bana sanki hiç yararı yokmuş ve zarar veriyormuş.

TERAPİST: Peki, "İnsanlar benim istediğim gibi davranmalılar." düşüncesinin sana zararlarının daha çok olduğunu ve senin için işlevsel bir düşünce olmadığını gördün. Şimdi de bana yakın bir arkadaşının adını söyler misin?

MEHMET: Elif.

TERAPİST: Peki, Mehmet. En yakın arkadaşın Elif "İnsanlar benim istediğim gibi davranmalılar." düşüncesine sahip olsaydı ona onun gerçekçi düşünmesini sağlayacak ve işine yarayacak ne söylerdin? (Çifte standart tekniği).

MEHMET: İnsanlar istediğimiz gibi davranmak zorunda değil. Kimseyi bunun için zorlayamayız. Herkes ayrı bir kişiliğe, çevreye, düşüncelere ve duygulara sahip. Herkesten senin gibi olmasını ve davranmasını bekleyemezsin. Bu yüzden daha rahat ol. Bu seni daha mutlu eder. Arkadaşlarınla daha iyi ilişkilerin olur.

TERAPİST: Peki Mehmet, bu söylediklerin Elif'in işine yarar mıydı sence?

MEHMET: Evet sanırım yarardı.

TERAPİST: Peki, bu söylediklerini kendine de söyleyebilir misin?

MEHMET: Tamam söyleyeyim. İnsanlar her zaman istediğim gibi davranmak zorunda değil. Kimseyi bunun için zorlayamam. Herkes ayrı bir kişiliğe, çevreye, düşüncelere ve duygulara sahip. Herkesten benim gibi olmasını ve davranmasını bekleyemem. Bu yüzden daha rahat olmalıyım. Bu beni daha mutlu eder. Arkadaşlarımla daha iyi ilişkilerin olur.

TERAPİST: Bu söylediklerin sana nasıl geldi?

MEHMET: İyi geldi. Hiç böyle şeyler söylememiştim kendime.

TERAPİST: Güzel, sevindim iyi gelmesine. Şimdi de "İnsanlar benim istediğim gibi davranmalılar." düşüncesinin yerine daha gerçekçi hangi düşünceyi koyabilirsin? (Gerçekçi düşünce oluşturma).

MEHMET: Az önce de Elif'e dediğim gibi: "İnsanlar benim istediğim gibi davranmak zorunda değil. Kimseyi bunun için zorlamaya hakkım yok".

TERAPİST: O zaman "İnsanlar benim istediğim gibi davranmalılar." düşüncesi yerine koyduğun gerçekçi düşüncen "İnsanlar benim istediğim gibi davranmak zorunda değil. Kimseyi bunun için zorlamaya hakkım yok." şeklinde.

MEHMET: Evet.

TERAPİST: Peki, başlangıçta %90 inandığın "İnsanlar benim istediğim gibi davranmalılar." düşüncesine şu anda % kaç inanıyorsun?

MEHMET: Hımm... %40.

TERAPİST: Peki, başlangıçta %90'dı şimdi %40. Sence bu 50 puanlık düşüş nasıl açıklanabilir?

MEHMET: Bu düşüncenin bana zararının daha çok olduğunu, yararının da sanki zarar gibi olduğunu gördüm. Elif'e söylediklerim ve sonra kendime söylediklerim de bana iyi geldi.

TERAPİST: Evet, bir düşüncenin kârını-zararını ele almak onun işlevselliği konusunda sorgulama yapmanı sağlar. Biz de seninle bugün bunun üzerinde durduk. Sen de bu düşüncenin işlevsel olmadığının farkına vardın.

Kanıt İnceleme Tekniği: Anlık düşünceleri incelerken ilk kullandığımız teknik kanıt incelemedir. Olumsuz düşüncenin doğru olduğunu kabul etmek yerine bunu destekleyen ve desteklemeyen gerçek nesnel kanıtların incelenmesidir. Bu teknik bilişsel yeniden yapılandırma teknikleri arasında gerçekliği temel alan bir tekniktir. Bu teknikte danışan kanıtlarına o kadar inanır ki desteklemeyen kanıtları vermekte zorlanabilir. Terapistin bu bölümde daha aktif olması gereklidir.

Mehmet örnek olayına dönersek Mehmet'in "İnsanlar benim istediğim gibi davranmalılar." otomatik düşüncesini ele alalım.

TERAPİST: Mehmet, "İnsanlar benim istediğim gibi davranmalılar." düşüncen var. Peki, insanlar bu şekilde davranmazsa bu ne anlama gelir? (Aşağı oklar tekniği).

MEHMET: Benim istediğimi yapmamış olurlar.

TERAPİST: Bunun senin için anlamı ne olur?

MEHMET: Kendimi böyle güçlü görüyorum, o zaman güçlü hissetmem.

TERAPİST: Bu ne anlama gelir?

MEHMET: Benim güçsüz birisi olduğum anlamına gelir.

TERAPİST: O zaman insanlar senin istediğim gibi davranmazsa bu senin güçsüz olduğun anlamına mı gelir?

MEHMET: Evet. İnsanlar benim istediğim gibi davranmazsa bu benim güçsüz birisi olduğum anlamına gelir.

TERAPİST: Peki o zaman. Güçsüz birisi olduğuna 0 ile 100 arasında bir yüzde versen ne kadar inanıyorsun?

MEHMET: %80.

TERAPİST: Peki o zaman, güçsüz birisi olduğuna %80 inandığını söyledin. Senin güçsüz birisi olmanla ilgili kanıtlarımıza bakalım ne dersin? Diyelim ki bir mahkemedesin ve avukatsın, karşında jüri var. Bu jüriye Mehmet'in güçsüz biri olduğunu gösteren kanıtları sunmanı istiyorum. Ben de bu sırada tahtaya yazıyor olacağım (Kanıt inceleme).

MEHMET: Arkadaşlarım zaman zaman benim istediğim gibi davranmıyor. Bu benim güçsüz olduğumu gösterir.

TERAPİST: Evet yazdım. Başka?

MEHMET: Bazen teneffüste bazı çocuklar beni ittiriyor ve düşüyorum. Bir de geçen gün fen bilgisi dersinden bir yazılı olduk orada düşük not aldım. Bu da benim güçsüz olduğumu gösterir.

TERAPİST: Evet yazdım onu da başka var mı?

MEHMET: Yok.

TERAPİST: Aklına gelirse söyle yazayım bu bölüme. Unutma yine mahkemedesin, karşında jüri var, sen bir avukatsın ve şimdi de Mehmet'in güçsüz birisi olduğu ile ilgili karşı kanıtlar sunacaksın jüriye ki jüri daha sağlıklı karar verebilsin. Yani Mehmet'in güçlü biri olduğuna dair kanıtlar sunman bekleniyor jüri tarafından.

MEHMET: Hımm... Biraz düşüneyim. ... ... (Duraklama bir dakika kadar).

TERAPİST: Arkadaşlarını, aileni, öğretmenlerini, okulunu, derslerini düşün, ilişkilerini gözden geçir.

MEHMET: Fen bilgisi dersi dışında diğer bütün derslerim pekiyi. Sınıfta iyi bir öğrenciyim. Öğretmenim beni seviyor. Ailem beni her konuda destekliyor.

TERAPİST: Başka?

MEHMET: Çok iyi futbol oynuyorum. Basketbol da oynuyorum. Çok arkadaşım var. İri yarıyım biraz da (Gülerek). Bu da güçlü olduğumu gösterir. Bir de hiç hasta olmam. Bu da güçlü olduğumu gösterebilir.

TERAPİST: Peki Mehmet, tahtaya bak şimdi, mahkemedeydik ve jüri sence nasıl karar verir bu sunulan kanıtlarla ilgili? Senin güçlü mü, güçsüz mü olduğunla ilgili?

MEHMET: Ben baktığımda çok kanıtım yok. Karşı kanıtım daha fazla. Bence jüri kanıtın çok olduğu yere göre karar verir. Yani "Mehmet güçlü birisi." der.

TERAPİST: Peki o zaman bu düşünceye en yakın arkadaşın Elif sahip olsa ona onun işine yarayacak ne söylerdin? (Çifte standart).

MEHMET: Sınıfta başarılı bir öğrencisin. Çok arkadaşın var. İnsanların senin istediğin gibi davranması seni güçlü yapmaz. İstediğin gibi davranmadıklarında da bu senin güçsüz olduğun anlamına gelmez.

TERAPİST: Peki, bu işine yarar mıydı Elif'in?

MEHMET: Evet, yarardı bence.

TERAPİST: Peki, bunu kendine de söylemeyi dener misin lütfen?

MEHMET: Evet denerim. Sınıfta başarılı bir öğrenciyim. Çok arkadaşım var. İnsanların benim istediğim gibi davranması beni güçlü yapmaz. İstediğim gibi davranmadıklarında da bu benim güçsüz olduğum anlamına gelmez. Ben oldukça güçlü bir insanım.

TERAPİST: Bu duydukların sana nasıl geldi?

MEHMET: İyi geldi. Sanki başkası söylüyormuş gibi.

TERAPİST: Peki, "Ben güçsüz bir insanım." yerine seni daha olumluya götürebilecek gerçekçi düşünce koymaya çalışsak hangi gerçekçi düşünceyi koyabiliriz? (Gerçekçi düşünce oluşturma).

MEHMET: Ben oldukça güçlü bir insanım. Bazen güçsüzlüklerim olabilir. Bu da normal bir şey.

TERAPİST: Peki, "Ben güçsüz bir insanım." düşüncesi yerine "Ben oldukça güçlü bir insanım. Bazen güçsüzlüklerim olabilir. Bu da normal bir şey." düşüncesini koyduk. Başlangıçta %80 inandığın "Ben güçsüz bir inanım." düşüncesine şimdi % kaç inanıyorsun?

MEHMET: %35.

TERAPİST: Başlangıçta %80, şimdi de %35; sence aradaki bu fark neden kaynaklandı? Ne oldu seansta keşfettiğin ya da öğrendiğin?

MEHMET: Kanıtlarımın az, karşı kanıtlarımın daha çok olduğunu gördüm. Elif'e söylediğim ve kendime söylediklerim de etkili oldu. Aslında güçlü bir insan olduğumu fark ettim. İnsanlar benim istediğim gibi davranmak zorunda değil. Davranmaları ya da davranmamaları beni güçlü ya da güçsüz yapmaz. Beni güçlü ya da güçsüz yapan yine benim.

TERAPİST: Evet, bugün bir otomatik düşüncenin doğru olduğunu kabul etmek yerine bunu destekleyen ve desteklemeyen gerçek nesnel kanıtlarını inceledik. Sen de nesnel kanıtlarla kendinde farklı keşifler gerçekleştirdin. Karşı kanıtlarının çokluğu ile kanıtlarını çürütmüş oldun.

Eğlenceli Etkinlikler Listesi: Bu liste, çocuk ve ergenlerin kendilerini öfkeli, gergin, kaygılı hissettiklerinde ya da eğlenceli zaman geçirmek istediklerinde kullanabilecekleri bir listedir. Bu liste, zaman planlamasını iyi yapamayan, pasif, öz güven problemi olan ergenlerde ayrıca depresif sorunlarda kullanılabilir. Liste aşağıdaki şekilde çocuk ve ergen danışanlara önerilebilir. Seçtikleri etkinlikleri sırası ile denemeleri konusunda terapist danışanlarını cesaretlendirmelidir. Mehmet örnek olayında terapist olarak danışanınızla belirleyeceğiniz listeden seçtiğiniz görevleri her hafta yapması için ödevler verebilirsiniz. Örneğin; egzersiz yap, meditasyon yap, 10 dakika aralıklı derin nefes al, gevşeme egzersizi yap, yeni insanlarla tanış, evcil hayvanla oyna, bir müzik aleti çalmayı dene, sakinleştirici bir müzik ya da video izle, bir spor yap ya da bir spor dalı ile ilgilen, bir tohum ek görevleri ilk etapta verilebilir. Bu görevler, ilerleyen oturumlarda danışanla birlikte belirlenmek koşulu ile daha da ayrıntılandırılabilir. Danışanın önerdiği listede olmayan etkinliklerin uygulaması da yapılabilir.

Başa Çıkma Kartları: Danışanla oturumda kullandığımız teknikleri, danışanların oturum dışında da gözden geçirebilmesi için bu teknikleri not almasını isteriz. Bunu yapmanın bir yolu danışanlara otomatik düşüncelerini değerlendirmelerine, kısa ve uzun vadeli amaçlarına yönelik çalışmak için kendilerini motive etmelerine yardımcı olacak başa çıkma kartlarını kullanmaktır. Örneğin; Mehmet, koridorda başka bir öğrenci ile kazara çarpışsa ve zihnine "Bana sataşmaya çalışıyor." düşüncesi gelmiş olsa bundan sonraki bu tür durumlarda zihnine daha işlevsel düşünce gelebilmesi için adaptif tepki üzerine çalışmak ve adaptif tepki kartları kullanmak gereklidir. "Bana sataşmaya çalışıyor." yerine "En kötüsünü farz ediyorum ve muhtemelen sadece bir yere yetişmeye çalışıyordu, kazara bana çarptı." şeklinde işlevsel düşünceyi harekete geçirebilsin diye kendisinin sürekli yanında ya da görebileceği yerlere bu kartları koyması istenir. Bu kartlar danışanın düşünce ve durumlara yararlı tepkiler sunması amacıyla danışanla birlikte hazırlanmalıdır. Ayrıca başa çıkma kartları, danışanın önemli bir problemle başa çıkmasını kolaylaştıracak şekilde, motivasyon için, durup düşünmesi için ve bir hedefe ulaşma basamakları için de hazırlanabilir (Creed, Reisweber ve Beck, 2014).

Eğlenceli Etkinlikler Listesi

• Odanı yeniden düzenle. • Müziği aç ve dans et. • Saygı duyduğun bir grup için gönüllü ol. • Parka git. • Kullanılmış bir müzik aleti al ve çalmayı öğren. • Bir tiyatro oyununa ya da konsere git. • Gezi ya da tatil planı yap. • Sanat ya da el sanatları ile uğraş. • Kutsal kitapları oku. • Birini öp. • Hoşlandığın kıyafetler giy. • Bir kitap ya da dergi oku. • Rahatlatıcı bir müzik dinle. • Mum yak. • Parfüm ya da kolonya sür. • Güneşlen. • Ailenle oyunlar oyna. • Zor bir görevi tamamla. • Şükrettiğin şeylerin listesini yap. • Uzun bir duş al. • Bir hikâye ya da şiir yaz, beste yap. • Şarkı söyle ya da müzik aleti çal. • Başka bir dilde 30 kelime öğren. • Kek pişir. • Dışarıda zaman geçir. • Saçını yıka ve şekil ver. • Bir yabancıyla sohbet et. • Fuar ya da hayvanat bahçesine git. • Evcil hayvanlarla oyna. • Müzik dinle. • Gevşeme egzersizi yap.	• Birine bir hediye ver. • Resim çek. • Spor ile ilgili konuş. • Bir spor yap ya da izle. • Birine yardım et ya da koru. • Komik şeyler izle ya da dinle. • Güzel bir yerde zaman geçir. • Güzel yemekler ye. • Geç yat ya da kısa bir uyku çek. • Müze ya da sergiye git. • Piknik yap. • Resim yap. • Arkadaş ya da akrabalarınla birlikte ol. • Kâğıt oyunu oyna. • Bir telefon görüşmesi yap. • Hayal kur. • Oyun oyna. • Sinemaya git. • Bir komşuyu ziyaret et. • Bir video oyunu oyna. • Parkta salıncağa bin. • Nostalji yap, geçmişten konuş. • Partiye git ya da parti ver. • Hayvan barınağında çalışmak için gönüllü ol. • Günlük tut ya da anı defterine yaz. • Dua et. • Meditasyon yap. • Masaj yaptır ya da sırtını ovalattır.	• Yürüyüş ya da gezintiye çık, koş. • Çıplak ayakla etrafta dolaş. • Sakızla balonlar yap. • 10 dakika aralıklı derin nefes al. • Gücünü kullanacak işler yap. • Berber, kuaför ya da güzellik uzmanına git. • Sevdiğin biriyle vakit geçir. • Film izle. • Yeni bir projeye başla. • Kütüphaneye git. • Tohum ek. • İnsanları izle. • Yanan bir şöminenin ya da ateşin önüne otur. • Evsizlere yardım etmek için gönüllü ol. • Kendin ya da başka biri için çiçek al. • Hasta birini ziyaret et. • Mektup yaz. • Egzersiz yap. • Bir bahçe kur ya da bakımını üstlen. • Birine sarıl. • Çocuklarla zaman geçir. • Geç saatlere kadar uyuma, erken kalk. • Yeni biriyle tanış. • Yüzmeye git. • Karikatür ya da çizgi roman oku. • Bisiklete bin.

(Creed, Reisweber ve Beck, 2014).

Uyuma Yönelik Tepki Kartı Örneği

Otomatik düşüncelerim: Bana sataşmadan önce o çocuğu alt edeceğim.

Uyuma yönelik tepki: Ağırdan alıp biraz düşünmeye ihtiyacım var. Çünkü okulda işler sokaktakinden farklı. Burada farklı kurallar geçerli ve küçük kardeşime her yönden nasıl başarılı olunacağını göstermek istiyorum. Yanından geç gitsin!

Başa Çıkma Kartları: Durup Düşünme Nedenleri

Yumruk atmadan önce neden durup düşünmeli?

Küçük kardeşime yaşamla baş etmenin daha iyi bir yolunu öğretmiş olurum.

Futbol takımına yeniden kabul edilmeyi umuyorum.

Tepki göstermek başımı belaya sokuyor, bu çocuklar buna değmez.

Okul ve sokakta farklı kurallar geçerli ve her ikisinin de kurallarına göre oynamam gerekir.

Erkek kardeşime hem okul hem de yaşamda nasıl başarılı olunacağını göstermem gerek.

Bu problemin okulu bitirebilmem için sorun olup olmayacağını kendime sormalıyım.

Başa Çıkma Kartları: Aktif Hâle Getirme ve Motive Etme Yönergeleri

Futbol takımına geri dönme planı:

Çekip gitmektense güçlü biri olduğunu kendine hatırlat.

Terapistinle takım kaptanına söylemek istediğinle ilgili rol playing yap.

Takım kaptanınla görüşme için randevu al.

Takım kaptanına gelecekte takım arkadaşlarınla ortaya çıkacak sorunlarda nasıl başa çıkacağını anlat.

Terapistinle öfke ile daha iyi baş etmeye yönelik tekniklerin uygulamasını yap.

Eğer takıma yeniden girersen takım kaptanına her hafta neyi daha iyi yapabileceğini danış ve onları gerçekleştir.

Başa Çıkma Kartları: Bir Hedefe Ulaşma Basamakları

4. sınıfı bitirebilmenin basamakları:

Düzenli çalış.

Sınıfta işlenen konuları akşam tekrar et. Haftalık ve aylık tekrarların olsun.

Verilen ödevleri gününde yap.

Sınıf içi çalışmalara katıl.

Özel derse ya da takviyeye ihtiyacın var mı öğretmenlerine sor.

Her haftanın sonunda nasıl gittiğini kontrol et.

Okulu bitirebileceğini kendine hatırlat.

Çocuk ve ergenlerle öfke ve saldırganlık üzerinde çalışırken onlara bazı eğitimler vermek ve beceriler kazandırmak son derece önemlidir. Bunlar; etkili sorun çözme becerileri, etkili iletişim becerileri, güvengen/atılgan davranışların kazandırılması, sosyal beceri, çatışma çözme becerileri, empatik beceriler, duygu eğitimi, belirsizliğe ve engellenmeye tahammülün artırılması eğitimi, psikolojik sağlamlık-yılmazlık eğitimi, meditasyon, doğru nefes alma, imgeleme ve gevşeme egzersizlerinin öğretilmesi eğitimi gibi etkinliklerdir. Aşağıda bu eğitimlerden etkili sorun çözme becerileri, etkili iletişim becerileri ve meditasyon konusunda örnekler verilmiştir.

Etkili Sorun Çözme Becerileri (Karataş, 2020): Sorun çözme yöntemi olarak bilinen yöntem aslında oldukça basittir. Birey ne olduğunun farkına varıp eldeki alternatifleri ortaya koyabilir ve bu alternatifleri deneyerek test edebilirse etkili bir şekilde sorun çözmeyi gerçekleştirebilir. Terapist, Mehmet ile yapacağı seanslarda aşağıdaki etkili sorun çözme basamaklarını kullanabilir. Bu basamakları Mehmet'e öğretebilir. Mehmet'in öncelikle arkadaşının ya da diğer insanların kendi istediği gibi davranmadığında bunu saldırganlık göstererek, küserek ya da düşmanca tutumlar besleyerek çözmeye çalışmasını Mehmet ile iş birliği içerisinde etkili sorun çözme yolları ile değiştirmeye çalışabilir. Etkili sorun çözme basamakları aşağıdaki gibidir:

(1) Öncelikle sorunun ne olduğunu anlamaya çalışın: Sorunun ne olduğunu anlarsanız çözümün büyük bir kısmını gerçekleştirmiş sayılırsınız. Çünkü genellikle öfkeli anlarımızda, bu anlardan kendimizi sıyıramadığımız için gerçek olayın ya da sorunun da farkında olamıyoruz. Ayrıca gerçekten çözüme ipucu olabilecek bilgileri de göremiyor ve kendimizi kapatıyoruz. Bu yüzden sorunu anlamaya çalışmak birinci ve en önemli adımdır. Örneğin, gereksiz yer ve zamanda bir arkadaşınıza bağırmışsanız ve arkadaşınız da size küsmüşse öncelikle ortadaki sorunu anlamaya çalışmalısınız.

(2) Sorunun ne olduğunu saptayın: Sorunu anlamaya çalıştıktan sonra, ipuçlarını değerlendirip gerçekçi olarak sorun saptama basamağına geçilir. Sorunun ne olduğu, hatanın olup olmadığı, bu sorunda bizim ya da karşı tarafın payının ne derece olduğu da göz önünde bulundurularak sorun ve sorunun büyüklüğü saptanır. Örneğin, bir arkadaşınıza hiç olmadık bir zamanda ve yerde bağırdıysanız öncelikle, sorunun sizin bağırmanız ve bunu çözmeniz gerektiğini anlayıp bu sorunda sizin hatanızın %100 olduğunu fark etmeniz gerekmektedir.

(3) Sorunla ilgili çözüm yollarını sıralayın: Sorun saptandıktan sonra sorunla ilgili olabilecek ve sorun çözmemize katkı sağlayacak çözüm yolları sıralanır. Yukarıda verilen örnekte çözüm yolları neler olabilir, şöyle bir düşünmeniz gerekir. Örneğin, gidip arkadaşınıza durumu anlatarak hatalı olduğunuzu kabul edip özür dilemek, kimlerin yanında arkadaşınıza bağırdıysanız onların yanında özür dilemek, arkadaşınızın gönlünü almak için ona jest yapmak, çiçek ya da hediye almak, sorun yokmuş gibi davranmak ve onunla hiçbir şey olmamış gibi konuşmaya çalışmak çözüm yollarınız olabilir.

(4) Sıraladığınız çözüm yollarından avantaj ve dezavantajlarını da göz önünde bulundurarak size en yararlı olacağını düşündüğünüzü seçerek deneyin: Yukarıda sıraladığınız çözüm yollarından sizin işinize en çok yarayacak olanı, eğer arkadaşlığınızı sürdürmek istiyorsanız, elbette ondan durumu anlatıp hatalı olduğunuzu kabul ederek özür dilemek ya da ona barışmak için jestler yapmaktır. Sorunu çözmek istiyorsanız bu çözüm yolunu denemeniz sizin için yararlı olacaktır. Yukarıda sıralamış olduğunuz sorun yokmuş gibi davranmak ve onunla hiçbir şey olmamış gibi konuşmaya çalışma çözüm yolunuz nasıl onu da değerlendirelim. Sizce bu yol arkadaşlığınızı sürdürmek istediğinizde uygun bir yol mudur? Elbette değildir. Sorunu kabul ediyorsanız sorunu görmezden gelmenin doğru bir yaklaşım olmadığını ve hiçbir şey olmamış gibi yaşamı sürdüremeyeceğimizi de bilmemiz gereklidir.

(5) Denediğiniz çözüm stratejinizin sonuçlarını değerlendirin: Eğer yukarıda denediğiniz çözüm yolu ile elde ettiğiniz sonuçlar, sorun çözmenize yardımcı olduysa işlem bitmiştir. Eğer sorun çözmenize yardımcı olmadıysa tekrar üçüncü aşamaya giderek oradaki stratejilerden en uygun bir diğerini denemeniz tavsiye edilmektedir.

Etkili İletişim Becerileri (Karataş, 2020)**:** Öfke kontrolünü sağlamada bir diğer yöntem, iletişim becerilerinin kazanılmasıdır. Terapist, Mehmet'in iletişim becerilerinde eğer sorun saptamışsa ona kendi tavır ve tutumlarının diğerleri üzerindeki etkisini anlatabilir. Ayrıca etkili iletişimle ilgili bilgi notu hazırlayarak seans içerisinde birlikte tartışabilirler. Bunun yanı sıra etkili bir iletişimde temel basamakların ne olduğu Mehmet'e anlatılabilir. Kaynak, Alıcı, Kanal, İleti ve Geri Bildirim ögelerini Mehmet'in yaşamından örneklerle açıklar. Ayrıca etkili bir iletişim için kullanılacak dil çok önemlidir. Sen dili ve ben dili iletişimde kullanılabilecek dillerdendir. Biz, ben dili kullanılmasını önemseriz ve terapist olarak Mehmet'in aşağıda verilen sen dili ve ben dili ifadelerinden hangilerini daha sık kullandığını Mehmet'le birlikte saptamamız gerekir. Saptadıktan sonra da Mehmet ile ben dili ifadelerini nasıl geliştirebileceğine ve daha çok kullanabileceğine ilişkin hem seansta çalışmak hem de Mehmet'in kullanacağı ben dili ifadelerinin ev ödevleri ile pekiştirmesini sağlamak gereklidir. Ayrıca terapist, Mehmet'e karşımızdaki kişiyi dinlerken etkin dinlemeyip, yapılabilecek hataları anlatarak (karşısındakinin sözünü kesmek, karşısındakinin sözünü tamamlamak, sürekli gülerek dinlemek, kızgın bakmak, donuk-donuk bakmak, karşısındaki ile alay etmek, o bir şey anlatırken başkası ile konuşmak, başka bir şeyle ilgilenmek vb.) onunla seansta rol play çalışmaları yapabilir.

Sen dili ifadeleri: Sen dili ifadeleri kırıcı incitici, iletişimi kesici ifadelerdir. Bu tür ifadeler iletişimimizi engeller ya da sürdürmemizi zorlaştırır. Karşımızdaki insanlarla genelde bu ifadelerle iletişim kuruyorsak muhtemelen kendilerini kötü hisseder ya da incinirler.

-Senin yüzünden oldu.
-Sen olmasaydın bunlar başıma gelmezdi.
-Aptalsın.
-İşe yaramazsın.
-Sen olmasan bunları yaşamamıştım.
-Her şeyin sorumlusu sensin.
-Beni üzdün.
-Beni kırdın.
-Beni mutsuzluğa sürükledin.
-Bunların hepsine sen sebep oldun.
-Hayatımı mahvettin.
-Nasıl bir insansın.

Ben dili ifadeleri: Eğer sağlıklı iletişim sürdürmek istiyorsak ben dili ifadelerini kullanmamız gerekir. Ben dili iletişimi devam ettirir ve sağlıklı olarak sürmesini sağlar. Bazen sorunları ben dili ifadeleri ile kolaylıkla çözdüğümüzü bile fark ederiz. Ben dili ifadelerine verilebilecek bir takım örnekler aşağıda sıralanmıştır:

-Üzüldüm, üzgünüm.
-Kırıldım, kırgınım.
-Bu durumdan dolayı gerginim.
-Mutsuzum.
-Bu olaydan dolayı çaresiz hissediyorum.
-Kendimi çaresiz hissediyorum.
-Bu konu ile ilgili yapabileceğim şeyler olduğunu görüyorum.
-Kızgınım.
-Bu olaydan dolayı kızgınım.
-Şu anda sana konsantre olamıyorum, daha sonra konuşabilir miyiz?
-Bu davranışlarından rahatsız oluyorum. Dikkat edersen mutlu olurum.

Meditasyon (Golden, 2003)**:** Çocuklara ve ergenlere, kendilerini sakinleştirmelerine yardımcı olacak meditasyon teknikleri öğretilebilir. Bu şekilde kullanıldığında meditasyon, çocuğun durumun gerçekliğini geri çekmesi veya inkâr etmesi için bir yol değil, öfkeyi yönetmek için bir stratejidir. Terapist seansta Mehmet'e öfkesini yönetebilmesi için bir strateji olarak meditasyon için aşağıdaki yönergeleri uygulayabilir.

1. Çocuğun dikkatinin en az düzeyde dağılacağı sessiz bir yer bulmasını sağlayın.
2. Onu rahat bir sandalyeye oturtun.
3. Gözlerini kapatmasını, konsantre olmasını ve bir kelimeyi veya kısa bir cümleyi tekrar etmesini sağlayın. Bu arada doğru ve düzenli nefes almasına özen gösterin.
4. Sözcüğü veya cümleyi nefesiyle senkronize bir şekilde söylemesi için onu yönlendirin.
5. Bunu on ila on beş dakika boyunca uygulamasını sağlayın ve meditasyonun sonunda fiziksel olarak ne kadar rahat hissettiğine dikkat edin.

Daha küçük bir çocuğa meditasyon öğretirken, onun için özel anlamı olan, sakinleştirici bir çağrışım olan bir kelime seçmesine yardımcı olabilirsiniz. Örneğin, özel battaniyesini veya oyuncak ayısını tutmanın onu rahatlattığını fark ederseniz, ona sadece battaniye veya oyuncak kelimesini tekrar etmesini önerebilirsiniz. Bu tür nesneler, güvenlik ve rahatlık sağladıkları ve kendi kendini yatıştırmayı kolaylaştırdıklarından dolayı onun için özel bir anlamı olabilir. Geçiş nesneleri olarak hareket ederler yani onları ebeveynleri veya koruma, güvence ve güvenlik sağlayan ortamlarla ilişkilendirdiği için bağlandığı nesnelerdir. Başka bir olasılık, aşina olduğu bir dua, şarkı veya hikâyeden bir kelimeye karar vermektir. Amaç, dikkatini meditasyonun kendi kendini yatıştırıcı yönüne odaklamaktır. Bu strateji öfke kontrolüne yardımcı olmak için kullanıldığında, öfkelendiğinde yaptığı şeyi aniden durdurmasını ve meditasyona başlamasını beklememesi gerektiğini vurgulayın. Bunun yerine, kullandığı kelimeyi düşünmek, meditasyon sırasında fiziksel olarak sakin olduğunu hatırlamasına yardımcı olacak ve bu, sinirlendiğinde sakinleşmesine yardımcı olacaktır.

ÖFKE VE SALDIRGANLIKTA KULLANILAN DİĞER UYGULAMALAR VE YÖNTEMLER

Çocuk ve ergenlerde öfke ve saldırganlık üzerine yapılmış birçok kanıt temelli müdahale yöntemleri bulunmaktadır (ör.; Akdeniz, 2007; Aytek, 1999; Bundy, 2001; Cenkseven, 2003; Chin ve Ahmad, 2017; Collins-Donnelly, 2014; Duran ve Eldeleklioğlu, 2005; Hermann ve McWhirter, 2003; Jacobelli and Watson, 2009; Karataş, 2008; Karataş, 2015; Karataş, 2009; Karataş ve Gökçakan, 2009a; Karataş ve Gökçakan, 2009b; Lohmann, 2018; Mundy, 1997; Pashupati ve Dev, 2011; Plummer, 2008; Rollin, Ulrey-Kaiser, Potts ve Creason, 2003; Şahin, 2004; Tarazon, 2003; Tekinsav-Sütçü, 2006; Yılmaz, 2004). Görüldüğü gibi bu çalışmalar sadece örnek niteliğindedir. Çünkü çocuk ve ergenler arasında öfke ve saldırganlığın yaygın olması öfke yönetimi ya da denetimi çalışmalarına ilgiyi de artırmaktadır. Örnek niteliğinde atıfları verilmiş olan bu çalışmaların bir kısmı, program ya da psikoeğitim çalışmaları bir kısmı ise grup terapileri ya da çalışmalarıdır. Bazı çalışmalar ise davranışçı, duygusal ya da bilişsel tekniklerin ele alındığı çalışmalardır. Bu çalışmalardan birisini yapan Lohmann (2018), gençler için öfke denetimi çalışma kitabı hazırlamış, bu kitapta öfke ve engellenmişlik duyguları ile başa çıkmalarına yardımcı olacak etkinlikler hazırlanmıştır. Kitabın çarpıcı etkinlikleri; öfke görünümü, değişim planı yapmak, hedefler belirlemek ve eylem planı oluşturmak, kendini ödüllendirmek, öfkelendiğin alanları tanımak, aile örüntülerini anlamak, bedeninin öfkeye gösterdiği tepkiler, savaşmak veya kaçmak, duygularını gizlemek, medya ve öfke, öfkeyi olumlu sonuçlar için kullanmak, soğukkanlı kalmak, yazmak, öfkelenmek yerine gülmek, zihinsel yolculuk yapmak, öfkeden simgesel biçimde arınmak, gevşeme yöntemleri, öfkeyi yapıcı olarak ele almak, öfke sözleşmesi, kendi davranışlarının sorumluluğunu almak, bakış açısını korumak, gerçekleri anlamak, öfkenin aşamaları, algı, seçenekleri değerlendirmek, öfkenin BİY modeli, çatışma ile başetmek, ben dili kullanmak, iyi bir dinleyici olmak, başkalarına iltifat etmek, beden dili, açık iletişim kurmak, girişken olmak, değişime yönelik basamaklar, ne kadar yol aldığını görmek ve öfke belgesi şeklindedir.

Bu etkinliklerden öfkenin BİY modelini ve gerçekleri anlamak etkinliklerini kısaca açıklayacak olursam:

Öfkenin BİY Modeli Etkinliği

B=Başlatan olay (Seni öfkelendiren durum): Eski diz üstü bir bilgisayarın var ve bilgisayarın bataryasında sorun var, kısa sürede bitiyor. Fişini prize takmadan uzun süre çalışamıyorsun. Dönem ödevinle ilgili çalışıyorsun ve küçük bir ara verdin. Bilgisayarından uzaklaştığın bir anda kardeşin sosyal medyasına bakmak için geldi. Birden ışıklar gider gibi oldu ve çalışmanın başına geçtiğinde çalıştığın son bir saatlik bölümün olmadığını gördün.

İ = Olaya ilişkin inançların: İnançlar mantıklı veya mantıksız olabilir. Mantıklı inançlar olaya ilişkin uygun yorumlardır. Örneğin: "Çalışmamı elektrik kesintisi yüzünden kaybettim. Bundan sonra daha dikkatli olmalıyım". Mantıksız inançlar çarpıtılmış düşünceleri içerir. Örneğin: "Bu tamamen onun hatası" (sorumluluk almak yerine başkasını suçlamak). "Sanırım başarısız olacağım tamamlasam bile" (bakış açısını korumak yerine aşırı tepki verme). "Her zaman eşyalarımı karıştırır" (gerçekleri anlamak yerine varsayımlar geliştirmek).

Y = Yaptıkların: Kardeşine bir bakış attın. Ona bağırdın, ondan nefret ettiğini söyledin ve hiç doğmamış olmasını diledin.

Sonraki aşamada da inançlarına göz at ve mantıklı olup olmadıklarına karar ver.

Eğer inançların mantıklı değillerse şu üç basamağı izle:

(1) *İnançlarına karşı gel:* Düşünce: "Bu bir kaza olabilir. Elektrikle ilgili onun yapabileceği bir şey yok. Çalışmamı kaydetmeliydim. Belki de bilgisayarı kullandığımı bilmiyordu".

(2) *İleride böyle durumlar yaşamamak için kendine hedefler koy:* Karar: "Çalışmamı yapabileceğim en iyi şekilde korumak isterim. Kardeşimle iyi geçinmek isterim".

(3) *Hedeflerine ulaşmak için plan yap:* "Bilgisayarın otomatik kayıt özelliğini açacağım. Sık sık kaydedeceğim. Önemli bir şey çalışırken diğerlerine haber vereceğim. Verdiğim tepkilerle ilgili özür dileyeceğim ve kardeşimi hemen suçlamamayı deneyeceğim".

Yapabileceğin Şeyler

BİY modelini uygulama sırası sende. Son zamanlarda seni öfkelendiren bir durumu düşün. Modeli kullanarak düşüncelerini ve davranışlarını değerlendir.
Başlatan olay neydi? (Seni öfkelendiren durum) ....
Öfke durumunun sonuçları nelerdi? ....
Olayla ilgili mantıksız inançların nelerdi? ....
Bu inançlarına nasıl karşı geldin? ....
İleride aynı durumdan kaçınmak için kendine hangi hedefleri koyabilirsin? ....
Hedeflerine ulaşmak için bir plan tasarla. ....
Not: Bir şeye öfkelendiğini yakaladığın bir durumda BİY modelini kullanarak durumu ele al. Bu model durumlara farklı bakış açısından bakmana ve mantıksız inançlarını değiştirmene yardım edecek. Modeldeki basamakları hazırlayacak bir kart hazırlayarak görsel bir hatırlatıcı oluşturabilirsin. Bu kartı hızlı ve kolay erişebileceğin bir yerde tut. Zamanla bu kart olmadan da basamakları hatırlayabileceksin.

Gerçekleri Anlamak Etkinliği

Gül, okula yeni gelen Özgür'den gerçekten çok etkilenmişti. Arkadaşı Ece'ye Özgür'den ne kadar hoşlandığını söyleyince Ece, "Senin için çöpçatanlık yapmamı ister misin?" diye sordu. "Hayır, tek bir söz bile söyleme." dedi Gül. Ece yapmayacağına söz verdi. Öğle yemeği saati geldi. Gül, Özgür'ü görmek için etrafına bakınıyordu. Yemekhaneye geldiğinde Ece ile Özgür'ü konuşurlarken gördü. Onlar da Gül'ü gördüler ve el salladılar. Gül Ece'ye sert bir bakış attı. Ece "Ne?" diye bağırdı. Gül de "Ne olduğunu biliyorsun!" diye bağırarak herkesin önünde Ece'ye haddini bildirdi.

Bu örnekte Gül, Özgür ile ilgili duygularını Ece'nin ona anlattığına ilişkin inancı üzerinden hareket etti. Aslında neler olup bittiğini bilmiyordu. Her hangi bir ipucu olmadığı hâlde bir duruma ilişkin neler olup bittiğini bildiğini varsaydığın oldu mu?

Kendini varsayımlar kurarken yakalarsan aşağıdakileri yap:

* "DUR" de.

Kendini birilerinin ne düşündüğünü bildiğini düşünürken yakalarsan kendine dur de.

* Olumlu düşün.

Durumu nasıl yanlış yorumluyor olabileceğini düşün. Kendinin ne bildiğini düşünmek yerine olayın diğer yanlarını görmeye çalış.

* Başkalarının senin gibi düşünmediğini fark et.

Senin düşündüğün şey gerçekten biraz farklı olabilir. Tepki vermeden önce gerçekleri izle.

* Kendine "Doğrudan kendime göre mi çıkarımda bulunuyorum?" diye sor. Bir karar vermek için gereken tüm bilgiye sahip olmayabilirsin. Çatışma yaşadığın kişi yerine başkalarından edindiğin bilgiye göre mi tepki verirsin?
* Gerçeği araştır.

Doğrudan ilgili kişiye git, neler olduğunu sor. Olabilecek en kötü şey nedir?

Daha sonra terapist danışandan verilen örnekleri kullanarak Gül'ün öyküsünü yeniden yazmasını ister?

Daha sonra kendi yaşamı ile karşılaştıracak sorularla çalışmalar yaptırır.

1. Daha önce bir durumla ilgili yanlış varsayımda bulunduğun oldu mu? Olayı anlat.
2. Yanlış yaptığını fark edince ne oldu?
3. Eğer tüm doğruları öğrenseydin ne olabilirdi?

Yukarıdaki çalışmalar arasında bulunan Plummer (2008) ise çocuklarda öfke yönetimi için bir terapist eşliğinde grupta oynanabilecek birtakım oyunlar önermiştir. Bu oyunlardan bazıları aşağıda verilmiştir.

Duygu Maskeleri: Oyuncular bir daire içinde otururlar. İlk oyuncu, güçlü bir duygu göstermek için "bir yüz ifadesi gösterir", ardından yüzünü bir maskeymiş gibi elleriyle "çıkarır" ve solundaki oyuncuya verir. Bu oyuncu, ifadeyi olabildiğince doğru bir şekilde kopyalayarak maskeyi yüzüne takar gibi yapar. İkinci oyuncu daha sonra ifadeyi değiştirir ve bir sonraki kişiye iletir ve daire boyunca böyle devam eder. Oyun esnasında önce sınırlı sayıda seçenek sunun, örneğin; mutlu, üzgün ve kızgın. Tüm çocuklar önce bunları uygulamaya çalışsın. Daha sonra seçenekleri artırabilirsiniz. Bunun yanı sıra maskenin değiştirilebilecek kısmını sınırlayabilirsiniz; örneğin, "Sadece gözler ve kaşlar veya sadece ağız değişecek." diyebilirsiniz.

"Oyun bitince oyuncular hangi maskeleri taktıklarını düşündüler? Oyuncular başkalarına hangi duyguları aktardı? Bunlar aktarılabildi mi? Yüzün sadece bir kısmı ile bir duyguyu göstermek mümkün müdür? Etrafta dolaşan benzer duyguların farklı dereceleri var mıydı? Farklı duygu derecelerini nasıl gösteririz (ör., yüz ifadesi, duruş, hareketler ile)?" soruları ile geri bildirim alın.

Daha sonra grup üyeleri ile ses kontrolü veya yoğunluk kontrolü gibi farklı durumlarda aynı duygunun farklı seviyelerine nasıl sahip olabileceğimiz hakkında konuşun; örneğin, bir hata yaptığımızda biraz hüsrana uğrayabilir ve biri bizi yapmadığımız bir şeyle suçladığında öfkelenebiliriz. Öfke, birçok normal duygudan sadece biridir. Öfke farklı seviyelerde hissedilebilir. Farklı öfke seviyelerini tanımlamak için mümkün olduğunca çok kelime düşünün ve bunları üyelere aktarın.

Denizde Dalgalar Paraşüt Oyunu: Çocuklar bir daire içinde dururlar ve paraşütü ya da paraşüt gibi kullanılabilecek büyükçe bir muşambayı iki eliyle bel hizasında tutarlar. Paraşütün ortasına büyük bir yumuşak top yerleştirilir. Lider, denizdeki dalgaların ne kadar sakin veya fırtınalı olması gerektiğine dair talimatlar verir ve çocuklar yumuşak topun düşmesini engellemeye çalışırken paraşütü buna göre hareket ettirir. Paraşüt sakin bir şekilde dalgalandırarak bitirilir ve yavaşça yere bırakılır. Daha sonra bütün çocuklar deniz kenarında sessizce oturduklarını hayal ederler. Küçük çocuklar için deniz temalı bir hikâye anlattırabilirsiniz. Daha büyük çocuklar ise her biri sırayla bir cümle ekleyerek bir deniz hikâyesi oluşturabilir. Grubunuzun yaşına göre bu uygulamalar değişebilir. Daha sonra hafif yağmurdan kasırgaya dönüşen ve sonra tekrar dinen bir kara fırtınasının hikâyesini anlatın. Siz anlatırken çocuklar paraşütü fırtınanın farklı aşamalarına göre hareket ettirirler. Bu esnada paraşütte aynı anda birkaç yumuşak top bulundurun. Oyuncular sırayla paraşütü zemin seviyesinde farklı şekillerde hareket ettirmek için yönergeler verirler (ör., bir gölet üzerindeki dalgalanmalar gibi, büyük dalgalar gibi, bir buz tabakası gibi), iki veya daha fazla oyuncu yüzeyde uygun bir şekilde yürürler. Bu esnada lider üyeleri takip etmelidir. Üyelerde zor duygular gelişebilir ve yatışabilir veya çok aniden ve belki de beklenmedik bir şekilde ortaya çıkabilir. Hoş duygular da gelir ve gider. Bu normaldir. "Deniz azgınken veya kasırga güçlüyken yumuşak toplara ne oldu? Grup üyeleri, fırtınanın farklı aşamalarında yumuşak topları paraşütün üzerinde tutmaya çalışırken nasıl hissettiler? Öfkeli duygularımız kontrolden çıkarsa ne olur? Bu bizi nasıl etkileyebilir? Çevremizdeki diğer insanları nasıl etkileyebilir?" şeklindeki sorularla lider süreci devam ettirir ve uygun ifadelerle bitirir.

Tahmin Et Nasıl: İki oyuncu odadan çıkarken diğer herkes dönüşlerinde hangi "kızgın pozisyon" veya "sakin pozisyon" almaları gerektiğine karar verir. Öfke için bu, "yerde oturmak, kollar ve bacaklar katlanmış olarak birbirinden uzağa bakmak" gibi bir şey olabilir. İki oyuncu geri döner ve diğer çocukların ne kadar yüksek sesle veya sessizce alkışladıklarına göre nasıl oturmaları veya ayakta durmaları gerektiğini bulmaya çalışır. Hedef pozisyona ne kadar yaklaşırlarsa diğer çocuklar o kadar yüksek sesle alkışlar. Terapist oyunu değiştirerek farklı bir şekilde de oynatabilir. Odadan ayrılan iki çocuk geri döner ve grubun belirlediği diğer iki çocuğu önceden seçilmiş pozisyonlara yerleştirmeye uğraşır. Daha sonra terapist, "Bazen bir görevde başarılı olup olmadığımız veya 'doğru yolda' olup olmadığımız hakkında başkalarından geri bildirim alırız ancak bazen kendi farkındalığımıza güvenmek zorunda kalırız." şeklinde açıklama yapar. Öz farkındalık konusunda gerçekçi olmaktan bahseder. Daha sonra, "Bir şeyi iyi yaptığınızı nasıl anlarsınız? Gergin olduğunuzu veya rahatladığınızı nasıl anlarsınız? Bir şeyi farklı bir şekilde yapmanız gerektiğinde nasıl anlarsınız?" şeklinde sorularla etkinliği sürdürür ve uygun ifadelerle sonlandırır.

Sonuçlar: Her oyuncu üzerine yazmak için boş bir kâğıt şeridi ile başlar. İlk oyuncu ünlü birinin (erkek) adını kâğıdın üst kısmına (kurgusal veya gerçek) yazar, ardından adı gizlemek için aşağı katlar. Bu oyuncu kâğıdı soluna geçirir. İkinci oyuncu "tanışmak" kelimesini yazar ve başka bir ünlü isim (kadın) ekler, kâğıdı katlar ve yanındakine iletir. Sıradaki oyuncu "içinde" veya "de" yazar ve bir yer ekler. Sıradaki oyuncu "Dedi (erkek)" yazar ve uygun bir kızgınlık cümlesi kurar. Sıradaki oyuncu "Dedi (kadın)" yazar ve kızgın bir yanıt oluşturur. Sıradaki oyuncu "ve sonuç şuydu" yazar ve başına gelenleri yazar. Son oyuncu "Dünya dedi" yazar ve durum hakkında görüş bildirir. Kâğıt daha sonra gruba okunmak üzere bir kez daha sola iletilir.

Terapist daha sonra bunun, her oyuncunun "kızgın bir insan" çizmek amacıyla vücudun farklı bir bölümünü eklediği çizim versiyonunu oynatabilir. Birinci kişi başı ve boynu çizer ve bir sonraki kişinin dirseklerde ve belde biten vb. vücudun üst kısmını eklemesini isteyebilirsiniz.

Daha sonra terapist biraz mizahı anlatır ve "Bazen öfke mizahla giderilebilir." açıklamasını yapar. "Bu ne zaman uygun olabilir? Ne zaman uygun olmaz? Daha sonra gülebileceğin bir şeye hiç kızdığın oldu mu? Birisi kızdığı için beklenmedik veya komik bir şeyin olduğu bir zaman düşünebiliyor musunuz?" soruları ile etkinliği sürdürür ve uygun ifadelerle sonlandırır.

SONUÇ VE ÖNERİLER

Öfke son derece insani ve normal duygulardan birisidir. Sağlıklı yaşandığında insanı işlevsel hâle götürürken sağlıksız yaşandığında işlevsizleştirir. Çocuk ve ergenlerin gerek okulda gerek sokakta gerekse de evde sağlıksız öfke tepkileri gösterdikleri bilinmektedir. Eğer durum çocuğun ve gencin yaşamını sıkıntıya sokuyor ve ilişkilerinde bozulmalar yaşamasını sağlıyorsa mutlaka bir uzmana gidip psikolojik yardım alınmalıdır. Bu yardım için de en iyi yol kanıta dayalı uygulamalarının da çoğunlukta olduğu Bilişsel Davranışçı Terapidir. Bu bölümde ayrıntılı olarak açıklanan Bilişsel Davranışçı Terapi, uzman ellerde çocuk ve gençlerin öfke ve saldırganlıklarında oldukça işlevsel bir terapi yöntemidir. Yoğun öfke ve saldırganlık durumlarında öncelikle bir psikiyatriste gidilmeli ve ilaç önerisi var ise dikkate alınmalıdır. Çok ileri düzeyde ilaç kullanmak gerekli olsa da çoğu zaman ilaç tedavisine gerek yoktur. Ailelerin çocuklarına rol model olmaları, aynı zamanda öğretmenlerin, arkadaşların ve akrabaların da rol model davranışlar göstermeleri önemlidir. Çünkü bilinmektedir ki sosyal modeller bir davranışın oluşmasında ayrıca öfke ve saldırganlığın gelişmesinde oldukça önemlidir. Bu doğrultuda çocukların öfke ve saldırganlıkları konusunda ebeveyn eğitimleri, öğretmen eğitimleri ve akran eğitimleri de önemli görünmektedir. Ebeveynlere çocukları ile iletişim kurarken verilebilecek birtakım öneriler de şunları içerebilir (Golden, 2003): Duygularınızın farkına varın ve onları kabul edin. Kendini düşünmenin sağlıklı duygusal gelişim için yapıcı olduğunu vurgulayın. Çocuğunuzla anlaşmazlık yaşayabileceğinizi kabul edin. Empatik olmaya çalışın, çocuğunuzla net ifadelerle iletişim kurun. Tutarlı olmaya çalışın. Kendiniz hakkında öğrenmeye açık olun. Öfkeyi anlamak ve yönetmek bağlılık, sabır ve uygulama gerektirir sakın unutmayın.

OKUMA ÖNERİLERİ

Creed, T. A., Reisweber, J., & Beck, A. T. (2014). Okul ortamlarındaki ergenler için bilişsel terapi. (Çev. Sevgi Özgüngür). Ankara: Nobel Yayıncılık.

DiGiuseppe, R. & Tafrate, R. C. (2007). Understanding anger disorders. New York: Oxford University Press.

Karataş, Z. (2020). Öfkenin tutsağı olma. Ankara: Pegem Akademi.

Kendall, P. C. (2012). Child and adolescent therapy cognitive-behavioral procedures (Fourth edition). New York: The Guilford Press.

Kennedy, H. G. (1992). Anger and irritability. The British Journal of Psychiatry, 161(2), 145-153.

Lohmann, R. C. (2018). Gençler için öfke denetimi çalışma kitabı. (Çeviri Editörü Ferhunde Öktem). İstanbul: Nobel Yaşam.

KAYNAKLAR

Akdeniz, M. (2007). Öfke kontrolü eğitiminin lise öğrencilerinin öfke kontrolü becerilerine etkisi. Çukurova Üniversitesi Sosyal Bilimler Enstitüsü Eğitim Bilimleri Ana Bilim Dalı. Yayınlanmamış Yüksek Lisans Tezi. Adana.

Averill, J. R. (1983). Studies on anger and aggression: Implications for theories of emotion. *American Psychologist, 38*, 1145-1160.

Aytek, H. (1999). Grup rehberliğinin ortaöğretim basamağındaki öğrencilerin öfke davranışlarının kontrolü üzerindeki etkisi. Çukurova Üniversitesi Sosyal Bilimler Enstitüsü. Yayımlanmamış Yüksek Lisans Tezi. Adana.

Barry, T. D., & Lochman, J. H. (2004). Aggression in adolescents: Strategies for parents and educators. NASP. Erişim adresi:http://mendocinousd.org/view/72.pdf

Berkowitz, L. (1990). On the formation and regulation of anger and aggression: A cognitive-neoassociationistic analysis. *American Psychologist, 45*(4), 494.

Budak, S. (2000). *Psikoloji sözlüğü*. Ankara: Bilim ve Sanat Yayınları.

Bundy, A. (2001). Anger management program effect on adolescents' anger, aggression and persfective taking. Master Thesis: Arizona State University. Arizona.

Camadan, F. ve Yazıcı, H. (2017). Üniversite öğrencilerinde gözlenen saldırganlık eğilimlerinin çeşitli değişkenler açısından incelenmesi. *Yükseköğretim ve Bilim Dergisi*, 7(2), 225-234.

Cenkseven, F. (2003). Öfke yönetimi becerileri programının ergenlerin öfke ve saldırganlık düzeylerine etkisi. *Eğitim Bilimleri ve Uygulama*, 2(4), 153-167.

Chin, L. S., & Ahmad, N. S. B. (2017). Effect of cognitive behavioural therapy (CBT) anger management module for adolescents. *International Journal of Guidance and Counselling*, 3(2), 68-78.

Collins-Donnelly, K. (2014). *Starving the Anger Gremlin for children aged 5-9*. London: Jessica Kingsley Publishers.

Corey, M. S. (2007). *Psikolojik danışma, psikoterapi kuram ve uygulamalar* (1. Baskı). (T. Ergene, Çev. Ed.). Ankara: Mentis Yayıncılık.

Cornell, D. G., Peterson, C. S., & Richards, H. (1999). Anger as a predictor of aggression among incarcerated adolescents. *Journal of consulting and clinical psychology, 67*(1), 108.

Creed, T. A., Reisweber, J., & Beck, A. T. (2014). *Okul ortamlarındaki ergenler için bilişsel terapi*. (Çev. Sevgi Özgüngür). Ankara: Nobel Yayıncılık.

Cüceloğlu, D. (1991). *İnsan ve davranışı* (2.Baskı). İstanbul: Remzi Kitabevi.

Dahlen, E. R., (2007). Cognitive therapy for clinically dysfunctional anger: A case study. *Clinical Case Studies, 6*(6), 493-507.

DiGiuseppe, R., & Tafrate, R. C. (2007). Understanding anger disorders. New York: Oxford University Press.

Duran, Ö. ve Eldeleklioğlu, J. (2005). Öfke kontrol programının 15-18 yaş arası ergenler üzerindeki etkililiğinin araştırılması. *Gazi Üniversitesi Eğitim Fakültesi Dergisi, 25*(3), 267-280.

Ellis, A. (1977). *How to live with and without anger?* New York: Readers Digest Press.

Erden, N. K. (2007). Abant İzzet Baysal Üniversitesi öğretmenlik bölümleri birinci öğretim son sınıf öğrencilerinin saldırganlık türleri. Yayınlanmamış Yüksek Lisans Tezi. Abant İzzet Baysal Üniversitesi, Bolu.

Fromm, E. (1995). *İnsandaki yıkıcılığın kökenleri-I*. (Ş. Alpagut, Çev.). İstanbul: Payel Yayınevi.

Golden, B. (2003). *Healthy anger: How to help children and teens manage their anger.* Oxford: Oxford University Press, Inc.

Gözün Kahraman, Ö. ve Kurt, G. (2013). Öğretmen adaylarının olumlu sosyal ve saldırgan davranış eğilimlerinin incelenmesi. *Yükseköğretim ve Bilim Dergisi*, 3(3), 236-243.

Gündoğdu, R., Yavuzer, Y., & Karataş, Z. (2018). Irrational beliefs in romantic relationships as the predictor of aggression in emerging adulthood. *Journal of Education and Training Studies, 6*(3), 108-115.

Hasta, D. ve Güler, M. E. (2013). Saldırganlık: Kişilerarası ilişki tarzları ve empati açısından bir inceleme. *Ankara Üniversitesi Sosyal Bilimler Enstitüsü Dergisi, 4*(1), 64-104.

Herrmann, D. S., & McWhirter, J. J. (2003). Anger and aggression management in young adolescents; an experimental validation of the SCARE program. Education And Treatment of Children, 26 (3), 273-302.

İnanç, B. Y., Bilgin, M. ve Atıcı, M. K. (2004). *Gelişim psikolojisi: Çocuk ve ergen gelişimi* (1. Baskı). Adana: Nobel Yayıncılık.

Jacobelli, F. &Watson, L. A. (2009). *Smart help for good 'n' angry kids teaching children to manage anger.* Chichester, West Sussex: John Wiley & Sons Ltd.

Karataş, Z. (2020). *Öfkenin tutsağı olma.* Ankara: Pegem Akademi.

Karataş, Z. (2009). Bilişsel davranışçı teknikler kullanılarak yapılan öfke yönetimi programının ergenlerin saldırganlığını azaltmadaki etkisi. *Pamukkale Üniversitesi Eğitim Fakültesi Dergisi, 26,* 12-24.

Karataş, Z. (2008). Bilişsel davranışsal teknikler ile psikodrama teknikleri kullanılarak yapılan grupla psikolojik danışma uygulamalarının ergenlerde saldırganlığı azaltmadaki etkilerinin karşılaştırmalı olarak incelenmesi. Yayımlanmamış Doktora Tezi. Mersin Üniversitesi Sosyal Bilimler Enstitüsü, Mersin.

Karataş, Z. (2015). *Bilişsel davranışçı teknikler ile yapılan grupla psikolojik danışma uygulamalarının ergenlerde saldırganlığı azaltmadaki etkisinin incelenmesi.* Deneysel olarak sınanmış grupla psikolojik danışma ve rehberlik programları-IV içinde (Ed. A. Kaya ve S. Erkan). Ankara: Pegem Akademi.

Karataş, Z. ve Gökçakan, Z. (2009). Psikodrama teknikleri kullanılarak yapılan grup uygulamalarının ergenlerde saldırganlığı azaltmadaki etkisinin incelenmesi. *Türk Psikiyatri Dergisi, 20*(4), 357-366.

Karataş, Z. ve Gökçakan, Z. (2009). Bilişsel davranışsal teknikler ile psikodrama teknikleri kullanılarak yapılan grupla psikolojik danışma uygulamalarının ergenlerde saldırganlığı azaltmadaki etkilerinin karşılaştırmalı olarak incelenmesi. *Kuram ve Uygulamada Eğitim Bilimleri Dergisi, 9*(3), 1407-1452.

Karataş, Z., Yavuzer, Y. ve Gündoğdu, R. (2019). Beliren yetişkinlikte saldırganlık: kişisel ve ailesel risk faktörleri. *mersin üniversitesi eğitim fakültesi dergisi, 15*(1), 61-85.

Kempes, M., Matthys, W., de Vries, H., & van Engeland, H. (2005). Reactive and proactive aggression in children a review of theory, findings and the relevance for child and adolescent psychiatry. *European Child & Adolescent Psychiatry, 14*(1), 11-19.

Kendall, P. C. (2012). *Child and adolescent therapy cognitive-behavioral procedures* (Fourth edition). New York: The Guilford Press.

Kennedy, H. G. (1992). Anger and irritability. *The British Journal of Psychiatry, 161*(2), 145-153.

Kısaç, İ. (1997). Gazi üniversitesi öğrencilerinin sürekli öfke ve öfke ifade tarzları düzeylerinin bazı değişkenler açısından incelenmesi. Yayınlanmamış Doktora Tezi. Hacettepe Üniversitesi Sosyal Bilimler Enstitüsü, Ankara.

Köknel, Ö. (1999). *Kaygıdan mutluluğa: Kişilik* (15. Baskı). İstanbul: Altın Kitaplar Yayınevi.

Köroğlu, E. (2011). *Bilişsel davranışçı psikoterapiler, temel kavramlar, temel yaklaşımlar.* Ankara: HYB Yayıncılık.

Kul Uçtu, A. ve Karahan, N. (2016). Sağlık yüksekokulu öğrencilerinin cinsiyet rolleri, toplumsal cinsiyet algısı ve şiddet eğilimleri arasındaki ilişkinin incelenmesi. *İnsan ve Toplum Bilimleri Araştırmaları Dergisi, 5*(8), 2882-2905.

Lipsitt, L. P. (1995). The complex origins of violence. *Brown University Child and Adolescent Behavior Letter, 11*(8), 8-10.

Lohmann, R. C. (2018). *Gençler için öfke denetimi çalışma kitabı.* (Çeviri Editörü Ferhunde Öktem). İstanbul: Nobel Yaşam.

Marcus, R. F. (2007). *Aggression and violence in adolescence.* Cambridge UK: Cambridge University Press.

Moroschan, G., Hurd, P. L., & Nicoladis, E. (2009). Sex differences in the use of indirect aggression in adult Canadians. *Evolutionary Psychology, 7*(2), 146-159.

Mundy, J. (1997). Developing anger and aggression control in youth in recreation and park systems. *Parks&Recreation, 32*(3), 62-69.

Nooripour, R., Afrooz, G. A., Rahmani, S., Hosseinian, S., Tavalaei, S. A., & Alikhan, M. (2016). Effectiveness of psychodrama on aggression of female addicts with bipolar personality. *Journal of Addiction Prevention, 4*(1).

Novaco, R. W. (1975). *Anger control.* Canada. D.C: Health and Company.
Orton, G. L. (1997). *Strategies for counseling with children and their parents.* Pacific Grove, CA: Brooks/Cole.
Ortony, A., Clore, G. L., & Collins, A. L.(1988). *The cognitive structure of emotions.* Cambridge Pres Universty Press.
Özer, A. K. (1994). Sürekli öfke (SL-ÖFKE) ve öfke ifade tarzı (ÖFKE-TARZ) ölçekleri ön çalışması. *Türk Psikoloji Dergisi, 9*(31), 26-35.
Pashupati, M., & Dev, S. V. (2011). Anger and it's management. *Journal of Nobel Medical College, 1*(1), 9-14.
Plummer, D. M. (2008). Anger management games for children. London: Jessica Kingsley Publishers.
Soykan, Ç. (2003). Öfke ve öfke yönetimi. *Kriz Dergisi, 11*(2), 19-27.
Smith, D. C., & Furlong, M. J. (1998). Introduction to the special issue: Addressing youth anger and aggression in school settings. *Psychol Sch, 35*(3), 201-203.
Stearns, F. R. (1972). *Anger: Psychology, physiology, pathology.* Charles Thomas Publ.
Sue, D., Sue, D. W., & Sue, S. (1981). *Understanding abnormal behavior.* Boston: Dallas, Houghton Miflin Company.
Sukhodolsky, D. G. (2008). Understanding Anger Disorders, R. DiGiuseppe, R. C. Tafrate. Oxford University Press, New York (2007) Book review. *Cognitive Behavioral practice, 15*(2), 224-226.
Şahin, H. (2004). Öfke denetimi eğitiminin çocuklarda gözlenen saldırgan davranışlar üzerindeki etkisi. Yayımlanmamış Doktora Tezi, Hacettepe Üniversitesi, Ankara.
Tambağ, H. (2004). Aileleri ile birlikte ve yetiştirme yurtlarında yaşayan adölasanların öfke ifade etme biçimleri. Yayınlanmamış Yüksek Lisans Tezi. Hacettepe Üniversitesi, Ankara.
Tarazon, A. (2003). The effects of the student created aggression replacement program on aggression and anger of fifth and sixth grade students. Doctoral Dissertation. Arizona State University. Arizona.
Tekinsav-Sütçü, G. S. (2006). Ergenlerde öfke ve saldırganlığı azaltmaya yönelik bilişsel davranışçı bir müdahale programının etkililiğinin değerlendirilmesi. Yayınlanmamış Doktora Tezi, Ege Üniversitesi Sosyal Bilimler Enstitüsü, İzmir.
The centre for cognitive behaviour therapy Cape Town South Africa. http://www.cognitive-behaviour-therapy.co.za/disorders_anger.htm. 15.06.2022 tarihinde indirildi.
Türk Dil Kurumu (2022). Öfke. Erişim adresi: https://sozluk.gov.tr/.24.06.2022 tarihinde indirilmiştir.
Türkçapar, M. H. (2018). *Bilişsel davranışçı terapi, temel ilkeler ve uygulama.* İstanbul: Epsilon Yayınevi.
Verona, E., Sadeh, N., Case, S. M., Reed, A., & Bhattacharjee, A. (2008). Self-reported use of different forms of aggression in late adolescence and emerging adulthood. *Assessment, 15*(4), 493-510.
Yılmaz, N. (2004). Öfke ile başa çıkma eğitiminin ve grupla psikolojik danışmanın ergenlerin öfke ile başa çıkabilmeleri üzerindeki etkisi. Yayınlanmamış Doktora Tezi. Hacettepe Üniversitesi Sosyal Bilimler Enstitüsü. Ankara.

Bölüm 8

ENDİŞENİN BİLİŞSEL DAVRANIŞÇI TERAPİSİ

Umut Aydoğdu

GİRİŞ

Günlük hayatta; zihnimizden birtakım düşünceler geçer, bazıları zihnimizi daha fazla meşgul eder, bazıları ise anlık olarak gelir ve gider. Yani bazı düşünceler zihnimizde konaklar hâle gelir, bazıları ise sadece misafir olarak bulunur. Bu durumun neden böyle olduğu, bazı düşüncelerin hangi özellikleri dolayısıyla bu farklılığa sebep olduğu, bu durumun beynimizin bir özelliği mi yoksa bizim çabamızla mı meydana geldiği ise merak konusudur.

Bu düşünce pratiklerinden olan endişede, günlük yaşamda tercih edilebilen bir düşünce stratejisi, bu stratejisinin sonucunda ortaya çıkabilen kaygı duygusu ise hayatımızın bir parçası olabilmektedir. Ancak çoğu zaman hayatımızın bir parçası ve doğal düşünce ve duygu süreci olarak görülebilen endişe ve kaygı duygusu, hayata uyumu engellediğinde, anlık zamandan uzaklaşıldığında, işlev kayıplarına sebep olduğunda bir sorun olarak nitelendirilebilir.

Bu bölümde de sorun olarak nitelendirildiği noktada, endişe ve kaygının teorik çerçevesi açıklamış, çocuk ve ergenlerde yaygınlığı belirtilmiş ve uygulayıcılara bilişsel davranışçı psikoterapiler bağlamında, rehber niteliğinde önerilerde bulunulmuştur.

Endişe ve Kaygının Kuramsal Çerçevesi

Endişenin Tanımı

Endişe, tarihsel açıdan farklı tanımlarla incelenmiş ve günümüze kadar sayısız farklılığa uğramıştır. İlk olarak endişe; Liebert vd. (1967) tarafından kişinin kendi performansı ile ilgili hissettiği "bilişsel kaygı" olarak tanımlanmış; sonraki yıllarda ise birden fazla sonuç doğurma olasılığı olan bir konu hakkında bilişsel problem çözme girişimi (Borkovec vd., 1983); sonucu hakkında net bilgi olmayan ancak olumsuz sonuçlanacağına inanılan gelecek hakkında bilişsel bir kavram (MacLeod vd., 1991); negatif tekrarlayıcı düşünceleri gelecekte karşılaşılabilecek durumlara hazırlık aracı olarak kullanma girişimi (Wells, 2009) ve gelecek hakkında senaryolar üretirken olumsuz durumlarla karşılaşıldığında detaylı başa çıkma stratejileri üretme süreci (Robichaud ve Dugas, 2015) olarak tanımlanmıştır. Çalışmalardan hareketle, endişe; belirsiz gelecek hakkında zihne gelen olumsuz düşünceyi tekrarlayıcı biçimde analiz etme ve baskılama sürecini barındıran bilişsel bir süreç olarak tanımlanabilir.

Kaygının Tanımı

Endişe ve kaygı kavramı, geleceğe dair ve rahatsızlık verici olması gibi benzer içeriği paylaşmalarından kaynaklı olsa gerek, günlük hayat pratiğinde birbirinin yerine kullanılabilmektedir. Bu durum sadece günlük hayat pratiğinde değil, tarihsel olarak araştırmalarda da kendini göstermiş, endişenin tanımlandığı ilk araştırmada (Liebert vd., 1967) endişe, "bilişsel kaygı" olarak açıklanmıştır. Sonraki bazı çalışmalarda da endişenin, sadece kaygının bilişsel bir bileşeni olduğu ileri sürülmüştür (Barcovec, 1985; Eysenck, 1992). Ancak endişe ve kaygı kavramının ayrı kavramlar olarak ele alınması gerektiği, farklı kuramsal çerçeveye sahip olduklarını gösteren araştırmalar yıllar içinde yayımlanmıştır (Davey vd., 1992; Davey, 1992; Davey ve Tallis, 1994; Meyer vb., 1990; Roemer ve Borkovec, 1993; Stöber, Joormann, 2001; Zebb ve Beck, 1998). Bu doğrultuda; kaygı, önceki araştırmalar ve güncel bazı çalışmalar (Blanchard vd., 2008; Özdel, 2021) ışığında "gelecekte oluşabilecek belirsiz bir olumsuzluğa karşı meydana gelen, korkuya göre daha az şiddetli, daha yaygın ve daha uzun süre hissedilen bir duygu" (Özdel, 2021) olarak tanımlanabilir. Yine bu çalışmalardan hareketle iki kavram arasındaki fark; endişenin problem çözme, analiz etme, düşünce baskılama gibi bilişsel süreçleri barındırmasına rağmen kaygı, bilişsel süreçler sonrasında ortaya çıkan bir duygu olarak görülmektedir (Barcovec, 1985; Gana vd., 2001).

Endişenin Nedenleri ve Sürdürücü Unsurları

İnsanların, neden endişelendiği veya neden kaygılandığı merak konusu olmuş ve çeşitli kuramcılar tarafından, bu durumun sebepleri ve sürdürücü unsurları araştırmalarda yer bulmuştur. Bilişsel bakış açısına göre endişelenmenin sebepleri ve sürdürücü unsurları temel anlamda iki başlıkta açıklanmaktadır. Bunlar; belirsiz gelecek ve endişe inançlarıdır (Davey vd., 1994; Tallis vd., 1994; Freeston vd., 1994; Robichaud vd., 2015).

Geleceğin henüz yaşanmaması, her türlü olasılığı içerisinde barındırması, bireylerin endişelenmesine sebep olabilir. Ancak her bireyin benzer geleceğe dair aynı oranda endişelenmemesi veya bazı bireylerin fazlasıyla endişelenmesine rağmen diğerlerinin endişelenmemesi düşünülen bir konu olmaktadır. Bu durumun neden böyle olduğunu açıklayan en önemli kavramlardan birisi ise belirsizliğe tahammülsüzlüktür. Belirsizliğe tahammülsüzlük; gerçekleşmesi rahatsızlık hissi uyandıracak bir olayın ortaya çıkma ihtimali ne kadar düşük olursa olsun, bu durumu kabul edilemez olarak algılama eğilimidir (Dugas vd., 2001) ve bu eğilimde belirleyici unsur baş etme gücüdür (Karaosmanoğulu, 2016).

Eğer birey, her türlü olasılıkla baş edebileceğine inanıyorsa belirsizliğe tahammülsüzlük yaşamazken baş edemeyeceğini düşünüyorsa belirsizliğe tahammülsüzlük yaşamaktadır. Bu kişilerin düşünce süreçlerini daha yakından tanımak gerekirse (Dugas vd., 1997; Dugas vd., 2007):

- Belirsizliğe karşı tahammülsüzlük yaşayan kişiler, toplumsal norma göre meydana gelme ihtimali düşük bir olayın yaşanma ihtimalini daha yüksek görürler. Örneğin; iş arkadaşlarım, işime son verileceğini düşünmese bile ben çok yüksek ihtimalle işten çıkarılacağımı düşünüyorum ve bu da beni endişelendiriyor.
- Bir olayın gerçekleşme ihtimali ne kadar düşük olursa olsun bunun bir olasılık olarak bile yer alması rahatsızlık vericidir. Örneğin, uçağın düşme ihtimalinin üç milyonda bir olduğunu biliyorum ancak yine de bu ihtimal endişelenmeme sebep oluyor.

Endişelenmenin neden ve sürdürücü unsurlarından olan ikinci kavram ise endişe inançlarıdır. Endişe inançları; genel olarak "olumlu" ve "olumsuz" olmak üzere ikiye ayrılır. Burada etkili olan inançlar ise "olumlu" inançlardır (Wells, 2009).

Şekil 1. Endişe ve Endişe İnançları Şeması

Endişelenmeye dair olumlu inançlar:

- Eğer öncesinde endişelenirsem olumsuz olayların üstesinden gelebilirim.
- Endişelenmek beni hazırlıklı kılar.
- Problemleri çözmem için endişelenmeliyim.
- Sınavda başarılı olmak için endişelenmem gerekiyor.
- Endişelenmezsem başarısız olurum.
- Çevremden kaygısız olarak adlandırılmaktansa endişelenmek daha iyidir.
- Öncesinde endişelenmediğim bir sorun ile karşılaşırsam onu çözemem.
- Endişelenmek önemli bir kişilik özelliğimdir.

Endişelenmeye dair olumsuz inançlar (kontrol edilemezlik):

- Endişelenmek, benden bağımsız olarak beynimin yaptığı bir eylemdir.
- Endişelenmemi durduramam.
- Endişelenmeyi durdurmak benim elimde değil.
- Endişelenmemi erteleyemem.

Endişelenmeye dair olumsuz inançlar (tehlikelilik veya zararlılık):

- Endişelenmek bedenime zarar veriyor.
- Endişelendiğim için delireceğim.
- Endişelenmek kişiliğime zarar verecek.
- Endişelendiğimde kalp krizi geçireceğimi düşünüyorum.
- Endişelendiğimde çıldıracağıma inanırım.
- Endişelenmek kontrolümü kaybetmeme sebep olabilir.
- Endişelenmeye devam edersem istemediğim bir insan hâline gelirim.

Endişelenmeye dair olumlu inançlar, görüldüğü üzere endişelenmenin faydaları hakkındadır. Birçok açıdan yararlı sonuçlar doğurmada etkili bir zihinsel süreç olarak değerlendirilmesi nedeniyle, endişelenmenin nedeni ve sürdürücü unsuru olabilmektedir. Endişelenmeye dair olumsuz inançlar ise endişenin; tehlikeli, zararlı ve kontrol edilemeyeceği ile ilgilidir. Üstbilişsel (metakognitif) modele göre endişelenme, olumlu inançlar dolayısıyla devam ederken özellikle yaygın anksiyete bozukluğunda (YAB) olumsuz inançlar görülmeye başlamaktadır (Wells, 2009).

Endişe Alanları ve Yaygınlığı

Ruh sağlığı uzmanlarının sıklıkla karşılaştığı davranış sorunlarından birisi endişedir. Çocuklar, gençler veya ebeveynler çeşitli alanlara ilişkin endişe problemleri ile uzmanlara başvurabilmektedirler. Başvurularda ise problem; "evham", "stres", "tasa", "kuşku", "düşünceli olmak", "muallak", "telaş", "huzursuzluk", "şüphe", "tereddüt", "belirsizlik", "dert", "kaygı", "utangaçlık" veya "rahatsızlık hissi" gibi kelimeler ile anlatılabilir. Psikolojik yardım sunulacak kişi ile görüşmeye başladıktan sonra ise bu problemler ile başvuran bireylerin endişeli kişiler olduğu görülebilir. Bu problemin çocuklar ve gençlerde ne sıklıkla görüldüğü ise bazı araştırmalarda incelenmiştir. 8-13 yaş aralığındaki bireylerin örneklem grubu olarak belirlendiği bir çalışmada, katılımcıların %70'i özellikle okul performansı, sağlık ve sosyal ilişkiler hakkında ara ara endişe duyduklarını bildirmişlerdir (Muris vd., 1998). 7-12 yaş aralığındaki bireyler üzerinde yapılan başka bir çalışmada da benzer endişe alanları tespit edilmiştir (Silverman vd., 1995). Endişenin, cinsiyete göre dağılımını inceleyen araştırmalarda da kadınların endişe oranının erkeklere kıyasla daha yüksek olduğu bildirilmiştir (Barahmand 2008; Caes vd., 2016).

Endişe ve Kaygı: Psikososyal Etkenler

Endişenin oluşumundaki etiyolojik etkenler, çocuklardaki gözlemlenen diğer anksiyete bozukluklarından farklı değildir. Gelişimsel psikopatoloji bağlamında bakıldığında, endişenin de kaygı gibi birçok farklı biyolojik ve çevresel faktörün etkileşimi sonucu ortaya çıktığı düşünülmektedir. Bu faktörleri en genel anlamda mizaç, genetik, nörofizyolojik faktörler, aile etkileri ve çevresel etkiler başlıkları altında toplamak mümkündür (Kendall vd., 1992).

Endişenin çocuklarda, yetişkinlere benzer biçimde olmaya başladığı yaş olarak 8 yaşı gösterilebilir, bu yaş ile birlikte çocukların bilişsel becerilerindeki artış; endişenin kapasitesi, karmaşıklığı ve detaylandırılmasını etkilemektedir. Bu etki, olabilecek olumsuz bir yaşantının daha fazla ayrıntı ile ele alınmasına sebep olmaktadır (Vasey, 1993). Diğer yandan Muris vd. (2002) tarafından yapılan bir çalışmada, endişenin ortaya çıkmasında Piaget'in Bilişsel Gelişim Kuramı'ndaki "korunum" kavramının önemli bir yere sahip olduğu bildirilmektedir. Bu kurama göre korunum, somut işlemler döneminde kazanılmaktadır ve nesnelerin görünüşü değişmesine rağmen nesnenin özelliklerinin değişmediğinin bilinmesi anlamında kullanılmaktadır (*ör., bir tepsi un ile bir tepsi un üzerine çizilmiş kalp resminin nihayetinde bir un olduğunun bilinmesi*) (Piaget vd., 1960). Korunumu kazanmış bireylerin, bir durumu daha fazla detay ile ele alabileceği, bunun da endişelenme zihinsel sürecini pekiştireceği düşünülebilir (Muris vd., 2002). Yine Piaget'in Bilişsel Gelişim Kuramı'na göre bir sonraki dönem olan soyut işlemler dönemimde, bireylerin zihinsel becerilerindeki artış ile birlikte bir olayın sonuç olasılığına dair senaryoları kişi artırabilir (Vasey vd., 1994). Bu artış da endişenin daha kapsamlı olmasına sebep olabilir.

Mizaç: Kaygı ve endişeye genel yatkınlık çocukların mizaçları ile ilişkili olabilir. Mizaç, biyolojik kökenli ve büyük oranda kalıtım yoluyla miras alınmış; duygulanım, dikkat, davranış tarzı gibi konularda bireysel farklılıklara işaret eden karakteristik özellikler bütünüdür (Bosquet ve Egeland, 2006). Çocuklar da yetişkinler gibi yeni veya beklenmedik olaylara verdikleri fiziksel ve psikolojik tepkilerde birbirlerinden farklılaşırlar ve bu farklılık genetik donanımları, cinsiyetleri, kültürel geçmişleri ve önceki deneyimlerinden veya bu faktörlerin birbirleriyle birleşimlerinden kaynaklanıyor olabilir.

Organizmanın aşinalık repertuvarında olmayan, daha önceki deneyimlerle açıklanamayan alışılmadık ya da belirsiz durumlara tepki vermeye hazır olmak, tüm memelilerin ayırt edici özelliklerinden biridir. Bu tür bir durumla karşılaşıldığında, bu durumun varlığına odaklanma, dikkat kesilme, uyanıklık, ihtiyatlı yaklaşma ve hazır olma hayatta kalmak için önemli mekanizmalardır. Evrimsel bir perspektiften bakıldığında, anormal korkular ve kaygılar, bebekler arasındaki yeniliğe karşı ilk davranışsal tepkilerindeki farklılıkları yansıtır (Kagan, 2013).

Kaygı ile ilişkili olabilecek bir diğer unsur ise yenilik eşiğidir. Yenilik eşiği yüksek olan çocukların, kaygı bozuklukları geliştirme riskinin düşük olduğu varsayılmaktadır. Yenilik eşiği düşük olarak dünyaya gelen çocukların ise bebekken aşırı heyecanlanma ve yeni uyaranlara tepki olarak geri çekilme davranışlarında bulunma ihtimalleri yüksektir. Buna ek olarak, bu çocukların, yürüme çağındayken yeni uyaranlara karşı korku ve endişe eğiliminde bulunma ve ilk çocukluklarında yeni veya alışılmadık durumlarda utangaç davranma veya geri çekilme eğilimi geliştirme olasılıklarının yüksek olduğu bildirilmiştir (Chronis-Tuscano vd., 2009; Kagan, 2013, Clauss ve Blackford, 2012).

Yeniliğe karşı düşük toleranslı bir mizaç önemli bir risk faktörü olarak kabul edilse de tek başına çocuklarda ve ergenlerde kaygı ve endişeye yol açacağını söylemek zordur. Bu mizaca sahip çocukların farklı çevresel faktörlere maruz kalması da gerekmektedir. Bu çevresel faktörler arasında erken anne stresine maruz kalma (Essex vd., 2010), engellenen çocukların bu eğilimi besleyen bir çevrede büyümesi (Degnan vd., 2010) sayılabilir. Ayrıca, hassas çocuklarını stresli olaylardan koruyan iyi niyetli ancak aşırı ilgili veya aşırı kontrolcü ebeveynlerin, çocuğun korkularla yüzleşmesini engelleyerek istemeden çekingenliğin sürmesine neden olması mümkündür. Bu nedenle, ketlenmiş çocuklar yalnızca doğuştan gelen mizaçları nedeniyle değil, aynı zamanda endişeli, aşırı ilgili veya aşırı kontrol edici bir ebeveyne maruz kalma riskinin artması nedeniyle de yüksek risk altında olabilirler (Hudson ve Dodd, 2012; Lewis- Morrarty vd., 2012).

Genetik Risk: Aile ve ikiz çalışmaları, çocukların genel olarak çekingen, gergin veya korkulu olma eğilimlerini ailelerinden miras aldıklarını göstermektedir (Gregory ve Eley, 2007; Gregory ve Eley, 2011). Diğer yandan anksiyete bozukluğu olan ebeveynlerin çocuklarında anksiyete bozukluğu olma olasılığı, anksiyete bozukluğu olmayan ebeveynlerin çocuklarına göre yaklaşık 5 kat daha fazladır (Beidel ve Turner, 1997).

Aile Faktörleri: Aile faktörleri ile çocukluk çağı kaygı bozuklukları arasındaki ilişki oldukça dikkat çekicidir (Knappe ve ark., 2010). Pek çok aile faktörü arasında; ebeveynin fazlaca disiplini kullanması, bir bütün olarak aile işleyişi, ebeveynlik stresi, ebeveyn-çocuk bağlanma ilişkisi sayılabilir (Bögels vd., 2006; Manassis, 2001). Bir araştırmada kaygı bozukluğu tanısı almış 9-12 yaş aralığındaki çocukların, ebeveynlerinin; diğer ebeveynlere göre çocuklarına daha az özerklik tanıdıkları ve çocuklarını daha az kabul edici tutum gösterdikleri bildirilmiştir (Siqueland vd., 1996). Yine bir çalışmada da daha önce davranışsal olarak ketlenmiş veya endişeli olarak tanımlanan çocukların annelerinin, çocuklarıyla etkileşim kurarken daha eleştirel tutum sergiledikleri gösterilmiştir (Whaley vd., 1999). Başka bir çalışmada da çocuk ve ergenlerin, üstbilişsel inançlarıyla annelerinin üstbilişsel inançları arasında ilişki olduğu gösterilmiştir (Esbjørn vd., 2016).

Çevresel Faktörler: Çocukların güvenlik seviyesi düşük, çatışmanın yüksek olduğu bir çevrede büyümeleri, aile içi şiddetin yüksek olduğu bir evde yaşamaları, zorbalığın yüksek düzeyde olduğu bir okulda olmaları, kapasitesini zorlayan, kendinden yüksek beklentilerin olduğu rekabetçi bir sistemde büyük oranda başarısızlık tehdidine maruz kalmaları gibi faktörlerin çocuklarda büyük oranda endişe ve kaygı gelişime sebep olması şaşırtıcı değildir.

Çocukların geçirdiği önemli erken hastalıklar, önemli kişilerin ya da nesnelerin kazaya uğraması ya da kaybedilmesi çocuklarda kaygı ve endişe yaratabilir. Hastane deneyimlerinin travmatik etkileri, bu çocukların güven ve yeterlik hislerini olumsuz etkileyebilir. Arkadaşlardan ayrılmasına sebep olan taşınmalar, okul ve öğretmen değiştirmek gibi yeni durumlar, bu durumların travma yaratan doğası çocukların uyumunu olumsuz bir şekilde etkileyerek onlarda kaygı ve endişe düzeylerinin artmasına yol açabilir. Olumsuz çevresel etkenler üzerindeki kontrol duygusu azalan çocuklar, kaygı ve endişeye karşı daha savunmasız olabilir (Kashani vd., 1981; Ollendick vd., 1996; Corpita ve Barlow, 1998; Cooley-Quille vd., 2001).

ÇOCUK VE ERGENLERDE ENDİŞENİN BİLİŞSEL DAVRANIŞÇI TERAPİSİ

Hayatın akışı içinde endişe, tercih edilebilen zihinsel bir süreçtir yani her birey ara sıra endişelenir. Ancak bu zihinsel süreç; günlük hayatın çoğunluğuna hâkim olduğunda, sürekli rahatsızlık verici ve kontrol edilemez hissedildiğinde, işlev kayıplarına sebep olduğunda patolojik endişe olarak adlandırılmaktadır (Borkovec vd., 1998) ve patolojik endişe, yaygın anksiyete bozukluğunun en önemli tanı ölçütlerinden birisidir (APA, 2013). Bu bağlamda, endişe sorunlarına dönük yapılandırılacak bilişsel davranışçı terapilerde (BDT), BDT'nin YAB modelleri tercih edilebilir. YAB'ın BDT modellerinden bir tanesi de Adrian Wells tarafından 1990'lı yıllarda oluşturulmaya başlanmış olan modeldir (Wells, 1995). Bu model BDT'nin gelişmesine ve bugüne ulaşmasında önemli katkılar sağlayan Adrian Wells tarafından geliştirilmiş ve sonraki yıllarda BDT'nin sınırlı çözüm sağladığı, özelikle YAB, obsesif kompusif bozukluk ve depresyon gibi psikopatolojilere etkin çözümler sunmak amacıyla "Üstbilişsel (metakognitif) Terapi" adı ile sunulmuştur (Wells, 2009). Bu bölümde, YAB tanısı almış veya YAB tanısı almamış ancak endişe problemi yaşayan kişilere dönük sunulacak psikoterapi süreçlerine rehber olması amacıyla Endişenin Üstbilişsel Modeli tanıtılmıştır. Bu model (Wells, 1995), endişeli yetişkinler için geliştirilmiş olsa da çocuk ve ergenlerde hem bireysel hem grup olarak kullanılabileceğini gösteren çalışmalar da mevcuttur (Ellis vd., 2010; Esbjørn vd., 2015; Esbjørn vd., 2018; McEvoy, 2019, Walczak vd., 2019).

Endişenin Üstbilişsel Modeli

YAB'ın Üstbilişsel Modeli'ne göre önemli bir konumda yer alan endişe; "tip 1" ve "tip 2" olarak incelenmektedir. Wells'e (2009) göre:

Tip 1 endişe; genel yaşam koşullarına (sağlık, sosyal ilişkiler, ekonomik konular, çevresel olaylar vs.) karşı ortaya çıkan endişe hâlidir. Tip 1 endişenin altında endişeye dair "Endişelenmek geleceğe beni hazırlar, endişe duymak beni kontrolde tutar." gibi olumlu inançlar vardır. Özellikle YAB'ın Üstbilişsel Terapi Modeli'nde ikincil öneme sahip olan endişe hâlidir.

Tip 2 endişe; endişe üzerine endişe duymaktır. Yani zihin faaliyeti olarak gerçekleşen "tip 1" endişenin tehlikeli veya kontrol edilemezlik inançlarını aktif hâle getirmesi ile oluşmaktadır. Tip 2 endişenin temelinde "Çıldıracağım.", "Kontrolümü kaybediyorum.", "Kalp krizi geçiriyorum.", "Deliriyorum." gibi olumsuz inançlar vardır. "Tip 2" endişe YAB'ın Üstbilişsel Terapi Modeli'nde birincil öneme sahiptir. Çünkü tip 2 endişe, bireyde güvenlik sağlayıcı davranışlar, düşünce kontrolü ve olumsuz duygu hâli olmak üzere 3 önemli sonuca neden olmaktadır. Özellikle ilk 2 sonuç Wells'e (2009) göre YAB'ın sürdürücü unsurları olarak adlandırılmaktadır.

YAB'ın Üstbilişsel Model'inde, bir tetikleyiciye yanıt olarak (ör., kötü haber, olumsuz bir düşünce veya görüntü vb.), bireyler bir başa çıkma stratejisi olarak endişeyi seçebilirler. Bu seçim, endişenin faydaları hakkında olumlu inançların etkinleştirilmesiyle yönlendirilir (ör., "Endişelenirsem her zaman hazırlıklı olabilirim"). Tip 1 endişe harekete geçirildiğinde, endişe süreci ve eşlik eden duygular hakkında olumsuz değerlendirmeler harekete geçer. Olumsuz endişe değerlendirmeleri, bu süreçle ilişkili kontrol edilemezlik ve tehlike temalarını içerir (ör., "Endişelerim kontrol edilemez.", "Endişelenmek tehlikelidir") (Papageorgiou, 2006). Bu temaların etkinleşmesi ile YAB için zemin hazırlanmış olmaktadır.

Wells'in (1995, 1997) Üstbilişsel Modeli'ne göre psikopatoloji ile ilişkili olan bölüm Tip 2 endişe veya diğer adı ile meta endişedir. Endişe hakkında endişe ortaya çıktıktan sonra, sorunun sürdürülmesine üç ek faktör daha dâhil olur. Bu faktörler, kaçınma ve güvence arama gibi davranışsal tepkileri; bastırma, dikkati dağıtma, tetikleyici otomatik düşünceyi yok etme girişimleri gibi düşünce kontrol stratejilerini ve kaygı ve depresyon gibi duygusal belirtileri içermektedir (Wells, 2009).

Wells'e (1995) göre Endişenin (YAB) Üstbilişsel Modeli Şekil 2'de gösterilmiştir.

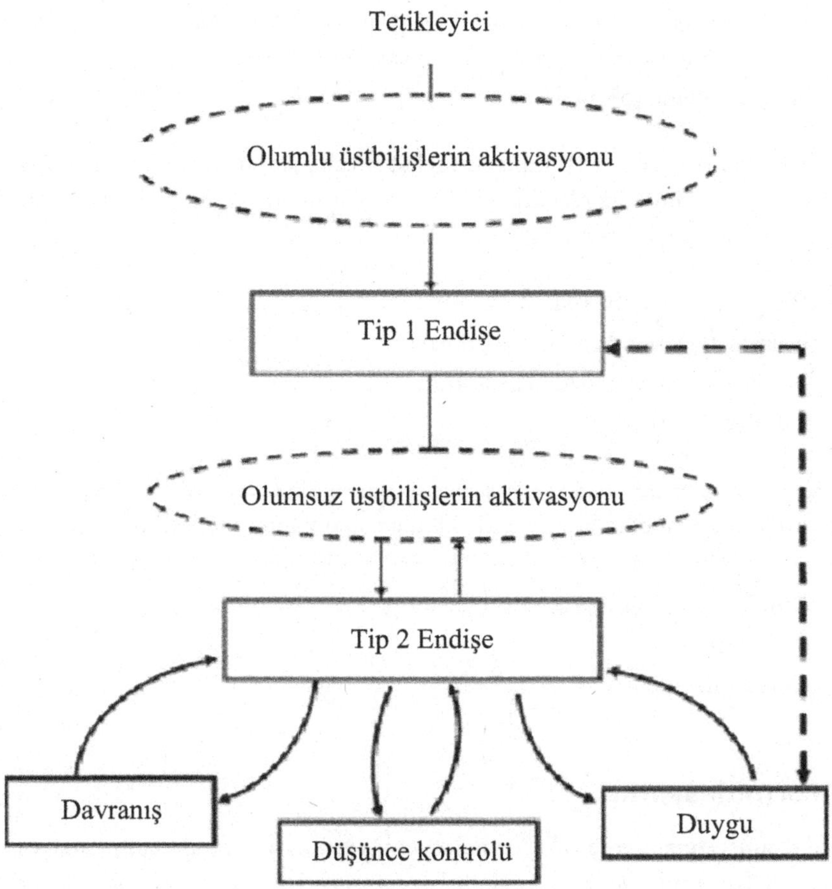

Şekil 2. Endişenin (YAB) Üstbilişsel Modeli (Wells, 1995)

Seansların Yapılandırılması

Bilişsel davranışçı terapilerin, diğer terapi modellerinden ayrıldığı noktalardan bir tanesi, terapi sürecinin yapılandırılmış olmasıdır. Bu yapı, uygulayıcıdan uygulayıcıya müdahale farklılıklarının giderilmesini sağlaması ve danışana standart bir tedavi yöntemi sunması adına önemli bir ayrımdır. Üçüncü kuşak Bilişsel Davranışçı Terapilerden sayılan Üstbilişsel Model de standart bir terapi yapısı sunmaktadır. Bu yapıya göre aşamalar aşağıda sunulmuştur (Wells, 2009):

1. Vaka formülasyonu,
2. Sosyalizasyon,
3. Üstbilişsel modun teşvik edilmesi,
4. Kontrol edilemezlikle ilgili üstbilişsel inançların incelenmesi,
5. Endişenin tehlikesiyle ilgili üstbilişsel inançların incelenmesi,

6. Endişeyle ilgili olumlu üstbilişsel inançların incelenmesi,
7. Endişeyi işlemlemede yeni planların yapılandırılması,
8. Nüksü önleme çalışmaları.

Terapi süreci ortalama 5-10 seans sürmekte ancak vakanın durumuna göre daha az veya fazla seans sayıları mümkün olabilmektedir. Seanslar ise 45 dk. (+-5) olmaktadır. Bir seansın yapısı ise aşağıda gösterilmiştir:

- Duygu durum kontrolü,
- Haftalık değerlendirmenin yapılması,
- Bir önceki seansın gözden geçirilmesi,
- Gündem belirleme,

Not: Bu bölüme kadar olan kısmın 5 dk. içinde tamamlanması önerilmektedir.

- Gündemin ele alınması,
- Özetleme,
- Geri bildirim.

Vaka Formülasyonu

Bilişsel davranışçı terapilerde vaka formülasyonu yapmak, terapi sürecinin omurgasını oluşturmaktır. Bu bağlamda, endişe sorunu ile başvuran kişilere dönük öncelikle değerlendirme görüşmesi yapmak ve değerlendirmeden elde veriler ışığında terapi sürecini yapılandırmak gerekir. Değerlendirme esnasında; danışanın başvuru problemini, problemin altındaki sebepleri, problemin tetikleyicilerini, sürdürücülerini, problemin azalmasına katkı sağlayan durumları, başvuru gününe kadar problemin çözüme dair yaptıkları ve aldığı psikolojik/psikiyatrik yardım hakkında bilgi almaya dönük görüşme gerçekleştirilir. Bu görüşme bilişsel davranışçı terapilerde uygulanan standart değerlendirme görüşmesidir. Değerlendirme esnasında endişe ve ilişkili konularda problem varlığı hissedildiğinde bu alanlara dair bilgi almak gerekir ve birtakım ölçme araçlarından faydalanılabilir. Kullanılabilecek bazı ölçme araçları aşağıda sunulmuştur.

Üstbiliş Ölçeği Çocuk ve Ergen Formu (ÜBÖ-ÇE)

Bu ölçek Bacow vd. (2009) tarafından geliştirilmiş ve Irak (2012) tarafından Türkçe geçerlik ve güvenilirlik çalışması yapılmıştır. Ölçeğin Türkçe geçerlik ve güvenilirliğini belirlemek için İstanbul ilinde çeşitli okullarda (temel ve orta eğitim) öğrenim gören tanı almamış 470 öğrenci örneklem grubu olarak belirlenmiştir. Uyarlanan ölçek, 24 madde ve 4 alt boyuttan oluşmaktadır.

Çocuklar İçin Durumluk-Sürekli Kaygı Envanteri (ÇDSKE)

Bu ölçek Spielberger (1976) tarafından geliştirilmiş ve Özusta (1995) tarafından Türkçe geçerlik ve güvenilirlik çalışması yapılmıştır. Ölçeğin Türkçe geçerlik ve güvenilirliğini belirlemek için 9-12 yaş aralığındaki tanı almamış 615 çocuk örneklem grubu olarak belirlenmiştir. Uyarlanan ölçeğin durumluk ve sürekli kaygı olmak üzere iki alt boyutu vardır ve her iki alt boyut 20 maddeden oluşmaktadır.

Ölçme araçlarının kullanımının yanında, Şekil 1'de verilen formülasyona dair görüşme başlatılır ve veriler elde edilmeye çalışılır. Bu bölümde yapılması önerilen görüşme formatı aşağıdaki örnekte sunulmuştur.

Örnek Görüşme (17 yaşında erkek, lise öğrencisi)

TERAPİST: Bugün seninle, endişenin hayatındaki yerine ilişkin konuşmak istiyorum. Son zamanlarda endişeli olduğun bir olayı benimle paylaşmak ister misin?

DANIŞAN: Sanırım geçen hafta pazartesi günüydü.

TERAPİST: Hı hı.

DANIŞAN: Sevgili olmayı teklif ettiğim kızın sanki bana sinirli bir biçimde baktığını gördüm. O anda sanki başımdan kaynar sular döküldü. Ne yapacağımı bilemedim. Sonra oradan hızlıca...

TERAPİST: Bu anda zamanı durdurabilir miyiz? O anı konuşalım.

DANIŞAN: Tamam.

TERAPİST: Sevgili olmayı teklif ettiğin kişinin kızgın olduğunu düşündüğün bir yüz ifadesiyle gördün, neler hissettin o anda?

DANIŞAN: Sanki herkese, söylediklerimi anlatacakmış gibiydi. Başımın çok ısındığını hissettim.

TERAPİST: Söylediğin şeyleri başkalarına anlatacağını düşündün.

DANIŞAN: Evet yani ne yaparım ben böyle yaparsa?

TERAPİST: Eğer anlatırsa sonrasında ne olur?

DANIŞAN: Yani herkes duyar. Babam duyar. Ona bir şey yaptığımı düşünebilirler. Başım belaya girer. Belki hayatım biter yani sapık derler belki...

TERAPİST: Başın belaya girer.

DANIŞAN: Evet, kim bilir neler neler olur. Kimsenin yüzüne bakamam. Hayatım mahvolur.

TERAPİST: Her şey kötüye gider.

DANIŞAN: Evet.

TERAPİST: Peki, art arda gelen düşüncelerin ardından ne oldu?

DANIŞAN: Sanırım artık delirdiğimi düşündüm. Beynime hükmedemiyordum. Nasıl anlatsam, birbirine girmiş ip yumağı gibi. Çünkü benden bağımsız oluyordu ve sanki kalp krizi gibi (Ağlamaklı).

TERAPİST: Beynin çalışması senin kontrolünde değildi.

DANIŞAN: Hiç değildi.

TERAPİST: Sonra ne oldu?

DANIŞAN: Oradan hızlıca uzaklaştım, sanırım biraz ağladım ve sınıf grubundaki konuşmalara, benimle ilgili bir şey var mı diye baktım.

TERAPİST: Üzgün hissediyordun ve kontrol girişimin oldu.

DANIŞAN: Hem de kaç kez.

TERAPİST: Peki, sen bunları yaparken düşüncelere ne oldu?

DANIŞAN: İşte orası en kötüsü. Düşünmemeye çalışıyorum, başka şeylerle uğraşıyorum ancak maalesef olmuyor. Beynim bir çorba gibi. Nerede olduğumu bile unutuyorum. Ama bir yandan da düşünmem de gerekiyor gibi. Nasıl çözülecek ki?

TERAPİST: Zihnine gelen düşünceleri atmaya çalışıyorsun ancak başarılı olamıyorsun. Bir tarafta da düşünme gereksinimi hissediyorsun.

Yukarıdaki görüşme doğrultusunda Şekil 2 doldurulmuş ve aşağıdaki Şekil 3'te gösterilmiştir.

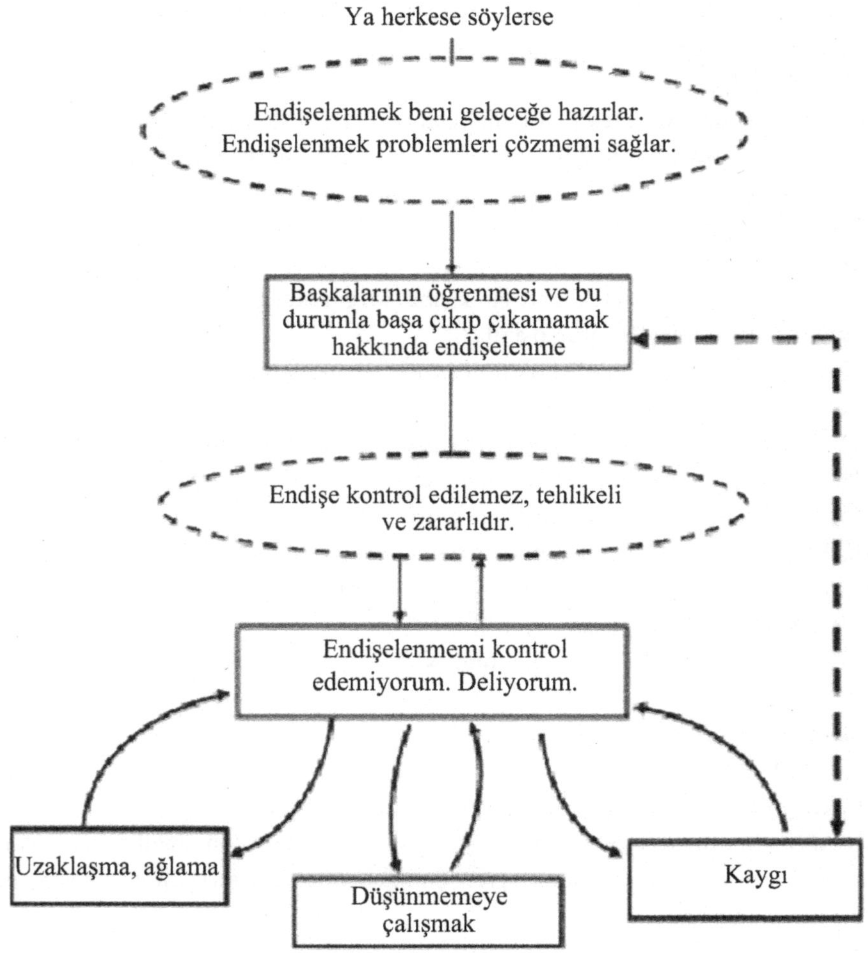

Şekil 3. Görüşme Doğrultusunda Hazırlanan Formülasyon

Sosyalizasyon

Bu basamak, vaka formülasyonunun yapılmaya başlandığı ilk görüşme ile başlar ve elde edilen veriler ışığında hazırlanan formülasyon danışan ile paylaşılır. Paylaşımda belirli aşamalar takip edilir ve paylaşım esnasında danışanın üstbilişleri hakkında farkındalık kazanması amaçlanır (Wells, 2009). Bu aşamada aşağıdaki sıralama takip edilebilir (Wells, 2009):

1. Formülasyonu paylaşma,
2. Hipotetetik sorular,
3. Davranışların etkilerinin sorgulanması,
4. Baskılama deneyi.

Formülasyonu paylaşma: Bu aşamada danışanın formülasyonu tanıması amaçlanır. Yapılması önerilen görüşme formatı aşağıdaki örnekte sunulmuştur. Formülasyon sunulurken Şekil 2'deki endişelenmeye dair olumlu inançlar ve endişelenmeye dair olumsuz inançların bu aşamada sunulması önerilmemektedir (Danışana sunulacak şekilde de o bölümler boş bırakılmalıdır).

Örnek Görüşme (17 yaşında erkek, lise öğrencisi)

TERAPİST: Az önceki anlattıklarından yola çıkarak tahtaya bir şeyler çizmeye çalıştım (Şekil 2). Bu sana ne düşündürüyor?
DANIŞAN: Düşüncelerimin bu kadar detaylı olabileceğini düşünmemiştim.
TERAPİST: Bu düşünce sürecinin nasıl ilerlediğini sana anlatmak isterim.
DANIŞAN: Tamam.
TERAPİST: Gördüğün üzere ilk olarak zihnine bir düşünce geliyor. Bu düşünce kendiliğinden geliyor. Sonra bu düşünce, hızlı bir şekilde detaylı hâle geliyor. Sanki art arda sorular biçimine dönüşüyor.
DANIŞAN: Evet.
TERAPİST: Sence, zihnine aniden gelen o düşünce, nasıl oluyor da düşünceler zincirine dönüşüyor.
DANIŞAN: Kendiliğinden oluyor, nasıl oluyor anlamıyorum.
TERAPİST: Kendiliğinden oluyor.
TERAPİST: Sonraki aşamada ise art arda gelen o düşünceler artık o kadar yoğun oluyor ki bu kısımda (Şekil 2- Tip 2 endişe) delirecek gibi hissediyorsun.
DANIŞAN: Aynen böyle oluyor.
TERAPİST: Peki, bu art arda meydana gelen düşünceler nasıl oluyor da delireceğini düşündürüyor?
DANIŞAN: Çok kötü oluyorum, bilmiyorum.
TERAPİST: Bilmiyorsun.

TERAPİST: Sonra ise bazı çözüm yöntemleri tercih ediyorsun. Örneğin, sınıf grubundaki yazışmaları kontrol ediyorsun. Defalarca. Tüm düşüncelerini yok etmeye çalışıyorsun ancak başarılı olamıyorsun. Bir yanda da düşünmek gerektiğini de hissediyorsun ve işin sonunda kaygılı bir ruh hâline ulaşıyorsun.
DANIŞAN: Hocam çok güzel anlattınız, böyle oluyor.

Hipotetik Sorular: Bu aşamanın amacı, danışanın endişe hakkındaki inançlarını sorgulamasını sağlamaktır.

Örnek Görüşme (17 yaşında erkek, lise öğrencisi)

TERAPİST: Peki, sence burada sorun olan kısım hangisi?
DANIŞAN: Endişelerim.
TERAPİST: Hangi endişe, yukarıdaki mi (tip 1) aşağıdaki mi (tip 2)?
DANIŞAN: Aşağıdaki, çok kötü hissediyorum o an. Delirecekmiş gibi oluyorum.
TERAPİST: Peki, delirebileceğine yüzlük skala da ne kadar inanıyorsun?
DANIŞAN: %90.
TERAPİST: %90 inanıyorsun.
TERAPİST: Art arda gelen düşünceleri kontrol edemediğini, kendiliğinden olduğunu söyledin. Buna ne kadar inanıyorsun?
DANIŞAN: Hocam o %95.
TERAPİST: %95 inanıyorsun.
DANIŞAN: Evet.
TERAPİST: Peki, endişelerin sana zarar vermeyeceğini deneyimlesen bir sorun kalır mıydı?
DANIŞAN: Öyle olduğunu bilsem sorun falan kalmaz. Keşke öyle olsa.
TERAPİST: Peki, endişelerini kontrol edebildiğini görsen nasıl olur?
DANIŞAN: Sorun kökten çözülür hocam.

Davranışların etkilerinin sorgulanması: Bu basamağın amacı, danışanın tepkilerini değerlendirmesini sağlamaktır.

Örnek Görüşme (17 yaşında erkek, lise öğrencisi)

TERAPİST: Bu öyküde sence yanlış giden şeyler var mı?
DANIŞAN: Her şey ters gidiyor hocam.
TERAPİST: Mesela, aniden gelen o ilk düşünce yine gelse ama sen endişelenmeyi tercih etmesen nasıl olur?
DANIŞAN: Ama nasıl?
TERAPİST: Belki kullandığın yöntemi değerlendirmek gerekecek.
DANIŞAN: Yani endişelenmesem olur ama nasıl yapacağımı bilmiyorum.
TERAPİST: Bir şekilde başlamış art arda, zincir gibi oluşan düşünceleri durdurmak için kullandığın yöntemi değerlendirmeliyiz belki.

DANIŞAN: Yok etmeye çalışıyorum, evet işe yaramıyor hocam.
TERAPİST: Hı hı.
DANIŞAN: Hocam sanırım tepkilerimi değiştirmem gerekecek.

Baskılama deneyi: Danışanların, endişelenmeyi durdurmak için sıklıkla kullandıkları strateji, anlık gelen tetikleyiciyi veya art arda oluşmuş düşünce sürecini baskılama girişimleridir. Bu yöntem ile baskılamanın ne oranda faydalı olduğu değerlendirilir.

Örnek Görüşme (17 yaşında erkek, lise öğrencisi)

TERAPİST: Görüşmelerimizde, zihnine gelen anlık düşüncenin bir anda art arda düşünce zincirlerine dönüştüğünü konuşmuştuk. Bir deney yaparak bu sürece daha yakından bakabiliriz.
DANIŞAN: Tamam.
TERAPİST: Şimdi ben sana bir şey söyleyeceğim ancak söylediğim şeyi düşünmeyeceksin. Eğer zihnine 3 dakika içinde bu kelime ile ilgili bir resim, o kelime gelir vb. olursa düşündüğün anlamına gelecek. Ancak bunların hiçbiri üç dakika içinde olmazsa düşünmemeyi başardığın anlamına gelecek.
DANIŞAN: Tamam.
TERAPİST: Hazırsan başlayalım.
DANIŞAN: Biraz heyecanlandım ama hazırım.
TERAPİST: Pembe bir ayı düşünme.
DANIŞAN: Hocam direkt geldi (gülme).
TERAPİST: Peki bu deney sana nasıl hissettirdi?
DANIŞAN: Düşünmemeye çalıştıkça daha çok düşündüm. Sanırım ben burada hata yapıyorum.

Bu aşamada, eğer danışan bir şekilde o kelimeyi düşünmemeyi başarırsa bu başarıyı hayatının yüzde kaçında sağlayabildiği sorulabilir. Yüksek bir oranda başarılı olamadığını belirtecektir (Wells, 2009).

Sosyalizasyon sürecinde danışanın, sorununa dair kullanmış olduğu yöntemlerin etkinliği sorgulanması sağlanmış, anlık zihne gelen düşüncenin, endişeye dönüşme sürecinin bir tercih sonucu olabileceği ve endişelenmenin kontrol edilemez olup olmadığı hakkında düşünmesi sağlanmıştır. Bu farkındalığa dair atılan ilk adımın ardından üsbilişsel müdahalelere geçilecektir.

Üstbilişsel Modun Teşvik Edilmesi

Danışanın, üstbilişsel moda geçmesi, terapi sürecinde hedeflenen bir durumdur ve üstbilişsel mod üzerine ilk olarak "endişelenmenin kontrol edilemezliği", ikinci olarak "endişelenmenin tehlikeli veya zararlı olduğu" ve son olarak "endişelenmeye dair olumlu inançlar" hakkında çalışma yapılmalıdır (Wells, 2009).

Kontrol Edilemezlikle İlgili Üsbilişsel İnançların İncelenmesi: Bu aşamada, danışanın endişelenmeye dair kontrol edilemezlik inançları incelenir.

Örnek Görüşme (17 yaşında erkek, lise öğrencisi)

TERAPİST: Görüşmemizde endişelenmenin kontrol edilemez olduğunu söylemiştin.
DANIŞAN: Öyle söyledim ama önceki görüşmeden sonra acaba kontrol edebilir miyim? Diye de düşündüm.
TERAPİST: Nasıl bir sonuca vardın?
DANIŞAN: Net bir sonuca varamadım.
TERAPİST: Evet, endişelenmenin kontrol edilemez olduğunu düşünüyorsun. Örneğin, sevgili olmayı teklif ettiğin kızı gördüğün anı hayal eder misin? Bunu yaparken istersen gözlerini kapatabilirsin.
DANIŞAN: Tamam hocam.
TERAPİST: Şu an zihnin, art arda gelen düşünceler ile dolu. Birisi geliyor ve birisi gidiyor. Sanki hiç bitmeyecek gibi ve bir sonuca da ulaşamıyorsun.
DANIŞAN: Çok kötü hocam.
TERAPİST: Ve o onda telefonun çalıyor, annen nerede kaldın diyor? Bu düşüncelere ne olur?
DANIŞAN: Giderler hocam ama...
TERAPİST: Giderler, nasıl oluyor da gidiyorlar.
DANIŞAN: Sanırım o an unutuyorum.
TERAPİST: Ve annen, kapının anahtarını içeride unuttuğunu ve ocakta yemek olduğunu söylüyor.
DANIŞAN: Hocam o düşünceler tümden gider.
TERAPİST: Nasıl oluyor da gidiyor? Artık bize yer kalmadı mı diyorlar? Bize müsaade mi diyorlar?
DANIŞAN: Hocam çünkü daha önemli bir olay var. Onlarla ilgilenemiyorum.
TERAPİST: Evet, o anda zihninde olan düşünceler ile ilgilenmediğinde gidiyorlar.
DANIŞAN: Aaa evet hocam gidiyorlar.
TERAPİST: Ya da gece uyumadan önce art arda düşünüyorsun, uyuyunca ne oluyor bunlara?
DANIŞAN: Gidiyorlar ama sabah yine geliyorlar. Onlar gitmiyor işte. Gün boyu zihnimde.
TERAPİST: Evet yine geliyorlar. Peki onlar hiç gitmezler mi?
DANIŞAN: Yani telefon falan çalmazsa gitmezler.
TERAPİST: Gitmezler, özür dilerim seansı bölüyorum ama ilkokulu nerede okumuştun?
DANIŞAN: İzmir Gaziemir'de bir okulda okumuştum.
TERAPİST: Kusura bakma, bir an aklıma gelmişti.
DANIŞAN: Sorun değil hocam.

(Seans sokratik sorgulama ile devam ediyor ve 5 dakika sonra)

TERAPİST: Az önce sana ilkokulu nerede okuduğunu sordum, o anda aklına ne geldi.
DANIŞAN: Hocam, okulum geldi; arkadaşlarım, öğretmenlerim, sıram, ıı bir de "Ne alaka?" dedim (tebessüm).
TERAPİST: Peki, bu düşünceleri getirmek için hazırlık falan yaptın mı?
DANIŞAN: Yok hocam ne hazırlığı, kendiliğimden geldi.
TERAPİST: Kendiliğinden geldi.
TERAPİST: Bu düşünceler zihnine geldi, peki ben tekrar soruncaya kadar bu düşüncelere ne oldu?
DANIŞAN: Hocam gitti.
TERAPİST: Nasıl oldu da gitti? Sen göndermek için bir çaba gösterdin mi?
DANIŞAN: Yoo hiçbir şey yapmadım. Seansa odaklanınca gitti.
TERAPİST: Peki, bu durum sana neyi gösteriyor?
DANIŞAN: O düşünceyle uğraşmayınca gerçekten gidiyor hocam.
TERAPİST: Gerçekten gidiyor.
TERAPİST: Zihnimize gün içinde birçok düşünce gelir, bunların çok küçük bir kısmını biz bilerek isteyerek getiririz. Yani bizim kontrolümüzün dışında zihnimize gelir. Ancak kontrolümüzün olduğu bir alan var. O anlık gelen düşünceyi, art ardına uzanan düşüncelere dönüştürüp dönüştürmemek bizim elimizde. Örneğin, ilkokulu sorduğumda zihnine gelen düşünceler ile uğraştın mı?
DANIŞAN: Hayır.
TERAPİST: Peki, zihninden atmaya çalıştın mı?
DANIŞAN: Hayır.
TERAPİST: Bu sana neyi gösteriyor.
DANIŞAN: Onlar ile uğraşmayınca ve atmaya çalışmayınca gidiyorlar, gerçekten çok ilginç. Böyle olabileceğini hiç düşünmemiştim.

Mesafeli Kendindelik: Danışanın endişe sürecini kontrol edebileceğine dair farkındalığının ardından, düşünceler ile temas kurmadan serbest bırakmayı deneyimlemesi bu aşamada gerçekleştirilir. Uygulama; danışan, düşüncelerini onlar ile herhangi bir iletişime geçmeden yapıncaya kadar tekrar edilebilir. İlk olarak **danışan için nötr** bir düşünce seçilmelidir (örneğin köpek), sonra kendisi için olumsuz içerik barındıran bir düşünce seçilmeli ve bu düşünce ile uygulamaya devam edilmelidir (Wells, 2009).

Örnek Görüşme (17 yaşında erkek, lise öğrencisi)

TERAPİST: Endişenin kontrolü hakkında konuşmuştuk, bugün düşüncelerimizi izlemeyi içeren "mesafeli kendindelik" isimli bir teknikten söz etmek istiyorum. Gördüğün üzere düşüncelerimiz ile kurduğumuz bazı ilişkiler, art arda gelen düşünceleri doğuruyor, sanki bu zincirsel sürece cevap vermeye yetişemiyoruz. Düşüncelerini izlemeni önerdiğim tekniği istersen uygulaya başlayalım (2 dk.).
DANIŞAN: Tamam.

TERAPİST: Şimdi sana bir hayvan söyleyeceğim, bu hayvanın zihninde canlanmasına izin ver. Ama sadece bu kadar. O hayvanı zihninden göndermeye veya zihninde tutmaya zorlama. Şimdi bir köpek düşünmeye başlayabilirsin ve gözlerini kapatmak istersen de kapatabilirsin.

DANIŞAN: Şu an canlanıyor.

TERAPİST: Eğer köpek hareket etmek isterse lütfen ona izin ver. Ve onu kontrol etmeye çalışma.

DANIŞAN: Şu an hareket ediyor.

TERAPİST: Hareket etmek eğer köpeğin kendi isteğiyse izin ver ama sen onu hareket etmeye zorlama. Köpek silikleşebilir ama sen müdahalede bulunma. Düşüncelerine müdahale etme.

DANIŞAN: Köpek gezinmeye devam ediyor.

TERAPİST: Zihnine başka düşünceler gelebilir, onlar ile de lütfen iletişime geçme, sadece dikkatini köpeğe getirmeye çalış.

Nötr bir uyarıcıya dair yapılan uygulamanın ardından kişi için rahatsızlık verici düşünce ile uygulama tekrar yapılır.

Endişe Erteleme Deneyi: Endişe erteleme deneyi, danışanın zihnine gelen düşünceleri kontrol etme girişiminde bulunmadan, mesafeli kendindelik uygulaması yaparak endişeyi ertelemesini sağlar. Wells'e (2009) göre de endişeyi erteleyebilmek, endişenin kontrol edilebildiğinin bir kanıtıdır.

Endişe erteleme deneyi, Bilişsel Davranışçı Terapi ve Üstbilişsel Terapi'de ortak bir tekniktir. Fakat her ikisinin danışanda kazandırmayı amaçladığı uygulama birbirinden farklıdır. Bilişsel Davranışçı Terapi'de bu uygulamanın amacı; günün büyük çoğunluğunda endişenin tercih edilerek işlevselliğin bozulmasını engellemek ve gün içinde belirlenen bir saat diliminde (ör., 18.00-18.20 arası) fazlaca endişelenmenin tercih edilmesidir. Gün içinde danışanın zihnine endişelenmesine sebep olacak bir düşünce geldiğinde, kendisine "Şu an endişelenmeyi tercih etmiyorum. Akşam endişe saatimde bu hakkımı kullanacağım." söylemesi önerilebilir. Danışanlar, ilk birkaç uygulamanın ardından artık bu cümleyi söylemeye gerek kalmadığını da belirtmektedirler.

Üstbilişsel Terapi'de ise endişe erteleme deneyinin amacı; danışanın, mesafeli kendindelik becerisini geliştirmesini sağlamak ve endişenin kontrol edilebilir bir tercih olduğu konusunda farkındalık kazanmasını sağlamaktır. BDT'ye benzer biçimde belirli bir saat endişe saati olarak belirlenir. Eğer isterse bu aralıkta endişelenmeyi tercih edebileceği belirtilir. Fakat amaç, kontrol becerisi olduğu için bu saati bir süre sonra kullanmayabileceği belirtilebilir. Seansta birkaç kez yapılan mesafeli kendindelik uygulamasının ardından endişe erteleme deneyi ev uygulaması olarak verilir. Son olarak endişenin kontrol edilemeyeceğine ne oranda inandığı yüzlük skalada puanlanır ve bir sonraki seansta bu inancı tekrar puanlanır.

Endişenin Tehlikesiyle İlgili Üstbilişsel İnançların İncelenmesi: Endişelenmeye dair kontrol edilemezlik inançlarının çalışılması ile birlikte, ikinci basamakta endişelenmeye dair tehlikelilik ve zararlılık inançları çalışılır (Wells, 2009). Bu bağlamda ilgili inançların çalışılmasında kullanılabilecek teknikler aşağıda örnek uygulamalar ile aktarılmıştır.

Kontrol Kaybı Deneyi: Danışanlar, bir şekilde endişelenmeye başlamış ve endişelenmeyi sürdürürken kontrolünü kaybedebileceğini düşünebilirler. Bu deney vasıtasıyla kontrol kaybının olup olmadığı test edilmektedir (Wells, 2009).

Örnek Görüşme (17 yaşında erkek, lise öğrencisi)

TERAPİST: Önceki görüşmemizde endişe erteleme üzerine konuşmuştuk ve bunu bir hafta boyunca uygulamıştın. Bu hafta ise endişenin kontrol kaybına sebep olup olmayacağı üzerine konuşmak istiyorum. Sence endişelendiğinde kontrolünü kaybedebilir misin?

DANIŞAN: Hocam, endişelenmeye başlayıp başlamamak benim elimde ancak eğer endişelenirsem gerçekten kontrolümü kaybedebilirim.

TERAPİST: Kontrolünü kaybedebileceğini düşünüyorsun. Bunu bu hafta uygulayarak görmek ister misin?

DANIŞAN: Nasıl yani?

TERAPİST: Hatırlıyorsan bir endişe saati belirlemiştik. O saatte fazlaca endişelenmeni ve ne olup bittiğini görmeni istiyorum. O saat aralığında kontrolünü kaybetmek için art arda gelen düşüncelerin arkasına takılıp sürüklenmeni öneriyorum.

DANIŞAN: Tamam deneyeceğim (Danışanlar, mesafeli kendindelik uygulamasının ardından genellikle denemek isterler. Ancak danışan ev uygulaması olarak yapmak istemezse bu yöntem birkaç kez seans esnasında yapılabilir).

TERAPİST: Endişe saatinde, endişelenmene sebep olabilecek bir düşünceyi zihnine getirmeni ve onunla olabildiğince uğraşması istiyorum. Zihninde o düşüncenin götürdüğü her yere git ve o sarmalın içinde kalmaya çalış. Haftaya ise kontrolünü kaybedip kaybetmediğini konuşabiliriz (Kontrolü kaybetmenin kriterleri ise seansta belirlenmelidir. Ne olursa kontrolünü kaybettiği sonucuna varacağız. Bu bölüm dikkatlice sokratik olarak sorgulanmalıdır. Ayrıca, bu uygulamanın ardından eğer kontrolünü kaybetmediğini düşünürse endişe saatinin dışında tetikleyici düşünceler geldiğinde de bu uygulamayı yapması önerilir. Bu sayede danışan, düşünceleri ile istediği zaman mesafe koyabileceğini ve endişenin tehlikeli olmadığı hakkında farkındalık kazanacaktır).

Uyumsuzluğu Güçlendirmek: Bu teknikte amaç, danışanın endişelenmeye dair olumlu ve olumsuz inançlarının nasıl birlikte bulunduğu üzerine düşünmesini sağlamak ve bu konudaki tutarsızlık hakkında farkındalık kazanmasını sağlamaktır.

Örnek Görüşme (17 yaşında erkek, lise öğrencisi)

TERAPİST: Bir yandan endişelenmenin seni geleceğe hazırladığı, problemleri çözmene yardımcı olduğunu düşünüyorsun bir yandan da çıldırmana ve delirmene sebep olabileceğini düşünüyorsun.

DANIŞAN: Evet hocam, sanırım bir tutarsızlık var.
TERAPİST: Peki, endişeye dair şu an ne düşünüyorsun.
DANIŞAN: Yaptığımız seanslardan sonra bence ne faydası var ne zararı. Ama tercih etmemek lazım. Çünkü bu bizim bir tercihimiz.
TERAPİST: Evet, senin bir tercihin.

Bu tekniğin uygulamasında ilk soru çeşitlendirilebilir; bir düşünce sürecinin yani endişenin hem olumlu hem de olumsuz olduğuna nasıl inanıyorsun. Bu nasıl bir şey? Senin üzerinde hiçbir etkisi olmayabilir mi?

Kanıt ve Karşı Kanıtları İnceleme: Bu teknik, endişenin tehlikeli olup olmadığı hakkında kanıt ve karşı kanıtları içermektedir. Ancak standart BDT yaklaşımındaki kanıt arama tekniği ile karıştırılmamalıdır. BDT'de bir düşünceyi (ör., "Sunum yaparken heyecanlandığımı herkes fark etti ve bunu unutmayacaklar.") destekleyen kanıtlar ile desteklemeyen kanıtlar karşılaştırılır ve bir sonuca varılır (Türkçapar, 2018). Üstbilişsel Model'de ise bir düşünce değil endişe gibi bir düşünce süreci kanıt incelemeye tabi tutulur. Örnek sorular aşağıda sunulmuştur:

- Endişelenmenin zararlı olduğuna dair kanıtlar nelerdir? Karşı kanıtların nelerdir?
- Bir mahkemede endişenin zararlı olduğunu savunsan kanıt niteliğinde neler söylerdin? Peki, zararlı olmadığını savunsan kanıt niteliğinde neler söylerdin?
- Bugüne kadar endişelenmeyi fazlaca tercih ettiğini söylüyorsun. Bu tercihin ne gibi tehlikeli veya zararlı sonuçları oldu? Bu sonuçlar, sence doğrudan endişenin bir sonucu mu?
- Çevrende endişeli kaç kişi tanıyorsun? Onların kaç tanesi endişenin zararlı olduğunu düşünüyor? Düşünenlerin kaç tanesi endişeden zarar görüyor? Bu zarar endişe ile ilgili mi? Bu zararlara endişenin sebep olduğuna dair kanıt niteliğinde neler sunabilirsin?

Bu bölümde; danışan, endişenin kaygıyı artırdığını, bunun da kalp atım ritmini artırdığını ve bu artışın kalp krizine sebep olabileceğini kanıt olarak sunabilir. Bu kanıtlar sunulduğunda ise aşağıdaki sorular yöneltilebilir:

- Kalp ameliyatı olan kişilere ne önerilmektedir? -Spor. Spor yapan insanların kalbi nasıl çalışır? -Hızlı. Peki hızlı çalıştığını söylüyorsun, zaten kalp rahatsızlığı olan kişilerin neden kalplerini daha hızlı çalıştıracak etkinlikler öneriliyor? Veya kalp krizi riskini azaltmak için uzmanlar ne öneriyor? -Sanırım hareketli yaşamı öneriyorlar.

Bu bölümde; terapistin, danışana farkındalık kazandırmak adına kardiyovasküler süreç, sempatik ve parasempatik sinir sistemi hakkında temel farkındalığının olduğundan emin olması önerilmektedir. Bu bilgiler, danışanların sunabilecekleri kanıt niteliğinde olmayan bilgilerin incelenmesi adına faydalı olabilir.

Davranış Deneyleri: Psikoterapi sürecinde üstbilişsel müdahaleler sözel yöntemler ile yapılabileceği gibi hayatın içerisinde planlanacak davranış deneyleriyle de yapılabilir. Ayrıca, önceki başlıklarda önerilen teknikler ile bir bütün olarak davranış deneyleri planlanmalıdır ve bu planlamalar üstbilişsel bir müdahale olmasının yanında edinilen becerilerin hayata geçirilmesini kolaylaştırıcı bir etki oluşturması nedeniyle danışana fayda sağlamaktadır.

Anket Planlama

Danışanlar, çeşitli özelliklerinin sadece kendilerinde bulunduğu, diğer insanlardan farklılık gösterdiği ve özelikle kusurlu oldukları inancına sahip olabilirler. Bu bağlamda, danışan ile anket planlamak ve çevresine bu anketi uygulamasını sağlamak, ilgili inançlarını test etmesini sağlar (Wells, 2009). Bu yöntemde önemli olan bir nokta ise anket sorularının birlikte oluşturulması, alınacak hangi cevabın, hangi inancı kanıtlayacağına dair öncesinde bir hazırlık yapılmasıdır. Örneğin; diğer insanlara göre kendisinin zihnine gelen düşüncelerden daha çok rahatsız olduğuna inanan bir danışan için aşağıdaki gibi bir anket planlanabilir ve beş kişiye bu anketi uygulaması istenebilir.

Anket Örneği

- Zihninize olumsuz düşünceler geliyor mu? (Cevap evet ise)
- Peki, bu düşünceler size nasıl hissettiriyor? (Hoşnut olmama, bunalma, depresif, kaygılı, öfkeli vb. hissetme, inancına dair aksi kanıtları oluşturacaktır. Hiçbir his cevabı ise inançlarına kanıt oluşturacaktır).

Endişenin Sağlığa Zararlılığına Dair Deney Planlama

Danışanlar, endişenin ruh sağlığı veya fiziksel sağlığı açısından bir risk oluşturduğuna inanabilirler. Örneğin, endişenin kişiliğine zarar vereceği, şizofreni olmasına neden olacağı veya kalp krizi geçirmesine neden olabileceği hakkında inanç geliştirebilirler. Bu inançlar, davranış deneyleri ile incelenebilir. Anket planlamada olduğu gibi hangi sonucun hangi inancı destekleyeceği önceden belirlenmelidir.

Örnek Deney

İnanç: "Endişelenirsem kalp krizi geçiririm".

Son zamanlarda zihnine gelen ve rahatsız eden olumsuz tetikleyici düşünce: "Ya annem ölürse".

İnanç oranı (bu inanca ne kadar inandığı): %80.

İnancı destekleyen kanıtlar: Kalp krizinin fiziksel belirtileri.

İnanca dair aksi kanıtlar: Kalp krizinin fiziksel belirtilerinin olmaması.

(Bu belirtilerin deney öncesinde olmadığından emin olmak gerekir).

Plan: Seansta tetikleyici düşünceyi olabildiğince her yönüyle düşünmesi ve endişesini en üst düzeye çıkarması, bunu 10 dakika boyunca yapması.

Deney sonucunda inanç oranı: %15.

Aynı deney, ev uygulaması olarak verilip bu inancı uygulama olarak test etmesi istenebilir ve %15'lik inanç tekrar çalışılmış olacaktır. Danışana örnek deneyin boş formu verilebilir.

Endişeyle İlgili Olumlu Üstbilişsel İnançların İncelenmesi: Endişenin Üstbilişsel Modeli'nde son olarak çalışılması gereken alan endişelenmeye dair olumlu inançlardır. Bu inançlar Wells'e (2009) göre her bireyde belirli oranda bulunabilir fakat psikopatolojik tabloda bu olumlu inançlar daha katıdır ve danışanlar, olumsuz düşüncelere yanıt verme konusunda bilişsel esnekliklerini koruyamamaktadırlar. Ayrıca endişenin nedenleri ve sürdürücü unsurları başlığında anlatıldığı gibi olumlu inançlar, endişenin devam etmesinde önemli bir etkendir. Bu bağlamda, endişelenmeye dair olumlu inançlar ile çalışırken kullanılabilecek teknikler bu başlık altında sunulmuştur.

Sözel Yeniden Yapılandırma (Olumlu İnançlar Hakkında Üstbilişsel Yeninden Yapılandırma): Bu teknikte amaç, danışanın endişenin fayda ve zararları hakkında daha gerçekçi bir inanca sahip olabilmesini sağlamaktır. Bu bağlamda örnek görüşme aşağıda gösterilmiştir.

Örnek Görüşme (17 yaşında erkek, lise öğrencisi)

TERAPİST: Özellikle ilk görüşmemizde endişelenmenin birtakım zararlarından bahsettiğin gibi faydalarından da söz etmiştin. Nasıl bir fayda bu?

DANIŞAN: Yani yaşanabilecek o olayı düşündüğüm için hazırlıklı oluyorum.

TERAPİST: Hazırlıklı oluyorsun, hazırlıklı olmak ne demek?

DANIŞAN: Şöyle, o konuyu iyice düşününce o olayı daha rahat çözebileceğimi hissediyorum.

TERAPİST: Endişelenmen gereken bir olayın öncesinde endişelenmediğinde ve problemli olay ile karşılaştığında ne yapıyorsun?

DANIŞAN: Çözmeye çalışıyorum.

TERAPİST: Peki hangisinde daha başarılı oluyorsun?

DANIŞAN: Iıı sanırım endişelenmediğim olayda. Çünkü endişelendiğim gibi genelde olmuyor olaylar.

TERAPİST: Olayın daha olumsuz yaşanacağını düşünüyorsun. Peki az önce, "O olayı düşündüğüm için hazırlıklı oluyorum." demiştin. Şimdi bu inancın hakkında ne düşünüyorsun.

DANIŞAN: Sanırım hazırlıklı olmuyorum.

TERAPİST: Hazırlıklı olmuyorsun. Diğer yandan önceki görüşmelerimizde endişelenince rahatladığından bahsetmiştin.

DANIŞAN: Evet, gerçekten rahatlıyorum.

TERAPİST: Nasıl bir rahatlık hissi bu?

DANIŞAN: Yani o sorunu irdeleyince iyi hissediyorum.

TERAPİST: Evet irdeliyorsun ve sonunda hangi duyguyu hissediyorsun?

DANIŞAN: Rahatlama gibi ama sanki yapay bir rahatlama, aslında kaygılanıyorum.

TERAPİST: Kaygılanıyorsun. Endişenin rahatlattığı hakkında şimdi ne düşünüyorsun?

DANIŞAN: (10 saniye sessizlik) Aslında rahatlatmıyor, biliyor musunuz? İşler iyice birbirine giriyor.

TERAPİST: Birbirine giriyor.

Bu tekniğin uygulanmasında, "Endişenin sana yardımcı olmasının arka planında nasıl bir mekanizma var? Endişelenmenin hem faydalı olduğunu düşünüyorsun hem de kaygılanıyorsun, bunların her ikisi sana neyi gösteriyor?" (Wells, 2009) gibi çeşitli sorular da kullanılabilir.

Endişe Düzenleme Deneyleri: Sözel teknikler ile elde edilen değişimlerin hayata geçirilmesinde davranış deneylerinin önemli bir yeri vardır. Bu bağlamda danışanda elde edilen değişimi davranış deneyleri ile pekiştirmek faydalı olabilir. Danışanın endişelenmeye dair olumlu inançlarını incelemek adına bir deney planlanabilir.

Örnek Görüşme (17 yaşında erkek, lise öğrencisi)

TERAPİST: İlk görüşmemizde endişelenmeye dair birçok inancından bahsetmiştin. Bu inançlarından birisi de olumlu inançlardı. Terapi süreci boyunca kullandığımız teknikler ve deneyler vasıtasıyla daha az endişelenmeyi tercih ettin. Peki bu tercih, endişelenmenin olumlu sonuçlarından mahrum kalmana sebep oldu mu?

DANIŞAN: Hiçbir değişiklik olmadı. Hatta kendimi daha iyi hissettim. Sanırım ben kendimi öyle inandırmışım.

TERAPİST: Bir değişiklik olmadı. Bunu bu hafta için bir deney planlayarak da inceleyebiliriz.

DANIŞAN: Olur, ilk zamanlar biraz geri dursam da deneyleri sevmeye başladım (gülme).

TERAPİST: Kendinle ilgili deney yapman, seni memnun ediyor. Daha önce arkadaşlarınla buluşmadan, ne konuşacağın hakkında endişelenirdin ve bu endişenin ise arkadaşlarınla buluşmalarında daha başarılı olmanı sağladığını düşünürdün.

DANIŞAN: Evet, sanki daha iyi sohbet ediyormuşum gibi oluyor.

TERAPİST: Peki, endişelenmeden hiç arkadaşlarınla buluştuğun oldu mu?

DANIŞAN: Sanırım olmadı.

TERAPİST: Hiç endişelenmeden arkadaşlarınla buluşmamana rağmen endişenin seni daha başarılı kıldığına nasıl inanıyorsun?

DANIŞAN: Evet, bir kanıtım yok. Sanırım bu hafta bunu deneyeceğiz.

TERAPİST: Evet, istersen bu hafta bunu deneyimleyebiliriz. Bu hafta arkadaşlarınla birden fazla görüşme planlayabilir misin?

DANIŞAN: Evet, bu hafta birkaç kez buluşacağız.
TERAPİST: Tamam, ilk görüşmeye, hep yaptığın gibi öncesinde ne konuşacağın hakkında fazlaca endişelenerek gitmeni, ikinci görüşmeye ise endişelenmeden gitmeni öneriyorum. İki durumdaki başarını haftaya karşılaştırabiliriz.
DANIŞAN: Tamamdır, yaparım.

Deney planlamada, en önemli noktalardan bir tanesi, davranış göstergelerini öncesinde planlamaktır. Bu görüşme için belirlenen başarı ölçütleri aşağıdaki tabloda gösterilmiştir.

Tablo 1. Başarı Hakkında Davranış Göstergeleri

Arkadaş Buluşmalarında Başarılı Olmak	Arkadaş Buluşmalarında Başarısız Olmak
Konuşma esnasında anda kalabilmek	Konuşma esnasında zihindeki düşünceler ile uğraşmak
Esprilere gülmek gibi tepki verebilmek	Esprilere tepki vermeden boşluğu izlemek
Sohbet başlatabilmek	Sohbeti başlatamamak
Belirlenen saat aralığında buluşma içerisinde zaman geçirmek	Buluşma ortamını, önemli bir iş olmamasına rağmen kısa sürede terk etmek

Nüks Önleme Çalışmaları

Endişe sebebiyle terapiye başvuran danışanlara, Üstbilişsel Terapi Modeli çerçevesinde destek olunduktan sonra nüks önleme çalışmalarına geçilebilir. Bu aşama için danışanların endişelenmenin kontrol edilebilir olduğu, endişelenmenin bir tehlike veya zararlılık barındırmadığı ve son olarak endişelenmeye dair olumlu inançlarında önemli bir azalma olduğuna emin olmak gerekir. Bu aşamalar tamamlandıktan sonra danışan ile terapi sürecinde edinilen beceriler Şekil 2'de gösterilen formülasyon aracılığıyla gözden geçirilir ve danışanın terapi sürecinden götürdükleri ile hayatının hangi alanlarına uygulayacağı hakkında konuşulur. Hayatta uygulama alanlarına dair konuşmalarda danışan ile olumsuz düşünceye dair inançları hakkında liste yapılması önerilir (Wells, 2009):

Tablo 2. Düşüncelere İlişkin İnançlar

Eski İnançlar	**Yeni İnançlar**
Zihnime bir düşünce gelirse ona cevap vermek zorundayım çünkü cevap vermezsem zihnimden hiç gitmez.	Zihnimdeki düşünceye cevap vermek zorunda değilim. Cevap vermezsem yavaş yavaş gidecekler.
Odağım zihnime gelen düşüncelerde olmalı.	Zihnimde düşünceler bir kenarda plak gibi çalsa de ben yapmam gereken işe devam ederim.

Endişe, benden bağımsız zihnimin yaptığı eylemdir.	Endişelenmeyi ben tercih ederim.
Endişelenmemi durduramam.	Endişelenmeyi başlatmak da bitirmek de benim elimde.
Endişelenmek tehlikelidir.	Endişelenmek tehlikeli değildir.
Endişelenmek kalp krizi riskimi artırır.	Kalp krizi ile endişe arasında bir bağlantı yoktur.
Zihnime tetikleyici düşüncenin gelmesi ile endişenin başlaması arasında zamansal bir boşluk yoktur.	Zihnime tetikleyici düşüncenin gelmesi ile bunu endişeye sürüklemek benim elimdedir.
Endişelenmek faydalıdır.	Endişelenmenin faydası yoktur. Eğer faydalı olsaydı terapi almama gerek kalmazdı.
Düşüncelerime cevap vermem gerekiyor. Yoksa gerçek olurlar.	Düşünce, sadece bir düşüncedir.

Terapi Sürecinde Kullanılabilecek Bazı Metaforlar

Art Arda Pembe Fil

Bu metafor, tetikleyici düşüncenin zihnine gelmesini engelleyebileceğine inanan danışanlar için kullanılır. Uygulama örneği aşağıda verilmiştir.

TERAPİST: Sana şimdi bir şey söyleyeceğim. Bu söylediğim şey veya onun resmi zihnine 2 dakika içinde gelirse bu tetikleyici düşüncenin zihnine gelmesini engelleyemediğin anlamına gelecektir. Ancak bu şey veya resmi zihnine gelmezse engelleyebildiğin anlamına gelecektir. Şimdi pembe bir fil düşünme.
DANIŞAN: Hocam şu an her yer pembe fil (gülme).
TERAPİST: Peki bu bize neyi gösteriyor?
DANIŞAN: Tetikleyici düşüncenin zihnimize gelmesinin bizim kontrolümüzde olmadığını.
TERAPİST: Onu göndermeye çalış, düşünmemeye çalış.
DANIŞAN: Olmuyor ki daha çok geliyor.

(*Ortalama 5 dakika terapiye devam edilir*).

TERAPİST: Beş dakika önce sana pembe fili düşünme demiştim ve düşünmüştün, onu zihninden de atamamıştın. Ben tekrar pembe fil konusunu açıncaya kadar pembe file ne oldu?
DANIŞAN: Aaa gitmişti. O kadar uğraştım gitmemişti.
TERAPİST: Onu göndermek için bir çaba gösterdin mi?

DANIŞAN: Yok, sadece terapiye kendimi verdim. Demek ki tetikleyici düşünceleri serbest bırakınca gidiyorlarmış.
TERAPİST: Peki, şu an pembe fil zihninde mi?
DANIŞAN: Evet.
TERAPİST: Onu gitmesini bekleyelim.
DANIŞAN: Hocam öyle olmuyor ki (gülme).
TERAPİST: Ne olması lazım gitmesi için?
DANIŞAN: Terapiye devam etmemiz lazım (gülme).
TERAPİST: Evet, bu sana neyi gösteriyor?
DANIŞAN: O düşünceyi gönderme niyetiyle yapılan şeyler aslında onu orda kalıcı hâle getiriyor.

Trenin Vagonunda Bir Gezinti

Bu metafor, danışanın tetikleyici düşünceler ile girdiği ilişkiyi tanımlamak için kullanılır. Örnek uygulama aşağıda verilmiştir.

TERAPİST: Örneğin, Burdur'dan Ankara'ya trenle gideceksin ve tren garında bekliyorsun. İlk gelen trene mi binersin? Yoksa Ankara trenine mi?
DANIŞAN: Ankara trenine binerim.
TERAPİST: Tren garını zihnin, trenleri ise tetikleyici düşünceler olarak ele alırsak; zihninde ilk gelen trene atlıyorsun. Onun gittiği her yere gidiyorsun. Bazen öyle oluyor ki hiç aklına gelmeyen yerlere gidiyorsun. Bir süre sonra bu gezinti seni sıkıyor, bunaltıyor. Trenden inmek istiyorsun yani o düşünceleri zihninden atmak istiyorsun ama maalesef olmuyor çünkü tren hareket hâlinde. Sana teklifim o trene hiç binmemek.

Terapi Nedir?

Bu metafor, terapi sürecinin başında terapi hakkında bilgi vermek için kullanılabilir. Örnek uygulama aşağıda sunulmuştur.

TERAPİST: Terapi süreci hakkında bilgi vermek istiyorum. Psikoterapi, hayatımızdan işlevi olmayan şeyleri çıkartıp doğal iyileşme için uygun zemini hazırlamaktır. Yani şöyle; kolumuz kırıldığında hastaneye gideriz. Hastanede ne yaparlar?
DANIŞAN: Alçıya alırlar.
TERAPİST: Peki, alçıya alınma işlevi kolumuzu iyileştiren bir şey midir? Yoksa iyileşme için uygun zemini hazırlayan bir şey mi?
DANIŞAN: Iıı iyileşme için uygun zemini hazırlayan bir şey. Alçı olduğu için kolumuz düzgün kaynıyor.
TERAPİST: Evet, alçı olmasa kolumuz düzgün iyileşmez. Terapi de böyle, hayatımızda doğal iyileşme sürecimizi engelleyen şeyleri saptayacak ve bunları hayatımızdan çıkarmayı hedefleyeceğiz.

SONUÇ VE ÖNERİLER

Bilişsel Davranışçı Terapi, dünya çapında yirminci yüzyılın ikinci yarısına damga vuran bir ekol olmuştur. Bu ekolün, kanıta dayalı ve yapılandırılmış olması en önemli özelliklerindedir. Ayrıca Albert Ellis ve Aaron T. Beck ile yapı taşları atılan ekolün, bugün geldiği nokta arasında da büyük farklılıklar bulunmaktadır. Bu farklılıkların oluşmasında etkili olan unsur ise psikoloji, psikolojik danışma ve psikoterapi alanındaki bilimsel gelişmelerdir. Özellikle 1990'lı yıllarda bilimsel gelişmelerin yansımaları, Bilişsel Davranışçı Terapiler çatısı altında, Üstbilişsel Terapi, Kabul ve Kararlılık Terapisi gibi farklı ekollerde görülmüştür.

Üstbilişsel Terapi, temel BDT'nin düşünceleri inceleme sürecine farklı bir açıdan yaklaşmış, düşüncelerin gerçekliğini değil anlamını incelemiştir. Bu yöntem ile birlikte özellikle obsesif kompulsif bozukluk (OKB) ve yaygın anksiyete bozukluğu (YAB) gibi psikopatolojilerde düşüncelerin gerçekliğinin sorgulanmasının etkin çözümler üretemediği alanlarda, yüz güldürücü çözümleri sağlayabilmiştir. Özellikle bu problemlerde temel BDT yaklaşımı ile etkinliğinin karşılaştırıldığı bazı araştırmalarda Üstbilişsel Terapi'nin daha etkin çözümler üretebildiği bildirilmiştir. Üstbilişsel Terapi'nin dayandığı bilimsel teorisi ise bilişsel psikoloji laboratuvarlarının dikkat yanlılığı, dikkati yönetme gibi bilimsel çıktılarıdır. Özellikle YAB'ın tedavisinde yüksek etkinliğinin gösterilmesi dolayısıyla, YAB'ın en önemli belirtisi olan endişenin terapisinde de Üstbilişsel Terapi doğrultusunda bu kitap bölümü hazırlanmıştır. Bu bölümün terapi süreçlerinde rehber olarak kullanılabilmesine imkân tanıyabilmesi amacıyla örnek görüşmelere sıklıkla yer verilmiştir. Örnek görüşmelerin tümü, terapi seanslarından alınmış sadece bir kesittir. Endişe hakkında yapılandırılacak terapi süreçlerinin, belirtilen sıralama ve en önemlisi danışanın özelliklerine göre yapılandırılması önerilmektedir. Diğer yandan bu rehberde her ne kadar terapi ekolü olarak Üsbilişsel Model tercih edilse de terapötik ilişkinin sağlanması ve sürdürülmesinde Birey Merkezli Yaklaşım'a sadık kalınması önerilmektedir. Son olarak endişenin terapisinde, temel BDT'nin bazı tekniklerinden faydalanılabilir fakat terapi süreci Üstbilişsel Model'in kuramsal yaklaşımı ile başlatılmış ise buna sadık kalınmalıdır. Bunun sebebi ise BDT ve Üsbilişsel Model'in düşünceyi ele alışındaki farklılıktır.

OKUMA ÖNERİLERİ

Adrian Wells, Anksiyete ve Depresyonda Metakognitif Terapi, çev. F. Fatih Yavuz, Hilal Bebek, Ali Engin Uygur (Litera Yayıncılık: 2009).

Batmaz, S. (2015). Uygulama ve Etkinlik. *Turkiye Klinikleri J Psychiatry-Special Topics, 8*(2), 33-8.

Batmaz, S. (2021). Metakognitif (Üstbilişsel) Terapi. Z. Karataş & M. H. Türkçapar (Ed.) Bilişsel Davranışçı Psikoterapide Yeni Gelişmeler (101-158). Ankara: Nobel.

Ellis, D. M. & Hudson, J. L. (2010). The Metacognitive Model of Generalized Anxiety Disorder in Children and Adolescents. Clinical Child and Family Psychology Review, 13(2), 151-163.

Fisher, P. L., & Wells, A. (2009) Psychological models of worry and generalized anxiety disorder. In M. Antony & M.B. Stein (Eds.), Handbook of Anxiety and Related Disorders, Oxford University Press.

KAYNAKLAR

APA (2013). Diagnostic and Statistical Manual of Mental Disorders, 5th edition (DSM 5). Washington, DC, American Psychiatric Association.

Bacow TL, Pincus DB, Ehrenreich JT ve ark. (2009). The metacognitions questionnaire for children: Development and validation in a clinical sample of children and adolescents with anxiety disorders. J Anxiety Disord, 23: 727-36.

Barahmand, U. (2008). Age and gender diferences in adolescent worry. *Personality and Individual Diferences, 45,* 778–783. https://doi. org/10.1016/j.paid.2008.08.006.

Beidel, D. C., & Turner, S. M. (1997). At risk for anxiety: I. Psychopathology in the offspring of anxious parents. *Journal of the American Academy of Child & Adolescent Psychiatry, 36*(7), 918-924.

Blanchard, R. J., Blanchard, D. C., Griebel, G. & Nutt, D. (2008). Introduction to the handbook on fear and anxiety. Amsterdam, The Netherlands: Elsevier.

Borcovec, T. D., Robinson, E., Pruzinsky, T., & DePree, J. A. (1983). Prelımınary Exploratıon Of Worry: Some Characterıstıcs And Processes. *Bei~ol- Re\. 21*(1). https://doi.org/10.1016/0005-7967(83)90121-3.

Borkovec, T. D. (1985). Worry: A potentially valuable concept. *Behaviour Research and Therapy, 23,* 481-482.

Borkovec, T. D., Ray, W. J. & Stober, J. (1998). Worry: A Cognitive Phenomenon Intimately Linked to Affective, Physiological and Interpersonal Behavioral Processes. *Cognitive Therapy and Research. 22(6),* 561-576.

Bosquet, M., & Egeland, B. (2006). The development and maintenance of anxiety symptoms from infancy through adolescence in a longitudinal sample. *Development and psychopathology, 18*(2), 517-550.

Bögels, S. M., & Brechman-Toussaint, M. L. (2006). Family issues in child anxiety: Attachment, family functioning, parental rearing and beliefs. *Clinical psychology review, 26*(7), 834-856.

Britton, J. C., Lissek, S., Grillon, C., Norcross, M. A., & Pine, D. S. (2011). Development of anxiety: the role of threat appraisal and fear learning. *Depression and anxiety, 28*(1), 5-17.

Cartwright-Hatton S, Wells A (1997). Beliefs about worry and intrusions: the metacognitions questionnaire and its correlates. J Anxiety Disord, 11: 279-296.

Chorpita, B. F., & Barlow, D. H. (1998). The development of anxiety: the role of control in the early environment. *Psychological bulletin, 124*(1), 3.

Chronis-Tuscano, A., Degnan, K. A., Pine, D. S., Perez-Edgar, K., Henderson, H. A., Diaz, Y., ... & Fox, N. A. (2009). Stable early maternal report of behavioral inhibition predicts lifetime social anxiety disorder in adolescence. *Journal of the American Academy of Child & Adolescent Psychiatry, 48*(9), 928-935.

Clauss, J. A., & Blackford, J. U. (2012). Behavioral inhibition and risk for developing social anxiety disorder: a meta-analytic study. *Journal of the American Academy of Child & Adolescent Psychiatry, 51*(10), 1066-1075.

Cooley-Quille, M., Boyd, R. C., Frantz, E., & Walsh, J. (2001). Emotional and behavioral impact of exposure to community violence in inner-city adolescents. *Journal of clinical child psychology, 30*(2), 199-206.

Cooper, P. J., Fearn, V., Willetts, L., Seabrook, H., & Parkinson, M. (2006). Affective disorder in the parents of a clinic sample of children with anxiety disorders. *Journal of affective disorders, 93*(1-3), 205-212.

Davey, G. C. L. (1994). Pathological worry as exacerbated problem solving. G. C. L. Davey & F. Tallis (Ed), *Worrying: Perspectives on Theory, Assessment, and Treatment* (35-60). Chichester, UK: JohnWiley.

Davey, G. C. L., & Tallis, F. (Ed.). (1994). Worrying: Perspectives on theory, assessment, and treatment. New York: Wiley.

Davey, G. C. L., Hampton, J., Farrell, J. & Davidson, S. (1992). Some characteristics of worrying: Evidence for worrying and anxiety as separate constructs. *Personality and Individual Dtxerences, 13,* 133-147.

Davey, G. C. L., Tallis, F. & Capuzzo, N. (1996). Beliefs About the Consequences of Worrying. *Cognitive Therapy and Research. 20* (5) 499-520.

Degnan, K. A., Almas, A. N., & Fox, N. A. (2010). Temperament and the environment in the etiology of childhood anxiety. *Journal of Child Psychology and Psychiatry, 51*(4), 497-517.

Dugas, M. J., Freeston, M. H. & Ladouceur, R. (1997). Intolerance of Uncertainty and Problem Orientation in Worry. *Cognitive Therapy and Research*, 21 (6), 593-606.

Dugas, M. J., Gosselin, P., & Ladouceur, R. (2001). Intolerance of uncertainty and worry: Investigating specificity in a nonclinical sample. *Cognitive therapy and Research*, *25*(5), 551-558.

Dugas, M. J., Robichaud, M. (2007). Cognitive-Behavioral Treatment for Generalized Anxiety Disorder From Science to Practice. United States of America: Taylor & Francis Group, LLC.

Ellis, D. M., & Hudson, J. M. (2010). The metacognitive model of generalized anxiety disorder in children and adolescents. Clinical Child and Family Psychology Review, 13(2), 151-163. https://doi. org/10.1007/s10567-010-0065-0.

Esbjørn, B. H., Normann, N., & Reinholdt-Dunne, M. L. (2015). Adapting metacognitive therapy to children with generalised anxiety disorder: suggestions for a manual. *Journal of Contemporary Psychotherapy*, *45*(3), 159-166.

Esbjørn, B. H., Normann, N., Christiansen, B. M., & Reinholdt-Dunne, M. L. (2018). The efficacy of group metacognitive therapy for children (MCT-c) with generalized anxiety disorder: An open trial. *Journal of anxiety disorders*, *53*, 16-21.

Esbjørn, B. H., Normann, N., Lønfeldt, N. N., Tolstrup, M., & Reinholdt-Dunne, M. L. (2016). Exploring the relationships between maternal and child metacognitions and child anxiety. *Scandinavian Journal of Psychology*, *57*(3), 201-206.

Essex, M. J., Klein, M. H., Slattery, M. J., Goldsmith, H. H., & Kalin, N. H. (2010). Early risk factors and developmental pathways to chronic high inhibition and social anxiety disorder in adolescence. *American Journal of Psychiatry, 167*, 40-46.

Eysenck, M. W. (1992). Anxiety: The Cognitive Perspective. London: Erlbaum.

Freeston, M. H, Rheaume, J., Letarte, H., Dugas, M. J. & Ladouceur, R. (1994). Why do people worry?. *Pers Individual Differ. 17*, 791-802. https://doi.org/10.1016/0191-8869(94)90048-5.

Gana, K., Martin, B. & Canouet, M. D. (2001). Worry and Anxiety: Is There a Causal Relationship? *Psychopathology*. *34*, 221-229.

Gregory, A. M., & Eley, T. C. (2007). Genetic influences on anxiety in children: What we've learned and where we're heading. *Clinical child and family psychology review*, *10*(3), 199-212.

Gregory, A. M., & Eley, T. C. (2011). The genetic basis of child and adolescent anxiety. *Anxiety disorders in children and adolescents*, *2*, 161-178.

Hudson, J. L., & Dodd, H. F. (2012). Informing early intervention: Preschool predictors of anxiety disorders in middle childhood.

Irak, M. (2012). Üstbiliş Ölçeği Çocuk ve Ergen Formunun Türkçe standardizasyonu, kaygı ve obsesif-kompülsif belirtilerle ilişkisi. *Türk Psikiyatri Dergisi*, *23*(1), 47-54.

Kagan, J. (2013). Behavioral inhibition as a temperamental vulnerability to psychopathology. In T. P. Beauchaine & S. P. Hinshaw (Eds.), *Child and adolescent psychopathology* (2nd ed., pp. 227-250). Hoboken, NJ: Wiley.

Kashani, J. H., Hodges, K. K., Simonds, J. F., & Hilderbrand, E. (1981). Life events and hospitalization in children: A comparison with a general population. *The British Journal of Psychiatry*, *139*(3), 221-225.

Kendall, P. C., Chanskyu, T. E., Kane, M. T., Kim, R., Kortlander, E., Ronan, K. R., et al. (1992). *Anxiety disorders in youth: Cognitive-behavioral interventions*. Needham Heights, MA: Allyn & Bacon.

Kerns, K. A., & Brumariu, L. E. (2014). Is insecure parent–child attachment a risk factor for the development of anxiety in childhood or adolescence?. *Child development perspectives*, *8*(1), 12-17.

Knappe, S., Beesdo-Baum, K., & Wittchen, H. U. (2010). Familial risk factors in social anxiety disorder: calling for a family-oriented approach for targeted prevention and early intervention. *European child & adolescent psychiatry*, *19*(12), 857-871.

Lamb, D. J., Middeldorp, C. M., van Beijsterveldt, C. E., Bartels, M., van der Aa, N., Polderman, T. J., & Boomsma, D. I. (2010). Heritability of anxious-depressive and withdrawn behavior: age-related changes during adolescence. *Journal of the American Academy of Child & Adolescent Psychiatry*, *49*(3), 248-255.

Lau, J. Y., Britton, J. C., Nelson, E. E., Angold, A., Ernst, M., Goldwin, M., ... & Pine, D. S. (2011). Distinct neural signatures of threat learning in adolescents and adults. *Proceedings of the National Academy of Sciences, 108*(11), 4500-4505.

Lewis-Morrarty, E., Degnan, K. A., Chronis-Tuscano, A., Rubin, K. H., Cheah, C. S., Pine, D. S., ... & Fox, N. A. (2012). Maternal over-control moderates the association between early childhood behavioral inhibition and adolescent social anxiety symptoms. *Journal of abnormal child psychology, 40*(8), 1363-1373.

Liebert, R. M., & Morris, L. W. (1967). Cognitive and emotional components of test anxiety: A distinction and some initial data. *Psychological Reports, 20.* https://doi.org/10.2466%2Fpr0.1967.20.3.975.

MacLeod, A. K., Williams, J. M., & Bekerian, D. A. (1991). Worry is reasonable: the role of explanations in pessimism about future personal events. *Journal of Abnormal Psychology, 100*(4), 478.

Manassis, K. (2001). Child–parent relations: Attachment and anxiety disorders. *Anxiety disorders in children and adolescents,* 255.

McEvoy, P. M. (2019). Metacognitive therapy for anxiety disorders: a review of recent advances and future research directions. *Current psychiatry reports, 21*(5), 1-9.

McLeod, B. D., Wood, J. J., & Weisz, J. R. (2007). Examining the association between parenting and childhood anxiety: A meta-analysis. *Clinical psychology review, 27*(2), 155-172.

Meyer, T. J., Miller, M. L., Metzger, R. L., & Borkovec, T. D. (1990). Development and validation of the Penn State Worry Questionnaire. *Behaviour Research and Therapy,* 28, 487-495. https://doi.org/10.1016/0005-7967(90)90135-6

Muris, P., & Merckelbach, H. (2001). The etiology of childhood specific phobia: A multifactorial model. In M. W. Vasey & M. M. Dadds (Eds.), *The developmental psychopathology of anxiety* (pp. 355–385). New York: Oxford University Press.

Muris, P., Meesters, C., Merckelbach, H., Sermon, A., & Zwakhalen, S. (1998). Worry in normal children. *Journal of the American Academy of Child & Adolescent Psychiatry, 37*(7), 703-710.

Muris, P., Merckelbach, H., Meesters, C., & van den Brand, K. (2002). Cognitive development and worry in normal children. Cognitive Therapy and Research, 26, 775-785.

Ollendick, T. H., Yang, B., King, N. J., Dong, Q., & Akande, A. (1996). Fears in American, Australian, Chinese, and Nigerian children and adolescents: a cross-cultural study. *Journal of Child Psychology and Psychiatry,* 37(2), 213-220.

Özdel, K. (2021). Hayatı Anlama Serisi 2, Sosyal Fobiden Hayata Yolculuk, Kendi Kendine Yardım Kitabı. İstanbul: Epsilon.

Özusta Ş (1995). Çocuklar İçin Durumluk-Sürekli Kaygı Envanterinin Uyarlama, Geçerlik ve Güvenirlik Çalışması. Türk Psikoloji Dergisi, *10,* 32-44.

Pagani, L. S., Japel, C., Vaillancourt, T., Côté, S., & Tremblay, R. E. (2008). Links between life course trajectories of family dysfunction and anxiety during middle childhood. *Journal of abnormal child psychology, 36*(1), 41-53.

Pérez-Edgar, K., & Fox, N. A. (2005). Temperament and anxiety disorders. *Child and Adolescent Psychiatric Clinics, 14*(4), 681-706.

Piaget, J., Inhelder, B., & Szeminska, A. (1960). Child's Conception of Geometry. London: Routledge and Kegan Paul.

Robichaud, M., & Dugas, M. J. (2015). The Generalized Anxiety Disorder Workbook: A Comprehensive CBT Guide For Coping With Uncertainty, Worry, And Fear. Canada: Raincoast Books.

Roemer, L., & Borkovec, T. D. (1993). Worry: Unwanted cognitive activity that controls unwanted somatic experience. In D. M. Wegner & J. W. Pennebaker (Ed.), *Handbook of mental control.* Englewood Cliffs, NJ: Prentice-Hall.

Silverman, W. K., La Greca, A. M., & Wasserstein, S. (1995). What do children worry about? Worries and their relation to anxiety. *Child Development, 66,* 671-686. https://doi. org/10.1111/j.1467-8624.1995.tb00897.x.

Siqueland, L., Kendall, P. C., & Steinberg, L. (1996). Anxiety in children: Perceived family environments and observed family interaction. *Journal of Clinical Child Psychology, 25*(2), 225-237.

Spielberger, C. D. (1976). The measurement of state and trait anxiety: Conceptual and methodological issues. Monogr 2:713-5.

Stevenson-Hinde, J., Chicot, R., Shouldice, A., & Hinde, C. A. (2016). Maternal anxiety, maternal sensitivity, and attachment. In *Maternal Sensitivity* (pp. 186-204). Routledge.

Stöber, J. & Joormann, J. (2001). Worry, Procrastination, and Perfectionism: Differentiating Amount of Worry, Pathological Worry, Anxiety and Depression. *Cognitive Therapy and Research. 25(1),* 49-60.

Tosun, A., & Irak, M. (2008). Üstbiliş Ölçeği-30'un Türkçe Uyarlaması, Geçerliği, Güvenirliği, Kaygı ve Obsesif-Kompülsif Belirtilerle İlişkisi. *Türk Psikiyatri Dergisi, 19*(1), 67-80.

Türkçapar, H. (2018). *Bilişsel Davranışçı Terapi Temel İlkeler ve Uygulama.* İstanbul: Epsilon Yayınevi.

Van Der Bruggen, C. O., Stams, G. J. J., & Bögels, S. M. (2008). Research review: The relation between child and parent anxiety and parental control: A meta-analytic review. *Journal of Child Psychology and Psychiatry, 49*(12), 1257-1269.

Vasey, M. W. (1993). Development and cognition in childhood anxiety. Advances in Clinical Child Psychology, 15, 1-39.

Vasey, M. W., & Daleiden, E. L. (1994). Worry in children. In G. C. L. Davey & F. Tallis (Eds.), Worrying: Perspectives on theory, assessment and treatment (pp. 185-207). Oxford: Wiley.

Walczak, M., Breinholst, S., Ollendick, T., & Esbjørn, B. H. (2019). Bilişsel davranışçı terapi ve üstbilişsel terapi: yaygın anksiyete bozukluğu olan çocuklar için tedavi sonuçlarının moderatörleri. *Çocuk Psikiyatrisi ve İnsan Gelişimi, 50* (3), 449-458.

Warren, S. L., Huston, L., Egeland, B., & Sroufe, L. A. (1997). Child and adolescent anxiety disorders and early attachment. *Journal of the American Academy of Child & Adolescent Psychiatry, 36*(5), 637-644.

Wells, A. (1995). Meta-cognition and worry: A cognitive model of generalized anxiety disorder. *Behavioural and Cognitive Psychotherapy, 23(3),* 301-320.

Wells, A. (1995). Meta-cognition and worry: A cognitive model of generalised anxiety Disorder. *Behavioural and Cognitive Psychotherapy,* 1995 (23), 301-301-320.

Wells, A. (1997). Cognitive therapy of anxiety disorders:Apractice manual and Conceptual Guide. Chichester, UK: JohnWiley.

Wells, A., & Cartwright-Hatton, S. (2004). A short form of the metacognitions questionnaire: properties of the MCQ-30. *Behaviour research and therapy,* 42(4), 385-396.

Wells, A., (2009). *Metacognitive Therapy for Anxiety and Depression.* The Guılford Press.

Wells, A., (2009). *Metacognitive Therapy for Anxiety and Depression.* The Guılford Press.

Whaley, S. E., Pinto, A., & Sigman, M. (1999). Characterizing interactions between anxious mothers and their children. *Journal of consulting and clinical psychology, 67*(6), 826.

Zebb, B. J., & Beck, J. G. (1998). Worry versus anxiety: Is there really a difference?. *Behavior Modification, 22*(1), 45-61.

Bölüm 9

YEME SORUNLARI VE BEDEN İMGESİNDE BİLİŞSEL DAVRANIŞÇI TERAPİ

Aygül Tunç Aksan

GİRİŞ

Yeme Bozuklukları ve Bozulmuş Yemeyi Önleme: Beden İmgesi Müdahaleleri

Bu bölümde, Yeme Bozukluklarını (YB) önleme çalışmaları kapsamında ortalama 13 yaş üstüne uygulanabilecek ve uyarlanabilecek Bilişsel Davranışçı Yaklaşım (BDY) çerçevesinde olumsuz beden imgesine bireysel görüşmelerde nasıl müdahale edileceğinden söz edilecektir.

İlerleyen bölümlerde, YB'nin sınıflandırılması ve Transdiyagnostik Yaklaşım (TY) ile ilgili bilgi verilecektir. Sonraki bölümde, beden imgesinin tanımı, yaklaşımlar, çocuk ve ergenlerde beden imgesi ve BDY'nin beden imgesine yaklaşımı anlatılacaktır. Son bölümde ise Cash'ın (1997; 2008) yaklaşımından yararlanılarak hazırlanan müdahale programının tanıtımı yapılacaktır.

YEME BOZUKLARININ SINIFLANDIRILMASI

Yeme bozukluklarının, diğer ruhsal bozukluklarda olduğu gibi en yaygın sınıflandırılmanın *Tanı ve Ruhsal Bozuklukların Sayımsal El Kitabı Beşinci Baskı*'da [DSM-V; Amerikan Psikiyatri Birliği (APB), 2013] yer aldığı görülmektedir. Beslenme ve Yeme Bozuklukları başlığı altında toplanan bozukluklar çocuk ve ergenler için ayrı bir bölüm olarak ele alınmamıştır. Pika, Geri Çıkarma (Geviş Getirme) Bozukluğu, Anoreksiya Nevroza (AN), Bulimiya Nevroza (BN), Tıkınırcasına Yeme Bozukluğu (TYB), Tanımlanmış Diğer Beslenme ve Yeme Bozukluğu ve Tanımlanmamış Beslenme ve Yeme Bozukluğu olmak üzere dokuz kategoride ele alınmıştır.

YB sınıflandırması öne sürülen bir başka model ise Üç Boyutlu Modeldir. Üç Boyutlu modelde tüm YB'ler için üç boyut tanımlanmıştır. Bu boyutlar, tıkanırcasına yemenin olup olmaması, zayıflıkla aşırı uğraş (drive for thinness) ve şişmanlama korkusu/uygun olmayan telafi edici davranışlar biçimindedir (Gordon, Holm-Denoma, Crosby ve Wonderlich, 2018).

Sınıflandırma için önerilen diğer bir yaklaşım ise Transdiyagnostik Yaklaşımdır (TY). Ruhsal bozuklukların başlangıcı, sürdürülmesi ve tedavisinde ortak psikopatolojilere vurgu yapılan TY, genel olarak ruhsal hastalıkların sınıflandırılmasında alternatif bir yol açmıştır (Dalgleish, Black, Johnston ve Bevan, 2020). YB ile ilgili TY, Fairburn ve arkadaşlarının 2000'li yıllarda başlayan çalışmalarıyla oluşmaya başlamıştır (Fairburn, Cooper ve Shafran, 2003; Fairburn ve diğ., 2009; Fairburn ve diğ., 2015; Fairburn, 2008). Aşağıdaki bölümde TY'nin YB'ye nasıl açıkladığına yönelik açıklamalar sunulmaktadır.

Yeme Bozukluklarına Transdiyagnostik Yaklaşım

Fairburn (2008), YB'lerde ayırıcı özelliklerden çok benzer özelliklere odaklanılması gerektiğini öne sürmüştür. Bu bakış açısını kanıtlayan iki önermesi vardır. Birincisi, yeme bozukluklarının diğer psikiyatrik bozukluklarda görülmeyen iki önemli özelliği paylaştığı varsayımıdır. Bu varsayıma göre beden şeklinin ve kilonun aşırı değerlendirmesi ve kontrolü ayırıcı özelliktir ve bu ayrıcı özellik YB'nin sürdürülmesinde merkezî öneme sahiptir. İkincisi ise YB'nin seyrinde birbirine geçişler olmasıdır. Yani AN tanısı alan kişinin bir süre sonra BN'ye dönmesi ya da Tanımlanmamış Beslenme ve Yeme Bozukluğuna dönmesi gibi. Fairburn'e göre Tanımlanmamış Beslenme ve Yeme Bozukluğunun oranı, kendi adlandırmasıyla YB'nin artık (residual) oranı, AN ve BN'den daha fazladır (yetişkin ayaktan tedavi gören Tanımlanmamış Beslenme ve Yeme Bozukluğu hasta oranı %50-60, BN oranı %30, AN oranı %10-15 civarındadır) (Cooper ve Dalle Grave, 2017; Fairburn, 2008).

TY'de amaç sadece YB'leri anlamak değil, aynı zamanda müdahale süreçlerini de kapsamaktadır. 1980'lerde BN'yi anlamak ve tedavi etmek için geliştirilen Bilişsel Davranışçı Yaklaşım (BDY), daha sonra YB'lerde sürdürücü süreçlere odaklanarak gelişmiştir. BN'deki sürdürücü süreçler iki önemli anlamda geliştirilmiş (enhanced) ve genişletilmiştir ve bunlar tüm YB'leri kapsayan temel sürdürücü ve dört ek sürdürücü sürecin tanımlanmasıyla sonuçlanmıştır. Yaklaşımlarına da Geliştirilmiş Bilişsel Davranışçı Terapi (G-BDT) adını vermişlerdir.

BDY'ye göre yeme bozukluğu olan kişiler tarafından paylaşılan ayırt edici kendini değerlendirme şeması, bu bozuklukların sürdürülmesinde temel rolü oynamaktadır. Diğer klinik özellikler doğrudan bu "çekirdek psikopatolojiden" kaynaklanmaktadır (Şekil 1). BDY'ye göre çekirdek psikopatolojiler şunlardır: aşırı kilo kontrolü davranışları; çok çeşitli kilo ve şekil kontrolü ve kaçınmaları; yeme, kilo ve şekille ilgili meşguliyet.

Çekirdek psikopatolojide açık bir şekilde ifade edilmemiş olsa bile bütün YB'lerde görülen tıkanırcasına yeme, Transdiyognastik bakışın en belirgin özelliklerinden biridir. Tıkanırcasına yemenin sürdürülmesi aşırı diyet kurallarına bağlı kalınması, diyet kurallarından küçük bir sapmanın bile düşük kendilik kontrolü ve kişisel zayıflık olarak yorumlanmasıyla gerçekleşmektedir. Bununla birlikte, tıkanırcasına yemede üç önemli süreç bozukluğun sürdürülmesine neden olmaktadır. Birincisi, yaşam zorlukları ve ilişkili duygu durum değişimlerinin diyet kurallarını kırma olasılığıdır. İkincisi, tıkanırcasına yemenin kişinin duygu durumunu geçici olarak düzeltmesi ve yaşam zorluklarını düşünmekten alıkoyduğundan, yaşam zorluklarıyla başa çıkmanın bir yolu olmaya başlamasıdır. Üçüncüsü, eğer tıkanırcasına yeme telafi edici kusma ya da laksitiflerin yanlış kullanımını takip ederse, bu da "çıkarmanın" enerji alımını azaltmadaki etkililiğine dair bir inanç geliştirmesine neden olmasıdır. AN'da ise az yemenin baskın olmaya başlamasıyla kişinin aşırı zayıf olması söz konusudur. Bu da belli ikincil fiziksel ve psikolojik sorunlara neden olmaktadır. Örneğin, ertelenmiş mide boşluğu bile az miktarda yiyecek alınsa bile tokluk hissiyle sonuçlanır ve ayrıca başkalarının etkilerinden izole olmak amacıyla sosyal geri çekilme ortaya çıkmaya başlar (Cooper ve Grave, 2017).

TY'de, YB'deki çekirdek sürdürücü sürecin haricinde ek sürdürücü süreçler olduğu öne sürülmektedir. Ek sürdürücü süreçlerden biri aşırı mükemmeliyetçiliğin etkisidir ("klinik mükemmeliyetçilik"). Klinik mükemmeliyetçilik, olumsuz sonuçlarına rağmen kişisel olarak oluşturulmuş standartlar için çabalamayı ve başarmaya yönelik aşırı değerlendirmeyi kapsamaktadır. YB'de klinik mükemmeliyetçilik; yeme, ağırlık, şekil ve bunların kontrolüne yönelik olur ve sonuçta yeme bozukluğunun yoğunlaştırılmış yönü olmaya başlar. Yoğun ruh hâli durumlarıyla baş etme zorluğu ("duygu durum intoleransı") bir diğer sürdürücü süreçtir. YB'de duygu durum intoleransı, tıkınırcasına yeme, kusma ve çok fazla egzersizle duygu durumunu kontrol etme ya da

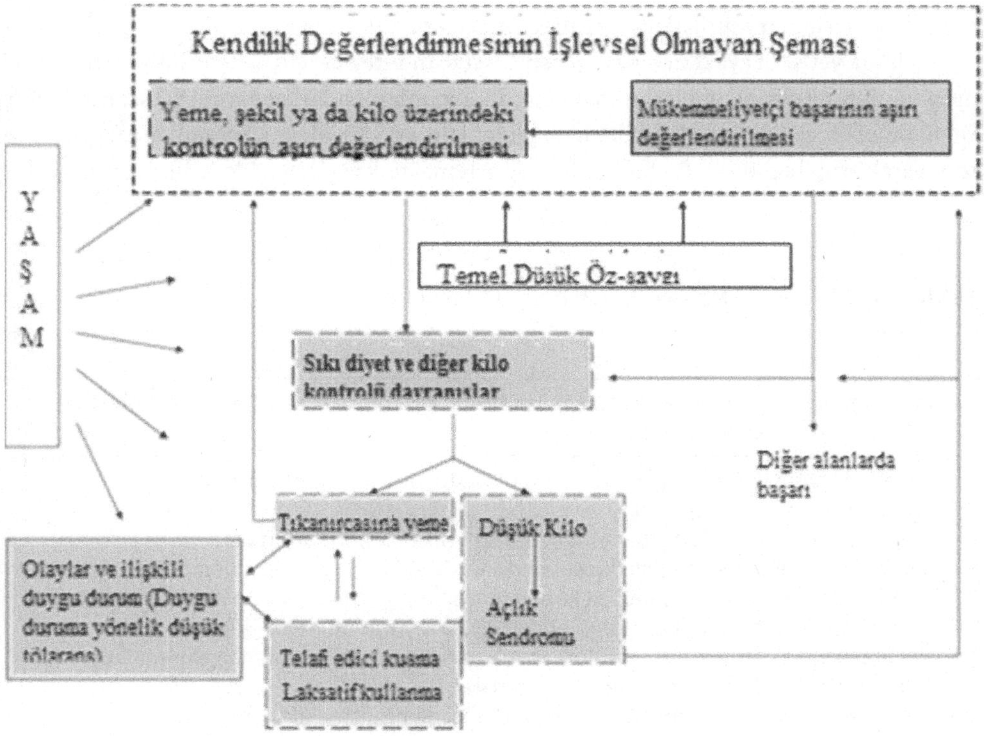

Şekil 1. Yeme Bozukluklarına Transdiyagnostik Yaklaşım (Cooper ve Dalle Grave, 2017)

modüle etme aracılığıyla devam etmektedir. G-BDT'de temel teori ve tedavide duygu durum intoleransı "olaylar ve ilişkili ruh hâli değişikliği" olarak adlandırılmıştır. Üçüncü ek sürdürücü süreç koşulsuz ve yaygın düşük benlik saygısının etkisidir ("çekirdek düşük benlik saygısı"). Çekirdek düşük benlik saygısı, değişimin önünde umutsuzluk yaratarak müdahaleye uyumu düşürmektedir. Özellikle YB'si olanlarda düşük benlik saygısı, en değerli buldukları yeme, şekil ve kilo üzerindeki kontrol sağlama alanıyla başarılı olmaya çabalamalarıyla kendini göstermektedir. Dördüncü ek sürdürücü süreç belirgin kişiler arası problemlerdir ("kişiler arası zorluklar"). Kişiler arası güçlükler, özellikle ergenlerde bozukluğun sürdürülmesine neden olmaktadır (Cooper ve Dalle Grave, 2017; Fairburn, 2008).

GELİŞTİRİLMİŞ BİLİŞSEL DAVRANIŞÇI TERAPİ (G-BDT)

G-BDT genel olarak yeme bozukluklarının psikopatolojisine yönelik bir transdiyagnostik tedavidir. Tedavi klinik olarak YB tanısı almış ve Beden Kitle İndeksi (BKI) 15-40 arasında olanlar için geliştirilmiştir. G-BDT Bilişsel Davranışçı Terapi (BDT) yönelimli bir tedavidir. BDT gibi süre kısıtlamalı, danışanla iş birliğine önem verilmekte ve süreç odaklı olarak geliştirilmiştir. Bununla birlikte bazı özellikleriyle BDT'den farklılaşmaktadır. Örneğin, YB ile ilgili formülasyonun kullanılması, kendini izleme, yönlendirilmiş keşif ve bilişsel hatalara ele alınmasıyla benzeşmektedir. Fakat düşünce kayıtları veya "Sokratik sorgulama" ve davranış deneylerinden sınırlı olarak yararlanılmaktadır.

Aslında yetişkin ayaktan tedavi gören YB'si olan bireyler için geliştirilmiş olan G-BDT programının birçok biçimi bulunmaktadır. Bu biçimlerden birkaç tanesi 20 seanslık temel ve 40 seanslık geniş yoğunlukta olan, ergenler için ayrı bir biçimi, yatarak tedavi gören ve son olarak grup biçimidir. Bu bölümde sadece temel tedavi planı tablo hâlinde sunulacaktır (Tablo 1.)

Tablo 1. G-BDT'nin 20 Haftalık Versiyonunun Temel Unsurları

1. Aşama
Amaç: Danışanı tedaviye ve değişime dâhil etmektir. Oturumlar 4 hafta boyunca haftada iki olmak üzere şu başlıkları içermelidir.
• Formülasyon: Ortak bir şekilde yeme bozukluğunu sürdüren süreçlerin formülasyonunu oluşturmak • İzleme: Yeme ve ilgili düşünce ve davranışların kaydının tutulması • Eğitim verme: Beden ağırlığı düzenlemesi ve dalgalanmaları; kilo kontrolü aracı olarak kendi kendine kusma ve müshil kötüye kullanımının fiziksel komplikasyonları; kilo kontrolü aracı olarak çıkarmanın etkisizliği ve diyetin olumsuz etkileri • Haftalık seans sırasındaki tartılmaların kararlaştırılması ve kilo dalgalanmalarını yorumlama ve baş etmeyle ilgili uygulamalar • Planlı öğünler ve atıştırmalıklarla birlikte düzenli bir yeme alışkanlığı oluşturma • Uygunsa tedaviyi kolaylaştırmak için önemli kişileri tedaviye dâhil etme

2. Aşama
Amaç: Geçiş aşaması. Haftada iki oturum
• İlerlemenin ve tedaviye uyumun iş birlikçi olarak gözden geçirilmesi • Değişimin önündeki engellerin belirlenmesi (hem genel hem de bozukluğun özelliklerinden olan diyet kısıtlaması hakkında) • Aşama 3'ü planlamak için gerekli olan ilk formülasyonu gerektiği gibi değiştirmek • G-BDT'nin geniş biçimi yerine odaklanmış versiyonuyla devam etmeye yönelik kararı gözden geçirme
3. Aşama
Amaç: Danışanın yeme bozukluğunu sürdüren anahtar mekanizmaları 8 haftalık görüşmeyle ele alınması
• Şeklin ve ağırlığın aşırı değerlendirilmesi: Aşırı değerlendirme ve sonuçları hakkında eğitim verilmesi; önceden uç noktalara taşınmış öz değerlendirme alanlarını geliştirmek; yararsız beden kontrolünü ve kaçınmayı azaltmak; "şişman hissetmek" gibi yararsız düşünceleri veya duyguları yeniden etiketlemek; aşırı değerlendirmenin kökenlerini keşfetmek ve yeme bozukluğu zihniyetini tanımlamayı ve kontrol etmeyi öğrenmek • Diyet kısıtlaması aşağıdaki gibidir: Esnek olmayan diyet kurallarının esnek kılavuzlara dönüştürülmesi ve önceden kaçınılan yiyeceklerin yeme alışkanlığına katılması. • Yemek yemeyle ilgili değişimlerle ilgili olaylar ve ruh hâli ile ilgili değişiklikler: Bu tür tetikleyici olaylarla başa çıkmak için proaktif problem çözme becerileri geliştirmek ve yoğun ruh hâllerini kabul etmek ve değiştirmek için beceriler geliştirmek
4. Aşama
Amaç: Tedavide kaydedilen ilerlemenin sürdürülmesini ve nüks riskinin en aza indirilmesini sağlamaktır. Her biri 2 hafta arayla aşağıdakileri kapsayan üç oturum yapılır.
• Tedavinin sonlandırılmasıyla ilgili endişelerin ele alınması • Tedavide yapılan değişiklikleri uygulamaya devam etmek için tedavi sonrası gözden geçirme oturumuna kadar kısa vadeli bir plan tasarlamak (ör., beden kontrolü, kaçınılan yiyecekleri tanıtma, daha esnek yeme, yeni aktivitelere katılımı sürdürme) • Tedavi işlemlerinin aşamalı olarak kaldırılması, özellikle kendi kendini izleme ve seans içi tartılma • Gerçekçi beklentiler ve aksilikleri tanımlama ve ele alma hakkında eğitim • Aksiliklerle başa çıkmak ve oluşumlarını en aza indirmek için uzun vadeli bir plan tasarlamak
Tedavi Sonrası Gözden Geçirme-İzleme Oturumu
İlerlemeyi gözden geçirmek ve gerekirse tedavi bittikten yaklaşık 20 hafta sonra uzun vadeli bakım planını revize etmek için tek bir randevunun verilmesi

(Cooper ve Dalle Grave, 2017).

G-BDT'nin ergenlere uyarlanmasında aile katılımı önemli bir etmen olmuştur. 20 seanslık ve BKİ 18'in altında olmayan, diğer bir ifadeyle aşırı zayıf olmayan ergenler için G-BDT'de yetişkinlerle aynı süreç izlenmektedir (Dalle Grave ve Calugi, 2022).

YEME BOZUKLUKLARINI ÖNLEME

Levine ve Smolak (2021), YB'ye farklı bir bakış açısıyla bakarak, toplumda YB'nin görülme sıklığının depresyon, kaygı bozuklukları ve madde kullanıma göre düşük olduğunu ve DSM-V kriterlerinin çocuk ve ergenlere nasıl uygulanacağı ile ilgili sıkıntılar olduğunu belirtmişlerdir. Hem YB'yi önleme hem de toplumda sıklığının daha fazla olduğunu düşündükleri bozulmuş yeme (disordered eating) kavramını öne sürmüşleridir. TY'ye dayanarak geliştirdikleri bu kavramının toplumun %20'sinde görülebilecek şu kraterleri kapsadığını belirtmişlerdir:

Bilişsel-Duygu Durum

1. Yaşam memnuniyetini azaltan, davranışlara yansıyan olumsuz beden imgesi,
2. Algılanan ağırlık ve şekil üzerinden benlik tanımına gereğinden fazla değer biçmek,
3. Gerçekçi olmayan güzellik, formda olma (fitness) ve kaslı olma standartları,
4. Yeme, kilo ve şekil ile ilgili kaygı ve yüksek sıkıntılar,
5. Beden şişmanlığı ve şişman kişilere karşı tiksinme ve rasyonel olmayan korkular, incelik ve zayıflık için beslenme,
6. Beden ya da yeme ilişkili utanma, kaygı ve/veya suçluluk.

Davranışsal

7. Sağlıklı olmayan kilo kontrolü biçimleri, örneğin kalori kısıtlaması,
8. Tıkanırcasına yeme,
9. Bedeni kontrol etme ve beden odaklı sosyal karşılaştırmalar.

Bunlara ek olarak, YB için risk faktörleri arasında, kilonun/şeklin aşırı değerlendirilmesi, şişman hissetme, incelik beklentisi ve beden memnuniyetsizliği, kilo alma korkusu gibi beden imgesiyle ilgili etmenlerin olduğu görülmektedir (Stice, Desjardins, Rohde ve Shaw, 2021; Stice, Onipede ve Marti, 2021; Stice, Gau, Rohde ve Shaw, 2017; Stice ve Desjardins, 2018). YB için risk faktörlerine yönelik meta analizlerin gözden geçirme çalışmasının sonuçları ise BN için risk faktörünün çocukluk çağı cinsel istismarı, herhangi bir YB için risk faktörünün ise görünüş ilişkili alaya maruz kalma olduğunu bildirmektedir (Solmi ve diğ., 2021). Ayrıca AN, BN ve TYB'nin başlangıç yaşının 15 olduğu uluslararası örneklemlerle kanıtlanmıştır (Solmi ve diğ., 2021). Hem Transdiyagnostik Yaklaşım ve bozulmuş yeme kavramlaştırması hem de araştırma sonuçları, kişinin görünüşü ve kilosuna yönelik bakış açısının YB'yi önleme için önemini ortaya koymaktadır. Bu anlamda beden imgesine yönelik çalışmaların ve özellikle ergenlik döneminde bu çalışmalara ağırlık verilmesinin YB'yi önlemede kişinin görünüşüyle ilgili olumlu bir bakış açısı kazanmasına yardımcı olmasının yanında alay edilmeyle başa çıkmasına da katkı sunacaktır.

BEDEN İMGESİ NEDİR?

Beden imgesi kısaca kişinin bedeni hakkındaki algıları, düşünceleri ve duygularıdır (Grogan, 2017). Bu tanım, bir psikolojik kavram olarak bedenselleşme (embodiment) deneyimleri ile birlikte, kişinin bedenine yönelik algı ve tutumlarını içermektedir. Beden imgesinin algısal yönü, gerçek beden ölçüsüne (size) göre beden ölçüsü tahminlerini (ör., daha kilolu ya da daha geniş beden algısını) içermektedir. Beden imgesi tutumları, genel öznel tatmin (bedenin değerlendirilmesi), duygulanım (beden ile ilgili duygular), bilişler (bedene yatırımlar, beden hakkındaki inançlar) ve davranışsal (bedenin maruz kaldığı ortamlardan kaçınma) boyutlardan oluşmaktadır. Beden hakkındaki olumsuz değerlendirme, alanyazında genellikle beden memnuniyetsizliği olarak adlandırılmaktadır. Diğer bir ifadeyle, beden ölçüsünün, şeklinin, kaslı olma/kas tonunun ve kilonun olumsuz değerlendirilmesi ile kişinin ideal bedeni ile kişinin bedenini değerlendirmesi arasındaki algılanan farklılığı içermektedir (Grogan, 2017).

Beden şemasının alanyazında zaman zaman beden imgesinin yerine kullanıldığı görülmektedir. Genel bir yaklaşım olarak beden imgesi algısal, bilişsel, duygusal ve çevreden farklılaşarak bireyin kendi bedeninin bilinçli farkındalığını ifade etmektedir. Beden şeması ise duyusal-motor kapasitenin bilinç dışı sistemi ve bedenin performansı olarak tanımlanmaktadır. Diğer bir ifadeyle beden imgesi algılanan beden, beden şeması ise eylemde bulunan beden olarak tanımlanmaktadır (Cuzzolaro, 2018).

Beden İmgesine Yönelik Bilişsel Davranışçı Yaklaşım (BDY)

Beden imgesinin BDY'ye göre kavramlaştırılması Thomas Cash'in (2002, 2011, 2012) çalışmalarıyla şekillenmiştir. BDY'nin beden imgesine bakış açısında geçmiş etmenler ile beden imgesinin gelişimini ve işleyişini şekillendiren yakın ve eş zamanlı etmenler (proximal) ayrı ayrı ele alınmaktadır. Geçmiş etmenler, insanların bedenleriyle ilgili olarak nasıl düşünmeye, hissetmeye ve davranmaya başladığını belirleyen veya etkileyen geçmiş olaylara, niteliklere ve deneyimlere dayanmaktadır. Bu etmenler arasında, kültürel sosyalleşme, kişiler arası deneyimler, fiziksel özellikler, değişimler ve kişilik yer almaktadır. Çeşitli bilişsel ve sosyal öğrenme türleri aracılığıyla, geçmiş etmenler, beden imgesi değerlendirmeleri içeren temel beden imgesi tutumlarını ve kişinin fiziksel görünümüne karşı çekirdek benlik şemalarını belirlemektedir. Bu bakış açısında *beden imgesi değerlendirmesi,* bireylerin bedenlerinden memnuniyetlerini veya memnuniyetsizliklerini ve bedenleri hakkındaki inançlarını içermektedir. *Beden imgesi yatırımı* (investment) ise kendini değerlendirmek için bedenin bilişsel, davranışsal ve duygusal önemini kapsamaktadır.

Eş zamanlı etkiler, güncel yaşam olaylarıyla ilgilidir ve bilgi işleme ve iç diyaloglar, beden imgesi duyguları ve kendi kendini düzenleme eylemleri dâhil olmak üzere beden imgesi deneyimleri üzerindeki etkileri hızlandıran ve sürdüren etkilerden oluşmaktadır. Bir sonraki bölümde, beden imgesine müdahalenin içeriğinin daha iyi anlaşılması açısından beden imgesinin Bilişsel Davranışçı Modeli aşağıda ayrıntılı bir şekilde açıklanmaktadır (Şekil 2) (Cash, 2002; 2011).

Tarihsel ve Gelişimsel Etkiler

Tarihsel faktörler, fiziksel görünümün anlamı hakkındaki sosyalleşme sürecindeki ve özellikle çocukluk ve ergenlik döneminde kişinin bedeni ile ilgili deneyimleriyle ilişkilidir. Geçmiş etkiler; *kültürel sosyalleşme, kişiler arası deneyimler, fiziksel özellikler ve fiziksel değişiklikler* ve *kişilik etmenleri*nden oluşmaktadır(Cash, 2002; 2011).

Kültürel Sosyalleşme: Her kültür ve alt kültür, kadın ve erkek görünüşünün nasıl olması gerektiği ile ilgili değerlere ve standartlara sahiptir. Bu değer ve standartlar kültürel mesajlar ile iletildiği gibi bu standartlara sahip olmanın ya da olmamanın ne gibi sonuçları olduğunu da iletir. Ayrıca kültürler, kadınların ve erkeklerin toplumsal standartlara ulaşmak için neler yapılması gerektiğini de iletirler. Bireyler tarafından anlaşılır bir şekilde içselleştirildiğinde, cinsiyetle ilgili bu güçlü kültürel mesajlar ve normlar, bireylerin kendi görünümlerini ve görünüşleriyle ilgili nasıl yorumladıklarını ve tepki verdiklerini belirleyen temel beden imgesi tutumlarını (ör., beden imgesi değerlendirmeleri ve yatırımlarını) da belirlemektedir.

Kişilerarası Deneyimler: Kişinin beden görünüşünün anlamı hakkındaki bilgisi, sözlü ve sözlü olmayan iletişimler, aile üyeleri, arkadaşlar ve diğer akranlar ve hatta yabancılarla etkileşimlerle iletilir. Ebeveynlerin rol modelliği, yorumları ve eleştirileri, aile içinde fiziksel görünüme ne kadar değer verildiğini ifade eder ve potansiyel olarak bir çocuğun kendisini karşılaştıracağı standartları oluşturur. Ayrıca, kardeşler de çocuğun görünüşünün öz değerlendirmesi için bir sosyal karşılaştırma standardı olabilmektedirler. Akranlar; sözleri ve eylemleriyle, özellikle görünüm normlarının ve beklentilerin iletiminde en önemli unsurlardan biridir. Çocukluk ve ergenlik döneminde, akranları tarafından yaygın bir biçimde dış görünüşüyle alay edilme yaşantıları, birey için beden imgesi memnuniyetsizliğine zemin hazırlamaktadır.

Fiziksel Özellikler ve Fiziksel Değişiklikler: Kişinin gerçek fiziksel özelliklerinin çekiciliği ve sosyal olarak kabul edilebilirliği sosyal çevreyle karşılıklı etkileşimini etkilemektedir. Bebeklikten başlayarak daha sevimli çocuklar; bakıcılardan, yetişkinlerden ve akranlarından daha olumlu sosyal ilgi görürler. Ergenlikte fiziksel olarak daha az çekici olanlar veya kültürel olarak değer verilmeyen görünür farklılıklara sahip olanlar, akranlarından ve yetişkinlerden daha az ilgi görmektedirler.

Kişilik Etmenleri: Bazı kişilik özellikleri, beden imgesi problemlerinin gelişiminde risk etmenidir. Olumlu bir benlik kavramı ve güçlü bir sosyal destek, kişinin bedeni hakkında olumlu bir değerlendirme geliştirmesini kolaylaştırabilir ve kişinin beden imgesini tehdit eden olaylara karşı bir tampon görevi görebilmektedir. Zayıf benlik saygısı ve sosyal destek eksikliği, kişinin beden imgesi kırılganlığını artırabilmektedir. Mükemmeliyetçilik bir diğer özellik olarak, kişinin ideal görünüş standartlara ulaşma çabalarında artışa neden olmaktadır. Yatkınlaştırıcı kişilik etmenlerinden bir diğeri, belirli cinsiyet rolü tutumları ve değerleri ile ilgilidir. Araştırmalar, erkeklerle ilişkilerinde geleneksel cinsiyet tutumlarını destekleyen kadınların, görünüşlerine daha fazla yatırım yaptığını, kültürel güzellik standartlarını daha fazla içselleştirdiğini ve görünüşleri hakkında daha fazla uyumsuz inançlara sahip olduğunu göstermektedir.

Beden İmgesi Tutumları

Geçmiş gelişimsel etmenler günlük beden imgesi tutumlarını etkilemektedir. Şekil 2'de görülebileceği beden imgesi tutumları, çevresel olaylar bağlamında meydana gelen bilişsel, duygusal ve davranışsal süreçlerin etkileşiminde merkezî düzenleyici rol üstlenmektedir. Beden imgesi tutumları, beden imgesi yatırımı ve değerlendirilmesinden oluşmaktadır. Yatırım, bireylerin görünüşlerine verdikleri bilişsel davranışsal önemi kapsamaktadır. Değerlendirme ise görünüm hakkındaki olumlu-olumsuz inançlarını ve değerlendirmelerini içermektedir (ör., beden tatmini-memnuniyetsizlik). Beden imgesi değerlendirmeleri, büyük ölçüde kişinin kendi algıladığı fiziksel özellikler ile içselleştirilmiş ve değer verilen görünüm idealleri arasındaki uyumsuzluk veya uyum derecesini ifade etmektedir. Diğer bir ifadeyle kişinin beden imgesi yatırımını yansıtan tutumlar, kişinin görünüşüyle ilgili şemalarından etkilenmektedir (Cash, 2002; 2011).

Yakın Olaylar ve Süreçler

BDY modelinde geçmiş etkilerle oluşan beden imgesi yatırım ve değerlendirmelerinden sonraki bileşen, günlük olaylar ve bu olaylardaki süreçlerdir. İki temel bileşeni bulunmaktadır. Bunlar başlatıcı olaylar ile bilişsel işleme ve düzenleyici süreçlerdir (Cash, 2002; 2011).

Başlatıcı Olaylar ve Bilişsel İşleme

BDY'ye göre belirli durumsal ipuçları veya bağlamsal olaylar (iç olaylar dâhil), kişinin şemaya dayalı fiziksel görünümüyle ilgili bilgi ve öz değerlendirmelerini işlenmesini etkinleştirir. Dolayısıyla, görünüşle ilgili şemaları olan bireyler, görünüşleriyle ilgili bilgilere daha fazla önem verirler, daha fazla dikkat ederler ve bu bilgileri daha fazla işlerler. Aynaya maruz kalma, sosyal geri bildirim, belirli giysiler giyme, tartılma, egzersiz yapma, ruh hâli durumları veya görünümdeki değişiklikler tetikleyici olaylardan bazılarıdır (Cash, 2002; 2011).

Tetikleyici olaylardan sonra ortaya çıkan içsel diyaloglar (*özel beden konuşmaları*), duygu yüklü otomatik düşünceleri, çıkarımları, yorumları ve kişinin görünüşüyle ilgili sonuçları içerir. Sorunlu beden imgesi tutumları ve benlik şemaları olan bireyler arasında bu içsel diyaloglar alışılmış, hatalı ve disforik olmaktadır. Düşünce süreçleri; ikili düşünme, duygusal akıl yürütme, ön yargılı sosyal karşılaştırmalar, keyfî çıkarımlar, aşırı genelleme, aşırı kişileştirme, algılanan kusurların büyütülmesi ve var olan güzel yönlerin en aza indirilmesi gibi çeşitli hataları veya çarpıklıkları da içermektedir (Cash, 2002; 2011).

Düzenleyici ve Öz Düzenleyici Süreçler

Tetikleyiciler sonrasında ortaya çıkan beden imgesi, düşünce ve duygularını yönetmek ve başa çıkmak için belli tepki ve eylemlerde bulunulur. Bunlar, çevresel olaylara uyum sağlamak için geliştirilmiş belli bilişsel stratejiler veya davranışlardır. Uyum sağlayıcı bu tepkiler, kaçınma ve bedeni gizleme davranışları, görünüş-kontrol veya görünüş-düzeltme ritüelleri, sosyal güvence arayışı ve telafi edici stratejileri içermektedir. Bu tepkisel stratejiler, bireyde geçici olarak sıkıntısının azalmasına yardımcı olmaktadır (Cash, 2002; 2011).

Beden imgesiyle başa çıkma stratejileri üç boyuttan oluşmaktadır. *Deneyimsel kaçınma,* tehdit olarak kabul edilen durumlardan, düşüncelerden veya duygulardan kaçınma girişimlerini içerir; *görünüş düzeltme,* kişinin görünüşünün kusurlu olarak algılanan yönlerini değiştirme veya düzeltme çabalarından oluşur ve *pozitif akılcı kabul,* pozitif öz bakımı veya akılcı kendi kendine konuşmayı ve kişinin deneyimlerini kabul etmesini vurgulayan zihinsel ve davranışsal faaliyetleri içerir (Cash, 2002; 2011).

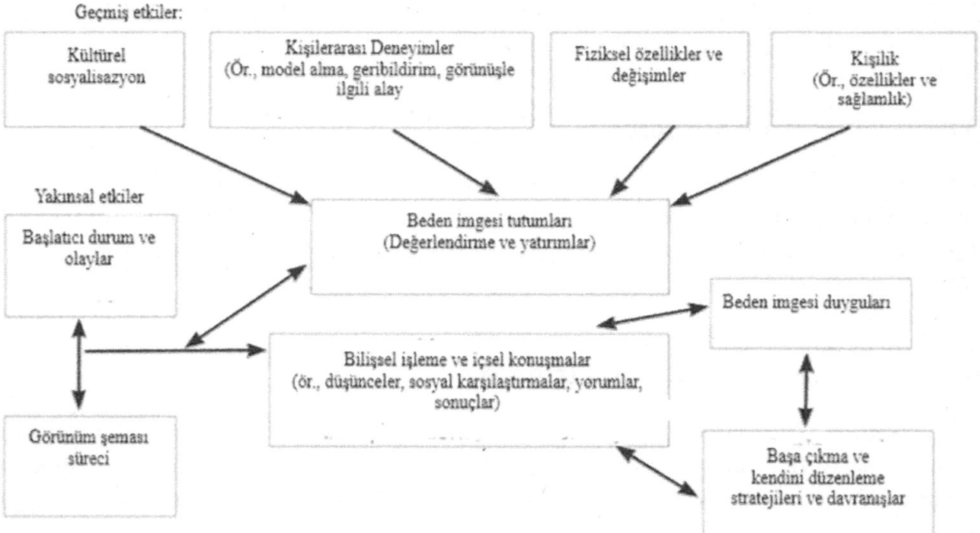

Şekil 2. Beden İmgesi: Boyutlar, Belirleyiciler ve Süreçler (Cash, 2011)

Çocuklarda Beden İmgesi

Okul öncesi çocuklarda ve daha ileri yaştaki çocuklarda beden imgesinin nasıl geliştiği ile ilgili çalışmalar genellikle her iki cinsiyet için de ayrı ayrı olmak üzere ince ve şişman beden yapısının bir ölçek üzerinde yer aldığı siluet ya da figür ölçümleriyle gerçekleştirilmektedir. Bu ölçümlerin geçerliliği ve güvenirliği hakkında alanyazında tartışmalar sürmekle birlikte (Neves, Cipriani, Meireles, Morgado ve Ferreira, 2017) kız çocukların daha ince bir yapıda olmayı, erkek çocukların ise daha geniş bir yapıda olmayı tercih ettiği bildirilmektedir (Dion ve diğ., 2016; Kościcka, Czepczor ve Brytek-Matera, 2016).

Bebeklikten itibaren çocuklar çevrelerinden ayrı bir varlık olduklarının ayrımına varırken, iki yaşından sonra benlik duygusunu geliştirirler. Ayrıca, yaklaşık 4-6 yaş arasında çocuklar kendilerini başka çocuklarla karşılaştırmaya başlarlar. Sekiz yaşında, bu karşılaştırmalar görünüş odaklı da olmaya başlamaktadır. Bu yaş döneminde çocuklar, öz değerlendirmelerini sosyal yeterlik, akademik yeterlik, fiziksel/atletik beceriler ve fiziksel görünüm alanlarında yapmaya başlamaktadırlar (Smolak, 2011).

Genel olarak bakıldığında çocukların, şişman bireylerin toplumda kabul görmediğine yönelik bir kilo yanlılığına (weight bias) sahip olabilecekleri, kız çocuklarının daha ince görünüşü, erkek çocuklarının ise daha iri olmayı tercih edebilecekleri söylenilir. Okul öncesi dönemde kızlar, daha çok kıyafet ve saçlarına yönelik daha fazla endişe duyabilirken, erkek çocuklar görünüşten çok eylem ve hareketliliğe yönelik endişe taşımaktadırlar. Cinsiyetler arasındaki bu farklılık kızlar için anne, abla, oyuncaklardaki gibi görünüş odaklı rol modellerinden, erkekler için ise "erkek gibi erkek olma" rol beklentilerinden kaynaklanmaktadır (Grogan, 2017; Paxton ve Damiano, 2017; Smolak, 2011).

Ergenlerde Beden İmgesi

Ergenlik dönemi, çocukluktan yetişkinliğe bir geçiş olmasından dolayı bireyin yaşamında önemli bir dönemdir. Bu dönemde birçok etmen, beden imgesi ve beden memnuniyetsizliğinin gelişmesine katkıda bulunmaktadır. Biyopsikososyal çerçeveden bakıldığında, ergenin fiziksel yapısı, psikolojik özellikleri, sosyal etkiler ve kişiler arası etkileşimleri bu gelişmede rol oynamaktadır. Fiziksel etkilerden biri olan erinlikle birlikte ergen, bedeninde meydana gelen değişimlere uyum sağlamaya çalışmaktadır. Erinlik zamanının erken ya da geç olması, ayrıca ergenin akranları arasında kendini yabancı ve farklı olarak hissetmesine neden olabilmektedir. Sosyal ve kültürel etkiler ise ergenin yaşadığı kültüre ya da alt kültürün etkilerine göre değişmektedir. Hangi kültürde olursa olsun güzellik ideali ve hangi beden tipinin daha önemli olduğu, ergenin ailesi, kardeşleri, komşuları, okul, sağlık profesyonelleri, sosyal medya tarafından ergene iletilmektedir. Genel olarak kız ergenlerin, zayıf ve ince (thin ve slender) olma idealini daha fazla taşıdıkları, erkeklerin ince, güçlü ve kas sahibi olmak istedikleri görülmektedir (Gorogan, 2017; Ricciardelli, 2012; Wertheim ve Paxton, 2011).

ERGENLERDE BEDEN İMGESİNE BİLİŞSEL DAVRANIÇI TERAPİLER KAPSAMINDA MÜDAHALE

Özellikle alanyazında YB'yi önleme çalışmaları gözden geçirildiğinde, önleme çalışmalarının grup çalışmaları ya da dijital platformlar üzerinde yürütüldüğü görülmektedir. Ayrıca programların okul ve öğretmen temelli olarak beden imgesi müdahalelerini de içerecek şekilde uygulandığı görülmektedir. Örneğin, Çocuklar İçin Beden Güvenini Kazanma (Achieving Body Confidence for Young Children, ABC-4-YC) 5-8 yaş arası çocuklara yönelik öğretmen katılımının da olduğu bir programdır (Damiano, Yager, McLean ve Paxton, 2018). Lise öğrencilerine yönelik Beden Projesi (Body Project) ve Öğrenci Bedeni (Student Bodies) (Stice, Rohde, Shaw ve Gau, 2011) sözü edilen yaygın programlardan bazılarıdır.

Beden imgesine yönelik BDT'nin bireysel boyutta uygulanması ve değerlendirilmesi, 1980'lerde Thomas Cash'in çalışmalarıyla başlamıştır. İlk olarak 1997 yılında basılan çalışma kitabı hem yetişkinler hem de ergenlere için kendine yardım ve uygulanabilir özellikte, temel bilişsel ve davranışçı uygulamalardan oluşan tedavi protokollerini içermekteydi. Bu çalışmanın kız lise öğrencilerine yönelik uygulaması Tunç (2007) tarafından gerçekleştirilmiş ve kontrol grubuna göre etkili olduğu sonucu elde edilmiştir. Daha sonra müdahale protokolleri yıllar içinde geliştirerek, 2008 yılında, üçüncü dalga BDT yaklaşımlarında da kullanılan yargısız farkındalık ve kabule yönelik müdahale protokolleriyle yayınlanmıştır. Bu program sadece YB ya da Beden Disformik Bozukluğu için geliştirilmemiş, olumsuz beden imgesine sahip bireyler için kullanılabilir nitelikte geliştirilmiştir. Temel olarak kendine yardım kitabı olan program yapılandırılmış sekiz aşamadan oluşmaktadır. Bu kitap için uyarlanan aşamalar Tablo 2'de sunulmaktadır.

Tablo 2. Beden İmgesine Bilişsel Davranışçı Müdahale Aşamaları

1. Aşama
Amaç: Kişisel beden imgesini keşfetme (1 görüşme)
• Beden imgesi ile ilgili ölçeklerin uygulanması • Kişisel amaçların belirlenmesi   • Seans arası uygulama: Kitapla bilginin okunması
2. Aşama
Amaç: Kişisel beden imgesi hikâyesinin oluşturulması ve anlaşılması (3 görüşme)
• BDT Modelinin tanıtılması, • Ebeveyn katılımı (beden imgesi ve BDT modeli hakkında bilgi verilmesi, müdahale programının anlatılması ve beden imgesinin gelişimimde ailenin rolü ile ilgili bilgilendirme yapılması, danışanla birlikte ailenin hangi aşamalarda uygulamalara dâhil edileceğine karar verilmesi) • Dışa vurumcu yazmanın uygulanması   • Ara uygulama: Dışa vurumcu yazım
3. Aşama
Amaç: Beden imgesi deneyimlerini yargısız farkındalıkla kabullenme (3 görüşme)

• Yargısız farkındalık uygulamaları
    • Ara uygulama: Yargısız farkındalık deneyimlerini her gün uygulama
• Ayna ile maruz bırakmanın uygulanması
    • Ara uygulama: Ayna ile maruz bırakmanın uygulanması
• Başlatıcı, İnanç ve Sonuçlar (BİS) modelinin tanıtılması
• BİS'e göre kendini izlemenin nasıl uygulanacağının anlatılması
    • Ara uygulama: Beden imgesi günlüğünün doldurulması

4. Aşama
Amaç: Beden imgesi konuşmalarının temeline bakmak (1 görüşme)
• Görünümle ilgili şema ve sayıltıların öneminin ve bu düşüncelere nasıl müdahale edileceğinin anlatılması   • Ara uygulama: Görünüş kalıplarıyla tartışma
5. Aşama
Amaç: Zihinsel yanlılıkları yargısız farkındalıkla dönüştürmek (1 görüşme)

• Bilişsel yanlılıkların belirlenmesi.
• Bilişsel yanlılıklara müdahale
  • Ara uygulama: Bilişsel yanlılıklara müdahale
  • Ara uygulama: Beden imgesi günlüğünün tutulması

6. Aşama
Amaç: Beden imgesi kaçınmalarıyla yüzleşme (3 görüşme)
• Aile katılımı: danışanla birlikte sürecin değerlendirilmesi ve yüzleşme uygulamalarında ebeveynlerin katılımlarının neler olabileceğinin konuşulması • Gevşeme tekniklerinin öğretilmesi • Sorun çözme tekniklerinin öğretilmesi • Beden imgesi kaçınma davranışları ve görünüş saplantılı ritüellerin öğretilmesi • Kaçınma ve saklama davranışlarının ve ritüellerin belirlenmesi • Kaçınma ve saklama davranışlarına müdahale için plan yapılması   • Ara uygulama: Kaçınma ve saklama davranışlarıyla yüzleşmenin uygulanması
7. Aşama
Amaç: Beden imgesi ritüellerini temizleme (1 görüşme)
• Bir önceki görüşmelerde belirlenen ritüeller için yüzleşme planının uygulanması   • Ara uygulama: Ritüellerle yüzleşme
8. Aşama
Amaç: Bedene iyi davranma (1 görüşme)
• Bedenin olumlu deneyimlerinin neler olabileceğinin konuşulması • Olumlu deneyimler için plan hazırlanması   • Beden hakları (olumlu deneyimlerin) uygulanması
9. Aşama
Amaç: Sonlandırma, nüksü önleme ve kalıcılığı sağlama (1 görüşme)

(Cash, 1997, 2008).

Cash'in önerdiği aşamalar sekiz aşamada sonlanmış gibi görünse de aşamalara nüksü önleme ve değişimin kalıcılığı ile ilgili son aşamanın da eklenmesi gerekmektedir. Elinizdeki kitapta, "Son Aşama" başlığı altında nüksü önleme ve kalıcılığı artırmaya yönelik yapılacaklardan söz edilecektir. Ayrıca sonlandırmanın nasıl gerçekleştirileceği de bu son bölümde yer alacaktır.

Bu kitap kapsamında aşamalar, psikolojik danışmanlar için bireysel görüşmelerde kullanılabilir şekilde uyarlanmıştır. Uygulayıcılar için hem danışanla paylaşabilecekleri hem de kendilerine yol gösterici müdahalelerin uygulama aşamalarını içeren El Formları ile danışanın seanslar arasında uygulama ya da seans sırasında iş birliği içinde yürütülecek müdahaleleri içeren Değişim Formları aşamalara eklenmiştir. Bununla birlikte, uygulayıcıların bilişsel müdahaleler (ör., Sokratik sorgulama, çifte standart tekniği, kanıt inceleme), davranışsal müdahaleler (ör., maruz bırakma, gevşeme teknikleri, kendini izleme) ve Problem Çözme Basamaklarını bilmeleri gerekmektedir. Ek olarak üçüncü dalga BDT yaklaşımlarında yer alan yargısız farkındalık ve kabul ile ilgili müdahalelere de hâkim olmaları gerekmektedir. Eğer danışan 13-15 yaş aralığındaysa çalışırken uygulamalar basitleştirilerek ya da çeşitli materyaller eklenerek uygulamanın çeşitlendirilmesi daha uygun olacaktır (ör.; fotoğraflar, renkli gözlükler).

Aşağıda Cash (1997) ve Cash'den (2008) yararlanılarak hazırlanan her bir aşama ve yine bu kitaplardan çevrilen aşamalarda kullanılabilecek formlara yer verilmektedir. Aşamaların son bölümünde nüksü önleme ve kalıcılığı sağlamak için öneriler ile birlikte ebeveyn katılımının aşamalara nasıl bütünleştirileceğinden de söz edilecektir.

Aşama 1. Kişisel Beden İmgesini Keşfetme

İlk aşamada danışana beden imgesi ile ilgili değerlendirme testleri uygulanmaktadır. Bu testler kişinin beden imgesinin güçlü ve zayıf yönlerini ortaya çıkarmanın yanı sıra programın ilerleyen bölümlerinde kullanılmaktadır. Ayrıca müdahale için amaçların belirlenmesini sağlayacak olan *Değişim Formu: Beden İmgesi Profili* ve *Beden İmgesi Değişim Formu: Kişisel Değişim Amaç Formu*'nun doldurulması, aynı zamanda müdahale sonrasında ilerlemenin değerlendirilmesi amacıyla uygulanmaktadır. Cash (2008) tarafından önerilen testler şunlardır:

Beden İmgesi Değerlendirme Testi: Ölçekte beden imgesi ilgili genel ve belli özelliklerden ne kadar hoşlanıldığı ölçülmektedir. "Çok memnunum" ile "Hiç memnun değilim" arasında değişen 4'lü derecelendirmeden oluşmaktadır. "Hiç memnun değilim" olarak işaretlenenler sayılmakta ve iki ile çarpılmaktadır. "Çoğunlukla memnun değilim" olarak işaretlenenler sayılmakta ve 2 ile çarpılarak elde edilenlerin toplanmasıyla genel puan elde edilmektedir.

Beden İmgesi Düşünceleri Testi: Bu ölçekte, geçen ay içinde danışanın görünüşü hakkında ne sıklıkta çeşitli olumsuz düşüncelere sahip olduğu ortaya çıkarılmaktadır. Ölçekte beden imgesi ile ilgili soruların cevaplanmasında "Hiç Bir Zaman", "Birkaç Günde Bir" ile "Neredeyse Günlük" arasında değişen derecelendirme kullanılmaktadır. Puan, "Birkaç Günde Bir" ile "Neredeyse Günlük" olarak işaretlenenlerin toplamının 2 ile çarpılmasından elde edilmektedir.

Beden İmgesi Zorlantı Testi: Bu ölçek, beden imajında rahatsızlık veya sıkıntıya neden olan durum ve olayların belirlenmesi amacıyla uygulanmaktadır. Ölçek maddeleri "Asla", "Bazen" ve "Sık Sık" olarak derecelendirmektedir. Toplam puan, "Bazen" ve "Sık Sık" olarak işaretlenenlerin toplanarak 2 ile çarpılmasından elde edilmektedir.

Görünümün Önemi Testi: Bu ölçekte cevaplar "Doğru" ve "Yanlış" olarak işaretlenmekte ve toplam puan "Doğru" olan cevapların toplanmasıyla elde edilmektedir.

Beden İmgesi Başa Çıkma Testi: Bu test, insanların beden imajı tehditleri ve zorluklarıyla başa çıkmak için kullandıkları üç başa çıkma stratejisini ölçmektedir. Bunlar; *Görünüm Sabitleme, Deneyimsel Kaçınma* ve *Olumlu Akılcı Kabul*dür. *Görünümü sabitleme* ya da *düzeltme* görünüşle ilgili değiştirmek için kullanılan zihinsel ya da davranışsal çabaları içermektedir. Örneğin, sürekli korse giyme ya da kulaklarının büyük olduğunu düşünerek saç uzatma, diyet planlamaya başlama. Görünüş sabitleme yöntemi telafi edici davranışlardır. Görünüşle ilgili belli bir şeyi geliştirmeye çalışmaktır; örneğin, iyi hissetmek için iyi görünmeye çabalamak. *Deneyimsel kaçınma,* olumsuz beden imgesi duygularını yok sayma veya bunlardan kaçınma çabalarını içermektedir. Böylece kişi, "Bunu düşünme." veya "Bunu düşünmemeliyim." diyerek zihinsel uzaklaşma çabasına girer. Bir diğer kaçınma kişiyi rahatsız eden durumlardan kaçınmadır. Örneğin, arkadaşlarla buluşmamaya gitmeme. Kabul ise sağlıklı olan başa çıkma yöntemidir. Ölçekte Görünüm Sabitleme "Çoğunlukla Benim Gibidir", Deneyimsel Kaçınma "Çoğu Benim Gibidir" ve Olumlu Akılcı Kabul "Çoğunlukla Benim Gibidir" derecelerinin toplanmasıyla elde edilmektedir.

Beden İmgesi Yaşam Kalitesi Testi: Bu ölçek, beden imgesin kişiyi ve yaşamını nasıl etkilediğini anlamayı sağlamaktadır. Ölçekte iki alt boyut bulunmaktadır. Birincisi Olumsuz Etki, ölçek maddelerinin cevaplarında yer alan "Çoğunlukla Olumsuz Etki" derecesinin, diğer bir alt ölçek Olumlu Etki ise "Çoğunlukla Olumlu Etki" olarak işaretlenen maddelerin sayısının toplamından elde edilmektedir.

Söz konusu ölçeklerin bazılarının yetişkin ve ergen örneklemlerinde uyarlamaları mevcuttur. Bununla birlikte beden imgesi ile ilgili Türkçe alanyazında yer alan ölçekler de değerlendirme aşamasında uygulayıcılara yarar sağlayacaktır. Bu ölçeklerden bazıları şunlardır:

- Beden İmgesi Baş Etme Stratejileri Ölçeği (Doğan, Sapmaz ve Totan, 2010).
- Vücut Algısı Ölçeği (Hovardaoğlu, 1992).
- Çok Yönlü Beden-Self İlişkileri Ölçeği (Doğan ve Doğan, 1992).
- Beden İmgesinin Yaşam Niteliğine Etkisi (Demiralp ve diğ., 2015).
- Sosyal Görünüş Kaygısı Ölçeği (Doğan, 2010).
- Beden Saygısı Ölçeği (Arslan ve diğ., 2020).

Değişim Formu: Beden İmgesi Profili formunda yer alan ilk sütuna ölçeklerin ve alt boyutların puanları girilir. Formda ayrıca beden imgesini değerlendirmeye ve aynı zamanda güçlü ve zayıf yönlerinde de belirlenmesine yardımcı olan alanlar yer almaktadır. Bunun için ikinci sütunda yer alan Kabul, Risk ve Problemli alanlardaki puanlar, kişinin müdahale için hedef alınacak beden imgesi ile ilgili alanların belirlenmesine yardımcı olacaktır. Müdahale programının amacı, Kabul alanının yükseltilmesi, Sorun alanın ise düşmesini sağlamaktır. Uygulayıcı değerlendirme aşamasında kullandığı ölçeklerden yola çıkarak bu üç bölgeyi doldurabilir. Son olarak bu aşamada riskli ve problem alanlarından yola çıkılarak *Beden İmgesi Değişim Formu: Kişisel Değişim Amaç Formu* doldurulur.

DEĞİŞİM FORMU: BEDEN İMGESİ PROFİLİ

Ad-Soyadı: .... **Tarih:** ....

TESTLER	**Kabul alanı**	**Risk alanı**	**Problem alanı**
Beden imgesi değerlendirmesi .... ____ + ____ = ___			
Beden imgesi düşünceleri .... ____ + ____ = ___			
Beden imgesi zorlantısı .... ____ + ____ = ___			
Görünüşün önemi			
BEDEN İMGESİ başa çıkma Görünüş sabitleme: .... Deneyimsel kaçınma .... Olumlu akılcı kabul			
Beden imgesi yaşam kalitesi Olumsuz etki .... Olumlu etki			
Diğer testler			

BEDEN İMGESİ DEĞİŞİM FORMU	
KİŞİSEL DEĞİŞİM AMAÇ FORMU	
Ad-Soyadı:	**Tarih:** ....
Daha iyi hissetmek istediğim fiziksel özelliklerim:	
1. .... ihtiyacım var.	
2. .... ihtiyacım var.	
3. .... ihtiyacım var.	
Azaltmak ya da yok etmek istediğim beden imgesi düşüncelerim:	
1. .... ihtiyacım var.	
2. .... ihtiyacım var.	
3. .... ihtiyacım var.	
Kendimi rahat hissetmek istediğim durumlar:	
1. .... ihtiyacım var.	
2. .... ihtiyacım var.	
3. .... ihtiyacım var.	
Kendi iyiliğim için görünüşüme yönelik daha az yatırım yapmak için değiştirmek istediğim inançlar ve tutumlarım:	
1. .... ihtiyacım var.	
2. .... ihtiyacım var.	
3. .... ihtiyacım var.	
Beden imgesi zorluklarının olumsuz sonuçlarından özellikle değiştirmek istediğim:	
1. .... ihtiyacım var.	
2. .... ihtiyacım var.	
3. .... ihtiyacım var.	

Aşama 2: Kişisel Beden İmgesi Hikâyesinin Oluşturulması ve Anlaşılması

Bu aşama, BDT modelinin tanıtılması, modelde yer alan geçmiş ve eş zamanlı etkiler hakkında bilgilendirme ve müdahale çalışmalarını içermektedir. Bu amaç için hazırlanan *Kitapla Bilgi* yazısından yararlanılabilir. Bu kitapçığın hazırlanmasında Tunç (2007) ve Cash'den (2008) yararlanılmıştır. Bu kitapçık, danışana BDT modelini sunulmasının yanı sıra bir sonraki aşamalarda kullanılacak olan Başlatıcı, İnanç, Davranış (BİS) modelini de tanıtması açısından da önemlidir (İstenirse bilgi kitapçığı değerlendirme aşamasından sonra danışanla paylaşılarak diğer seansa kadar okuması istenir). Bu aşama için ayrıca yüzyıllar içindeki ve farklı kültürlerdeki ideal bedenin özelliklerini içeren fotoğraflar ve resimler danışanlarla paylaşılabilir. Daha sonrası için *Değişim El Formu: Dışa Vurumcu Yazma El Formu* ve *Dışa Vurumcu Yazma İçin Yardımcı Materyal* ve *Değişim Formu: Dışa Vurumcu Yazım* formları kullanılarak geçmiş deneyimlerini yazmaları istenir. Danışanın dört gün *Değişim Formu: Dışa Vurumcu Yazım* formunu doldurmaları istenir.

BEDEN İMGESİ

Kitap Bilgisi

Pamuk Prenses ve Yedi Cüceler masalını herkes bilir. Masaldaki kahramanlardan üvey anne yani kraliçe sık sık aynanın karşısına geçer ve "Ayna Ayna Söyle Bana Benden Güzel Var mı Dünyada?" diye sorar. Her zaman aynı cevabı alır kraliçe: Daha güzel olan pamuk prensestir. Kraliçenin bu davranışı çok da abartılı olmakla birlikte kendi yaşantımızdan tanıdık izler de taşır. Bizlerde sık sık aynalara bakarak güzelliğimizi ya da çekiciliğimizi sorgulamaz mıyız?

Peki, aşağıda anlatılan şu durumlar da size tanıdık geliyor mu?

Aynanın önünde dakikalarca kalıp hangi kıyafetin yakışacağını düşünmek,

Yüzde ancak çok dikkatlice bakınca görülebilecek bir sivilce için çok üzülmek,

O gün çirkin hissedildiği için arkadaşlarla buluşmaya gitmemek,

Güzel bulunmayan vücut yüzünden denize girmemek,

Sıska ve çelimsiz olduğunu düşünerek sportif etkinliklere katılmamak,

Başkaları tarafından zayıf olunduğu söylenmesine rağmen diyet yapmak ve kilolu olduğunu düşünmek,

Kilolu olduğundan okula gitmek istememek,

Televizyondaki, sosyal medyadaki insanların daha güzel ya da yakışıklı olduğunu düşünüp üzülmek ve sinirlenmek.

Birçoğunuza bu durumlar yabancı gelmemiştir. Kendiniz ya da çevrenizdeki birçok kişinin bu durumlarla karşı karşıya kaldıklarını gözlemlemişsinizdir. Yukarıda belirtilen tüm davranış, duygu ve düşünceler kişinin beden imgesiyle ilişkilidir.

Beden imgesi dış görünüşümüz ile ilgili içsel görüşümüzdür. Yani beden imgesi zihinsel gözümüzle gördüğümüz beden resmidir. Beden inançlarla, algılarla, düşüncelerle, duygularla ve davranışlarla ilişkilidir. Çok güzel ve çekici olmak ya da çirkin olmak beden imgesinin olumlu olmasını garanti etmez. Çekici ya da güzel olabilirsiniz fakat hâlâ beden imgeniz düşük olabilir. Size iyi göründüğünüz söylenmesine rağmen aynada kendinizi farklı görebilirsiniz. Bu durum geliştirilen olumsuz beden imgesiyle ilişkilidir.

Başkalarının görünüşle ilgili olumlu gördüklerini kişinin kendisi neden göremez? Çünkü beden imgesi kişinin kendini nasıl gördüğüyle ve değerlendirmesiyle ilişkilidir. Özellikle olumsuz beden imgesi olan kişiler, bedenlerinde hoşlanmadıkları bölge ya da bölümlere odaklanırlar ve iyi olan ya da güzel olan tarafları görmezden gelirler. Dolayısıyla çarpıtılmış yani doğru olmayan bir beden imgesi geliştirirler. Belli beden bölgesini, örneğin göbeği, olduğundan daha büyük ya da kendisinin tüm bedenini olduğundan daha büyük algılarlar. Düşünce olarak kendisini eleştirir ve zihinsel olarak nasıl olmak gerektiğiyle meşgul olurlar. Belli sosyal ortamlarda kendilerini dış görünüşünden dolayı kaygılı ya da güvensiz hissedebilir, bedenin bir yerinden dolayı üzülebilirler. Daha çekici ya da beğenilen olduğunu düşündükleri kişilerle kendilerini karşılaştırdıkları için görünüşlerini geliştirmek ve değiştirmek için çok çaba ve zaman harcayabilirler.

Olumsuz beden imgesi yaşamda birçok sorunun ortaya çıkmasına neden olur. Kişinin kendine olan sevgisinde ve saygısında azalma bunlardan biridir. Yine, başkalarıyla olan ilişkilerde sıkıntı yaşanması diğer bir sonuçtur. Bunlara ek olarak, yapılan araştırmalar olumsuz beden imgesinin kişinin yeme bozuklukları geliştirmesinde etkili olduğunu göstermektedir. Son olarak beden görünüşünü düzeltmek için doktor kontrolünde olmadan yapılan diyetler, egzersizler ve kullanılan güzellik malzemeleri sağlık sorunlarına neden olmaktadır.

Olumsuz beden imgesinin nasıl oluşur? Biraz daha yakından bakalım.

Geçmişin etkilerinden birincisi kültürel etkilerdir. Okul öncesi çocuklar, toplum tarafından hangi fiziksel özelliklerin toplum tarafından kabul gördüğünü bilirler. Örneğin, Barbie bebeğin çok güzel bir hayatı vardır ya da kaslı ve geniş omuzlu erkeklerin beğenildiğini bilirler. Televizyondaki ya da sosyal medyada yer alan ideal kadın ya da erkek model, film yıldızların etkisi ile kadınların ince, erkeklerin kaslı ve üçgen vücutlu olması gerektiği öğretilir. Tüm tarih boyunca bu kurallar geçerli değildi. Örneğin, bundan birkaç bin yıl önce kadın tanrıça heykellerinde kadının kilolu olarak şekillendiği görülmektedir. 15 ve 16. yüzyıllarda yapılan kadın resimlerinde ideal, güzel olarak görülen kadın şeklinin şişman (kilolu) olduğu görülür. Fakat değişikliklere odaklanılır ve başkaları tarafından nasıl görünüldüğü merak edilir. Ayrıca değişen bedene yüklenen duygusal anlamlar çoğalır ve önem kazanır. Ergen kendini olduğundan daha çirkin, daha iri görebilir ya da beğenilmediğini düşünebilir. Çıkan bir sivilce ergene zor günler yaşatabilir. Aynı sivilce ergeni etkilediği kadar yetişkin bir kadını etkilemeyebilir. Çünkü yaşla birlikte beden imgesine verilen önem azalmaktadır.

Olumsuz beden imgesinin gelişimini etkileyen son etmen kişilik özelliklerimizdir. Dış görünüşü ile ilgili dalga geçilen herkes olumsuz beden imgesi geliştirmez. İşte olumsuz beden imgesinin gelişmesine neden olanlardan biri kendimize verdiğimiz değerin derecisidir. Buna kısaca öz saygı diyoruz. Öz saygı, kişinin değerli ve sevilebilir ve yeterli görmesiyle ilgilidir. Düşük öz saygı, olumsuz beden imgesinin oluşmasına neden olur. Diğer bir kişilik özelliği mükemmeliyetçi olmaktır. Eğer bu mükemmeliyetçilik kendini göstermeye yönelikse yani kendini diğer insanlara davranış ve görünüşte örnek ve kusursuz olarak sunma ihtiyacı fazlaysa muhtemelen kişi olumsuz beden imgesi geliştirecektir.

Olumsuz beden imgesinin oluşumunda günlük olarak neler yaşanıldığına bakalım.

Genellikle olayların ya da yaşananların sıkıntı yarattığına inanılır. Olaylarla ilgili duygular (öfke, üzülme, heyecanlanma gibi) ya da olay karşısında ya da sonrasındaki davranışlar ("Oradan çekip gittim.", "Ağladım, hemen kitabı kapattım." gibi) fark edilir. Olaylarla ilgili yapılan değerlendirme ya da yorumlara dikkat edilmez. Oysa olaylarla ilgili yorumlar, inançlar ya da değerlendirmeler nasıl hissedildiği ya da davranıldığını etkilemektedir.

Örneğin, Berna öğleden sonra arkadaşlarıyla buluşacaktır ve kendini sıkıntılı hissetmektedir. Bu durumu kısaca şöyle özetleyebiliriz; arkadaşlarla buluşmaya B adını verelim. A başlatıcı olaylar ve durumlardır. Yaşadığı sıkıntıya ise S diyelim. S sonuçlar yani duygu ve davranışlardır. Örnek şöyle görünmektedir:

B ——— ***S***
Başlatıcı — **Sonuç**
Arkadaşlara buluşma — Sıkıntı

Berna'ya neden sıkıntılı olduğu sorulduğunda "Arkadaşlarla buluşacağım ondan." diyecektir. Berna'ya o an aklından neler geçtiğini soralım. Berna'nın düşüncesi, "Uzun süredir görmediğim arkadaşlarımla buluşacağım, yakışan hiç kıyafetim yok, rezil olacağım." olsun. Sizce Berna ne hisseder? Öfke, kızgınlık ve utanç olabilir.

Aynı durumu yine arkadaşlarıyla buluşacak olan Begüm'e uygulayalım. Begüm ise "Uzun süredir görmediğim arkadaşlarımla buluşacağım, yeni okulları nasıl acaba merak ediyorum." gibi bir düşüncesi olsun. Sizce Begüm ne hissedecektir? Büyük ihtimalle heyecanlı ve sevinçli hissedecektir kendini.

Burada fark yaratan ne olmuştur?

Görüldüğü gibi olay yani başlatıcı kendi başına sonuca yani öfke, kızgınlık ve utanca neden olmamaktadır. Çoğunlukla fark etmediğimiz B ve S arasında yer alan düşünce, yorum ve değerlendirmeler sonucu etkilemektedir. Bunlara *İ* adını verelim. Bu durumu yine çizelim:

A ——— *C*
Başlatıcı — Sonuç

Arkadaşlara buluşma

Duygu: Öfke, kızgınlık, utanç
Davranış: Buluşmadan kaçma

B
Düşünce, inanç ve değerlendirmeler
Yakışan hiç kıyafetim yok, rezil olacağım

Berna, kendisine yakışan hiç kıyafeti olmadığına inandığından dolayı davranış olarak buluşmaya gitmemiş, buluşmaktan kaçınmıştır. Tüm bunlar bize Berna'nın olumsuz beden imgesi yaşadığını göstermektedir.

Tüm buraya kadar anlatılanları şöyle bir çizelgeyle özetleyebiliriz.

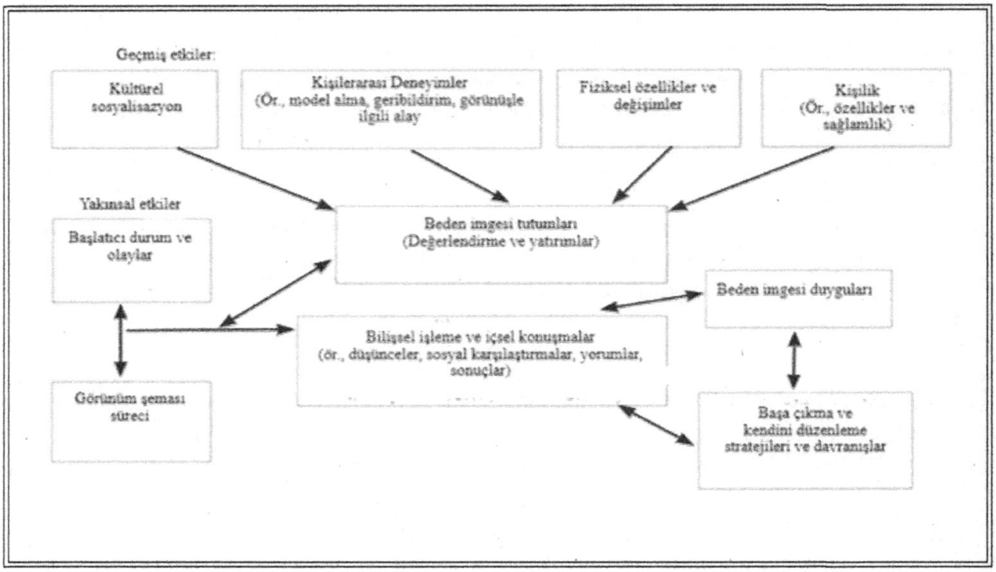
Geçmiş etkiler:
Kültürel sosyalisazyon
Kişilerarası Deneyimler (Ör., model alma, geribildirim, görünüşle ilgili alay
Fiziksel özellikler ve değişimler
Kişilik (Ör., özellikler ve sağlamlık)
Yakınsal etkiler
Başlatıcı durum ve olaylar
Beden imgesi tutumları (Değerlendirme ve yatırımlar)
Beden imgesi duyguları
Bilişsel işleme ve içsel konuşmalar (ör., düşünceler, sosyal karşılaştırmalar, yorumlar, sonuçlar)
Görünüm şeması süreci
Başa çıkma ve kendini düzenleme stratejileri ve davranışlar

DEĞİŞİM EL FORMU

DIŞA VURUMCU YAZMA EL FORMU

1. Yakın zamanda ya da geçmişte başımıza gelen üzücü ya da sıkıntılı olayları bazen unutmak ya da zihnimizden silmek isteriz. Her ne kadar olayın ayrıntıları zamanla soluklaşsa da olayın duygusal etkisi devam edebilir. Hatta gerçek olaydan ayrılıp olumlu yönleri bile hatırlayamaz oluruz. Sonuç olarak bazen olayın duyguları ve tepkileri kalır.

2. Dışa vurumcu yazmayla bu etkileri tamamen ortadan kaldırmak amaçlanmaz. Dışa vurumcu yazmanın amacı, geçmiş deneyimlerinizin anlamlı hikâyesini onlarla ilgili duygularınızla birlikte anlatan tutarlı bir anlatı yaratmanıza yardımcı olmaktır.

3. Yazacağınız anlatı, beden imgeniz ve yaşamınız boyunca etkili olduğuna inandığınız olaylarla ilgilidir. Hikâyenizi yazarken beden imgenizin gelişimini ve zorluklarını tekrar gözden geçireceksiniz. Beden imgesi deneyimlerinizi kişisel olarak anlamlı bir anlatıda bir araya getireceksiniz.

4. 4 gün boyunca sadece günde 20 dakika hiç ara vermeden bir bilinç akışı içinde yazın. Kişisel hikâyenizin kendi bakış açınızdan anlatması gerekmektedir.

5. Birinci tekil şahıs ("ben" ve "bana" deyin) ile *yazın ve sadece kendiniz için yazın*. Bu bir mektup değildir ve sizden başka kimse tarafından okunmamalıdır. Sadece kendinizi dürüstçe ifade edin.

6. Henüz yazmaya hazır olmadığınız konular varsa kendinizi buna zorlamayın. Onlar hakkında daha sonra her zaman hazır olduğunuzda yazabilirsiniz.

7. Olan belirli olaylar hakkında yazarken olayları tanımlayın ve en derin düşüncelerinizi ve duygularınızı ifade edin. Sadece olumsuz düşünce ve duygulara odaklanmayın. Tüm hikâyeyi anlatmak için olumlu duygular da ekleyin.

8. Dört gün üst üste yazmak şart değildir. Ara sıra bir günlük mola vermeniz gerekiyorsa verebilirsiniz. Bununla birlikte, dört oturumun tümünü tek bir hafta içinde tamamlayın.

9. Aşağıdaki yardımcı materyal ile yaşadığınız olay ya da deneyimi sıraya koyabilirsiniz.

DIŞA VURUMCU YAZMA İÇİN YARDIMCI MATERYAL

Bilgi: Yakın zamanda ya da geçmişte, nasıl görünüyordunuz? Görünüşünüz hakkındaki hislerinizi etkileyen neler oldu? Lütfen kültürel ve kişiler arası etkileri de belirtin.

1. İlkokul öncesi

Bedenim: ....

....

....

Etkileyen olay ya da deneyim: ....

....

....

2. İlkokuldayken

Bedenim: ....

....

....

Etkileyen olay ya da deneyim ....

....

....

3. Lisedeyken

Bedenim: ....

....

....

Etkileyen olay ya da deneyim ....

....

....

4. Diğer olay

Bedenim: ....

....

....

Etkileyen olay ya da deneyim ....

....

....

DEĞİŞİM FORMU: DIŞA VURUMCU YAZIM

Bilgi: Dışa Vurumcu Yazma İçin Yardımcı Materyalden yararlanarak, her gün bir olayı ele alarak 20 dakika ve ara vermeden beden imgesi deneyimi hakkında yazın. Olayı hatırladığınızdaki en derin duygu ve düşüncülerinizi ve olay sonrasında fiziksel görünüşünüzle alakalı deneyimlerinizi yazın. Yazarken bu deneyimlerin olay sonrasında ya da şimdiki duygularınızla nasıl bağlandığını göreceksiniz. Örneğin; kendiniz, akranlarınız, arkadaşlarınız, aile üyeleri ya da yaşamınızın başka yönleri hakkındaki duygularınız hakkındaki düşüncelerinizin etkilendiğini fark edebilirsiniz.

....

....

....

....

....

....

....

....

....

....

....

....

....

....

....

....

Bugünkü yazma deneyimiyle ilgili aşağıdaki soruları 0=hiç - 10-=çok fazla arasında puanlayarak derecelendirin.

1. En derin duygu ve düşüncelerinizi ne kadar dışa vurdunuz? ....
   ....
2. Bu gün yazdıktan sonra, ne kadar rahatsız ya da mutsuz hissetiniz? ....
   ....
3. Bugün yazdıktan sonra, ne kadar mutlu, tatminkâr ya da rahatlamış hissettiniz? ....
   ....
4. Bugün yazma sizin için ne kadar anlamlıydı? ....
   ....

Aşama 3: Beden İmgesi Deneyimlerini Yargısız Farkındalıkla Kabullenme

Bu aşamanın amacı, bilişsel bilgi işlemeye odaklanarak günlük beden imgesi deneyimlerini oluşturan bileşenlere odaklanmaktır. Bu aşamanın iki bileşeni bulunmaktadır: kendini izleme ve aynaya maruz bırakmayı uygulama. Bu uygulamalar için öncelikle uygulayıcının danışana yargısız farkındalıkla ilgili bilgi vermesi ve uygulamalar yapması gerekmektedir.

Bir önceki aşamada, danışanla beden imgesinin gelişimindeki geçmiş etkiler çalışılmıştı. Bu aşamada, günlük etkiler yani şimdi-ve-burada etkileri BDT modeline göre bilgilendirilerek, BDT modeline göre günlük olayların beden imgesine etkileri işlenecektir. Daha sonra danışanla *Yargısız Farkındalığa Dayalı Ayna Yansımaları Değişim El Formu* aracılığıyla ayna maruz bırakmasının nasıl uygulanacağı paylaşılır. Sonrasında *Değişim Formu: Yargısız Farkındalık ile Ayna Deneyimleri* aracılığıyla uygulamaların kayıt altına alınmasını istenir. Maruz bırakmada ilk aşamada doldurulan *Beden İmgesi Değerlendirme Testi*'nden yararlanılabilir. Maruz bırakmanın ilk uygulamasının görüşme sırasında gerçekleştirilmesi uygun olacaktır.

Bu aşamanın ikinci bölümü, danışana Başlatıcı, İnanç ve Sonuç (BİS) modelini tanıtmaktır ve BİS modeline göre kendini izlemenin gerçekleştirilmesini içermektedir. Danışanla *Değişim Formu Beden İmgesinin BİS+4D'yi Öğrenme* paylaşılarak model anlatılabilir. Sonrasında *Değişim Formu: Beden İmgesi Günlüğü* ara uygulama olarak verilir.

YARGISIZ FARKINDALIĞA DAYALI AYNA YANSIMALARI DEĞİŞİM EL FORMU

1. Uygulama

Tam mahremiyete sahip olduğunuz ve kesintiye uğramayacağınız bir boy aynası kullanın. Normalde giyindiğiniz gibi giyinin.

Aynanın önünde durun ve iki dakika boyunca tepeden tırnağa aynadaki yansımanıza bakın. Sizin beğendiğiniz noktalara odaklanmak veya beğenmediğiniz noktaları görmezden gelmek yerine vücudunuzun her bölgesine bakın. Bedeninize önden, yandan ve arkadan bakın.

Ardından, tepeden tırnağa bedeninizin her yönünü veya özelliğini *yüksek sesle* tanımlayın. Nasıl göründüğünüzü bilmek isteyen görme engelli bir kişiye veya sizi görmeden sizi çizen bir sanatçıya anlatır gibi anlatın.

Değerlendirici veya yargılayıcı değil, nesnel olarak açıklayıcı olun. Renk, doku, boyut, şekil, simetri vb. tanımları ekleyin. Öznel olarak eleştirel veya abartılı kelimeler kullanmayın ("çirkin yüz", "iğrenç", "aptal", "sıska bacaklar", "kötü saç", "boncuk gözler", "şişko" vb.). Bir yargı veya eleştiri ifade ettiğinizin farkına varırsanız, özelliğe tekrar bakmak için durun ve daha nesnel, gerçeklere dayalı bir terim kullanın.

Bedeninize her açıdan bakmaya devam edin. Dışarıda bıraktığınızın farkında olduğunuz alanlar veya özellikler varsa bunları nesnel ve yargılayıcı olmayan bir şekilde tanımlayın.

Tüm yansımanıza, vücudunuza parçalar olarak değil bir bütün olarak sessizce bakarak, bir dakikanızı ayırarak uygulamayı tamamlayın. Belirli bir özelliği görüntülediğiniz ve tanımladığınız anda yaşadığınız herhangi bir duygunun farkında olun. Sadece duygularınızı fark edin ve onları yüksek sesle kısaca tanımlayın (ör., "Mutlu hissediyorum." veya "Endişeli hissediyorum"). Ardından, dikkatinizi nesnel olarak tanımlayacağınız bir sonraki alana kaydırın.

2. Uygulama

Oturumda yaptığınız her şeyi tekrarlayın. Bu sefer tepeden tırnağa değil, ayak parmağınızdan başa doğru hareket edin ve vücudunuzu tekrar önden, yandan ve arkadan görün. Hem beğendiğiniz noktalara hem de beğenmediğiniz noktalara baktığınızdan emin olun.

Sonunda, bedeninize parçalar olarak değil bir bütün olarak sessizce bakarak üç dakika geçirin.

3 ve 4. Uygulama

Farklı giyinmeniz dışında, birinci ve ikinci uygulamada yaptığınızı aynen yapacaksınız. Kendi cildinizi daha fazla görebilmeniz için daha açık kıyafetler giyin. İdeal olarak sadece iç çamaşırınızı giyebilirsiniz. Bu noktada bunu yapmaktan çok rahatsızsanız şort ve rahat, kolsuz bir üst giyin.

DEĞİŞİM FORMU: YARGSIZ FARKINDALIK İLE AYNA DENEYİMLERİ

Her bir uygulama için deneyimlerinizi tanımlayın. Nasıl hissettiniz? Ne öğrendiniz?

1. Uygulama: ....

....

....

....

....

....

....

2. Uygulama: ....

....

....

....

....

....

....

3. Uygulama: ....

....

....

....

....

....

....

4. Uygulama: ....

....

....

....

....

....

....

DEĞİŞİM FORMU BEDEN İMGESİNİN BİS+4D'Yİ ÖĞRENME

Olumsuz beden imgesiyle ilgili kendini tekrar eden ve bizi olumsuz etkileyen durumlar yaşantılarız. Bu uygulama, günlük olarak ya da şimdi-ve-burada yaşadığınız bu durumları parçalara bölerek incelemeniz için hazırlanmıştır. Kısaca BİS+4D olarak adlandıracağımız bu uygulamada:

B= Başlatıcılar: Görünüşle ilgili duyguları hangi olayların harekete geçirdiği veya tetiklediği ile ilgilidir. Sıkıntından hemen önce gelen durum ve olayları ifade etmektedir.

İ= İnançlar: Başlatıcı olay sırasında o an akıldan geçen düşünceler ve yorumlardır. O anda kendinizle yaptığınız içsel konuşmadır. "Durumu nasıl görüyordum?" sorusu kadar şu cümlelerdeki boşlukları doldurmak yardımcı olacaktır:

"..

.... düşünüyordum".

"Muhtemelen ....

.... düşünüyordum".

S= Sonuçlar: Düşünce ve inançların sonuçlarında neler deneyimlendiğini duygusal olarak nasıl tepki verildiğidir. Davranışsal olarak nasıl tepki verildiğidir. Sonuçlar bölümünde 4D ayrıca sonuçların dört temel bölümünü açıklamak için doldurulacaktır.

Duygunuz: Hissedilen duygudur. Endişe? Kızgınlık? Utanç? Utanç? İğrenme? İmrenme? ....

....

Derinliği: Duyguların yoğunluğunu temsil etmektedir. 0-10 arasında derecelendirilir. ....

....

Devamlılığı: Sıkıntının ne kadar sürdüğünü belirtir. Daha iyi hissedene kadar kaç dakika veya kaç saat sürdüğünü ifade etmektedir. ....

....

Davranış: Olayın davranışlar üzerindeki etkilerini bulmak içindir. İstenmeyen duygularla başa çıkmak veya kişinin kendini bunlara karşı savunmak için kullandığı çabalardır. ....

....

Günlüğü önce yaşanılan dört beş olay için doldurduktan sonra, günlük olarak doldurulması uygundur.

DEĞİŞİM FORMU: BEDEN İMGESİ GÜNLÜĞÜ

Tarih: ....

Beden imgesi deneyimlerimin BIS+4D

Başlatıcılar (olay ya da durum) ....

....

....

İnançlar (kendim ve görünüşümle ilgili yorum ve düşüncelerim) ....

....

....

....

....

....

....

....

....

Sonuçlar [Duygusal 4D (Duygu, Derinlik, Devamlılığı, Davranış)] ....

....

....

Duygunuz (Hangi duyguyu hissettiniz?): ....

....

....

Derinliği (0-10) (Ne kadar yoğunlukta hissetiniz?): ....

....

....

Devamlılığı (Ne kadar sürdü?): ....

....

....

Davranış (Bu olayın davranışlarım üzerindeki etkisi): ....

....

....

Aşama 4: Beden İmgesi Konuşmalarının Temeline Bakmak

Bu aşamada, "özel beden imgesi konuşmalarına" neden olan genel görünümle ilgili şemaları veya "görünüm varsayımları" ele alınmaktadır. Danışanlara, kendilerini tanımlama ve öz saygı ölçütü olarak görünüşe aşırı önem vermelerine neden olan işlevsel olmayan şemaları değiştirmeyi öğretmek için önemli aşamadır.

Danışanın yaşına uygun olarak, görünüşle ilgili sayıltıların görünüş ile ilgili duygulara neden olduğu açıklanır. Daha sonra danışana sayıltılarla ilgili bilgi verilir. *Danışanla Konuşmalarınızın Derinliklerindeki Kalıplar* listesi paylaşılabilir.

Konuşmalarınızın Derinliklerindeki İşlevsel Olmayan Kalıplar

1. Fiziksel olarak çekici insanlar her şeye sahiptir.
2. Bir kişi olarak değerim nasıl göründüğüme bağlıdır.
3. En iyi görünmek için her zaman elimden geleni yapmalıyım.
4. İnsanların benim hakkımda fark edeceği ilk şey görünüşümde neyin yanlış olduğudur.
5. İnsanlar, gerçekten nasıl göründüğümü bilselerdi muhtemelen benden daha az hoşlanırlardı.
6. Fiziksel görünümümü yöneterek sosyal ve duygusal yaşamımı kontrol edebilirim.
7. Hayatımda başıma gelenlerin çoğundan görünüşüm sorumlu.
8. İstediğim gibi görünebilseydim hayatım çok daha mutlu olabilirdi.
9. Kültürümdeki mesajlar görünüşümden memnun olmamı imkânsızlaştırıyor.
10. Görünüşümü kabul etmemin tek yolu görünüşümü değiştirmek olabilir.

Bu listeden yola çıkarak danışan *Değişim Formu: Görünüş Kalıplarıyla Kısa Bir Tartışma* formu danışanın sahip olduğu her bir sayıltı için doldurması gerekmektedir. Form ara uygulama olarak verilir.

DEĞİŞİM FORMU: GÖRÜNÜŞ KALIPLARIYLA KISA BİR TARTIŞMA

".." varsaydığımda (Kalıbın adı):

....

....

O zaman ....

....

....

....

....

.... odaklanıyorum!

Ve sonra ....

....

....

....

....

.... düşünüyorum:

Ve ....

....

....

....

....

.... hissediyorum:

Yeni İç Sesim bu Görünüş Varsayımına (Kalıbına) ....

....

....

....

....

.... diyor.

Aşama 5: Yargısız Farkındalıkla Zihinsel Yanlılıkları Düzenleme

Bu aşamada, bir önceki aşamada olduğu gibi bilişsel müdahalelere devam edilmektedir. Danışanla Bilişsel Yanlılıklar listesi paylaşılarak bu liste içinde yer alan her bir yanlılık için *Değişim Formu: Bilişsel Yanlılıklarla Konuşma Formu* doldurulur. Danışana ayrıca bu form ara uygulama olarak verilir. Son olarak bu aşamada, yeni içsel sesin yaşamın doğal bir parçası olması hedeflenir. Beşinci bölümün bu son bölümünde, yargısız farkındalık ve kabulle birlikte içsel konuşmalara müdahale bir arada kullanılarak yeni beden imgesi günlüğü oluşturulur. Yargısız farkındalıkta öğrenilen Dur, Bak ve Dinle sırasını kullanarak içsel konuşmalara yakalama, ardından yeni içsel sesin dinlenmesiyle zorluk çıkaran düşüncenin düzenlenmesiyle birlikte danışanın bir arkadaşıyla sohbet ediyormuşçasına *Değişim Formu: Yeni Beden İmgesi Günlüğü* doldurulur. Unutulmamalıdır ki *başlatıcılar* beden imgesi zorlantılarını, *inançlar* içsel konuşmaları (yanlılıklar ve sayıltılar), *sonuçlar* duygusal ve davranışsal sonuçları ifade etmektedir. Bu formda yer alan *Konuşma* yeni içsel sesi ve *Etki* yeni içsel sesin duygu ve davranışlardaki sonuçlarını ifade etmektedir.

BİLİŞSEL YANLILIKLAR LİSTESİ

1. **Güzel ve çirkin:** Dış görünüşünüzü aşırı uçlarda düşündüğünüzde ortaya çıkar. Buna *ikili düşünme* denir.

2. **Adil olmayan karşılaştırmalar:** Görünümünüzü gerçekçi olmayan veya aşırı standartlarla karşılaştırmayı içerir.

3. **Büyüteç:** *Seçici dikkati temsil eder. Görünüşünüzün hoşlanmadığınız* bir yönüne odaklanır ve sonra onu abartırsınız - sanki vücudunuzu bir büyüteç altına alıyormuşsunuz gibi.

4. **Suçlama Oyunu:** Yaşadığınız belirli hayal kırıklıkları ve zorluklardan hoşlanmadığınız bazı fiziksel özelliklerin doğrudan sorumlu olduğu sonucuna vardığınızda yanlış bir şekilde ortaya çıkar. Bu psikolojik kavrama günah keçisi denir.

5. **Zihinleri yanlış okuma:** Ben kötü göründüğümü düşünürsem, başkaları da kötü göründüğümü düşünmelidir. Beni tam olarak benim kendimi gördüğüm gibi görüyorlar.

6. **Geleceği bilme:** Geleceği bilme ise görünüşünüzün geleceğini nasıl etkileyeceğini tahmin etmektir. Fiziksel eksikliklerinizin gelecekteki hayatınızda nasıl korkunç etkiler yapacağını tahmin etmedir.

7. **Her şey güzelliğe bağlı:** Bazı şeyleri görünüşünüz yüzünden yapamayacağınızı söyleyen Özel Vücut Konuşmasında yansıtılır. Bu çarpıtma sizi hapseder. Olumsuz beden imajınız nedeniyle faaliyetlerinizi ve özlemlerinizi sınırladığınızda onun tutsağı olursunuz.

8. **Karamsar ayna:** *Duygusal muhakemeyi yansıtır;* tamamen duyguya dayalı muhakeme. Gerekçelendirmeniz gereken güçlü bir duyguyla başlarsınız. Sonunda, duyguyu haklı çıkaran ve hatta güçlendirebilecek hatalı bir sonuca varırsınız.

DEĞİŞİM FORMU: BİLİŞSEL YANLILIKLARLA KONUŞMA FORMU

Bilişsel yanlılığım: ....
....
....
....
....
....
....

Başlatıcı olay ya da durum: ....
....
....
....
....
....
....

Bilişsel yanlılığım genellikle şunları söylüyor: ....
....
....
....
....
....
....

Bu bilişsel yanlılığımı düzeltmek için yeni iç sesimin verdiği karşılıklar: ....
....
....
....
....
....
....

DEĞİŞİM FORMU: YENİ BEDEN İMGESİ GÜNLÜĞÜ

Başlatıcılar: ....

....

....

....

....

Düşünceler (inançlar): ....

....

....

....

....

Sonuçlar: ....

....

....

....

....

Yeni içsel sesimin konuşmaları: ....

....

....

....

....

Yeni içsel konuşmalarımın etkileri: ....

....

....

....

....

....

....

Aşama 6 ve 7: Beden İmgesi Kaçınmalarıyla Yüzleşme ve Ritüellerini Temizleme

Bu aşamada, danışana beden imgesi kaçınma davranışları ve görünüş-saplantılı ritüeller hakkında bilgi verilir. Danışana "Kendilik-Koruma Davranışlarının Rolü" şekli yardımıyla beden imgesindeki yeri hakkında bilgi verilir.

Kendilik-Koruma Davranışlarının Rolü

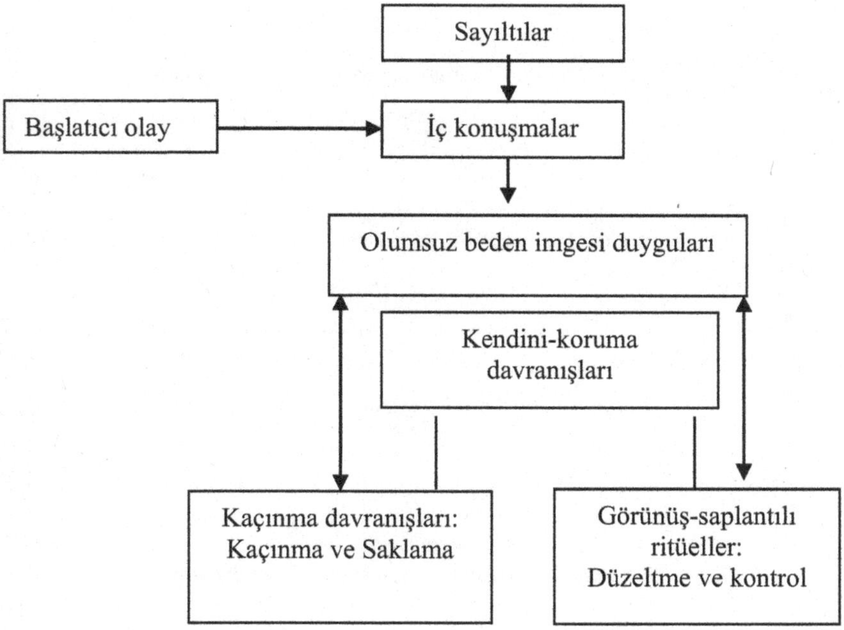

Danışanla birlikte değerlendirme aşamasında kullanılan ölçeklerden ya da bir önceki aşamalarda kullanılan günlüklerden yararlanarak, kaçınma ve saklama davranışları bulunur. Aynı işlem düzeltme ve kontrol ritüelleri için de yapılır. *Kendini Koruma Formu,* kaçınma davranışlarını belirlemede yardımcı olacaktır. Sonrasında *Değişim Formu: Kaçınma ile Yüzleşme İçin Plan, Değişim Formu: Saklama ile Yüzleşme İçin Plan ve Değişim Formu: Görünüş Saplantılı Ritüeller İçin Planlar* ve *Kaçınma, Saklama ve Görünüş Saplantılı Ritüeler El Formları* verilir. Doldurdukları testlerden de yararlanarak "kaçındığınız uygulama, yer, kişi ya da duruş", "saklama için nasıl katkıda bulunuyorum" ve "değiştirmek istediğim görünüş saplantılı ritüeller" bölümleri doldurulur. Bu bölümde danışana gevşeme teknikleri de (nefes, imgesel ya da aşamalı gevşeme) öğretilmelidir. Ayrıca danışana Problem Çözme Basamaklarının da öğretilmesi gerekmektedir.

KENDİNİ KORUMA FORMU

Kendini koruma davranışlarından sıklıkla yaptıklarınızın listesini aşağıdaki ayrılmış alanlara yazın. Daha sonra sıklığı 1= çok az, 2= sık sık ve 3= çok sık olarak derecelendirin.

Sıklık	**Kaçınılan**
	Uygulamalar (ör., dans etme, spor, fotoğraf çektirme
....	....
....	....
....	....
	Yerler (ör., deniz kenarı, aynası çok olan mekânlar)
....	....
....	....
....	....
	Kişiler (ör., iyi görünüşlü kişiler)
....	....
....	....
....	....
	Pozlar (ör., belli oturuş, yüzün belli bir tarafını gösterme)
....	....
....	....
....	....
	Saklama (ör., kulakları saçla kapama, bol giyinme)
....	....
....	....
....	....
	Ritüeller
	Görünüşü kontrol etme (ör., sık sık aynaya bakma)
....	....
....	....
....	....
	Görünüşü düzeltme (ör., zamanında hazırlanamama)
....	....
....	....
....	....

KAÇINMA EL FORMU

1. Önce yer, kişi ya da duruş olarak kaçındığınız şeyi yazın. ....

....

....

....

2. Sizin için yüzleşebileceğiniz bir durum belirleyin. ....

....

....

....

3. Tam olarak onunla başa çıkmak için ne yapacağınızı yazın. ....

....

....

....

4. Nasıl harekete geçeceğinize karar verin. Yeri, tarihi, süresini ve eyleminizin süresini belirtin. Örneğin, "Saçlarımı düzeltmeden ve belli şeklini vermeden asla okula gidemem." ise okulun 2 ve 4. günlerinde "Saçlarıma herhangi bir işlem yapmadan okula gideceğim." amaç olabilir. ....

....

....

....

5. Başa çıkma planınızı yazın. Bu planda, otomatik düşüncelere müdahalede öğrendiğiniz başa çıkma düşünceleri yer alabilir. Unutmayın ki buradaki amaç, rahatsızlığı tamamen yok etmek değil, sadece planı uygulamak ve rahatsızla başa çıkmak. ....

....

....

....

6. Kendinizi nasıl ödüllendireceğinizi yazın. ....

....

....

....

DEĞİŞİM FORMU: KAÇINMA İLE YÜZLEŞME İÇİN PLAN

Ad-soyadı: .... Tarih: ....

Kaçındığınız uygulama, yer, kişi ya da duruş: ....

....

....

....

Yüzleşme için adım adım plan: ....

Hazırlanma: Tam olarak ne yapacaksınız? ....

....

....

....

Eylem: Ne zaman? Ne kadar sürede? Korku yaşarsam ne yapacağım? ....

....

....

....

Başa çıkma: Hangi rahatsız edici düşünce ve duyguları bekliyorum. Bunlarla nasıl başa çıkacağım? ....

....

....

....

Hoşlanma: Çabamı nasıl ödüllendireceğim? ....

....

....

....

Yüzleşmenin sonucunda neler oldu? ....

....

....

....

SAKLAMA EL FORMU

1. Önce saklamak için yaptığınız bakımı yazın. ....

....

....

....

2. Saklamak için bakım birçok durumda gerçekleşebileceği için bunu belirginleştirin. Örneğin, "Sivilcelerim görünmesin diye ağır makyaj yaparım." ya da "Belimin kalınlığı ya da memelerim görünmesin diye bol bluzlar giyerim." ise bu her durumda gerçekleşebileceğiniz birkaç durum düşünün. Örneğin, markete gitmek ya da beden eğitimi dersine normal boyutta bir tişörtle çıkmak gibi. Günlük yaptığınız faaliyetleri düşünün. ....

....

....

....

3. Tam olarak bu durumla başa çıkmak için ne yapacağınızı yazın. ....

....

....

....

4. Nasıl harekete geçeceğinize karar verin. Yeri, tarihi, süresini ve eylemenizin süresini belirtin. Örneğin, sizin "İnsanlar sivilcelerimi görmemeliler, onun için fondöten kullanmalıyım." ise sizin eylem planınız birinci durum için kapıyı makyajsız açmak, ikinci durum bakkala gitmek, üçüncü durum ise okula gitmek olabilir. ....

....

....

....

5. Başa çıkma planınızı yazın. Bu planda, otomatik düşüncelere müdahalede öğrendiğiniz başa çıkma düşünceleri yer alabilir. Unutmayın ki buradaki amaç rahatsızlığı tamamen yok etmek değil, sadece planı uygulamak ve rahatsızlıkla başa çıkmak. ....

....

....

....

6. Kendinizi nasıl ödüllendireceğinizi yazın. ....

....

....

....

DEĞİŞİM FORMU: SAKLAMA İLE YÜZLEŞME İÇİN PLAN

Ad-soyadı: .... Tarih: ....

Saklama için neler yapıyorum: ....

....

....

....

Yüzleşme için adım adım plan: Hazırlanma: Tam olarak ne yapacaksınız? ....

....

....

....

Eylem: Ne zaman? Ne kadar sürede? Korku yaşarsam ne yapacağım? ....

....

....

....

Başa çıkma: Hangi rahatsız edici düşünce ve duyguları bekliyorum. Bunlarla nasıl başa çıkacağım? ....

....

....

....

Hoşlanma: Çabamı nasıl ödüllendireceğim? ....

....

....

....

Yüzleşmenin sonucunda neler oldu? ....

....

....

....

DEĞİŞİM FORMU: GÖRÜNÜŞ SAPLANTILI RİTÜELLER

Ad-soyadı: .... Tarih: ....

Değiştirmek istediğim görünüş saplantılı ritüellerim: ....

....

....

....

Yüzleşme için adım adım plan: ....

Hazırlanma: Tam olarak ne yapacaksınız? ....

....

....

....

Eylem: Ne zaman? Ne kadar sürede? Korku yaşarsam ne yapacağım? ....

....

....

....

Başa çıkma: Hangi rahatsız edici düşünce ve duyguları bekliyorum. ....

Bunlarla nasıl başa çıkacağım? ....

....

....

....

Hoşlanma: Çabamı nasıl ödüllendireceğim? ....

....

....

....

Yüzleşmenin sonucunda neler oldu? ....

....

....

....

Aşama 8: Bedene İyi Davranma

Bu aşamada, danışanla bedenin sadece estetik bir araç olmadığı, diğer işlevlerinin neler olabileceği konuşulur. Örneğin, arkadaşlarına ya da sevdikleri insanlara nasıl davrandıkları sorularak, davranışlarını sıralamaları istenir, iltifatta bulunma, hediye alma, güzel sözler söyleme vs. Aynı davranışları bedenlerine de yapabilecekleri söylenir. Neler yapabilecekleriyle ilgili *Değişim El Formu: Beden Olumlu Deneyimleri* verilir. Form incelendikten sonra ev ödevi olarak *Değişim Formu: Beden Hakları* formunun uygulanmasına geçilir. Bu aşamanın son bölümünde, *Kişisel Amaç Formunda* yer alan amaçlarını ne kadar gerçekleştirdikleri üzerinde durularak gerekli durumlarda birinci aşamada yer alan testler tekrar uygulanabilir.

DEĞİŞİM EL FORMU: BEDEN OLUMLU DENEYİMLERİ

Başarı ve hoşlanma:

Bu faaliyetteki beden deneyimlerini üç bölümde gerçekleştirebilirsiniz.

1. Fiziksel sağlık ve fiziksel uygunluk,
2. Duyumsal deneyimler,
3. Fiziksel görünüş.

Bedeninizle ilişkinizi artıracak fizyolojik deneyimler Başarı ve Hoşlanmadır. Başarı bir dizi amaca ulaşırken tamamlamanın verdiği hoşlanmadır. Hoşlanma ise basitçe hoşlanmadır. Bazı faaliyetler hem başarıyı hem de hoşlanmayı içerir. Örneğin, her gün belli süre yürüyüş yapma hem bir faaliyeti ve sağlığı artırmanın başarısının yanı sıra bedenin özgürleştiği ve hoşlanma duygusu kazandırır.

Yapabileceğiniz üç fiziksel faaliyet düşünün.

1. Birincisi sağlık/fiziksel uygunluk faaliyetidir. Bu faaliyetler grup olarak ya da tek başınıza yapabileceğiniz fiziksel deneyimler olabilir. Yürüyüş yapmak, basketbol ya da voleybol oynamak, halk oyunları ya da dans etmek, yüzme, aerobik ya da step gibi faaliyetler olabilir.
2. İkincisi duyumsal faaliyetlerdir. Bu faaliyetler; makyaj yapma, yüz ve vücut bakımı yapma, masaj yaptırma, vücuda krem sürme, gevşeme egzersizleri yapma olabilir.
3. Üçüncüsü ise fiziksel görünüştür. Renkli ya da yeni bir kıyafet giyme, parfüm sürme, en sevdiğiniz takı takma, dişlerinizi fırçalama, el ve ayak bakımı yapma olabilir.
4. Değişim formuna yazdığınız bu faaliyetleri belirlediğiniz belli günlerde yapın ve başarı ve hoşlanma derecesini Değişim Formu: Beden Hakları'na yazın.

DEĞİŞİM FORMU: BEDEN HAKLARI

Ad-soyadı: ....

Tarih: ....

	Hoşlanma 0-100	**Başarı 0-100**
1. Fiziksel/fiziksel uygunluk faaliyeti:		
....	....	....
....	....	....
....	....	....
....	....	....
....	....	....
	....	....
2. Duyumsal faaliyetler:		
....	....	....
....	....	....
....	....	....
....	....	....
....	....	....
....	....	....
3. Fiziksel görünüş:		
....	....	....
....	....	....
....	....	....
....	....	....
....	....	....
....	....	....

Son Aşama: Nüksetmeyi Önleme ve Değişimin Kalıcılığı

Bu oturumun amacı, değişimi değerlendirme ve bu değişimin kalıcılığını sağlamak için yapılabilecek stratejileri geliştirmektir. İçeriğinde şunlara yer verilmelidir:

1. Bu aşamada değerlendirme aşamasındaki testler tekrar gözden geçirilir. Danışanın daha önce oluşturduğu amaçlardan yola çıkarak danışanın en çok gelişme gösterilen alanları belirlerler. Tamamlamayı sağlamak için danışan birlikte geriye kalan problemler ve bununla ilgili yeni amaçları belirlenir.
2. Problemli olan ilişkiler; eleştiride bulunan veya dalga geçen akrabalar ya da arkadaşlar, beden imgesi stresinin kaynağı olabilirler. Danışana bu tür insanlarla başa çıkabilmek için kişiler arası problem çözme ve güvenli girişkenlik becerilerini öğretilir.
3. Tüm program boyunca elde edilen becerilerin danışanın yaşamında karşılaştığı diğer zorluklara nasıl uygulayacağı konuşulur. Üç ya da altı aylık izleme çalışması için zaman belirlemesi programın etkililiği için uygun olacaktır.

Aile Katılımı

Beden imgesine müdahale çalışmalarında özellikle ergenlerle (14-18 yaş) çalışırken ebeveyn katılımı YB'ye müdahalede olduğu gibi önemli bir yer tutmaktadır. Her ne kadar burada okuyucuyla buluşturulan uygulama yönergelerinde aile katılımı yer almasa da G-BDT'nin (Dalle Grave ve Calugi, 2022) ergen biçiminde olduğu gibi ebeveyn katılımının hangi aşamada ve nasıl olabileceğiyle ilgili tavsiyeler yürütülecek çalışmalara katkı sağlayacaktır.

1. Aile katılımı ve/veya ebeveyn katılımı değerlendirme aşamasından sonra olmalıdır. Bu görüşmede, beden imgesinin ne olduğu ve beden imgesinin gelişiminde alenin rolü konuşulur. Aile içinde kardeşler de olmak üzere beden ve kilo konuşmalarının nasıl olduğu, ailenin görünüşe ne kadar önem verdiği üzerine konuşulduktan sonra, gerekli olduğu yerlerde aile içi konuşmaların nasıl olması gerektiği ile ilgili bilgi verilir.
2. BDT'nin beden imgesine yaklaşımı ve programın nasıl ilerleyeceği ile ilgili bilgi verilir.
3. Danışanla birlikte ailenin hangi aşamalarda katkı sağlayacağı kararlaştırılır.
4. Altıncı ve yedinci aşamalardaki yüzleşme uygulamalarında danışanla birlikte ailenin katkısının neler olabileceği konuşulur (ör., şişman olduğunu ya da çelimsiz olduğunu düşündüğü için okula gitmek istemeyen danışan için planlama yapılırken ailenin katılımın sağlanması; dış görünüşü ile ilgili zorbalığa ya da alaya maruz kalan ergenle ilgili planlama yapılırken).

SONUÇ

Ergenlik döneminin özelliğinden de kaynaklanan beden memnuniyetsizliğine müdahale yetişkinlik döneminde karşılaşılabilecek sorunları önlemek için önemli bir müdahaledir. Özellikle COVID-19 Pandemi sürecinde eve kapanmalar ve sosyal ağların aşırı kullanımı, ergenler arasında yeme ve beden imgesi sorunlarında artışa neden olmuştur (Robertson ve diğ., 2021; Schneider ve diğ., 2022; Vall-Roqué, Andrés ve Saldaña, 2021). Bu kitap kapsamında hazırlanan beden imgesine müdahale programının bireysel görüşmelerde ruh sağlığı çalışanları için YB'yi önlemede önemli bir kaynak olacağı düşünülmektedir.

Yaklaşık 15 görüşme olarak sunulan bu müdahale programının 13 yaş ve üzeri bireylerde etkililiğine dair kanıtlara ihtiyaç duyulmakla birlikte, bu çalışma kapsamında ülkemizde beden imgesi memnuniyetsizliğine yönelik standardize edilmiş bir çalışma olmadığı gözlemlenmektedir. Bu anlamda çalışmanın Beden Disformik Bozukluğu da dâhil olmak üzere YB için risk oluşturan gruplar için önleyici bir program olduğu söylenebilir.

KAYNAKLAR

Amerikan Psikiyatri Birliği (2013). *Ruhsal bozuklukların tanısal ve sayımsal el kitabı,* Dördüncü Baskı (DSM-5) (Çev. ed.: E Köroğlu). Ankara, Hekimler Yayın Birliği.

Arslan, U. E.; Özcebe, L. H.; Ünlü, H. K.; Üner, S.; Yardım, M. S.; Araz, O. and Huang, T. T-K (2020) "The validity and reliability of the Turkish version of the Body Esteem Scale forAdolescents and Adults (BESAA) for children," *Turkish Journal of Medical Sciences*: Vol. 50 (2), Article 26. https://doi.org/10.3906/sag-1902-171

Cash, T. F. (1997). *The body image workbook: An eight-step program for learning to like your looks.* Oakland, CA: New Harbinger Publications.

Cash, T. F. (2008). *The body image workbook: An eight-step program for learning to like your looks* (2nd ed.). Oakland, CA: New Harbinger Publications.

Cash, T. F. (2002). Cognitive behavioral perspectives on body image. In T. F. Cash & T. Pruzinsky (Eds.), *Body images: A handbook of theory, research, and clinical practice* (pp. 269-276). New York, NY: Guilford.

Cash, T. F. (2011). Cognitive-behavioral perspectives on body image In Cash TF & Smolak L. (Eds.), *Body image: A handbook of science, practice, and prevention* (pp. 39-47). New York, NY: Guilford Press.

Cash, T. F. (2012). Cognitive-behavioral perspectives on body image. In Cash TF (Ed.), *Encyclopedia of body image and human appearance* (pp. 334-342). San Diego, CA: Academic Press (Elsevier).

Cooper, Z., & Dalle Grave, R. (2017). Eating disorders: Transdiagnostic theory and treatment. In S. G. Hofmann & G. J. G. Asmundson (Eds.), *The science of cognitive behavioral therapy* (pp. 337-357). Elsevier Academic Press. https://doi.org/10.1016/B978-0-12-803457-6.00014-3

Cuzzolaro, M. (2018). Body Schema and Body Image: History and Controversies. In: Cuzzolaro, M., Fassino, S. (eds) *Body Image, Eating, and Weight.* Springer, Cham. https://doi.org/10.1007/978-3-319-90817-5_1

Dalgleish, T., Black, M., Johnston, D., & Bevan, A. (2020). Transdiagnostic approaches tomental health problems: Current status and future directions. *Journal of Consulting and Clinicalpsychology,* 88(3), 179-195. http://dx.doi.org/10.1037/ccp0000482.

Dalle Grave, R., & Calugi, S. (2022). Cognitive behaviour therapy for adolescents with eating disorders: An effective alternative to the disease-based treatments. *IJEDO* 2022;4:1-5. https://doi: 10.32044/ijedo.2022.01.

Damiano, S. R., Yager, Z., McLean, S. A., & Paxton, S. J. (2018). Achieving body confidence for young children: Development and pilot study of a universal teacher-led body image and weight stigma program for early primary school children. *Eating Disorders,* 26(6), 487-504. https://doi.org/10.1080/10640266.2018.1453630.

Demiralp, M., Demiralp, B., Sarıkoç, G., İyigün, E., Açıkel, C. ve Başbozkurt, M. (2015). Beden İmgesinin Yaşam Niteliğine Etkisi Ölçeğinin Türkçe uyarlaması: Geçerlilik ve güvenilirlik çalışması. *Anadolu Psikiyatri Dergisi,* 16, 82-90. https://app.trdizin.gov.tr/makale/TWpBMk16QXlNZz09/beden-imgesinin-yasam-niteligine-etkisi-olceginin-turkce-uyarlamasi-gecerlilik-ve-guvenilirlik-calismasi.

Dion, J., Hains, J., Vachon, P. Plouffe, J., Laberge, L., Perron, M., McDuff, P., Kalinova, E. & Leone, M. (2016). Correlates of body dissatisfaction in children. *The Journal of Pediatrics.* http://dx.doi.org/10.1016/j.jpeds.2015.12.045.

Doğan, T. (2010). Sosyal Görünüş Kaygısı Ölçeği'nin (SGKÖ) Türkçe uyarlaması: Geçerlik ve güvenirlik çalışması. *Hacettepe Üniversitesi Eğitim Fakültesi Dergisi,* 39(39), 151-159. https://app.trdizin.gov.tr/makale/TVRFd05UWTBOQT09/sosyal-gorunus-kaygisi-olcegi-nin-sgko-turkce-uyarlamasi-gecerlik-ve-guvenirlik-calismasi-

Doğan, O. ve Doğan, S. (1992). *Çok yönlü beden-self ilişkileri ölçeği el kitabi.* Sivas: Cumhuriyet Üniversitesi Yayınları.

Doğan, T., Sapmaz, F. ve Totan, T. (2010). Beden İmgesi Baş Etme Stratejileri Ölçeğinin Türkçe uyarlaması. *Anadolu Psikiyatri Dergisi,*12(2), 121-129. https://app.trdizin.gov.tr/makale/TVRJd016STFOUT09

Fairburn, C. G. (2008). Eating disorders: The transdiagnostic view and the cognitive behavioral theory. In C. G. Fairburn, *Cognitive behavior therapy and eating disorders* (pp. 7-22). New York, NY: Guilford Press.

Fairburn, C. G., Cooper, Z., & Shafran, R. (2003). Cognitive behaviour therapy for eating disorders: A "transdiagnostic" theory and treatment. *Behaviour Besearch and Therapy,* 41(5), 509-528. https://doi.org/10.1016/S0005-7967(02)00088-8.

Fairburn, C. G., Cooper, Z., Doll, H. A., O'Connor, M. E., Bohn, K., Hawker, D. M., Wales, J. A., & Palmer, R. L. (2009). Transdiagnostic cognitive-behavioral therapy for patients with eating disorders: a two-site trial with 60-week follow-up. *The American journal of psychiatry,* 166(3), 311-319. https://doi.org/10.1176/appi.ajp.2008.08040608.

Fairburn, C. G., Bailey-Straebler, S., Basden, S., Doll, H. A., Jones, R., Murphy, R., ... Cooper, Z. (2015). A transdiagnostic comparison of enhanced cognitive behaviour therapy (CBT-E) and interpersonal psychotherapy in the treatment of eating disorders. *Behaviour Research and Therapy,* 70, 64-71. https://doi.org/10.1016/j.brat.2015.04.010.

Gordon, K. H., Holm-Denoma, J. M., Crosby, R. D., & Wonderlich, S. A. (2018). The classification of eating disorders. 2nd editionIn W. S. Agras (Ed.), *The Oxford handbook of eating disorders* (pp. 9-33). Oxford University Press.

Grogan, S. (2016). *Body image: Understanding body dissatisfaction in men, women and children* (3rd ed.). London: Routledge.

Hovardaoğlu, S. (1992). Vücut Algısı Ölçeği. *Psikiyatri, Psikoloji, Psikofarmakoloji Dergisi (3P).* Testler Özel Eki

Kościcka, K., Czepczor, K., & Brytek-Matera, A. (2016). Body size attitudes and body image perception among preschool children and their parents: a preliminary study. *Archives of Psychiatry and Psychotherapy,* 18(4), 28-34. https://doi.org/10.12740/APP/65192

Levine, M. P., & Smolak, L. (2021). *The prevention of eating problems and eating disorders: Theories, research, and applications* (2nd ed.). Newyork, NY: Routledge.

McKinley, N. M. (2002). Feminist perspectives and objectified body consciousness. In T. F. Cash & T. Pruzinsky (Eds.), *Body image: A handbook of theory, research, and clinical practice* (pp. 55-62). New York: Guilford.

McKinley, N. M. (2011) 'Feminist perspectives on body image', in T. F. Cash and L.Smolak (Eds), *Body image: A handbook of science, practice and prevention,* 2nd edition (pp. 48-65), New York: Guilford.

Neves, C. M., Cipriani, F. M., Meireles, J., Morgado, F., & Ferreira, M. (2017). Body image ın childhood: An integratıve literature revıew. Imagem corporal na ınfâncıa: uma revısão ıntegratıva da lıteratura. Revista paulista de pediatria: Orgao oficial da Sociedade de Pediatria de Sao Paulo, 35(3), 331-339. https://doi.org/10.1590/1984-0462/;2017;35;3;00002.

Paxton, S. J., & Damiano, S. R. (2017). The development of body ımage and weight bias in childhood. *Advances in Child Development and Behavior,* 52, 269-298. https://doi.org/10.1016/bs.acdb.2016.10.006.

Ricciardelli, L. A. (2012). Body image development - Adolescent boys. In T. F. Cash (Ed.), *Encyclopedia of body image and human* appearance (pp. 180-186). Elsevier Academic Press.

Robertson, M., Duffy, F., Newman, E., Prieto Bravo, C., Ates, H. H., & Sharpe, H. (2021). Exploring changes in body image, eating and exercise during the COVID-19 lockdown: A UK survey. *Appetite,* 159, 105062. https://doi.org/10.1016/j.appet.2020.105062

Smolak L. (2011). Body image development in childhood. T. F. Cash & L. Smolak (Eds.), *Body image: A handbook of science, practice, and* prevention (p. 67-75). The Guilford Press.

Solmi, M., Radua, J., Olivola, M., Croce, E., Soardo, L., Salazar de Pablo, G., ... & Fusar-Poli, P. (2021). Age at onset of mental disorders worldwide: large-scale meta-analysis of 192 epidemiological studies. *Molecular Psychiatry,* 1-15.https://doi.org/10.1038/s41380-021-01161-7.

Solmi, M., Radua, J., Stubbs, B., Ricca, V., Moretti, D., Busatta, D., Carvalho, A. F., Dragioti, E., Favaro, A., Monteleone, A. M., Shin, J. I., Fusar-Poli, P., & Castellini, G. (2021). Risk factors for eating disorders: an umbrella review of published meta-analyses. *Revista brasileira de psiquiatria* (Sao Paulo, Brazil: 1999), 43(3), 314-323. https://doi.org/10.1590/1516-4446-2020-1099.

Stice, E., & Desjardins, C. D. (2018). Interactions between risk factors in the prediction of onset of eating disorders: Exploratory hypothesis generating analyses. Behaviour research and therapy, 105, 52-62. https://doi.org/10.1016/j.brat.2018.03.005).

Stice, E., Desjardins, C. D., Rohde, P., & Shaw, H. (2021). Sequencing of symptom emergence in anorexia nervosa, bulimia nervosa, binge eating disorder, and purging disorder and relations of prodromal symptoms to future onset of these disorders. *Journal of Abnormal Psychology*, 130(4), 377-387. https://doi.org/10.1037/abn0000666.

Stice, E., Gau, J. M., Rohde, P., & Shaw, H. (2017). Risk factors that predict future onset of each DSM-5 eating disorder: Predictive specificity in high-risk adolescent females. *Journal of Abnormal Psychology*, 126(1), 38-51. https://doi.org/10.1037/abn0000219.

Stice, E., Rohde, P., Shaw, H., & Gau, J. (2011). An effectiveness trial of a selected dissonance-based eating disorder prevention program for female high school students: Long-term effects. *Journal of Consulting and Clinical Psychology*, 79(4), 500-508. https://doi.org/10.1037/a0024351.

Stice, E., Onipede, Z. A., & Marti, C. N. (2021). A meta-analytic review of trials that tested whether eating disorder prevention programs prevent eating disorder onset. *Clinical Psychology Review*, 87, 102046. https://doi.org/10.1016/j.cpr.2021.102046.

Tiggemann, M. (2011). Sociocultural perspectives on human appearance and body image. *Body Image: A handbook of science, practice, and prevention* (2nd ed., pp. 12-19). Guilford Press.

Tiggemann, M. (2012). Sociocultural perspectives on body image. In T. F. Cash (Ed.), *Encyclopedia of body image and human appearance* (pp. 758-765). Elsevier Academic Press.

Schneider, J., Pegram, G., Gibson, B., Talamonti, D., Tinoco, A., Craddock, N., Matheson, E., & Forshaw, M. (2022). A mixed-studies systematic review of the experiences of body image, disordered eating, and eating disorders during the COVID-19 pandemic. *International Journal of Eating Disorders*, 1-42. https://doi.org/10.1002/eat.23706

Swami, V. (2011). Evolutionary perspectives on human appearance and body image. in: Cash, T.F. and Smolak, L. (ed.) *Body image: a handbook of science, practice, and prevention.* 2nd edition New York Guilford Press. pp. 20-28.

Tunç, A. (2007). *Ergenlerin olumsuz beden imgelerine yönelik geliştirilen bilişsel-davranışçı ve değiştirilmiş sanat terapisi programlarının etkililiklerinin karşılaştırılması.* Yayımlanmamış Yüksek Lisans Tezi. Ankara: Ankara Üniversitesi Sosyal Bilimler Enstitüsü.

Tylka, T. L. (2011). 'Positive psychology perspectives on body image', in T. Cash and L. Smolak (Eds) *Body image: A handbook of science, practice and prevention*, 2nd edition (pp. 56-67), New York: Guilford.

Vall-Roqué, H., Andrés, A., & Saldaña, C. (2021). The impact of COVID-19 lockdown on social network sites use, body image disturbances and self-esteem among adolescent and young women. *Progress in Neuro-Psychopharmacology & Biological Psychiatry*, 110, 110293. https://doi.org/10.1016/j.pnpbp.2021.11029

Wertheim, E. H. & Paxton, S. J. (2011). Body image development in adolescent girls. In T. F. Cash & L. Smolak (Eds.), *Body image: A handbook of science, practice, and prevention* (pp. 76-84). The Guilford Press.

Bölüm 10

MADDE KULLANIM BOZUKLUĞUNDA VE BAĞIMLILIKLARDA BİLİŞSEL DAVRANIŞÇI TERAPİ

Yusuf Oktay Atılgan

GİRİŞ

Madde kullanımı, merkezî sinir sistemi üzerindeki keyif verici etkisi nedeniyle bireyin herhangi bir bağımlılık yapan bir maddeyi kullanması olarak belirtilebilir. Keyif veren madde kullanımı yüzyıllar öncesine dayanmakla birlikte, maddelerin neden olduğu sorunların farkındalığı nispeten yenidir. Madde kullanım bozukluğu hem ülkemizde hem de dünyada giderek artan sağlık sorunlarından biridir. Bu sorun sadece madde kullanımı olan bireyi değil, bireyin ailesini ve yakın çevresini, toplumu ve toplumun kültürel özellikleri dâhil birçok alanda olumsuz etkiye sahiptir. Uzun zamandır devam eden bu sorun, özellikle çocuk ve ergenleri olumsuz yönde etkilemektedir. Madde kullanımı genel olarak çocuk ve ergenlerin bilişsel, fiziksel ve psikososyal gelişimleri üzerinde olumsuz etkileri ile neden olduğu madde kullanım bozukluğunu, bağımlılığı, psikopatolojileri ve tıbbi sorun risklerini artırması açısından önemlidir.

Bağımlılık yapan maddelerin kısa bir süreliğine de olsa bireyin ruhsal durumunu değiştirdiğinin ve farklı hissettirdiğinin anlaşılmasıyla, madde bağımlılığı toplum ruh sağlığını tehdit eden ciddi bir sorun hâline gelmiştir. Giderek daha fazla bireyin madde bağımlısı olması ve madde kullanım yaşının gün geçtikçe düşmesi artık bu sorunu ayyuka çıkarmaktadır. Madde kullanımına yönelik yapılan araştırmalarda da benzer şekilde madde kullanımının ergenler arasında giderek yaygınlaştığı ve ilk kullanım yaşının da giderek düştüğü sonucuna ulaşıldığı görülmektedir (Yule ve Prince, 2012). Çocukluk ve ergenlik dönemleri, madde kullanımı için en riskli dönemlerden biridir. Beyin gelişim süreci devam eden çocuk ve ergenler bilişsel, duygusal, sosyal ve fiziksel açıdan da yeterince olgun olmadıklarından ve öz farkındalıklarının düşük olmasından dolayı madde kullanımına en yatkın gruptur (Bilaç vd., 2019).

Madde kullanımı, kişinin öz denetimini etkileyerek olumsuz tutum ve davranışların oluşmasına yol açmaktadır (Balseven vd., 2002). Çocuk ve ergenlikte madde kullanım bozukluğunun ve madde bağımlılığının nedenleri olarak ergenlerin kimlik arayışı, problem çözme becerilerine sahip olmamaları, öz denetimlerinin gelişmemiş olması ve ödüle daha çok duyarlı olmaları belirtilebilir. Ancak madde kullanımının en belirgin başlama nedeni meraktır. Merakla başlayan kullanım, düzenli kullanım sonrası kullanım bozukluğu ve bağımlılığa kadar aşamalar hâlinde ilerler. Madde kullanan birey, başlangıçta aldığı hazzı uzatmak için madde almaya devam eder. Sonrasında maddeyi almadığında oluşan yoksunluk belirtilerini azaltmak için madde kullanım davranışları devam eder.

Tüm dünyada önemli bir problem olarak görülen madde kullanım bozukluğu ve bağımlılığı, son dönemde Türkiye'de de önemli bir sorun hâline gelmiştir. Ülkemizde madde kullanım yaygınlığının arttığı, Avrupa ülkeleri ve ABD ile karşılaştırıldığında yaygınlık oranının daha düşük olduğu belirtilmektedir (Ögel, 2005). Her ne kadar Avrupa ülkeleri ve ABD ile kıyaslandığında ülkemizde kullanım oranı düşük olsa da üzerinde düşünülmesi gereken önemli bir olgu olduğu belirtilebilir.

MADDE KULLANIM BOZUKLUĞU VE BAĞIMLILIĞIN GENEL ÖZELLİKLERİ

Bağımlılığın Tanımı

Geçmiş zamanlardan beri görülen bağımlılık olgusu, denetimli ya da denetimsiz olarak bağımlılık yapıcı maddelerin ağrı dindirme, keyif alma ve hastalıkların tedavisinde kullanımı gibi çeşitli amaçlarla kullanıldığı belirtilmektedir (Türkiye Uyuşturucu Bağımlıları İzleme Merkezi, 2009).

Alanyazında bağımlılık üzerine pek çok tanıma rastlamak mümkündür. Goodman (1990); bağımlılığı, "hem haz üretme hem de içsel rahatsızlıktan kurtulma işlevi görebilen bir davranışın, davranışı kontrol etmede tekrarlayan başarısızlık (güçsüzlük) ve davranışın devam etmesi ile nitelendirilen bir örüntü içinde kullanıldığı bir süreç" olarak ifade etmektedir. Uzbay (2009) ise bağımlılığı, "bir nesneye, kişiye veya varlığa yönelik kontrol edilemeyen bir arzu veya başka bir iradenin kontrolü altına girme durumu" olarak belirtmektedir. Genel olarak bağımlılık olgusu, herhangi bir eylem üzerindeki kontrol kaybı şeklinde ifade edilebilir. Kontrolsüz bir şekilde gerçekleştirilen herhangi bir madde veya davranış bağımlılık riski taşıyabilir.

Ayrıca bağımlılık olgusu, fiziksel bağımlılık ve psikolojik bağımlılık olmak üzere iki alt başlığa ayrılmaktadır (Rinaldi vd., 1988). Fiziksel bağımlılık, maddenin etkilerine karşı tolerans gelişmesi ve uzun süreli yoksunluk sırasında kriz ve benzeri durumların ortaya çıkması ile nitelendirilen madde uyumunun fizyolojik bir durumudur. Psikolojik bağımlılık ise maddenin olumlu etkisi ya da yokluğuyla ilgili olumsuz etkilerden kaçınmak için aşermenin duygusal durumudur. Diğer bir ifadeyle psikolojik bağımlılıkta psikolojik ihtiyaçlardan kaynaklı maddeye yönelim söz konusudur. Kullanıcıda kalıcı zararların ortaya çıkmasına neden olan psikolojik bağımlılık tehlikeli bir durumdur. Fiziksel bağımlılık hızlı bir şekilde son bulabilir ama asıl sorun psikolojik bağımlılığın sona erdirilmesidir. Bu zor ve uzun bir süreçtir. Bu bağlamda bağımlılık bileşenleri olarak tolerans, yoksunluk, başarısız bırakma girişimleri, zamanın büyük bölümünü ayırma, tasarlanandan (planlanandan) fazla içme ve zarar görmesine rağmen kullanmaya devam etme belirtilebilir.

Madde Bağımlılığı

Bağımlılık olgusu içerisinde yer alan madde bağımlılığına yönelik alanyazında geçen bazı tanımlara ve açıklamalara aşağıda yer verilmiştir.

Madde kullanım sorunları DSM-I'de "kişilik bozukluğu" genel başlığı altında, "sosyopatik kişilik rahatsızlıkları" başlığında alkolizm (bağımlılık) ve ilaç bağımlılığı olarak sıralanmaktaydı. DSM-III ile kişilik bozuklukları başlığından ayrı olarak madde kullanım bozuklukları kategorisi dâhil edilmiştir. DSM-III-R'de ise bağımlılık ve kötüye kullanım için tanı kriterleri eklenmiştir. DSM-IV'teki kategori adı yine madde ile ilgili bozukluklar olmuştur. DSM-V'de ise maddeyle ilişkili ve bağımlılık yapıcı bozukluklar olarak kategorinin adı tekrardan düzenlenmiştir (O'Brien, 2010).

Madde bağımlılığı, bireyin madde kullanımını denetleyememesi ve olumsuz sonuçlarını bilmesine rağmen kullanımın devam etmesiyle görülen bilişsel, davranışsal ve psikolojik belirtiler olarak ele alınmaktadır (Ögel, 2001). Başkurt (2003), madde bağımlılığını, kullanılan maddeye uzun süreli fizyolojik ve psikolojik bağımlılık belirtisi olan bireyin; kişisel, toplumsal ve mesleki yaşantısında bozulmalar olarak ortaya çıkan madde kullanımı rahatsızlığı olarak tanımlamaktadır. Madde bağımlılığı; fiziksel, zihinsel, ruhsal ve sosyal açıdan zarara yol açsa bile bu maddeleri kullanmayı bırakamama davranışıdır. En az bir yıllık bir süreçte bireyin madde kullanımında artış, bırakma çabalarında etkisizlik, maddeyi sağlama ve kullanma veya bırakmak için çok fazla zaman harcama; sosyal, mesleki ve kişisel aktivitelerin azalması ya da sonlanması sonuçlarından en az üçüne sahip olan bireyler madde bağımlısı olarak sınıflandırılmaktadırlar (Yeşilay, 2022).

Dünya Sağlık Örgütü (DSÖ) ise madde bağımlılığını, kullanılan bir psikoaktif maddeyi bireyin daha önceden değer verdiği diğer faaliyetlere ve nesnelere tercih etme davranışı olarak tanımlamaktadır (Doğan, 2013). Bireyin yaşam kalitesine, psikolojik ve bedensel sağlıklarına ve sosyal yaşamına zarar vermesine rağmen kullanılan maddeye karşı aşırı istek duyması hâlinde ve bu zarar verici davranışı sürdürme durumunda birey bağımlı olarak tanımlanabilir. Bağımlı bireyler, günlük yaşamda madde aramak, elde etmek ve kullanmak için çok zaman harcarlar. Bağımlıların günlük yaşamlarında madde kullanımı ve madde bırakmanın beraberinde getirdiği durumlar dışında, maddeye harcanan bu süre de işlevselliğin azalmasında önemli bir etkendir. Özetle bağımlılık, bireye zarar veren ve durdurulması güç olan davranışlar bütünüdür.

Sonuç olarak bağımlılık olgusu, birçok ülkede yaygın şekilde maddeye karşı zorlantılı alışkanlık olarak ağır sorunları tanımlamak için kullanıldığı belirtilmektedir. Alanyazında geçen bağımlılık ile ilgili kavram karmaşası ve bağımlılığın ara formları karşılanamadığından DSM-V ile bağımlılık olgusunda "tanısal bir terim olarak bağımlılık ve kötüye kullanım" şeklindeki açıklamaları kaldırılmıştır. Bağımlılık yerine daha yansız ve yüksüz olarak görülen madde kullanım bozuklukları terimi kullanılmış ve şiddet ölçütü eklenmiştir (APA, 2013).

Madde Kümeleri

DSM-V'te 10 farklı madde kümesi tanımlanmaktadır. Bu maddeler;

- Alkol,
- Kafein,
- Kenevir (esrar),
- Varsandıranlar/halüsinojenler (LSD, meskalin vb.),
- Uçucular (tiner, benzin, bali vb.),
- Opiyatlar (morfin, eroin vb.),
- Dinginleştirici, uyutucu ve kaygı gidericiler (diazepeam, klorazepat vb.),
- Uyarıcılar (amfetamin, ekstazi, kokain vb.),
- Tütün,
- Diğer bilinmeyen maddeler (APA, 2013).

Yukarıdaki maddeler alt başlıklar hâlinde incelendiğinde kafein haricindeki maddelerin kullanım bozuklukları ayrı ölçütlerle tanımlandığı görülmektedir.

Alkol

Keyif verici maddeler içerisinde yer alan alkolün, sakinleştirici etkisiyle rahatlama amacıyla kullanıldığı belirtilmektedir. Alkolün birçok türü olmakla birlikte etanol türü içki olarak tüketilmektedir. Alkol, kana karıştığından dolayı metabolizmaya ve hücre yapısına zarar vermekte ve kandaki alkol oranına göre alkolün davranışsal etkileri (yansımaları) olmaktadır. Çok miktarda ve sıklıkla tüketilen alkol; fiziksel, psikolojik ve toplumsal sağlığın bozulmasına neden olmaktadır. Bireyin alkole karşı kendini sınırlayamaması, güçlü içme isteği ve arzusunun olması, tolerans geliştirmesi durumu da bireyde alkol bağımlılığının oluştuğunun göstergeleri arasında belirtilmektedir (APA, 2013; Ögel, 2010).

Opioidler

Opiyumdan elde edilen morfin, kodein, tebain gibi maddeleri ve bu maddelerin doğal ve sentetik türevlerini kapsamaktadır. Opioidlerin etkileri kullanıldıktan kısa süre sonra başlamakta ve 4-6 saat sürmektedir. Dünya genelinde, 2016 yılı verilerine göre 35,1 milyon bireyin opioid kullandığı tahmin edilmektedir. Opioid bağımlığı fiziksel ve bilişsel sağlığı etkileyen, kronik bir mental hastalık olarak karşımıza çıkmakla birlikte kullanıcılarda dikkat-bellek sorunları, yoğun kaygı, içe kapanıklık, bedensel ve sözel yavaşlık, öz bakımda azalma sıkça gözlenmektedir (Çavuşoğlu, 2019).

Kannabinoidler

Doğal kannabinoidler, endojen kannabinoidler ve sentetik kannabinoidler olarak üç grupta sınıflandırılmaktadır. Doğal kannabis, hint keneviri bitkisinden elde edilmekte ve kullanımında gözde kanlanma, titreme, şüphe, kaygı ve gerçekle bağın kopması gibi belirtiler oluşmaktadır. Sentetik kannabinoidlerin kimyasal yapısı doğal kannabisten oldukça farklıdır. Sentetik yapıda olan kannabinoidler Türkiye'de "bonzai ve jamaika" olarak isimlendirilmekte ve kullanıldığında bireyde titreme, terleme, mide bulantısı, kusma ve solunum sorunları baş göstermektedir (Yılmaz, 2017).

Yatıştırıcı ve Hipnotikler

Yatıştırıcı ve uyku verici ilaçlar da bağımlılık riski oluşturmaktadır. Bu nedenle kontrole tabi ilaçlar kategorisinde yer almakta ve madde kullanım bozukluğu olanlar için kötüye kullanım riskleri söz konusu olmaktadır. Bu ilaçların tıbbi olarak kullanımında bireyin sakinleşmesi, anksiyete (kaygıyı) azaltması ve sonrasında uykuyu kolaylaştırması gibi amaca hizmet etmesine yönelik kullanımı öngörülmektedir (Ögel, 2001; Uzbay, 2009).

Uyarıcılar

Amfetamin, kokain benzeri uyarıcı maddelerin yer aldığı bu grup, hızlı bağımlılık oluşturma özelliğine sahip olmakla birlikte diğer maddelere göre hızlı tolerans gelişmesi ve daha fazla deneyimlemek isteği söz konusu olmaktadır. Bu tür uyarıcıların kullanımı başlangıçta enerji artması, sosyallikte artış, azalan uyku ihtiyacı, iştahsızlık, artan cinsel istek ve özgüvende artış oluşturmakta ancak kötüye kullanım veya kullanım bozukluğu ve bağımlılıkta ise anksiyete, şüphecilik, psikotik bulgular ve halüsinasyonlar ortaya çıkmaktadır (Gökler ve Koçak, 2008).

Halüsinojenler

LSD ve benzer maddeleri içermekte ve psikozu taklit eden bazı etkiler oluşturmaktadır. Artmış algı, canlı halüsinasyonlar, derealizasyon, panik atak ve koordinasyon bozukluğu etkileri bulunmaktadır (Kaya, 2014).

Tütün (Nikotin)

Tütün ve tütün ürünleri kullanıldığında beyin ödül sistemini aktive ederek bağımlılık oluşmasına neden olurlar. Dünyada en yaygın kullanım oranı ve bağımlılığı olan maddelerden biridir. Organ kanserlerine, kalp rahatsızlıklarına ve akciğer hastalıklarına neden olduğu için en fazla ölüme yol açan faktörlerin başında gelmektedir. Nikotin geçici olarak uyarılma sağlasa da tütün bağımlıları genel olarak sakinleştirici etkisi nedeniyle kullanmaya devam etmektedirler (Sağlam, 2017).

Uçucular-Çözücüler

Türkiye'de bali, tiner, uhu ve özellikle son yıllarda çakmak gazı gibi maddeler ergenler arasında sıklıkla kullanılmaktadır. Uçucu maddelerin ilk kullanımında artan neşe, sersemlik, koordinasyon bozukluğu ve panik atak ortaya çıkmakta; uzun süreli kullanımında ise geçici görsel, dokunsal, işitsel varsanılar, yanılsamalar, baş ağrısı, aşırı terleme ve kalp ritminde bozulmalar görülebilmektedir (Dilbaz, 2012).

Madde Kullanım Bozukluğu

DSM-V'te her madde kümesi için ayrı tanı ölçütleri verilmekte ve her madde için kullanım bozukluğu, esrikliği (entoksikasyon), yoksunluk, maddenin neden olduğu diğer bozukluklar ve maddeyle ilişkilendirilmiş tanımlanmamış bozukluklar açıklanmaktadır. Kullanım bozukluğu ölçütü birçok madde için ortak olarak ifade edilmektedir. Madde kullanım bozukluğu tanısı için en az 12 aylık bir süreç içerisinde ve aşağıdaki ölçütlerden en az ikisinin bulunmasının yanı sıra klinik olarak gözlenen bir sıkıntıya neden olan veya işlevsellikte azalmaya sebep olan sorunlu madde kullanım şeması bulunması gerekmektedir (Bozkurt, 2015).

Madde kullanım bozukluğu için ölçüt listesi (APA, 2013):

1. Çoğu kez istenildiğinden daha fazla miktarda ya da uzun süreli olarak madde alma,
2. Madde kullanmayı terk etmek ya da kontrol altında tutmak için sürekli bir istek veya sonuç vermeyen uğraşın olması,
3. Madde elde etmek, kullanmak ya da oluşan etkilerinden kurtulmak için gerekli etkinliklere fazla zaman ayırma,
4. Madde kullanmaya karşı aşırı özenme ya da madde kullanımı için kendini zorlanmış hissetme ve çok büyük istek duyma,
5. İş, okul veya ev sorumluluklarını yerine getirememe ile sonuçlanan madde kullanımını sürdürme,
6. Madde kullanımın neden olduğu ya da alevlendirdiği, sürekli veya yineleyici toplumsal ya da kişiler arası problemler olmasına rağmen kullanımı sürdürme,
7. Madde kullanımından dolayı toplumsal veya işle ilgili aktivitelerin ve eğlenceye dayalı etkinliklerin sonlandırılması ya da azaltılması,
8. Yineleyici bir şekilde tehlikeli olabilecek durumlarda madde kullanma,
9. Büyük bir ihtimalle maddenin neden olduğu ya da alevlendirdiği, sürekli veya tekrarlayan ruhsal ve bedensel bir problemi olduğu bilgisine rağmen kullanımı sürdürme,
10. Tolerans (dayanıklılık) gelişmiş olması,
11. Yoksunluk gelişmiş olması.

Yukarıdaki listede görüldüğü gibi DSM-V'e göre madde kullanım bozukluğunun 11 tanı ölçütü bulunmaktadır. Bu ölçütlerden ilk dört tanı ölçütü bozulmuş kontrolü; 5, 6 ve 7. ölçütler sosyal bozulmayı; 8 ve 9. ölçütler riskli kullanımı; 10 ve 11. ölçütler ise farmakolojik durumu içermektedir (Göker vd., 2015).

Genel olarak bağımlılık olgusunun neden olduğu sorunlar; öz bakımın azalması, okul veya iş başarısında düşüş, aile içi ilişkilerde bozulmalar, değişkenlik gösteren duygu durum, beslenmede düzensizlik, uyku problemleri, sosyal çevreden ayrışma, ev yerine dışarıda daha çok zaman harcama, yasal problemler ve maddi problemler gibi benzer birçok sorun belirtilebilir.

Bu bağlamda erken dönemlerde koruyucu ve önleyici müdahaleler önem arz etmektedir. Özellikle çocukluk ve ergenlik döneminde madde kullanımına müdahale etmenin elzem bir durum olduğu ifade edilebilir. Bireyin gelişim alanları dikkate alındığında belirtilen çocukluk ve ergenlik dönemlerinde madde kullanımının bireyin biyopsikososyal gelişim alanları üzerinde (sağlığını, akran ilişkilerini, kimlik gelişimini, aile ilişkilerini ve okul başarı gibi alanları) ciddi olumsuz etkilere sahip olacağı belirtilebilir.

Madde Kullanım Bozukluğu Nedenleri ve Etkileyen Faktörler

Madde kullanım bozukluğu oluşumunda pek çok risk faktörü söz konusu olduğu için sadece belirli bir faktörün, kullanıma neden olduğu tam olarak söylenemez. Madde kullanım bozukluğunun oluşmasında; maddenin ulaşılabilirliği, kullanımın yaygınlığı, etiyolojisi, toplumun madde kullanımına yaklaşımı, sosyokültürel faktörler, medyanın etkisi ve tedavi yöntemleri gibi birçok faktörden bahsedilebilir. Bu faktörler baz alındığında birey faktörlerin birini veya birden fazlasını kullanım nedeni olarak öyküsünde belirtebilmektedir. Bundan dolayı da madde kullanım bozukluğunun nedeni olarak tek bir faktörden söz edebilmek oldukça güç olmaktadır (Bulut, 2022).

T.C. Başbakanlık Aile Araştırma Kurumu Başkanlığı (1998), bağımlıların madde kullanım nedenlerini belirlemek amacıyla gerçekleştirdiği çalışmada;

- %74.2'sinde arkadaş etkisi,
- %71.1'inde sorunlar ile başa çıkma,
- %69.8'inde çevre etkisi,
- %68.8'inde zayıf iradeli olma,
- %68'inde aile problemleri,
- %63.9'unda merak,
- %44.8'inde ise toplumdan soyutlanma,
- %40.2'sinde yasalara karşı koyma faktörlerini madde kullanımında en önemli etkenler olarak belirlemiştir.

Türkiye'de hane halkında alkol, tütün ve madde kullanımına yönelik tutum ve davranış araştırmasında 2018 yılında Türkiye'yi temsilen kesitsel olarak seçilen bir örneklem üzerinden yürütülen çalışmada hayatında en az bir kere madde kullananların yaş gruplarına göre dağılımı;

- 15-24 yaş grubu %35.4,
- 25-34 yaş grubu %30,
- 35-44 yaş grubu %18.3,
- 45-54 yaş grubu %7.8,
- 55-64 yaş grubu %8.5 olarak görülmüştür (T.C. İçişleri Bakanlığı Emniyet Genel Müdürlüğü Narkotik Suçlarla Mücadele Daire Başkanlığı, 2018).

Yukarıda belirtilen açıklamalar doğrultusunda madde kullanımına yönelik risk etmenleri arasında genellikle aile ilişkilerinde problemler, olumsuz ebeveyn tutumları, zayıf sosyal beceriler, maddeye karşı olumsuz çevre tutumları, içe kapanıklık veya hiperaktivite, düşük akademik başarı, yanlış arkadaş ve çevre seçimi yer aldığı ifade edilebilir. Ayrıca madde kullanım bozukluğuna yönelik risk faktörleri genel olarak biyolojik/kalıtımsal, çevresel/sosyal ve bireysel olmak üzere üç genel başlık altında toplanabilir.

Biyolojik/Kalıtımsal Faktörler

Madde kullanım bozukluğu nedenlerinin kalıtımsal göstergeleri ile ilgili henüz net bir sonuca ulaşılamamıştır. Alanyazında yer alan ikiz ve evlat edinme çalışmalarında alkol kullanımında kalıtımsal etkenler ile ilişkisi olduğuna dair veriler bulunmakla birlikte alkol kullanımında kalıtımsal etkinin cinsiyete göre erkeklerde daha yüksek olduğu bildirilmektedir (McGue vd., 1992). Madde kullanım bozukluğu oluşumunda kalıtsal faktörlerin etkisi ikiz, evlat edinme ve aile çalışmaları ile desteklenmektedir. Ailelerinde madde bağımlılığı olan çocukların, ailelerinde madde bağımlılığı olmayan çocuklara göre alkol ve madde bağımlılığı oranlarının daha yüksek olduğu görülmektedir. Bu yüksek risk, bağımlı ailelerin çocukları, bağımlı olmayan aileler tarafından büyütüldüğünde bile devam etmektedir. Laboratuvar çalışmaları sonucunda maddelerin pekiştirici etkilerinin kalıtsal olduğu kanıtlanmaktadır (Le vd., 2006). Son yıllarda yapılan ikiz çalışmaları, madde bağımlılığında kalıtsal bir yatkınlık olduğunu göstermektedir. Tek yumurta ikizlerinde madde bağımlılığı oranı %63 iken, çift yumurta ikizlerinde madde bağımlılığı oranı %43'tür (Köroğlu ve Güleç, 2007).

Ancak madde kullanım bozukluğu oluşumunda kalıtımsal etkenler ile ilgili yeterli veri bulunmamasına rağmen alkol ve madde kullanım bozukluklarına yatkınlıkta kalıtımsal faktörün %40-60 oranında rol oynadığı savunulmaktadır (Laakso vd., 2002; Uhl ve Grow, 2004). Başka bir araştırmada, alkol bağımlılarının evlatlık verilen çocuklarında alkol ve madde kullanım bozukluğu riskinin yüksek olduğu ifade edilmektedir (Cadoret vd., 1986). Chaudry ve diğ. (1991) tarafından gerçekleştirilen çalışmada, bağımlı bireylerin akrabalarında %5 oranında madde kullanımı söz konusu olduğu verisine ulaşmışlardır. Madde kullanım bozukluğu olan bireylerin birinci derece akrabalarında, madde kullanım bozukluğu oranının kontrol grubu ile karşılaştırıldığında anlamlı ölçüde artış gösterdiği belirlenmiştir (Yu ve McClellan, 2016).

Yapılan çalışmalarda elde edilen veriler ve ulaşılan sonuçlar doğrultusunda madde kullanım bozukluğu olan ailelerin çocuklarında madde kullanıma yatkınlığının daha fazla olduğu ve bu çocukların risk grubunda olduğu belirtilebilir.

Çevresel/Sosyal Faktörler

Benzer şekilde yapılan çalışmalarda madde kullanımında risk oluşturan faktörler arasında akran etkisi ve arkadaş özellikleri daha çok öne çıkmaktadır. Akran-arkadaş grubu ile ilgili faktörlerden akran grubunda madde kullanımı veya madde kullanıcısının varlığı ve akran grubunun madde kullanımına yönelik tutumları madde kullanımında çok önemli rol oynamaktadır. Arkadaş grubuna aidiyet duygusu ya da akran baskısı gibi durumlar çocuk ve ergenleri etkileyerek madde kullanımına yol açabilmektedir. Bu konuda yapılan bir çalışmada, alkol veya madde ile tanışmanın yaklaşık %70'inin akran baskısı ile olduğu sonucuna ulaşılmıştır (Arıkan, 2012). Ögel vd. (2004) tarafından yapılan çalışmada ise gençlerin büyük çoğunluğunun ilk kez denedikleri bir maddeyi akran grubu etkisinden dolayı denedikleri saptanmıştır.

Çocuk ve ergenin madde kullanımına yönelik çevresel/sosyal risk faktörleri çevreye bağlı etkenler, arkadaş grubuna bağlı etkenler ve aileye bağlı etkenler olarak üç alt başlık altında toplanabilir. Bunlar (Ögel, 2010);

1. *Çevreye Bağlı Etkenler*: Bu etkenler arasında madde kullanım ve suç işleme oranının yüksek olduğu çevrede yaşamak, kötü fiziksel şartlar ve düşük sosyoekonomik düzey; maddeye ulaşmanın kolay olması gibi durumlar belirtilebilir.
2. *Arkadaş Grubuna Bağlı Etkenler*: Arkadaş grubunun madde kullanması ve madde kullanımını onaylayan tutumların olması bu etken grubu içerisinde ifade edilebilir.
3. *Aileye Bağlı Etkenler*: Bu etkenler arasında ise ebeveynlerin alkol, madde kullanımı ve madde kullanımı ile ilgili onaylayıcı tutumları, parçalanmış ve kalabalık aileler, aile içinde istismar ya da ihmal olması, uygun olmayan tutum ve disiplin yöntemleri (baskıcı veya ilgisiz aile) ve aile üyeleri arasında sağlıklı iletişim olmaması gibi durumlar söylenebilir.

Genellikle ebeveynler çocuklarının rol modelleridir. Ebeveynlerin bağımlılık yapan maddelere karşı sergiledikleri davranış modelleri, çocuklarının maddeye yaklaşımında etkili olabilmektedir. Bu bağlamda sorunlu bir aile ortamının madde kullanım riski oluşturduğu ifade edilebilir. Sorunsuz bir aile ortamının ise ergenin hem madde kullanım riskini azaltma hem de ruhsal gelişimini daha sağlıklı tamamlamasını sağlama noktasında destekleyici işleve sahip olduğu belirtilebilir.

Wills ve Yaeger (2003), benzer ve destekleyici şekilde ailenin madde kullanımında sorumluluklarının fazla olduğunu ve ergenlere karşı aile içerisinde duygusal desteğin koruyucu faktör özelliği taşımasından önemli olduğunu ifade etmektedir. Çocuklar için ebeveynlerin boşanması ve aile bütünlüğünün olmaması riskli bir durum olarak görülmektedir (Atlam ve Yüncü, 2017). Ebeveyn kaybı, boşanma ve çocukların terk edilmesi gibi parçalanmış aile yapıları da benzer bir başka risk faktörüdür. Madde bağımlısı olan bireylerin aile yapılarını inceleyen bir çalışmada, katılımcıların %29.5'inin parçalanmış aileden geldiği bulgusuna ulaşılmıştır (Şimşek vd., 2014). Madde kullanımına bağlı aile sorunlarını ele alan bir diğer çalışmada da parçalanmış veya boşanmış aile yapısı ve ebeveynlerden birinin veya her ikisinin kaybı, madde kullanımında ailesel risk faktörleri olarak belirlenmiştir (Akfert vd., 2009).

Gençlerin içinde bulunduğu sosyal çevrede madde kullananların madde kullanımına teşvik ettiği bilinmektedir. Aileden yeterince duygusal destek alamayan ergen, duygusal doyumu sağlamak için yanlış arkadaş seçimlerine yönebilmektedir. Madde kullanımının önemli nedenlerinden bir diğeri ise ebeveynlerden veya yakın akrabanın ailede madde kullanıcısı veya satıcısı olmasıdır. Bu durum, sosyal öğrenme sonucunda diğer aile bireylerinin madde kullanmasına yol açabilmektedir. Nitekim konu ile ilgili gerçekleştirilen çalışmalarda madde kullananların öyküleri baz alındığında, ailelerinde de madde kullanımının yaygın olduğunu, ailesinde madde kullanım bozukluğu olan bireylerin alkol ve madde kullanım oranlarının daha yüksek olduğunu göstermiştir (Atlam ve Yüncü, 2017; Ögel, 2010).

Madde kullanımının artmasında önemli bir diğer etken ise sosyoekonomik yapılardır. Düşük sosyoekonomik düzeyde, ekonomik sıkıntılarla oluşan aile içi sorunlar, yaşam standardının ağırlaşması, gelecek kaygısı ve sorunlarla baş etmede yetersizliklerin olması çocuk ve ergenlerde madde kullanımında etkisi olan nedenlerdir. Diğer taraftan yüksek sosyoekonomik düzeyde ise farklı nedenler ortaya çıkabilmektedir. Maddi olarak maddeye ulaşım kolaylığı, tatminsizlik, aile içerisinde çocuk ve ergene daha fazla tolerans gösterilmesi ve farklı arayışlar içinde bulunma madde kullanımında riski artıran etkenlerdir (Karatay ve Kubilay, 2004). Bundan dolayı da madde kullanımında, sosyokültürel faktörlerin bilinmesi koruyucu önlemlerin alınabilmesi için önemlidir.

Bireysel/Psikolojik Faktörler

Ergenlik dönemi, diğer gelişim dönemi özelliklerine göre birçok farklı özellikleri barındırmaktadır. Ergenlik döneminde çeşitli faktörler uyumu etkileyebilmektedir. Merak, madde kullanımının önde gelen nedenlerinden biridir. Çocuk ve ergenler, sosyal ve duygusal gereksinimlerini giderme, var olan sorunlardan uzaklaşma ve heyecan arama gibi nedenlerle madde kullanımını deneyimlemek isteyebilmektedirler. Kısa süreli de olsa keyif alma ve yeni heyecanlar yaşama isteği ergeni madde kullanımına yöneltebilmekte ve sosyalleşmede problem yaşayan ergenler, bu durumun üstesinden gelebilmek için de maddeye yönelebilmektedirler. Ergenlik döneminde kişilik özelliklerinin, psikopatolojilerin ve ilişkili madde kullanım bozukluğu risk faktörlerinin incelenmesi, gelecekte madde kullanım bozukluğu tanısı alma riski yüksek olan gençlerin erken saptanması ve gerekli önlemlerin alınması açısından büyük önem taşımaktadır (Öztürk vd., 2015; Şener vd., 2018).

Akkuş ve diğ. (2016), lise öğrencileri ile yaptıkları çalışmada, düşük okul başarısının madde kullanımında daha fazla risk oluşturduğunu belirtmektedirler. Ergenin okula karşı herhangi bir nedenle bağlılığının azalması; akademik başarısında düşme, okul saatleri arasında arkadaşlarıyla riskli bir ortamda vakit geçirme ve riskli davranışlarda bulunma olasılığını da artırabilir. Ergenlerle yapılan bir araştırma sonucunda, madde kullanım bozukluğu olan ergenlerin okula devam ve akademik başarılarının düşük, bir işte çalışma oranlarının yüksek olduğu belirlenmiştir (Sutherland ve Shepherd, 2001). Bu sonuçlar doğrultusunda akademik başarısızlık madde kullanımında önemli bir risk etkeni olarak belirtilebilir.

Turhan ve diğ. (2011); öz güven, benlik saygısı ve sosyal destek gibi etkenler ile sigara, alkol ve madde kullanımının ilişkili olduğunu belirtmektedirler. Ayrıca fiziksel şiddet ve/veya cinsel istismarın madde kullanımı için önemli risk faktörleri olduğu ve istismar öyküsü olan bireylerin yaşadıkları bazı ruhsal sorunlarla başa çıkmak için madde kullanımına yönelebilecekleri belirtilmektedir. Miller ve Downs (1995), çocuklukta maruz kalınan cinsel ve fiziksel istismarın ilerleyen yaşlarda madde kullanım bozukluğu gelişimi için kadınlarda etiyolojik bir risk faktörü olduğunu bildirmektedirler. Ergenlerle yapılan çalışmada, ergenlerin öfke düzeyleri arttıkça ve öfke kontrol becerileri azaldıkça bağımlılık riskinin arttığı bulunmuştur (Avcı vd., 2017).

Madde kullanan ve kullanmayan ergenlerin kişilik özellikleri açısından karşılaştırıldığı bir çalışmada, madde kullanan ergenlerin uysal olma, öz denetim/sorumluluk sahibi olma ve gelişime açıklık gibi kişilik özelliklerinin daha düşük seviyede olduğu saptanmıştır (Kaya, 2011).

Alanyazında yer alan bilgiler doğrultusunda çocuk ve ergenler için madde kullanımın riski oluşturabilecek bireysel/psikolojik faktörleri aşağıdaki gibi sıralayabiliriz:

- Ruhsal veya fiziksel hastalıkların olması,
- Davranış sorunlarının gözlenmesi (saldırganlık, otoriteye karşı gelmek, düşük öz güven, öz denetim güçlüğü, suç işlemeye yatkınlık, aşırı tepkisellik, duygularını ifade etmede güçlük),
- Hayır diyebilme ve problemlerle başa çıkma gibi sosyal becerilerin eksikliği,
- Düşük benlik saygısı,
- Akademik başarısızlık ve okuldan uzaklaşma,
- Aile ve toplumdan soyutlanma,
- Erken yaşlarda madde ile tanışma ve maddeye karşı olumlu tutum ve inanç geliştirmesi.

Madde Kullanım Bozukluğunun Yaygınlığı

Madde kullanımının yaygınlığı ile ilgili yapılan bir araştırmada, yaşam boyu madde kullanım oranlarının erkeklerde yaklaşık %41 ve kadınlarda ise %31.7 olduğunu bildirilmektedir. Ancak madde kullanımında bilgilere kolaylıkla ulaşılamadığından kullanım oranının daha yüksek olduğu tahmin edilmektedir (Simpson ve Miller, 2002).

Avrupa Uyuşturucu ve Uyuşturucu Bağımlılığı İzleme Merkezinin (EMCCDA) Avrupa Birliği ülkeleri, Norveç ve Türkiye'nin dâhil olduğu raporunda, yetişkinlerin (15-64 yaş arası) %28,9'unun yaşamları boyunca en az bir kez yasa dışı madde kullandığı tahmin edilmiştir. Madde kullanım deneyimi erkekler (50,6 milyon) tarafından kadınlardan (32,8 milyon) daha sık bildirilmektedir. Son bir yıl içinde 15-64 yaş grubundaki kadınların (%12,1) yaklaşık iki katı kadar erkeğin (%21,6) madde kullanmaya başladığı tahmin edilmiştir (EMCCDA, 2021).

Türkiye'deki veriler, madde kullanım sıklığında önemli bir artış olduğunu ve madde kullanım başlangıç yaşının küçüldüğünü göstermektedir (T.C. İçişleri Bakanlığı Emniyet Genel Müdürlüğü Kaçakçılık ve Organize Suçlarla Mücadele Daire Başkanlığı, 2012). Madde kullanımı özellikle gençler arasında hızla yayılmakta ve hem bireysel hem de toplumsal olarak ciddi zararlara neden olmaktadır. Sosyal rollerin değiştiği ve riskli davranışların arttığı ergenlik döneminde, madde kullanımı oldukça yaygındır. Yapılan bir araştırmada, İstanbul'da 10. sınıf öğrencilerinin %10'unun yaşamları boyunca en az bir kez yasa dışı bir madde denediği bulunmuştur (Evren vd., 2014).

Türkiye Uyuşturucu Bağımlılığı ve Uyuşturucu Bağımlılığı İzleme Merkezinin (2019) hayatında en az bir defa madde kullananlarının yaş grupları dağılımını inceleyen bir araştırmasında en yoğun yaş grubunun 15-34 yaş grubunu (%65) olduğu bulunmuştur (TUBİM, 2019). Ögel ve diğ. (2004) tarafından İstanbul'da gerçekleştirilen ve 3483 lise öğrencisi ile yürütülen çalışmada, öğrencilerin madde kullanım sıklığı; uçucu madde için %5.9, esrar için %5.8, flunitrazepam için %4.4, benzodiazepinler için %3.7, ecstasy için %3.1 ve eroin için %1.6 olarak bulunmuştur. Ergenlerde madde kullanım sıklığını ele alan ve 1100 öğrenci ile gerçekleştirilen çalışmada; öğrencilerin %67,7'si tütün, %56,3'ü alkol ve %3,7'sinin ise madde denediği belirlenmiştir (Öner vd., 2019). 2217 üniversite öğrencisiyle gerçekleştirilen, alkol ve madde kullanım sıklığını cinsiyet açısından ele alan çalışma sonucuna göre erkek öğrencilerde en az bir kez alkol deneme oranı %56.8, kız öğrencilerde ise %44'tür. Ayrıca çalışmada, erkek öğrencilerin %8.6'sının, kız öğrencilerin %2.1'inin en az bir kez madde kullandığı sonucuna ulaşılmıştır (Coşkun vd., 2019).

Madde Kullanım Bozukluğuna Eşlik Eden Diğer Sorunlar

Madde kullanım bozukluğuna eşlik eden diğer sorunlar olarak psikiyatrik hastalıklar, davranışsal sorunlar, duygu durum bozukluğu, dikkat eksikliği ve hiperaktivite, travma sonrası stres bozukluğu, depresyon ve kaygı sorunları olarak belirtilebilir.

Psikiyatrik hastalıklar madde kullanım bozukluğuna neden olabilir; mevcut madde kullanım bozukluğunun bir sonucu olarak ortaya çıkabilir; madde kullanım bozukluğunun şiddetini artırabilir veya madde kullanım bozukluğu ile ortak bir şekilde ortaya çıkabilir (Hovens vd., 1994). Eşlik eden psikiyatrik hastalıklar, ergenlerde madde kullanım bozukluğunun seyrini, tedavisini ve sonuçlarını etkilediği için önemlidir. Ayrıca yapılan çalışmalarda ergenlerde madde kullanım bozukluğuna sıklıkla bir psikiyatrik hastalık eşlik ettiği belirtilmektedir. Bu bağlamda yapılan bir çalışmada, madde bağımlısı 15 yaş altı ergenlerin %90'ında en az bir psikiyatrik bozukluk olduğu ve en çok eşlik eden psikiyatrik bozuklukların sırasıyla davranış bozukluğu (%74.2), dikkat eksikliği ve hiperaktivite bozukluğu (63.6) ve depresyon (% 52.7) olduğu bildirilmiştir (Chan vd., 2008).

Benzer şekilde madde kullanım bozukluğu tedavisi alan ergenlerin %74'ünün en az bir eş psikiyatrik bozukluğu ve %64'ünde davranım bozukluğu, %26'sında duygu durum bozukluğu, %22'sinde dikkat eksikliği ve hiperaktivite bozukluğu, %11'inde travma sonrası stres bozukluğu, %7'sinde anksiyete bozukluğu eşlik ettiği bildirilmektedir (Couwenbergh vd., 2006). Armstrong ve Costello da (2002) yaptıkları çalışma sonucunda, madde kullanım bozukluğu olan ergenlerin %60'ında komorbid tanıya sahip, en yaygın olarak madde kullanım bozukluğu ile ilişkili olan rahatsızlıkların ise davranım bozukluğu, dikkat eksikliği ve hiperaktivite bozukluğu ve depresyon olduğunu aktarmaktadırlar.

Bozbey (2015), madde kötüye kullanımı veya madde bağımlılığı tanısı alan çocuk ve ergenlerde yüksek oranda psikiyatrik eş tanı varlığı saptamıştır. Çalışmaya katılan 72 çocuk ve ergenin %95.8'i en az bir psikiyatrik tanı almıştır. %87.5'i en az bir yıkıcı davranış bozukluğu, %52.8'i en az bir duygu durum bozukluğu ve %36.1'i en az bir anksiyete bozukluğu tanısı almıştır.

Dikkat eksikliği ve hiperaktivite bozukluğu alt tipi ne olursa olsun, madde kullanım bozuklukları ile ilişkilidir. (De Alwis vd., 2014). Dikkat eksikliği ve hiperaktivite bozukluğu olan ergenlerde, dikkat eksikliği ve hiperaktivite bozukluğu olmayanlara göre daha fazla madde kullanım bozukluğu geliştirdiği ve yetişkinlerde dikkat eksikliği ve hiperaktivite bozukluğu olanlar, dikkat eksikliği ve hiperaktivite bozukluğu olmayanlara göre yasal veya yasa dışı maddeleri daha erken yaşta kullanma eğiliminde oldukları ve daha sonra madde kullanım bozukluğu geliştiği bildirilmektedir (Lee vd., 2011). Çocuk ve ergenlikte uzun süreli madde kullanımı, davranış sorunları ve madde kullanım bozukluğu risklerinin artmasıyla ilişkilidir (Fergusson vd., 2007).

Belirtilen çalışmaların sonuçları doğrultusunda madde kullanım bozukluğu ile ilişkili psikiyatrik bozukluklar, artan işlevsellik kaybına, tedaviye uyumun azalmasına ve madde kullanım bozukluğunun kötüleşmesine neden olabileceği ifade edilebilir.

MADDE KULLANIM BOZUKLUĞUNUN BİLİŞSEL DAVRANIŞÇI TERAPİSİ

Madde kullanım bozukluğu, tekrarlayan ve uyumsuz madde ve/veya alkol kullanımı ile karakterize edilir. Madde kullanım bozukluğunun psikolojik bileşenleri ile ilgili olarak, bilişsel davranışçı yaklaşımlar, kontrollü çalışmalardan en kapsamlı ampirik destekle, bugüne kadar bağımlılık yapan davranışlar için en etkili terapi olarak Bilişsel Davranışçı Terapi kabul edilmektedir (Zamboni vd., 2021).

Zilverstand ve diğ. (2016) tarafından gerçekleştirilen farklı bilişsel davranışçı tekniklerle tedaviden önce ve sonra nörogörüntüleme verilerini kullanan çalışmaları inceleyen araştırmada kullanılan tekniklerin etkililiği, nörobiyolojik olarak kanıtlanmıştır. Bilişsel davranışçı müdahaleler, madde kullanım bozukluğu olanların prefrontal bölgelerinin kronik hipoaktivasyonunu normalleştirmekte ve bu bozukluklarda doğrudan yer alan serebral devrelerin yeniden yapılandırılmasını sağlamakta etkili olmakla birlikte bağımlılıkta bilişsel kontrolde yer alan kronik olarak hipoaktif prefrontal bölgelerin bilişsel yollarla normalleştirilebileceğini doğrulamaktadır. Genel olarak bu görüntüleme çalışmaları, BDT'nin maddeyle ilgili ipuçlarına karşı ödül duyarlılığını azalttığını göstermektedir.

Madde kullanım bozukluğu olan ergenler, madde kullanımının hem tetikleyicileri hem de sonuçları olan çok sayıda hoş olmayan düşünce, duygu ve fiziksel duyumlar yaşamaktadırlar. Birey, madde kullanımı ile genellikle bu içsel deneyimlerden ve bunlarla ilişkili rahatsızlıktan kaçınmaya veya bunları kontrol etmeye çalışmaktadır. Bilişsel davranışçı terapilerin temel amacı da baş etme becerilerini teşvik etmek, konu ile ilgili eğitmek ve içsel tetikleyicilerin madde kullanım davranışı üzerindeki etkisini azaltmaktır (Evren, 2010).

Madde kullanım bozukluğunda BDT hem bireysel düzeyde hem de gruplarda kullanılabilen çeşitli müdahale türlerini içermektedir. BDT yaklaşımları içerisinde yer alan motivasyonel görüşmeler, danışanların madde kullanımına göre davranış değişikliklerine karşı hissettikleri kararsızlığı hedefleyen bir yaklaşımdır. Başka yaklaşım ise edimsel koşullanmaya dayanan ve danışanların maddelerden uzak durduklarına dair kanıt sunması durumunda pozitif pekiştirmeden oluşan acil durum yönetimidir (McHugh vd., 2010).

Bir diğer yaklaşım ise nüks önlemedir (NÖ). Bu yaklaşımda odak nokta, her danışan için madde kullanımına ilişkin ipuçlarını analiz etmektir. Analiz edilen bu ipuçları, daha sonra danışanın kendi spesifik ipuçlarına alternatif yanıtlar konusunda eğitilmesiyle sistematik olarak ortadan kaldırılmaktadır. Böylece nüksetmeyi önleme, danışanın madde kullanımına girişme riskinin en yüksek olduğu durumları tespit etmeyi ve önlemeyi amaçlamaktadır (Marlatt, 1990). Ayrıca, danışanların kendilerini potansiyel olarak riskli durumlarda bulması sonucunda daha bilinçli seçimler yapmalarına olanak tanıyan ve danışanların madde kötüye kullanımının algılanan olumlu etkilerine ilişkin inançlarına meydan okuyan psikoeğitim programı içermektedir (Irvin vd., 1999).

Madde Kullanım Bozukluğunda Seansların Yapılandırılması

Madde kullanım bozukluğuna yönelik genel terapi süreci aşağıda belirtilen ögeleri içererek yapılandırılabilir (Beck vd., 1993):

1. Öykü alma,
2. Değerlendirme/formülasyon,
2. Motivasyonel ögeler,
3. Psikoeğitim,
4. Klasik ve edimsel koşullanmaya müdahale,
5. Bilişsel yeniden yapılandırma,
6. Düşük engellenme eşiğinin ve sıkıntıya dayanıksızlığın ele alınması,
7. Zorlanmayı azaltmak, sorun çözme ve kişiler arası ilişkilerde atılganlık, iletişim becerileri eğitimi.

Genel Seansların Yapısı

1. Duygu durum kontrolü,
2. Danışan için haftanın önemli olayları (varsa),
3. Ödev kontrolü ve son oturumla bağlantı kurma,
4. Gündem belirleme,
4. Gündem maddelerinin ele alınması,
5. Ev ödevi verilmesi,
6. Seansın özeti,
7. Danışandan geri bildirim alma (Türkçapar, 2018).

Ailelerin/Ebeveynlerin Terapi Sürecine Katılımı

Madde kullanımı tedavisinde ailelerin/ebeveynlerin terapi sürecine katılımı önem arz etmektedir. Madde kullanım bozukluğu ile ilgili psikoeğitim programının temel hedefleri arasında ailenin göstermiş olduğu direnci azaltmak, motivasyon ve bağlanmayı artırmak, ebeveyn ve diğer aile üyelerinin danışanın uygun tedaviyi bulması ve tedaviye devamını sağlama hakkında bilgilendirmek, motive etmek, aile üyelerine ergenin boş zaman aktivitelerini değerlendirme ve yapılandırma konusunda rehberlik etmek, tutarlı sınır koymaya rehberlik etmek, aile üyeleri arasında etkileşim ve iletişimi artırmak, diğer aile üyelerini de tedaviye veya destek gruplarına dâhil etmek olarak belirtilebilir (Ögel, 2001).

İlk Görüşme, Danışanın Değerlendirilmesi, Kullanılan Ölçme Araçları

Değerlendirme ve ilk terapi seanslarında vaka kavramsallaştırması için madde kullanım bozukluklarının heterojenliğinin dikkate alınması gerekmektedir. Örneğin, duygusal ve sosyal/çevresel faktörler, danışanlar arasında büyük farklılıklar gösterebilmektedir. Panik bozukluğu ve alkol bağımlılığı olan bir danışanda meydana gelen yoksunluk hem alkol tüketimini azaltmayı hem de panik semptomların iyileşimini engelleyebilmektedir. Herhangi bir psikolojik rahatsızlığı olmayan danışanlar için ise madde tekliflerini reddetmede zorluk veya sosyal durumlarda maddeye duyulan ihtiyaç algısı gibi farklı engeller ve beceri eksiklikleri ile karşı karşıya kalma söz konusu olabilmektedir. Bundan dolayı da terapiye başlamadan önce tüm bu faktörler göz önünde bulundurulmalı ve terapistler, danışanların duygusal, kişiler arası ve fiziksel rahatsızlıklarında madde kullanım bozukluğunda önemli bir nedensel faktör olduğu gerçeğine dikkatlerini çekebilmelidir (Beck vd., 1993).

İlk seans başlangıç olduğu için diğer seanslardan farklı olarak bazı yapısal özellikler gösterir. Bilişsel terapinin ilk seansında; iş birliği-güven ilişkisi kurmak, semptomlarda bir miktar rahatlama sağlamak (danışanın zorluklarını normalleştirme- umut aşılayarak), bilişsel davranışçı model ve rahatsızlık (bozukluk) hakkında bilgi vermek, danışanın terapiyle ilgili beklentilerini öğrenmek ve hedef listesi oluşturmak, danışanın bahsetmediği güçlüklerine eklemek istediği sorunlar varsa bunlar hakkında ek bilgi toplamak amaçlanır (Beck, 2014; Türkçapar, 2018). Ayrıca terapi için motivasyon ve uyum düzeyine yönelik tüm olasılıkların dikkate alınması gereklidir. Motivasyonel engelleri ortadan kaldırmak için motivasyonel görüşme tekniğine başvurulabilir (Ögel, 2001).

Motivasyonel Görüşme (MG)

Motivasyonel görüşme, madde ve alkol kullanımında davranış değişikliğine yönelik kararsızlığı hedeflemeye dayanan bir yaklaşım olmakla birlikte danışanların BDT seanslarına olan bağlılığın artırılmasında da uygulanabilir (McHugh vd., 2010). Motivasyonel görüşme, bağımlılık tedavisi için düşük motivasyonla ilişkili bir müzakere yöntemi olarak ortaya çıkmıştır (Miller ve Rollnick, 1991).

Miller ve Rollnick'e (2004) göre motivasyonel görüşmenin dört kuralı aşağıdaki gibi belirtilmektedir:

a) Empati kurma,
b) Farkındalık uyandırma,
c) Direnci kabullenme ve
d) Öz etkinliği desteklemek.

Ambivalansın çözülmesi ve değişimin başlamasını hedefleyen motivasyonel görüşme, değişime hazırlık, istekli olma ve bireyin değişim yönünde karar vermesi ve bunun için adımlar atarak sürdürülen bir süreç olarak ifade edilmektedir. Ayrıca değişimin evreleri olarak aşağıdakilere yer verilmiştir (Gürol, 2012; Ögel, 2009):

Farkındalık öncesi evre (precontemplation): Bu evrede danışan henüz bir sorunu olduğunu kabul etmez veya henüz değişim için hazır değildir. *"Maddeyi kullanmam problem değil. Bırakmak veya azaltmak istemiyorum".*

Niyet/tasarlama evresi (contemplation): Bu evrede danışan artık madde kullanımı ile ilişkili bir sorunu olduğunun farkına varmıştır. *"Maddeyi kullanmam problem fakat bırakmayı düşünmüyorum".*

Karar verme evresi (decision): Kısa süren bir fırsat evresidir. Danışan eylem evresine geçebilir veya farkındalık evresine dönebilir. *"Kullanmayı kısa bir zaman sonra bırakacağım".*

Eylem evresi (action): Danışanın tedaviyi düşündüğü aşamadır. Kendisini değişime götürecek belirli eylemlerde bulunur. *"Kullanmayı bıraktım".*

Sürdürüm evresi (maintenance): Bu evrede değişimi devam ettirmek ve nüksü (relapsı) önleme gerekir. *"Bir aydır kullanmıyorum".*

Yineleme evresi (relapse): Danışanın eski hâline dönmesidir. Madde kullanımı tekrarlanırsa hızla tekrar eylem aşamasına dönülmesi hedeflenmelidir. Danışanın cesaretini kaybetmemesi önemlidir. Süreç içerisinde nüks (relaps) meydana gelebilir. *"Tekrar kullanmaya başladım".*

Ek olarak terapistin motivasyonel görüşmedeki rolü otoriter olmamalıdır. Değişip değişmemek danışanın kendi seçimidir. Motivasyonel görüşmede, terapist zorlayıcı olmaktan çok ikna edicidir. Burada amaç danışanın içsel motivasyonunu artırmaktır. Çocuk ve ergenlik dönemlerine özgü özelliklerine göre hedefler, yöntemler ve yaklaşımlar belirlenmelidir. Bu dönemdeki değişkenlikler terapi sürecini etkileyebilmektedir. Terapist suçlamadan, tartışmadan, utandırmadan, yargılamadan, etiketlemeden danışanın kendine güvenmesini sağlayarak problemine yönelik farkındalığı artırmalıdır (Taş vd., 2016).

ÇOCUK VE ERGENLERDE MADDE KULLANIM BOZUKLUĞU BDT'SİNDE UYGULAMALAR VE MÜDAHALELER

Danışan-Terapist İlişkisi ve Terapötik Süreç

Danışan-terapist ilişkisi ve terapötik süreç, her danışan için geçerli ve önemli bir evre gibi görünse de özellikle madde kullanım bozukluğu ve bağımlılığı olan danışanlar için daha da önem arz etmektedir. Bu önem, terapinin başlangıcında ve tedavi süresince, terapist ile madde kullanım bozukluğu olan danışan arasında ilişki ve terapötik süreci etkileyebilecek çok sayıda faktörden kaynaklanmaktadır. Bu faktörler ise şu şekilde belirtilebilir (Beck vd., 1993):

- Bağımlı danışanlar genellikle gönüllü olarak tedaviye girmezler.
- Danışanlar genellikle terapi ile ilgili işlevsel olmayan varsayımlarını sürdürürler.
- Danışanlar, en azından tedavinin başlangıcında, çoğu zaman çok açık ve dürüst değildirler.
- Danışanlar madde kullanım faaliyetlerinde bulunabilir ve bu nedenle gizlilik ikilemleri ortaya çıkabilir.
- Danışanlar, terapistlerini iş birlikçi olarak değil "sistemin" bir parçası olarak görürler.
- Danışanlar, terapistlerinin sorunlarıyla ilgilendiğine inanmakta zorlanırlar.
- Danışanlar, demografik özellikler ve tutumlar açısından kendilerinden belirgin bir şekilde farklı olduğunu düşündükleri terapistlere kuşkuyla bakarlar.
- Terapistler, uyuşturucu kullanan danışanlar hakkında olumsuz varsayımlarda bulunabilirler.

Formülasyon

Formülasyon, terapiste danışanın tanısı, sorunları ve bu sorunların nasıl gelişip devam ettiğini, eşlik eden (duygusal, bedensel ve davranışsal) tepkilerini ve bu bilgilerle danışandaki sorunun nasıl ortaya çıktığına yönelik bilgilerin özetidir (Türkçapar, 2018). Eğer çocuk ve ergen değişim için motivasyona sahipse ve koşullar BDT için uygunsa yapılacak ilk iş bir problem formülasyonu geliştirmektir. Formülasyonda danışanın olaylara ilişkin duygu ve düşüncelerini tarif ederken kendi kullandığı ifadelere yer verilmelidir (Görmez, 2016).

Beck ve diğ. (1993) tarafından iyi bir formülasyon ve vaka formülasyonuna yönelik soruları şu şekilde açıklanmıştır:

> *"Terapist çocuk ve ergen danışanın madde kullanım bozukluğunun karmaşıklığını anlamasına yardım eder. Terapist danışanda madde kullanım bozukluğu oluşumunu daha iyi anlayabilmesi için yaşam öyküsünü, otomatik düşüncelerini, temel inanç ve varsayımlar dizisini, başa çıkma stratejilerini, güvenlik sağlayıcı uyumsuz*

davranışları bir araya getirmelidir. Vaka formülasyonu ayrıca aşağıdaki soruların çoğuna cevap vermeye yardımcı olur:

1. *Danışan neden madde kullanmaya başladı?*
2. *Madde kullanmak, nasıl madde kullanım bozukluğuna yol açtı?*
3. *Danışan kendini neden durduramıyor?*
4. *Temel inançları nasıl gelişti?*
5. *Madde kullanmadan önce danışanın işlevselliği nasıldı?*
6. *Madde kullanımı ile ilgili yüksek riskli durumlar nelerdir?"*

Formülasyonu iyi yapılan vaka seansa yön verir. Böylelikle terapistin gerekli soruları sorma, müdahale etme ve stratejileri uygulamada başarılı olma ihtimali yükselecektir. (Beck, 1991).

Danışanın Psikoeğitimi

Madde kullanım bozukluğunda bilişsel davranışçı terapi; terapist ve danışan arasındaki iş birliğine dayalı olduğundan danışanın formülasyondaki düşünce, duygu, davranış, istek (aşerme) ile kullanma arasındaki ilişkiyi ve nedensel ilişkileri anlaması gereklidir. Danışanın otomatik düşüncelerini ve varsayımlarını test etmek için temel unsurları öğrenmesi önemli olmaktadır. Madde kullanım bozukluğu olan çocuk ve ergenler, madde kullanım sorunları için genellikle "*Stresli bir hayatım var.*", "*Arkadaş çevremde herkes madde kullanıyor.*" ve "*Keşke ailem farklı olsaydı.*" gibi açıklamalar yapmaktadırlar. Terapist, nedenleri keşfetmek için danışana okul, sosyal ilişkiler, yasalar, diğer önemli yaşam alanlarındaki zorluklar ve madde ile ilgili problemlerin nasıl geliştiğine yönelik sorular sormalıdır. Danışandan madde kullanımı için açıkladığı nedenlere inanma derecesini 0 "Hiç inanmıyor" ve 100 "Tamamen inanıyor" olarak 0-100 arasında ifade etmesi istenir ve bu doğrultuda değerlendirilir (Beck vd., 1993).

Yukarıda yer verilen açıklamanın daha net anlaşılması için terapist-danışan ilişkisine yönelik örnek bir diyalog şu şekilde belirtilebilir:

[1]**TERAPİST:** Madde kullanım nedeni olarak ne söylersin?

DANIŞAN: İçinde bulunduğum çevrenin etkili olduğuna inanıyorum. Yıkılmış harabe evler, okula gitmeyen çocuklar ve işsiz birçok insan. Bu tür zor koşullarda yaşayan herkesin madde kullandığına inanıyorum.

TERAPİST: Bu açıklamana ne kadar inanıyorsun?

DANIŞAN: %85. Bazı kişiler dinî inançları nedeniyle kullanmıyor. Annem, babam ve ablam da kullanmıyor.

TERAPİST: Çevrende madde kullandığına ve kullanmadığına inandığın kişileri listeler misin?

DANIŞAN: (Liste doldurulur). Listeye baktığımda kullanmayanlar daha çoğunlukta.

1 302, 303, 304, 306, 307 ve 311. sayfalarda yer verilen diyaloglar, Beck ve diğ. (1993) tarafından yazılan "*Cognitive therapy of substance abuse*" isimli kitaptan kültüre ve çocuk-ergen düzeyine uygun olarak uyarlanmıştır.

TERAPİST: Şimdi istersen %85 olarak açıkladığın o inancını tekrar değerlendirelim.

Tüm bu süreç sonrasında danışan madde kullanım bozukluğundan kurtulmak için ne yaptığını veya ne yaparsa işe yarayacağını öğrenecektir.

Durum (olay), biliş, etki, istek, davranış ve madde kullanımı arasındaki ilişkiye yönelik açıklama örneği de şu şekilde olabilir:

> "Otomatik düşünce zihnimizde kendiliğinden oluşan bir düşünce veya imgedir. Şu anda bu düşüncelere dikkat etmeyebilir ve nasıl hissettiğiniz arasında bir bağlantı kuramayabilirsiniz. Fakat otomatik düşünceler duygularınızı ve madde kullanma isteğinizi etkilemektedir. Otomatik düşünceler, 'Arkadaşlarımın davetine katılmamam gerektiğini biliyordum.', 'Bu isteğe dayanamıyorum.' gibi geçmiş ve şimdiki olaylarla ilgili ya da 'Bu sorunumu asla çözemeyeceğim.' gibi gelecekle ilgili olabilmektedir. Aksi yönde kanıtlar olmasına rağmen otomatik düşünceler ortaya çıktığında kişi için gerçek olarak kabul edilmekte ve inandırıcı görünmektedir".

Danışanlara otomatik düşüncelerinin farkına varabilmeleri için seanslarda düşünceleri ilişkilendirmek güçlü bir yöntem olduğu için süreç şu şekilde devam edilebilir:

TERAPİST: Seansa girmeden önce bekleme odasında kendinizi nasıl hissettiniz?
DANIŞAN: Sıkılmış ve kızgındım.
TERAPİST: Peki, beklerken aklınızdan neler geçiyordu?
DANIŞAN: "Burada ne işim var?" benim diye düşündüm.
TERAPİST: "Ne işim var?" düşüncesi aklınızdan geçti. Aynı soruyu farklı danışanlara sorduğum zaman benzer ve farklı cevaplar aldım. Örnek olarak: "Terapi ne işe yarayacak?", "Terapist benden hoşlanır mı?", "Umarım beni burada kimse görmez". Bu cevaplar otomatik düşünce örnekleri ve bu otomatik düşünceler kişinin duygusu üzerinde doğrudan etkiye sahiptir.

Daha sonra danışanın kendini izlemesi, özellikle depresif, endişeli, kızgın hissettiklerinde ve madde kullanma isteği ya da dürtüsü olduğunda düşüncelerini yazmaları için ev ödevi olarak otomatik düşüncelerini bulmalarına yarar sağlayacak "Günlük Duygu ve Düşünce Kayıt Formu" verilebilir.

Terapist, bir sonraki aşamada durumlar (olaylar), duygular, bilişler, davranışlar ve istekler (aşerme) arasındaki ilişkiyi daha net göstermek için benzer açıklamalarda bulunabilir. Ayrıca danışanın düşüncelerinin olumsuz duygulanıma, madde kullanma isteğine ve madde ile ilgili davranışlarında nasıl rol oynadığını göstermek için danışanın seansa getirdiği örnekler kullanılabilir. Ek olarak olayları değerlendirme ve yorumlama biçimi, büyük ölçüde inançlar tarafından belirlendiği açıklanabilir.

TERAPİST: İnançlar, belirli olay veya durumlar tarafından etkinleştirilene kadar farkındalığımızın dışında kalır. Örnek olarak bir kişi "Bütün insanlar eşittir." inancına sahiptir. Tetikleyen bir uyarıcı olmadığı sürece uykuda olan bir inançtır. Bir adaletsizlik durumu gerçekleştiğinde (ağır bir suç işleyen kişi zengin olduğu için serbest bırakıldığında) bu inancı aktifleşir. Sonrasında kişide "Bu haksızlık.", "Bu neden oluyor?" ve "Bu böyle olmamalı." gibi otomatik düşüncelere yol açmaktadır. İnanç tetiklendiği zaman bu otomatik düşünceler farkındalık oluşturur ve inancına karşı zıt durumlar gerçekleştiğinde de öfke duygusu oluşmaktadır.

Çocuk ve ergen danışanlarda zaman geçtikçe bazı işlevsel olmayan inançlar söz konusu olabilir. Örneğin, madde kullanmanın danışanda bağımlılık yapmadığı inancı oluşabilir. Hatta madde kullanmanın danışanı daha sosyal biri yaptığı inancı da gelişebilir. Devamında danışan, *"Artık madde kullanmadan sosyal biri olamam."* gibi yeni inanç geliştirebilir. Bu yeni inançla birlikte danışan için madde kullanım bozukluğu oluştuğu ifade edilebilir.

Psikoeğitimde danışanlara madde ile ilgili inançlarını tanımlaması gerçekten önemli olduğu ifade edilebilir. Madde ile ilgili inançlar, maddenin kendisiyle ilgili olan inançlar *"X maddesi beni bağımlı yapmaz."* ve maddeden ne beklediği ile ilgili olan inançlar *"Beni sakinleştirmeye yardımcı oluyor."* biçimlerinde farklı olabilmektedir. İnançları belirlemeye yönelik "aşağı ok tekniği" kullanılabilir. Bu teknikle danışan, önce otomatik düşüncesinin farkına varır, daha sonra düşüncelerin altındaki anlamları anlamaya çalışır.

TERAPİST: Kendini nasıl hissediyorsun?

DANIŞAN: Bir haftadır çok kızgın ve endişeliyim.

TERAPİST: Bu duyguları hissetmene yol açan ve sürdüren durum nedir? Biraz anlatır mısın?

DANIŞAN: Arkadaşların evine gittiğimde madde kullanan vardı. Bu madde kullananların arasında birlikte madde kullandığım arkadaşlarımı da gördüm. Maddeye istek ve dürtü oluştu.

TERAPİST: O anda aklınızdan neler geçti?

DANIŞAN: Arkadaşlarım madde kullanabiliyor fakat ben kullanamıyorum. Bu hiç adil değil.

TERAPİST: Bu düşünce sizin için ne anlama geliyor?

DANIŞAN: Bir daha asla kullanamayacağım.

TERAPİST: Bir daha asla kullanamayacak olman ne anlama gelir?

DANIŞAN: Her zaman bu istekler olacak ve ben endişeli olacağım.

TERAPİST: Bunun size etkileri nelerdir?

DANIŞAN: Çaresizim, bundan kaçış yok.

Yukarıda yer verilen terapötik ve temel inanç aşağı ok tekniği ile şu şekilde belirtilebilir:

Çocuk ve ergenler başlangıçta otomatik düşüncelerini tanımlamakta zorlanabilirler. Cevapları daha çok *"Bilmiyorum, bir fikrim yok."* şeklinde olabilir. Bu tür sorunların üstesinden gelebilmek için danışanların seans esnasında duygu durumlarında değişimler beklenmeli ve sonrasında *"Şu an aklınızdan ne geçiyor?"* sorusu sorulması gerekliliği belirtilebilir. Farklı olarak bu türdeki danışanlara *"Eğer aklınızdan bir düşünce geçmediyse hissettiklerini anlatabilir misin?"* sorusu da sorulabilir.

Aşağı ok tekniği

Arkadaşlarım madde kullanabiliyor fakat ben kullanamıyorum. Bu hiç adil değil

↓

Otomatik Düşünceler

Bir daha asla kullanamayacağım

↓

Her zaman bu istekler olacak ve ben endişeli olacağım

↓

Temel İnançlar

Çaresizim, bundan kaçış yok

Terapi Hedeflerinin Belirlenmesi

Hedef belirleme danışanlara umut aşılayabilir (Beck, 2014). "*Rotasını bilmeyen kaptana hiçbir rüzgâr yardım edemez*". Bu söz, çocuk ve ergenlerde madde kullanım bozukluğu olan danışanları çağrıştırmaktadır. Terapide hedef belirlemek, danışan ve terapist için bir harita oluşturmaya ve aynı yönde ilerlemeye yardımcı olacaktır. Danışanlar, sıklıkla terapiye kendilerini daha iyi hissetmek ve olumsuz duygu durumlarından kurtulmak için gelirler. Somutlaştırarak öncelik sırasına göre birkaç terapi hedefleri üzerinde anlaşılır. Ancak açık ve net bir şekilde tanımlanmayan hedefler, bağlantısız ve parçalanmış seanslara neden olacağı unutulmamalıdır.

Hedefleri belirlemek, danışanların terapiden beklentilerini açığa çıkaracaktır. Bazen danışanların terapi beklentileri gerçekçi olamayabilir. Böyle bir durumda danışan ve terapist iş birliği içerisinde terapiden beklenen sonucu somut davranışsal terimlerle tanımlayabilirler. Daha sonra danışan bilişsel davranışçı terapi modeli üzerinden hedeflere nasıl ulaşacağına dair fikir sahibi olur.

Terapiden beklenen sonuca odaklanmak, danışanların değişim gösterme olasılığında umutlu olmalarını sağlar. Çünkü madde kullanımında geçmişte yapılan başarısız başa çıkma girişimleri ve alışkanlıklardan uzaklaşamama danışanlarda umutsuz duygusu oluşturmaktadır. Açık ve somut hedefler oluşturmak danışanın dikkatini değişim olasılığına yönlendirir. Aynı zamanda somut hedefler, sorunları organize etmeyi ve sistematik bir şekilde ele almayı sağlar.

Hedef belirlemek, terapinin gidişatının sapmasını önlemeye yardımcı olmaktadır. Birçok madde kullanım bozukluğu olan çocuk ve ergenler, aile-okul-arkadaşlık-sağlık sorunları, anksiyete ve depresyon gibi sorunları biriktirdikten sonra terapiye başvurabilirler. Her seansta bir konudan diğerine geçmek anlamsızdır. Terapinin uzun vadeli hedefleri ve bunların öncelik sırasını bilmek sapmanın oluşmasını engeller. Birlikte hedeflerin belirlenmesi danışanın terapiye aktif ve etkin katılımını sağlar. Ayrıca danışan ile terapist arasındaki iş birliğini, güven duygusunu ve terapötik süreci güçlendirir.

Terapi hedefleri somut bir şekilde ifade edilmelidir. İlk seansta danışanlar genelde "Tekrar eski hâlime dönmek istiyorum.", "Sadece hayatımı düzene sokmak istiyorum.", "Daha iyi hissetmek istiyorum." gibi spesifik olmayan belirsiz terapi hedefleri aktarırlar. Bu ifadelere karşı terapist, danışana "Hayatında neleri farklı yapmak istersin?" sorusunu yönelterek belirsiz ifadeleri somutlaştırabilir.

Madde kullanım bozukluğu olan çocuk ve ergen danışanların uzun süreli terapi hedeflerinde iki standart hedef vardır. Birincisi, yaşam sorunlarıyla başa çıkması için daha uyumlu ve işlevsel yöntemleri öğretmektir. Diğeri ise maddeye karşı istek ve yoksunlukla başa çıkma yöntemleri geliştirmesine yardımcı olmaktır. Maddeyi bırakma isteği konusunda kararsızlık yaşayan danışanların motivasyonlarını da artırmak önemlidir. Böyle bir durumda danışanın madde kullanmanın veya kullanmamanın avantaj ve dezavantajlarını anlamasını kolaylaştırmak gereklidir. Avantaj ve dezavantajın seans içerisinde kullanımı örneği aşağıdadır.

TERAPİST: Madde kullanmanın avantaj ve dezavantajını konuşalım. Sana göre madde kullanmanın avantajı nedir? Neden kullanmak iyidir?

DANIŞAN: İyi değil fakat beni iyi hissettiriyor.

TERAPİST: İyi hissetmeni sağlıyor.

DANIŞAN: Evet, kısa süreliğine de olsa iyi hissetmemi sağlaması bir avantajdır.

TERAPİST: Başka bir avantajı var mı?

DANIŞAN: Herkesin kullandığını görüyorum ve bende kullanıyorum.

TERAPİST: Uyum sağladığını belirtiyorsun.

DANIŞAN: Evet başkalarını gördüğümde o topluluğun bir parçası olmak istiyorum. O yüzden uyum sağlamamı sağlıyor. Kullanmayan arkadaşlarım da var fakat onlarla iletişimim kısıtlı.

TERAPİST: Kullanmayan arkadaşlarınla iletişimin kısıtlı. Belki bunu dezavantaj olarak yazabiliriz.

DANIŞAN: Evet, yazabiliriz.

TERAPİST: Peki, avantajlarını yazdık. Şimdi dezavantajlarına odaklanalım. Madde kullanmamak neden iyidir?

DANIŞAN: Çok para harcamam olmaz ve para biriktirebilirim. Bunun dışında düşüncelerim daha iyi çalışır.

TERAPİST: Bazı insanlar madde kullandığında daha iyi çalıştıklarını söylüyor. Bu konuda ne düşünüyorsun?

DANIŞAN: Ben yapamam, kullandığım zamanlarda işe gitmiyorum. Genellikle izin almak zorunda kalıyorum, içimden çalışmak gelmiyor.

TERAPİST: O hâlde kullanmanın başka bir dezavantajı işe gidememek.
DANIŞAN: Evet, kullanmazsam işe gidebilirim. Ayrıca fatura borçlarımı ödemeyi de unutmam.
TERAPİST: Kullanmanın dezavantajlarını çok para harcama, düşüncelerde bozulma, işe gitmeme ve faturaları ödemeyi unutma olarak yazabiliriz.

Verilen örnekteki gibi madde kullanmanın avantajlarını ve dezavantajlarını oluşturmak, terapi hedeflerine açıklık getireceği belirtilebilir.

Danışanın karışık duygu ve tutumlar içerisinde olması madde kullanım konusunda ambilavans oluşturmaktadır. Ambivalans da terapi hedefleri belirlenirken ele alınabilir. Örneğin:

TERAPİST: Bugün terapi hedefleri üzerinde durmak ve bununla başlamak istiyorum. Senin için de uygun mu?
DANIŞAN: Evet, uygun.
TERAPİST: Son seansta maddeyi tamamen bırakma konusunda kararsızlık yaşadınız.
DANIŞAN: Evet, hâlâ emin değilim. Bazen bırakmak güzel bir fikir gibi geliyor fakat sonrasında bazen "Kullanmaya devam etmek kesinlikle daha güzel olacak." diye düşünüyorum. İlk başladığım zamanlardaki kontrollü kullanabilirim.
TERAPİST: Bırakma ve aynı zamanda kontrollü kullanma isteğiniz var.
DANIŞAN: Evet.
TERAPİST: Tamamen bırakırsan ne olur?
DANIŞAN: Emin değilim ama herhâlde zor olur. Kullanmaya istek duyarım.
TERAPİST: Bu senin için olumsuz tarafı olurdu, ya olumlu tarafı? Tamamen bırakmanın herhangi bir faydası olur mu?
DANIŞAN: Sanırım kendimi daha iyi hissederim.
TERAPİST: Kendini iyi hissetmenin senin için anlamı nedir?
DANIŞAN: Birkaç kez bırakmayı denedim ve hepsinde başarısız oldum. Böyle olunca da kendimi kötü hissettim. Bu başarısız girişimlerimi tersine çevirip başarılı olursam eskiden olduğu gibi kendimi daha iyi hissedebilirim.
TERAPİST: Bırakmak senin için faydalı olacak. Son seansta senin için dezavantajlarını oluşturduğumuz listeyi hatırlamanı istiyorum. Belki o listeye bir kez daha bakmak ambivalansa iyi gelebilir.

Genellikle danışanlar, düşünce hataları kaynaklı yaşadıkları zorlukları büyütüp fonksiyonel eylem olasılıklarını en aza indirerek bunalmış hissederler. Böylelikle onlar da hiçbir çözümün olmadığına ve iyi hissetmelerini sağlayan tek şeyin madde olduğuna inanırlar. Bu durumda terapist, danışanın umutsuzluğuyla mücadele etmek için sorunları yeniden çerçevelendirmesine yardımcı olabilir.

Bilişsel Teknikler

Bütün tekniklerin etkinliği danışan ve terapist arasındaki terapötik ilişkiye bağlıdır. Madde kullanım bozukluğu oluşması ve devam etmesinde kullanılan bilişsel teknikler, maddeye karşı istek ve dürtülere katkıda bulunan inançlara ve otomatik düşüncelere yöneliktir. Kapsamlı ve doğru bir vaka kavramsallaştırması yapılmazsa teknik seçimlerinde kararsızlık yaşanır ve dolayısıyla etkili bir terapi olmayacaktır (Beck vd.,1993). Bu bağlamda bilişsel teknikler olarak sokratik sorgulama, avantaj-dezavantaj analizi, derine doğru inme (aşağı ok) tekniği, günlük düşünce kaydı ve düşünce hatalarını (bilişsel çarpıtmaları) öğrenmek işe koşulabilir.

Sokratik Sorgulama: Danışanın cevaplamak için gerekli bilgiye sahip olduğu sorulardan oluşur. Birbiri ardına yöneltilen sorularla danışanın sorun yaşamasına neden olan inançlarını değerlendirmesini sağlar. Sokratik sorgulama sürecine yönlendirilmiş keşif (guided discovery) denilmektedir. Yönlendirilmiş keşif, bir dizi soruyla danışanın gerçekte bilinen ancak o anki duygu durumu nedeniyle farkındalık alanında olmayan bilgilerin farkına varmasını sağlamayı amaçlar (Türkçapar, 2018).

Avantaj-Dezavantaj Analizi: Bazı otomatik düşünceler doğruluğu veya yanlışlığı analiz edilemeyen bireysel hükümler şeklinde olabilir. Bazı otomatik düşünceler ise belirli koşullar altında doğru olabilir. Böyle bir düşünce bireyde sorunlara neden oluyorsa düşünceyle çalışmak için avantaj-dezavantaj tekniği kullanılabilir (Türkçapar, 2018). Madde kullanan bireyler sıklıkla madde kullanmanın avantajlarını en fazla çıkaran ve dezavantajlarını ise en aza indiren inançları devam ettirirler. Avantaj-dezavantajın, madde kullanımında son derece yararlı ve kullanışlı bilişsel tekniklerden biri olduğu belirtilebilir. Çünkü bu teknik, danışana madde kullanımının avantajlarını-dezavantajlarını listeleme ve yeniden değerlendirmede rehberlik eder (Beck vd., 1993).

Derine Doğru İnme (Aşağı Ok) Tekniği: İnançları ortaya çıkarmak için kullanılır. Otomatik düşüncenin anlamını ve olumsuz yanını sormaya dayalı bir yöntemdir (Türkçapar, 2018). Madde kullanım bozukluğu olan danışanlar, çoğu zaman inançlarını ifade etmede zorlanırlar. Bu durumlarda terapist, otomatik düşüncelerle birlikte yoğun olumsuz duyguların oluştuğu zamanda danışana "Bu senin için ne anlama geliyor?" sorusunu ardışık farklı biçimlerde sorarak derindeki inançları ortaya çıkarabilir.

Günlük Düşünce Kaydı: Sorunlu davranışsal ve duygusal tepkilere eşlik eden olumsuz otomatik düşüncelere düşünce kayıtları ile ulaşılabilir. Düşünce kayıt formunda açık uçlu sorular yöneltmek danışanları rasyonel cevaplar vermesinde yardımcı olacaktır (Görmez, 2016).

Düşünce Hatalarını (Bilişsel Çarpıtmalarını) Öğrenmek: Düşünce hatalarını (bilişsel çarpıtmalarını) öğrenmek ve bunlara yönelik alternatif düşünceler oluşturmak gerekmektedir. Herhangi bir olay-durum anında ortaya çıkan bilişsel çarpıtmaların test edilmesi gerekmektedir (Beck, 2014).

Davranışçı Teknikler

Davranışçı teknikler, madde kullanım bozukluğunda bilişsel süreçlerle nedensel olarak etkileşimde olan davranışlara yönelik olarak ele alındığı ifade edilebilir. Davranışsal teknikler, danışanın madde kullanımını tetikleyen ve sürdüren ilgili inançların doğruluğunu veya gerçekliğini test etmeye yardımcı olduğu belirtilebilir. Ayrıca nüks önleme, riskli durumlar ve istekleri azaltmak ya da başa çıkmak için öz güven ve rahatlama gibi beceri eğitimlerinde kullanılabilir.

Aktivite Çizelgesi: Aktivite çizelgesi kaydı tutmak birçok durumda kullanılır. Günlük aktivitelerin kaydını tutmada hoşnut olunan veya olunmayan etkinlikler danışana farkındalık kazandırır (Rose, 1998). Madde kullanım bozukluğunda danışanlar, madde kullanma isteğini artıran davranışlarda bulunma ve olumlu faaliyetlere uzak durma eğilimindedirler. Aktivite çizelgesi, madde ile ilgili olumsuz davranışları anlamak, değiştirmek ve olumlu davranışları artırmak için temel tekniklerdendir. Haftanın yedi günü ve günün her saati bloklar hâlinde günlük aktivite çizelgesi olarak danışana verilir. Danışanın yaptığı aktiviteden aldığı keyif durumu terapiste gösterge olarak sunar. Basit ve anlaşılır bir çizelgedir. Danışan günlük aktivitelerini aldığı keyif durumunu 0 (en az)- 10 (en fazla) puan arasında değerlendirir. Aktivite çizelgesi, danışanın aktivitelerinin madde kullanımıyla ilişkili durumları ortaya çıkartır. Aynı zamanda madde kullanımına karşı alternatif aktiviteler belirlemeyi sağlar (Beck vd., 1993).

Gevşeme Eğitimi: Gevşeme eğitimi, gerilim ve kaygıyı etkili bir şekilde azaltan terapötik bir araçtır. Diğer tekniklerle birlikte kullanılabilir. Danışan gevşeme tekniklerini öğrendikten sonra stres oluşturan durumlarda uygulaması için desteklenir (Demiralp ve Oflaz, 2007). Gevşeme eğitiminde en sık kullanılanlardan biri nefes egzersizidir. Genellikle, nefes almaya odaklanmaya çalışmak için gözler kapalı olur. Danışandan burnundan doğal olarak nefes alması istenir. Nefesin yavaş ve ağızdan verilmesi istenir ve 1-2 saniye aralıklarla tekrarlanır (Gosch vd., 2006).

Aşamalı (Derecelendirilmiş) Görev Oluşturma: Danışanlar için maddesiz ve madde kullanımının azaltılmış bir yaşamını kolaylaştırmak için etkili davranış değişikleri yapmalıdır. Bütün arkadaşları madde kullanan danışanda, nüks olasılığını en aza indirmek için sosyal hayatını yeniden yapılandırmak gereklidir. İstenilen davranışların parçalara bölünerek uygulanması terapi hedeflerine ulaşmayı ve inşa etmeyi sağlar (Back vd., 2007). Bu yüzden en az risk oluşturan görevden en fazla risk oluşturan görev ve aktiviteleri iyi planlamak ve terapi ortamında çok fazla uygulama gereklidir. Çocuk kendini hazır hissettiğinde, gerçek yaşam pratiğine ev ödevi verilir (Gosch vd., 2006).

Problem Çözme: Problem çözme eğitimi, çocuk ve ergenlerin hem kişisel sorunlarını hem de kişiler arası ilişkilerinde yaşadıkları sorunları çözmelerine yardımcı olmayı amaçlar. Öncelikle danışanın olaylara nasıl yaklaştığı belirlenir. Terapist genellikle aktiftir. Seanslarda danışanın gerçek yaşam deneyimleri incelenerek ve dönüt verilerek danışanın davranış pekiştirilmeye çalışılır (Friedberg ve McClure, 2015). Madde kullanım bozukluğu olan danışanlarda dürtüsellik fazla olduğundan problem çözme becerileri zayıftır. Danışanlar, inkâr etme ve kaçınmalarda bulunarak sorunlarını görmezden gelirler. Bu yüzden danışanlara problem çözme adımları öğretilmesi gerekmektedir. Bu adımlar: (1) Problemi somut ve açık terimlerle tanımlama, (2) Çözümler nelerdir? Bunun için beyin fırtınası yapmak, (3) Oluşturulan her bir çözümün artıları ve eksileri belirlemek, (4) En iyi varsayımsal çözümü belirlemek, (5) Plan, hazırlık ve alıştırma sonrası davranışı uygulamak, (6) Sonucu değerlendirmek. Terapist bu süreçte destekleyici ve teşvik edici olmaya da dikkat etmelidir.

Egzersiz Planlama ve Uygulama: Madde kullanım bozukluğu olan danışanların kendiliğinden fiziksel egzersiz yapması çok nadir görülür. Düzenli egzersizler, danışanda madde kullanımının dezavantajları ve bırakmanın avantajları noktasında farkındalığı artıracaktır. Terapist, danışanı terapinin bir parçası olarak fiziksel egzersiz yapmaya teşvik edebilir. Bu tür aktiviteler, danışanın kendisini sağlıklı ve formda biri olarak yeniden tanımlamasına yardımcı olacaktır (Can, 2016).

Tetikleyici Durumların Kontrolü: Maddeyi bırakmaya veya azaltmaya yönelik kullanımı tetikleyen tüm uyaranları ortadan kaldırmak için etkili bir yöntem olarak görülmektedir. Fakat bunu yapmak pratikte çok kolay değildir. Çünkü danışan ister istemez kendini uyarıcı ve tetikleyen olay-durum içerisinde bulabilir. Bu durum da madde kullanılan yerde bulunan ya da madde kullananlarla temasta olan danışanda madde kullanım isteği ile ilgili inançların yeniden aktive olmasına neden olur. Bu yüzden danışan için risk oluşturan iç ve dış uyaranları çok iyi belirlemek gerekir.

İmgesel Teknikler

İmgeleme teknikleri ile madde kullanım bozukluğu olan danışanlarda maddeden uzak kalmaları ve öz kontrol geliştirmeleri amaçlanmaktadır. İmgeleme, danışanları madde kullanım ile ilgili inançları ve otomatik düşüncelere odaklamak ve/veya isteklerden uzaklaştırmak için etkili bir tekniktir. Madde kullanım bozukluğunda imgeleme olarak madde tekliflerine hayır deme becerisi, madde kullanımına karşı alternatif eğlenceli aktiviteler ve sağlıklı, üretken bir yaşam hayal ettirmek kullanılabilir. İmgesel teknikler; görüntüye yeniden odaklanma, olumsuz görüntüyü değiştirme, olumlu görüntü değiştirme, görüntüyü tekrarlama ve görüntü ustalığıdır. Yeniden odaklanma, bir dikkat dağıtma tekniğidir. Danışan dış olayları hayal ederek içsel dikkatini uzaklaştırır (Beck vd., 1993).

Yaşantısal Teknikler

Davranış Provası (Rol Oynama): Danışanların kendilerine sorun ya da güçlük yaratan olay/durumları oynayarak seans içerisinde prova yapmaları ve davranışları hakkında farkındalık, inceleme ve karar vermede ise tecrübe kazandırır (McHugh vd.,2010). Madde kullanım bozukluğu olan çocuk ve ergen danışanlar kişiler arası iletişimde problemler yaşamaktadırlar. Danışanlar, iletişim sorunlarının, olumsuz duygular hissetmelerine ve madde kullanma isteğinde bulunmalarına sebep olduğunu ifade ederler. Bu durumlarda danışana etkili iletişim becerileri öğretmek için rol oynama tekniği kullanılabilir. Örneğin:

DANIŞAN: Annem durmadan başımın dibinde dırdır ediyor.
TERAPİST: "Dırdır ediyor." derken ne demek istedin?
DANIŞAN: Her zaman üzerime düşenden fazlasını yapmamı istiyor.
TERAPİST: Böyle durumlarda ne yaparsın?
DANIŞAN: Çoğu zaman odama çekilirim ya da mahalleye çıkarım. Zaten en fazla o zamanlarda kullanıyorum.
TERAPİST: Bu durumla başa çıkmak için başka ne yapabilirsin?
DANIŞAN: Hiçbir fikrim yok.
TERAPİST: O hâlde farklı seçeneklere birlikte bakalım. Ben annenin rolünü oynayacağım. Duygularını o andaki gibi yaşamanı ve gerçekçi olmanı istiyorum.
DANIŞAN: Anlamadım, ne yapmalıyım?
TERAPİST: Annen olduğumu farz et ve benimle dırdırım hakkında yapıcı bir şekilde konuşmaya çalış.
DANIŞAN: Tamam başlayalım.
TERAPİST: (Annesi gibi davranarak ve sinirli görünerek) Kütüphaneni düzenleyeceğine söz vermenin üzerinden iki hafta geçti. Ne zaman söylesem yapmıyorsun. Git o kitapları düzenle artık. En sonunda bütün kitaplarını çöpe atacağım. Senden hep bir şey yapmanı beklemekten bıktım usandım artık.
DANIŞAN: Anne ben de senin dırdırından bıktım.
TERAPİST: Öyle mi? Bu evde kurallara uyacaksın, istediğimi yapacaksın.
DANIŞAN: Bazen yapıyorum isteklerini ama sen görmüyorsun. Şikâyet etmekle o kadar meşgulsün ki fark etmiyorsun bile.
TERAPİST: Burada duralım. Rol oynama hakkında ne düşünüyorsun?

İletişim becerilerini öğretme süreci, rol oynama ve didaktik eğitimi içermektedir. Tekrarlanan rol oynamaları, danışanların güvenilir bir ortamda hatalarını düzeltebilmelerini ve etkili sosyal davranış geliştirmelerine yardımcı olacaktır. Çocuk ve ergenlerde aile üyeleri arasındaki olumlu iletişimi artırmak için aile içi iletişim becerileri eğitimi de süreçte yer almalıdır (Friedberg ve McClure, 2015).

Destek Gruplarına Katılmak: Destek gruplarına katılmanın danışan için sağladığı avantajlar aşağıda sıralanmıştır:

- Danışanın varsayımlarına karşı destekleyici kanıtlar sağlar.
- Destek grubu bilgileri temel inançlara meydan okur.
- Öğrenme tekrar yoluyla gerçekleşir.
- Alternatif başa çıkma stratejileri listesi oluşturmaya katkıda bulunur.
- Sosyal desteklerin bir listesini sağlar.
- Ayık kalma süresini artırır (McHugh vd., 2010).

Metaforlar, Analojiler, Öyküler, Resimler, Görseller vb.

Bilgi Kartları: Danışanlar yoksunluk belirtileri olduğu zamanlarda bu durumla başa çıkmada zorlanmaktadırlar. Zor durumlarının kendileri için kolaylaştırmalarını sağlayabilecek yöntemlerden biri de bilgi kartları oluşturmaktır. Bilgi kartları danışanın başa çıkma ifadelerini içerir. Örnek olarak "Kullanmadığım zaman kendimi daha iyi hissediyorum.", "Hayatımda her şey harika gidiyor, bunu kötüleştirme." verilebilir. Bilgi kartları, danışan için madde kullanmamasının avantajlarını da içerebilir. Yazılan ifadelerin ulaşılabilir ve görünür olması önemlidir (Beck vd., 1993).

Davranış Deneyleri

Çocuk veya ergen danışan ile varsayımlarının geçerliliğini test etmek için bir deney belirlenir. Deney gerçekleştirildikten sonra sonuçlar kaydedilir, bu sonuçlar varsayımlarıyla karşılaştırılır ve başlangıçtaki varsayımları ve inançları tekrar değerlendirilir (Görmez, 2016). Örneğin, bir danışanın "Madde kullanmazsam arkadaşlıklarım son bulur." ifadesine, davranış deneyi olarak madde kullanmadan arkadaşlarıyla normal aktivitelere katılım sağlaması denenebilir. Davranış deneylerinin bir başka kullanım biçimi "varsayım" davranışlarıdır. Terapist, bu teknikle danışanı istenilen bir davranışı veya koşulları ona uygunmuş gibi davranmaya teşvik eder. Örnek olarak sigarayı bırakmak isteyen danışandan bir hafta boyunca sigara kullanmıyormuş gibi davranışlar sergilemesini ister. Kendisinin yanında sigara kullanılmamasını isteyebilir ya da kafelerin sigara içilmeyen kısımlarında oturabilir. Bu etkinlikler, danışanın madde kullanmayla ilgili inançlarını ve davranışlarını değiştirmek için oluşturulmaktadır.

Ev Ödevleri

Ev ödevleri, bilişsel ve davranışsal tekniklerin uygulanmasını içerir. Aynı zamanda danışanda oturumlar arasındaki değişimin en önemli göstergesidir. Mümkün olduğunca ev ödevleri ortaklaşa formüle edilmelidir. Danışanın seans sonunda verilen ev ödevinin rasyonelini anlayıp anlamadığı kontrol edilmelidir. Terapist her seansta ev ödevi kontrolü yaparsa ödev konusunda birlikteliği ve uyumu güçlendirmiş olacaktır. Ev ödevleri ile ilgili olarak BDT için gerekli ve nüksün azaltılmasına yardımcı olduğu, düşünce özelliklerinin farkına varma ve alternatif düşünceler oluşturmada gerekli olduğu, etkili ve etkisiz başa çıkma yöntemlerini belirlemenin yanı sıra öz yeterlilik oluşturma ve danışanın kendi terapisti olmasına yardımcı olduğu belirtilebilir (Türkçapar, 2018).

Sonlandırma ve Nüks Önleme Çalışmaları

Madde kullanım bozukluğuna yönelik bilişsel davranışçı terapide temel amaçlardan birisi, danışanların uzun vadeli yoksunluklarında oluşabilecek engellerin öğrenilmesini sağlamaktır. Bu öğrenmelerle danışanda becerilerin gelişmesi ve kararlığın oluşması beklenmektedir. Terapi ve planlanan süreç boyunca danışan uzun bir süre madde kullanmaz ve yoksunlukla mücadele etmeyi sürdürürse seanslar sonlandırabilir. Burada dikkat edilmesi gereken bir nokta nüks olasılığıdır. Nüks, danışanın madde kullanımıyla ilgili başlangıçta var olan uyumsuz davranışlara geriye dönmesi olarak nitelendirilebilir. Madde kullanmayı bırakan danışanlarda nüksetme görülebilir. Bunun için de terapist nüks olasılığını en aza indirmek amacıyla izleme seanslarını oluşturması gerekmektedir (Beck vd., 2013).

Madde kullanmaya karşı kontrolsüz istek ve kullanım dürtüleri danışanın terapiyi bırakmasına neden olan başlıca faktörlerdendir. Terapide veya sonrasında madde bırakıldığında ve yoksunluk başladığında bu istek ve dürtüler nükse yol açabilmektedir. Madde kullanım bozukluğu olan danışan maddeyi bıraktıktan sonra onun için daha zorlu bir süreç başlayabilir. Birçok danışan için istenmeyen davranışları kısa süreli ve geçici olarak değiştirmek kolay fakat bu davranış değişikliğini sürdürmek daha zor olabilmektedir.

Madde kullanım bozukluğunda danışanlar yüksek riskli uyaranlara karşı savunmasızdırlar. Bu uyaranlar, danışanda istek uyandıran iç ve dış tetikleyicilerdir. İç tetikleyiciler, danışanda depresyon, öfke, yalnızlık, hayal kırıklığı ya da bedensel ağrılar gibi duygusal ve fiziksel faktörleri içermektedir. Dış tetikleyiciler ise danışanın çevresindeki madde kullananları ve kullanılan yerleri içermektedir. Tetikleyicilerde bireysel farklılıklar söz konusudur. Örneğin, bazı danışanlar çok paraları olduğunda madde kullanmaya istek duyabiliyorken bazıları ise parasızlıktan dolayı madde kullanma isteği duymaktadırlar. Buradaki farkın özelliği, danışanların uyaranlara yüklediği anlamlardır. Aşağıdaki şekilde nüksün bilişsel davranışçı modeli sunulmaktadır (Beck vd., 2013).

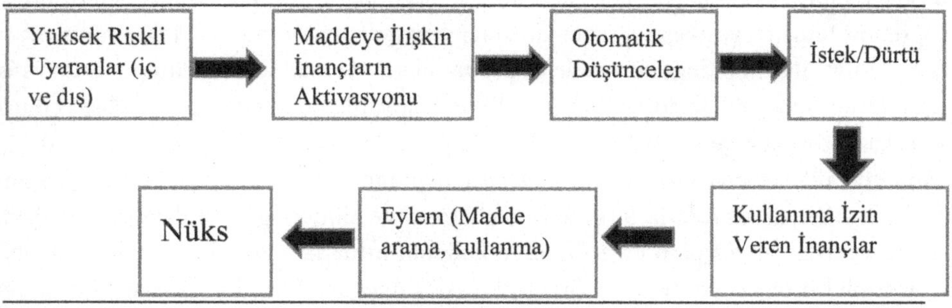

Nüksün BDT Modeli

MADDE KULLANIM BOZUKLUĞUNDA KULLANILAN DİĞER TERAPİ VE TEDAVİ YÖNTEMLERİ

İlaç Tedavisi

Alkol ve madde kullanım bozukluğunda, danışanların ilaç tedavisi iki aşamadan oluşmaktadır. Bunlar, kısa süreli ilaç tedavisi ve uzun süreli ilaç tedavisidir. Kısa süreli ilaç tedavisi, alkol ve madde zehirlenmesine bağlı olarak fiziksel, ruhsal bozukluklarda veya yoksunluk belirtilerinin ortadan kaldırılması amacıyla yapılmaktadır. Uzun süreli tedaviyse taburcu olduktan sonraki tedaviyi kapsamaktadır. Alkol bağımlılığının tedavisinde disülfiram (antabuse), naltrekson, akomprasat ve baklofen sıklıkla kullanılabilir. Disülfiram, aldehit dehidrojenazı inhibe ederek ve kanda asetaldehit birikmesine neden olarak etki eder. Bu şekilde kişi alkol aldığında mide bulantısı, kusma, yüz kızarması ve hipotansiyon ile karakterize zehirlenme belirtileri ortaya çıkar. Disülfiram alkol bağımlılığını tedavi etmez ancak hasta içme isteği başlayınca içemeyeceğini, içtiğinde ise zehirlenme ve ölüm tehlikesiyle karşı karşıya kalacağını öğrenir. Zehirlenme belirtileri nedeniyle alkol almaktan kaçınır. İlaç yan etkileri nedeniyle en fazla altı ay kullanılabilir. Opioid bağımlılığında, yoksunluk belirtilerini ve aşerme durumunu kontrol etmek için opioid maddesi yerine metadon ve buprenorfin sık kullanılan ilaçlardır. Bu ilaçların kullanımdaki amaç, yasa dışı kullanımını ve aşırı doz kullanımı kısaca kötüye kullanımı engellemektir (Arıkan, 2012).

Aile Terapisi

Madde kullanım bozukluğunun tedavisinde çocuk ve ergen ailesinin desteğine daha fazla ihtiyaç duyması söz konusu olabilir. Bundan dolayı da ailelerin tedavi sürecine adapte edilmesindeki önem, danışanın madde kullanımına karşı yaklaşımı, tedaviyi sürdürmesi, sosyal adaptasyonları, madde kullanan arkadaşlarla iletişim düzeyi ile ilgili bilgi almak, yoksunluk düzeyi, ailenin yoksunluk dönemindeki desteğini sürdürmek, tedaviye devamlılığı uzun dönemdeki sonuçları artırma gibi durumlardan kaynaklanmaktadır (Arıkan, 2012). Davranışsal aile terapisi, uyumsuz davranışların veya semptomların tedavisi ve değerlendirilmesi için öğrenme teorileri ve ilkelerin sistematik olarak uygulanmasıdır. Aile etkileşiminin madde kullanımıyla ilişkili olduğunu ve aile içi problemlerin de madde kullanımının artmasına yol açabileceği varsayılmaktadır. Davranışsal aile terapisinin odağında danışana başa çıkma becerisi kazandırma ve aile ilişkilerinin işleyişini iyileştirme vardır (McHugh vd., 2010).

Stratejik aile terapisi, davranım bozukluğu, okuldan ve evden kaçma, karşıt olma bozukluğu, antisosyal akranlarla birlikte olma, agresif ve şiddet eğilimli davranışlar, riskli cinsel davranışlar ile görülen ergen madde kullanımını tedavi etmek için teknik odaklı ve kısa süreli bir terapi yöntemidir. Stratejik yaklaşıma göre sorunlar genelde aile yaşam döngüsündeki geçiş dönemlerindeki değişimlerin üzerinde yeterince durulmadığı ya da aşırı fazla durulduğunda, yeniden uyum sağlanamaması sonucunda ortaya çıkar. Aile sistemleri kuramına göre madde kullanan ergen, semptomatik bir aile üyesidir. Ailenin, ergen madde kullanımı üzerinde büyük etkisi vardır. Aile içinde sürekli tekrarlanan ve alışkanlık oluşturan davranışlar ailenin işlevselliğini etkiler. Bu kuramda sorun hâline gelen davranışların değişmesi hedeflenir. Bu sorunlu durumun değişmesi için ise ailenin etkileşimini değiştirmek amaçlanır (Gürol, 2012).

Kendine Yardım Grupları

Kendine yardım grupları, alkol kullanım bozukluğu olanlar için tedavilerin eksik olduğu bir dönemde ve bir alkoliğe sadece diğer alkoliklerin yardım edebileceği düşüncesiyle ilk olarak 1935 yılında ABD'de ortaya çıkmıştır. Adsız alkolikler (AA) olarak nitelendirilen bu gruplar, bireylerin bir araya gelerek benzer problemleri çözmek, önerilerde bulunmak ve düzelmek için birbirlerine destek verdiği bir kendine yardım grubudur. Kendine yardım grupları, etiketlenme sorunu yaşayan danışanların bir araya gelerek gruplaşmasıyla karakterizedir. Bu bireyler için toplum tarafından kabul edilmenin öncüsü gruba katılmak ve kabul görmektir. Kendine yardım gruplarının belirlenmiş bir grup lideri yoktur. Madde kullanım bozukluğu olanlar gruplara katılabilmektedir. Grup üyelerinin birbirlerinden beklentisi güven, gizlilik ve dürüstlük ilkelerine sadık kalınmasıdır. Grup üyeleri, ayık kalmak için geliştirdikleri başa çıkma stratejilerini paylaşırlar (Arıkan, 2012).

Grup Terapisi

Grup terapileri genel olarak sosyal baskılara karşı güç ve dayanışma geliştirir; kişinin yeni davranış modelleri öğrenmesini ve geliştirmesini sağlar; kişinin neden olduğu sorunların üstesinden gelmesine yardımcı olur. Madde kullanımından dolayı çevresine yönelik takip edilme ve izlenme gibi düşüncelerinin oluşturduğu sıkıntıları grup desteği ile aşar. Grup terapisi deneyimi ile bireyler kendilerini ve davranışlarını görmelerini, değiştirmelerini ve kendi sorumluluklarını taşımaları gerektiğinin farkına varır. Grup terapilerinde temel terapötik etmenler; umut aşılama, fedakârlık, evrensellik, bağlılık, kişiler arası öğrenme, rehberlik, katarsis, özdeşim, birincil aile özelliklerinin grupta tekrarı, varoluş ve kendini anlama olarak ifade edilebilir (Arıkan, 2012).

Madde kullanım bozukluğunda grup terapilerinde odak nokta, danışanın içgörü geliştirmesi, yeni yaşam stratejileri geliştirmesi ve kendisinde madde kullanım bozukluğu olduğunu kabul etmesidir. Grup terapisinin önemli özelliklerinden biri, grup üyelerinin kendi davranışlarının gözlemleriyle yüzleşmesi, davranışlarının başkaları üzerindeki etkisi ve başkalarının davranışlarının kendileri üzerindeki etkisi ile ilgili farkındalık kazandırmasıdır. Destekleyici ortamda bireysel ilerlemeler pozitif yönde olmakta ve grupla birlikte elde edilen deneyim grup dışındaki yaşama da yansımaktadır. Grup terapisi, duygusal durumlarla başa çıkma yöntemlerine, davranışsal ve bilişsel becerilere ve tekniklere odaklanır. Bazen kullanılan tekniklerle davranış provaları ve grup içi rol oyunlarıyla eğitim amaçlı oturum çizgisinde ilerlerler (Gürol, 2012).

Psikoeğitim Programları ve Önleme Çalışmaları

Madde kullanım bozukluğu ve bağımlılıkla mücadelede önleyici hizmetler önemli bir yer tutmaktadır. Özellikle ailesinde madde kullanım öyküsü olanlar, ruhsal hastalık öyküsü olanlar, ergenler ve uyuşturucuya kolay erişimi olan gruplar madde bağımlılığı açısından risk altında olabilirler. Bu yöntem, risk gruplarının ele alınması, risk faktörlerinin yönetilmesi, risk gruplarına psikososyal destek sağlanması gibi müdahaleleri ve eğitim programlarını içerir (Arıkan, 2012).

MADDE KULLANIM BOZUKLUĞUNDA BDT'NİN ETKİLİLİĞİ ÜZERİNE ÇALIŞMALAR

Bilişsel davranışçı terapi, madde kullanım bozukluğu tedavisinde çok kullanılan ve ampirik olarak da etkililiği gösterilen tedaviler arasındadır. Bilişsel davranışçı terapi, madde kullanım bozukluğunda nüks sıklığı göz önünde bulundurularak bilişsel-sosyal öğrenme modeli temel alınarak geliştirilmiştir. Madde kullanım bozukluklarında bilişsel davranışçı terapi, danışanların zararlı ve bağımlılık yapan maddelerden uzak durma hedeflerine ulaşmalarına ve yeni yaşam becerileri kazanmalarına yardımcı olmayı, danışanların öz yeterliklerini yeniden oluşturmayı, yaşam stresini azaltmayı ve problemin döngüsel şekilde tekrar nüksetme ihtimalini zayıflatmayı amaçlamaktadır. Bilişsel davranışçı terapi ile stres ve dürtü kontrol becerilerini öğrenebilen, düşünce ve davranış kalıpları değiştirilebilen danışanlar, madde alma isteklerini kontrol etmeyi öğrenebilmektedirler (Back vd., 2007).

Miller ve Wilbourne (2002) tarafından gerçekleştirilen, 72000 danışanın dâhil olduğu, 361 kontrollü çalışmanın yer aldığı meta analiz çalışmasında, BDT ve bilişsel terapi ve sosyal beceri eğitiminin en etkili 10 tedavi yöntemi arasında olduğu sonucuna ulaşılmıştır. Madde kullanım bozukluğunun tedavisinde bilişsel davranışçı grup terapilerinin, hastalığın belirti ve bulgularının azalmasında, relaps riskinin azalmasında ve anksiyete, depresyon gibi eşlik eden problemlerin azalmasında etkili bir yöntem olduğu saptanmıştır (Yıldırım ve Sütçü, 2016). Bir diğer meta analiz çalışmasında alkol ya da madde kullanım bozukluğu tanısı alan danışanlarla yapılan 53 randomize kontrollü çalışma gözden geçirilmiş ve bilişsel davranışçı müdahalelerin alkol ve madde kullanım bozukluğunda istatistiksel olarak anlamlı etkisi olduğu vurgulanmıştır (Magill ve Ray, 2009). Can (2016) tarafından yapılan deneysel çalışmada, alkol kullanım bozukluğu olanlar için geliştirilen bilişsel davranışçı temelli programın relapsı önlemede etkili olduğu sonucuna ulaşılmıştır.

Türkcan ve diğ. (2001), alkol bağımlılarına uyguladıkları 12 oturumluk bilişsel davranışçı terapi programa katılan danışanlara üç ay sonrası uygulanan ölçümlerde nükse girmeme %89.5 olarak bulunmuştur. Bir başka deneysel çalışmada, madde kullanım bozukluğu olan bireyler için yapılandırılan bilişsel davranışçı temelli psikoeğitim programının madde kullanma isteği ve stresi azaltmaya etki ettiği sonucuna ulaşılmıştır (Back vd., 2007). Ness ve Oei (2005), 37 erkek ve 34 kadın alkol bağımlılarıyla yaptıkları çalışmada, bilişsel davranışçı terapi sonunda ve üç ay sonraki izlem ölçümlerinde anlamlı ilerlemeler sonucuna ulaşmışlardır. Madde kullanım bozukluğu tanısı almış 200 katılımcının dört gruba ayrılması ile yapılan deneysel çalışmada, bilişsel davranışçı grup terapisi alan deneklerin 3 ve 12 aylık izlem sonuçları, diğer gruplara göre alkol tüketiminin daha az olduğunu göstermiştir (Wetzel vd., 2004).

Yapılan başka bir deneysel çalışmada, sosyal anksiyete bozukluğu ve alkol kullanım bozukluğu olan bireyler rastgele seçilerek deney ve kontrol gruplarına yerleştirilmişlerdir. Deney grubuna uygulanan bilişsel davranışçı terapi yöntemi 3, 6 ve 12 aylık izlemler sonucunda, alkolden uzak durma ve anksiyete belirtilerinin kontrol grubuna göre azaldığı belirtilmektedir (Bowen vd., 2000). 20 hafta boyunca 20 seans uygulanan bilişsel davranışçı grup terapisi çalışmasında müdahale sonrası ve 6 aylık izlem sonuçları değerlendirildiğinde terapi grubundaki danışanların (n=41) kontrol grubunda yer alan deneklere (n=32) göre daha az madde kullanımı gösterdiği bulunmuştur (Scherbaum vd., 2005).

Yukarıda yer alan çalışmalar doğrultusunda madde kullanım bozukluğu için uygulanan bilişsel davranışçı terapi programı için;

- Nüks için kişisel veya çevresel risk faktörlerinin belirlenmesi ve yönetimi,
- Problem çözme becerileri ve stres yönetimi eğitimi,
- Madde reddetme becerilerinin öğretilmesi,
- Madde kullanımının fonksiyonel analizi,
- Olumlu aktivitelerin arttırılması gibi başlıkları içerdiği belirtilebilir.

BDT ve madde kullanım bozukluğu kapsamında yapılan çalışmalar incelendiğinde, BDT'nin madde kullanım bozukluğuna yönelik etkin bir tedavi süreci olduğu ifade edilebilir.

SONUÇ VE ÖNERİLER

Ellis ve Bandura'nın çalışmalarını yansıtan ve Beck öncülüğünde ön plana çıkan Bilişsel Davranışçı Terapi (BDT), bilişsel ve davranışsal teorilere dayanmaktadır. Sorun çözme ve eylem yönelimli bir terapi yaklaşımı olan BDT, yapılandırılmış, kısa süreli, şimdiye odaklı, aktif ve iş birliğine dayanan bir terapi olmakla birlikte kanıta dayalı olması ile de ön plana çıkmaktadır. BDT, herhangi bir tetikleyici olay, olgu ve durum sonucunda bireylerin nasıl hissettiğini, yaşam olaylarını nasıl açıkladığını ve değerlendirdiğini içeren düşünce ve duygunun önemini vurgulamaktadır. BDT ayrıca danışanların "düşünce-duygu-davranış zincirleri" arasındaki işlevsizliği fark etmesini, bu uyumsuzluğu dikkate almasını ve yeniden yapılandırmasını veya işlevsel hâle getirmesini öğretmeye çalışmaktadır.

BDT, davranışsal teori (klasik ve edimsel koşullanma), sosyal öğrenme teorisini (gözlemsel öğrenmenin belirleyici etkisi, rol modellerin etkisi ve bilişsel beklentinin davranış üzerindeki etkisi) ve bilişsel teorinin (zihinsel süreç) temellerini içermektedir. Davranışsal teoride, öğrenme ve pekiştirme yoluyla kazanılan bir davranış örüntüsü söz konusudur. Davranış teorisine göre madde bağımlılığı, öğrenme ve pekiştirme yoluyla kazanılan bir davranış örüntüsüdür. Öte yandan, davranışsal pekiştirmeyi öğrenmek ve değiştirmek, bağımlılık davranışını değiştirebilir. Bağımlılık yapan madde, insan vücudunda güçlü bir fizyolojik etki yaratır ve kaygıyı azaltır; olumsuz bir pekiştirme etkisi olan kısa süreli rahatlama ve gevşeme, bağımlılık davranışının sürekli gelişmesine yol açar. Terapi süreci, cezbedici (rahatlama, istek, aşerme vb.) faktörü tanımlamayı ve dürtüleri yönetmeyi içerir.

Bilişsel teoride, düşünce, duygu ve davranışsal etkileşimden bahsedilmektedir. Bilişsel teoride bilişsel faktörler, duygusal ve davranışsal tepkilerde aracılık işlevi görür. Terapi esas olarak, ne yaptıkları üzerinde düşünmeye, planlar oluşturmaya ve olumsuz düşünce, duygu ve davranışları değiştirmeye teşvik edilen bağımlıların mevcut yaşamlarının özel sorunlarına yöneliktir.

Sosyal öğrenme teorisinde ise gözlem yoluyla öğrenme, taklit-rol model, sosyal pekiştirme, beklenti etkisi gibi faktörler ön plana çıkmaktadır. Sosyal öğrenme kuramına göre bireyler, bağımlılık yapan davranışları gözlem ve taklit yoluyla kazanırlar. Olumsuz bir başa çıkma biçimi olarak madde bağımlılığı davranışı, bağımlıların uygun başa çıkma becerilerinin eksikliğinden ve düşük öz yeterliklerinden kaynaklanabilir. Bundan dolayı nüks önleme, düşük öz yeterlilik ve stresle başa çıkma gibi psikoeğitim uygulamaları öngörülmektedir.

Bu bağlamda etkinliği doğrulanan BDT, madde bağımlılığının güncel sorunlarına odaklanan ve madde bağımlılığını tetikleyen faktörleri tanımlaması, bunlardan kaçınma ve bunlara yanıt verme noktasında bireye yardımcı olmak, bireyin bütünlüğünü korumak ve bağımlılığın nüksetmesini önlemek için yapılandırılmış, kısa vadeli, iyi hedeflenmiş, bireysel veya grupla yapılan terapidir. Bölüm içerisinde yer alan teknikler ve diyalog örnekleri terapötik süreç için yol gösterici olabilir. Madde kullanım bozukluklarında sorunun öyküsü ve değerlendirmeye göre danışan özelinde terapötik süreç yeniden yapılandırılabilir. Danışanın değişime hazır oluş açısından değerlendirilmesi, motivasyonel ögelerin ele alınması ve ihtiyaç dâhilinde motivasyonel görüşme yapılması önerilmektedir.

OKUMA ÖNERİLERİ

Ak, M., Kesici, Ş., Yalçın, B. ve Kavaklı, M. (2019). Çocuğum bağımlı olmasın. Ankara. Nobel

Beck, A. T., Wright, F. D., Newman, C. F. & Liese, B. S. (1993).Cognitive therapy of substance abuse. New York: Guilford Press.

Can, G. (2016). Alkol kullanım bozukluğunda bilişsel davranışçı model temelli ve psikoeğitim destekli egzersizin depresyon, anksiyete ve öz yeterlilik düzeyine etkisi. (Doktora Tezi). YÖK Tez Merkezi veri tabanından erişildi (Tez No.: 420224).

McHugh, K. R., Hearon, B. A., & Otto, M. W. (2010). Cognitive behavioral therapy for substance use disorders. Psychiatric Clinics, 33(3), 511-525. doi:10.1016/j.psc.2010.04.012

Okulda Bağımlığa Müdahale Programı (OBM) Yeşilay. Okulda bağımlılığa müdahale programı. Erişim adresi: http://obm.org.tr/

Ögel, K., Koç, C., Aksoy, A., Basabak, A. ve Evren, C. (2012). Sigara, alkol ve madde bağımlılığı tedavi programı (SAMBA). İstanbul. Yeniden Yayınları.

Yıldırım, Z. E. ve Sütçü, S. T. (2016). Madde ile ilişkili bozuklukların tedavisinde bilişsel davranışçı grup terapisi etkililiği: Sistematik bir gözden geçirme. Psikiyatride Güncel Yaklaşımlar, 8(1), 108-128. doi:10.18863/pgy.32564

KAYNAKLAR

Akfert, S. K., Çakıcı, E., & Çakıcı, M. (2009). Üniversite öğrencilerinde sigara-alkol kullanımı ve aile sorunları ile ilişkisi. *Anadolu Psikiyatri Dergisi, 10*, 40-47. Erişim Adresi: https://alpha-psychiatry.com/Content/files/sayilar/128/40-47.pdf

Akkuş, D., Karaca, A., Şener, D. K., & Ankaralı, H. (2016). Lise öğrencileri arasında madde kullanım sıklığı ve etkileyen faktörler. *Bağımlılık Dergisi, 17*(4), 139-151. Erişim Adresi: https://dergipark.org.tr/en/pub/bagimli/issue/56032/769387

APA. (2013). *Diagnostic and Statistical Manual of Mental Disorders, 5th edition (DSM-5).* Washington, DC: American Psychiatric Association.

Arıkan, Z. (2012). Alkol Kullanım Bozukluğu. S. H. Sağlık Bakanlığı içinde, *Madde Bağımlılığı Tanı ve Tedavi Klavuzu El Kitabı* (s. 105-123). Ankara: Pozitif Matbaa.

Armstrong, T. D., & Costello, E. J. (2002). Community studies on adolescent substance use, abuse, or dependence and psychiatric comorbidity. *Journal of Consulting and Clinical Psychology, 70*(6), 1224-1239. doi:10.1037/0022-006X.70.6.1224

Atlam, D. H., & Yüncü, Z. (2017). Üniversitesi öğrencilerinde sigara, alkol, madde kullanım bozukluğu ve ailesel madde kullanımı arasındaki ilişki. *Klinik Psikiyatri Dergisi, 20*(3), 161-170. doi:10.5505/kpd.2017.88598

Avcı, D., Selçuk, K. T., & Doğan, S. (2017). Çıraklık eğitimine devam eden ergenlerde madde kullanım sıklığı, öfke düzeyi-öfke ifade tarzı ve bağımlılık şiddeti ilişkisi. *Psikiyatri Hemşireliği Dergisi, 8*(1), 1-8. doi:10.14744/phd.2017.50479

Back, S. E., Gentilin, S., & Brady, K. T. (2007). Cognitive-behavioral stress management for individuals with substance use disorders: a pilot study. *The Journal of Nervous and Mental Disease, 195*(8), 662-668. doi:10.1097/NMD.0b013e31811f3ffd

Balseven, A., Özdemir, Ç., Tuğ, A., Hancı, H. İ., & Doğan, Y. B. (2002). Madde kullanımı, bağımlılıktan korunma ve medya. *Sürekli Tıp Eğitim Dergisi, 11*(3), 91-93. Erişim Adresi: https://www.ttb.org.tr/sted/sted0302/madde.pdf

Başkurt, İ. (2003). Gençlik, madde bağımlılığı ve korunma yoları. *İ.Ü. İlahiyat Fakültesi Dergisi*(8), 73-114. Erişim Adresi: https://dergipark.org.tr/tr/download/article-file/10141

Beck, A. T. (1991). Cognitive therapy: A 30-year retrospective. *American Psychologist, 46*(4), 368-375. doi:10.1037/0003-066X.46.4.368

Beck, A. T., Wright, F. D., Newman, C. F., & Liese, B. S. (1993). *Cognitive therapy of substance abuse.* New York: Guilford Press.

Beck, J. S. (2014). *Bilişsel davranışçı terapi: Temelleri ve ötesi.* (Çev. M. Şahin). Ankara: Nobel.

Bilaç, Ö., Kavurma, C., Önder, A., Doğan, Y., Uzunoğlu, G., & Ozan, E. (2019). Bir bölge ruh sağlığı hastanesi çocuk ve ergen yataklı servisinde madde kullanımı nedeniyle yatarak tedavi gören gençlerin klinik ve sosyodemografik özellikleri. *Klinik Psikiyatri Servisi, 22*(4), 463-471. doi:10.5505/kpd.2019.30075

Bowen, R. C., D'Arcy, C., Keegan, D., & Senthilselvan, A. (2000). A controlled trial of cognitive behavioral treatment of panic in alcoholic inpatients with comorbid panic disorder. *Addictive Behaviors, 25*(4), 593-597. doi:10.1016/s0306-4603(99)00017-9

Bozbey, S. (2015). *Madde kötüye kullanımı veya madde bağımlılığı tanısı alan çocuk ve ergenlere eşlik eden psikiyatrik bozuklukların incelenmesi.* (Tıpta Uzmanlık Tezi). YÖK Tez Merkezi veri tabanından erişildi (Tez No.: 427148).

Bozkurt, O. (2015). *Madde bağımlısı bireylerin bağımlılık süreçlerine ailenin etkisi.* (Doktora Tezi). YÖK Tez Merkezi veri tabanından erişildi (Tez No.: 399597).

Bulut, B. (2022). *Madde kullanım bozukluğu olan bireylerin ailelerinin duygu ve davranışları ile baş etmelerinin nitel olarak araştırılması.* (Yüksek Lisans Tezi). YÖK Tez Merkezi veri tabanından erişildi (Tez No.: 706245).

Cadoret, R. J., Troughton, E., O'Gorman, T. W., & Heywood, E. (1986). An adoption study of genetic and environmental factors in drug abuse. *Archives of General Psychiatry, 43*(12), 1131-1136. doi:10.1001/archpsyc.1986.01800120017004

Can, G. (2016). *Alkol kullanım bozukluğunda bilişsel davranışçı model temelli ve psikoeğitim destekli egzersizin depresyon, anksiyete ve öz yeterlilik düzeyine etkisi.* (Doktora Tezi). YÖK Tez Merkezi veritabanından erişildi (Tez No.: 420224).

Chan, Y.-F., Dennis, M. L., & Funk, R. R. (2008). Prevalence and comorbidity of major internalizing and externalizing problems among adolescents and adults presenting to substance abuse treatment. *Journal of Substance Abuse Treatment, 34*(1), 14-24. doi:10.1016/j.jsat.2006.12.031

Chaudry, H. R., Moss, H. B., Bashir, A., & Suliman, T. (1991). Cannabis psychosis following bhang ingestion. *British Journal of Addiction, 86*(9), 1075-1081. doi:10.1111/j.1360-0443.1991.tb01874.x

Coşkun, F., Özçırpıcı, B., & Özgür, S. (2019). Gaziantep Üniversitesi Merkez Kampüsü'ndeki lisans öğrencilerinde alkol ve madde kullanma durumu. *Ortadoğu Tıp Dergisi, 11*(2), 143-147. doi:10.21601/ortadogutipdergisi.471191

Couwenbergh, C., van den Brink, W., Zwart, K., Vreugdenhil, C., van Wijngaarden-Cremers, P., & van der Gaag, R. J. (2006). Comorbid psychopathology in adolescents and young adults treated for substance use disorders: a review. *Eur Child Adolesc Psychiatry, 15*(6), 319-328. doi:10.1007/s00787-006-0535-6

Çavuşoğlu, E. C. (2019). *Opioid kullanım bozukluğu olanlarda relapsın; sosyodemografik bilgiler, sosyal ve klinik özellikler ile ilişkisi ve öngörücüleri.* (Tıpta Uzmanlık Tezi). YÖK Tez Merkezi veri tabanından erişildi (Tez No.: 615223).

De Alwis, D., Lynskey, M. T., Reiersen, A. M., & Agrawal, A. (2014). Attention-deficit/hyperactivity disorder subtypes and substance use and use disorders in NESARC. *Addictive Behaviors, 39*(8), 1278-1285. doi:10.1016/j.addbeh.2014.04.003

Demiralp, M., & Oflaz, F. (2007). Bilişsel-davranışçı terapi teknikleri ve psikiyatri hemşireliği uygulaması. *Anadolu Psikiyatri Dergisi, 8*(2), 132-139. Erişim Adresi: https://search.trdizin.gov.tr/yayin/detay/65593/

Dilbaz, N. (2012). Uçucuların kullanımına bağlı ruhsal ve davranışsal bozukluklar. T.C. Sağlık Bakanlığı Sağlık Hizmetleri Genel Müdürlüğü (Yay. haz.). *Madde Bağımlılığı Tanı ve Tedavi Kılavuzu* (s. 157-168). Ankara: Pozitif Matbaa.

Doğan, B. (2013). *Alkol ve madde bağımlılarında erişkin dikkat eksikliği hiperaktivite bozukluğu belirtileri.* (Uzmanlık Tezi). YÖK Tez Merkezi veri tabanından erişildi (Tez No.: 324260).

EMCCDA. (2021). *Avrupa uyuşturucu raporu; Eğilimler ve gelişmeler.* Erişim Adresi: https://www.emcdda.europa.eu/system/files/publications/13838/2021.2256_TR_02.pdf

Evren, C., Ögel, K., Demirci, A. Ç., Evren, B., Yavuz, B. G., & Bozkurt, M. (2014). Prevalence of lifetime tobacco, alcohol and drug use among 10th grade students in Istanbul. *Bulletin of Clinical Psychopharmacology, 24*(3), 201-210. doi:10.5455/bcp.20140131023259

Evren, C. (2010). Sosyal anksiyete bozukluğu ve alkol kullanım bozuklukları. *Psikiyatride Güncel Yaklaşımlar, 2*(4), 473-515. Erişim Adresi: https://dergipark.org.tr/en/pub/pgy/issue/11160/133426

Fergusson, D. M., Horwood, L. J., & Ridder, E. M. (2007). Conduct and attentional problems in childhood and adolescence and later substance use, abuse and dependence: Results of a 25-year longitudinal study. *Drug and Alcohol Dependence, 88*(1), 14-26. doi:10.1016/j.drugalcdep.2006.12.011

Friedberg, R. D., & McClure, J. M. (2015). *Clinical practice of cognitive therapy with children and adolescents: The nuts and bolts.* New York: The Guilfrod Press.

Goodman, A. (1990). Addiction: definition and implications. *British Journal of Addiction, 85*(11), 1403-1408. doi:10.1111/j.1360-0443.1990.tb01620.x

Gosch, E. A., Flannery-Schroeder, E., Mauro, C., & Compton, S. N. (2006). Principles of cognitive-behavioral therapy for anxiety disorders in children. *Journal of Cognitive Psychotherapy, 20*(3), 247-262. doi:10.1891/jcop.20.3.247

Göker, Z., Üneri, Ö., Dinç, G., Güney, E., & Bozkurt Hekim, Ö. (2015). Çocuk ve Ergenlerde Madde Kullanım Bozukluğuna Yeni Bir Bakış: DSM-5'in Getirdikleri. *Çocuk ve Gençlik Ruh Sağlığı Dergisi, 22*(2), 131-139. Erişim Adresi: https://cms.galenos.com.tr/Uploads/Article_27603/cogepderg-22-131.pdf

Gökler, R., & Koçak, R. (2008). Uyuşturucu ve madde bağımlılığı. *Sosyal Bilimler Araştırmaları Dergisi, 3*(1), 89-104. Erişim Adresi: https://dergipark.org.tr/en/pub/gopsbad/issue/48547/616337

Görmez, V. (2016). Bilişsel davranışçı terapide temel kavramlar: Bir teknisyen olarak terapistin malzeme çantasına genel bakış. *Turk J Child Adolesc Ment Health, 23*(2), 169-176. Erişim Adresi: https://cms.cogepderg.com/Uploads/Article_27585/cogepderg-23-169.pdf

Gürol, D. T. (2012). *Motivasyonel görüşme.* T.C. Sağlık Bakanlığı (Yay. haz.), Madde Bağımlılığı Tanı ve Tedavi Kılavuzu El Kitabı (ss.227-237). Ankara: Pozitif Matbaa.

Hovens, J. G., Cantwell, D. P., & Kiriakos, R. (1994). Psychiatric comorbidity in hospitalized adolescent substance abusers. *Journal of the American Academy of Child & Adolescent Psychiatry, 33*(4), 476-483. doi:10.1097/00004583-199405000-00005

Irvin, J. E., Bowers, C. A., Dunn, M. E., & Wang, M. C. (1999). Efficacy of relapse prevention: A meta-analytic review. *Journal of Consulting and Clinical Psychology, 67*(4), 563-570. doi:10.1037/0022-006X.67.4.563

Karatay, G., & Kubilay, G. (2004). Sosyoekonomik düzeyi farklı iki lisede madde kullanma durumu ve etkileyen faktörlerin belirlenmesi. *Hemşirelikte Araştırma Geliştirme Dergisi, 6*(1), 57-70. Erişim Adresi: https://dergipark.org.tr/en/pub/hemarge/issue/52686/694683

Kaya, E. (2014). Madde kullanım bozuklukları. *Okmeydanı Tıp Dergisi, 30*(2), 79-83. doi:10.5222/otd.supp2.2014.079

Kaya, Z. (2011). *Madde kullanan ve kullanmayan ergenlerin kişilik özellikleri ve benlik saygısı açısından karşılaştırılması.* (Doktora Tezi). YÖK Tez Merkezi veri tabanından erişildi (Tez No.: 286518).

Köroğlu, E., & Güleç, C. (2007). *Psikiyatri Temel Kitabı.* Ankara: Hekimler Yayın Birliği.

Laakso, A., Mohn, A. R., Gainetdinov, R. R., & Caron, M. G. (2002). Experimental Genetic Approaches to Addiction. *Neuron, 36*(2), 213-228. doi:10.1016/S0896-6273(02)00972-8

Le, A. D., Li, Z., Funk, D., Shram, M., Li, T. K., & Shaham, Y. (2006). Increased vulnerability to nicotine self-administration and relapse in alcohol-naive offspring of rats selectively bred for high alcohol intake. *The Journal of Neuroscience, 26*(6), 1872-1879. doi:10.1523/JNEUROSCI.4895-05.2006

Lee, S. S., Humphreys, K. L., Flory, K., Liu, R., & Glass, K. (2011). Prospective association of childhood attention-deficit/hyperactivity disorder (ADHD) and substance use and abuse/dependence: A meta-analytic review. *Clinical Psychology Review, 31*(3), 328-341. doi:10.1016/j.cpr.2011.01.006

Magill, M., & Ray, L. A. (2009). Cognitive-Behavioral Treatment With Adult Alcohol and Illicit Drug Users: A Meta-Analysis of Randomized Controlled Trials. *Journal of Studies on Alcohol and Drugs, 70*(4), 516-527. doi:10.15288/jsad.2009.70.516

Marlatt, A. G. (1990). Cue exposure and relapse prevention in the treatment of addictive behaviors. *Addictive Behaviors, 15*(4), 395-399. doi:10.1016/0306-4603(90)90048-3

McGue, M., Pickens, R. W., & Svikis, D. S. (1992). Sex and age effects on the inheritance of alcohol problems: a twin study. *J Abnorm Psychol, 101*(1), 3-17. doi:10.1037//0021-843x.101.1.3

McHugh, K. R., Hearon, B. A., & Otto, M. W. (2010). Cognitive behavioral therapy for substance use disorders. *Psychiatric Clinics, 33*(3), 511-525. doi:10.1016/j.psc.2010.04.012

Miller, B. A., & Downs, W. R. (1995). Violent victimization among women with alcohol problems. M. G. (Ed.) içinde, *Recent Developments in Alcoholism* (s. 81-101). New York: Plenum Press.

Miller, W. R., & Rollnick, S. (1991). *Motivational interviewing: Preparing people to change addictive behavior.* New York: Guilford Press.

Miller, W. R., & Rollnick, S. (2004). Talking oneself into change: Motivational interviewing, stages of change and therapeutic process. *Journal of Cognitive Psychotherapy, 18*(4), 299-308. doi:10.1891/jcop.18.4.299.64003

Miller, W. R., & Wilbourne, P. L. (2002). Mesa Grande: a methodological analysis of clinical trials of treatments for alcohol use disorders. *Addiction, 97*(3), 265-277. doi:10.1046/j.1360-0443.2002.00019.x

Ness, M. L., & Oei, T. P. (2005). The effectiveness of an inpatient group cognitive behavioral therapy program for alcohol dependence. *The American Journal on Addictions, 14*(2), 139-154. doi:10.1080/10550490590924773

O'Brien, C. (2010). Addiction and dependence in DSM-V. *Addiction, 106*(5), 866-867. doi:10.1111/j.1360-0443.2010.03144.x

Ögel, K. (2001). *Madde bağımlılarına yaklaşım ve tedavi.* İstanbul: IQ Kültür Sanat Yayıncılık.

Ögel, K. (2005). Madde kullanım bozuklukları epidemiyolojisi. *Türkiye Klinikleri Dahili Tıp Bilimleri Dergisi Psikiyatri, 1*(47), 61-64. Erişim adresi: http://www.ogelk.net/makale/alkolmaddeepi.pdf

Ögel, K. (2009). Motivasyonel görüşme tekniği. *Turkiye Klinikleri J Psychiatry-Special Topics, 2*(2), 41-44. Erişim Adresi: http://www.ogelk.net/Dosyadepo/motivasyonel_gorusme.pdf

Ögel, K. (2010). *Sigara, alkol ve madde kullanım bozuklukları: Tanı, tedavi ve önleme.* İstanbul: Yeniden Yayınları.

Ögel, K., Taner, S., Eke, C. Y., & Erol, B. (2004). Madde bağımlılığını önlemede öğretmen ve ebeveyn eğitimlerinin etkinliğinin değerlendirilmesi. *Anadolu Psikiyatri Dergisi, 5,* 213-221. Erişim Adresi: http://ogelk.net/makale/onleme-etkinlik.pdf

Öner, S., Aktaş, H., & Ekinci, Ö. (2019). Mersin Üniversitesindeki ergenlerde madde kullanımı ve ilişkili faktörlerin değerlendirilmesi. *Mersin Üniversitesi Sağlık Bilimleri Dergisi, 12*(3), 515-524. doi:10.26559/mersinsbd.618567

Öztürk, Y. E., Kırlıoğlu, M., & Kıraç, R. (2015). Alkol ve madde bağımlılığında risk faktörleri. *18*(2), 97-118. Erişim Adresi: http://sbmyod.selcuk.edu.tr/sumbtd/article/view/326

Rinaldi, R. C., Steindler, E. M., & Wilford, B. B. (1988). Clarification and Standardization of Substance Abuse Terminology. *The Journal of the American Medical Association, 229*(4), 555-557. doi:10.1001/jama.1988.03720040047025

Rose, S. D. (1998). *Group therapy with troubled youth: A cognitive-behavioral interactive approach.* New York: Sage Publications Inc.

Sağlam, L. (2017). Nikotin bağımlılığının klinik değerlendirilmesi. *Güncel Göğüs Hastalıkları Serisi, 4*(1), 78-89. Erişim Adresi: http://ghs.asyod.org/Dosyalar/GHS/2016/1/c3e7a6a8-c86f-48ee-823d-aaed2c93175b.pdf

Scherbaum, N., Kluwig, J., Specka, M., Krause, D., Merget, B., Finkbeiner, T., & Gastpar, M. (2005). Group psychotherapy for opiate addicts in methadone maintenance treatment- a contrelled trial. *European Addiction Research, 11*(4), 163-171. doi:10.1159/000086397

Simpson, T. L., & Miller, W. R. (2002). Concomitance between childhood sexual and physical abuse and substance use problems: A review. *Clinical Psychology Review, 22*(1), 27-77. doi:10.1016/S0272-7358(00)00088-X

Sutherland, I., & Shepherd, J. P. (2001). Social dimensions of adolescent substance use. *Addiction, 96*(3), 445-458. doi:10.1046/j.1360-0443.2001.9634458.x

Şener, D. K., Akkuş, D., Karaca, A., & Cangür, Ş. (2018). Lise öğrencilerinin madde kullanmama davranışlarını etkileyen faktörler. *Addicta: The Turkish Journal on Addictions, 5*(3), 405-429. doi:10.15805/addicta.2018.5.3.0024

Şimşek, S., Dönmezdil, S., Kakdaş, E., & Özen, Ş. (2014). Diyarbakır çocuk ve ergen madde bağımlılığı araştırma ve tedavi merkezine başvuran hastaların sosyodemografik özellikleri ve kullandıkları madde türleri. *Bağımlılık Dergisi, 15*(1), 23-27. Erişim Adresi: http://www.bagimlilikdergisi.net/upload/dergi/sayi/files/2014-1004.pdf

T.C. Başbakanlık Aile Araştırma Kurumu Başkanlığı. (1998). *Aile içinde ve toplumsal alanda şiddet.* Ankara: Başbakanlık Basımevi.

T.C. İçişleri Bakanlığı Emniyet Genel Müdürlüğü Kaçakçılık ve Organize Suçlarla Mücadele Daire Başkanlığı, T. U. (2012). *Türkiye Uyuşturucu Raporu.*

T.C. İçişleri Bakanlığı Emniyet Genel Müdürlüğü Narkotik Suçlarla Mücadele Daire Başkanlığı. (2018). *Genel nüfusta tütün, alkol ve madde kullanımına yönelik tutum ve davranış araştırma raporu.* Ankara: Narko.

Taş, F., Seviğ, E. Ü., & Güngörmüş, Z. (2016). Sigara bağımlılığında davranış değişimi için transteoretik model ile motivasyonel görüşme tekniğinin kullanılması. *Psikiyatride Güncel Yaklaşımlar, 8*(4), 380-392. doi:10.18863/pgy.253444

Turhan, E., İnandı, T., Özer, C., & Akoğlu, S. (2011). Üniversite öğrencilerinde madde kullanımı, şiddet ve bazı psikolojik özellikler. *Türkiye Halk Sağlığı Dergisi, 9*(1), 33-44. doi:10.20518/tjph.173053

Türkcan, A., Coşkun, B., İlem, E., & Çakmak, D. (2001). Alkol bağımlılarında bir tedavi programının 3 aylık izlem sonuçları. *Bağımlılık Dergisi, 2*(1), 30-33. Erişim Adresi: https://search.trdizin.gov.tr/yayin/detay/13471/

Türkçapar, H. (2018). *Bilişsel Davranışçı Terapi Temel İlkeler ve Uygulama.* İstanbul: Epsilon.

Türkiye Uyuşturucu Bağımlıları İzleme Merkezi. (2009). *Bağımlılık Yapıcı Maddeler ve Bağımlılıkla Mücadele 2008 Yılı Türkiye Raporu.* Ankara: İçişleri Bakanlığı Emniyet Genel Müdürlüğü Kaçakçılık ve Organize Suçlarla Mücadele Daire Başkanlığı Yayını.

Uhl, G. R., & Grow, R. W. (2004). The Burden of Complex Genetics in Brain Disorders. *Arch Gen Psychiatry, 61*(3), 223-229. doi:10.1001/archpsyc.61.3.223

Uzbay, T. İ. (2009). Madde bağımlılığının tarihçesi, tanımı, genel bilgiler ve bağımlılık yapan maddeler. *Meslek İçi Sürekli Eğitim Dergisi,* 5-15. Erişim Adresi: http://www.eczaakademi.org/images/upld2/ecza_akademi/makale/20110325100354madde_bagimliligi_tarihcesi.pdf

Wetzel, H., Szegedi, A., Scheurich, A., Lörch, B., Singer, P., Schlafke, D., ... Hautzinger, M. (2004). Cognitive-behavioral therapy for relapse prevention in alcohol-dependent men: a randomized controlled study. *The Journal of Clinical Psychiatry, 65*(10), 1406-1413. doi:10.4088/jcp.v65n1017

Wills, T. A., & Yaeger, A. M. (2003). Family factors and adolescent substance use: Models and mechanisms. *Current Directions in Psychological Science, 12*(6), 222-226. doi:10.1046/j.0963-7214.2003.01266.x

Yeşilay. (2022, 09 24). Erişim Adresi: https://www.yesilay.org.tr/tr/bagimlilik/madde-bagimliligi

Yıldırım, Z. E., & Sütçü, S. T. (2016). Madde ile ilişkili bozukluklarin tedavisinde bilişsel davranışçı grup terapisi etkililiği: Sistematik bir gözden geçirme. *Psikiyatride Güncel Yaklaşımlar, 8*(1), 108-128. doi:10.18863/pgy.32564

Yılmaz, N. (2017). *Ayakta tedavi gören sentetik kannabinoid bağımlılarında aleksitimi, saldırganlık ve dürtüsellik ilişkisi.* (Yüksek Lisans Tezi). YÖK Tez Merkezi veri tabanından erişildi (Tez No.: 466092).

Yu, C., & McClellan, J. (2016). Genetics of substance use disorders. *Child and Adolescent Psychiatric Clinics, 25*(3), 377-385. doi:10.1016/j.chc.2016.02.002

Yule, A. M., & Prince, J. B. (2012). Adolescent Substance Use Disorders in the School Setting. *Child and Adolescent Psychiatric Clinics, 21*(1), 175-186. doi:10.1016/j.chc.2011.09.003

Zamboni, L., Centoni, F., Fusina, F., Mantovani, E., Rubino, F., Lugoboni, F., & Federico, A. (2021). The Effectiveness of Cognitive Behavioral Therapy Techniques for the Treatment of Substance Use Disorders: A Narrative Review of Evidence. *The Journal of Nervous and Mental Disease, 209*(11), 835-845. doi:10.1097/NMD.0000000000001381

Zilverstand, A., Parvaz, M. A., Moeller, S. J., & Goldstein, R. Z. (2016). Cognitive interventions for addiction medicine: Understanding the underlying neurobiological mechanisms. *Progress in Brain Research, 224,* 285-304. doi:10.1016/bs.pbr.2015.07.019

Bölüm 11

DİKKAT EKSİKLİĞİ VE HİPERAKTİVİTE BOZUKLUĞU İLE DÜRTÜ KONTROLÜNDE BİLİŞSEL DAVRANIŞÇI TERAPİ

Hakan Öğütlü - Meryem Kaşak

GİRİŞ

Dikkat eksikliği ve hiperaktivite bozukluğu (DEHB) çocuk ve ergen psikiyatrisi kliniklerine en sık başvuru nedeni olup dünyada çocuk ve ergenlerin yaklaşık %5-10'unu etkilemektedir (Polanczyk vd., 2007; Visser vd., 2010). Klinik örneklemde yapılan çalışmalarda, erkeklerde kızlara göre 3-5 kat daha fazla görülmektedir (Xu vd., 2018). DEHB tanısı en çok ilkokul dönemde teşhis edilir ancak bireylerin %50-70'i ergenlik ve erişkinlik döneminde de kriterleri karşılamaya devam etmektedir (Barkley ve Murphy, 2006; Faraone, Biederman ve Mick, 2006; Kessler vd., 2006). DSM-V'e (Diagnostic and Statistical Manual of Mental Disorders)(Ruhsal Bozuklukların Tanısal ve Sayımsal El Kitabı) göre DEHB, işlevselliği olumsuz etkileyen ve başka bir durumla daha iyi açıklanamayan, gelişimsel olarak uygun olmayan düzeyde dikkatsizlik ve/veya hiperaktivite-dürtüsellik ile karakterizedir Dikkatsizliğin baskın olduğu görünüm, aşırı hareketliliğin/dürtüselliğin baskın olduğu görünüm ve bileşik görünüm olmak üzere üç alt gruptan oluşmaktadır (Association, 2013).

Yapılan çalışmalarda, DEHB'nin etiyolojisi henüz tam olarak aydınlatılamamış olup biyopsikososyokültürel birçok faktörün DEHB'nin ortaya çıkmasında rol oynayabileceği gösterilmiştir (Faraone vd., 2005). DEHB oldukça kalıtsal bir bozukluktur ve beyindeki dopamin ve serotonin sistemleriyle ilişkili genler dâhil olmak üzere genetik ve çevresel faktörlerin karşılıklı etkileşiminden kaynaklandığı düşünülmektedir (Stergiakouli ve Thapar, 2010). Sigara, madde kullanımı, erken doğum, düşük doğum ağırlığı, doğum travması, postpartum depresyon, çocuğun erken dönemde beslenme ve uyarılma derecesi gibi çeşitli prenatal ve perinatal faktörler ile aile içi çatışmalar, ebeveynlerde psikopatoloji varlığı gibi psikososyal etkenlerin hastalığın gelişimini kolaylaştırıcı ve hızlandırıcı çevresel faktörler olduğu gösterilmiştir (Thapar vd., 2012).

DEHB, çocuklarda en sık görülen nörogelişimsel bozukluklardan birisidir ve etkilenen bireylerde işlevsellikteki en fazla bozulma ise akademik alanda, sosyal ilişkilerde ve aile hayatında görülmektedir (Bussing vd., 2003; Danckaerts vd., 2010; Kent vd., 2011). Ergenlik döneminde tedavi edilmediğinde işlevsellikteki bozulma belirgin bir biçimde artmaktadır.

Çocukluk dönemindeki akademik alanda yaşanan zorlanmalara, bu dönemde sınıf tekrarı, okuldan uzaklaştırılma ve okulu bırakma eklenmektedir (Wolraich vd., 2005). Ek olarak, DEHB tanılı ergenler tütün, alkol ve madde kullanımı açısından daha yüksek risk altındadır ve antisosyal faaliyetler ve riskli cinsel davranışlar gibi yüksek riskli davranışlarda bulunma olasılıkları daha yüksektir (Barkley vd., 2004). Popüler medyada bazen olumlu bir durum olarak gösterilse de DEHB, okul öncesi dönemden erişkinliğe kadar devam edebilen, sağlık ve eğitim harcamaları açısından önemli yaşam boyu ekonomik maliyetler doğuran psikiyatrik bir bozukluktur (Pelham vd., 2007).

DEHB tanısı klinik muayene aracılığıyla konmaktadır. Tanı koymaya yönelik herhangi bir laboratuvar tetkiki, görüntüleme yöntemi ya da özgün bir test bulunmamaktadır. Klinisyen tanıyı, ebeveynler ve çocuk ile yapılan görüşmeler, klinik gözlem, nörobilişsel testler ve davranış değerlendirme ölçekleri aracılığıyla koymaktadır. DEHB tanı ölçütlerine göre işlevsellikteki bozulma birden fazla alanda görüldüğünden değerlendirme ölçekleri aracılığıyla mutlaka öğretmen ve ebeveynlerden bilgi alınması gerekmektedir (Cabral vd., 2020).

DEHB tanılı çocuk ve ergenlerin üçte ikisine bir veya daha fazla ek tanı eşlik ettiği için komorbiditenin istisnadan ziyade kural olduğu kabul edilmektedir. Çocuk, ergen ve erişkin DEHB'de eşlik eden anksiyete, duygu durum, yıkıcı davranış bozuklukları ve madde kullanım bozuklukları yaygın olarak bildirilmektedir (Barkley vd., 2007; Biederman vd., 2012). Diğer komorbid durumlar arasında otizm spektrum bozuklukları, tik bozuklukları, sosyal problemler, uyku güçlükleri, mental retardasyon ve özgül öğrenme bozukluğu yer almaktadır (Busch vd., 2002). Erkekler kızlara göre davranış problemleri geliştirme açısından daha büyük risk altındır ve bu tür sorunların eşlik etmesi erkeklerin kliniğe başvuru oranını artırabilmektedir. Kız çocuklarda ise DEHB çoğunlukla dikkatsizlik, depresyon ve kaygı bozuklukları ile birlikte sık görülürken davranış sorunları nadiren eşlik etmektedir (Martin vd., 2007).

DSM-V'E GÖRE DEHB TANI ÖLÇÜTLERİ

A- Aşağıdakilerden (1) ve/ya da (2) ile belirli, işlevselliği ya da gelişimi bozan, süregiden bir dikkatsizlik ve/ya da aşırı hareketlilik–dürtüsellik örüntüsü:

1. Dikkatsizlik:

Gelişimsel düzeye uygun olmayan ve toplumsal ve okulla/işle ilgili etkinlikleri doğrudan olumsuz etkileyen aşağıdaki altı ya da daha çok belirti en az altı ay sürmektedir.

Not: Belirtiler yalnızca karşıt olmanın, karşıt gelmenin, düşmancıl tutumun ya da verilen görevleri ya da yönergeleri anlayamamanın bir dışa vurumu değildir. Yaşı ileri gençlerde ve erişkinlerde (17 yaşında ve daha büyük olanlarda) en az beş belirti olması gerekir.

a) Çoğu kez, ayrıntılara özen göstermez ya da okul çalışmalarında, işte ya da etkinlikler sırasında yanlışlar yapar.
b) Çoğu kez, iş yaparken ya da oyun oynarken dikkatini sürdürmekte güçlük çeker.
c) Çoğu kez, doğrudan kendisine doğru konuşulurken dinlemiyor gibi görünür.
d) Çoğu kez, verilen yönergeleri izlemez ve okluda verilen görevleri, sıradan günlük işleri ya da sorumlulukları tamamlayamaz.
e) Çoğu kez, işleri ve etkinlikleri düzenlemekte güçlük çeker.
f) Çoğu kez, sürekli zihinsel çaba gerektiren işlerden kaçınır, bu tür işleri sevmez ya da bu tür işlere girmek istemez.
g) Çoğu kez, işi ya da etkinlikleri için gerekli nesneleri kaybeder.
h) Çoğu kez, dış uyaranlarla dikkati kolaylıkla dağılır.
i) Çoğu kez, günlük etkinliklerde unutkandır.

2. Aşırı Hareketlilik ve Dürtüsellik:

Gelişimsel düzeye uygun olmayan ve toplumsal ve okulla/işle ilgili etkinlikleri doğrudan olumsuz etkileyen aşağıdaki altı (ya da daha çok) belirti en az altı aydır sürmektedir.

Not: Belirtiler yalnızca karşıt olmanın, karşı gelmenin, düşmancıl tutumun ya da verilen görevleri ya da yönergeleri anlayamamanın bir dışa vurumu değildir. Yaşı ileri gençlerde ve erişkinlerde (17 yaşında ve daha büyük olanlarda) en az beş belirti olması gerekir.

---

a) Çoğu kez, kıpırdanır ya da ayaklarını vurur ya da oturduğu yerde kıvranır.
b) Çoğu kez, oturması beklendiği durumlarda oturduğu yerden kalkar.
c) Çoğu kez, uygunsuz ortamlarda, ortalıkta koşturur durur ya da bir yerlere tırmanır (Not: Yaşı ileri gençlerde ve erişkinlerde kendini huzursuz hissetmekle sınırlı olabilir).
d) Çoğu kez, boş zaman etkinliklerine sessiz bir biçimde katılamaz ya da sessiz bir biçimde oynayamaz.
e) Çoğu kez, "her an hareket hâlindedir", "motor takılmış" gibi davranır.
f) Çoğu kez aşırı konuşur.
g) Çoğu kez, sorulan soru tamamlanmadan yanıtını yapıştırır.
h) Çoğu kez sırasını bekleyemez.
i) Çoğu kez, başkalarının sözünü keser ya da araya girer.

B- On iki yaşından önce birkaç dikkatsizlik ya da aşırı hareketlilik- dürtüsellik belirtisi olmuştur.

C- Birkaç dikkatsizlik ya da aşırı hareketlilik–dürtüsellik belirtisi iki ya da daha çok ortamda vardır.

D- Bu belirtilerin, toplumsal, okulla ya da işle ilgili işlevselliği bozduğuna ya da işlevselliğin niteliğini düşürdüğüne ilişkin açık kanıtlar vardır.

E- Bu belirtiler yalnızca şizofreni ya da psikozla giden bir bozukluğun gidişi sırasında ortaya çıkmamaktadır ve başka bir ruhsal bozuklukla daha iyi açıklanamaz.

TEDAVİ

DEHB'nin oldukça heterojen klinik görünümü, kronik seyri ve bireyin yaşamının birçok alanını etkilemesi göz önünde alındığında, semptomları ve işlevsellikteki bozulmayı yönetmek için müdahalelerin kapsamlı olması gerekmektedir. Okul dönemindeki çocuklarda ve ergenlerde çoğu tedavi kılavuzu DEHB'nin tedavisinde ilk sırada ilaç tedavisi önermektedir. Stimülanlar (ör.; metilfenidat, amfetamin) ve stimülan olmayan ilaçlar (ör.; guanfasin, atomoksetin), FDA (US Food and Drug Administration) tarafından DEHB tedavisi için onaylanmıştır ve özellikle stimülanların etki büyüklüklerinin (Cohen $d = 0.9$) yüksek olduğu bildirilmiştir (Subcommittee on Attention-Deficit/Hyperactivity Disorder, 2011). Ancak stimülan ilaçlar olguların yaklaşık %80'inde etkili olmaktadır (Faraone, Biederman, Spencer vd., 2006). Stimülanlar, iştah azalması ve uykuya başlamada gecikme gibi yan etkilere neden olabilmektedir. Bu ilaç grubu, DEHB'nin çekirdek semptomlarını (ör.; dikkatsizlik, hiperaktivite, dürtüsellik) olumlu yönde etkilerken genellikle akran ilişkilerinde (Hoza vd., 2005), aile işlevlerinde (Johnston ve Mash, 2001) ve akademik alanda (Raggi ve Chronis, 2006) aynı sıklıkta olumlu etkiyi göstermemektedir. Yani ilaçlar işlev bozukluklarından ziyade DEHB'nin temel semptomlarını hedeflemektedir. İyi bir tedavi, DEHB'nin çekirdek semptomlarının yanında bilişsel, davranışsal, sosyal ve ailesel alandaki sorunlara yönelik müdahaleler de içermelidir. Tedavide; psikoeğitime, farmakolojik (stimülan, stimülan olmayan ilaçlar) ve psikososyal müdahalelere (ebeveyn eğitim programları, bilişsel davranışsal terapi (BDT), sosyal beceri eğitimi, farkındalık eğitimi) bütüncül olarak yer verilmelidir.

DEHB tedavisinde ilaçlarla birlikte psikososyal müdahalelerin uygulanması, her bir tedavi biçiminin daha düşük dozlarına ihtiyaç duyulmasını sağlamaktadır (Fabiano vd., 2007). Ebeveynler ayrıca psikososyal bileşenleri içeren tedavileri daha fazla kabul etmekte ve ilgi duymaktadırlar (Pelham Jr vd., 2016). Tüm bu nedenlerden dolayı, DEHB'li çocuk ve ergenlerin yönetiminde psikososyal müdahaleler oldukça önemli bir rol oynamaktadır.

Psikososyal müdahaleler biyolojik değişkenlerden ziyade psikolojik veya sosyal faktörleri ele alan herhangi bir müdahale olarak tanımlanmaktadır. DEHB yönetimine yönelik psikososyal müdahalelerin tümü başka bir ortak faktörü paylaşmaktadır: davranışçı terapi teknikleri ve edimsel koşullanma ilkeleri. DEHB tanılı çocukların tutarsız, gecikmeli veya zayıf pekiştirmeye ve cezalandırma yöntemine karşı daha az duyarlı olduklarını gösteren araştırmalar, DEHB'de davranışçı terapi tekniklerinin ve edimsel koşullanma ilkelerinin yararlılığını desteklemektedir (Pfiffner, 2008; Sonuga-Barke, 2005).

Barkley'in teorisine (Barkley, 1997) göre DEHB, tepki engelleme ve kendi kendini düzenleme (self-regulasyon) sorununa bağlı ortaya çıkmakta ve bunlara ikincil olarak kendilerine verilen görevlerde ısrarcı olmak için yeterli öz motivasyonlarının (self-motivasyon) olmaması ile sonuçlanmaktadır. Barkley'in teorik duruşu, bu psikososyal müdahalelerin öncelikle DEHB tanılı çocukların eksik gibi görünebileceği becerileri artırmak için yapılmadığı ancak bu çocukların zaten bildiklerini göstermelerine yardımcı olmak için eksik öz motivasyonu ve çalışma hafızasını geliştirmek amacıyla kullanıldığı yönündedir. Bu açıdan bakıldığında DEHB, bir beceri eksiliği bozukluğu olmayıp bir performans bozukluğudur. Bu nedenle, psikososyal müdahaleler, doğal ortamlarda performansın kritik noktalarında bu tür becerilerin kullanımına işaret etmek ve doğal ortamlarda performansın bu noktalarında normalde var olmayan yapay sonuçların kullanımı yoluyla bunların artırılmasını motive etmek için kullanılmaktadır.

PSİKOSOSYAL MÜDAHALELER

Psikoeğitim

Psikoeğitim tedavinin ilk ve en önemli basamağını oluşturmaktadır. Bu aşamada, danışan ve ebeveynlerine DEHB hakkında ayrıntılı bilgi verilmesi gerekmektedir. DEHB semptomları, nedenleri, sıklığı, bu hastalığın çocuğun akademik, sosyal ve aile hayatında oluşturduğu zorluklar, ailenin karşılaştığı güçlükler ve tedavi seçenekleri ele alınması gereken temel noktalardır (Pliszka ve Issues, 2007).

Ebeveyn Eğitim Programları

APA'nın (Amerikan Pediatri Akademisi) son DEHB tedavi kılavuzları, DEHB tanısı olan okul öncesi çocukların birinci basamak tedavisinin davranışçı ebeveyn odaklı müdahaleler olması gerektiğini vurgulamaktadır (Wolraich vd., 2005). Davranışçı ebeveyn odaklı müdahale modellerinin tümü, benzer davranış ilkelerini paylaşmakta ve bunları en tutarlı şekilde ebeveynlere öğretmektedir. Bu ilkeler: 1) Olumlu davranışı geliştirmek için pozitif pekiştirme uygulamayı, 2) Düşük seviyedeki provokatif (kışkırtıcı) davranışları görmezden gelmeyi ve 3) Kabul edilemez davranışlara açık, tutarlı ve güvenli bir şekilde yanıt vermeyi içermektedir (Gleason vd., 2016). Sonuç olarak bu müdahaleler; ebeveynlik becerilerini geliştirmeyi, çocuktaki uyumu bozan davranışları söndürürken olumlu davranışları artırmayı hedeflemektedir.

Davranışsal ebeveyn eğitimi (Behavioural Parenting Training-BPT) programları, çocuklarda dikkatsizlik/hiperaktivite-dürtüsellik belirtileri ortaya çıksın ya da çıkmasın, yıkıcı davranışları olan çocuklar için etkilidir (Bor vd., 2002; Hartman vd., 2003). DEHB'ye özgü olmamasına rağmen (Chronis-Tuscano vd., 2013; Fabiano vd., 2012) BPT programları, DEHB tanılı okul öncesi ve okul dönemindeki çocuklar için de etkili görünmektedir ancak DEHB tanılı ergenler için biraz daha az etkilidir (Barkley vd., 1992). Son 15 yılda üç ayrı araştırmada, BPT'nin çocuklarda DEHB'yi yönetmek için iyi yapılandırılmış kanıta dayalı bir tedavi olduğu sonucuna varılmıştır (S. W. Evans vd., 2014; Nathan ve Gorman, 2015; Pelham Jr ve Fabiano, 2008).

COPE programı (Topluluk Ebeveyn Eğitim Programı) (Cunningham vd., 1997), İnanılmaz Yıllar (The Incredible Years) (Webster-Stratton, 2000) ve Meydan Okuyan Çocuklar (Barkley'in Ebeveyn Eğitim Programı) (Barkley, 2013) da dâhil olmak üzere DEHB tanılı çocuklarla çalışılan çeşitli BPT programları vardır. Yıkıcı davranış bozukluğu ve DEHB tanısı olan çocuklarda literatüre göre (Thomas ve Zimmer-Gembeck, 2007) etkinliği kesin olarak gösterilen diğer programlar Ebeveyn-Çocuk Etkileşim Terapisi (PCIT; Parent-Child Interaction Therapy) (Eyberg ve Robinson, 1982) ve Triple P Olumlu Ebeveynlik Programı'dır (Triple P; Positive Parenting Program) (Sanders vd., 2000).

BPT programları genellikle her biri ayrı bir edimsel koşullanma tekniğine odaklanan, ebeveyn grupları veya bireylerle birlikte haftalık eğitim oturumlarından oluşmaktadır. Bu yöntemler 3 temel prosedür tipinde gruplandırılabilir:

1. Olumlu davranışı artırmak için çocuğun görevlerinden/aktivitelerini etkileyen çevresel olaylara etki edenler (yani ebeveyn komutları, görev talepleri, öğretmen talimatları vb.),
2. Yapılması gereken görevleri yeniden yapılandırabilecek olanlar (çalışma kotalarını azaltmak, daha ilginç görev materyalleri eklemek vb.),
3. Ortamda davranış için sonuçların doğasını etkileyenler (yani dikkat, övgü, simgesel ödülle pekiştirme, ceza vb.).

Çoğu BPT'de 3 temel nedenden dolayı ilk odak pekiştirme tekniklerinin (ör., olumlu dikkat, övgü) uygulanmasıdır:

1. Pekiştirme kullanımı yıkıcı davranışlara daha az neden olabilir, böylece ceza tekniklerine olan ihtiyacı azaltır.
2. Zorlayıcı döngü, pekiştirme kullanımıyla bozulur.
3. Tutarlı ve etkili bir şekilde pekiştirme uygulamak ceza programlarından daha kolaydır.

BPT'ler arasında en bilinenlerinden biri Barkley'in Ebeveyn Eğitim Programı'dır (Barkley, 2013). Prof. Dr. Eyüp Sabri Ercan tarafından Türkçeye uyarlanmıştır. 2-12 yaş arası, karşı gelme ve yıkıcı davranışları aşırı düzeyde olmayan DEHB tanılı çocukların ailelerine bireysel ya da grup şeklinde uygulanabilmektedir. Bu program toplam 10 adımdan oluşmakta olup içerikleri şu şekildedir:

1. Adım: Çocuklar Neden Yanlış Davranır? Bu oturum, ebeveynlere çocuğun karşıt davranışlarının tipik nedenlerini, bu nedenlerin nasıl etkileşime girdiğini ve ebeveynlerin kendi çocukları ve ailelerinde bu tür nedenleri belirlemeye başlamak için neler yapabileceklerini öğretmeyi amaçlamaktadır. Ayrıca bu adımda DEHB tanılı çocukların ailelerine; DEHB'nin klinik görünümü, nedenleri, tedavi seçenekleri hakkında ayrıntılı bilgi verilir. Çocuğun olumsuz davranışlarını bilerek yaptığını düşünen ebeveynlere bu bilgilerin verilmesi, çocuk ve ebeveynler arasındaki ilişkinin iyileştirilmesinde ilk ve önemli adımlardan biridir.

2. Adım: Dikkat Edin! Terapinin başlangıcında ebeveynin çocuğa gösterdiği ilgi oldukça yetersizdir ve çoğu durumda bu yetersiz ilgi çocuğun olumlu davranışlarının pekiştirilmediği için sönmesine neden olmaktadır. Bu oturumda çocuk ve ebeveyn arasındaki ilişkide yaşanan sorunlar ele alınır. Ayrıca, ebeveynlere çocuğun davranışlarını gözlemleyip onaylamanın ve takdir etmenin daha etkili biçimlerinin öğretilmesi, etkisiz ve hatta zararlı yanıtların ortadan kaldırması konusunda eğitim verilmesi amaçlamaktadır. Bu aşamada, ebeveynin çocuğun davranışlarını yakından gözlemleyebilmesi ve çocuğa ilgisinin geliştirilmesi için "özel zaman" uygulaması öğretilir. Özel zamanın ne zaman, hangi koşullarda, nasıl ve ne kadar süre yapılması gerektiği ayrıntılı olarak aktarılır.

3. Adım: Uyumu ve Bağımsız Oynamayı Artırma. Ebeveynler özel zaman uygulaması sonrası çocukla ilişkisinde daha değerli ve etkili katılım becerileri geliştirdikten sonra, ebeveynlerin çocuğun olumlu davranışlarına koşullu olarak onay, takdir ve övgü ile yanıt vermesi ve çocuğa etkili yönerge vermesini sağlayarak özellikle çocuğun uyumu geliştirilmeye çalışılır. Bu adım aynı zamanda ebeveynler bir etkinlikle meşgulken ya da çocuğun beklemesi gerektiğinde (ör., telefonda konuşmak, mutfakta çalışmak, bir ziyaretçiyle konuşmak) çocukların bağımsız oynayabilme becerilerini artırmaya yönelik müdahaleleri içerir.

4. Adım: Yetmediğinde: Puanlandırma Sistemi. Kliniğe sevk edilen çocuklarda, uyumu arttırmaya yönelik ebeveynlerin uyguladığı olumlu davranışı övme ve çocuğa ilgiyi artırma genellikle tek başına yeterli olmamaktadır. Bundan dolayı çocuğun komutlara, kurallara ve uygun sosyal davranışlara uyumunu artırabilmek için evde "ödül sistemi programı" oluşturulmalıdır. Bu program 4 yaş ve üzeri çocuklar için oldukça faydalıdır. Puanlandırma sistemi 4 ila 8 yaşındakiler için jeton olarak kullanılırken, 9-11 yaşındakilere bir deftere kaydedilen "puanlar" olarak kullanılır. Çocuklar, kurallara ve komutlara kabul edilebilir bir şekilde uyma koşuluna bağlı olarak jeton, puan veya fiş kazanırlar ve bu jetonları günlük, haftalık veya uzun vadeli ayrıcalıklar ve ödüller satın almak için kullanabilirler.

5. Adım: Mola ve Diğer Disiplin Yöntemleri. Bu adımda, ebeveynlere, sadece bir ceza biçimi veya "tepki maliyeti" olarak tanımlanan belirteç sisteminin nasıl kullanılacağına dair talimatlar verilir. Bununla birlikte, bu adımın çoğu basitçe "mola (time out)" olarak bilinen bir işlemin ayrıntılı bir tartışmasına ayrılmıştır. Bu işlem, uyumsuzluk veya kabul edilemez bir sosyal davranış ortaya çıktığında çocuğun evin sıkıcı bir köşesindeki bir sandalyeye derhâl tecrit edilmesini içerir. Ebeveynler, bu aşamada diğer olumsuz davranış türlerini yönetmek için mola yöntemini yalnızca bir veya iki uygunsuz davranış için kullanabilirler.

6. Adım: Mola Yöntemini Diğer Olumsuz Davranışlara Genişletme. Ebeveynler mola tekniğini etkili bir şekilde uyguladıktan sonra, kullanımını çocukların bir veya iki ek uygunsuz davranışına genişletmelerine izin verilir. Yöntemi kullanırken sorunlarla karşılaşıldığında, bu oturumun çoğu, mola yöntemini uygulayarak ve bunları düzelterek sorunları gidermeye ayrılmıştır.

7. Adım: Sorunları Öngörmek: Halka Açık Yerlerde Çocuğun Davranışlarının Yönetimi. Bu noktaya kadar ebeveynlere tedavi prosedürlerini sadece evde kullanmaları söylenmiştir. Bu adımda, ebeveynlere mağazalar, restoranlar, ibadethane vb. gibi halka açık yerlerde çocuğun olumsuz davranışlarını yönetmeye yönelik tekniklerin biraz değiştirilmiş versiyonlarını kullanmaları öğretilmektedir. Eğitim, "sesli düşün-ileriyi düşün" olarak bilinen bir yöntemi içerir; burada ebeveynler, herhangi bir kamu binasına girmeden hemen önce olumsuz davranışları yönetmek için bir plan oluştururlar, planı çocukla paylaşırlar ve daha sonra halka açık bir yerdeyken planlarına bağlı kalırlar.

8. Adım: Evden Okuldaki Davranışların İyileştirmesi: Günlük Okul Davranışı Karnesi. Bu seans isteğe bağlıdır ve okulda problemli davranışları ortaya çıkabilen çocuklara yöneliktir. Sınıf ortamında görülen problemli davranışların yönetiminde ebeveyn-öğretmen iş birliği oldukça önemlidir. Bu iş birliğinde, ev tabanlı bir ödül programıyla (tipik olarak, daha önce belirtilen jeton sistemi) birleştirilmiş bir günlük okul davranış karnesi kullanılabilir. Günlük davranış karnelerinin kullanılması, çocukların okul davranışında ve akademik performansında önemli gelişmelere neden olmaktadır (Fabiano vd., 2010). Bu oturum, çocuğun okuldaki davranışlarını değerlendirmek ve ebeveynlere ev jeton sistemiyle birlikte günlük okul davranış karnesinin kullanımını öğretmek için kullanılır.

9. Adım: Gelecekteki Davranış Sorunlarının Ele Alınması. Ebeveynlere, bu prosedürlerin, çocuğun şu anda sahip olmadığı diğer davranış sorunları için nasıl adapte edeceği gösterilmektedir. Ayrıca ebeveynlerle, kullandıkları yöntemlere dayalı olarak nasıl bir davranış değişikliği programı tasarlayabilecekleri de ele alınır.

10. Adım: Destek Oturumu ve İzleme Oturumları. Ebeveynlerden, tedavi yöntemlerine uyumlarını değerlendirmek, uygun olması durumunda ev jeton sisteminin sona ermesini planlamak ve süreçte karşılaştıkları sorunları gidermek için bir aylık bir destek oturumu için geri gelmeleri istenmektedir. Ebeveynler, yönetim taktiklerinde kayma veya gerileme (önceden etkisiz ve cezanın baskın olduğu yöntemlere dönüş) konusunda uyarılır ve tedavi teknikleriyle mümkün olduğunca uzun süre devam etmeleri teşvik edilir.

Okul çağındaki çocuklar için diğer bir BPT olan İnanılmaz Yıllar (The Incredible Years) (Webster-Stratton, 2000) müfredatı, aşağıdaki konulara odaklanan haftalık 2 saatlik oturumlarla 20-24 haftalık grup seanslarından oluşmaktadır. Müfredatta ele alınan temel konular şu şekildedir:

a. Olumlu ebeveyn ilgisi ve özel zaman sağlama,
b. Sosyal, duygusal ve sürekli koçluk yapma,

c. Etkili övgü ve teşvikten yararlanma,
d. Çocuğu motive etmek için somut ödül programları kullanma,
e. Kurallar, sorumluluk ve rutinler nasıl etkin bir şekilde uygulanır,
f. Öngörülebilir öğrenme rutinlerini kullanma ve net sınır belirleyen mesajlar verme,
g. Yanlış davranışı görmezden gelme,
h. Sakinleşmek için mola kullanma.

BPT'lerin çoğunluğu, DEHB'nin temel semptomlarını hedeflemez, müdahaleler işlevselliğin bozulduğu alanlara yöneliktir (Barkley vd., 1992). DEHB tanılı çocuklar ve ergenler için bu işlevsel hedefler genellikle ebeveynlerin isteklerine uyumun artırılmasını (ör., ödevleri belirtilen saatte yapmak), ebeveynlerin günlük rutinleri yönetmedeki bağımlılığının azaltılmasını (ör., sabahları okula hazırlanmak) ve ebeveyn isteklerine yönelik karşı koymayı azaltmaktır. BPT'ler, çocukların işlevsel bozukluklarını hedeflemenin yanı sıra zorlayıcı veya işlevsiz ebeveynlik uygulamalarını da ele almayı amaçlar (Patterson, 1982). Örneğin, DEHB tanılı çocukların ebeveynleri, daha az olumlu ebeveynlik davranışlarına ek olarak genellikle daha olumsuz ve daha az tutarlı ebeveynlik uygulamaları sergilemektedirler (Gerdes vd., 2003; Johnston ve Mash, 2001). Bu zorlayıcı ebeveyn-çocuk etkileşim döngüleri, ev ortamının dışında da çeşitli işlevsel bozulmaları öngörmektedir (Hinshaw vd., 2000; Kaiser vd., 2011).

BPT'lerin yukarıda belirtilen faydalarına rağmen çeşitli yetersizlikleri de mevcuttur. İlk olarak, DEHB semptomlarındaki gelişmelere ve ebeveyn taleplerine artan uyuma rağmen BPT'ler DEHB'nin temel semptomlarına etki etmediği için çocuğun işlevselliğini tamamen normalleştirmemektedir. İkincisi, BPT'lerle ilgili çoğu çalışma sonuçları yıllar boyunca değil, yalnızca BPT'yi takip eden aylarda değerlendirmiştir (Kazdin, 1997). Bu nedenle, bu etkilerin sürdürülebilirliği belirsizliğini korumaktadır. Son olarak, olumlu sonuçlar genellikle sadece BPT'nin odaklandığı ortamda gözlemlenmektedir. Bu nedenle evde kullanılan müdahaleler tipik olarak diğer ortamlara (ör., okul) genellenememektedir (Owens vd., 2008; Pfiffner vd., 2014).

BİLİŞSEL DAVRANIŞSAL TERAPİ MÜDAHALELERİ

DEHB'de Bilişsel Davranışçı Model

DEHB ile büyüyen insanlar; dikkat eksikliği, unutkanlık, problem çözme güçlükleri ve hemen tatmin olma ihtiyacı gibi uzun süredir devam eden nöropsikolojik güçlükler nedeniyle, çok sayıda olumsuz yaşam olayı deneyimlemektedirler. Bu tür deneyimler, akademik başarısızlık, mesleki zorluklar, arkadaşlık sorunları, yakın ilişkiler kurma ve sürdürmede sorunlar ile yenilik arama ve risk alma davranışlarıyla ilgili deneyimleri içermektedir. DEHB tanılı kişiler, sosyal karşılaşmalar, çatışmalarla uğraşmak veya bir iş görüşmesine katılmak gibi belirli durumlar veya görevlerle karşı karşıya kaldıklarında, nöropsikolojik bozukluklarının performanslarını engellediğini görebilirler. Başarısızlık geçmişi nedeniyle, kötümser bir ön yargıyla bir durumu olumsuz olarak değerlendirmeye eğilimli olabilirler. Başarısızlığın öz güvenlerini etkilemesi muhtemeldir; kendi yeteneklerinden şüphe etmeye başlayabilirler ve kendini gerçekleştiren kehanet içinde gelecekte başarısızlık bekleyebilirler. Olumsuz değerlendirmenin ardından kişi, sözlü veya fiziksel saldırganlık gibi olumsuz davranışlarda bulunabilir veya alkol-madde kötüye kullanımı gibi uyumsuz başa çıkma yöntemleri geliştirebilir. Yetenekleri hakkında olumsuz düşüncelere ve inançlara sahip olmaları ve zayıf yönlerine odaklanmaları muhtemeldir. Olumsuz davranış, olumsuz düşünce ya da inançların birleşiminin kaygı, hayal kırıklığı ya da öfke gibi olumsuz bir ruh hâlini tetiklemesi ya da daha da kötüleştirmesi muhtemeldir. Olumsuz bir ruh hâli içinde olmak, bir bireyin sonraki durumu olumsuz bir şekilde değerlendirme olasılığının daha yüksek olduğu anlamına gelir ve bu nedenle bu döngü devam eder. Bununla birlikte, DEHB tanılı yetişkinlerin stresli durumları yeniden değerlendirme ve bilişsel olarak yeniden çerçeveleme konusunda bir yeteneğe sahip olduğunu gösteren araştırma kanıtları da vardır (Young, 2005). Negatif döngünün kendisinin durumda bir değişikliği zorunlu kılan motivasyonel bir güç hâline gelmesi mümkündür. "Sürücü (Drive) Teorisi" ilk olarak Hull tarafından 1943'te ortaya konmuştur (Hull, 1943). Bu teoriye göre insanlar, bir rahatlık ve denge hissini sürdürmek için uyarılmayı veya gerilimi azaltmaya yönlendirilirler. DEHB tanılı kişiler kendiliğinden bir yeniden değerlendirme sürecine girebilirken bunun bilişsel bozukluklarından olumsuz etkilenmesi muhtemeldir ve bu da sürecin işlevsiz veya başarısız olmasına neden olabilmektedir. Bununla birlikte, DEHB tanılı birey tarafından olumsuz sonucu olumlu bir şekilde yeniden çerçeveleyen bir döngüye yeniden girilir ve bu durum, başarı elde etme umuduyla tekrar denemelerine neden olur. Bu yolak, DEHB tanılı kişilerde yaygın olarak bulunan dayanıklılığı açıklar ve bunun öz yeterlik tarafından desteklendiğini düşündürür. Bu nedenle etkileşim biçimleri, sürekli olarak telafi etme ve uyum sağlama yetenekleriyle ilişkilidir. DEHB'nin bu adaptif yönü, yenilikçi ve girişimci çabalarda ve kişilik özelliklerinde yaratıcı bir şekilde ortaya çıkabilmektedir (Young, 2005). Şekil 1'de DEHB'nin bilişsel davranışçı modeli yer almaktadır.

DEHB'nin Billişsel Davranışçı Modeli

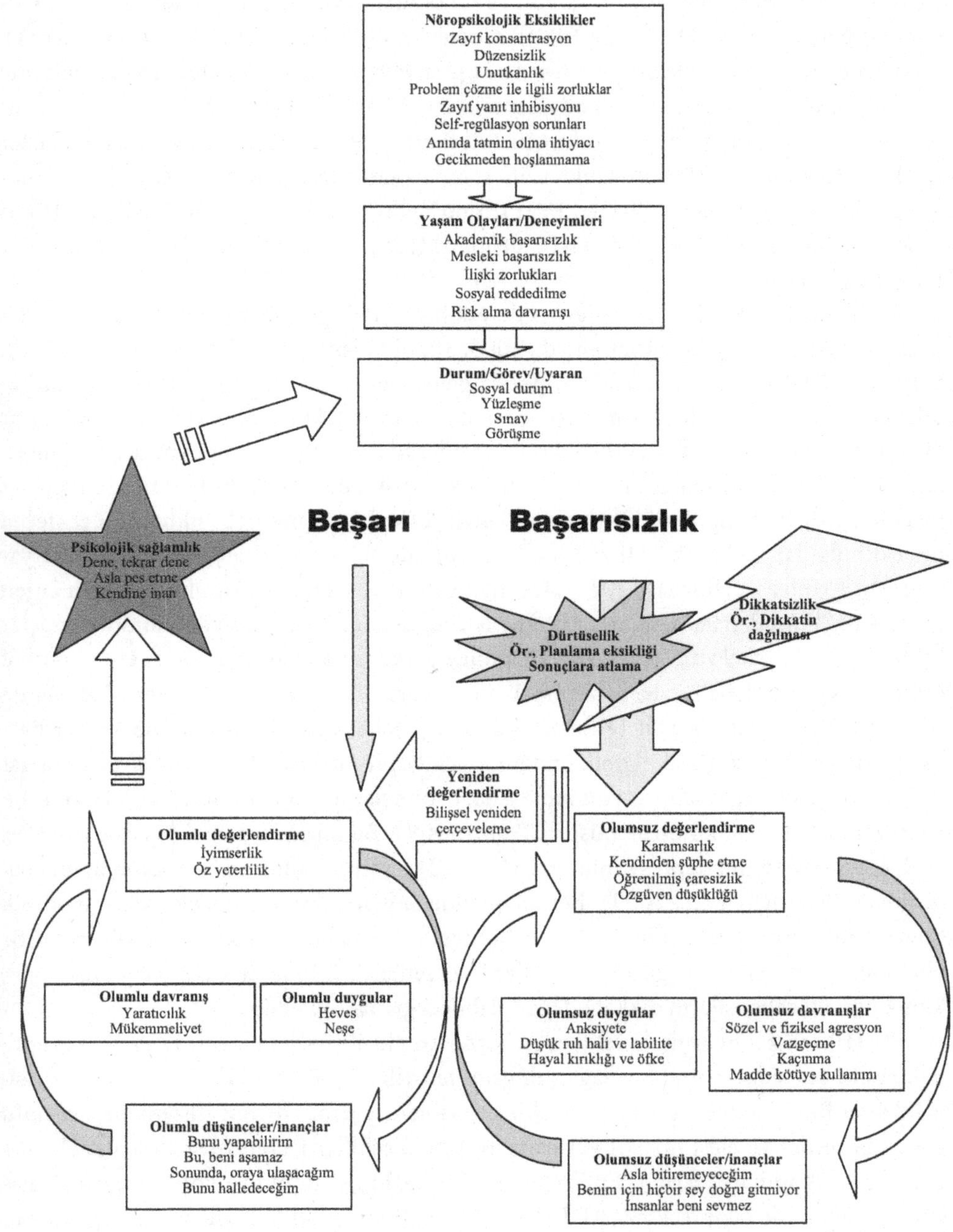

Şekil 1. DEHB'nin Bilişsel Davranışçı Modeli

Geçmişte DEHB tanılı çocuklar için etkili olduğu düşünülmesine rağmen (Kendall ve Braswell, 1993), BDT ve bilişsel terapinin pediatrik DEHB'deki etkisi araştırmalarda yeterince gösterilememiştir (Abikoff ve Gittelman, 1985; Bear ve Nietzel, 1991; DuPaul ve Eckert, 1997; Dush vd., 1989). Çocuk ve ergenlerde DEHB için önceki BDT müdahaleleri, öncelikle kendi kendine konuşma ve sözlü ara buluculuk müdahalelerine (verbal mediation interventions) odaklanmıştır (Miller ve Hinshaw, 2011) ancak bu yöntemlerin etkisiz olduğu kabul edilmiştir (Abikoff, 1991, 2001). Yapılan meta analizler BDT'nin tipik olarak etki büyüklüklerinin standart sapmanın üçte birinden daha az olduğunu bildirmiştir (Bear ve Nietzel, 1991). Sınırlı etkinliği nedeniyle BDT, MTA (DEHB tanılı Çocukların Multimodal Tedavi Çalışması) tedavi protokollerine dâhil edilmemiştir (Antshel, 2015).

BDT'nin yetişkin DEHB tedavisinde etkili olabileceğini öne süren araştırmalar giderek artış göstermektedir (Safren vd., 2005, 2010; Solanto vd., 2010; Weiss vd., 2012). Yetişkin DEHB-BDT müdahaleleri, beceri geliştirmeye ve belirli becerileri öğretmeye odaklanır ve bilişleri değiştirmekten çok, davranışsal teknikleri öğretmeye yöneliktir (Knouse ve Safren, 2010). DEHB tanılı ergenlerde davranışsal terapi yöntemlerinin etkinliği ile ilgili araştırmalar olsa da (Sibley vd., 2014), muhtemelen DEHB tanılı çocuk ve ergenlerin herhangi bir "bilişsel" müdahaleye "tedaviye dirençli" olduğunu gösteren önceki bulgular nedeniyle, DEHB tanılı ergenlerde BDT'ye yönelik çok az çalışma yapılmıştır (Miller ve Hinshaw, 2011). Geçtiğimiz birkaç yıl içinde, klinik temelli bir ergen DEHB-BDT müdahale denemesi, birkaç işlevsel alanda orta düzeyde olumlu sonuçlar bildirmiştir (Antshel vd., 2012). DEHB tanılı ergenlerle yapılan diğer klinik temelli (okul temelli değil) müdahale çalışmaları BDT bileşenlerini içermiş ve çeşitli işlevsel alanlarda olumlu sonuçlar bildirmiştir (Fabiano vd., 2011; Sibley vd., 2013; Van de Weijer-Bergsma vd., 2012). Ek olarak, klinik temelli *Ergen Depresyonunun Tedavisi Çalışması*'ndaki ikincil analizler, ergen depresyonunda tedavi sonuçlarının bir moderatörü olarak eşlik eden DEHB'nin rolünü incelemiştir (Team, 2009). Bu analizlerden elde edilen veriler, eşlik eden DEHB'nin depresyonlu ergenlerde BDT yanıtını olumsuz etkilemediğini göstermiştir (Kratochvil vd., 2009). Benzer şekilde, ergen anksiyete bozukluklarının klinik temelli bir çalışmasında, DEHB komorbiditesi BDT tedavi sonuçlarını etkilememiştir (Flannery-Schroeder vd., 2004). Bu nedenle, ergenlerde DEHB'de BDT için daha büyük klinik temelli çalışmaların dikkate değer olabileceği düşünülebilir.

DEHB semptomlarını ve eşlik eden sorunları ele almak için ergen ve erişkin grupta çok yönlü bir tedavi programı sağlayan grup temelli "RveR2 DEHB" ve bireysel temelli "Young-Bramham Programı"; nörobiliş, problem çözme, duygu düzenleme, olumlu sosyal beceriler ve eleştirel akıl yürütme üzerine modüller içeren BDT müdahaleleridir (Young ve Bramham, 2012). Emilsson ve diğ. (2011), randomize kontrollü çalışmalarında, 3 aylık bir takipte RveR2 DEHB'nin DEHB semptomları, anksiyete, depresyon, antisosyal davranış ve sosyal işlevsellik tedavisinde oldukça etkili olduğunu bulmuşlardır. 2020'de Danimarka Ulusal Sosyal Hizmetler Kurulu, "DEHB Tanılı Gençlerin ve Yetişkinlerin Yaşamlarının İyileştirilmesi" konulu araştırmaların sonuçları hakkında bir rapor yayınladı. 2016-2019 yılları arasında yürütülen bu projede, DEHB tanılı gençler ve yetişkinler hedef alınmış ve RveR2 DEHB ve Young-Bramham Programı'ndan oluşan bir müdahale değerlendirilmiştir. Tedavi sonrası DEHB semptomlarında ve ilişkili problemlerde iyileşme bulunmuş olup bu iyileşmelerin 3 aylık takipte devam ettiği görülmüştür (Young ve Cocallis, 2021).

Young-Bramham Programı hem ergenler hem de yetişkinler için temel semptomlar ve eşlik eden ve/veya gelişimsel olarak tanımlanmış ilişkili problemler için tedaviyi içeren bütünsel bir tedavi yaklaşımı benimseyerek bu faktörlerin her ikisini de ele almaktadır. Bir arka plan ve giriş bölümü (I. Kısım) ile başlar, ardından temel semptom tedavi modülleri (II. Kısım), komorbid ve ilişkili problem tedavi modülleri (III. Kısım) ve gelecek için hazırlık yapan son modül (IV. Kısım) gelir. Temel semptom tedavi modülleri; dikkat, hafıza, organizasyon ve zaman yönetimi ve dürtüsellik konularını içerir. Komorbid ve ilişkili problem modülleri; problem çözme, kişiler arası ilişkiler, kaygı, hayal kırıklığı ve öfke, düşük ruh hâli ve depresyon, uyku ve madde kötüye kullanımı konularını içermektedir. Bireylerin gelecekle ilgili beklentileri ve planları ile ilgili konular sonuç bölümünde sunulmaktadır.

Young-Bramham Program Yapısı
I. Kısım: Arka Plan ve Tedavi • Bölüm 1: Ergenlik ve Yetişkinlik Döneminde DEHB'ye Giriş ve Bilişsel Davranışçı Bir Müdahale Olarak Young-Bramham Programı • Bölüm 2: Young-Bramham Programının Sunulması
II. Kısım: Temel Semptomlar Modülü • Bölüm 3: Dikkat Modülü • Bölüm 4: Hafıza Modülü • Bölüm 5: Organizasyon ve Zaman Yönetimi Modülü • Bölüm 6: Dürtüsellik Modülü
III. Kısım: Komorbidite ve İlişkili Problem Modülü • Bölüm 7: Problem Çözme Modülü • Bölüm 8: Kişiler Arası İlişkiler Modülü • Bölüm 9: Anksiyete Modülü • Bölüm 10: Hayal Kırıklığı ve Öfke Modülü • Bölüm 11: Düşük Ruh Hâli ve Depresyon Modülü • Bölüm 12: Uyku Modülü • Bölüm 13: Madde Kötüye Kullanımı Modülü
IV. Kısım: Gelecek Modülü • Bölüm 14: Geleceğe Hazırlık Modülü

I. Kısım: Arka Plan ve Tedavi

Young-Bramham Programı'nın birincil amacı, farmakolojik terapi ile kombine edilebilecek veya ilaç tedavisine alternatif kullanılabilecek bir tedavi yöntemi sağlamaktır. Programın iki temel amacı vardır.

Young-Bramham Programı, DEHB semptomları olan gençlere, sorunun onlardan kaynaklanmadığını, sadece bir sorunları olduğunu öğreten bir müdahaledir. Bu aşamada, klinisyenin uygun tedavi, sıkı çalışma ve destek ile ilerleme kaydedebilmesi için hastaya umut ve güven aşılaması gerekmektedir. DEHB için "sihirli bir tedavisi" olmadığı bilgisi ışığında bir bakış açısı sunulmalıdır. Bununla birlikte, kişinin bozuklukla başa çıkma yöntemlerini sağlıklı olanlarla değiştirmenin ve bireyin güçlü yönlerini en üst düzeye çıkarmanın mümkün olduğu hastaya aktarılmalıdır.

Bölüm 2, Young-Bramham Programı'nın amaçlarını ve hedeflerini koymaktadır. Programın müdahale tarzı ve uygulanan stratejileri bu bölümde tanımlanmaktadır. Bu bölüm, danışanı bilgilendirmek için bozukluğun tarihçesi, tedavisi ve prognozu hakkında psikoeğitim; tedaviye yönelik kararsızlığın üstesinden gelmek için motivasyonel görüşme; temel semptomları, eşlik eden hastalıkları ve ilişkili sorunları ele almak için terapötik teknikleri (bilişsel davranışsal terapi, bilişsel iyileştirme, bilişsel yeniden yapılandırma ve yeniden çerçeveleme, rasyonelleştirme) ele alır. Psikoeğitim bileşenini atlamamak çok önemlidir. Hastalara hayatları boyunca aptal, tembel ve motivasyonsuz oldukları söylenmiş olabilir ve psikoeğitimle bireye DEHB'nin nörolojik temelli bir bozukluk olduğu ve sorunlarının karakter kusuruna bağlı olmadığını anlatmak son derece terapötik olabilir.

II. Kısım: Temel Semptomlar Modülü

II. Kısım; dikkat, hafıza, organizasyon, zaman yönetimi ve dürtüsellik konularını içeren dört bölümden oluşmaktadır. Her bölüm, konuya genel bir giriş sağlayan ve gelişmekte olan ergenlerin karşılaştığı sorunların tanımının ardından bu sorunlara yönelik BDT müdahalelerini aktaran standart bir formatı takip eder.

Dikkat Modülü (3. Bölüm), bireylerin uzun, sıkıcı ve tekrarlayan faaliyetlerde bulunmak için mücadele ederken muhtemelen en çok engelleyici semptomun ne olduğunu saptamasını içerir. Buna karşılık; insanlar, ilginç ve motive edici etkinliklere (bilgisayar oyunları gibi) uzun süre konsantre olabilirler. Bu tür tutarsızlıklar, çevrelerindeki insanlar için anlaşılması zor olabilir ve bir gerilim ve hayal kırıklığı kaynağı olabilir. Bu modülde, danışanların sorunlu olabilecek görevleri tanımasına yardımcı olacak yöntemler sunulmaktadır. Dikkat dağınıklığını en aza indirgemek amacıyla çevreyi uyarlamak için uygulanabilecek dış stratejiler ana hatlarıyla belirtilmektedir. Performansı optimize etmek için hedef belirleme, aralar, teşvikler ve ödüller gibi stratejiler de sunulmaktadır.

Hafıza Modülü (4. Bölüm) çok açık bir zorluğu ele almaktadır. Çünkü DEHB tanılı olan kişiler sıklıkla randevularını kaçırmakta ve önemli tarihleri unutmaktadırlar. En yaygın hafıza problemleri kısa süreli hafıza problemleridir ve bunlar, ilk işlemedeki problemlerin daha sonra hatırlamada zorluklara yol açtığı dikkat güçlükleriyle yakından ilişkilidir. Böylece bu modül, danışanın hafıza problemlerini belirler ve bunların üstesinden gelmek için dış stratejiler (günlük, elektronik cihaz ve alarm kullanımı gibi) ve iç stratejiler (tekrar, prova, görsel ipucu ve anımsatıcı kullanımı gibi) uygulayarak *Dikkat Modülü* ile benzer bir formatı takip eder.

Organizasyon ve Zaman Yönetimi Modülü (5. Bölüm); çocukların, ergen ve genç yetişkinler hâline geldikçe daha belirgin hâle gelen sorunları ele alınmaktadır. Organize etme ve öncelik verme yeteneği, özellikle bir faaliyet sıradan olduğunda veya görünüşte daha önemli bir görev tarafından çağrıldığında, kelebekler gibi görevden göreve uçma eğiliminde olan insanlar için özellikle zordur. Bitmemiş görevler bir hayal kırıklığı kaynağıdır ve bireyde başarısızlık duygusuna neden olur. Bu modül, belirli bir zaman dilimi (kısa ve uzun vadeli) için hedefleri gözden geçirerek, faaliyetleri listeleyerek, bir program tasarlayarak, faaliyetleri sıralayarak, öncelik sırasına koyarak, molaları ve ödülleri planlayarak plan yapmak için metodik bir yaklaşım uygulamanın yollarını sunar. Ayrıca, bir göreve dikkat çekmenin yolları, bir plana bağlı kalmanın yolları, önceliklerin gözden geçirilmesine ilişkin tavsiyeler ve ertelemeden kaçınma gibi tuzaklardan kaçınma yöntemleri de dâhil edilmektedir.

Dürtüsellik Modülü (6. Bölüm), genellikle can sıkıntısı toleransının düşük olması, hayal kırıklığı duyguları, kısa vadeli ödülleri tercih etme ve hazzı geciktirememe ile yakından bağlantılı davranışları ele alır. DEHB tanılı kişiler beklemekte zorlanırlar, düşünmeden konuşurlar veya hareket ederler ve bağlantılı düşünme sürecine girmeme eğilimindedirler. Bireyler, başkalarının duygularını ve ihtiyaçlarını dikkate almıyor göründükleri için sosyal alanda sorunlar yaşarlar. Bu davranışlar, suçluluk, sürüş ihlalleri ve kaza sonucu yaralanma gibi ciddi sonuçlara yol açabilir. Bu modül, danışanların dürtüsel bir şekilde yanıt vermeye karşı yatkın olduğu durumları belirlemek için kendi kendini izleme tekniklerini tanıtır. Durumla ilgili kişisel ve sosyal sonuçların değerlendirilmesi ve rol yapmalarla kendi kendine yönerge verme ve kendini ifade etme gibi yöntemlerin provalarını içeren dur ve düşün teknikleri, öz kontrolü en üst düzeye çıkarmak için bu modülde öğretilmektedir.

III. Kısım: Komorbidite ve İlişkili Problem Modülü

DEHB sekonder olarak sosyal ve duygusal sorunlara yol açar. Bunlar, bozulmuş problem çözme becerileri; zayıf sosyal beceriler ve kişiler arası ilişki sorunları; endişe; hayal kırıklığı ve zayıf öfke kontrolü; düşük ruh hâli ve depresyon; uyku güçlükleri ve madde kötüye kullanımı gibi sorunlardır. Bu nedenle, komorbid zorluk alanlarını ele almak için uygulanabilecek tedavi stratejileri geliştirilmiştir. Düşük benlik saygısı, DEHB tanılı insanlarda yaygın olarak bulunan ve motivasyonu belirgin olarak azaltan bir sorundur; bundan dolayı bu konu, Young-Bramham Program modüllerinin her birinde dolaylı olarak ele alınmaktadır.

Problem Çözme Modülü (Bölüm 7) DEHB tanılı kişilerin problem çözme becerilerinin zayıf olmasının nedenlerini inceler. Nedenleri arasında, bu bireylerin bir durumun tam olarak değerlendirmeden acele karar verilmesine yol açan dürtüsel yanıt vermeleri yer almaktadır. Ayrıca küçük, daha acil sorunlar hakkında gereksiz yere endişelenebilirler ve resmin tamamını gözden kaçırabilirler. Ek olarak, dikkat sorunları, dikkatin dağılması ve dikkatin görevden uzaklaşmasıyla işlevsel bir problem çözme süreci gerçekleşememektedir. Bu modül, bir sorunu tanımlamak ve sorunları "endişelerden" ayırt etmek, çözümler üretmek, çözümleri ve alternatifleri değerlendirmek için belirlenmiş bir prosedürü ana hatlarıyla belirtmektedir. Sonuçları değerlendirmek, uygun senaryoları canlandırmak ve zorlu bilişsel çarpıtmalar için çözümlerin provası yoluyla uygun çözümü seçmeye yönelik bir metodoloji tanıtılır.

Kişiler Arası İlişkiler Modülü (Bölüm 8) kişiler arası ilişkilerdeki bozulmayı ele alır. Danışanların diğer insanlarla ömür boyu olumsuz etkileşimler yaşaması muhtemeldir ve bazı bireyler az gelişmiş sosyal becerilere sahiptirler. Bir konuşmayı sürdürmekte zorluk, başkaları tarafından ilgisizlik veya kararsız davranış olarak algılanabilir. Dürtüsellik, sıra beklemede ve sosyal karşılıklılıkta zorluk olarak öne çıkabilir. Bazı hastalar, reddedilme ve sosyal izolasyon duygularına yol açan diğerlerinden bir şekilde "farklı" oldukları düşüncesinin uzun süredir farkında olduklarını bildirirler. Bu bölümde, farklı sosyal ortamlarda sosyal davranışı değiştirmeyi ve düzenlemeyi amaçlayan mikro becerilerin (hem sözlü hem de sözlü olmayan iletişim becerileri) ve makro becerilerin geliştirilmesine odaklanılmaktadır.

Anksiyete Modülü (Bölüm 9), DEHB hastalarında sıklıkla bulunan yaygın anksiyete ve sosyal anksiyete sorunlarını ele alır. Sosyal anksiyete, sosyal normlara uymakta güçlük çektikleri için sosyal ortamlardaki belirsizlikleri nedeniyle danışanlar tarafından yaygın olarak bildirilir. Bazı danışanların kendilerine o kadar az güvenleri vardır ki onlardan tamamen kaçınırlar. Bu, genellikle girişken sunumları göz önüne alındığında paradoksal görünmektedir ve bunun, altta yatan endişeleri ve zayıf öz güveni maskeleyebileceğini akılda tutmak önemlidir. Bu modülde, yetersizlik duygularını, aşırı telafi etme dürtüsünü kontrol etmek de dâhil olmak üzere değişen sosyal durumlarda davranışın nasıl değiştirileceği ele alınmaktadır. Ayrıca düşünceleri, duyguları, davranışları ve bedensel tepkileri değerlendirerek kaygıya verilen ortak tepkileri yeniden yorumlamaya yönelik yöntemler sunulmaktadır. Clark'ın (1986) bilişsel davranışçı panik modelinin bir versiyonu ve gevşeme-nefes egzersizleri de dâhil olmak üzere müdahale stratejileri bu modülde sunulmaktadır. Kademeli maruz kalma, sistematik duyarsızlaştırma ve davranışsal deneyler uygulayarak kaçınmanın üstesinden gelmenin ve güveni artırmanın yolları öğretilmektedir.

Hayal Kırıklığı ve Öfke Modülü (Bölüm 10), hayal kırıklığı ve kızgınlık duygularıyla başa çıkmanın uyumsuz yollarını ele alır. Bu genellikle kararsız bir mizaç olarak ifade edilir ve duygusal patlamalarla karakterize edilir. Gerçekten de muhtemelen zayıf dürtü kontrolü, zayıf öz düzenleme ve can sıkıntısı eşiğinin düşük olması nedeniyle, öfkenin dışa yönelik ifadesi içe doğru bastırmaktan daha olasıdır. Bu davranış, sosyal ilişkilerin bozulması, işten çıkarılma ve adli sorunlar yaşama gibi olumsuz sonuçlara yol açabilir. Başkaları tarafından olumsuz bir karakter özelliği olarak algılanması muhtemeldir ve hastaların tahmin edilemez ve hatta bazı durumlarda tehlikeli olduğu varsayılabilir. Bu modül, hastaların öfke sürecini kesintiye uğratmasını sağlayacak "erken uyarı işaretlerini" belirlemek amacıyla bilişsel davranışçı bir bakış açısıyla öfkenin aşamalarını inceler. Dikkat dağıtma, kendi kendine konuşma, gevşeme ve bilişsel yeniden çerçeveleme teknikleri gibi öfke yönetimi stratejileri ele alınır. Ek olarak, bu modülde atılganlık ve öfke karşılaştırılır, hakaret ve eleştiri arasındaki fark ele alınır ve yapıcı eleştirinin nasıl uygun şekilde kabul edilebileceği tartışılır.

Düşük Ruh Hâli ve Depresyon Modülü (Bölüm 11), akademik başarısızlık, ilişki güçlükleri, finansal sorunlar ve düşük benlik saygısı gibi olumsuz yaşam olayları öyküsü nedeniyle ortaya çıkabilecek düşük ruh hâli ve depresyonun düzenli olarak izlenmesi gerektiğini vurgular. DEHB tanılı kişilerde depresyon, zayıf davranış kontrolleri nedeniyle çok ciddiye alınmalıdır. Çünkü zayıf davranış kontrolleri kendine zarar verme fikri üzerinde dürtüsel olarak hareket etmelerine neden olabilir. Bu bölümde, Beck'in (1979) depresyonun bilişsel davranışçı modeli, DEHB tanılı kişilerde yaygın olan olumsuz düşünme ve düşünce hatalarını birleştirme için uyarlanmıştır. Negatif döngünün nasıl kırılacağına dair önerilerde bulunulmakta ve aktivite planlaması, negatif otomatik düşüncelere meydan okuma teknikleri, düşük ruh hâlini sürdüren kendi kendine konuşmayı azaltma ve DEHB'nin güçlü yönlerine uygun olarak olumlu öz ifadeler geliştirmeyi içeren stratejiler danışana aktarılmaktadır.

Uyku Modülü (Bölüm 12), DEHB ile ilişkili olan ve insanların uyumasını engelleyen sürekli içsel huzursuzluk duygularına ilişkin yaygın şikâyeti ele almaktadır. Diğer uyku sorunları, depresyonda erken uyanma gibi afektif bozukluklarla ilişkili rahatsızlıklara daha çok benzeyebilir. Uyku sorunları, özellikle uyarıcı ilaçların kesilmesi, ilaç tatilleri veya doz değişiklikleri sonrasında DEHB tedavisine yönelik farmakolojik müdahale ile de ilgili olabilir. Bu modülde, uykunun işlevi gözden geçirilmekte, uykunun farklı aşamaları tanıtılmakta ve DEHB'nin temel semptomlarının hipersomni ve uykusuzluk gibi uyku problemlerini nasıl şiddetlendirebileceği ele alınmaktadır. DEHB tanılı bireyler için uyarlanmış uyku hijyeni programları ve gevşeme teknikleri özetlenerek uyku problemlerinin yönetimi danışana öğretilmektedir.

Madde Kötüye Kullanımı Modülü (Bölüm 13) hem alkol hem de yasa dışı uyuşturucu kullanımını kapsar. DEHB tanılı kişiler, iki mekanizma yoluyla dâhil olabilirler. Zayıf dürtü kontrolü, risk alma davranışının artmasına, uyuşturucu denemelerine ve ardından bağımlılığa yol açabilir. İkinci bir yol, teşhis edilmemiş ve/veya tedavi edilmemiş DEHB'si olan bireylerin kendi kendini tedavi etmek için yasa dışı maddeler kullanmasıdır. Bu bölümde madde kullanımının farklı kategorileri ve bunların DEHB ile ilişkisi anlatılmaktadır. Psikolojik bağımlılık, danışanı bir değişim sürecine girmeye motive etmek için motivasyonel görüşme teknikleri sunularak ele alınır. Madde kötüye kullanımının kısır döngüsü sunulur ve madde kötüye kullanımıyla ilgili işlevsiz inançlar tartışılır. Modül ayrıca, dikkat dağıtma teknikleri, aktivite planlaması ve motive edici destek uygulayarak öz güven inşa etme ve fiziksel istek ve dürtülerle başa çıkma tekniklerini ana hatlarıyla belirtir.

IV. Kısım: Gelecek Modülü

Bir terapi döneminin her zaman olumlu bir bakış açısı alan ve geleceğe yönelik bir son (veya daha fazla) seansla sonlandırılması önerilmektedir. DEHB tanılı birçok kişinin kendileri hakkında olumsuz varsayımları ve başarısızlık beklentisi vardır ve geleceklerini nasıl algıladıklarını araştırmak ve algılanan engeller ve aksiliklerle nasıl başa çıkacaklarına dair hazırlıklar yapmak yardımcı olacaktır.

Geleceğe Hazırlık Modülü (Bölüm 14), bu nedenle önceki modüllerde tanıtılan teknikleri özetleyen ve yardımcı olanları gözden geçiren bir sonuç modülüdür. Modül, bireyin kendini savunmasız hissettiğinde başvurabileceği "risk" durumlarını belirleme ve yönetme planlarının geliştirildiği bir nüksetmeyi önleme yaklaşımını takip eder. Bu, eski alışkanlıklara geri dönme olasılığının en yüksek olduğu zamandır. Yönetim planlarının geliştirilmesi, hastayı olası durumlara hazırlayacak ve yararlı başa çıkma stratejileri uygulayarak, dürtüsel veya işlevsiz tepki kalıplarından kaçınarak yanıt verme olasılığını artıracaktır. Bu nüks önleme planlarının, örneğin bilişsel davranışçı teknikler, sorunlu durumlardan/kişilerden kaçınma, aile ve arkadaşlardan destek arama ve/veya profesyonel destek arama gibi çeşitli durumlara uygulanabilecek çeşitli seçenekleri içermesi önemlidir.

DEHB'DE FARKINDALIK TEMELLİ MÜDAHALELER

Farkındalık temelli müdahaleler, sağlıklı bir popülasyonda dikkati, duygusal öz düzenlemeyi, huzuru ve daha iyi yaşam kalitesini geliştirmek için çeşitli stratejileri içeren bir tür bilişsel eğitimdir (Chiesa vd., 2011). Fonksiyonel manyetik rezonans görüntüleme çalışmalarının yardımıyla, farkındalık eğitiminin bilişsel kontrolü artırmadaki etkinliğini göstermeyi başarmış ve bilinçli durumlarla tutarlı bir şekilde ilişkili belirli bir bölgesel beyin aktivasyonu modeli tanımlamışlardır (Kirk vd., 2014). Araştırmacılar, farkındalık meditasyonunun dikkati artırarak görev tamamlama, kendi kendini düzenleme ve dürtü kontrolünü içeren DEHB'nin temel semptomlarını iyileştirebileceğini iddia etmektedirler.

Nörogörüntüleme çalışmaları, DEHB'de duygu düzenleme bozukluğunda rol oynayan, örtüşen beyin bölgelerini ve farkındalık meditasyonuyla ilişkili değişiklikleri de belirlemiştir. Prefrontal korteks (dorsal ve ventromedial bölgeler dâhil), hipokampus ve amigdala dâhil ilgili alanlar, farkındalık eğitiminden sonra duygu düzenlemede iyileşme ile ilişkilendirilmiştir. Bu alanlar aynı zamanda DEHB tanılı bireylerde emosyonel işlevsellik ile de ilgili bulunmuştur (Hölzel vd., 2011).

DEHB tedavisine farkındalık temelli yaklaşımın bir mantığı vardır. Birçok çalışma, deneyimli meditasyoncularda farkındalık eğitiminin etkisini ölçmüş ve meditasyonla yapılan kısa bir eğitimle bile dikkatte iyileşmeler saptanmıştır (Keng vd., 2011). Örneğin, bir çalışma, beş günlük (günde 20 dakika) meditasyonun gevşemeye etkisini değerlendirmiştir. Çalışmanın sonucu, meditasyon grubunun gevşeme grubuna göre grup tanımlamada çok daha iyi performans gösterdiğini saptamıştır. Dört günlük meditasyon eğitiminin ardından (günde 20 dakika) benzer bulgular bildirilmiştir (Mitchell vd., 2015). Kısa farkındalık eğitimi, yürütücü işlevlerde, görsel-uzamsal işlemlendirmede ve çalışma belleğinde gelişme göstermiştir. Bu ve diğer benzer çalışmaların bulguları, dört günlük meditasyon eğitiminin bile dikkati sürdürme yeteneğini artırabileceğini öne sürmüştür (Menezes vd., 2013; Mitchell vd., 2015). Farkındalık temelli bilişsel terapi (MBCT), bilişsel davranışçı terapiyi farkındalık temelli meditasyonla birleştiren bir terapi şeklidir. Farkındalık, belirli bir şekilde dikkat etme ve şu ana odaklanma ve rahat kalma olarak tanımlanabilir.

MBCT için en iyi yaklaşım, her biri 2,5 saatlik sekiz haftalık oturumu ve ardından bir inziva gününü içeren bir grup formatıdır. Bu tür grup tedavileri genellikle bireysel tedaviden daha uygun maliyetlidir. Ayrıca MCBT, dikkat eksikliği sorununun tedavisine ek olarak uyarıcılara göre kaygı, depresyon ve stresi azaltma konusunda ek faydaya sahiptir (Janssen vd., 2015).

DEHB'da farkındalık temelli müdahaleleri içeren toplam 16 çalışma belirlenmiştir (8'i tedavi gören çocukları ve 8'i ebeveyn-çocuk tedavisini içermektedir). Sonuçlar, çalışmalarda yanlılık riskinin yüksek olduğunu göstermiştir. Çocuklar ve ergenler için sonuçlar belirsizdir ancak ailelerde daha iyi planlama, bilişsel esneklik ve daha iyi etkileşimlere işaret etmektedir. Farkındalık temelli müdahalelerin etkinliğini farmakolojik tedaviyle karşılaştıran hiçbir çalışma yoktur. Küçük örneklem büyüklükleri ve çalışma tasarımlarındaki farklılıklar nedeniyle literatürdeki kanıtlar hâlâ yetersizdir. Bu aşamada, gözden geçirilen çalışmaların metodolojik kalitesi düşük olduğundan, DEHB tanılı çocuklar ve/veya ebeveynleri için meditasyona dayalı müdahalelerin faydasına ilişkin kesin bir sonuç çıkarılamaz (Evans vd., 2018).

Bununla birlikte, farmakoterapiyi tolere edemeyen veya istemeyen bireyler için ek veya alternatif tedavi olarak hizmet edecek kanıta dayalı psikososyal müdahalelere büyük ihtiyaç vardır. Farkındalık gibi yaygın olarak kullanılan uygulamalar da dâhil olmak üzere meditasyona dayalı müdahalelerin etkinliğini belirlemek için iyi tasarlanmış araştırmalara ihtiyaç vardır. Farkındalık temelli bilişsel terapi etkili bir müdahaledir ve ekonomik olarak uygulanabilir bir grup formatında uygulanabilir. Bu alanda daha fazla araştırmaya ihtiyaç olduğu açıktır (Schmiedeler, 2015).

SONUÇ

DEHB, genetik ve doğum öncesi risklerin etiyolojisinde belirgin rol oynadığı, aile ve okul ortamı başta olmak üzere kişinin işlevselliğinin birçok alanda belirgin şekilde bozulduğu kronik bir hastalıktır. DEHB'de tedavide ilk seçenek farmakolojik müdahaledir ve bu müdahale yönteminin birçok bireyde semptomlarda azalma sağladığı gösterilmiştir. Ancak farmakolojik müdahalenin faydası, DEHB'nin temel semptomları ile sınırlı kalabilmektedir. Semptomlarda azalma, bir dizi eş tanıya sahip olan ve günlük yaşamda karşılaştıkları kişisel, sosyal ve akademik taleplerle başa çıkmakta zorlanan DEHB tanılı çocuk ve ergenler için tedavide yetersiz kalmaktadır. Okul öncesi dönemden erişkinliğe kadar yaşam boyu devam edebilmesi ve çoklu yaşam alanları üzerindeki olumsuz etkisi yoğun ve çok yönlü tedavileri zorunlu kılmaktadır. DEHB tanılı çocuk ve ergenlerde psikososyal ve farmakolojik tedavileri birlikte içeren çok yönlü müdahaleler, işlevselliğin her alanda düzelmesine yardımcı olabilmektedir. Çocuk ve ergenlerde DEHB tedavisinde psikososyal müdahaleler, işlevselliğin bozulduğu alanları iyileştirmeyi hedefler ve büyük ölçüde davranışçı terapi tekniklerine ve edimsel koşullanma ilkelerine dayanır. Bu yazıda, BPT programları, BDT ve farkındalık temelli müdahaleler gibi psikososyal müdahale yöntemlerine yer verilmiştir. BPT, ebeveynlik becerilerini geliştirmeye ve davranış değişiklikleri sağlamaya çalışan, özellikle pediatrik DEHB'nin yönetiminde etkinliği gösterilmiş bir psikososyal müdahale yöntemidir. BDT'nin DEHB tedavisinde etkili olduğunu gösteren erişkin çalışmaları literatürde giderek artmaktadır. Ergenlerde DEHB tedavisinde BDT'nin etkinliğine yönelik çalışma sayısı oldukça kısıtlı olup daha fazla araştırmaya ihtiyaç vardır. Etkinliği birkaç çalışmada gösterilen Young-Bramham Programı, DEHB tanılı ergenlerin ihtiyaçlarını karşılamaya yönelik kapsamlı bir bilişsel davranışçı müdahale yöntemidir ve DEHB'nin temel semptomları, komorbid ve ilişkili sorunlara yönelik tedavileri içermektedir. Farkındalık temelli müdahaleler dikkati, duygusal öz düzenlemeyi, huzuru ve daha iyi yaşam kalitesini geliştirmek için çeşitli stratejileri içeren bir tür bilişsel eğitimdir. Bu bölümde yer alan psikososyal programlardan DEHB tanılı çocuk ve ergenler belirgin şekilde fayda görebilmektedirler. Bu tarz programların geliştirilmesine ve etkinliklerinin değerlendirilmesine ihtiyaç vardır.

OKUMA ÖNERİLERİ

Kendall, P. C. Çevirmen: Görmez V. (2021). Dürtü Sorunu ve DEHB İçin Bilişsel Davranışçı Terapi Terapist Uygulama Kılavuzu - Dur ve Düşün Çalışma Kitabı. Apamer.

Stern J. M., Quinn P. O. (2022). Frene Basmak: Çocuklar için: DEHB'i Anlamak ve Kontrol Altına Almak. Sola Kidz.

Ercan, E. S. (2015). Dikkat Eksikliği ve Hiperaktivite. Doğan Kitap.

Sürücü Ö. (2016). Dikkat Eksikliği Hiperaktivite Bozukluğu. Bilgi Yayınevi.

Safren S. A., Sprich S. E., Perlman C. A., Otto M. W. (2017). Mastering Your Adult ADHD: A Cognitive-Behavioral Treatment Program, Client Workbook (Treatments That Work) 2nd Edition. Oxford.

KAYNAKLAR

Abikoff, H. (1991). Cognitive training in ADHD children: Less to it than meets the eye. *Journal of Learning Disabilities, 24*(4), 205-209.

Abikoff, H. (2001). Tailored psychosocial treatments for ADHD: The search for a good fit. *Journal of Clinical Child & Adolescent Psychology, 30*(1), 122-125.

Abikoff, H., & Gittelman, R. (1985). Hyperactive children treated with stimulants: is cognitive training a useful adjunct? *Archives of General Psychiatry, 42*(10), 953-961.

Antshel, K. M. (2015). Psychosocial interventions in attention-deficit/hyperactivity disorder: update. *Child and Adolescent Psychiatric Clinics, 24*(1), 79-97.

Antshel, K. M., Faraone, S. V, & Gordon, M. (2012). Cognitive behavioral treatment outcomes in adolescent ADHD. *Focus, 10*(3), 334-345.

Association, A. P. (2013). *Diagnostic and statistical manual of mental disorders (DSM-5®)*. American Psychiatric Pub.

Barkley, R. A. (1997). Behavioral inhibition, sustained attention, and executive functions: constructing a unifying theory of ADHD. *Psychological Bulletin, 121*(1), 65.

Barkley, R. A. (2013). *Defiant children: A clinician's manual for assessment and parent training*. Guilford press.

Barkley, R. A., Fischer, M., Smallish, L., & Fletcher, K. (2004). Young adult follow-up of hyperactive children: antisocial activities and drug use. *Journal of Child Psychology and Psychiatry, 45*(2), 195-211.

Barkley, R. A., Guevremont, D. C., Anastopoulos, A. D., & Fletcher, K. E. (1992). A comparison of three family therapy programs for treating family conflicts in adolescents with attention-deficit hyperactivity disorder. *Journal of Consulting and Clinical Psychology, 60*(3), 450.

Barkley, R. A., & Murphy, K. R. (2006). *Attention-deficit hyperactivity disorder: A clinical workbook*. Guilford Press.

Barkley, R. A., Murphy, K. R., & Fischer, M. (2007). Adults with ADHD: Clinic–Referred Cases vs. Children Grown Up. *The ADHD Report, 15*(5), 1-13.

Bear, R. A., & Nietzel, M. T. (1991). Cognitive and behavioral treatment of impulsivity in children: A meta-analytic review of the outcome literature. *Journal of Clinical Child and Adolescent Psychology, 20*(4), 400-412.

Beck, A. T. (1979). *Cognitive therapy and the emotional disorders*. Penguin.

Biederman, J., Petty, C. R., Woodworth, K. Y., Lomedico, A., Hyder, L. L., & Faraone, S. V. (2012). Adult outcome of attention-deficit/hyperactivity disorder: a controlled 16-year follow-up study. *The Journal of Clinical Psychiatry*.

Bor, W., Sanders, M. R., & Markie-Dadds, C. (2002). The effects of the Triple P-Positive Parenting Program on preschool children with co-occurring disruptive behavior and attentional/hyperactive difficulties. *Journal of Abnormal Child Psychology, 30*(6), 571-587.

Busch, B., Biederman, J., Cohen, L. G., Sayer, J. M., Monuteaux, M. C., Mick, E., Zallen, B., & Faraone, S. V. (2002). Correlates of ADHD among children in pediatric and psychiatric clinics. *Psychiatric Services, 53*(9), 1103-1111.

Bussing, R., Gary, F. A., Mason, D. M., Leon, C. E., Sinha, K., & Garvan, C. W. (2003). Child temperament, ADHD, and caregiver strain: Exploring relationships in an epidemiological sample. *Journal of the American Academy of Child & Adolescent Psychiatry, 42*(2), 184-192.

Cabral, M. D. I., Liu, S., & Soares, N. (2020). Attention-deficit/hyperactivity disorder: diagnostic criteria, epidemiology, risk factors and evaluation in youth. *Translational Pediatrics, 9*(Suppl 1), S104.

Chiesa, A., Calati, R., & Serretti, A. (2011). Does mindfulness training improve cognitive abilities? A systematic review of neuropsychological findings. *Clinical Psychology Review, 31*(3), 449-464.

Chronis-Tuscano, A., Clarke, T. L., O'Brien, K. A., Raggi, V. L., Diaz, Y., Mintz, A. D., Rooney, M. E., Knight, L. A., Seymour, K. E., & Thomas, S. R. (2013). Development and preliminary evaluation of an integrated treatment targeting parenting and depressive symptoms in mothers of children with attention-deficit/hyperactivity disorder. *Journal of Consulting and Clinical Psychology, 81*(5), 918.

Clark, D. M. (1986). A cognitive approach to panic. *Behaviour Research and Therapy, 24*(4), 461-470.

Cunningham, C. E., Bremner, R., & Secord, M. (1997). *COPE: The Community Parent Education Program: a School-based Family Systems Oriented Workshop for Parents of Children with Disruptive Behavior Disorders: Leader's Manual.* Chedoke-McMaster Hospitals.

Danckaerts, M., Sonuga-Barke, E. J. S., Banaschewski, T., Buitelaar, J., Döpfner, M., Hollis, C., Santosh, P., Rothenberger, A., Sergeant, J., & Steinhausen, H.-C. (2010). The quality of life of children with attention deficit/hyperactivity disorder: a systematic review. *European Child & Adolescent Psychiatry, 19*(2), 83-105.

DuPaul, G. J., & Eckert, T. L. (1997). The effects of school-based interventions for attention deficit hyperactivity disorder: A meta-analysis. *School Psychology Review, 26*(1), 5-27.

Dush, D. M., Hirt, M. L., & Schroeder, H. E. (1989). Self-statement modification in the treatment of child behavior disorders: a meta-analysis. *Psychological Bulletin, 106*(1), 97.

Emilsson, B., Gudjonsson, G., Sigurdsson, J. F., Baldursson, G., Einarsson, E., Olafsdottir, H., & Young, S. (2011). Cognitive behaviour therapy in medication-treated adults with ADHD and persistent symptoms: a randomized controlled trial. *BMC Psychiatry, 11*(1), 1-10.

Evans, S., Ling, M., Hill, B., Rinehart, N., Austin, D., & Sciberras, E. (2018). Systematic review of meditation-based interventions for children with ADHD. *European Child & Adolescent Psychiatry, 27*(1), 9-27.

Evans, S. W., Owens, J. S., & Bunford, N. (2014). Evidence-based psychosocial treatments for children and adolescents with attention-deficit/hyperactivity disorder. *Journal of Clinical Child & Adolescent Psychology, 43*(4), 527-551.

Eyberg, S. M., & Robinson, E. A. (1982). Parent-child interaction training: Effects on family functioning. *Journal of Clinical Child & Adolescent Psychology, 11*(2), 130-137.

Fabiano, G. A., Hulme, K., Linke, S., Nelson-Tuttle, C., Pariseau, M., Gangloff, B., Lewis, K., Pelham, W. E., Waschbusch, D. A., & Waxmonsky, J. G. (2011). The Supporting a Teen's Effective Entry to the Roadway (STEER) program: Feasibility and preliminary support for a psychosocial intervention for teenage drivers with ADHD. *Cognitive and Behavioral Practice, 18*(2), 267-280.

Fabiano, G. A., Pelham, W. E., Cunningham, C. E., Yu, J., Gangloff, B., Buck, M., Linke, S., Gormley, M., & Gera, S. (2012). A waitlist-controlled trial of behavioral parent training for fathers of children with ADHD. *Journal of Clinical Child & Adolescent Psychology, 41*(3), 337-345.

Fabiano, G. A., Pelham, W. E., Gnagy, E. M., Burrows-MacLean, L., Coles, E. K., Chacko, A., Wymbs, B. T., Walker, K. S., Arnold, F., & Garefino, A. (2007). The single and combined effects of multiple intensities of behavior modification and methylphenidate for children with attention deficit hyperactivity disorder in a classroom setting. *School Psychology Review, 36*(2), 195-216.

Fabiano, G. A., Vujnovic, R. K., Pelham, W. E., Waschbusch, D. A., Massetti, G. M., Pariseau, M. E., Naylor, J., Yu, J., Robins, M., & Carnefix, T. (2010). Enhancing the effectiveness of special education programming for children with attention deficit hyperactivity disorder using a daily report card. *School Psychology Review, 39*(2), 219-239.

Faraone, S. V, Biederman, J., & Mick, E. (2006). The age-dependent decline of attention deficit hyperactivity disorder: a meta-analysis of follow-up studies. *Psychological Medicine, 36*(2), 159-165.

Faraone, S. V, Biederman, J., Spencer, T. J., & Aleardi, M. (2006). Comparing the efficacy of medications for ADHD using meta-analysis. *Medscape General Medicine, 8*(4), 4.

Faraone, S. V, Perlis, R. H., Doyle, A. E., Smoller, J. W., Goralnick, J. J., Holmgren, M. A., & Sklar, P. (2005). Molecular genetics of attention-deficit/hyperactivity disorder. *Biological Psychiatry, 57*(11), 1313-1323.

Flannery-Schroeder, E., Suveg, C., Safford, S., Kendall, P. C., & Webb, A. (2004). Comorbid externalising disorders and child anxiety treatment outcomes. *Behaviour Change, 21*(1), 14-25.

Gerdes, A. C., Hoza, B., & Pelham, W. E. (2003). Attention-deficit/hyperactivity disordered boys' relationships with their mothers and fathers: Child, mother, and father perceptions. *Development and Psychopathology, 15*(2), 363-382.

Gleason, M. M., Goldson, E., Yogman, M. W., CHILDHOOD, C. O. N. E., Lieser, D., DelConte, B., Donoghue, E., Earls, M., Glassy, D., & McFadden, T. (2016). Addressing early childhood emotional and behavioral problems. *Pediatrics, 138*(6).

Hartman, R. R., Stage, S. A., & Webster-Stratton, C. (2003). A growth curve analysis of parent training outcomes: Examining the influence of child risk factors (inattention, impulsivity, and hyperactivity problems), parental and family risk factors. *Journal of Child Psychology and Psychiatry, 44*(3), 388-398.

Hinshaw, S. P., Owens, E. B., Wells, K. C., Kraemer, H. C., Abikoff, H. B., Arnold, L. E., Conners, C. K., Elliott, G., Greenhill, L. L., & Hechtman, L. (2000). Family processes and treatment outcome in the MTA: Negative/ineffective parenting practices in relation to multimodal treatment. *Journal of Abnormal Child Psychology, 28*(6), 555-568.

Hölzel, B. K., Lazar, S. W., Gard, T., Schuman-Olivier, Z., Vago, D. R., & Ott, U. (2011). How does mindfulness meditation work? Proposing mechanisms of action from a conceptual and neural perspective. *Perspectives on Psychological Science, 6*(6), 537-559.

Hoza, B., Gerdes, A. C., Mrug, S., Hinshaw, S. P., Bukowski, W. M., Gold, J. A., Arnold, L. E., Abikoff, H. B., Conners, C. K., & Elliott, G. R. (2005). Peer-assessed outcomes in the multimodal treatment study of children with attention deficit hyperactivity disorder. *Journal of Clinical Child and Adolescent Psychology, 34*(1), 74-86.

Hull, C. L. (1943). Principles of Behavior, New York: D. *Appleton-Century Co*, 57-67.

Janssen, L., Kan, C. C., Carpentier, P. J., Sizoo, B., Hepark, S., Grutters, J., Donders, R., Buitelaar, J. K., & Speckens, A. E. M. (2015). Mindfulness based cognitive therapy versus treatment as usual in adults with attention deficit hyperactivity disorder (ADHD). *BMC Psychiatry, 15*(1), 1-10.

Johnston, C., & Mash, E. J. (2001). Families of children with attention-deficit/hyperactivity disorder: Review and recommendations for future research. *Clinical Child and Family Psychology Review, 4*(3), 183-207.

Kaiser, N. M., McBurnett, K., & Pfiffner, L. J. (2011). Child ADHD severity and positive and negative parenting as predictors of child social functioning: Evaluation of three theoretical models. *Journal of Attention Disorders, 15*(3), 193-203.

Kazdin, A. E. (1997). Parent management training: Evidence, outcomes, and issues. *Journal of the American Academy of Child & Adolescent Psychiatry, 36*(10), 1349-1356.

Kendall, P. C., & Braswell, L. (1993). *Cognitive-behavioral therapy for impulsive children.* Guilford Press.

Keng, S.-L., Smoski, M. J., & Robins, C. J. (2011). Effects of mindfulness on psychological health: A review of empirical studies. *Clinical Psychology Review, 31*(6), 1041-1056.

Kent, K. M., Pelham, W. E., Molina, B. S. G., Sibley, M. H., Waschbusch, D. A., Yu, J., Gnagy, E. M., Biswas, A., Babinski, D. E., & Karch, K. M. (2011). The academic experience of male high school students with ADHD. *Journal of Abnormal Child Psychology, 39*(3), 451-462.

Kessler, R. C., Adler, L., Barkley, R., Biederman, J., Conners, C. K., Demler, O., Faraone, S. V, Greenhill, L. L., Howes, M. J., & Secnik, K. (2006). The prevalence and correlates of adult ADHD in the United States: results from the National Comorbidity Survey Replication. *American Journal of Psychiatry, 163*(4), 716-723.

Kirk, U., Gu, X., Harvey, A. H., Fonagy, P., & Montague, P. R. (2014). Mindfulness training modulates value signals in ventromedial prefrontal cortex through input from insular cortex. *Neuroimage, 100*, 254-262.

Knouse, L. E., & Safren, S. A. (2010). Current status of cognitive behavioral therapy for adult attention-deficit hyperactivity disorder. *Psychiatric Clinics, 33*(3), 497-509.

Kratochvil, C. J., May, D. E., Silva, S. G., Madaan, V., Puumala, S. E., Curry, J. F., Walkup, J., Kepley, H., Vitiello, B., & March, J. S. (2009). Treatment response in depressed adolescents with and without co-morbid attention-deficit/hyperactivity disorder in the Treatment for Adolescents with Depression Study. *Journal of Child and Adolescent Psychopharmacology, 19*(5), 519-527.

Martin, A., Volkmar, F. R., & Lewis, M. (2007). *Lewis's child and adolescent psychiatry: a comprehensive textbook.* Lippincott Williams & Wilkins.

Menezes, C. B., de Paula Couto, M. C., Buratto, L. G., Erthal, F., Pereira, M. G., & Bizarro, L. (2013). The improvement of emotion and attention regulation after a 6-week training of focused meditation: A randomized controlled trial. *Evidence-Based Complementary and Alternative Medicine, 2013.*

Miller, M., & Hinshaw, S. P. (2011). Treatment for children and adolescents with ADHD. *Child and Adolescent Therapy, 4.*

Mitchell, J. T., Zylowska, L., & Kollins, S. H. (2015). Mindfulness meditation training for attention-deficit/hyperactivity disorder in adulthood: Current empirical support, treatment overview, and future directions. *Cognitive and Behavioral Practice, 22*(2), 172-191.

Nathan, P. E., & Gorman, J. M. (2015). *A guide to treatments that work.* Oxford University Press.

Owens, J. S., Murphy, C. E., Richerson, L., Girio, E. L., & Himawan, L. K. (2008). Science to practice in underserved communities: The effectiveness of school mental health programming. *Journal of Clinical Child & Adolescent Psychology, 37*(2), 434-447.

Patterson, G. R. (1982). *Coercive family process* (Vol. 3). Castalia publishing company.

Pelham Jr, W. E., & Fabiano, G. A. (2008). Evidence-based psychosocial treatments for attention-deficit/hyperactivity disorder. *Journal of Clinical Child & Adolescent Psychology, 37*(1), 184-214.

Pelham Jr, W. E., Fabiano, G. A., Waxmonsky, J. G., Greiner, A. R., Gnagy, E. M., Pelham III, W. E., Coxe, S., Verley, J., Bhatia, I., & Hart, K. (2016). Treatment sequencing for childhood ADHD: A multiple-randomization study of adaptive medication and behavioral interventions. *Journal of Clinical Child & Adolescent Psychology, 45*(4), 396-415.

Pelham, W. E., Foster, E. M., & Robb, J. A. (2007). The economic impact of attention-deficit/hyperactivity disorder in children and adolescents. *Journal of Pediatric Psychology, 32*(6), 711-727.

Pfiffner, L. J. (2008). More rewards or more punishment? *MEDICAL PSYCHIATRY, 37,* 291.

Pfiffner, Linda J, Hinshaw, S. P., Owens, E., Zalecki, C., Kaiser, N. M., Villodas, M., & McBurnett, K. (2014). A two-site randomized clinical trial of integrated psychosocial treatment for ADHD-inattentive type. *Journal of Consulting and Clinical Psychology, 82*(6), 1115.

Pliszka, S., & Issues, A. W. G. on Q. (2007). Practice parameter for the assessment and treatment of children and adolescents with attention-deficit/hyperactivity disorder. *Journal of the American Academy of Child & Adolescent Psychiatry, 46*(7), 894-921.

Polanczyk, G., De Lima, M. S., Horta, B. L., Biederman, J., & Rohde, L. A. (2007). The worldwide prevalence of ADHD: a systematic review and metaregression analysis. *American Journal of Psychiatry, 164*(6), 942-948.

Raggi, V. L., & Chronis, A. M. (2006). Interventions to address the academic impairment of children and adolescents with ADHD. *Clinical Child and Family Psychology Review, 9*(2), 85-111.

Safren, S. A., Otto, M. W., Sprich, S., Winett, C. L., Wilens, T. E., & Biederman, J. (2005). Cognitive-behavioral therapy for ADHD in medication-treated adults with continued symptoms. *Behaviour Research and Therapy, 43*(7), 831-842.

Safren, S. A., Sprich, S., Mimiaga, M. J., Surman, C., Knouse, L., Groves, M., & Otto, M. W. (2010). Cognitive behavioral therapy vs relaxation with educational support for medication-treated adults with ADHD and persistent symptoms: a randomized controlled trial. *Jama, 304*(8), 875-880.

Sanders, M. R., Markie-Dadds, C., Tully, L. A., & Bor, W. (2000). The triple P-positive parenting program: a comparison of enhanced, standard, and self-directed behavioral family intervention for parents of children with early onset conduct problems. *Journal of Consulting and Clinical Psychology, 68*(4), 624.

Schmiedeler, S. (2015). Mindfulness-based intervention in attention-deficit-/hyperactivity disorder (ADHD). *Zeitschrift Fur Kinder-Und Jugendpsychiatrie Und Psychotherapie, 43*(2), 123-131.

Sibley, M. H., Kuriyan, A. B., Evans, S. W., Waxmonsky, J. G., & Smith, B. H. (2014). Pharmacological and psychosocial treatments for adolescents with ADHD: An updated systematic review of the literature. *Clinical Psychology Review, 34*(3), 218-232.

Sibley, M. H., Pelham, W. E., Derefinko, K. J., Kuriyan, A. B., Sanchez, F., & Graziano, P. A. (2013). A pilot trial of Supporting Teens' Academic Needs Daily (STAND): A parent-adolescent collaborative intervention for ADHD. *Journal of Psychopathology and Behavioral Assessment, 35*(4), 436-449.

Solanto, M. V., Marks, D. J., Wasserstein, J., Mitchell, K., Abikoff, H., Alvir, J. M. J., & Kofman, M. D. (2010). Efficacy of meta-cognitive therapy for adult ADHD. *American Journal of Psychiatry, 167*(8), 958-968.

Sonuga-Barke, E. J. S. (2005). Causal models of attention-deficit/hyperactivity disorder: from common simple deficits to multiple developmental pathways. *Biological Psychiatry, 57*(11), 1231-1238.

Stergiakouli, E., & Thapar, A. (2010). Fitting the pieces together: current research on the genetic basis of attention-deficit/hyperactivity disorder (ADHD). *Neuropsychiatric Disease and Treatment, 6*, 551.

Subcommittee on Attention-Deficit/Hyperactivity Disorder, S. C. on Q. I. and M. (2011). ADHD: clinical practice guideline for the diagnosis, evaluation, and treatment of attention-deficit/hyperactivity disorder in children and adolescents. In *Pediatrics* (Vol. 128, Issue 5, pp. 1007-1022). American Academy of Pediatrics Elk Grove Village, IL, USA.

Team, T. for A. with D. S. (TADS). (2009). The Treatment for Adolescents With Depression Study (TADS): outcomes over 1 year of naturalistic follow-up. *American Journal of Psychiatry, 166*(10), 1141-1149.

Thapar, A., Cooper, M., Jefferies, R., & Stergiakouli, E. (2012). What causes attention deficit hyperactivity disorder? *Archives of Disease in Childhood, 97*(3), 260-265.

Thomas, R., & Zimmer-Gembeck, M. J. (2007). Behavioral outcomes of parent-child interaction therapy and Triple P—Positive Parenting Program: A review and meta-analysis. *Journal of Abnormal Child Psychology, 35*(3), 475-495.

Van de Weijer-Bergsma, E., Formsma, A. R., de Bruin, E. I., & Bögels, S. M. (2012). The effectiveness of mindfulness training on behavioral problems and attentional functioning in adolescents with ADHD. *Journal of Child and Family Studies, 21*(5), 775-787.

Visser, S. N., Bitsko, R. H., Danielson, M. L., Perou, R., & Blumberg, S. J. (2010). Increasing prevalence of parent-reported attention-deficit/hyperactivity disorder among children—United States, 2003 and 2007. *Morbidity and Mortality Weekly Report, 59*(44), 1439-1443.

Webster-Stratton, C. (2000). *The incredible years training series.* US Department of Justice, Office of Justice Programs, Office of Juvenile.

Weiss, M., Murray, C., Wasdell, M., Greenfield, B., Giles, L., & Hechtman, L. (2012). A randomized controlled trial of CBT therapy for adults with ADHD with and without medication. *BMC Psychiatry, 12*(1), 1-8.

Wolraich, M. L., Wibbelsman, C. J., Brown, T. E., Evans, S. W., Gotlieb, E. M., Knight, J. R., Ross, E. C., Shubiner, H. H., Wender, E. H., & Wilens, T. (2005). Attention-deficit/hyperactivity disorder among adolescents: a review of the diagnosis, treatment, and clinical implications. *Pediatrics, 115*(6), 1734-1746.

Xu, G., Strathearn, L., Liu, B., Yang, B., & Bao, W. (2018). Twenty-year trends in diagnosed attention-deficit/hyperactivity disorder among US children and adolescents, 1997-2016. *JAMA Network Open, 1*(4), e181471–e181471.

Young, S. (2005). Coping strategies used by adults with ADHD. *Personality and Individual Differences, 38*(4), 809-816.

Young, S., & Bramham, J. (2012). *Cognitive-behavioural therapy for ADHD in adolescents and adults: A psychological guide to practice.* John Wiley & Sons.

Young, S., & Cocallis, K. (2021). ADHD and offending. *Journal of Neural Transmission, 128*(7), 1009-1019.

YAZARLAR HAKKINDA

Prof. Dr. Mehmet Ali Yıldız, İnönü Üniversitesi Eğitim Fakültesi Rehberlik ve Psikolojik Danışmanlık Programından 2005 yılında mezun oldu. Yüksek lisansını, İnönü Üniversitesi Eğitim Bilimleri Enstitüsü Rehberlik ve Psikolojik Danışmanlık Programında 2010 yılında tamamladı. Mersin Üniversitesi Eğitim Bilimleri Enstitüsü Rehberlik ve Psikolojik Danışmanlık Bilim Dalında 2014 yılında doktora programından mezun olmuştur. 2005-2015 yılları arasında MEB'e bağlı okullarda psikolojik danışman olarak görev yapmıştır. 2015 yılında Adıyaman Üniversitesi Rehberlik ve Psikolojik Danışmanlık Ana Bilim Dalında yardımcı doçent olarak göreve başlamış, 2018 yılında Doçent unvanı almıştır. Şuanda Adıyaman Üniversitesi Fen Edebiyat Fakültesi Psikoloji Bölümü Gelişim Psikolojisi Ana Bilim Dalında görev yapmaktadır. Dr. Yıldız, Kabul ve Kararlılık Terapisi, Motivasyonel Görüşme Teknikleri üzerine kuramsal ve uygulamalı eğitimler almıştır. Ayrıca, Bilişsel ve Davranışçı Terapi (BDT) alanında çocuk, ergen ve yetişkinler üzerine kuramsal, beceri ve uygulama ile süpervizyon eğitimleri almıştır. Aynı zamanda çeşitli kongrelerde ve davetli olduğu diğer bilimsel etkinliklerde Motivasyonel Görüşme Teknikleri, Uzamış Maruziyet Terapisi (Prolonged Exposure Therapy), Bilişsel ve Davranışçı Terapi odaklı eğitim ve çalıştaylar yapmaktadır. Dr. Yıldız, BDT alanında dünyada en saygın kuruluşlar olarak kabul edilen Academy of Cognitive and Behavioral Therapies (ACT) ve European Association for Behavioral and Cognitive Therapies (EABCT) tarafından sertifiye edilmiş Uluslararası Diplomalı ve Sertifikalı Bilişsel Davranışçı Terapisttir ve ACT'nin aktif üyesidir.

Prof. Dr. Vahdet Görmez, 2002 yılında Cerrahpaşa Üniversitesi İngilizce Tıp Bölümünden mezun oldu. Genel psikiyatri eğitimini Londra Charing Cross'da ve çocuk psikiyatrisi üst ihtisasını Oxford'da tamamladı. Oxford Üniversitesi Bilişsel Terapi Merkezinde BDT diploma ve yüksek lisans eğitimlerini tamamladı. İngiltere'de çalıştığı kurumlarda da BDT eğitimleri veren Dr. Görmez, 2014 yılında döndüğü Türkiye'de Bilişsel Davranışçı Psikoterapiler Derneği çatısı altında çocuk ve ergen ruh sağlığı çalışanları için BDT eğitimleri vermekte ve akademik çalışmalarına İstanbul Medeniyet Üniversitesi Tıp Fakültesi Çocuk ve Ergen Ruh Sağlığı ve Hastalıkları Ana Bilim Dalında devam etmektedir.

Doç. Dr. Süleyman Çakıroğlu, Altınbaş Üniversitesi Tıp Fakültesi Çocuk ve Ergen Ruh Sağlığı ve Hastalıkları Ana Bilim Dalında öğretim üyesidir. Tıp Fakültesini 19 Mayıs Üniversitesinde tamamladıktan sonra tıpta uzmanlık eğitimini İstanbul Üniversitesi Tıp Fakültesi Çocuk ve Ergen Ruh Sağlığı ve Hastalıkları Ana Bilim Dalında tamamlamıştır. 2018-2022 yılları arasında Göztepe Prof. Dr. Süleyman Yalçın Şehir Hastanesinde uzman doktor olarak çalışmıştır. Dr. Çakıroğlu'nun çalışma alanları; çocuk ve genç ruh sağlığı ve hastalıkları ve özellikle ruhsal travmalardır. Dr. Çakıroğlu, çocuk ve ergenlere yönelik Travma Odaklı Bilişsel Davranışçı Terapi eğitimleri vermekte ve çalıştaylar yapmaktadır. Ayrıca Amerika Bilişsel Davranışçı Terapileri Akademisinin (Academy of Cognitive and Behavioral Therapies) sertifikalı Bilişsel Davranışçı Terapisti ve aktif üyesidir.

Prof. Dr. Uğur Doğan, lisans eğitimini 1998-2002 yılları arasında Karadeniz Teknik Üniversitesi Rehberlik ve Psikolojik Danışmanlık Programında tamamlamıştır. Yüksek lisans eğitimini Muğla Üniversitesi Rehberlik ve Psikolojik Danışmanlık Programında 2006-2009 yılları arasında, doktora eğitimini Sakarya Üniversitesi Eğitimde Psikolojik Hizmetler Programında 2013 yılında tamamlamıştır. 2002-2014 yılları arasında Millî Eğitim Bakanlığına bağlı her seviyedeki okullarda Okul Psikolojik Danışmanlığı yapmıştır. 2014 yılında beri Muğla Sıtkı Koçman Üniversitesi Eğitim Fakültesi Rehberlik ve Psikolojik Danışmanlık Programında öğretim üyeliği yapmakta olan Dr. Doğan, 2018 yılında doçent unvanını almıştır. Dr. Doğan, Bilişsel Davranışçı Terapi, Kabul ve Kararlılık Terapisi eğitimleri almış ve bu konularda çeşitli eğitimler vermekte ve çalıştaylar yapmaktadır. Ayrıca Bilişsel Davranışçı Terapileri Akademisi (Academy of Cognitive and Behavioral Therapies) ve Avrupa Bilişsel Davranışçı Terapileri Akademisinin (European Association for Behavioural and Cognitive Therapies) sertifikalı Bilişsel Davranışçı Terapisti ve aktif üyesidir. Dr. Doğan, *"Bilişsel Davranışçı Terapilerde Sanal Gerçeklik Kullanımı: Sınav Kaygısı"* isimli TUBİTAK-1001 projesinin yürütücüsü, *"Bilişsel Davranışçı Terapi Temelli Kilo Kontrolü Mobil 'Bİ'KİLO' Uygulamasının Geliştirilmesi ve Etkililiğinin Sınanması"* isimli TÜBİTAK-1001 projesinin araştırmacısı ve COVID'le Mücadele ve Dayanıklılık Programı kapsamında desteklenen *"Kendi Kendine Yardım Temelli Psikososyal Destek Platformu"* isimli projenin araştırmacısıdır.

Doç. Dr. Sinem Acar, lisans eğitimini 2005-2009 yılları arasında İstanbul Üniversitesi Rehberlik ve Psikolojik Danışmanlık Programında tamamlamıştır. Yüksek lisans ve doktora eğitimini Muğla Üniversitesi Rehberlik ve Psikolojik Danışmanlık Programında 2011-2019 yılları arasında tamamlamıştır. 2011 yılında Muğla Sıtkı Koçman Üniversitesi Eğitim Fakültesi Rehberlik ve Psikolojik Danışmanlık Ana Bilim Dalında araştırma görevlisi olarak göreve başlamış ve görevini öğretim görevlisi olarak sürdürmüştür. Buna paralel olarak, uzun yıllar aynı üniversitenin Sağlık Merkezinde psikolojik danışman olarak görev yapmış ve yüzlerce danışan ile çalışmıştır. 2019 yılından beri aynı öğretim üyesi olarak görevine devam etmektedir. Dr. Sinem Acar, Bilişsel Davranışçı Terapi ve Kabul ve Kararlılık Terapisi ile ilgili çeşitli eğitimler almıştır. Yazar, doktora tezinde

Kabul ve Kararlılık Terapisi temelli beden imgesi esnekliğini güçlendirmeye yönelik bir grup psikoeğitim programı geliştirmiş ve bu programın etkililiğini incelemiştir. Bilişsel Davranışçı Terapi temelli gerek BAP gerek TÜBİTAK destekli çok sayıda projede araştırmacı olarak görev almıştır. Bütün bu çalışmaları yürütürken yazarın en büyük güç kaynağı oğlu Armin Kemal olmuştur.

Doç. Dr. Mustafa Eşkisu, 1983 yılında Balıkesir Edremit'te dünyaya geldi. İlk ve ortaöğrenimini Erzurum'da tamamladı. Ankara Üniversitesi Eğitim Bilimleri Fakültesi Rehberlik ve Psikolojik Danışma Bölümünde lisans eğitimini 2005 yılında, İstanbul Üniversitesi Sosyal Bilimler Enstitüsü Eğitimde Psikolojik Hizmetler'de yüksek lisans eğitimini 2009 yılında ve Ankara Üniversitesi Eğitim Bilimleri Enstitüsü Rehberlik ve Psikolojik Danışmanlık'ta doktora eğitimini 2017 yılında tamamladı. 2005-2010 yılları arasında Millî Eğitim Bakanlığına ilk ve ortaöğretim kurumlarında okullarda psikolojik danışman olarak görev yaptı. 2010-2016 yılları arasında Ankara Üniversitesinde araştırma görevlisi olarak, 2016 yılında TÜBİTAK bursu ile Amerika Birleşik Devletleri University of Oregon'da bir yıl süre ile misafir öğretim üyesi olarak görev yapmıştır. Yazar 2022 yılında Amerika Birleşik Devletleri'nde bulunan Academy of Cognitive and Behavioral Therapies tarafından uluslararası diplomalı bilişsel davranışçı psikoterapist olarak kabul edilmiştir. Yazar evli ve üç çocuk babası olup hâlen Erzincan Binali Yıldırım Üniversitesi Eğitim Fakültesi Eğitim Bilimleri Bölümü Rehberlik ve Psikolojik Danışmanlık Ana Bilim Dalında öğretim üyesi olarak görev yapmaktadır.

Dr. Öğr. Üyesi Reyhan Eskiyurt, 2010 yılında Gazi Üniversitesi Sağlık Bilimleri Fakültesi Hemşirelik Bölümünden mezun olmuştur. 2010-2015 yılları arasında Hacettepe Üniversitesi Hastaneleri Psikiyatri Kliniğinde çalışmıştır. 2015 yılından bu yana Ankara Yıldırım Beyazıt Üniversitesi Sağlık Bilimleri Fakültesi Psikiyatri Hemşireliği Ana Bilim Dalında araştırma görevlisi olarak çalışmaktadır. 2020 yılında doktora programından mezun olmuştur. 2014-2021 yılları arasında Bilişsel Davranışçı Psikoterapiler Derneği tarafından düzenlenen Bilişsel ve Davranışçı Psikoterapi eğitimlerini almış olup, 2020 yılında Academy of Cognitive Therapy tarafından Bilişsel Terapist olarak sertifiye edilmiştir. Bu alanda çalışmalarına devam etmektedir.

Prof. Dr. Zeynep Karataş, Çukurova Üniversitesi Psikolojik Danışma ve Rehberlik (PDR) Programında lisans ve yüksek lisans, Mersin Üniversitesi PDR Programında doktora eğitimlerini tamamlayan Dr. Karataş, 2009 yılında yardımcı doçent, 2013 yılında doçent, 2018 yılında da profesör unvanı almıştır. Dr. Karataş, 2012 yılında YÖK bursu ile Kanada-Montreal University Faculty of Arts and Sciences Research Unit on Children's Psychosocial Maladjustment'de misafir araştırmacı ve öğretim üyesi olarak bulunmuştur. Dr. Karataş'ın çalışma alanları; saldırganlık, öfke, bilişsel davranışçı terapi, çatışma çözme, psikodrama ve pozitif psikoloji temel kavramlarıdır. Dr. Karataş, Çocuk ve Yetişkinlerde Bilişsel Davranışçı Terapi, Kabul ve Kararlılık Terapisi, Psikodrama, Çözüm Odaklı Terapi,

Oyun Terapisi eğitimleri almıştır. Aynı zamanda çeşitli alan kongrelerinde ve davetli olduğu diğer bilimsel etkinliklerde Bilişsel Davranışçı Terapi, Şefkat Odaklı Terapi, Öz Şefkat ve Psikodrama odaklı eğitim ve çalıştaylar yapmaktadır. Bu eğitimlerin yanı sıra Dr. Karataş, Paul Gilbert'den Şefkat Odaklı Terapi eğitimi almış ve son yıllarda şefkat ile ilgili çalışmalara yoğunlaşmıştır. Ayrıca Amerika Bilişsel Davranışçı Terapileri Akademisinin (Academy of Cognitive and Behavioral Therapies) sertifikalı Bilişsel Davranışçı Terapisti ve aktif üyesidir. Dr. Karataş'ın "Öfkenin Tutsağı Olma" adında bir kitabı ve alanı ile ilgili üç kitap editörlüğü ile iki yazarlı olan üç kitabı bulunmaktadır. Ulusal ve uluslararası sayısız kitap bölümleri bulunan Dr. Karataş'ın alanı ile ilgili ulusal ve uluslararası indekslerde taranan 100'e yakın makalesi bulunmaktadır. Burdur Mehmet Akif Ersoy Üniversitesi Eğitim Fakültesi Eğitim Bilimleri Bölümü Rehberlik ve Psikolojik Danışmanlık Ana Bilim Dalı öğretim üyesi olan Dr. Karataş, hâlen Bilişsel Davranışçı Terapi alanında doktora sonrası araştırma yapmak üzere Kent State University in Ohio-USA'de bulunmaktadır.

Doktorant Umut Aydoğdu, Lefke Avrupa Üniversitesi Rehberlik ve Psikolojik Danışmanlık Programında lisans öğrenimini; Burdur Mehmet Akif Ersoy Üniversitesi Rehberlik ve Psikolojik Danışmanlık Programında tezli yüksek lisans öğrenimi tamamlamış ve aynı üniversitenin aynı programında doktora öğrenimine devam etmektedir. 2017 yılında başladığı Bilişsel Davranışçı Psikoterapi eğitimini 2021 yılında tamamlamış, Bilişsel Davranışçı Terapi Akademisinden (Academy of Cognitive and Behavioral Therapies) Ağustos 2021'de diplomat statüsünde terapist unvanı almış ve aynı kurumun hâlen tam üyesidir. Avrupa Bilişsel ve Davranışçı Terapiler Birliğinden (European Association for Behavioural and Cognitive Therapies) ise Aralık 2021'de akredite psikoterapist olarak sertifikalandırılmıştır. İlgi alanları; üstbilişsel inançlar, bağımlılıklar, öfke yönetimi, Bilişsel Davranışçı Terapi ve Üstbilişsel Terapi'dir.

Doç. Dr. Aygül Tunç Aksan, 1994 yılında ODTÜ Eğitim Fakültesi Eğitim Bilimleri Bölümünde lisans, 2002 aynı üniversite ve bölümde "Çocuk Yetiştirme Stilleri ile Benlik Saygısı Arasındaki İlişki" adlı teziyle yüksek lisansını tamamlamıştır. 2007 yılında Ankara Üniversitesi Dil ve Tarih Coğrafya Fakültesinin Çocuk Tiyatrosu ve Oyun-Tiyatro-Drama yüksek lisans programını "Ergenlerin Olumsuz Beden İmgelerine Yönelik Geliştirilen Bilişsel Davranışçı ve Değiştirilmiş Sanat Terapisi Programlarının Etikliklerinin Karşılaştırılması" teziyle tamamlamıştır. 2014 yılında ise Mersin Üniversitesi Eğitim Fakültesi Rehberlik ve Psikolojik Danışmanlık Bölümünden doktora unvanını "Meme Kanseri Tanısı Almış Kadınların Hastalık Temsilleri, Başa Çıkma Stratejileri, Kaygı ve Depresyon Düzeyleri Arasındaki İlişkilerin İncelenmesi ile Psiko-Sosyal İhtiyaçlarının Belirlenmesi" adlı teziyle almıştır. Ulusal ve uluslararası dergilerde yayınları bulunmaktadır. 2004 yılında başlayan Bilişsel Davranışçı Terapi eğitimlerine devam etmekte olup, 2018 yılından itibaren Kabul ve Kararlılık Terapisi eğitimlerine de devam etmektedir. Bu eğitimlerin yanı sıra Geştalt Terapisine Giriş, Aile ve Evlilik Terapileri, Pozitif Psikoterapiler eğitimlerini almıştır.

Dr. Yusuf Oktay Atılgan, lise eğitimine Kuleli Askerî Lisesinde başlamış, Lefkoşa Türk Lisesinden mezun olmuştur. Doğu Akdeniz Üniversitesi Rehberlik ve Psikolojik Danışmanlık Programında lisans, Selçuk Üniversitesi Rehberlik ve Psikolojik Danışmanlık Programında tezli yüksek lisans öğrenimi tamamlamış ve Sakarya Üniversitesi Eğitimde Psikolojik Hizmetler doktora programında tez sürecine devam etmektedir. 2012 yılından itibaren Millî Eğitim Bakanlığının çeşitli kademelerinde Psikolojik Danışman olarak görev yapmaktadır. Kastamonu Üniversitesi RPD lisans programında 2018, 2019 ve 2020 yıllarında Özel Eğitimde Psikolojik Danışma-Rehberlik ve Çocuk ve Ergenlerde Psikolojik Danışma dersleri vermiştir. 2018 yılında başladığı bilişsel davranışçı psikoterapi eğitiminde temel (kuramsal), beceri, çocuk ve ergenlerde bilişsel davranışçı terapi temel kuramsal, ileri teorik düzey eğitimlerini tamamlamış ve çocuk, ergen ve yetişkin süpervizyonlarına devam etmektedir. Evli ve bir kız çocuğu babasıdır. Çalışma alanları; Bağımlılıklar, Duygu Düzenleme, Rehabilitasyon Psikolojik Danışmanlığı ve Bilişsel Davranışçı Terapidir.

Doç. Dr. Hakan Öğütlü, Çocuk ve Ergen Ruh Sağlığı ve Hastalıkları Uzmanı olarak çalışmaktadır. Kendisi Psikiyatrist kimliğine ek olarak, aynı zamanda bir psikoterapisttir. Amerika Bilişsel Davranışçı Psikoterapiler Akademisi ve Avrupa Bilişsel Davranışçı Psikoterapiler Derneği tarafından akredite edilmiş Bilişsel Davranışçı Terapisttir. Bilişsel Davranışçı Psikoterapiler Derneği Yönetim Kurulu üyesidir. İlgi alanları; yeme bozuklukları, dikkat eksikliği hiperaktivite bozukluğu, kaygı bozuklukları, obsesif kompulsif bozukluk, majör depresif bozukluk, otizm, ergenlik dönemi sorunları, çocukluk dönemi sorunları ve zihinsel yetersizliklerdir. Bu alanlar dışındaki diğer alanlarda da tedavi ve terapi hizmetleri sunmaktadır. Amerika Bilişsel Terapi Akademisi ve Avrupa Bilişsel Davranışçı Terapiler Derneği Sertifikalı Bilişsel Davranış Terapisti ve Uluslararası Diplomatıdır. Aynı zamanda yeme bozuklukları üzerine çalışmakta olan Öğütlü, King's College University, Maudsley Hastanesi Yeme Bozuklukları Servisinde, Oxford University, Cotswold House ve Raghlan HouseYeme Bozuklukları Servisinde, Highfield Çocuk ve Ergen Ruh Sağlığı Yataklı Servisinde, University College of Dublin, Our Lady's Children's ve Lucena Rathgar Hastanelerinde gözlemci olarak çalışmıştır. Yeme bozukluklarında Aile Tabanlı Terapi (ATT) ve Yeme Bozuklukları İçin Geliştirilmiş Bilişsel Davranışçı Terapi (BDT) uygulamaktadır. Ayrıca Türkiye Büyük Millet Meclisi Otizm, Down Sendromu ve Diğer Gelişimsel Bozukluklar Araştırma Komisyonu üyesidir. Marmara Üniversitesi Tıp Fakültesi mezunu olan Dr. Öğütlü, Atatürk Üniversitesi Tıp Fakültesi Hastanesi Çocuk ve Ergen Ruh Sağlığı ve Hastalıkları Ana Bilim Dalında Araştırma Görevlisi Doktor olarak çalışarak Uzman Doktor unvanını kazanmıştır. Erzincan Binali Yıldırım Üniversitesi Mengücek Gazi Eğitim Araştırma Hastanesi Çocuk ve Ergen Ruh Sağlığı ve Hastalıkları Ana Bilim Dalında Uzman Doktor olarak çalışan Dr. Öğütlü, buradaki görevinin ardından Ankara Şehir Hastanesinde görevini icra etmiştir. Şu anda Ankara'da serbest hekim olarak muayenehanesinde çalışmaktadır.

Dr. Öğr. Üyesi Meryem Kaşak, 2015 yılında Gazi Üniversitesi Tıp Fakültesinden mezun oldu. 2020 yılında Ankara Yıldırım Beyazıt Üniversitesi Çocuk ve Ergen Ruh Sağlığı ve Hastalıkları Ana Bilim Dalında uzmanlık eğitimini tamamladı. Aynı yıl Ankara Şehir Hastanesi Çocuk ve Ergen Ruh Sağlığı ve Hastalıkları Kliniğinde uzman doktor olarak göreve başladı. Şu anda aynı klinikte görevine devam etmektedir. İlgi alanları dikkat eksikliği hiperaktivite bozukluğu, kaygı bozuklukları, duygu durum bozuklukları, otizm ve diğer nörogelişimsel bozukluklardır.